맥주의 정석

Tasting Beer
An Insider's Guide to the World's Greatest Drink

맥주의 정석

Tasting Beer
An Insider's Guide to the World's Greatest Drink

맥주광이라면 꼭 읽어야 할
맥주 교과서

랜디 모셔 지음

석진영 감수 · 정지호 옮김

소소북스

아버지에게 이 책을 바친다.
아버지는 그다지 대단한 맥주광은 아니었지만,
내가 아주 어릴 때부터,
이 세상 만물이 돌아가는 이치를
끈기있게 가르쳐주셨다.

목차

감사의 말

이런 책은 이곳 북미, 훌륭한 맥주가 넘쳐나는 곳이 아니라면 아마 세상에 나오지 못했을 것이다. 이 책을 만드는 데 도움을 주고 응원을 보내준 사람들은 너무 많아 일일이 언급할 수 없다. 다들 그들이 누군지 짐작할 수 있을 터.

이 자리를 빌어 특정 몇 분만 소개한다면, 지벨협회의 린 크루거와 키스 렘케에게 감사드린다. 전문적인 정보를 풍부히 제공해주었고 협회 학생들을 통해 내가 기술과 맥주 스토리를 연마할 수 있도록 도움을 주었다. 기술 분야 편집자인 스탠 헤이로니머스에게 감사하고 교정과 끈기 있게 작업할 수 있게 도와준 내 아내 낸시에게도 고마움을 표한다. 그리고 에드 브론슨, 스티브 함부르크, 톰 슈미들린 등 이 책의 일부 또는 전체를 검토해 준 수많은 분들에게도 감사를 표한다. 씨서론의 팻 패이에게는 무한한 감사를 드린다. 개정판에 수록된 모든 것을 하나하나 짚어주었고 이 과정이 대단한 도움이 되었다. 딕 캔트웰, 애덤 엘리스, 켄 그로스먼, 짐 코크, 마티 존스, 마크 린스너, 앤디 뮤서, 찰리 패퍼지언은 책속의 다양한 토막란을 위해 힘써주었다. (레이 대니얼스와 팻 패시 외에) 맥주 및 음식 워킹 그룹의 다른 회원들, 린드세이 바, 애덤 듈레 셰프, 니콜 가노 박사, 줄리아 허츠에게도 감사드린다. 특히 인물사진을 담당한 조너선 레빈에게 감사를 표한다. 모두에게 감사드린다.

통찰력과 의리를 지켜주고 내가 정직할 수 있도록 버팀목이 되어준 레이 대니얼스에게 고마움을 표한다. 집 가까이에 있으면서 나의 파트너이자 동반자가 되어준 5 Rabbit Cerveceria와 Forbidden Root Botanic Beer 양조장에 감사하는데 이들은 나와 이 모든 여정을 함께 해주었다.

샘 캘러지온과 나의 에이전트인 클레어 펠리노 그리고 스토리 출판사의 좋은 분들, 특히 새러 구에어도 이 책이 세상에 나올 수 있도록 힘써준 사람들이다.

온정과 도움이 넘치는 전세계 양조사 공동체와 맥주 전문가, 맥주 열정가가 없었다면 이 책은 세상에 선을 뵈지 못했을 것이다. 모두를 위해 건배.

소개의 말

개정판

《맥주의 정석》의 초판은 내가 씨서론 인증 프로그램Ciceron Certification Program을 개발·정립한 지 1년 후인 2009년 출간되었다. 이때부터 씨서론 1급 시험인 공인 맥주 서버Certified Beer Server 안내 교재를 찾는 사람들에게 나는 이 책을 추천하기 시작했다.

해를 거듭할수록 씨서론 시험과 《맥주의 정석》이 떼려야 뗄 수 없는 관계가 되면서 일부 사람들은 랜디와 내가 공동으로 씨서론 프로그램에 맞는 교재를 개발했다고 생각했다. 이는 사실이 아니다. 기분좋게도 그저 우연의 일치로 우리 둘은 각자의 맥주 여정에서 거의 비슷한 시기에 서로 보완할 수 있는 결과물을 내놓았던 것이다. 씨서론 인증 시험을 통해 맥주 전문가들은 맥주와 그 문화에 대해 배운다. 랜디의 《맥주의 정석》은 맥주를 공부하는 모든 학생들이 가지는 의문점을 해결해주고, 이와 함께 시험 준비를 도와줄 뛰어난 교재로써 그 역할을 한다.

이번에 나온 개정판은 씨서론 준비와 관련된 주요 항목을 1급 시험 이상으로 확장하여 생맥 시스템까지 다루었다. 이와 더불어 이번 개정판에서 시도하는 맥주의 통합적인 이해는 씨서론 프로그램 시험을 준비하는 모든 급수의 수험생에게 도움이 될 것 같다. 이전에 이 책을 접해보지 않은 독자라면 이번 개정판을 읽어보길 추천한다. 이번 개정판에서 제공하는 연관성과 통찰력을 통해 이제까지 여러 다양한 매체에서 얻은 맥주에 관한 모든 세부적인 내용을 정리하고 통합할 수 있어 좀 더 확실하게 미묘한 차이까지 이해할 수 있게 될 것이다.

그러나 《맥주의 정석》은 단지 지식 제공의 차원을 훨씬 뛰어넘는다. 이 책의 구성과 전달 방식은 랜디가 맥주를 생각하면서 보낸 수십 년의 세월을 고스란히 담고 있다. 폭넓게 전개되어온 통찰력 깊은 연구 활동 덕분에 랜디는 어느 한 분야만 편협되게 파고든 사람이라면 결코 생각도 못할 문제에 대해 의문을 제기하고 이에 대한 해답을 내놓을 수 있게 되었다. 그 결과 그는 맥주라는 우주 전체를 독특하게 이해하고 이를 독자에게 선사한다.

그렇다면 이 책의 최고 장점은? 연구활동의 깊이와 그가 제공하는 지식 자체의 분량을 고려해봤을 때 이 책이 상당히 무게감 있을 거라고 생각하겠지만, 사실 그렇지 않다. 랜디는 그야말로 정확하게, 하지만 대화하듯이 글을 쓴다. 그래서인지 그의 책은 '어떻게 이렇게 쉽게 읽힐 수 있을까?' 할 정도도. 더불어 정보를 생생하게 전달하는 전문가로서의 오랜 경험은 책에 실린 여러 다양한 사진에서 부각되는데 글만으로는 도저히 해낼 수 없는 방식으로 해당 주제를 조명한다.

이 책의 진정한 마법은 그의 통찰력으로 이루어진다. 맥주와 관련된 많은 요소가 어떻게 복합적으로 다양하게 인연을 맺어 이 살아 숨쉬는, 우리가 '맥주'라는 단순한 단어로 포착하는 것을 창조해내는지 노련하게 이해해낸다. 문자 그대로 테이스팅에 관해 좀 더 전문적으로 배워보기를 원한다면, 아니면 단순히 맥주에 관한 기본 지식을 얻으려 한다면, 바로 이 책이 여러분의 갈증을 해소시켜줄 것이다. 읽을 맛 나게, 또 머릿속에 콕콕 박히도록.

레이 대니얼스 Ray Daniel
씨서론 인증 프로그램의 창립자이자 이사

소개의 말
초판

랜디 모셔를 만났을 때 그는 손에 망치를 들고 얼굴에는 정신 나간 사람 같은 미소를 띠면서 나에게 다가오고 있었다. 때는 1998년 시카고의 리얼 에일 페스티벌. 랜디는 발효, 살균되지 않고 자연적으로 탄산이 형성된 리얼 에일 캐스크에서 맥주를 서빙하기 위해 사람들과 함께 준비 작업을 하고 있던 참이었다. 그의 열정은 전염성이 있어서 캐스크 통 속에 들어 있는 맥주만큼이나 활기차게 살아 있었다. 나는 지난 5년 동안 랜디와 함께 브루어스 협회Brewers Association에서 일하면서 그를 더 잘 알게 되었다. 비록 전미 홈브루어 협회American Homebrewers Association의 이사직을 맡기는 했지만, 시간이 지나면서 보니 그의 관점과 지식, 열정은 맥주 애호가와 제조업자 전반, 즉 맥주광, 아마추어, 프로를 비롯한 그 모두를 포용해주었다. 랜디야말로 진정한 맥주 전도사다. 이 책에서, 그리고 맥주에 푹 젖은 자신의 모든 생활을 통해 랜디는 맥주 한잔 한잔을 마시는 영혼을 구원하고 있다.

《맥주의 정석》은 맥주를 고르고 마시는 방법을 다루면서 충분한 기술 및 과학적 정보를 제공하며 해당 상황을 설명하지만 그렇다고 맥주 초심자가 부담을 느낄 정도의 과도한 정보는 지양한다. 랜디는 이 책에서 자신의 취향을 설파하지 않는다. 우리 개개인의 미각은 눈송이만큼이나 제각각이라는 사실을 인정한다. 《맥주의 정석》은 여러 많은 양서가 한데 묶여 제본된 전집과도 같다. 맥주의 역사, 양조 과학, 시음과 평가 훈련, 광범위한 맥주 스타일, 음식과 맥주의 궁합, 맥주 용어 등 그 모든 것이 이 책 안에 있다. 이 책은 지식으로 가득 찬 임페리얼 파인트(imperial pint: 약 0.57리터들이 맥주잔) 잔과 같고, 랜디의 잔은 흘러넘친다. 이 책이 맥주광은 물론 맥주 전문가에게도 훌륭한 길잡이가 되길 바란다. 내 생각에 양조업자와 바텐더, 맥주 감정가, 셰프, 영업사원을 포함, 맥주업계에 종사하는 모든 이들의 맥주 IQ를 높이기 위

한 수단으로 이만큼 좋은 책도 없다.

맥주의 역사가 와인의 역사만큼 오래되었고, 맥주의 스타일과 풍미가 와인보다 다양한 것이 사실이지만, 그래도 여전히 맥주를 와인보다 덜 복합적인 음료로 인식하는 식도락가와 감정가들이 너무 많다. 랜디는 이 책에서 이런 미신을 떨쳐버리도록 도와준다. 전세계에서 판매되는 많은 맥주는 라이트한 라거 스타일에서 약간씩 변화를 준 것이지만, 랜디에 따르면 독일 맥주 순수령Reinheitsgebot이 공표되기 수세기 전에는 맥주를 양조할 때 꿀, 보그 머틀, 크랜베리, 고수 등 다양한 재료를 넣었다. 오늘날 크래프트 양조장은 향신료, 허브, 설탕, 과일 등을 사용하여 이러한 고대의 전통을 되살려왔다. 랜디는 특이한 수입 맥주부터 인기 있는 전통적인 스타일까지 사람들이 구입하는 이런 다양하고 흥미로운 맥주에도 각각 동일한 시간을 할애한다.

전세계적으로 맥주 문화가 발달하면서 이런 흥미로운 크래프트 맥주 양조업체는 라이트한 맥주를 제조하는 공장식 대기업 맥주 회사와는 달리 성장을 거듭하여 사람들의 관심을 받고 있다. 이 책을 읽고 나면 그 이유를 쉽게 간파할 수 있다. 맥주 문화는 상당히 다양하고 특색이 있으며 미묘한 차이가 있다. 이 책의 문구를 빌리자면, "어느 예술과 마찬가지로, 맥주가 진정으로 주목을 받기 위해서는 합당한 맥락이 필요하다." 《맥주의 정석》은 우리에게 이러한 맥락을 확실하게 전해준다. 세상에서 가장 스토리가 풍부하고 사랑받는 성인 음료를 공부하며 이 음료를 즐겨보라. 건배!

샘 캘러지온
도그피시 헤드 크래프트 브루어리의 대표이자
《Brewing Up a Business》의 저자

서문

이 부분을 읽을 때는 손에 맥주를 가득 채운 잔을 들고 있으라. 그리고 자세히 보라. 풍부한 색과 맥주의 약간 찐득한 점성을 들여다보라. 빛에 따라 바뀌는, 어른거리는 부분의 움직임을 관찰하라. 거품이 형성되어 잔 위로 서서히 올라오면서 윗부분에 크리미한 거품층이 마치 눈이 내리듯 고요하고 평화롭게 쌓이는 모습을 지켜보라.

잔을 들어 입술에 갖다대되 우선 가만히 그 아로마를 들이마시고 향을 음미하라. 맥아의 빵 또는 캐러멜, 구운 향과 이와 대조적으로 홉이 발산하는 활발한 그린의 향미, 그리고 각종 향신료와 과일, 흙과 나무의 휘감기는 듯한 향미를 맡아보라. 기억 한편 구석에 처박혀 있던 잊혀진 행복한 기억의 신경세포들이 이런 향으로 발산되면서 그 어떤 예술 형태에도 맞먹을 정도의 강력한 경험을 남긴다.

이제 마지막으로 맛을 보라. 차갑고 바삭한, 아니면 뜨겁고 진한 맥주가 목안을 타고 들어간다. 처음에 확 느껴지는 풍미와 탄산의 짜릿하고 쏘는 느낌을 느껴보라. 맥주가 입 안에

서 데워지면서 새로운 풍미와 느낌이 발산된다. 맥아의 달콤함, 밝은 허브 홉, 살짝 느껴지는 구운toast 풍미, 이 모든 요소가 쌓이며 강도가 세지면서 달콤쌉싸름한 크레센도 악상이 완성된다.

한 가지 맛은 절대 아니다. 마치 영사실의 필름이 풀리듯, 마시면서 계속 전개되는 영화 같은 체험이다. 부드럽게 숨을 한 번 들이키면 새로운 맥주의 향기가 올라온다. 이런 즐거움은 수천 년 동안 향유되었다.

이런 감각의 의미를 이해할 수 있다면 양조의 모든 역사의 문이 활짝 열리면서 황금빛 보리밭에서부터 증기로 가득한 양조장, 인간이 처음으로 길들인 미생물, 바로 효모의 쉴틈 없는 작용까지 맥주의 오랜 변천사가 드러난다.

대단원은 서서히 사그라드는 뒷맛으로 끝난다. 건포도, 구운 풍미 또는 꿀 풍미가 끝까지 입 안에 남아 돌면서 목에서는 부드럽게 몸을 덥혀주는 알코올의 감각으로 마무리된다. 이제 맥주가 사라진 빈 잔에 남은 것은 섬세한 레이스 조각…

손에 맥주 한 잔 들지 않고
이 책을 볼 생각은
꿈도 꾸지 말라

맥주의 세계에 온 것을 환영합니다

항상 이렇게 열광적이라면 얼마나 좋을까. 어쨌든 좋은 것이 실제로도 좋은 반응을 누릴 수 있으니. 그런데 사실대로 말하자면, 사람들은 맥주에 응당 가져야 할 관심을 항상 기울이지는 않을 뿐더러 갈수록 그 일에 시큰둥하다. 의식적으로 살아가는 삶의 모든 면모가 그렇듯, 맥주를 한껏 즐기기 위해서는 교육과 경험 그리고 올바른 마음가짐이 필요하다.

그렇다고 맥주를 이해하고 음미하기 위한 배움이 힘겹다는 얘기는 아니다. 오히려 이런 배움은 우리가 할 수 있는 가장 즐거운 일에 속할 터. 그러나 맥주를 최대한 즐기기 위해서는 노력을 좀 기울여야 한다. 이 책은 맥주가 가장 즐기기 좋은 순간 이를 경험하는 방법을 논리적이고 체계적인 방식으로 알려준다. 맥주는 겸손한 음료일지는 모르지만 단순하지는 않다.

맥주는 곡물이 자라는 곳이라면 거의 어느 곳에서나 양조되지만, 아이러니하게도 맥주의 본고장 중동에서는 예외다. 맥주는 성직자부터 미천한 자까지 광범위한 모든 계층이 즐기는 음료이며, 고대의 종교의식과 시끌벅적한 서클 파티에서도 누구나 똑같이 맥주를 맛있게 즐겼다. 필수 영양소와 안전한 식수의 공급원이든, 또는 귀하고 값비싼 사치품이든, 맥주는 모두의 필요나 기분을 충족시킨다. 맥주는 낫으로 수확하여 양동이에서 양조하고 갈대 줄기로 마실 수도 있지만, 자동화된 우주시대 양조장에서 단순하게 버튼 하나 누르면 앞에 짠 하고 등장할 수도 있다. 얼굴 없는 산업 제품일 수도 있지만, 최상의 와인만큼이나 귀하고 관심을 한몸에 받는 예술작품일 수도 있다. 색이 라이트한 것과 다크한 것, 도수가 높은 것과 낮은 것, 탄산이 있는 것과 없는 것, 캔이나 병에 포장된 것, 아니면 생맥주 등 상황에 따른 모든 역할에 맞게 맥주는 자유자재로 적응해왔으며, 그 역할을 상당히 기품있게 수행해왔다. 맥주는 그야말로 전세계인의 음료이다.

하지만 이런 인상적인 활약에도 불구하고, 대부분의 사람들이 맥주에 대해 알고 있는 것은 놀라우리만치 보잘것없다. 가장 기본적인 개념조차도 명확하지 않다. '맥주란 무엇인가?' '무엇으로 만들어졌는가?' '색이 어두운 맥주는 왜 어두운가?'

만약 계속 이렇게 무지의 상태로 남아 있다면, 우리는 우리 자신의 제한된 맥주 세계에 갇혀 어떤 즐거움을 놓치고 있는지도 모르는 채, 예를 들어 바비큐 샌드위치에 어떤 맥주가 완벽하게 어울리는지, 아니면 상태가 좋지 않은 맥주를 다시 돌려보내도 되는 건지 등을 모르는 채 살아갈지도 모른다. 약간의 정보만 가지고 있다면 맥주의 놀라운 세계가 활짝 열린다.

맥주는 실제 잔 안에 들어 있는 요소를 놓고 볼 때 복합적인 대상이며 와인보다 이해하기 어렵다. 맥주는 수백 가지 다른 방식으로 가공된, 수십여 가지 재료로 양조될 수 있다. 와인 양조업자와 달리 맥주 양조업자는 실제로 레시피를 만들어 자신의 의도에 맞게 제품을 생산한다. 모든 양조 과정은 선택의 연속이며, 우리가 그 과정을 이해한다면 맥주를 잔에 따랐을 때 각각의 선택을 모두 맛볼 수 있다. 수십 가지 스타일은 정해진 방식이 아닌 시대의 조류에 따라 변하는 움직이는 모래톱이고, 각각의 스타일은 자체적으로 과거, 현재, 미래를 다 간직하고 있다. 마지막으로 덧붙이자면 잘못된 정보는 넘쳐난다. 그것도 많이.

"맥아의 오일과 생생한 과일즙 덕분에
나의 뮤즈가 헥터보다 더욱 용감해졌노라."
리처드 브래스웨이트,
《바네비 일기》, 1638

맥주의 깊이와 폭

간결하고 눈에 보이는 것처럼 쉽게. 이 책은 맥주의 광활한 세계를 안내하고 더불어 맥주를 이해하고, 더 중요하게는 맥주를 즐길 수 있는 도구를 간결하고 쉽게 제공하는 것이 목적이다.

맥주의 역사는 문명보다 앞서며, 인간이 맥주를 변화시킨 만큼이나 맥주도 그 나름의 방식으로 우리 인간을 변화시켰다. 우리가 맥주와 맺어온 관계는 사회에서 맥주가 하는 많은 역할을 이해하는 열쇠이며, 바꿔 말해 이는 동일한 맥주 제품군을 형성하는 그 많고 다양한 색과 도수, 풍미를 파악하는 데 도움이 된다.

맥주는 민주적이다. 최고 양질의 땅이나 한정된 지리적 위치에 의존하지 않는다. 맥아 제조자와 양조업자의 많은 선택을 통해 아로마와 풍미, 질감, 색이 형성되며, 몇 가지 단순한 상품이 뛰어난 예술작품으로 변모한다. 기술과 열정, 창의성이 있다면 누구나 위대한 맥주의 제조 방법을 배울 수 있다. 맥주를 시음하면서 맥주의 외관을 한 번 훑어보고, 모든 것을 말해주는 향을 맡으며, 신중하게 한 모금 마셔보면 마치 양조한 사람의 영혼을 들여다보는 듯한 착각이 든다. 천상의 손길보다 이런 인간에 대한 의존성이 맥주의 대단한 즐거움 중 하나다.

열정적인 맥주광이라면 때때로 다른 사람에게 맥주의 매력을 소개할 기회가 생길 터. 여느 일과 마찬가지로 보기 좋은 맥주라면 게임의 반은 따고 들어가는 것이다. 속임수를 쓰는 게 아니다. 훌륭한 맥주는 가능한 가장 좋은 환경에서 딱 적당한 온도로, 완벽하게 어울리는 잔에 따라야 한다는 것을 항상 염두에 두어야 한다. 어느 한 조건이라도 부족하면 양조사와 시음자를 둘 다 기만하는 셈이 된다.

이 책 말미에 가서 독자 스스로 많은 연습이 쌓였다면, 잘 만들어진, 그래서 그 속까지 철저히 즐기는 맥주의 경이로움을 이루는 데 일조하는 많은 요소를 자기만의 방식으로 이해하게 될 것이다.

맥주로 하나되는 공동체

게뮈틀리히카이트 Gemütlichkeit란 말은 '안락함'을 뜻하는 독일 단어로, 위스콘신주 같은 곳의 통나무와 박제로 장식된 술집에서 느껴지는 따뜻하고 활기찬 분위기를 묘사하는데 상당히 자주 사용된다. 이 단어는 대단한 단어다. 왜냐하면 좀 더 넓은 의미에서 보다 중요한 의미를 내포하기 때문이며, 나는 이를 '가족 같은 유대감'으로 표현한다. 여기에서 내가 말하는 것은 편안한 공동체 의식이다. 이런 공동체의 사람들은 특정 장소에서 서로의 차이점과 의심을 제쳐두고 의식적으로 유쾌하게 지내기로 마음을 먹는다. 체코, 네덜란드, 러시아, 덴마크 언어에도 이와 비슷한 개념이 있지만 영어는 독일어를 빌려와야 한다.

맥주에는 분명 뭔가가 있다. 브뢰겔 Breughel의 그림에서 막 터져나오는 웃음을 보라. 플란더스 지방의 농부들이 거칠고 힘든 삶 속에서도 맥주를 마시고 춤을 춘다. 예절은 물론 문명은 맥주가 있는 곳에서 발전한다. 맥주는 공동의 기반에서 사람들을 한데 결속시키는데, 이런 기능을 수천 년 동안 해왔다.

맥주 사업에서도 이와 동일한 동지애가 상당히 많이 작용

와인 앞에서는 말다툼하던 사람들이 끝내 칼을 뽑고,
싸움을 하며 술자리를 끝내지만,
에일 통 앞에서는 검을 들고 있어도 숱한 싸움이 사라지고,
종종 꾸짖음마저 웃음으로 바뀌네.

《에일을 찬양하며》 1888, 영국 옛 맥주 시가 모음집, 저자 미상

〈소작농의 춤〉 피터 브뤼겔, 1568
지난 1,000년 간 맥주는 사회 계층을 서로 이어주는 없어서는 안 될 접착제 같은 역할을 했다.
이 그림에서는 16세기 소작농이 흥에 겨워하고 있다.

한다. 대부분의 업계에서 시장 경쟁자들이 마치 냉전시대 적대국처럼 서로 헐뜯는 시대에도 맥주 양조 부문에서는 그런 적대감을 찾아보기 힘들다. 마케팅에 종사하는 사람들이야 서로 죽기 살기로 덤벼들지 모르지만, 양조업자들은 서로 돕는다. 아마도 그건 자신들이 작은 모임의 일원이라는 만족감 때문일 것이다. 이런 모임의 사람들은 자기가 생계로 하는 일이 많은 사람들을 행복하게 한다는 사실을 절대적으로, 또 긍정적으로 수긍한다.

오늘날의 맥주

이 시대는 우수한 맥주가 탄생하는 데 점점 더 재미있는 양상이 벌어지고 있다. 고전적인 스타일이 여전히 중요한 자리를 차지하고 있는 가운데 창의적인 양조업체는 좀 더 나은 것을 찾아나서는 맥주광들의 독려에 힘입어 양조라는 예술에 박차를 가하고 그 자체의 이름값을 높이는 데 혈안이 되

어 있다. 어디에서나 양조업체는 자체 생산 맥주를 그들만의 독창적인 제품으로 만드는 방안을 모색한다. 지역의 재료와 문화적인 관습을 최종 제품에 담아내는데 그 방식이 종종 흥미진진하게 진행된다. 나무통 야생 자연 발효를 전문으로 하는 양조장, 또 식용 식물 및 천연 재료 맥주, 농장 양조 맥주, 자국 소비 맥주, 캐스크 맥주, 세션 맥주, 잊혀진 역사 속의 맥주 등을 전문으로 하는 양조장이 있다.

오늘날은 맥주 관점에서는 재미있는 시대다. 진정한 정통 스타일은 일부 그대로 남아 있지만, 유럽 전역에서 정통 스타일은 100년 동안 홍수처럼 밀려든, 대량 생산된 필스너에 고전을 면치 못하고 있다. 대규모 제조회사는 점점 그 규모가 커지고 갈수록 특징이 없어지면서 세계화되어 가고 있다. 그다지 크지 않은 양조 업체의 경우 상황은 특히 어렵다. 옛날 정통 양조장 대다수는 이들의 진가를 모르는 대기업에 먹혔고, 종종 참혹한 결과가 나오기도 했다. 전설적인 양조장은 문을 닫고 여기서 생산된 사랑받는 맥주는 알아볼 수 없

보관중인 샘 애덤스 유토피아
배럴(나무통)은 오래된 기술이지만 풍미를 잘 유지해주는 이유로 지금도 여전히 사용되고 있다.

을 정도로 바뀐다. 그러나 과거가 사라지면서 맥주의 새로운 미래의 틀이 잡혀가고 있다. 소규모 양조업체에서 소수의 수준 높은 단골 고객을 위해 특성 가득한 영감을 자극하는 맥주를 생산하고 있다.

크래프트 맥주는 감탄할 정도로 섬세한 제품이 많지만, 대부분은 묵직하고, 심지어는 튀기도 하며, 시장에서 생산되는 밍밍하고 특징 없는 수많은 제품의 해독제 역할도 한다. 영국, 독일, 벨기에의 위대한 양조 전통이 정통에 대한 존경하는 관심으로 끓어오를지도 모르고, 또 어쩌면 풍미를 차곡차곡 쌓아가려는, 단지 편한 출발점으로 간주될 수도 있다.

군비 경쟁 또한 진행중이다. 홉을 대량 투하하기도 하고 상상 가능한 모든 스타일을 임페리얼화하면서 크래프트 양조업체는 풍미를 쌓아가고 있다. 그중 으뜸은 현재 무려 27%의 알코올 도수를 자랑하는 슈퍼 비중 맥주로, 포트 와인과 도수가 막상막하이고 증류주의 도수에 가깝다. 사뮤엘 아담스 유토피아 Samuel Adams Utopias 같은 일부 맥주는 200

달러 이상으로 팔리기도 하는데 맥주계에서는 최고가라고 볼 수 있어도, 가격 파괴적인 외국산 증류주 세계의 기준에서 볼 때는 여전히 헐값이다. 이와 동시에 그리 높지 않은 도수에 풍미는 가득한 '세션' 맥주에 대한 관심이 이보다 더한 적이 있었나 싶다.

영국의 경우 한때 국민 음료였던 리얼 에일은 스페셜티 맥주가 되었고, 비용, 음주운전 단속을 비롯한 기타 다른 요인으로 인해 펍에 가서 마시는 음주 습관에 놀랄 만한 변화가 일어났다. 우리가 사랑하는 그 환상적인 정통 벨기에 맥주는 본국 시장 점유율이 15%에 불과하다. 독일은 당연히 자국 맥주를 사랑하겠지만, 남 얘기 할 것이 아닌 게 이곳 역시 여러 맥주를 받아들여야 하는 숙명의 시간이 무르익었다. 체코공화국도 다를 바 없다. 하지만 이런 맥주의 성스러운 중심지에서도 신세대 양조업체들은 숨막히는 전통을 깨고 나와 그들 지역 맥주를 다시 한 번 의미 있고 새롭고 흥미진진한 것으로 부각시키기 위해 노력하고 있으며, 때로는 그 틀

시트카 지역의 가문비나무 눈
홉이 맥주의 맛을 내는 주요 재료이긴 하지만 맥주는 여전히 식물성 제품이다.
가문비나무 눈은 개척자적인 양조를 실험하고 있는 알래스카에서 여전히 사용되고 있다.

을 완전히 깨부수기도 한다.

갈수록 과거는 미래에 영감을 준다. 애매모호했던 많은 스타일이 살아 숨쉬는 것으로 다시 깨어나고 있다. 미국을 비롯한 세계 곳곳에서 톡쏘는 짭쪼름한 고제와 이외 북부 독일의 '불법' 맥주가 폭발적인 인기를 얻고 있는 현상을 바라보라. 20세기 현대성이라는 불도저가 쓰레기 더미에서 파낸 이런저런 고리짝 스타일은 정통성과 독창성의 매력적인 조화에 목말라하는 양조업체와 음주인들로부터 인기를 얻고 있다.

'팜 하우스' 맥주가 실제 역사적으로 어떻게 탄생했든지는 확실치 않지만, 이 맥주 이야기는 오늘날 현대 산업화 세계에서는 거부할 수 없을 정도로 매력적이다. 그 결과 양조업체는 '팜 하우스' 맥주의 탄생 이야기를 즐겁게 해석하여 특색 있는 마시기 좋은 맥주로 내놓는데, 종종 오크와 야생 미생물 같은 농가의 요소를 가미해서 양조하여, 자칫 단순할 뻔했던 제품에 풍부한 깊이를 더해준다.

최근에 자기 이외의 모든 재료를 녹색의 쌉쌀한 바다로 삼켜버리겠다고 으름짱을 놓았던 홉은 이제는 한 걸음, 응당 있어야 할 자리로 물러서 맛있고 특색 있는 맥주를 만드는 하나의 방편으로 자리잡았다. 그러나 한편으로 홉은 여전히 인기를 누리고 있어 IPA는 인디아 페일 라거는 물론 화이트, 레드, 호밀, 벨지언, 브렛, 세션 등 온갖 변형 제품으로 조명을 받고 있다.

동시에 많은 크래프트 양조업체는 홉을 능가하는 재료를 모색하면서 토착 식물은 물론 지역 식재료 및 양조 전통을 이용하여 의미심장한 맥주를 양조할 수 있는 길을 찾아나서는 중이다. 알래스카에서 호주에 이르기까지 시트카 Sitka 지역의 가문비나무 눈, 구운 와틀 wattle 씨, 임부라나 imburana 나무, 백년초 열매, 둘쎄데레체 dulce de leche(설탕이 든 따뜻한 우유로 만들어지는 과자의 일종–역자주), 적미 red rice, 밤, 무화과, 습지 머틀, 쿠푸아수, 약쑥, 엘더플라워 등 지역 재료를 넣어 맥주를 만들어내는 데 엄청난 관심이 모아지고 있다. 그야말로 짜릿한 모험이다.

　과일 맥주는 마침내 제대로 진가를 발휘했다. 몇몇 양조업체는 최상급 와인 제품 계열에 과일 풍미를 좀 더 가미한 맥주를 생산해내고 있다. 설탕 역시 찬장 밖으로 나왔는데, 양조업체는 고도수 맥주의 바디감을 가볍게 하고 음용성을 높이기 위해 흑설탕, 라파두라, 벨기에 양조사의 캐러멜 같은 이국적인 종류의 설탕을 사용한다. 밀, 호밀, 메밀을 비롯한 다른 독특한 부재료 맥주 adjunct beer도 눈에 많이 띈다. 할로윈 기간에는 호박 에일이 인기있고, 스톤 맥주와 훈제 맥아의 고대 기법을 사용하는 칠레 맥주가 이따금 모습을 드러낸다. 버번통은 마침내 양조장에서 제 길을 찾아 숙성 몇 달 후 도수 높은 맥주에 바닐라와 구운 코코넛 노트를 입혀준다.

　너무나 그리운 고 마이클 잭슨 Michael Jackson(영국의 맥주 품평가-역자주)은 미국이 이 지구상에서 맥주를 마시기 가장 좋은 곳이라고 하며 유럽 사람들의 신경을 거스르는 발언을 즐겼다. 그의 말이 옳았다. 이곳 미국에는 그 어느 곳보다 많은 스타일과 많은 선택사항이 있고, 풍미와 개성으로 넘치는 맥주가 많다. 항상 그랬던 건 아니다. 1970년대 중반까지는 애석하게도 마실 가치가 있는 미국 맥주가 거의 없었다. 보존할 가치가 있는 살아 있는 맥주의 전통이 없기 때문에 우리는 새로운 맥주 문화를 처음부터 자유롭게 만들어갈 수 있다. 신세대 미국 양조업체들은 열정과 상상력으로 전통 만들기라는 임무를 떠맡았다. 수십 년도 안 되어 이들의 노력으로 크래프트 맥주는 전체 시장에서는 아니지만 제품의 바람직성, 심적 선호도, 쿨함 등에서 선두주자로 나섰다.

　이들 양조업체가 내놓은 맛있고 특색 있는 크래프트 맥주의 성공은 전세계에 영감을 주었고 이젠 세계 전체의 동향으로 이어지고 있다. 프랭크 자파 Frank Zappa(미국 작곡가 겸 기타 연주가-역자주)가 한 유명한 말이 있다. "맥주와 항공기가 없으면 그건 실제 존재하는 나라가 아니다." 오늘날에는 '크래프트 양조장' 또는 심지어 'IPA'가 이보다 좋은 척도일지 모른다. 이들은 어디나 존재하고 앞으로 더 많이 존재할 것이다. 물론 크래프트 양조는 사업의 일종이지만 그 훨씬 이상의 것을 담고 있다. 이는 예술적, 사회적, 정치적 차원을 담은 운동이다. 유통 및 원재료, 수익성, 장비, 세금, 경쟁에 있어서 많은 난관을 감안해본다면, 이러한 사명감은 양조사들에게 고난의 가시밭길을 헤쳐갈 수 있는 힘을 준다.

　치러야 할 전투는 더 있다. 자체적으로 많은 혁신을 내놓지 못한 다국적 양조업체는 성공을 거둔 상당수의 크래프트 양조업체를 집어삼켜, 이들이 확보한 유행에 민감한 젊은 소비자층과 정통 브랜드 스토리에 한층 가까이 접근하려 시도하고 있다. 그 자체로 볼 때 문제가 되지 않지만, 이들이 자체 포트폴리오를 확고히 다져 강력한 유통 네트워크에서 독립 브랜드를 차단하려는 움직임이 이미 감지된다. 이런 현상은 소규모 양조업체에게는 상당히 곤혹스러운 전개로 맥주 애호가들에게도 마찬가지로 경종을 울리는 현상이다. 과거의 경우 이렇게 사들인 브랜드는 다국적 업체가 예상하는 대로 최강 브랜드로 자리잡지 못했다. 1990년대와 비교했을 때 거대 양조업체는 자기들이 인수한 크래프트 업체를 자기들이 원하는 이미지로 재창조하면 안 된다는 교훈을 얻었다. 하지만 이들이 손대고 싶은 충동을 과연 이겨낼 수 있을지, 또 거대기업이 인수기업과 함께 가고자 하는 여정에 도달할지는 시간이 말해줄 일이다.

　잠재적으로 폭풍의 구름이 존재하고 있지만 지금은 맥주에 있어서 아주 좋은 시대이다. 어디에서나 크래프트 양조업체는 맛있고 창의적인 맥주를 만드는 그들의 소명을 열정적으로 수행하고 그들의 팬에 가까이 다가가 우리 모두가 자부심을 가질 수 있는 그런 사업을 운영한다. 나는 바로 이를 위해 건배하련다.

　맥주는 진정 세계 최고의 음료이다. 목을 축여주기도 하고, 영양분을 공급해주기도 하며, 더위를 식혀주거나 몸을 덥혀주기도 하고, 단순한 술이기도 하지만 깊은 명상의 가치를 지니기도 한다. 1,000가지 아로마를 가진 음료이고 갖가지 색을 내며, 술을 양조하고 즐기는 사람만큼이나 다양한 특성을 자랑한다. 1만년의 역사를 보유하고 있으며 신과 여신, 영웅이 함께했고, 그 영광을 찬양하는 노래가 있다. 맥주는 우리를 결속시킨다. 맥주는 우리를 행복하게 해준다.

　《테이스팅 비어》에서 내가 바라는 바는 맥주를 신비롭게 만들어주는 요소, 또 맥주와의 인연을 신비롭게 만들어주는 이 많은 요소를 독자들이 좀 더 잘 이해하도록 돕는 것이다. 노력과 정보로 무장한다면 그 호박빛 깊이를 들여다볼 수 있는 힘, 좀 더 날카로운 감각으로 접근하는 힘, 맥주의 의미 안에서 발견하는 힘을 얻을 수 있다.

이보게, 내 잔을 채우게, 가득가득 채우게,
마시고 또 마시리
내 비록 무덤 갈 때까지 마실지라도,
그는 움찔하는 바보, 나는 조금도 약해지지 않아.
이보게, 잔을 들고 여기저기서 마셔보세
우주 전체가 마르도록 마시리
한 번 손대면 끝장을 보자고
제 정신이 돌아오면 그땐 죽음이야.

필립스 Mr. Philips, 《에일을 찬양하며》에서,
〈바커스 축제송〉, 1888

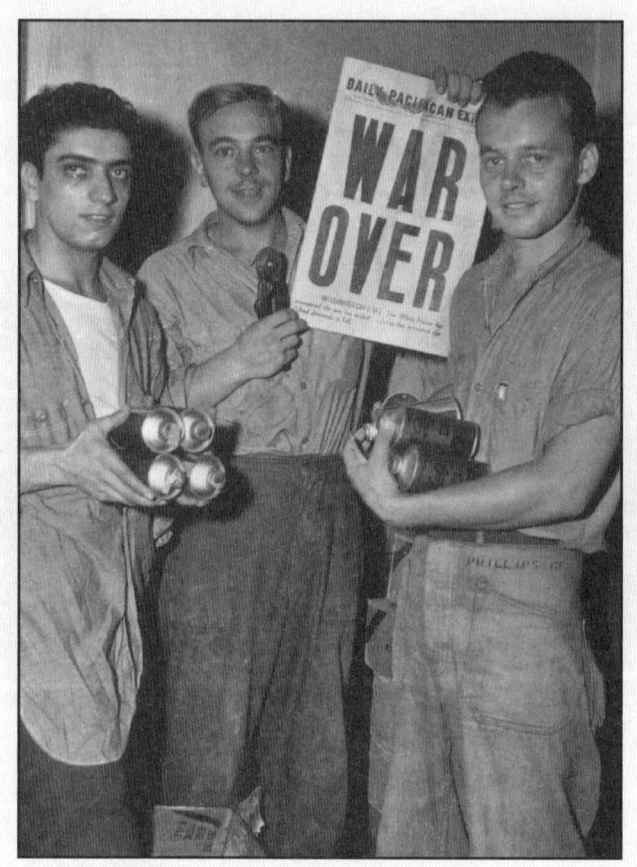

맥주란 무엇인가?

맥주는 크게 전분을 기반으로 하고, 증류 작용 없이 생산되는 알코올 음료이다. 오늘날 산업화된 관점에서 보면 맥주는 보통 보리 맥아로 양조되며 여기에 비용이나 질감, 전통 등의 이유로 쌀 또는 옥수수, 밀, 귀리 같은 기타 다른 곡물이 추가되고 홉으로 풍미가 더해진다. 하지만 이것은 세상에서 만들어지는 모든 맥주의 작은 부분집합에 지나지 않는다. 광대한 역사를 거쳐오면서, 산업화 이전 사회의 다양한 문화 안에서 많은 응용 제품들이 나왔다. 상상할 수 있는 모든 전분 식물, 심지어 카사바와 수수까지도 맥주 양조에 동원되었다.

곡물 속의 전분은 양조사가 쓰는 효모를 통해 쉽게 발효되지 않는다. 따라서 전분을 발효가능한 당으로 분해하기 위해서는 화학 공정이 추가되어야 한다.

안데스산맥의 치차(chicha: 안데스산맥의 옥수수 술-역자주)의 경우, 여자들이 옥수수를 씹으면 침 속의 효소가 요술을 부린다. 사케의 경우(그렇다, 사케는 와인이 아니라 맥주다), 누룩곰팡이가 필요한 효소를 공급하는 데 사용된다. 다행히 보리와 밀 같은 곡물에도 이런 일을 할 수 있는 효소가 들어 있다.

오늘날 맥주는 생존을 위한 생필품이 아니기 때문에, 우리는 맥주를 맛좋은 기호품으로 알고 있다. 하지만 위생이 열악했던 불과 100~200년 전까지만 해도 맥주는 값싸고 안전하게 마실 수 있는 몇 안되는 휴대용 식수원이었다. 맥주에는 또한 양조방식에 따라 많은 단백질과 탄수화물이 들어 있어 '액체 빵'이라는 별명이 붙었다. 맥주는 또한 알코올을 함유하고 있어, 물론 지나치게 탐닉하는 사람들에게는 위험할 수 있지만, 사회적인 긴장을 완화하고 행복감을 조성하는 능력으로 오랫동안 칭송받아왔다.

맥주는 여러 입맛에 맞게, 또 여러 다른 목적으로 양조될 수도 있다. 대부분의 문화적 맥락에서 볼 때 그날, 그해, 그 사회에서 제각기 다른 구실을 수행할 수 있도록 도수가 약한 것부터 강한 것까지 다양한 맥주를 찾아볼 수 있다.

문명과 맥주의 탄생을 연구하는 사람들은 이 두 가지가 거의 동시에 발생했다고 말한다. 보리는 최초의 재배 곡물에 속하는데, 바로 양조에 적합한 특성을 갖춘 재배 형태로 등장했다는 사실이 우리에게 많은 점을 알려준다. 귀리죽 한 단지를 위해 유목생활을 접는다는 것은 생각해볼 문제지만, 맥주가 주어진다면 거절하기 힘든 일 아닐까.

내 생각에 사람들이 도시 안에 비집고 들어가 살다 보면 이런저런 갈등이 생기기 마련이지만, 이런 문제는 맥주 같은 사회적 윤활유를 통해 누그러질 수 있었고, 이러한 갈등의 해소는 맥주가 탄생하고 오래 되지 않아 등장한 선술집 같은 장소에서 이루어졌다.

맥주는 여러 시대와 장소에서 소비자가 무심코 하는 선택이 아니라 훨씬 의미심장한 선택이었다. 고대 중동 사람들은 맥주를 담당하는 신과 여신을 따로 두었고, 자기들 민족의 신화에 맥주의 생산을 짜깁기하여 수록했다. 이집트 전설에서는 맥주가 세상을 구했다. 수천 년 동안 맥주는 각 문화마다 최고의 지위를 부여받았다. 맥주 덕분에 우리는 문화를 이해하고, 문화를 키우고, 문화를 숭배한다. 인간의 모든 예술 형태와 마찬가지로, 맥주는 오직 인간의 쾌락을 위해서만 생존한다. 인간은 맥주에 뿌린 것을 맥주에서 거둔다.

간략한 맥주의 역사

맥주의 역사는 광범위하고 상당히 매력적인 주제로, 내가 지금 이 짧막한 장에서 언급하려고 하는 것보다 당연히 훨씬 많은 관심을 기울여야 한다. 내가 여기서 하려는 것은 역사의 남겨진 조각들, 특히 맥주의 스타일에 관한 부분이 앞으로 제공할 토대에 들어맞을 수 있게 폭넓은 주제를 한 번 제시해보는 것이다.

쿠르디스탄
중동지역의 풀로 뒤덮인 야산은 많은 경작형 초본 식물의 원산지로 여겨진다.

농경의 시작

이야기는 기원전 22,000년 경, 마지막 빙하시대가 끝나고 기후가 바뀌면서 현재 쿠르디스탄Kurdistan으로 알려진 중동지역 일부의 거주 여건이 좋아지면서 시작된다. 사람들은 이 지역에 정착하면서 풀을 비롯한 야생 수확 식물을 영양을 섭취하기 위한 훌륭한 공급원으로 이용했다. 괴베클리 테페 Göbekli Tepe라는 신전에서 나온 물질을 화학 분석해보니 이 지역 사람들은 무려 기원전 15,000년 경부터 야생 풀로 맥주를 양조했을 거라는 추측이 나왔다. 최고의 씨앗을 모아 매년 다시 심었는데 이런 야생 풀은 보리와 밀로 자랐고, 이 과정에서 이 지역 거주민들은 농부의 삶을, 그리고 양조사의 삶을 살게 되었다.

경작한 풀의 씨앗은 전분으로 불룩해서 이들이 만들어내는 음식과 음료에 안성맞춤이었다. 밀에는 발효빵에 조직감을 부여하는 글루틴이라는 끈적한 단백질이 상당량 들어 있었고 그 낟알은 껄끄러운 겉껍질이 남지 않도록 탈곡되었는

데 이는 좋은 빵을 만들기 위해 필요한 필수적인 요소였다. 보리는 밀보다 글루틴 함량이 적었고 많은 품종은 겉껍질을 남긴 채 탈곡했는데 이 두 가지 특질이 양조에 상당히 도움이 되었다. 전체 이야기는 상당히 복잡하지만 이런 초기 시대에도 보리 맥주와 밀 빵이 탄생할 기본 여건이 조성되었던 셈이다.

당화mashing 작용(효소에 의해 전분이 당으로 변하는 과정)이 어떻게 발견되었는지는 확실하지 않다. 아마도 처음에 곡물을 저장하고 영양 가치를 높이기 위해 발아malting(곡물의 싹을 틔운 다음 말리는 과정. 이를 통해 전분을 분해하는 효소도 활성화된다)라는 필수 단계가 이루어졌으리라 생각된다. 매일 먹는 귀리죽에 물릴 대로 물렸을 때, 누군가가 맥아에 뜨거운 물을 섞으면 몇 분 후 상당히 달콤하고 영양 가득한 죽이 되는 현상을 발견했을 때는 그야말로 생활에 상당히 많은 활력소가 되었을지도 모른다. 사실 맥즙은 그레이프 너츠(Grape-Nuts: 곡물을 가공한 것으로 디저트용으로 쓰임-역자주) 같은 맛이

많이 난다.

이들 고대 민족들이 자신들의 운명을 그 작은 풀잎 종자 재배에 걸었다는 점은 대담한 행보였다. 가축 모는 일은 목초지를 찾아서 철 따라 가축 떼를 따라다니기 때문에 유목생활에 안성맞춤이었다. 곡물은 특별히 이동성이 없기 때문에 이런 농경방식에 자신의 운명을 던진다는 건 머리 사이로 나부끼는 바람 같은 자유를 잃는다는 의미였다. 개인적으로 이런 상실의 대가가 맥주라면 빵이나 귀리죽에 비해 훨씬 받아들이기 쉬웠으리라 생각된다. 필자보다 맥주를 학술적으로 연구하는 사람들은 도시같이 비정상적으로 북적이는 환경에서 맥주는 사람들을 한데 결속시킨 매개체라고 주장한다. 오늘날에도 맥주는 사람들 사이에 껄끄러움을 없애주고 도시생활을 훨씬 활기차게 만들어준다는 점에서 이 말은 확실히 맞다. 특정 지역을 빗대는 건 아니지만, 맥주가 완전히 금기시되고 있는 지역을 보라. 다른 곳과 상반되는 차이를 쉽게 알 수 있다.

와인과 맥주는 거의 같은 시기에 동일한 지역에서 만들어진 것으로 보인다. 초기에도 와인은 맥주보다 훨씬 사치스러운 산물이었고, 대체로 왕족과 소위 우두머리 계층을 위해 비축된 반면, 맥주는 모든 사람이 마셨다. 그리스인과 로마인은 이후 직통으로 내려온 와인이 우월하다는 개념을 널리 전파했다. 맥주와는 상대적으로 와인에 자동적으로 부여된 계급과 지위에 대해 절망감이 들며 괴로울 때는 바로 이 점을 기억하라. 우리에게는 이런 계급과 지위를 어느 정도 바꿀 힘이 있지만, 그 대상이 뭔지 알고 덤비는 것이 중요하다는 것.

고대 문명에서의 맥주

수메르인은 고대 중동의 위대한 첫 문명인이었다. 이들은 맥주를 상당히 좋아했다. 맥주에 해당하는 수메르어인 카스 kaš는 문자 그대로 '입이 갈망하는 것'을 뜻하며, 이를 통해

가장 초기의 맥주?
그릇과 잔여물로 미루어보아 터키 괴베클리 테페에 위치한 사원 건물 인근에서는 무려 기원전 1만 5000년 경부터 양조가 이루어졌다.

수메르 문화에서 맥주가 얼마나 중심 역할을 했는지 잘 알 수 있다. 기원전 3000년 경, 맥주 제조 기술은 재료, 양조 용기, 맥주 유형 등의 광범위한 용어로 입증되듯이 제대로 정립되었다. 맥아 가마를 통해 적색, 갈색, 흑색 맥주가 가능해졌으며, 갓 만든 맥주와 숙성 맥주, 도수가 강한 맥주와 약한 맥주, 심지어는 다이어트 맥주도 있었는데, 그 이름인 에블라 eb-la는 '허리 치수를 줄이다'란 의미였다. 효모는 맥주의 동력으로 알려졌지만, 그 특성은 이후 5,000년 동안 베일에 싸여 있었다.

닌카시에게 바치는 찬양(발췌)
닌카시, 당신은 커다란 갈대 매트에 가공된 맥즙을 펼쳐놓는 분이니,
서늘하게 식으면 두 손으로 달콤한 저 위대한 맥즙을 집어
꿀과 와인으로 맥주를 만드신다.

미구엘 시빌Miguel Civil 번역

수메르의 설형문자 돌판처럼 보이는 고대 메소포타미아의
돌판에는 맥주의 할당 상황이 기록되어 있다.
문자가 발명된 것은 아마도 곡물과 다른 농산물의
재고와 이동 정보를 추적해서 기록하기 위함이었을 것이다.

바빌로니아인과 페니키아인, 아카드인, 히타이트인을 비롯한 기타 여러 고대 중동 민족 또한 맥주를 좋아했지만, 성경의 셈족은 맥주에 별 관심이 없었다. 성경은 와인과 '셰카르shekar'라는 음료를 자주 언급하는데 '도수 높은 음료'로 번역된다. 학자들은 이 음료가 맥주를 가리킬 수도 있다는 데 의견을 모으는 듯하지만, 이 셰카르는 포도로 만든 와인 외에 다른 알코올 음료를 말할 수도 있고, 여기엔 대추나 무화과 열매, 꿀을 넣은 맥주 또는 이런 재료로 만든 와인도 포함되었다.

그런데 이집트 사막을 가로지르다 보면 맥주가 방대한 규모로 등장한다. 양조장은 그곳에 있는 사원들과 관련되어 있으며 그 규모는 오늘날의 맥주펍과 거의 비슷하다. 이집트 맥주는 헤크트hekt 또는 hqt라고 불렸고, 거의 산업에 가까운 양조는 남성의 영역이 되었다. 이렇게 맥주는 이집트인의 삶에 필수적인 주식이어서 행복한 내세를 보장하기 위해서는 기준이 될 만한 양조장이 반드시 필요했다. 맥주는 빵과 양파와 더불어 피라미드 같은 거대 건축사업의 에너지원 구실을 한 것으로 그 공로를 인정받는다. 메소포타미아에서와 마찬가지로 이집트 맥주도 특별히 준비된 보리 맥아 덩어리로 양조하는 경우가 많았다. 만들어진 맥주는 대부분 키가 큰 진흙 단지에 넣어 진흙으로 특수 밀봉한 채 보관했다.

이집트 신화를 보면 맥주가 갖는 문화적 가치를 보여주는 이야기가 있다. 여신인 세크메트Sekhmet는 파괴와 피, 주기적인 부활의 여신이었다. 고대 이집트의 대왕신인 그녀의 아버지 라Ra는 인간성이 타락해가면서 사람들이 자기를 예전처럼 숭배하지 않는다고 느꼈다. 그래서 대왕신 라는 사람들에게 따끔한 맛을 보여주기 위해 세크메트를 보냈다. 세크메트가 수많은 약탈과 폭력을 일삼으며 피를 들이키자 상황은 걷잡을 수 없게 되었다. 이대로 가다가는 인류가 멸망할 판이었다. 그때 누군가 괜찮은 아이디어를 냈다. 세크메트에게

그 당시 여자들은 맥주를 파는 것은 물론 양조하는 일도 병행했는데, 중세 대부분의 시기 유럽의 상황도 이와 비슷했다. 따라서 수메르의 맥주신인 닌카시Ninkasi 역시 여성이자 모성의 여신인 닌후르사그Ninhursag의 딸이라는 사실이 놀랄 일은 아니다. 〈닌카시에게 바치는 찬양〉이라는 자세한 시는 맥주 양조 과정을 묘사한다.

보리는 발아되어 가마에 말린 다음 분쇄되었다. 그 다음은 원추형 덩어리 형태로 빚어 굽거나 그대로 사용되었다. 덩어리를 구우면 캐러멜화가 진행되었으며, 짐작컨대 효소에 의한 전분의 당화가 시작되었을 것이다. 이 덩어리는 일종의 '즉석 매쉬'였을 것이고 여기에 뜨거운 물을 더하면 양조를 시작하기 수월하고 운반하기 쉬웠을 것이다. 맥주는 주로 갈대로 만든 긴 빨대를 통해 공동 용기로 마시는 경우가 많았다. 지위가 높은 사람들은 좀 더 진귀한 재료로 만든 빨대를 가지고 있었다.

부디 '부스러지지 않는 빵과 상하지 않는 맥주'를 들기를

에베르스 파피루스(기원전 16세기에 기록된 고대 이집트의
유명한 의학 문서의 하나—역자주), 기원전 1552년.

이집트의 양조사. 기원전 2325년
빵과 양파와 더불어 맥주는 고대 이집트의 생명줄이었다.

그 모든 피 대신 붉은 맥주 8만 단지를 주자는 것이었다. 그리고 일이 틀어지지 않도록 맥주에 마취성이 강한 맨드레이크 뿌리를 첨가했다. 세크메트는 맥주를 마시고 잠이 들었고 인류는 구원을 받았다. 그런 절박한 상황에 맥주를 떠올리지 않을 사람이 어디 있겠는가? 이런 고대 맥주 전통의 유산은 보우자bouza라는 원시 민속 맥주 형태로 이집트와 그 남쪽의 수단에서 여전히 명맥을 잇고 있다. 그곳의 토착 양조업자들은 아직도 보리 맥아 덩어리를 만들어 묵직하고 영양가 풍부한 맥주를 양조한다.

그리스인들은 와인을 문명인의 음료라고 믿었다. 그들이 보기에 야만인은 맥주를 마셨다. 이렇게 맥주를 멸시했지만 그들의 약탈행위는 멈추지 않았다. 맥주가 그다지 필요도 없으면서, 맥주를 마시는 북방의 리디아인과 프리지아인에게서 그들의 멋쟁이 맥주의 신인 사바지우스Sabazius(후에 아티스Attis)를 훔쳐와 '맥주의 신'이라는 그의 지위를 빼앗고 싶으

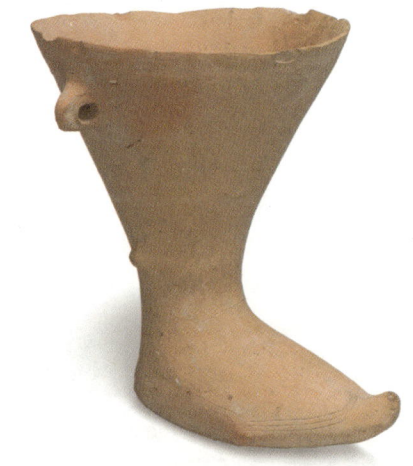

**고대 페르시아의 술잔용 부츠
기원전 200~100년 경**
분명 고대 페르시아인들은 발가락 안에 담긴 맥주가 튀면서 나오는 이 용기의 특성을 알고 있었다. 그렇다면 이 부츠는 과거판 음주 게임 도구였을까?

고대 북방 맥주의 향신료
향나무, 꿀, 크랜베리를 비롯하여 터리풀 medowsweet이라고 하는 허브가 수천 년 전 맥주를 만드는 데
사용되었는데 오늘날 맥주 양조에도 여전히 쓰인다.

로 왕관을 만들어 씌운 다음 이름을 디오니소스로 바꾸어 자기들만의 와인의 신으로 섬겼던 것이다.

프리지아인들의 맥주 사랑은 이들의 유명한 통치자인 미다스 왕을 통해 입증된다. 1950년대 고고학자들은 터키의 고르디온에 있는 고대 둔덕을 파들어가 육중한 목재 구조물을 발굴했는데, 그 안에서 학자들은 미다스 왕의 것으로 보이는 매장터와 장례식 유물을 발견했다. 유물은 복구되어 전

야생에 존재하는 효모
포도를 비롯한 많은 과일 껍질에 생기는 뿌연 가루는
실제 양조업자들이 효모로 이용한다.

시되었으며 가마솥과 마시는 용기에서 긁어낸 부스러기 조각은 추후 분석을 위해 보관되었다. 이들이 관심을 받게 된 기회는 2~3년 후, 펜실베이니아대학교의 패트릭 맥거번이라는 교수가 우연히 손을 대면서 찾아왔다. 이 교수는 분자 고고학을 이용해 초기 와인 역사를 연구하고 있었다. 물질의 개별 분자를 찾을 때는 가스 크로마토그래피 같은 첨단 분석 방법을 사용했는데 이들 분자를 통해 고대 음식 또는 음료의 본질이 드러난다. 연구진이 발견한 것은 어린 양과 렌틸콩 스튜 외에 보리, 포도, 꿀이 들어간 음료였다.

결과 발표를 위해 파티가 열렸고, 도그피시 헤드 크래프트 브루어리Dogfish Head Craft Brewery의 샘 캘러지온은 이 맥주를 만들어달라는 부탁을 받았다. 이렇게 해서 미다스 터치Midas Touchz라는 정식 제품이 탄생하게 되었다. 이 현대 맥주가 고대 맥주와 얼마나 흡사하게 닮았는지는 알 수 없지만, 일단 맛이 있다. 또 이를 통해 고대에 맥주를 좋아했던 민족의 삶을 감질나게나마 엿보게 된다.

그리스 문화를 흡수한 로마인들은 그리스인과 마찬가지로 맥주를 결코 좋아하지 않았다. 이는 맥주 양조 지역에 대해 중요한 사실을 한 가지 알려준다. 포도가 잘 자라는 분계

선 이남에서는 와인이 지배적인 음료이다. 이 분계선의 북쪽, 즉 로마제국의 변경 지역에서 고대 로마인들은 열정적인 맥주 애주가들과 조우하게 되었다.

곡물에 꿀 또는 과일을 섞어 만든 음료는 고대 북부 유럽 전역에서 만들어졌다. 꿀은 귀하기는 하지만 발효 가능한 당의 자발적인 공급원이고, 포도는 효모를 품고 있었다. 포도 표면에 보이는 흐리고 끈적한 물질이 실상은 자연에 서식하는, 양조업자를 위한 효모이다. 이 효모는 고대 시대에 알려졌고, 맥주를 만들 때 발효의 시동을 걸 목적으로 이따금 포도나 건포도가 추가된 것으로 보인다.

맥주를 비롯한 다른 음료에는 이밖에 다른 물질도 첨가되었다. 양귀비 봉오리 사진을 보면 디오니소스 의식에 이 꼬투리에서 채취한 아편이 사용되었음을 알 수 있다. 시선을 멀리 돌려 스키타이인(현재의 우크라이나)들은 대마에 빠져 있었던 것 같다. 당시 그리스 저술가들은 달궈진 돌이 들어 있는 사우나 같은 텐트에 사람들이 대마 씨를 던진다고 묘사했는데, 헤로도투스의 표현을 빌리자면, "그리스에 현존하는 어떠한 증기 목욕탕과 견주어도 뒤지지 않는" 증기가 뿜어져 나왔다. "스키타이인들은 이 증기를 너무나 즐긴 나머지 쾌락의 신음소리를 낸다."

청동기 시대 유물에서 긁어낸 부스러기를 화학 분석해본 결과 보리, 꿀, 크랜베리를 비롯해 허브 두 가지(필리펜둘라 울마리아 Filipendula ulmaria와 미리카 게일 myrica gale)가 나왔다. 이 시기에 홉을 보편적으로 사용한다는 건 여전히 먼 미래의 일이었다. 핀란드와 헝가리의 민족 서사시인 〈칼레발라 Kalevala〉에서는 맥주 양조를 즐거운 어조로 기술하는데, 지구의 탄생 부분을 설명하는 것보다 훨씬 오랜 시간이 걸린다. '마술을 부리는 아가씨' 칼레바타를 옆에 두고 도움을 받는 양조사 오스모타는 자신이 방금 만든 맥주를 발효시키는 방법을 필사적으로 찾고 있다. 솔방울과 곰의 침을 시도하다 꿀을 넣는데 이것이 마법을 일으켰다. "저 위 자작나무 통 안에서 / 부글부글 거품이 위로, 더 높이, 더 높이 끓어오르네." 이런 북방 맥주에는 또한 향나무를 넣는 독특하고 상당히 오래된 전통이 있는데, 사티 sahti라는 홉을 넣지 않은 핀란드 농가 에일에 지금까지 전해내려온다. 맥아와 귀리로 만든 이 에일은 맛이 좋고 의외로 도수가 높은데, 양조 과정 중 매쉬와 물에 추가된 향나무는 그 가지가 여과대 역할을 하고, 목재는 마시는 용기로 만들어지기도 한다.

영국 제도 약간 남쪽의 픽트족은 헤더(야생화의 일종—역자주)로 맛을 낸 맥주를 양조했는데, 이들이 바로 켈트족이 이곳을 차지하기 전 스톤헨지를 만든 원주민이었다. 픽트족의 마지막 왕에 대해서는 유쾌하고 낭만적인 이야기가 남아 있다. 왕은 침입한 켈트족에게 헤더 에일의 '비법'을 누설하느니 차라리 자기 아들을 절벽에서 던져버리라고 한다. 북부 스코틀랜드에서는 헤더가 없는 곳을 찾아보기 어렵기 때문에 그 에일의 비법을 알아내기는 그다지 어렵지 않다. 그래도 여전히 대단히 재미있는 이야기다.

맥주를 마시는 야만족들은 이 세상에 많은 선물을 남겨놓았는데, 그 중 중요한 것이 나무통이다. 나무통은 서기 1년 정도에 처음 만들어진 이후 동일한 형태와 제작 방식을 유지

픽트족의 헤더 에일 전설
전설에 따르면, 픽트족 최후 생존자는 헤더 에일 '비법'(그게 뭔지는 모르겠지만)을 침략한 켈트족에게 발설하는 대신 죽음을 택했다.

하면서 내구성이 깜짝 놀랄 정도로 향상되는 기술적 진보를 이뤄냈다. 맥주에 일상적으로 사용하던 나무통은 20세기 중반까지 서서히 자취를 감추다 현재는 특별한 용도로 부활하였다. 증류주와 와인의 경우는 나무통만큼 훌륭한 구실을 할 수 있는 게 전혀 없다.

중세 시대의 맥주

중세에는 맥주와 양조 방식이 우리에게 익숙한 전근대적 방식으로 자리잡는다. 양조는 가정에서 '에일 아낙네'라고 불리는 여성이 수행했고, 맥주 판매는 과부 또는 정직하게 번 돈이 필요한 다른 사람들에게 믿을 만한 수입원이었다. 수도원이나 지주 계급이 소유한 제도화된 양조장도 있었다. 상업 양조장이나 '공공' 양조장도 존재했는데 이들 양조장은 시간이 지나면서 점점 널리 확산되었다.

1000년 이전의 유럽의 거의 모든 맥주는 홉이 없이 양조되어 그루트gruit라는 값비싼 혼합물로 풍미가 보완되었다. 이 그루트는 지역의 그루트레히트Gruitrecht, 즉 '그루트 권리'의 소유자가 판매권을 가지고 있었다. 이들은 교회, 국가 또는 이 둘 사이에 존재하는 거물급 인사로 이루어진 모임이었다. 당시 양조업자는 그루트를 의무적으로 구입해야 했고, 이는 맥주세의 초기 형태라고 볼 수 있다. 그루트의 중요성을 보여주는 증거가 벨기에의 브뤼헤에 화려한 건물 형태로 남아 있는데, 현재는 중세 서민 박물관으로 쓰이고 있다.

그루트의 성분은 일급 비밀이었기 때문에 확실하게 알 수 없지만, 여러 향신료를 곡물 간 것과 섞어 위조범들이 발을 들여놓을 수 없도록 했다. 스위트 게일이라고도 하는 습지 머틀은 항상 빠지지 않는 허브였다. 이것은 송진과 솔향 같은 좋은 풍미가 나는 허브로 홉과 많이 다르지 않다.

서양톱풀yarrow은 현대인의 입맛에 맞지 않게 쌉쌀한 거친 맛이 나지만 그루트의 또 다른 원료다. 세 번째로 '야생 로즈메리'로도 불리는 백산차白山茶는 습지 머틀보다 낮은 위상을 차지해 온 듯하다. 이 풀은 박하향과 송진의 쌉쌀함이 있

1500년대에 지어진 브뤼헤 그루트레히트 본사(현재는 Gruuthuse 박물관).
이 웅장한 건물은 중세 시대 그루트의 엄청난 위력을 상기시켜준다.

고, 예부터 기분을 개선시켜주는 성분이 있다고 알려져 있다. 독성이 어느 정도 있어 곤충 퇴치제로도 꽤 효과적이다. 이런 마법의 맥주는 쉽게 구할 수 있는 향신료인 향나무와 캐러웨이, 아니스 씨, 그리고 감, 육두구, 생강 같은 좀 더 이국적인 향신료를 통해 보완되었다. 나는 집에서 만든 수많은 그루트를 맛보았는데, 결론을 얘기하자면 뭔가 맛이 바뀌었거나, 레시피에서 중요한 요소가 빠진 것 같다는 느낌이 든다.

홉 맥주

맥주에 홉이 첨가된 화학적 증거는 기원전 550년 이탈리아 북부 마조레 호수 근처 폼비아에서 처음 발견되지만 이건 어쩌면 잘못된 추정일 수도 있다. 이로부터 1500년 정도 더 지나서야 비로소 유럽 맥주에서 홉이 주도적인 자리를 차지했기 때문이다.

최초의 홉 맥주는 독일 북쪽의 한자무역연맹 도시인 브레멘에서 1000년 경에 등장한다. 초기에 홉을 사용한 많은 곳은 교회의 힘이 닿지 않는 '자유' 도시였으며, 그렇기 때문에 그루트를 사용할 의무가 없었다. 그 당시 그루트 맥주 양조사들은 '레드' 맥주를 만든다고 알려졌는데, 실은 브라운 또는 호박색 맥주를 생산했다. 홉을 사용하는 사람들은 '화이트' 맥주를 양조했으며 여기에는 통상 보리와 함께 곱게 빻은 밀이 상당히 많이 들어갔다. 중세 상인·수공업자 조합인 길드는 완전히 독립된 조직이었으며, 도시는 보통 '레드 맥주' 아니면 '화이트 맥주'로 유명했다. 브레멘과 함부르크의 양조사들은 암스테르담까지 상당히 많은 양의 맥주를 배를 통해 운반했다. 훌륭한 맛의 청량한 수입 맥주에 대한 갈증에 부응하기 위해서 암스테르담 지역의 양조사들이 홉이 들어간 화이트 맥주를 양조할 수 있는 방법을 터득하기까지는 100년의 시간이 걸렸고, 이들은 자기의 맥주를 플란더스 지방에 수출하기 시작하면서 그 교역의 패턴을 되풀이했다. 홉 맥주는 1500년 경 플란더스 이민자가 영국에 밀려들어오면서 결국 이곳을 휩쓸었다.

홉 맥주는 맛이 상당히 좋을 뿐 아니라 홉에는 맥주를 상하게 하는 특정 박테리아의 활동을 방해하는 방부 성질이 들어 있어 성공적이었다. 덕분에 맥주를 몇 주가 아닌 몇 개월 동안 놓고 마실 수 있었다. 홉 맥주가 천박하게 이국적이라는 말들이 좀 있었지만, 그다지 큰 소동 없이 영국에 들어왔

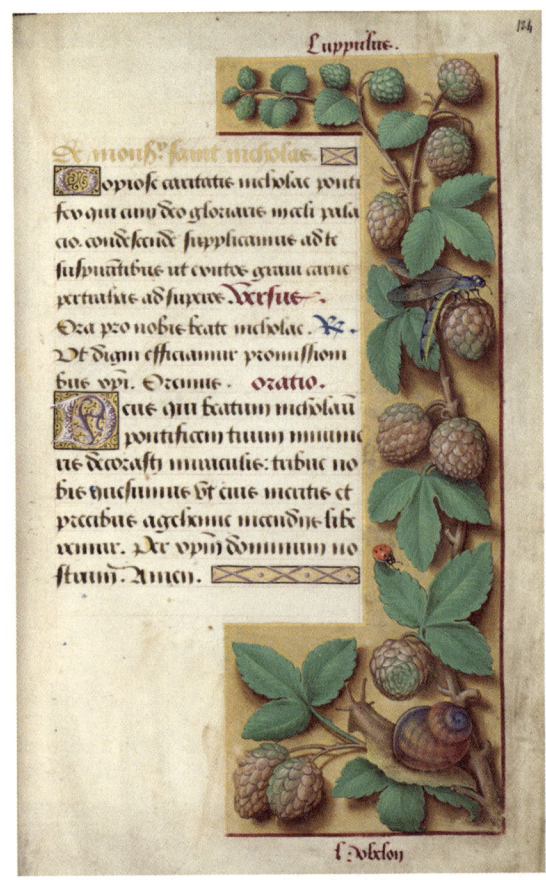

책 속의 홉, 1500년 경
이 기도책 속에서 영원히 살아 있는 것을 보면
홉은 당시에 꽤 유행했던 새로운 패션이었는지도 모른다.

고, 1600년 경에는 모든 영국 맥주와 에일에 홉이 일정량 들어갔다.

결국 북유럽 국가가 번성하면서 홉 맥주가 표준으로 자리 잡았다. 이탈리아와 스페인 같은 남부의 일부 국가는 맥주 문화가 거의 없거나 전무했다. 이탈리아는 당연히 자국의 훌륭한 와인에 만족했으며, 스페인의 이슬람 교도들은 1614년까지 음주를 하지 않았다. 양조는 독일 여러 지방, 플란더스, 네덜란드, 영국에서 이루어졌으며, 500년 후에도 그 행태는 그대로 유지되었다. 비록 이탈리아, 스페인, 기타 지역에서 크래프트 비어 문화가 겨우 움트긴 했지만, 북부 지방의 맥주 문화는 모든 정통 맥주 스타일의 원천으로, 그 스타일은 이 책 후반부에서 자세히 다루려고 한다.

포터의 부상

산업혁명으로 절정을 맞이한 변화의 물결이 17세기 중반 영국에서 일어났다. 운하를 개통하고 항구를 개선하는 대규모 공공사업은 양조에 영향을 끼치게 마련인데, 먼 곳의 시장이 열리고 원자재의 가용성에 변화가 생기기 때문이었다. 예전에 경작과 목초지로 사용하던 공동구역에 대한 접근이 제한되자 농부들은 땅에서 내쫓기게 되었다. 많은 이들은 도시에서 새 삶을 찾았다.

이와 동시에 런던은 1642년 시민전쟁과 그 후 1653년에서 1658년까지 올리버 크롬웰 집권기의 혼란, 1665년의 역병, 1666년 대화재 참사 등 연달아 힘든 시기를 겪었다. 하지만 후자의 사건은 새로운 성장과 개발에 사실상 자극제가 되었다. 소작농과 귀족 가릴 것 없이 도시에 물밀 듯이 몰려와 부를 쌓았다. 고된 노동 후엔 모두에게 떠오르는 것이 있다. 바로 노동이 상당한 갈증을 부른다는 것이다.

이 당시 하트퍼드셔의 값싼 브라운색 맥아 품종이 런던에서 유통되었고, 런던의 표준 맥아로 채택되었다. 항상 그렇듯이 맥주는 여러 가지 다른 도수로 양조되었고, 특히나 좀 더 강한 도수의 맥주는 좀 더 오래 숙성을 시켜 시큼하게 쏘는 맛을 얻었다. 이런 숙성 맥주를 '스테일 stale (퀴퀴한 맥주)'이라 불렀는데 갓 만든 맥주, 즉 '러닝 running' 맥주보다 비싼 값에 판매되었기 때문에 부정적인 의미로 붙인 말은 아니었다. 술집의 단골들은 두 가지, 세 가지, 심지어는 다섯 가지 다른 맥주를 섞어서 주문하기를 좋아했는데, 분명 이 때문에 술집 일손들은 바빴을 것이다. 일설에 따르면 이런 혼합 맥주, 특히 '쓰리 쓰레즈(three threads: 3색실)'라 불리는 맥주 대신으로 1722년 10월 랄프 하우드 Ralph Harwood가 쇼어디치에 위치한 자기의 벨 양조장에서 포터를 만들어냈다. 하지만 이 이야기는 신빙성이 전혀 없다 보니 포터 발명으로 추정되는 1722년 이후 거의 1세기가 지난 1810년에 가서야 《런던의 사진 Picture of London》이라는 책에 등장한다.

1840년 런던 호스페리가의 웨스트민스터 에일 및 포터 양조장
빅토리아 시대 런던에서 포터는 대규모로 양조되는 거대 산업이었다.

그 탄생의 배경이 무엇이든, 홉의 풍미가 강한 새로운 브라운 맥주가 선풍적인 인기를 끌면서 1720년대에 이 맥주는 포터라는 이름을 얻게 되었다. 맥주를 장기간 보관하여 숙성시키려면 막대한 자금이 필요했기 때문에 자금력 있는 사람들이 이 새로운 맥주를 대량으로 사들여 1년 이상 숙성시키면서 곧 포터 양조장으로 변신할 거대 산업의 발판이 마련되었다.

증기, 기계화, 주철 같은 신기술의 도움으로 산업 규모가 엄청나게 커지면서 사상 최대의 양조장이 등장했다. 1796년경, 위트브레드Whitbread 양조장에서만도 1년에 36갤런들이 통으로 무려 20만 2,000개를 생산했고, 런던의 포터 양조장들에서는 1810년에 모두 120만 통을 생산했다. 당시 양조장을 운영하기 위해서는 은행을 제외한 다른 어떤 업종보다 더 많은 자금이 필요했다. 이런 새로운 산업 규모가 중요한 이유는 장인 환경에서는 효율성이란 게 별로 중요하지 않았지만 이제는 효율성이 양조업체에게 부담이 되었기 때문이다. 경쟁 시장에서는 이런 효율성에 의해 사업이 흥하기도 하고 망하기도 하지만, 양조장이 최소한의 투자로 최대치를 뽑아내려고 분투하다 보니 고객에게 항상 이득이 돌아가지는 않았다. 당시 양조 책자를 보면 그 옛날 좋은 시절에 맥주 맛이 얼마나 좋았는지 알려주는 그리운 문구가 가득하다. 물론 일부 문구는 단순히 향수에 지나지 않지만, 레시피를 들여다보면 그동안 맥주 맛을 향상시키려는 변화는 거의 이루어지지 않았음을 알 수 있다.

페일 에일의 부상을 가져온 특정 요소가 충분히 매혹적이기도 하지만(9장에서 다루기로 한다), 이들은 상당 부분 포터에 의해 촉발된 맥주 산업화의 연장선이었다. 포터와 페일 에일 둘 다 영국 국경을 넘어 저 멀리까지 인기를 끌었다. 영국은 당시 초강대국이어서 그 문화적 동향이 세간의 주시를 받고 이따금 채택되기도 했다. 전통에 얽매이는 독일에서도 포터에 대한 관심이 일었고, 전세계를 흠뻑 적신 페일 에일의 성공에 자극을 받아 플젠(Plzen: 맥주 양조로 널리 알려진 체코 서부의 중공업 도시-역자주)시의 원로 단체는 유명한 골든 라거를 만들어냈다.

저온 발효 라거

1400년에서 1500년 사이에 라거라고 하는 저온 발효 맥주가 독일 또는 보헤미아 지방에 존재하게 되었다. 언제, 어떻게, 그리고 왜 라거가 생겨났는지는 맥주 역사에서 큰 미스터리로 남아 있다. 흔히 알프스산맥 동굴에서 바바리아 지방 수도승이 발효 작업을 했다고 이야기하지만 타당성이 충분하지는 않다. 맥주를 양조하거나 판매하기에 산은 최적의 장소가 아니기 때문이다. 보리는 한참 아래의 밭에서 가져와야 하고 소비자 역시 그쪽에 있다. 곡물을 끌어올려야 하고 맥주는 무거운 나무 캐스크에 담아 아래로 운반해야 한다. 얼음 동굴은 맥주를 저장하기에 너무 추운 감이 있는 반면 동굴은 또 너무 따뜻하다.

추측컨대 라거가 최초로 언급된 시기는 1420년으로 뮌헨에서 발견된 기록에서 보이지만 잘 설명되어 있진 않다. 다만 보헤미아와 국경을 접하는 바바리아 북동쪽의 나브부르크시에서는 이런 기록이 발견된다. "보통 사람들은 고온, 즉 상면발효로 맥주를 양조하지만 1474년 처음으로 저온 하면발효에 의한 양조와 여름을 대비해 맥주를 일부 보존하려는 시도가 있었다." 맥주 양조 시즌은 이즈음 확립된 게 틀림없지만, 1539년 바바리아 지역에서 여름철 양조는 법으로 금지되었다. 그러나 이보다 앞서 언급된 기록물을 설명하기에는 이 시기가 다소 늦은 감이 있다.

라거 효모인 사카로미세스 파스토리아누스Saccharomyces pastorianus는 에일 효모와 에스 바야누스S. bayanus라는 또 다른 효모가 교배된 혼성 효모이다. 에스 바야누스는 파타고니아의 자작나무 혹병에서 살아 있는 형태로 처음 발견되었고, 최근에는 중국과 티벳에서도 발견되었는데 추위에 강한 내삼투압성의 종이다. 유전자 데이터에 의하면 이런 교배가 여러 번 발생한 것으로 추측되며 적어도 '라거' 효모 한 종은 실제로 에일 효모이지, 혼성 효모가 아님을 알 수 있다. 파타고니아 지역에서의 효모 발견으로 맥주 이야기 전체 타임라인에 혼선이 빚어졌지만, 유라시아 지역에서 이 효모를 찾는다면 시기를 적절하게 앞당길 수 있을 것이다.

이야기의 진실이 무엇이든, 1600년 경 라거는 바바리아과 보헤미아 등 그 인접 지역을 상당히 잠식하고 있었던 것으로 보인다. 라거는 흥겨운 맥주문화로 발전했고, 바바리아은 맥주 지도에서 한자리를 차지하게 되었다.

수세기에 걸쳐 상당히 많은 정치적 혼란이 있었고 육지로 둘러쌓인 지리적 위치 때문에 바바리아의 맥주산업은 산업화 잔치에 조금 늦게 입성했다. 그러나 19세기 중반, 산업화

양조 기술의 변화, 1700～1900

증기력

이미 1700년 경에 채광에 유용한 증기기관이 개발되었지만, 양조 업계는 제임스 와트를 비롯한 다른 사람들이 성능을 개선하면서 증기력을 양조 작업에 실용화할 때까지 기다려야 했다. 1784년 런던에 있는 한 양조장에 최초로 증기 엔진이 설치되었다. 증기는 많은 작업에서 수작업, 수력, 마력을 대신했고, 이로써 대규모 산업 규모의 양조가 가능하게 되었다.

온도계

이 기술은 과거에도 존재했지만, 최초로 수은 온도계를 만들어 눈금을 표준화한 사람은 가브리엘 패런하이트Gabriel Fahrenheit였다. 섭씨 눈금은 1742년에 고안되었다.
제임스 바버스톡James Baverstock은 온도계 사용을 본격적으로 연구한 최초의 양조사였지만, '신종 개념'을 반대하는 보수적인 가족에게는 자신의 노력을 숨겨야 했다. 마이클 컴브룬 Michael Combrune은 온도계 사용에 관해 자세히 설명하는 양조 책자(1784년)를 썼다. 온도계 덕분에 기존의 경험으로 하는 방식보다 상당히 일관성 있는 제품을 생산할 수 있었고, 양조 공정의 역학을 자세히 연구할 수 있게 되었다.

양조장의 증기 엔진
증기는 초기 산업 양조장에서 움직이는 거의 모든 것에 동력을 제공했다.

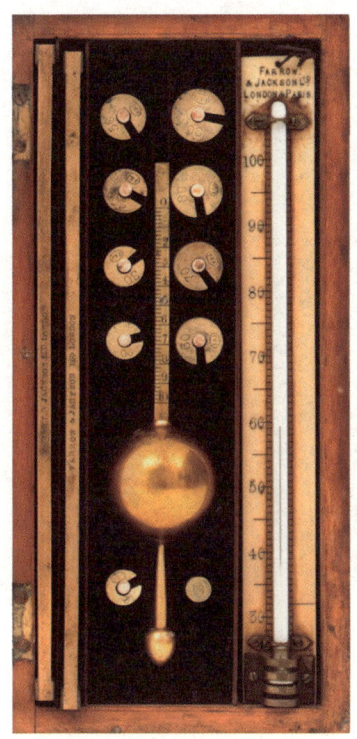

패로우 앤 잭슨사의 Sikes 앤틱 액체 비중계(런던과 파리)
양조 장비는 강력한 동력 기술만큼이나 중요해서
생산의 효율성과 지속성에 도움을 주었다.

액체 비중계

액체 비중계는 비중을 측정하는 장치이며, 맥주의 맥즙(맥주를 만들기 위해 발효된 매쉬에서 걸러낸 달콤한 액체)에 있는 설탕의 양과 다른 용해된 고형 물질의 양을 측정하는 데 사용된다. 1785년 존 리처드슨John Richardson은 액체 비중계를 통한 양조 측정을 자세히 설명하는 최초의 양조 서적을 저술했다. 액체 비중계는 맥주 양조방식에 커다란 파장을 일으켰으며, 양조사들이 생산량을 염두에 두고 레시피를 공식화해야 했기 때문에 그 어떤 기술보다도 맥주의 실제 맛을 변화시켰다.

효모와 발효

1680년 경, 네덜란드 현미경 연구가인 안톤 반 리우벤호크Anton Van Leeuwenhoek는 효모 세포를 처음 관찰해서 표현했지만, 이들의 생물적 성질은 1834년에서 1835년 사이 3명의 과학자에 의해 개별적으로 밝혀졌다. 루이 파스퇴르Louis Pasteur는 1876년 《맥주 연구》라는 책을 써서 맥주 '부패'의 원인과 예방에 대해 자세히 기술했다. 파스퇴르의 도움에 힘입어 크리스티앙 에밀 한센Christian Emil Hansen은 당시 양조에 사용된 혼합 융합 조직과 상반되는 최초의 단세포 조직을 분리해냈다. 단세포 조직은 평균적으로 좀 더 일관성 있고 더 우수한 맥주를 생산해 내지만 20세기 중반이 되어서야 널리 사용되었다. 단세포 조직 방식의 필요성은 다들 인정하고는 있었지만, 좀 더 복합적인 혼합 조직 발효 방식을 포기한 것을 두고 개탄하는 양조사들이 많았다.

냉각 기술

냉각 기술이야말로 다양한 선각자가 일구어낸 수세기 연구 결과의 정점이었다. 최초의 상용 냉각 장치는 1959년 미국인 알렉산더 트위닝Alexander Twining이 개발했다. 1873년 슈파텐 양조장에 독일 엔지니어 칼 본 린데Carl von Linde가 개발한 고급 디메틸 에테르 냉각 장치가 설치되었다. 그 당시까지의 유일한 냉각 방식이었던, 결빙된 강과 호수에서 잘라온 얼음에 비해 냉각 기술이 제공하는 이득은 분명했다. 자연에서 얻는 얼음은 운반 문제가 복잡했고, 수로 오염 때문에 건강에도 위협적이었다. 1890년 경, 어디서든 대규모 양조가 이루어지는 곳에서는 냉각 장치가 기본으로 설치되었다.

맥아 건조 기술

세월이 흐르면서 나무를 연료로 하는 직화 가마에서 석탄, 코크스, 또는 다른 연료를 사용하는 간접열 가마로 점차적인 변화가 이루어졌다. 1700년 경, 대부분의 영국 맥아 제조업체와 양조업체는 훈제 풍미 없는 맥아를 생산하는 간접 가마로 전환했지만 20세기 중반까지 브라운 맥아는 여전히 탁탁 소리가 나는 뜨거운 장작불로 구워졌다(물론 훈제 맥주는 오늘날 독일 밤베르크의 스페셜티 품목이다). 맥아 건조 기술에 관한 가장 극적인 발명은 1817년 대니얼 쉴러Daniel Sheeler가 특허를 낸 원기둥 모양의 로스터였다. 이 로스터는 냉각 스프레이를 사용하여 곡물에 불이 붙기 전 굽기를 중단하는 기구였다. 이전에 사용된 많은 양의 브라운색 맥아와 호박색 맥아보다 이렇게 색이 진한 맥아를 소량 사용하는 것이 좀 더 경제적이기 때문에 이 장치는 포터의 양조와 풍미에 영원한 변화를 주었다. 크리스털/캐러멜 맥아는 나중에 개발되었지만(1870년 이전), 그 기원은 알려져 있지 않다.

라거 저장 캐스크 - 체코공화국, 필스너 우르켈
지금은 사라졌지만 이런 대형 오크 캐스크는 수세기 동안 맥주를 저장하는 표준 용기였다.

의 열기가 거세지면서 동력과 설비, 건조 기술의 향상과 함께 발전이 이뤄졌다. 우리가 정통 라거 스타일이라고 생각하는 많은 것들이 19세기 중반에 다시 만들어졌다.

특히 라거 양조 업체는 파스퇴르가 개척한 미생물학의 발전에 이어 크리스티안 에밀 한센의 효모 연구의 수혜를 톡톡히 받았다. 깨끗하고 순수한 풍미를 가진 라거는 일관성을 가진 단세포 조직 방식에서 혜택을 보기 때문에 독일 양조업체는 재빨리 이들 배양 조직을 받아들였다. 당시 영국 양조업체 역시 이들 조직을 시도해보았지만 양조 주기가 짧은 탓에 쓸모가 없다는 것을 깨달았다. 일부 영국 양조장에서는 오늘날에도 여전히 혼합 배양 조직을 쓴다.

1842년 플젠에서는 수많은 것들이 융합되어 마침내 상상도 하지 못할 정도로 세계 시장을 지배할 맥주가 탄생했다. 필스너Pilsner라는 이 맥주는 당시 시대에 딱 적합한 원료 및 기술, 사업 계획의 융합체였다.

당시 지역사회의 지도자들은 규모 있는 양조장을 세워 라거 맥주를 만들고, 라거 붐에 편승하여 상당히 질이 높은 이 지역 맥아와 홉을 이용하면 좋겠다는 생각을 했다. 일설에 따르면 조세프 그롤이라는 양조사는 사실상 레시피에 실패해서 다크한 뮌헨 스타일의 맥주가 아닌 훨씬 색이 옅은 맥주를 만들어냈다. 그러나 이 이야기는 여러 가지 이유로 신빙성이 상당히 낮아 보인다. 역사가들이 사실을 좀 깊이 파헤칠 때 1842년 이전의 것이라면, 요소요소들이 다 제자리를 지키고 있었고, 맥주 역시 소규모로 전개되었을 때는 별 특이사항이 없었다. 그런데 당시 플젠시의 원로회에서 시도한 것은 통 큰 베팅이었고, 아마 그 당시 어디에서나 맹위를 떨쳤던 잉글리시 페일 에일의 인기를 등에 업고자 했을 것이다. 어쨌든 색이 연하고 청량감이 있으며, 탄산이 풍부한 필스너 맥주는 공전의 히트를 기록했고, 이 작은 마을에 세계적인 명성을 안겨주었다.

바바리아은 1871년 독일 연합에 가입하여 구속력이 있는 맥주 순수령을 받아들였다. 1900년 직후 독일 맥주 순수령은 독일 전역에 걸쳐 법적 위력을 행사했다. 이 시기 북부 독일은 화이트 맥주 국가였다. 이곳 맥주는 바바리아보다 벨기에 맥주와 공통점이 훨씬 많았다. 종종 훈제향과 때때로 시큼한 맛이 나는 밀을 일정 비율 섞고 고수 같은 허브와 당밀 및 꿀 같은 당을 사용하여 양조하는 맥주는 당시 매우 인기가 높았다. 그로드지스키grodziskie(그래처 grätzer), 리히텐하이넬lichtenhainer, 코트부셀kotbusser, 브로이한 알트Broyhan Alt, 고제gose 같은 당시의 사랑스런 맥주들은 지금도 양조 업체의 주목을 받고 있다. 고제의 경우 소수 마니아층이 형성되어 있고, 기타 다른 맥주의 경우도 일부는 가끔 양조되고 있다. 폴란드 홈브루어들은 100% 훈제 밀 맥아로 양조되는 프러시아 에일인 그로드지스키에 특별한 관심을 기울여 심지어는 전직 양조장 노동자를 인터뷰해서 해당하는 효모종을 부활시키기도 했다. 모든 북부 독일 에일 중에서 베를리너 바이스Berliner Weisse와 라인 계곡의 그 훌륭한 스페셜티 에일인 쾰시Kölsch 그리고 뒤셀도르퍼 알트 Düsseldorfer Alt는 의미 있는 방식을 통해 오늘날까지 본고장에서 그 명맥을 유지해왔다.

제2차 세계대전이 요란하게 시작되었을 즈음, 우리가 현재 알고 있는 독일의 정통 라거 스타일은 모두 상당히 확고하게 자리를 잡았다.

벨기에와 프랑스

벨기에의 경우는 상황이 다르다. 현대화는 간헐적으로 진행되다가 19세기 중반에 본격적으로 시작되었다. 19세기 말경, 대규모 양조장 대부분은 바바리아 스타일 라거를 생산하고 있었는데 그 중 스텔라 아토이스Stella Artois가 가장 유명한 제품이다. 당시 글을 보면 역사적으로 유서깊은 벨기에 양조장은 소규모에 활기가 없는 곳으로 묘사된다.

벨기에의 정통 맥주문화는 밀맥주를 중심으로 전개되었다. 아이오르게 드앙베르 l'orge d'Anvers(안트워프의 보리 맥주) 같이 보리 맥아 맥주로 간주되는 것들에도 맥아가루에 종종 소량의 밀과 귀리가 들어갔다. 밀맥주, 람빅, 플란더스 브라운 Flanders brown(단 오늘날 이 스타일은 밀 없이 양조된다) 같이 많은 고대 스타일 맥주는 오늘날 우리에게도 친숙하지만, 비에르 드 메켈렌 biere de mechelen, 페테르만 peetermann, 디에스트

diest를 비롯해 당시 인기를 끌었던 많은 맥주는 자취를 감추었다.

벨기에 맥주의 뿌리는 중세로 거슬러올라간다. 브뤼겔 그림에서 춤추는 농부들은 아마도 브뤼셀 지역의 시큼한 야생 발효 맥주인 람빅 계열 맥주를 마셨을 것이다. 화이트 맥주 역시 오랜 역사를 가지고 있다. 하지만 트라피스트 맥주, 벨기에 페일 에일, 세종처럼 우리가 고대의 특색 있는 맥주라고 알고 있는 많은 것들은 실제로 20세기의 발명품이다. 사람들이 들었을 법한 이야기가 항상 맞지는 않다.

벨기에는 산전수전을 많이 겪은 나라다. 서로 경쟁하는 열강 사이에 끼어 있어 프랑스, 네덜란드, 독일, 스페인, 오스트리아-헝가리의 지배를 받았다. 두 차례의 파국적인 전쟁이 벨기에 땅에서 치러졌고 그 전쟁으로 비참한 점령을 당했다.

벨기에인들은 맥주 마시기를 즐긴다. 1851년에 출간된 한 책(라캄브레 지음)에 수록된 수치를 여기에 인용한다면, "…400만 인구를 가진 벨기에에는 800~900만 헥토리터(100리터)의 맥주를 매년 생산하는데" 대부분 수출하지 않았다. 이는 1인당 하루 0.4리터가 약간 넘는 양이며, 오늘날 소모되는 양의 두 배이다.(궁금해하는 사람들을 위해 밝히는데, 체코는 세계 최대의 맥주 소비국이며, 1인당 하루 0.4리터의 맥주를 마신다.)

향신료
고대 전통에 따라 많은 벨기에 스타일 맥주에는 고수, 쌉쌀한 오렌지 껍질, 그레인 오브 파라다이스, 쿠민, 스타아니스 같은 이국적인 향신료가 미묘하게 조합, 첨가되었다.

15세기 양조장
1500년 벨기에 투루네, 노트르담 대성당의 스테인드 글라스.

벨기에의 양조산업은 1900년 경에는 보잘것없었는데, 이때 제1차 세계대전이 터졌다. 역경을 이기고 벨기에 양조업체는 다시 일어섰다. 이들은 1920년대와 30년대, 오늘날 벨기에 맥주의 인상을 결정짓는 도수 높은 고비중의 럭셔리 맥주를 시장에 소개했다. 기적적으로 고대 람빅 스타일이 살아남았다.

벨기에는 맥주 순수령의 영향을 받은 적이 전혀 없다. 이 말은 한때 유럽 양조에서 유행했던 고대 향신료, 허브, 설탕이 한 번도 배제당하지 않았다는 뜻이다. 고수, 오렌지 껍질, 큐민, 그레인 오브 파라다이스(자극적인 후추 풍미의 향신료)를 비롯한 많은 종류의 설탕은 벨기에 맥주에서 제 길을 찾았다. 하지만 앞서 소개한 라캄브레는 이들 원료가 '영국 향신료'이고 18세기와 19세기 초반 영국 레시피, 특히 사유지에서 양조되던 맥주에 그야말로 흔히 쓰이던 원료임을 가볍게 언급한다. 이런 역사적인 복합성은 이들 향신료의 매력을 더해줄 뿐이다.

양조장 공정
장 루이 요셉 호이어 Jean-Louis-Joseph Hoyer(1762~1829), 수채화
중간급 규모 양조장에서 작업 공정은 거의 수작업으로 이루어졌다.

OPERATION DE LA BRASSERIE

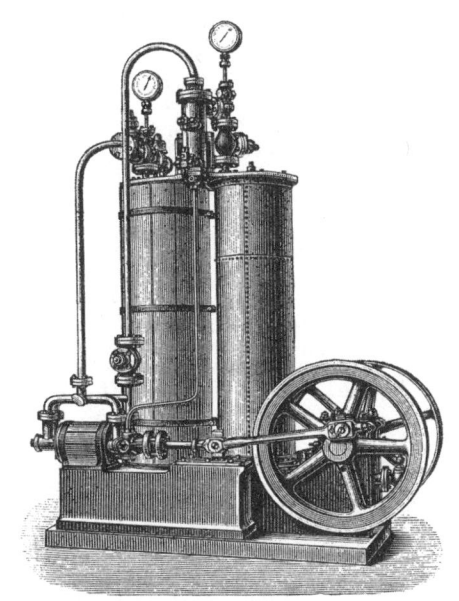

1800년 린드 Linde의 얼음 기계
초기 냉장 장비는 투박해 보였을지 몰라도 이 덕분에
이후 양조는 계절의 영향을 받지 않고 이루어졌다.

벨기에 양조는 유럽의 많은 전통 양조 지역을 괴롭힌 필스너의 공세와 합병의 바람 앞에서 풍전등화 신세였다. 그러나 강한 수출시장 덕분에(벨기에 맥주의 절반은 수출된다), 맥주 시장에는 장인의 매혹적인 제품이 넘쳐나고, 신선한 독창성을 가진 미래 지향적인 장인 양조업체 또한 불어나기 시작하는 중이다. 새로운 경험을 추구하는 맥주 애호가에게 벨기에는 최고 레벨의 놀이공원과도 같다.

프랑스의 북쪽, 특히 벨기에 플란더스 지역과 국경을 맞대고 있는 노르 지역에서는 벨기에와 유사한 맥주 전통이 있다. 이 지역의 소규모 양조장들은 비에르 드 마르와 복을 만들어 인기가 많았는데, 비에르 드 마르는 블론드를 자신들만의 스타일로 상면발효한 맥주였다. 다른 프랑스 지역에서는 대부분 라거를 만들었다. 특히 이들 더블 버전(알코올 강도가 두 배인 맥주)은 오늘날 우리가 아는 비에르 드 가르드로 다시 태어났다.

이보다 남쪽에 위치한 프랑스의 맥주 생산 지역은 동쪽 독일과 국경을 접하는 알자스 로렌 Alsace-Lorraine 지역이었다. 1871년 독일이 프로이센-프랑스 전쟁 이후 이 지역을 합병했을 때 알자스 지역은 프랑스 대부분의 맥주를 양조했다. 루이 파스퇴르는 이런 전쟁에 격분했던 한 사람으로, 스스로 '복수의 맥주'라고 이름지은 탁월한 월드 클래스 맥주로 프랑스의 양조 산업을 확장하고 수준을 높이는 역할에 착수했다. 그는 1876년 그 유명한 《맥주 연구 Etudes sur la biere》를 출간하면서 맥주 부패의 원인을 설명했고, 이를 막는 방법을 제시했다. 이 연구는 굉장히 중요했고, 프랑스를 넘어 산업화된 맥주 세계의 구석구석까지 영향을 미쳤다.

북미

미국에 온 최초의 식민지 개척자들은 맥주에 대한 기억도 함께 가지고 왔다. 그러나 맥주 양조는 여러 가지 많은 이유로 이 신세계에서 하기가 극히 어려웠다. 버지니아주 같은 남부 지역이나 뉴잉글랜드주 북부에서는 보리가 잘 자라지 않았다. 일부 수입된 맥아가 있었지만 매우 비쌌고 그나마 구할 수 있는 기회가 많지 않았다. 17세기와 18세기 초반까지도 사람들은 노력을 멈추지 않았지만 수 세대가 지나면, 사람들의 입맛도 변하기 마련이다. 당밀, 말린 호박, 그리고 한 짤막한 노래에서 나오는 것처럼 '호두나무 조각'으로 만든 맥주가 등장하는데, 그 이유는 어렵지 않게 알아낼 수 있다. 값싼 증류주를 쉽게 구할 수 있다는 점 때문에 대부분의 지역에서 럼주와 위스키가 맥주를 대신했고, 1800년 경, 1인당 증류주 소비량은 갤런으로 표시했을 때 맥주 소비량의 10배에 달했다. 이 수치를 소비한 알코올 양으로 환산해보면 200대1에 달한다.

맥주는 국경지역에서 그리 잘 되지 않았는데, 오랫동안 미국에는 이렇게 광활한 부지가 많았다. 양조를 하려면 알맞은 기후와 많은 기반 설비 그리고 특히 깨끗한 물의 지속적인 공급원이 확보되어야 한다. 맥주의 원료는 무거워서 육로로 운반하기 어렵고 완제품 역시 마찬가지였다. 웨스트버지니아주에서나 노스다코타주에서나 위스키와 럼주, 사이다는 대부분의 사람들이 하는 합리적인 선택이었다.

어떤 방식으로 알코올을 섭취하든 스몰 맥주 small beer(알코올이 아주 소량 들어간 맥주-역자 주) 양조는 초기 미국에서 여전히 중요했다. 소량의 당밀과 왕겨 한 웅큼을 사용한 조지 워싱턴 대통령의 유명한 레시피가 아마도 스몰 맥주의 전형이다. 조지 워싱턴은 상업적 규모의 증류주 양조업자였으며 수입품

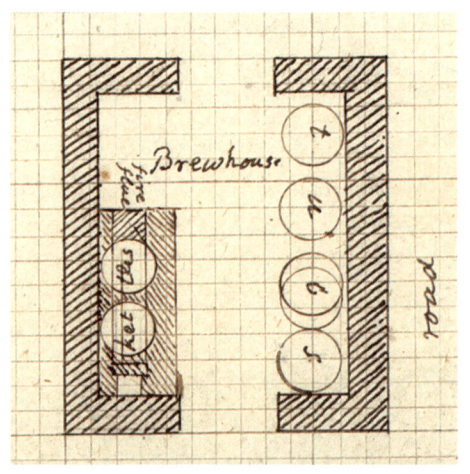

몬티셀러의 양조장일까?
토머스 제퍼슨은 버지니아 북부, 그의 사유지에 만들 소규모
브루하우스의 설계도를 이렇게 펜으로 그렸다.
하지만 알려진 바로는 이 브루하우스는 지어지지 않았다.

마데이라와 다른 제품을 입수해서 상당량 마시기도 했지만, 여전히 스몰 맥주 양조는 그의 부지를 운영하는 데 필수적인 일이었다. 문제는 노예와 하인, 주인 모두에게 맥주가 안전한 식수 공급원이 되도록 딱 적당한 정도의 풍미를 추가해 사람들의 입맛에 맞추는 것이었다. 미국 독립혁명 이후 토머스 제퍼슨 대통령은 독주에 절어 있는 사람들에게 맥주가 적절하다고 여기고 몬티셀러 Monticello에서 양조 실험을 시작했지만 궁극적으로 많은 성과는 거두지 못했다.

펜실베이니아주와 뉴욕주 일부 그리고 메사추세츠주는 예외적으로 맥주가 부족하지 않은 곳이었다. 독일인과 네덜란드인이 사는 지역은 어디나 맥주에 대한 수요가 있었으며, 이들 이민자들은 자기들이 가장 좋아하는 음료인 맥주 양조에 필요한 원료를 조달받을 수 있는 땅에 정착했다. 네덜란드인들은 뉴암스테르담(뉴욕)에 1630년 도착했고, 맥주 양조는 그로부터 2년 후 시작되었다. 양조가 이렇게 중요한 산업이었기 때문에 뉴욕에서 도로포장이 처음된 곳은 브라우어 Brouwer(Brewer) 스트리트였다. 1664년 네덜란드인들이 뉴네덜란드를 영국에 양도한 이후에도 맥주 양조는 계속되었지만 무게 중심은 남쪽으로 이동했다. 필라델피아는 그 당시의 밀워키가 되어 라거 혁명이 일어나기까지 포터와 에일로 유명한 양조 중심지로 부상했다.

캐나다는 영국과 관계를 단절한 적이 한 번도 없었기 때문에, 적어도 온타리오주 같은 지역에서는 친영국 맥주문화의 자체 버전을 계속 유지했다.

1800년대

독일과 보헤미아의 사회 불안, 특히 친민주정부 요구로 촉발된 정치적 혼란으로 인해 1940년대 많은 이들이 미국으로 향할 수밖에 없었다. 이들의 쇄도는 작가 머린 오글(《야망찬 양조》의 저자)이 표현했듯이 맥주에 대한 강한 애착, 즉 '기쁨의 문화'가 자리잡을 수 있었다. 일요일 오후 정원에서 마시는 라거 몇 잔의 즐거움이 없는 세상을 이들은 도저히 생각할 수 없었고, 야망과 기술, 대단한 결단력을 가진 사람들이었기에 이곳, 거의 아무것도 없는 무(無)의 세계에서 맥주 문화를 다시 조성하기 시작했다.

많은 양조사들은 소규모 생산을 유지하면서 지역 공동체에 제품을 공급하는 것을 기쁨으로 알았지만, 원대한 계획을 가진 사람들도 있었다. 파브스트 대령, 아우구스투스 부시, 슐리츠의 우흘라인 형제는 미 전역에 공급될 브랜드를 꿈꿨다. 당시 이렇게 넓은 유통망을 가진 제품은 어떤 종류든 거의 존재하지 않았기 때문에, 정말 터무니없는 생각이었다. 그러나 새로운 기술의 향상과 함께 이들은 자기들의 목표를 이룰 방편으로 재빨리 신기술을 포착했다. 증기력, 냉동 객차, 저온 살균, 전보, 인공 냉각 시설이 이런 도구에 속했다. 꿈을 이루기 위해 필요한 사업 비전과 조직 기술은 경외심을 불러일으킬 정도였다.

1890년의 미국은 자체적인 운명 의식으로 가득했지만, 독일, 아일랜드, 이탈리아를 비롯한 세계 여러 나라의 이민자들이 거듭 밀려온 지 반세기가 지나고도 여전히 통합을 위해 노력해야 했다. 각각 속해 있는 나름의 공동체가 있었지만, 당면 과제는 '진짜 미국인' 되기였다. 어디서든 찾을 수 있는 국민적 브랜드의 제품, 현대적인 공장에서 일관되게 생산되는 '국민 제품'을 공유하는 것이 그 방편이 되었다. 하인즈 피클, 폴저스 커피, 델몬트 캔 식품, 코카콜라 등 몇 가지 브랜드가 있었지만, 찾아보면 이런 브랜드는 더 많았다. 이 모든 브랜드에는 뭔가 현대적인 요소가 있었다.(지금은 우리가 기쁜 마음으로 이런 국민 브랜드에서 빠져나왔지만) 당시 격동기 시대에 슬라이스 브레드(얇게 썬 식빵, 1928)는 실로 위대한 것이었다.

불법적으로 채워지는 케그, 1933년
금주령 기간 알코올은 엄밀하게 불법이었지만 빠져나갈 수 있는 구멍이 많았고
시카고 같은 도시에서는 도덕적 타락으로 법의 간섭을 받지 않고도 대규모로 양조가 이루어졌다.

이와 동일한 충동이 사람들의 맥주 취향을 이끌었다. 1800년대 중반, 브라운색의 진한 뮤닉 라거가 시장을 지배했다. 1800년대 후반 무렵에는 색이 옅고 청량한 필스너와 보헤미아에서 영감을 받은 다른 맥주가 사람들의 상상력을 사로잡기 시작했다. 시원하게 목을 축여주는 이 스타일은 미국 많은 지역의 따뜻한 기후와 자연스럽게 맞을 뿐 아니라 옥수수나 쌀을 추가하면 고단백 보리로 인해 생기는 냉각 혼탁 chill haze 현상이 보완되었다. 게다가 이전에 나온 헤비 브라운 색깔의 맥주보다 단순히 더 현대적이고 세련돼 보였다. 금주령 초반에는 페일 라거가 시장을 지배했다.

1900년대 초반

독일과 치른 두 차례 불운한 전쟁 후 이어진 금주령(금주령과 전쟁은 아예 관계가 없다고는 볼 수 없다)이 미국의 양조 산업과 특히 맥주 문화에 끼친 영향은 실로 어마어마하다. 독일인들은 먼저 지하로 숨어들었다. 맥주 가든은 폐쇄되었다. 영국의 왕족은 그 이름을 작센코부르크고타 왕가 House of Saxe—Coburg and Gotha에서 윈저 왕가 House of Windsor로 변경하였다. 이러한 사회공학적인 파괴적 실험이 이뤄지기 전 운영중이던 1,300여 개의 양조장 중 겨우 756곳만이 금주령이 철회되고 1년 후 다시 문을 열었으나, 많은 곳은 결국 문을

캔맥주로 종전을 축하하는 미군들
제2차 세계대전으로 맥주의 포장과 소비 방식에 엄청난 변화가 생겼다. 초기에 나온 '원뿔 탑' 모양의 캔은
일반 병맥주 생산 라인에서 내용물을 채울 수 있었지만 좀 더 저렴한 대안이 나오면서 빠르게 자취를 감추었다.

닫을 운명이었다.

(금주법) 세대는 알코올을 금기된 과일로 여기며 자랐고, 이로 인해 술은 더욱 유혹이되 더럽고 섬뜩한 양식으로 다가왔다. 품질은 추락했다. 설상가상으로 시카고 같은 완전히 타락한 지역에서만 양조가 가능했기 때문에 증류주가 거의 모든 지역에서 기선을 잡기 시작했고, 칵테일은 세련되고 현대적인 술로 사람들의 상상을 사로잡았다.

비록 맥주 산업은 1950년대 후반 다시 입지를 확보했지만, 미국의 맥주는 수십 년이 지난 후에도 여전히 이러한 파괴적인 사고의 후유증을 앓고 있다.

탄산음료 업계와의 경쟁도 또 다른 요인으로 작용했다. 1919년 1억 3,500만 달러 매출을 올린 탄산음료 산업은 1947년 7억 5,000만 달러로 성장했고 10년 후에는 그 수치가 두 배로 뛰었다. 청량음료는 청량하고 상쾌하면서 도를 넘지 않는 음료에 대한 목마름을 채워주었다. 바로 맥주가 수천 년간 단독으로 장악했던 역할이었다.

금주령이 끝났을 때, 맥주는 구멍에서 서서히 기어나오기 시작했다. 뮌헨 스타일의 다크한 라거는 당시 거의 끝물이었고, 쌀이나 옥수수를 넣어 묽게 한 청량한 맛의 필스너 병맥주가 이 스타일을 대신했다. 알코올 소비는 술집에서 집으로 옮겨졌다. 금주령 이전, 맥주의 75%는 생맥주였고, 나머지가 병제품이었다. 1945년에는 이런 추세가 뒤바뀌어 전체 맥주의 3/4이 생맥주가 아닌 포장 제품이었고, 맥주를 사서 집으로 가져가는 경우가 점점 늘었다. 이는 곧 맥주를 접할 수 있는 여성이 늘었다는 의미이고, 더 중요하게는 여성들이 맥주 구입에 관여하게 되었다는 뜻이었다.

미국 최초의 캔맥주는 뉴저지주 뉴어크의 크루거 브루어리 컴퍼니Kruger Brewery Company에서 1935년 출시했다. 새로운 캔 제품은 가볍고 빨리 차가와지며 병 제품보다 냉장고 공간을 덜 차지하기 때문에 여성 고객의 선호도가 높았다. 제2차 세계대전 이후 치열한 전쟁터에서 캔맥주를 즐겼던 군인들이 본국으로 돌아왔을 때, 캔은 집에서 편하게 즐기기에 딱 좋았다. 캔 제품은 대히트를 쳤다.

한편 캔은 1980년대까지 '조우 식스 팩(Joe Six-Pack: 맥주 6개 들이 한 묶음을 사는 미국 노동자-역자주)'의 라이프 스타일을 대변하는 하층민의 상징이라며 은근히 무시를 당하기도 했다. 그러나 캔 속 내용물만 두고 볼 때, 캔은 맥주에 아무 영향도 끼치지 않는다.

처음에는 강철로, 후에는 알루미늄으로 만들어진 캔은 안쪽에 맥주 불활성 코팅막이 입혀져 있으며 완전히 불투명하고 재활용 가능하다는 이점이 있다. 크래프트 캔 맥주 제품은 급증했고, 전체적으로 크래프트 맥주보다 더 빨리 성장하고 있다.

1900년대 중반

지난 100년간의 양조에서 빠질 수 없는 또 하나의 이야기는 합병이다. 1873년, 미국에는 4,131개의 양조장이 있었다. 100년 후에는 100개 조금 넘는 양조장만 남았다. 양조산업이나 미국에만 국한된 얘기는 아니다. 사업이 그렇다. 세월이 흐르면서 전국적 마케팅과 결합된 대규모 영업의 효율성, 소규모 생산업체의 취약성, 성장을 위한 현금 확보의 필요성으로 인해 대기업은 점점 더 커지는 반면 소규모 생산업체는 한쪽으로 밀려나 몰락한다.

합병 관련 이유와 상대적으로 성숙한 시장 단계 덕분에 1950년대와 60년대에는 맥주의 품질과 가격 면에서 바닥치기 경쟁이 뜨겁게 이루어졌다. 저가 브랜드가 등장했고, 이어서 초저가 브랜드가 그 뒤를 이었다. 이들 값싼 브랜드는 맥아를 적어도 50% 함유해야 한다는 연방정부 규제에 맞서 힘겹게 사업을 이어나갔다. 진짜 저가 맥주는 처음엔 상점 브랜드로 출시되었다가 이후 브랜드를 전혀 달지 않고 캔에 담긴 일반 맥주로 시장에 나왔다.

이런 저가 맥주의 맛을 좋게 하기 위해 다른 많은 첨가제가 사용되었다. 코발트 소금은 맥주 거품을 극적으로 향상시키는 원료라고 알려졌는데, 신의 선물로 각광을 받다 사람들 몸에 이상이 나타나면서 시장에서 쫓겨났다. 1980년대 후반 대부분의 유해 첨가제는 영원히 사라졌는데, 주목해야 할 점은 모든 양조장이 가격을 낮추기 위해 극단적인 수단에 의존하지는 않았다는 것이다.

이 모든 재정적인 압박은 생산 공정에 상당한 부담을 주었다. 맥아 함량이 낮아지면서 맥주의 이름값을 충분히 하

는 제품을 생산하기 어려웠고, 양조업체는 생산주기 안에서 생산을 좀 더 빨리 진행해야 한다는 압박을 받았다. 연속 발효 역시 지금도 그렇지만, 맥주 생산의 현대화를 꾀하는 사람들에게는 끈질기게 따라다니는 문제였다. 이 발효 공정에서 맥즙은 발효탱크 한쪽 끝에 주입되고 완제품은 다른 쪽에서 나온다. 컨베이어 벨트 오븐처럼 이 공정은 일괄 양조에 내재된 많은 문제를 해결해준다. 슐리츠 Schlitz의 양조사들은 1973년 자사가 보유한 연속 발효탱크의 스위치를 켰을 때 뭔가 대단한 결과가 나타날 거라 생각했고, 실제로 그러했다. 그러나 첫 번째 생산분은 버터향이 너무 강해 소비자에게 먹히지 않았다. 이런 엄청난 실수와 때를 같이하여 불법적인 '판돈'에 대한 유죄 판결이 내려져 정부의 철저한 관리 감독이 이어졌다. 그 결과 이 브랜드는 영원히 그늘에 묻히는 운명을 맞이했다.

미국 맥주산업 스토리의 마지막 부분은 라이트 맥주의 성공이다. 이 아이디어는 그 전에도 한동안 논의된 건이었다. 밀러 Miller는 라이트 Lite를 사들였는데, 이 브랜드는 처음에 개블링거즈 Gablinger's로 출발해서 이후 마이스터 브라우

이름 없는 맥주
1970년대에는 상황이 너무 악화되어 심지어 브랜드명이
붙지 않은 상당히 저렴한 맥주가 시장에 출시되었다.

Meister Brau 계열의 일부가 된 침체된 브랜드였다. 1975년 밀러는 20년 전 밀러의 모회사 필립 모리스 Philip Morris가 말보로 Marlboro에 단행했던 조치를 라이트에 동일하게 적용했다. 여성을 겨냥한 브랜드로 만들어 엄청난 남성 호르몬을 주입하여, 다시 말해 그 시대 카우보이인 나이 들어가는 스포츠 스타를 내세워서, 시장에 다시 내놓은 것이다. 라이트를 비롯한 라이트의 많은 모방 주자들은 최고 매출을 기록하여 2005년 판매 총량에서 일반 맥주를 추월했다. 여느 성공한 제품과 마찬가지로, 라이트는 꽤 시기를 잘 포착해서 특정 품질에 목말라하는 시장에 그 제품을 선사했다.

라이트한 페일 맥주로 향하던 동향은 1993년 밀러 클리어 Miller Clear 출시로 종말을 고했다. 물처럼 맑은 이 맥주는 탄산여과 공정으로 모든 색상과 풍미의 많은 부분을 제거했는데 고맙게도 너무 멀리 나간 제품이었다. 밀러 클리어는 실패한 브랜드가 모이는 어두운 벽장 안으로 슬며시 사라졌다.

20세기와 그 이후의 맥주

유럽에서도 지난 100년에 걸쳐 경제적으로 또 소비자 취향에서 비슷한 요소가 작용해 왔지만 구체적으로는 다른 양상이 전개되었다.

합병과 약소 업체의 고전은 동일한 요소였지만, 미국이 겪었던 금주령 같은 파국적인 숙청 조치가 전혀 없었기 때문에, 그 양상은 아주 오랜 시간에 걸쳐 천 번 베이고 죽음에 이

영국의 리얼 에일 캠페인(CAMRA) 운동

영국 양조장의 정통 제품은 오랜 세월 동안 자연 탄산 생성 캐스크 에일, 즉 '리얼' 에일이었다. 그러나 1960년대 말경, 대형 양조업체가 제품의 '현대화'를 추구하면서 여과장치가 있는 인공 탄산 생성 케그나 양조장 탱커 트럭으로 채워지는 대용량 셀러 탱크로 교체하면서 이런 정통 제품은 그 존폐에 위협을 받았다.

1971년 이런 동향에 대응하기 위해 리얼 에일 캠페인(Campaign for Real Ale: CAMRA)이 조직되었다. 대중과 정치권이 압력을 행사하여 리얼 에일이 영국 펍에 계속 남아 있도록 보장하는 운동이었다. 이 조직은 간행물을 발간하고, 그레이트 브리티시 비어 페스티벌

같은 많은 리얼 에일 축제를 매년 8월 영국에서 개최한다. 2016년 이 캠페인의 회원수는 17만 5,000명에 달했다.

이렇게 도덕적으로 올바르고 만만치 않은 후원층에도 불구하고 CAMRA는 리얼 에일을 국민 음료로 보존할 수 없었다. 현재 리얼 에일은 스페셜티 제품으로 라거와 케그 맥주에 뒤져져 2013년 현재 펍에서 판매된 맥주 중 겨우 17%를 차지했다. 리얼 에일을 맛볼 수 있는 곳은 영국 펍의 절반도 안된다. 경제적 요소와 소비자 태도는 맞붙어 싸울 수 있는 문제이고, 심지어 추세의 변화가 약간 오기도 하지만, 결국 라거의 세력은 항상 승리를 거두기 마련이다.

르는 과정처럼 진행되었다. 유럽 같은 전형적인 양조 국가에서는 리얼 에일이나 100% 맥아 라거 같은 전통 제품에 대한 거의 광적인 팬층이 있다는 것 또한 다른 상황이다. 이들은 결코 그 수가 많지는 않지만 어떤 곳에서는 조직적이고 목소리가 매우 높다.

맥주광의 성지인 벨기에조차도 필스너는 시장의 70%를 차지한다. 지난 100년간 이 스타일 때문에 많은 지역 스페셜티는 시장에서 사라졌다. 현재 독일에는 광범위한 지역 양조장 네트워크가 아직도 존재하지만, 대부분 비슷한 제품을 생산하고 있어 합병에 대한 압력은 여전히 진행중이다. 어떤 면에서 미국인들은 오래 전에 운좋게 최악의 사태를 이미 치러냈다. 양조장 수와 흥미로운 맥주 측면에서 1970년대 말 미국이 바닥을 찍었을 때는 맥주 문화라는 건 존재하지 않았고, 따라서 미국인은 그들이 제일 잘하는 일, 즉 창조를 해냈다.

그럼에도 특성이 풍부한 진짜 맥주 군단은, 심지어 필스너에 흠뻑 젖은 독일에서도 계속 살아남았다. 나는 요즘 '실험적인' 맥주를 양조하는 독일 사람들에게서 이메일을 받고 있다. 라인강의 기분을 좋게하는 세션 맥주에서 베를린과 예나의 바이스비어 Weissbier, 그리고 바바리아 북쪽의 맥주 놀이동산인 밤베르크까지 언급할 가치가 있는 스페셜티 맥주가 있으니 이들에 관한 이야기는 11장에서 다루려고 한다.

중요한 지역 전통 양조 문화가 쌓이지 않은 이탈리아와 덴마크 같은 지역에서는 소규모 양조업체가 흥미로운 맥주 구도를 아예 처음부터 조성해왔다. 당분간 이탈리아는 벨기에로부터 영감받은 경로를 밟을 것으로 보이는 반면, 덴마크의 크래프트 맥주계는 홉이 난무하는 미국 크래프트 양조계의 놀이터를 닮아가기 시작한다. 일본의 경우 정부가 양조장의 최소 규모를 합당한 수준으로 낮춘 이래 많은 시도가 이루어졌다. 사업, 규제, 경제적으로 어려움을 겪고 있는 남미에도 크래프트 양조장은 우후죽순처럼 생겨나고 있고, 특히 브라질, 칠레, 멕시코는 급속도로 성장하고 있다. 그야말로 양질의 맥주가 나오기 좋은, 매우 흥미로운 시대이다.

1970년부터 현재까지의 미국

1977년 과거로 돌아가 미국의 맥주계가 얼마나 빈곤했는가는 지금 상상하기 힘들 정도다. 당시에는 양조회사가 50개 미만에 양조장은 100개가 채 안 되었는데, 과거 200년 역사 그 어느 때보다 그 수가 적었던 때였다. 그때 존재했던 몇몇 지역 제품은 오늘날까지 명맥을 유지하지만, 대부분은 고령화되는 고객 기반에 맞추어 여러 제품을 혼합한 순하고 자극 없는 제품이었다. 일부 양조장은 여전히 계절에 따라 복맥주를 양조했지만, 많은 경우 외관을 좋게 하기 위해 캐러멜 색을 소량 추가한 페일 라거에 지나지 않았다. 아무도 제품 자체에는 관심을 가지지 않는 것 같았다.

허심탄회하게 얘기하자면, 20세기는 양조장, 특히 지역 양조장에 힘든 시기였다. 변화하는 행동 패턴과 새롭게 빛나는 민족 문화는 양조장과 양조회사가 사실상 필요하지 않다는 의미였고, 금주령 이후 생존경쟁은 수십 년간의 야만적인 가격 인하, 제품의 저렴화, 합병 파티를 불러왔다. 여기저기 자부심은 어느 정도 있었지만, 자부심을 뒷받침해줄 것이 사실 많지 않았다.

그즈음 샌프란시스코의 조용한 시골 한 구석, 호기심 가득하고 다른 사람보다 주머니가 두둑한 한 젊은이가 흥미로운 역사적 제품을 여전히 만들고 있는, 마지막 남은 지역 양조장 중 한 곳을 찾아왔다. 이 양조장 이름은 앵커 Anchor, 만드는 맥주는 스팀 Steem이었다. 1965년 프리츠 메이태그 Fritz Maytag는 앵커 양조장을 사들여 뭔가 의미 있는 일을 하는 데 자기 인생을 걸었다. 대부분의 사람들은 1971년 그들의 아이콘인 스팀 맥주의 근본적인 리뉴얼을 현대 미국 크래프트 양조 운동의 시작으로 본다. 이 최초의 크래프트 양조장은 미국의 진정한 맥주 전통을 생생하게 연결하는 매개체이며 그저 밖으로 나가야만 새로운 게 나오지는 않는다는 일종의 역사적인 쿨함을 내포한다.

프리츠 메이태그가 샌프란시스코의 앵커 양조장을 살리기 위해 바삐 움직이는 동안 많은 일이 발생했다. 미국 젊은이들은 군에 주둔하면서, 아니면 배낭여행을 하면서 유럽의 고전적인 맥주를 직접 경험했다. 그러던 중 《지구 전체 카탈로그 Whole Earth Catalog》(히피 문화의 대부였던 스튜어트 그랜트가 카탈로그 형식으로 온갖 잡다한 지식을 편찬한 잡지 형태의 책-역자주)가 출간되었다. 이 책에는 맥주에 관한 얘기가 한마디도 없었지만, 홈메이드 제품이 가득한, 좀 더 친절하고 다정하며 상업을 중시하는 미래 삶의 방식을 소개해서 흥미를 끌었는데, 이는 오늘날에도 똑같이 많은 공감을 자아내는 주제였다. 마이클 잭슨은 1977년 첫 출간된 그의 첫 저서 《세계 맥주 가이드 World Beer

Guide》작업에 열중했다. 홈브루잉에 관한 책이 영국에서 조금씩 흘러 들어오면서 당밀 같은 낯선 재료에 대한 수요가 생겼는데, 프레드 에크하트 Fred Eckhardt는 《라거 맥주에 대한 전문서 Treatise on Lager Beer》라는 작지만 기술적으로 자세한 책을 출간했다. 홈브루잉은 여전히 불법이어서 금주법 폐지 이후 제정된 법의 감시를 받고 있었지만 아무도 그다지 신경 쓰지 않았다. 크래프트 맥주를 가능하게 한 생각과 열정, 인력의 공급원으로써 홈브루잉의 중요성은 아무리 강조해도 지나치지 않다. 홈브루잉이 없었다면 오늘날의 맥주계는 지금과는 아주 딴판일 것이다.

실제 최초의 소규모 양조장은 캘리포니아주 소노마에 위치한 뉴 앨비온 브루잉 New Albion Brewing이었고, 1976년 잭 맥올리프 Jack McAulife가 문을 열었다. 이 양조장은 오래 가지 못했지만, 당시는 홈브루잉이 점점 열기를 띠어가고 있었다. 훌륭한 맥주를 만드는 사람들이 계속 생겨나고 그 옆에서 친구들이 "이보게, 이건 굉장한 맥주야. 정말로 자넨 양조장을

열어야 해"라고 부추기면서 딱 그 정도의 맥주를 만드는 곳이 많이 생겼다. 물 한 방울이 홍수가 되더니, 1990년대 초반에는 맥주를 포장해서 파는 양조장과 브루펍이 수백 군데 생겨, 아주 다양한 종류의 매력적인 맥주, 때때로 최상급의 맥주를 생산했다.

90년대 초반, 크래프트 맥주는 연간 45%의 성장률로 커가면서 좋지 않은 요소를 끌어들이고 있었는데, 여기서 좋지 않은 요소란 크래프트 양조를 돈의 측면으로만 보는 사람들인데 벤처가 성공하기 위해서는 어림도 없는 일이었다. 크게 시작해서 성공한 양조장은 단 한 곳도 없었다. 이런 업체는 90년대 말에 가서 도태되었는데, 한 가지 좋은 점은 우수한 중고 장비가 저렴한 값에 시장에 많이 나왔다는 것이다.

오늘날 크래프트 맥주 산업은 예전보다 훨씬 복잡하다. 맥주 품질은 상당히 높고 마케팅은 맥주에 관한 스토리를 퍼뜨리는 데 도움이 되는 수단으로 인식하는 것이 옳으며, 전

앵커 브루잉
엄격히 말해 앵커 Anchor는 한때 널리 유행했던 전통 양조장 중 마지막으로 살아남은 업체지만, 1971년 여기에서 다시 생산한 스팀 비어 Steam Beer 덕분에 이 업체는 현대 최초의 크래프트 양조장이 되었다.

여러 얼굴을 가진 크래프트 맥주
IPA의 인기가 치솟는 와중에도 크래프트 양조는 미국 맥주시장의 다양성을 다시 회복할 수 있는 방편으로 시작되었다.

반적으로 사업 감각은 맥주에 대한 열정을 앞서지는 못했지만 따라잡기는 했다. 성장률은 변함없이 연간 10~15% 수준으로 안착했는데, 현재 크래프트 분야는 용량으로 봤을 때 미국 맥주시장의 11%, 금액으로 봤을 때 19%를 차지한다 (2014년 기준). 북미 지역은 지구상에서 가장 다양하고 창의적이며 맛있는 맥주의 본산지다. 작고한 저술가 마이클 잭슨은 이러한 통찰력을 재미삼아 언급해 유럽 사람들에게 위기감을 주었다.

100년이 훨씬 넘는 기간 동안 양조산업의 방향은 그 대기업 주자에 의해 결정되었다. 오늘날 대기업 맥주가 정체기를 겪고 있고 크래프트 맥주 붐이 지속적으로 일면서 이는 전혀 남의 얘기가 되어버렸다. 바라는 바는 셀렉션이 풍부한 와인 범주 계열과 나란히 맥주시장이 의미 있는 역할을 해내는 시대가 도래하는 것이다. 아우구스트 부시 4세(August Busch IV:

버드와이저 맥주를 개발한 아돌프 부시의 5대손—역자주)의 "미국 맥주의 미래는 모두 소비자 선택에 달려 있다"는 말을 알고 있다면, 이제 그의 말을 깊게 파헤쳐서 그 말이 옳음을 증명해야 할 때다.

맥주시장

아주 초창기에도 맥주는 심한 규제를 받고 판매되었다. 함무라비 법전에는 에일을 만드는 아낙네가 고객을 속일 경우 그녀를 강물에 빠뜨려 익사시킨다는 위협 조항이 나온다. 오늘날의 처벌도 가혹하기는 그지없다. 수천 년 동안 정부는 세금을 부과할 수 있는 대상이면서 알코올 음료인 맥주가 사회에 기여하는 기능을 그대로 유지할 필요성을 느꼈지만, 너무 많은 해악은 끼칠 수 없도록 규제했다. 인간의 본성이 타락하기 쉽고 관련된 당사자 모두에게 영향이 미치기 때문에, 불가피하게도 이러한 노력은 때때로 잘못된 방향으로 나아갈 수 있다.

미국의 경우, 알코올 음료에 대한 많은 규제 양상은 개별 주의 몫으로 남겨졌으며 맥주 판매에 관해서는 더욱 그러했다.

금주령 이전, 양조장 소유의 술집 중심으로 유통 시스템이 심각하게 과잉되는 양상을 보이면서 금주령 폐지 이후에는 3중의 유통 시스템이 대부분의 주에서 실시되었다. 종종 브루펍과 소량 패키지로 생산하는 양조장 및 와이너리 제품을 제외하고, 알코올 음료는 양조업자(또는 수입업체)에서 도매업체로, 도매업체에서 소비자로 이동해야 한다. 많은 주에서 유통업자는 프랜차이즈법의 보호를 받는데, 이 법은 이들 당사자 사이의 관계에서 한계와 의무를 명시하고 있다.

긍정적인 측면은 프랜차이즈법 덕분에 유통업자는 자신들이 유통시키는 브랜드에 투자할 동기를 부여받는다는 것이다. 이 법에 따르면 브랜드는 변덕스러운 양조업자에 의해

아무 명분 없이 시장에서 철수될 수 없다. 어두운 측면은 이런 투자가 항상 일어나지는 않는다는 점이다. 그래서 유통업자는 브랜드를 일종의 지하감옥에 감금해 놓는다고 알려졌는데, 이곳에서 브랜드는 지원받지도 못하고, 뒤를 든든히 지켜줄 유통업자에게 가지도 못한다. 세월이 지나면서 프랜차이즈법은 상당히 많은 불만을 낳았고, 주 의회에 끊임없이 상정되었는데 이 과정에서 양측은 무게중심을 자기 편으로 유리하게 끌어오기 위해 애쓴다.

맥주 산업에서 올바른 판단을 내리는 대부분의 사람들은 유통업자가 필요하다고 본다. 3중 시스템을 옹호하는 가장 큰 근거는 소매 시스템을 양조업체의 직접적인 통제에서 벗어나도록 도와준다는 것이다. 양조장의 소매 장악 실태를 엿보고 싶다면 영국만 봐도 된다. 이곳에서 양조업체는 역사적으로 대다수의 펍을 통제했는데, 직접적으로 소유하거나 예외적으로 관대한 조건의 대출을 통해 이런 행태를 이어갔다. 이런 상황에서 마케팅 전략은 손님을 끌어들일 수 있도록 펍

런던 킹스크로스, 유스턴 플라이어 바의 리얼 에일 핸드 펌프
많은 영국 펍이 누리는 영광은 본사 제품의 독점 판매를 고집하거나 혹은
펍을 직접 소유하는 양조장의 재정 지원으로 이루어졌다.

을 되도록 편하고 화려하게 꾸미는 데 예산을 할당하는 것이다. 이렇게 하다 보면 진짜 튀는 펍이 등장하는데, 문제는 구비되는 맥주가 단일 양조장 소수 제품, 종종 자매 양조장 제품으로 한정되어 필수 품목인 '게스트' 맥주는 매장에서 사라진다는 것이다. 독과점위원회가 강제로 영국 양조장의 이런 영업 행태를 금지한 이후, 펍의 운영은 소수의 대형 다국적 기업에게 넘어갔는데, 이들은 최대 규모의 양조장과 사업을 하면서 소비자 선택을 제한하는 경향이 있다. 미국 체인 레스토랑에서 지역 양조 제품을 구하려고 한 적이 있다면(다들 그래본 적이 있지 않을까?) 무슨 뜻인지 감이 올 것이다.

미국은 대기업 주자가 완전히 패권을 장악하고 있기 때문에(안호이저 부시 Anheuser-Busch는 2014년 현재 미 맥주 시장의 46%를 점유했다), 이들은 소유하고 있는 펍을 이용하여 소비자가 소형 브랜드에 접근하는 것을 쉽사리 차단한다.

신생 양조장의 경우 유통은 어려운 문제다. 사업 초반에 대부분의 신생 기업은 계속 입지를 다져나가며 시장 구성원이 누구인지 파악하려 애쓰면서 사업의 복잡성으로 고군분투한다. 일반적으로 도매업체는 생산과 마케팅 영역의 문제를 이미 해결한 중견 브랜드 업체와 일하는 걸 더 선호한다. 미국의 많은 주에서 특정 규모 미만의 양조장은 자체 유통이 허용되고 있다. 도매업체는 이를 자기들이 보유한 3중 시스템 기본 권리에 대한 위반으로 보지만, 이들 소규모 양조장이 좀 더 무기를 다듬고 시장에 진입할 준비가 될 때까지 스스로 자생하게 내버려두는 것이 분명 도매업체에게도 이익이 되는 일이다.

미국의 주류법은 지역에 따라 들쑥날쑥한, 때로는 의미 없는 규제가 얽히고설켜 있다. 알코올을 허용하는 카운티가 있는가 하면, 금지하는 카운티가 있고, 오직 레스토랑이나 개인 클럽에서만 허용하는 카운티도 있다. 메릴랜드주의 한 카운티는 카운티 자체가 유통업체인 경우도 있으며, 소비자가 선택한 방식으로 법적 제품을 즐길 수 있는 능력에 심각한 차질을 주는 관행이 많이 있는데, 그야말로 우스꽝스럽게 느껴질 따름이다.

서서히 해동되는 정치적 기후와 열정가 및 전문가가 서로 힘을 합쳐 이룩한 많은 고된 성과 덕분에 옛법의 일부는 합리성 앞에서 폐지되고 있다. 노스캐롤라이나주와 몇몇 주에서의 맥주 알코올 함량 제한과 플로리다주의 반 경쟁적인 포장 크기 규제는 철폐되었다. 아직 할 일이 산더미 같고 신 금주론자 세력이 시계를 다시 돌려놓으려 호시탐탐 기회를 노리고 있어서 양질의 맥주를 즐기는 우리 모두는 경계를 늦추지 말고 싸울 태세를 갖추고 있어야 한다. 양조사협회는 양질의 맥주를 계속 즐기는 데 관심을 표한 사람들의 명단을 모아서, 맥주 관련 문제에서 민초들의 압력이 필요할 때면 이들을 불러모은다. 이 명단에 이름을 올리고 싶은 사람은 www.supportyourcalbrewery.org를 방문하라.

맥주는 역사의 위대한 거울이다. 맥주마다 가지고 있는 스토리가 얼마나 많은지 나는 항상 놀랄 뿐이다. 잔을 높이 들고 생각해본다. 맥아향과 홉의 풍미가 그득한, 거품 풍성한 이 맥주의 모든 면모는 약 1만년 전 시작된, 일련의 놀라운 사건의 결과물이라고. 참으로 맥주는 속 깊은 음료이다.

그곳에 맥주가 있으라!

조와 그의 친구는 오래되었지만 말끔이 청소가 된 호프브로이 하우스 안의
길다란 맥주 테이블 앞에 놓인 나무의자에 앉았다. 이곳은 천국으로 곧장 가는 좁은 길.
조의 친구는 손가락 두 개를 들어올려 웨이터에게 외쳤다. '프리츠, 즈바이 둔켈'
웨이터는 보기에 기분좋은 조그마한 독일 사람으로 두 사람보다 키가 작지만
맥주에 들어 있는 효모만큼 활기찼다.
맥주가 왔다. 조는 바바리아 맥주를 처음 보고 완전히 압도되었다.
세상에 이만한 음료가 없었다. 거품은 스푼으로 떠 먹을 수 있는 휘핑크림 같았다.

〈밥 브라운 Bob Brown〉, 1934

테이스팅, 맥주를 감각하는 방법

왜 맥주 맛을 보는가? 단순히 마시고 즐기고 쉴 수 있다면 그런 세상이 더 좋지 않을까? 물론, 비판없는 접근이 딱 맞을 때가 있다. 그러나 좀 더 집중적이고 구조적으로 접근하는 방식이 필요한 상황도 많다.

크고 작은 양조업체는 제품의 일관성, 무결점성, 그들의 시장 입지에 대한 제품 적합성에 대해 끊임없이 평가를 실시한다. 소규모 양조업체인 경우에도 조직화된 감각 평가 프로그램을 채택하면 시장에서 큰 이득을 누릴 수 있다. 맥주 업계의 다양한 구성원들도 역시 좋은 제품과 나쁜 제품, 스타일별 제품을 구별할 필요가 있고, 자체 영업 흐름을 점검하여 고객들에게 치명적인 매력을 발산하는 맥주가 무엇인지 파악해 두어야 한다. 편하게 격식없이 맥주를 마시는 것도 좋지만 시간을 들여서 적합한 시음 기법과 관련 어휘를 개발해두면 모든 맥주로부터 더 나은 통찰력과 의미 그리고 즐거움까지 이끌어낼 수 있다.

감각의 이해

감각은 자극으로 시작해서 인식으로 끝난다. 우리 감각이 외부 세계와 만나는 접점에서 감각 신경은 많은 상이한 화학 물질에 자극을 받아 발화하는데, 이 신경은 여러 개의 처리 기지를 통해 뇌에서 아주 오래되고 종종 멀리 떨어진 부분까지 신호를 급히 전달한 후, 뇌의 위쪽 인지 부위로 이동한다. 단순히 부호화된 신호에서 출발하여 여러 처리 단계를 거친후 결국 이 신호는 사고, 기억, 마지막에는 언어로 표현되기 시작한다.

맛과 냄새, 또는 기술적인 용어로 미각과 후각은 특정 맛 감각의 도움을 받아 우리의 화학 감각을 형성한다. 이는 수백만 년의 진화와, 청각과 시각 같이 의심할 여지 없이 앞서 발달된 '상위' 감각을 통해 다듬어진 정교하게 변화된 시스템이다. 지구상 모든 생명체는 하나같이 이 영역에서 어느 정도 기량을 발휘한다. 오랫동안 과학자들은 이 생명 유지 감각을 편파적으로 바라보면서, 이들 감각을 원시적이며 연구할 가치가 없는 분야라고 여겼다. 그러나 지난 수십 년간 이런 생각이 얼마나 잘못됐는지 여실히 드러났다.

감각 덕분에 우리는 자신이 몸담고 있는 숭고하고 위험한 세상을 항해할 수 있다. 화학 감각은 음식과 음료에 대한 정보, 즉 영양 성분, 적합성/독성, 숙성 정도 등에 관한 정보를 제공한다. 후각은 소통의 도구로 중요한 역할을 하는데, 개가 나무에 영역 표시하는 장면을 목격한 사람이라면 누구나 이해할 수 있을 것이다. 최근에는 맛 감각이 병원체에 대항하여 최전방 공격수 역할을 하는 또 다른 숨은 주역일 수 있다는 사실이 밝혀졌다. 맛 세포는 내장 및 비강은 물론 사람의 여러 기관과 심지어 뼈에까지 모두 분포될 수 있다. 박테리아 표피의 특정 쓴맛 단백질은 화합물을 분비하는 이들 맛세포를 자극하는데, 이 결과 맛 세포는 직간접적으로 침입체에 대한 공격을 개시해서 면역 시스템보다 훨씬 더 빨리 대비 체제를 갖추는 것으로 보인다.

화학 감각은 꽤 원시적인 감각이기 때문에 시각 및 청각과 아주 다른 방식으로 처리되고, 우리 눈에 종종 이질적이고 비논리적으로 보일 수도 있다. 예를 들어 맛 신호가 가장 먼저 가는 곳은 심장박동과 호흡을 조절하는 뇌의 가장 원시적인 부분인 뇌줄기(뇌관)이다. 우리가 좋아하는 것인지 혹은 아닌지에 대해 질적인 결정을 내리는 부분이 바로 뇌줄기이다. 후각 신호는 감정과 기억에 관여하는 뇌의 다른 원시적 부위인 편도체 amygdala와 해마 hippocampus를 찾아간다. 이상해 보일지 모르지만 충분히 납득이 된다. 이따금 냄새는 힘과 속력으로 대항해야 하는 위협 또는 기회로 나타난다. 감성은 사고의 뇌가 나설 틈도 없이 직접적인 대응에 나서는 경우가 많다. 숲속의 원숭이가 익은 과일 냄새를 맡을 때 그 과일이 무슨 종인지 이름까지 알 필요는 없다. 원숭이가 아는 것이라곤 그 장소로 가서 자기가 지난 계절에 즐긴 잔치를 되풀이하는 것이다.

훌륭한 시음인이 되는 방법을 파악하려고 노력하는 이때, 이런 사실은 곤혹스럽다. 우리는 자신의 뇌가 이성적이기를 원하지만 실상 우리 뇌는 그렇지 않다. 냄새를 시음 어휘에 수록하고 싶겠지만 우리 뇌는 이게 쉽게 이루어지도록 조직되어 있지 않다. 많은 면에서 자기 자신의 이질성을 파악하는 일이 시음을 숙달하는 과정의 중심 과제이다. 우리는 언어 및 시각적인 학습에 너무 익숙해 있어 다른 방식으로 진행해야 할 때 고전을 면치 못한다.

그러나 자신의 보이지 않는 후미진 부분을 단련시켜 그 독특한 능력을 우리 목적에 맞게 사용하는 건 가능한 일임을 약속한다. 단 우리가 해야 할 일은 등을 대고 누워 긴장을 풀고 이들 부위가 스스로 알아서 하도록 내버려둔 다음 그들이 말하는 소리에 귀를 기울이는 것이다.

냄새, 맛, 마우스필은 맥주와 관계를 맺는 데 이용하는 주요 감각이지만 다른 감각 역시 맥주 시음 경험에 동원된다. 이용하는 방법을 잘 배워두면, 이들 감각은 우리에게 맥주에 관해 궁금한 점 하나하나를 모두 얘기해준다. 개별적인 감각이지만 우리 뇌는 이들을 한데 집합시켜 무난하게 사용되도록 하지만 이로 인해 감각을 실제로 분리시키는 데 더욱 어려워질 수 있다. 우리 모두는 '풍미'가 무엇인지 어느 정도 알고 있지만, 실제로 풍미는 감각이 아니라 느낌이다. 3가지 화학 감각과 이외 다른 감각 및 심지어 브랜드 이미지 같은 인지 과정에 영향을 받은 감각 입력의 조합으로 생성된 인상이다.

따라서 우리는 필요에 따라 개별 감각에 집중하는 법을 배워야 하고 정확하게 언어를 사용해야 한다. 종종 단내가 난다고 말하지만 이는 가능하지 않은 이야기다. 단맛은 순전히 혀로 느끼는 맛이다. 실상은 캐러멜, 초콜릿, 바닐라 같은 음식에 대해 우리가 일상적으로 맺는 관계가 너무 단맛에 치우쳐 있어 이런 용어로 묘사할 수밖에 없는 것이다. 따라서 시음인으로서 자신을 훈련하는 방법은 이 모든 감각을 편리하게

합성해놓는 그런 익숙함에서 벗어나 그 껍질을 하나하나 벗기는 방법을 알아가는 것이다.

미각

다른 화학적인 감각과 마찬가지로 맛은 우리에게 환경 안에서 좋은 것과 나쁜 것을 식별할 수 있는 중요한 단서를 제공하고, 영양학적으로 바람직한 음식을 가까이하며 잠재적인 독을 멀리하도록 진화했다. 이 감각은 상당히 중요해서 3가지 다른 경로를 통해 뇌와 연결되어 있는데, 만약 한 경로가 손상을 받으면 여전히 두 개의 예비 경로가 마련되어 있는 셈으로, 우주선에 동일한 것을 중복해서 적재하는 것과 같다.

자신의 혀를 살펴보면 작은 돌기로 덮여 있음을 알 수 있다. 이들 돌기는 미뢰가 아닌 유두이며, 미뢰는 바로 이 돌기 안에 들어 있다. 사람마다 혀에는 2,000~8,000개 사이의 미뢰가 있으며 몸의 다른 부위는 물론 입안에는 이보다 훨씬 적은 양의 미뢰가 분포되어 있다. 각각의 부위에서 미뢰는 아주 다른 역할을 한다. 각 미뢰에는 감각 세포 무리가 가운데 구멍 주위에 모여 있는데 이 구멍으로 액체가 안으로 들어가 세포와 접촉할 수 있다. 각 감각 세포는 특정 화학물질에 민감하게 반응한다. 현재 사람에게서 확인된 수용체 종류는 약 40종이며 이중 반 이상이 쓴맛에 관여한다. 그러나 확인되는 수용체는 계속 느는 것 같다.

우리가 초등학교에서 배운 혀 지도는 다양한 풍미에 대응하는 감각 영역을 보여주기 위한 것이다. 단맛은 혀 앞쪽, 신맛은 혀 가장자리 등으로 나타난다. 하지만 이건 거짓이고 생리적인 현실과 거의 관계가 없다. 혀 지도는 골상학에서 시작되었는데, 골상학은 의사 과학으로 추후 수상쩍은 자료들까지 열성적으로 도표화되면서 진리인양 굳어져버렸다. 혀 지도는 우리의 기본적인 일상 상식으로 끼어들어 빼도 박도 못하는 상황이 되어버렸다.

물론 혀 특정 영역에서 미세하나마 더 느끼는 풍미도 있지만, 혀의 대부분은 6가지 모든 풍미에 반응한다(오른쪽 그림의 새로운 혀 지도 참조). 혀는 사상 유두 filiform papillae로 덮여 있는데, 우리가 보고 느낄 수 있는 가장 작은 돌기이다. 이들은 미뢰를 갖고 있지 않으며 순전히 기계적인 기능을 한다. 미뢰가 들어 있는 유두는 혀의 특정 영역에 각각 다르게 분포되어 있다. 실제로 미뢰가 들어 있는 유두는 3가지 영역에

과거의 혀 지도

19세기 엉터리 과학이 낳은 산물이지만
교과서에서 삭제하기 힘들다.

새로운 혀 지도

혀에는 맛을 민감하게 인식하는 3가지 다른 영역이
존재하지만, 혀의 앞쪽 절반은 모든 맛에 똑같이
반응한다. 쓴맛은 혀 뒤쪽 유곽 유두에서 좀 더 강렬하게
느끼고 가장자리의 엽상 유두는 신맛에 좀 더 민감하다.

- ● 감칠맛   ● 짠맛   ● 쓴맛
- ● 신맛   ● 단맛

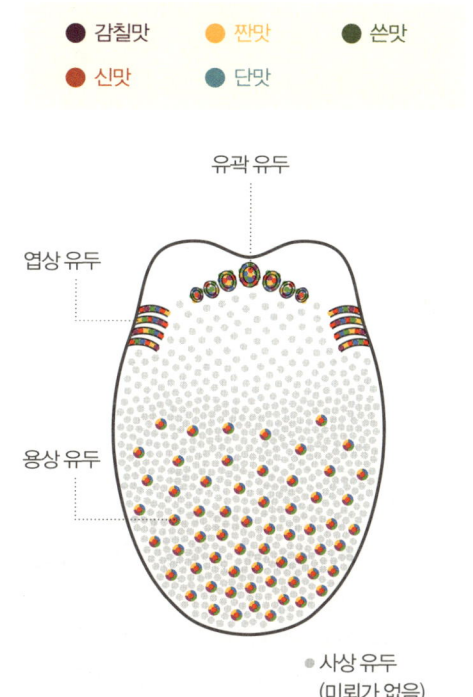

유곽 유두

엽상 유두

용상 유두

● 사상 유두
(미뢰가 없음)

분포하며, 그 유두의 수도 각각 다르다. 혀 앞쪽에서 2/3 지점의 사상 유두에 분포되어 있는 큰 돌기가 용상 유두(버섯 모양) fungiform papillae로, 이들 유두는 혀 가장자리에 좀 더 빽빽하게 들어차 있다. 각 유두의 양 옆에는 별개의 미뢰가 많은 수 자리잡고 있으며 유두 위에는 미뢰가 없다. 아주 약간의 차이는 있지만 이들 미뢰는 단맛, 쓴맛, 신맛, 짠맛, 감칠맛을 똑같이 민감하게 느끼며, 기름진맛을 느낀다는 것도 새롭게 발견되었다.

혀 뒤쪽에는 크기가 큰 유곽 유두 circumvallate papillae가 한 줄 걸쳐 있으며, 혀 뒤쪽 가장자리에는 엽상 유두 foliate papillae도 자리잡고 있다. 유곽 유두는 쓴맛과 단맛, 기름진맛에 특히 민감하여, 이런 이유로 삼키는 행위도 맥주 시음 과정의 일부로 간주된다. 잎새 유두는 기름진맛과 특히 신맛에 민감하게 반응하며, 따라서 레몬 주스(또는 시큼한 람빅)를 한 모금 마시면 혀 뒤쪽 가장자리가 특히 더 민감하게 반응한다. 고농도의 신맛은 먹을 때 아프다는 느낌을 유발한다는 사실도 밝혀졌다.

세포학적인 자세한 분석은 시음인들에게 특히 중요하다. 산과 소금은 즉각적으로 반응하는 비교적 단순한 메커니즘을 유발한다. 단맛과 쓴맛을 비롯한 이외의 다른 맛은 G 단백질 결합 수용체라 불리는 과정을 포함, 2단계 과정을 통해 처리된다. 결과적으로 이들 맛 반응은 짠맛과 신맛에 비해 좀 더 느리다. 따라서 이런 과정을 알게 되면 맥주 한 모금이 시간의 흐름에 따라 그 맛을 어떻게 드러내는지 이해하는 데 도움이 된다.

기본 맛

단맛 SWEET

이 감각은 예전에는 주변에 많이 부족했던, 영양이 많은 식품을 우리에게 알려주기 위해 특히 진화했다. 어린 아기도 빠는 행위를 통해 단맛에 자동적으로 반응한다. 요즘은 단 음식과 음료가 도처에 깔렸기 때문에 이 감각이 별 쓸모가 없다. 그렇지만 뇌 속에 남은 깊고 어두운 구석은 여전히 단 음식이 몸에 좋다고 생각하기 때문에 우리는 이를 과잉섭취한다.

맥주에도 여지없이 약간의 단맛이 존재한다. 특히 상당한 양의 당이 남아 있는 스카치 에일과 도펠복, 밀크 스타우트

달콤한 맥주
도펠복, 밀크 스타우트, 스카치 에일 같은 맥주
스타일은 잔존 당도가 상당한 경우가 많다.

한다. 맥주에서 신맛에 관심을 기울인다면, 그 분야는 응당 과일 맥주다. 여기서 신맛은 과일 특유의 밝은 기운과 상당히 많이 연계되어 있다.

짠맛 SALTY

짠맛의 미뢰는 나트륨 이온과, 이보다 정도는 덜하지만 포타슘에 반응한다. 이들 소금은 많은 세포 작용에 필수적이며 환경에서 얻어야 한다. 일반적으로 맥주에서 소금은 아무런 역할을 하지 않지만, 미네랄이 풍부한 물이나 고의적으로 추가해서 소금이 존재하는 경우 좀 더 진하고 묵직한 풍미를 낸다.

쓴맛 BITTER

맥주가 처음 만들어진 시기부터 쌉쌀한 맛의 허브는 달콤한 맥아의 밸런스를 맞추기 위해 사용되었고 맥주에 상쾌함을 더해주며 상당한 무게감을 부여한다. 역사적으로 볼 때 맥주의 쌉쌀한 맛은 때에 따라 인기를 타는데, 지금 당장은 그 인기가 절정에 올라 있다.

쓴맛은 요리에서 보통 조연 역할밖에 하지 못하기 때문에 맥주는 다른 음식이나 음료와 실로 거리감이 있다. 쓴맛은 후천적인 맛인데, 사람들의 크래프트 맥주 모험을 지켜보다 보면 이 점을 확인할 수 있다. 하지만 쓴맛을 주저하는 데는 충분한 이유가 있는 법. 쓴맛은 뭔가 독이 있다는 것을 알려주면서 이를 조심하라는 신호이다.

자연의 쓴맛

제일 먼저 진화한 식물은 아마도 손쉽게 먹잇감이 됐을 것이다. 이들은 공격을 받으면 가시, 두꺼운 겉껍질, 독성 물질 등의 방어 메커니즘을 전개했다. 분명 대단한 승리감을 느꼈겠지만 기껏해야 얼마 살지 못했고, 동물들은 재빨리 스트리크닌 strychnine(식물의 줄기, 씨 등에 함유되어 있는, 쓴맛이 있는 유독물—역자 주), 청산가리, 알칼로이드 같은 독성 물질을 식별하는 능력을 개발했다. 이 능력이 효과를 보기 위해서는 이런 인식 능력과 강력하고 즉각적이면서 위험을 회피할 수 있게 해주는 행동 경보 체제가 어우러져야 했다. 쓴맛에 대한 감각은 이렇게 탄생했다.

세월이 흐르며 동물들은 아주 다양한 쓴맛 화학물질을 구별하는 능력을 갖게끔 진화되었다. 식물은 진화하면서 감쪽같은 속임수가 실제 무기와 다를 바 없음을 터득하고 홉에

같은 몇몇 리치한 맥주에서만 단맛이 주전으로 활동한다. 그럼에도 단맛은 대부분의 맥주에서 균형을 잡아주는 요소로 존재하는데 홉의 쓴맛, 로스팅된 맥아 또는 신맛으로 인해 그 존재감이 가려지는 경우도 있다.

신맛 SOUR

모든 수소이온농도(pH) 측정기가 그렇듯, 신맛을 감지하는 부위는 수소이온을 감지한다. 신맛(또는 신맛의 결핍)은 과일의 숙성을 판가름하는 믿음직한 지표이며, 상한 음식을 알 수 있는 척도이다. 그랬기 때문에 이제까지 세월을 거치면서 진화적인 면에서 필요요했을 것이다.

우리가 신 음식과 음료를 접했을 때 번개같이 재빠른 반응을 보이는 것도 이런 이유다. 맥주는 적당히 신 음료로 시큼한 벨기에 맥주(pH 3.4~3.9)를 제외하면 보통 pH가 4.0~4.50이다. 신맛은 주연이라기보다는 조연으로 뒷받침을

비 전통 체리 람빅은 대부분의 맥주와는 달리
쓴맛이 아주 약하게 느껴지는 반면 단맛과
신맛의 풍미는 아주 풍부하다.

존재하는 물질처럼 동물의 쓴맛 회피 메커니즘을 촉발할 정도로 효과적인, 전혀 해가 없는 화학물질을 생성해서 대부분의 초식 동물을 쫓아내기 시작했다.

쓴맛 유전자

TAS2R이라는 쓴맛 수용체 유전자는 초식 동물의 경우 그 농도가 가장 높고 육식 동물은 이보다 훨씬 낮거나 아예 없다. 현재 25개의 쓴맛 수용체 유전자가 인간에게서 발견되었다. 이런 수용체는 다른 목적이 있기도 하겠지만, 유전자가 많을수록 잠재적인 독성 화학물질을 더 많이 발견해낼 수 있다. 쓴맛 수용체는 인간의 소화관 전체, 그리고 폐와 코 같은 다른 불분명한 기관에서 발견되었다. 적어도 들쥐의 경우 이들 수용체가 뇌에 신호를 보내 행동에 변화를 일으키며, 소화관과 췌장의 쓴맛 수용체는 혈당에 따른 인슐린 분비에 관여하는 것으로 알려져 있다. 코의 쓴맛 수용체는 일부 병원성 박테리아의 화학 표식자에 반응한다.

인간은 서로 다른 수용체를 많이 가지고 있기 때문에 다양한 쓴맛의 차이를 인지할 수 있다. 홉의 깔끔하고 부드러운 쓴맛은 적어도 현대인의 입맛에는 맥주와 완벽하게 궁합이 맞는다. 용담 gentian(쌍떡잎식물 용담목 용담과의 여러해살이풀—역자주)과 웜우드 wormwood(상록 저목 또는 숙근성 다년초—역자주)가 주는 자극은 찌르는 듯한 날카로움이고 불쾌할 정도로 메마르다. 홉의 달콤한 쓴맛은 그 방부력과 함께 맥주 세계를 완전히 지배하는 중요한 이유일지도 모른다.

하지만 맥주의 쓴맛이 전적으로 홉 때문은 아니다. 다크 맥아는 쓴맛이 풍부하다. 마이야르 반응(Maillard reaction, 오븐에서 빵을 구울 때 빵의 노출된 겉부분이 뜨거운 열에 갈색으로 변해 구수한 맛을 내는 현상—역자주)으로 맥아향에서 로스팅 향미까지 맥주 특유의 아로마를 발산하는 화학물질이 생성되지만, 이와 함께 페놀산이 락톤 lactones이라는 화학물질로 변하여 다크 맥아의 경우 마치 커피처럼 쓴맛이 강해질 수 있다.

느림의 과정

쓴맛이 우리 혀에 접수될 때까지는 꽤 많은 시간이 필요하다. 가령 같은 맥주인데 약간 쓴 맥주와 아주 쓴 맥주를 시음하는 경우 첫 10초는 둘 다 똑같다고 느낄 것이다. 쓴맛이 혀에서 그 존재감을 드러내는 데는 시간이 좀 걸리고 거의 1분 동안 그 힘을 쌓는다. 이런 시험을 할 때는 시계에서 거의 눈

홉의 원뿔형 열매
1,000년 이상의 기간 동안, 홉은 쓴맛을 담당하면서 맥주의 척추인 맥아의 상대 역할을 해왔다.

을 떼지 말고, 평상시보다 훨씬 오랫동안 억지로라도 집중을 해야 한다. 최근에 나는 많은 전문가들과 함께 한방에 앉아 앞서 제시한 설명 없이 이 연습을 해본 적이 있는데, 절반 가까운 사람들은 두 맥주를 구별하지 못했다. 생각보다 어려운 일이다.

쓴맛 지수는 노련한 시음인이라 할지라도 정확하게 맞추는 게 힘들다. 인간의 정확도는 약 20% 정도여서 40 IBU(맥주의 쓴맛 정도)와 50 IBU는 그 맛이 상당히 비슷하다.

그럼 맥주의 쓴맛이 그 짜릿함을 어떻게 선사하는지 롤러코스터에 비유해보자. 쓴맛은 철컥철컥 정상까지 올라가서 잠시 머물고 긴 활강을 시작한다. 이 사이 맥주의 다른 풍미는 들어갔다 나왔다 하면서 존재를 드러내는데 신맛은 가장 선두에 등장하고, 그 다음 단맛과 다른 떫은맛이 좋든 싫든 쓴맛과 소통한다. 여러분은 아마 쓴맛에 강타당했던 적이 있을 것이다. 따라서 홉이 많이 들어간 맥주 한두 병을 마신 후 미각을 회복하려면 상당한 시간이 걸린다. 시음 행사나 디너를 계획하고 있다면 명심해야 할 사항이다.

홉의 아로마와 혀에서 느끼는 쓴맛을 구별하는 것 역시 중요하다. 아로마와 맛은 생리학적으로 다르지만, 우리 뇌에서 완전히 독립된 방에 따로 살지 않기 때문에 이들을 분간하는 데는 노력이 필요하다.

또 기억해야 할 사항은 쓴맛이 맥주의 다른 요소와 항상 관계의 끈을 맺고 있다는 점이다. 따라서 홉이 동일량 들어간 맥주를 비교할 경우 맥아가 더 많이 들어간 맥주가 다른 것보다 덜 쓰게 느껴질 수 있다. 양조업자들은 맥주 양조 레시피에서 밸런스를 맞출 때 이 점을 염두에 둔다. 우리 시음인 역

시 이 점에 주의를 기울여 특정 맥주에 대한 느낌을 얘기할 때 항상 수치에만 의존하지 않도록 조심한다. 맥주 레이블에 표시된 IBU 수치는 실제 화학 분석치라기보다는 양조장 계산치에 근거한 경우가 많고, 쓴맛은 심지어 맥주가 포장되기 전부터 감소하기 시작한다.

맥주의 쓴맛

맥주의 쓴맛은 알파산이라는 다섯 가지 홉 화학물질에서 오는데, 이들은 끓이면 분리되면서 화학적으로 변형되거나 다른 성질로 바뀐다. 홉은 모두 그 정도는 다르지만 비슷하게 쓴맛을 낸다. 알파산의 하나인 코후물론 cohumulone 함량이 높은 홉은 쓴맛이 더 강하다고 명성이 나 있지만 논란이 뜨겁다. 시장에 나갈 때 홉의 쓴맛 정도는 알파산 단 하나의 함량으로 표시되는데 그 값의 범위는 2%에서 20%까지다.

이론적으로 오로지 쓴맛을 위해 사용되는 홉은 전형적인 양조에서 한 시간 정도 팔팔 끓이는 공정을 거친 후 그 고유의 오일이 증발되고 나면 모두 거의 동일한 맛이 나야 한다. 양조사들은 사실은 그렇지 않을 거라는 직감을 가지고 아로마 홉의 특성을 보완하는, 아니면 적어도 그 특성에 위배되지 않는 쓴맛 홉을 선택한다.

쓴맛 경쟁에 참여하는 양조업체는 실제적인 한계에 도달하기 시작했다. 홉의 용해도는 농도가 증가할수록 내려가기 때문에, 특히나 요즘 홉이 고가라는 점을 고려하면 최고 수준의 제품을 생산하는 게 어렵다. 한때 업계 상식으로는 100 IBU가 거의 최대치였지만 최근 맥주 분석에 따르면 그 수치를 훨씬 상회한다. 그러나 사용된 일반적인 순도 분석이 왜곡되지 않았는지, 그리고 실제로 눈금의 맨끝까지 측정이 되는가에 대해서는 논란이 있다. 현재 시판되는 맥주 중 IBU 658의 제품도 있지만 이의 화학적, 감각적 의미에 대해서는 의문의 여지가 있다. 특정 수준을 넘어선 홉의 쓴맛은 단순히 측정이 불가할 수도 있다. 아무리 화학의 영역이라도 그런 수치는 분명 어리석음의 영역에 속한다.

감칠맛 UMAMI (글루타민산염)

감칠맛의 풍미는 1,000년 이상 인식은 되어 왔지만, 이 감각기의 유전 기반이 발견된 2000년도에 와서야 혀에서 감지하는 기본 맛으로 인정되었다. 감칠맛은 일본어로 '맛있음'으로 번역되는데 많은 음식과 이따금 맥주에서 발견되는 맛깔스러운 고기의 풍미를 뜻한다. 감칠맛의 미각은 단백질이 형성되는 하부 단위인 아미노산 그룹에서 유래한다. 이노신산, 구아닐산, 글루타민산염이 감칠맛에 주로 관여하는데, 서로 다른 식품에서 파생된다. 감칠맛은 숙성된 고기, 기름진 생선, 발효 음식, 그 중 특히 콩 제품, 숙성 치즈(파마산 치즈의 경우 무게의 10% 차지), 잘 익은 토마토, 해조류를 비롯해 다른 많은 음식에서 발견된다.

맥주의 경우 감칠맛은 긴 숙성 끝에 감지되기 시작한다. 우선 진한 고기의 풍미가 등장하다 시간이 충분히 흐르면 간장이 연상되는 풍미의 기운이 나타나기도 한다. 감칠맛은 이 시점에서는 잘 감지되지 않지만, 맥주와 음식을 페어링할 때 중요한 역할을 한다.

코쿠미 KOKUMI

우마미(감칠맛)의 자매격인 코쿠미는 단백질 풍부한 물질이 존재함을 알려주는 또 하나의 맛이다. 코쿠미는 그 자체 풍미로 감지되기보다는 단맛, 짠맛, 감칠맛을 향상시켜주며, 이런 이유로 인해 식품 첨가제로 많은 연구가 되어왔다. 마우스필의 '정도'를 향상시킨다고 볼 수도 있겠다. 그 숨은 의미가 무엇인지는 확실치 않지만, 2015년 한 일본 연구에서는 사람 혀의 칼슘 채널 수용체가 감지할 수 있는 펩타이드가 맥주에서는 확인되었지만 사케나 와인에는 없다는 결과가 나왔다. 맥주에 효모 분해 산물로 존재하는 글루타티온 glutathione이 강한 코쿠미 맛을 낸다.

기름진맛

기름진맛은 가장 최근 발견된 맛 계열의 하나로 2005년 기름진맛의 감각기가 발견되고 나서야 기본 풍미로 인정받았다. 설탕과 비슷하게 기름진맛의 감각기는 영양적으로 풍부한 음식을 찾아나서기 때문에 프렌치 프라이를 쉽게 먹을 수 있는 현대 세상에 큰 해악을 끼칠 수 있다. 맥주는 지방이 없는 제품이기 때문에 기름진맛의 감각기가 맥주 시음에서 어떤 역할을 하는지는 확실치 않다.

이외의 다른 맛

최근 연구에 따르면 식별 가능한 맛 수용체가 몇 개 더 있는 것 같다. 우리 인간에게는 칼슘과 일부 금속, 탄산(효소와 신맛 수용체를 통해), 물, 심지어 알코올까지 감지해내는 능력이 있

뇌의 맛보기 시스템을 아주 간략하게 나타낸 그림

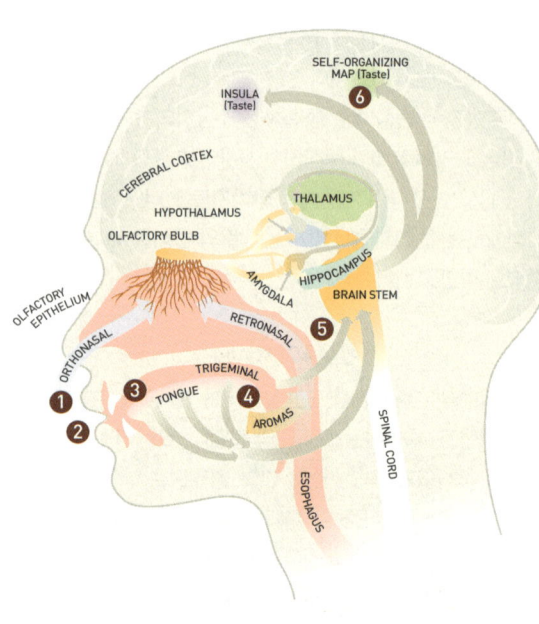

❶ 비전 후각 Orthonasal(코 앞쪽) olfaction
냄새가 코로 들어와 코 위쪽에 분포된 감각 세포 반응을 촉발한다.

❷ 맛 Taste
혀와 이외 다른 부위에 위치한 센서가 기본 맛에 관한 신호를 뇌줄기를 통해 상위 중추로 전달한다.

❸ 마우스필 Mouthfeel
입안의 촉각 및 통증 센서가 음식과 음료의 질감 및 특색에 관한 추가 정보를 전해준다.

❹ 배당체 방출 Glycoside release
침의 효소와 입안의 미생물이 이들 특화된 분자를 분해하여 입안에 아로마를 방출한다.

❺ 비후 후각 Retronasal olfaction
코를 통해 숨을 내보내면 아로마를 한 번 더 감지하는 기회가 온다.

❻ 풍미 Flavor
우리 뇌는 '풍미'라는 합성 감각으로 이 모든 감각을 한데 합친다.

는 것 같다. 비록 그 맛을 직접 인지하지는 못하지만 우리는 전분과 덱스트린 같은 탄수화물의 맛을 볼 수 있고, 심지어 알게 모르게 이들을 구별할 수도 있다.

아로마와 후각

우리 후각 시스템은 공기 중의 분자를 광범위하게 감지한다. 후각은 맛보다 상당히 더 복잡한 시스템이다. 인간은 콧구멍 뒷부분에 약 2,000만 개의 후각 뉴런을 가지고 있다. 블러드하운드 같은 개의 경우는 후각 뉴런이 사람보다 10배 많고, 곰은 이보다 훨씬 많다.

인간은 약 1,000가지의 수용체를 가지고 있다. 최근 연구에 따르면 우리 인간은 1조 이상의 아로마를 식별할 수 있는 능력이 있다고 한다. 단, 이들 아로마를 콕 집어내거나 묘사하는 능력이 이에 비해 상당히 떨어질 뿐이다. 제한된 수용체 집합을 통해 들어온 신호의 조합은 인지 가능한 광범위한 아로마를 생성한다. 각 냄새는 특정 뉴런 조합을 자극하는데, 뉴런이 저마다 다른 강도의 자극을 받으면서 아주 다양한 아로마가 만들어진다. 이는 전형적인 '자물쇠-열쇠' 모델(냄새가 그의 기질과 결합하여 아로마를 생산한다는 이론—역자주)이라기보다는 냄새 분자가 표면에 민감한 단백질이 붙어 있는 접시 같은 주머니에 안착하는 것처럼 보인다. 이런 구조 덕분에 많은 종류의 화학물질이 각 주머니에 서로 다른 방식으로 영향을 줄 수 있으며, 역시 동일한 분자가 많은 종류의 주머니와도 상호작용을 할 수 있는 것 같다.

이런 과정을 통해 커다란 데이터 집합이 생성되고 이들은 우리의 후각 피층에 접수된다. 우리 뇌는 이 패턴을 해석하여 그 결과를 별개의 특정 아로마로 내보낸다.

화학물질에 아주 민감하게 반응한다는 것 외에도 우리는 동위원소로 구별되는 화학물질을 서로 다르게 인식할 수 있는 것 같다. 이는 곧 일부 후각 세포의 경우 각 분자의 진동을 일으키는 에너지 수준을 '판독'할 수 있다는 뜻이다.

중요한 점은 후각은 다른 감각과는 다른 방식으로 우리 뇌와 연결된다는 것이다. 상위 인지 센터의 문지기 역할을 하는 시상 thalamus(간뇌의 대부분을 차지하며 많은 신경핵군으로 구성되어 있는 부위-역자주)으로 바로 직행하는 대신, 후각 신호는 뇌에서 아주 오래된 무의식 영역, 즉 식욕, 분노, 두려움의 중추인 시상하부 hypothalamus, 기억을 통제하는 해마 hippocampus, 감정의 중요한 중추인 편도체 amygdala로 우회한다.

우리는 아로마를 두 가지 방식으로 인지한다. 첫 번째는 우리가 익히 아는 방식. 코를 통해 냄새가 들어오면 우리는 그 냄새를 맡는다. 이는 비전 후각이라고 불린다. 코 앞부위는 강한 감정 및 기억 요소를 여전히 담고 있지만 환경 속의 아로마를 인지할 수 있도록 해주는 분석적인 면도 갖추고 있다. 두 번째는 비후(鼻喉)라고 알려진 후각이다. 이 방식에서는 우리의 입과 목 뒤 부분에서 코를 통해 아로마가 인지된다. 이 방식은 여러 가지 면에서 다르다. 첫째, 음식 또는 음료가 씹는 과정을 거쳐 덥혀진 후 상당한 양의 아로마가 발산된다. 입안에 있는 동안 내용물은 침 효소 작용과 역시 입안에 상주하는 박테리아 복합물에서 나오는 물질의 영향을 받게 된다. 이들 효소는 많은 화학물질을 분해하지만 여기서 주목해야 할 물질은 글리코사이드이다. 이 물질은 복합 분자로서 당 분자로 이루어져 있으며 이 당 분자는 다른 화학물질, 즉 이 경우 아로마 분자와 묶여 있다. 글리코사이드가 분해되면 아로마 분자와의 결합이 풀려 상당량의 아로마가 입안에 배출된다. 이 과정은 홉 아로마에서 특히 중요하다. 맥주에 첨가되는 많은 홉 아로마는 발효되는 동안 상당량의 CO_2 가스가 아로마를 뺏어가면서 소실된다고 알려져 있다. 하지만 글리코사이드는 우리 입에 들어갈 때까지 온전한 상태로 남아 입안에서 상쾌한 풍미를 폭발시킨다.

이 비후 시음에서 우리 뇌는 아로마를 맛과 마우스필 감각과 연계시켜 단순한 아로마가 아닌 하나의 풍미로 인식한다. 이 풍미는 친숙하다, 좋다, 싫다는 감정을 유발하며 충분히 먹었다는 포만감과도 관련되어 있는 것으로 보인다.

정말 실용적인 맥주 시음 정보가 아니라면 이런 해부학적인 용어로 여러분을 괴롭히고 싶지는 않다. 아로마는 기억과 감정의 형태로 강력한 심리적인 반응을 이끌어낼 수 있지만 문제는 아로마에 이름을 붙이는 것이다. 말 그대로 그 이름이 떠오르지 않아 입안에서 맴돌기만 하는 일은 흔히 일어나는 당혹스러운 경험이다. 우리 모두 처음엔 형편없이 서투르지만 연습을 하다 보면 특정 아로마에서 옛 기억을 되살릴 수 있고, 그 기억을 충분히 오래 더듬다 보면 아로마의 실체가 뭔지 감이 잡히게 된다. 할머니 댁이었나? 부엌, 음식 냄새가? 뒷마당에 무엇이 있더라? 꽃 향기인가? 장미? 그러다 보면 번쩍! 번개가 치듯이 머릿속에 떠오르는 게 있다. 가장 좋은 방법은 별난 생각이나 표현이 불쑥 생각날 때마다 그저 내뱉어보는 것이다. 이런 것들은 거의 틀리는 법이 없으니 이런 표현을 다듬거나 의문을 가지지 말라. 또한 이런 종류의 생각 확장 방식은 개인적인 발전에도 도움이 되는 상당히 재미있는 방법이다.

양조자의 관점에서 이렇게 충전된 심리적인 경험은 양조 예술에 대단한 영향력을 발휘한다. 말하자면 오트밀 쿠키에 대한 행복한 어린 시절의 추억이 떠오르는 맥주를 제조한다면, 마시는 사람이 그 추억을 모른다 할지라도 강력한 연대감을 만들어낼 수 있다. 나는 레시피 만드는 학생들에게 이렇게 말해준다. "예술가로서 사람들의 머릿속을 참견하는게 여러분의 일입니다." 자신에게 바로 꺼내쓸 수 있는 이런 도구가 있다면 이 얼마나 대단한 일인가.

우리 자신에 대한 이해

감각적 경험이란 낯선 세상에서 2+2는 4가 되는 경우가 거의 없다. 우리는 많은 업무에서 기계보다 정교하게 민감하고 일도 잘하지만, 아주 재미있게도 완벽과는 거리가 멀다.

우선 우리 모두는 화학물질에 대해 반응하는 민감도가 각양각색이다. 어떤 사람에게 구역질 날 정도로 버터맛이 느끼하게 느껴지는 맥주가 다른 사람에게는 편안한 캐러멜향으로 다가올 수 있다. 특정 형태의 페놀은 맥주에 들어가면 재앙이어서 전선 탈 때 나는 악취가 나지만 최대 20%의 사람들은 페놀이란 존재에 무감각하다. 자신이 양조사라면 이런 무

감각은 생각만 해도 너무 무섭다. 내가 아는 대부분의 우수한 시음인들은 특정 아로마 화학물질을 농도를 달리해서 연속적으로 맛보며 미각을 교정하거나, 중요한 시음행사에 참여해서 자신의 반응과 동료의 반응을 비교할 때 대단한 집중력을 발휘하여 이런 무감각을 잡아나간다. 자신이 항상 특정 아로마를 잡아내지 못한다면 다른 사람보다 민감도가 낮을 가능성이 높다.

우리는 모든 맛과 아로마에 대해 제각각 아주 다르게 반응하며 이런 감각에 대해 느끼는 기쁨이나 혐오감도 역시 상당한 차이를 보인다. 어떤 사람에게 조화롭고 상쾌하며 균형감 있다고 생각되는 맥주가 다른 사람에게는 거칠고 입에 맞지 않을 수 있다. 그동안 살아오면서 맛본 경험이 기억 속에 강하게 남아 모든 시식과 시음의 반응을 조정하기 때문이다. 문화적, 생물학적, 유전적으로 우리 각자는 절대적으로 고유한 객체이다. 우리 모두는 감각에 관한 한 각자 전혀 다른 세계에 산다.

우리 개개인의 경험이 특정 아로마에 대한 반응에 영향을 미치듯이, 문화적인 선호도 이런 반응에 영향을 미친다. 누구나 보편적으로 좋거나 나쁘다고 느끼는 감각이 있다. 달콤함을 좋아하고 썩어가는 고기 냄새에 역겨워하며 케케묵은 냄새에 민감해지는데 이들은 우리가 알고 있는 가장 강력한 냄새에 속한다. 그러나 초반에 언급한 쓴맛 같은 많은 감각은 후천적으로 습득된 맛으로, 즐거움을 추구하는 데 있어 얼마나 열린 마음으로 임하는지, 그리고 우리 유전자와 양육된 방식에 따라 영향을 받는다.

맥주의 거부할 수 없는 아로마
그 다양한 아로마가 없다면 맥주는 생명력 없고 단조로운 음료에 지나지 않을 것이다.

일반적으로 여성은 남성보다 좀 더 맛을 민감하게 느끼며, 풍미를 표현하는 어휘도 남성보다 좀 더 잘 구사한다. 또한 나이가 들수록 맛에 둔감해지지만 다행히도 훈련과 경험을 통해 어느 정도 이상으로는 보완할 수 있다. 따라서 젊지 않다고 낙담할 필요는 없다.

자, 이제 가장 단순한 부분. 바로 혀에서 느끼는 다양한 맛의 강도부터 시작해보자. 맛의 종류는 많지 않다. 단맛, 신맛, 짠맛, 쓴맛, 감칠맛과 이외 몇 가지 맛이 있을 뿐이다. 혹 우리에게서 공통분모를 찾는다면 바로 이 부분일 거라고 생각할지 모르겠다. 글쎄 맞기도 하고 틀리기도 하다. 우리 모두가 공유하는 경험은 있다. 요리가 개발되고 사람들이 이 요리에 무한한 애착을 가지게 되는 과정이 바로 그것이다. 겉으로 보기에 우리는 상당히 비슷한 것 같지만 파고들기 시작하면 차이점은 상당하다.

혀에서 느끼는 맛의 민감도는 모두 다르며 쓴맛에 대해서는 특히 제각각이다. 어둡고 음울한 느낌이 독성 물질(스트리크닌 strychnine, 시안화물 cyanide, 알칼로이드 alkaloids를 생각해보라) 섭취 가능성에 주의하라는 경고인 것처럼, 인간은 유전적으로 쓴맛을 의심하도록 타고났기 때문에 이 맛은 후천적으로 학습된 맛이다.

약 20%의 사람들(여성 쪽으로 다소 치우쳐 있지만)은 쓴맛에 유독 민감하다. 이는 '초미각자 supertasters'라고 불리는 집단의 한 특성인데, 예상하듯이 이러한 민감도가 식단의 선호도를 결정하는 데 큰 역할을 한다. 이와 반대로 '미맹 nontasters'이라 불리는 둔감한 쪽 40%의 사람들은 모든 맛, 특히 쓴맛에 상당히 둔감하다. 나머지 40%는 중간 영역에 속한다. 이런 차이는 두 개의 특정 쓴맛 수용기 작용 때문인데 이들은 각각 민감한 버전과 둔감한 버전을 형성한다. 두 수용기가 다 있으면 민감한 버전으로 초미각자이며, 두 수용기가 전혀 없으면 미맹자이다. 나머지 사람들은 초미각자와 미맹자 사이의 중간 입맛을 갖는다.

수년 동안 와인계는 묵직하고 칠흑 같이 검은 떫은맛의 와인을 좋아하지 않는 사람들을 경멸하며 창피를 주었다. 따라서 초민감 입맛을 가진 사람들은 이보다 달고 덜 떫은 와인을 좋아한다는 사실을 종종 숨겨야 했다. 하지만 자아 찾기 운동 이후, 이렇게 좀 더 민감한 입맛을 가진 사람들의 기호를 인정해주자는 데 관심이 일었다. 어떤 와인 클럽 설문지에는 사람들의 '와인 타입 vinotype'을 알아보는 항목까지 있다. 이쯤 되면 맥주 음주인들과 '지쏘타입 zytho(홉의 변종)type'에 관해 얘기할 수 있는 때가 온 것일까.

아로마에 대한 민감도 역시 사람마다 다르다. 인구의 약 10%는 디아세틸 또는 DMS 같은 한 가지 이상의 맥주 이취(異臭)를 맡지 못하는 반면 이런 냄새에 상당히 민감한 부류도 있다. 나의 경우는 개인적으로 퀴퀴한 흙냄새 아로마에 민감하고, 내가 아는 어떤 사람들은 금속성의 디아세틸 같은 아로마에 초감도의 민감성을 보인다. 본격적으로 훈련을 받으면 이런 약점을 어느 정도 극복하여 민감도를 생리적인 최대치까지 끌어올리는 데 도움이 된다. 〈테이스트 패널 QC〉 프로그램은 시음인들을 훈련시키고 이들의 입맛을 교정해준다. 패널리스트는 특정 자극에 대한 시음인들의 예민 또는 둔감한 반응을 점수로 기록한다. 내가 맥주 심사를 미각 훈련의 한 도구로 강력히 권장하는 이유는 대회 심사위원이야말로 다른 사람과 비교하여 자기 자신의 민감성과 둔감성을 잘 파악하고 있기 때문이다. 본인의 반응이 보통 시간에 따라 달라진다면 맥주 평가 방식에서 시간 요소를 고려해야 함을 터득하게 된다.

맛에는 문화적인 차이도 상당히 크게 존재한다. 우리의 인식계는 맛과 질감, 아로마, 감각 경험이 계속적으로 축적되어 형성되며, 이로써 우리는 이런 과거의 감각이 저장되어 걸어 다니는 정보 창고가 되는 셈이다. 이 과거의 감각은 수동적인 기억이 아니라 바로바로 알아차리도록 도와주면서 경험을 형성해주는 적극적인 매개체이다. 언어의 개입으로 우리의 감각 경험은 뇌를 변화시켜 인식에 영향을 준다. 문화에 따른 차이는 상당히 크게 나타날 수 있다.

이런 요소 외에 성인의 감각은 청소년 시기와는 아주 달라진다. 아마 어린 시절 브로콜리나 방울 양배추가 먹기 싫어 괴로웠던 경험이 있을 것이다. 미성숙한 인식 시스템에서는 이런 음식이 내는 약한 쓴맛이 증폭된다. 아이들은 어른보다 7배나 더 쓴맛에 민감하다고 알려져 있다. 화학 감각이 감소한 노년층의 경우는 중년층보다 토마토 수프에 소금을 2~3배 더 넣을 수도 있다.

우리 몸과 뇌는 하루 동안에도 변화를 겪는다. 바이오리듬은 뉴에이지 의사 과학의 폐기물처럼 보일지도 모르지만, 그 관념 뒤에는 진짜 과학이 숨어 있다. 오전 중반은 우리 감각이 가장 예민한 때로, 보통 양조장의 시음 평가는 이 시간에 이루어진다. 이 외에 기분이 어떠한지? 배고픈지? 목마른지? 하는 요소도 지각 세포에 변화를 준다.

당연히 경험의 수준 또한 사물을 인식하는 방식에 영향을 준다. 지금까지 관찰해본 결과 새내기 맥주광일수록 진한 홉의 풍미나 로스팅 같은 몇 가지 핵심 요소에 집중하는 경향이 있고, 이런 특정 요소를 추구하는 사람들이 많다. 아마도 유명한 맥주 평가 사이트의 점수표에서 밸런스나 복합성보다는 강도에 많은 점수를 주기 때문에 빚어진 현상일 것이다. 경험이 많아짐에 따라 맥주 애호가들의 관심 분야와 어휘는 확장된다.

조금만 노력을 기울이면 시음하는 맥주가 스타일상 적합한지 평가하는 방법을 알게 된다. 경험이 많은 노련한 시음인들은 두 가지 별개의 방법을 동시에 진행할 수 있다. 맥주를 그 요소 각각의 맛과 아로마, 심지어 원료로 분해해보고 이 모든 요소를 통합하여 맥주에 대한 의견을 내는 것이다. 보통 경험 많은 시음인들은 말도 안되는 쓴맛을 쫓지 않는다. 내 경험에 그 많은 위대한 양조사들은 잘 양조된 필스너나 페일 에일만큼 이국적인 게 없다고 느끼는 것 같다.

지금까지의 내용을 다 읽은 후 오히려 자기 자신에 대한 확신이 확 떨어졌다면, 좋다. 자기 자신의 시음 능력과 선호하는 요소를 인식하고 주변 사람들의 욕구에 민감하게 반응하는 것은 성숙하고 유능한 시음인이 될 수 있다는 신호이다.

다감각 인식 Multisensory Perception

개인적인 차이 외에도, 풍미와 아로마 인식에 영향을 주는 현상을 보면 참 기이하다고 느낄 수 있다. 자신이 특정 아로마나 풍미를 안다고 생각할지 몰라도, 실제로 이것들은 농도나 맥락에 따라 변하면서 다르게 모습을 드러내고, 섞여 있을 경우 다른 요소의 풍미에 영향을 준다.

어떤 화학물질은 그 양을 늘릴 경우 성질이 변한다. 즉, 동일한 물질에서 양을 더 추가할 경우 단지 농도만 강해지는 것이 아니라, 다른 냄새가 나는 물질로 바뀌어버린다. 오 아미노 아세토페논 o-amino-acetophenone이라는 화학물질은 10억 분의 1 농도에서는 맥아 냄새가, 100만 분의 1 농도에서는 타코 냄새가, 수천 분의 1 농도에서는 거의 콩코드 포도

향이 나는데, 실제로 이 물질은 포도 탄산음료에 사용된다. 이는 분명 극단적인 사례지만 과일향의 에스테르인 초산 에틸을 생각해보자. 이 물질은 낮은 농도로 첨가될 경우 에일에 기분 좋은 과일의 풍미를 부여한다. 하지만 일정 임계량이 넘어서면 이 물질은 딱 매니큐어 제거제 같은 솔벤트 냄새가 강하게 나는데 실제로 초산 에틸은 매니큐어 제거제의 한 성분이다.

또 다른 사례는 '매트릭스 효과'로, 풍미끼리 상호작용을 일으켜 서로 변화를 주거나 완전히 새로운 풍미를 일으키는 현상을 말한다. 보통 커피가 매트릭스 효과의 전형적인 예로 언급된다. 확인된 풍미 화학물질이 900가지가 넘는 게 사실이지만 그 어떤 것도 커피와 똑같은 맛을 내지 않으며, 어떤 물질이 '커피다움'에 기여하는지 전혀 밝혀지지 않았다. 이는 마이야르 반응, 즉 캐러멜화에서 흔히 일어나는 현상이며, 조리된 고기와 맥주에서 중요한 역할을 하는데, 맥주의 경우 가마에 구운 맥아가 풍미와 아로마를 상당히 많이 향상시킨다.

매트릭스 효과는 하나의 화학물질이 인식되는 방식도 변화시킬 수 있다. 페일 맥주에서 DMS(이취를 일으킬 수 있는 황 화합물)는 크림 바른 옥수수 풍미가 난다. 그러나 이보다 다크한 맥주에서 DMS는 토마토 주스 아로마와 비슷한 냄새로 변한다. 다크한 맥주를 평가하는 경우 알아두면 매우 유용하다.

'차폐'는 한 화학물질의 존재가 다른 화학물질의 풍미를 가리는 현상이다. 맥주의 경우 탄산은 홉을 가리고, 높은 농도의 에탄올은 산화의 특질을 가릴 수 있다. 바닐라는 잘 알려진 차폐 물질로 어떤 것이라도 거친 풍미를 둥글게 다듬어주는 능력이 있다.

'강화 작용'은 이와 정반대이다. 한 가지 화학물질이 추가되어 다른 풍미를 향상시키거나 돋보이게 한다. 소금과 후추가 음식에 미치는 영향이 강화 작용의 가장 친숙한 사례이며 감칠맛도 이에 해당된다. 맥주 자체도 다른 풍미를 높일 수 있다. 그래서 맥주가 요리에서, 또 음식의 동반자로써 대단한 구실을 할 수 있는 것이다.

마우스필

'마우스필'은 맛이나 아로마가 아니면서 입에서 느껴지는 감각을 포괄적으로 지칭하는 용어다. 맥주는 수많은 질감으로 우리 입안에 있는 신경 세포에 영향을 주는데 이들은 맛의 깊이를 더하고, 입을 즐겁게 하며, 음식과 조화를 이루는 능력에서 조력자 역할을 한다. 이들을 이따금 '3차' 감각이라고도 부르는데, 뜨겁고 차가운 감각이나 질감, 그리고 입안에서 느껴지는 박하의 화함, 칠리 고추의 매움, 떫음 같은 특정 화학적 감각에 관한 신호를 전달하는 신경의 이름을 땄다. 이야말로 놀라운 증거가 아닐까. 우리가 한모금 홀짝일 때마다 우리 감각 시스템은 수단과 방법을 총동원해서 가능한 모든 정보를 쥐어짜내고 있는 셈이다.

맥주는 다른 음료에는 없는 마우스필 감각을 선사한다. 탄산의 톡 쏘는 느낌이나 맥주의 살짝 무게감 있는 바디를 생각해 볼 때 마우스필 요소는 꽤 상쾌한 것이 많다. 크리미함 같은 요소는 맥주 스타일에 따라 적절함의 여부가 가려진다. 상당히 부정적인 요소도 있다. 떫은맛의 드라이성은 아주 적은 양일 때 끝맛의 바삭함을 높여주고 맥주의 청량감을 더해주지만 이런 경우를 제외하고는 거의 환영받지 못하는 요소이다. 마우스필 감각은 맥주에 풍부하지만 맥주의 모든 요소를 충분히 즐기기 위해서는 이들 감각을 철저하게 조사해야 한다.

우선 모든 맥주가 어느 정도 가지고 있는 바디, 즉 혀에 닿는 무게감 또는 밀도부터 시작해보자. 많은 이들은 맥주의 바디가 비발효 당 또는 전분에서 비롯되고 이런 요소가 비발효 탄수화물이 상당량 들어 있는 도플복나 스카치 에일 같은 스타일에서 리치한 단맛을 이끌어낸다고 생각한다. 그러나 맥주의 바디는 그 주재료인 맥아의 단백질망에서 생겨난다. 적합한 조건하의 액체 속에 분산된 단백질은 서로 얽혀 콜로이드라고 알려진 물질 상태를 만들어낸다. 이들 단백질은 일종의 3–D 어망을 형성하여 물을 잡아두고 점성을 높인다. 어린 학생이라면 누구나 디저트로 먹는 젤라틴 형태의 콜로이드에 상당히 친숙할 것이다. 물컹물컹하고 달짝지근한 화려한 색깔의 물덩어리가 소량의 단백질을 통해 신기하게 서로 달라붙어 있는 그 젤라틴 말이다. 맥주는 이보다 훨씬 밀도는 낮지만 이와 똑같은 종류의 콜로이드다.

잔 위에 계속 남아 있는 맥주 거품도 이런 콜로이드 조직 덕분인 것으로 드러났다. 동일한 단백질망이 확장되어 거품의 표면을 형성하고 CO_2 가스를 잡아둔다.

크리미함은 맥주의 바디와 밀접하게 연관되어 있고 때때로 '오일리'하다고 표현된다. 밀맥주와 귀리 또는 호밀을 사용하는 맥주에서 나타나는 공통적으로 중요한 특징은 귀리의 매끄럽고 친숙한 질감이다. 이런 질감은 곡물에 존재하는 글루칸과 펜토산이라는 점착성의 복합 탄수화물로 인해 나타난다. 이 탄수화물은 스파징(sparging: 맥아에 남아 있는 당을 마저 회수하는 과정–역자주)을 어렵게 할 수 있고, 생산량 저하에 영향을 주기 때문에 맥아 제조업자들은 이들을 낮은 수준으로 낮추는 데 신경을 쓰지만, 비발아 곡물과 발아된 호밀, 귀리, 밀에도 풍부하다. 이제부터 헤페바이젠이나 오트밀 스타우트, 호밀 IPA, 벨기에 스타일 밀맥주를 즐길 때는 이런 크리미한 특성이 있나 살펴보자. 만약 없을 경우, 뭔가 잘못된 것이다.

마우스필 스펙트럼의 반대편에는 탄닌의 날카로움 또는 떫은 느낌이 자리한다. 대부분의 맥주에서는 미미하지만 존재할 경우 이런 요소는 거슬릴 수 있다. 발생의 원천과 원인은 다양하다. 보리 껍질, 홉 열매, 포도 또는 나무 같은 대부

거품, 근사한 거품
보리의 특정 단백질은 쉽사리 사라지지 않는
맥주의 거품 구조를 만들어낸다.

분의 식물성 재료에는 폴리페놀이라는 물질이 들어 있는데 이들은 식물 세포 안에서 다양한 기능을 수행한다. 한 가지 역할은 초식 동물이 접근하지 못하도록 그 맛을 역겹게 만드는 것이다. 특정 품종과 끓임 조건에 따라 떫은맛의 폴리페놀이 맥주에 들어갈 수 있으며 그 양이 많은 경우 꽤 불쾌한 맛이 날 수 있다.

떫은맛은 맥주를 마실 때 뒤늦게 느껴진다. 맥아의 달콤함이 사라지고 난 쓴맛이 인상을 절로 구기게 하는 거친 맛으로 바뀌면 가까이 있는 날카로운 물체로 혀에 남아 있는 탄닌을 긁어내고 싶을 정도다.

탄닌은 곡물에 존재하는데 맥아 씨의 겉껍질과 외피에 집중되어 있다. 그 수준은 품종과 재배 조건에 따라 달라진다. 온화한 기후에서는 탄닌의 양이 최저 수준으로 줄고, 덥거나 추운 기후에서는 보리, 보통 여섯 줄 보리 품종에는 폴리페놀 양이 많다. 이런 품종의 씨는 좀 더 홀쭉해서 전체 낱알 무

게에 비해 겉껍질이 많은 비중을 차지한다. 그래서 양조업체는 맥아 선정에 심혈을 기울인다.

양조 시 폴리페놀 추출은 pH에 상당히 민감하게 반응하면서 이루어지는데 물이 알칼리성으로 변할수록 급격하게 추출량이 증가하기 때문에 물의 화학 상태를 조절하는 것이 거친 뒷맛이 없는 부드러운 맥주를 양조하는 데 중요한 역할을 한다. 홉의 잎 부위에도 탄닌 물질이 들어 있다. 홉의 풍미가 강한 맥주를 알카리성 미네랄이 너무 많이 들어 있는 물로 양조하면 거칠고 불쾌한 맛이 날 수 있다.

보조 곡물은 저마다 다르다. 옥수수에는 탄닌이 거의 들어 있지 않지만 쌀에는 상당량 포함되어 있다. 보조 곡물로 쌀을 넣는 버드와이저 같은 맥주는 특히 풋사과 같은 상쾌한 맛이 난다고들 하는데 이 브랜드를 결정짓는 특성 중 하나이다. 오로지 쌀로만 제품을 만드는 사케 양조 업체는 탄닌의 떫은맛에 특히 민감하다. 사케 품질을 결정하는 주요 척도는 쌀 씨앗의 외피 부분이 얼마나 도정되었느냐에 달려 있다. 최고가 사케에는 쌀 곡물 가장 중심부의 바늘 머리 만한 부위만 사용되는데 이 부분에 탄닌이 가장 소량 들어 있기 때문이다. 덕분에 이 사치스러운 음료는 특히나 부드럽게 넘어가 비싼 값을 한다.

과일과 허브, 향신료에도 탄닌이 일정량 들어 있지만 신맛 또는 매운 아로마 등 이보다 더 강한 구성 성분의 특징에 그 영향이 묻히는 경우가 많다. 목재, 특히 배럴통 소재로 가장 흔하게 사용되는 오크는 탄닌 물질이 풍부하게 함유되어 있어 와인을 제조할 때 레드 와인의 무게감을 높이는 데 사용되며, 그 결과 중요한 밸런스 요소가 생성되고 리치한 고기 음식과 잘 어울린다. 버번통 숙성 맥주는 풍미가 상당히 강해서 탄닌의 끝맛이 발현되지 않는 경우가 많지만, 람빅과 플란더스 레드 에일 같은 야생 숙성 사우어 맥주는 전형적으로 오크향의 탄닌의 끝맛이 부드럽게 나타난다.

탄산화는 마우스필을 논할 때 빠지면 안 되는 요소다. 액체에 용해된 CO_2 가스는 그 자체로 볼 때 단순하지만 맥주의 특성에 지대한 영향을 미친다. 맥주의 거품은 진화하면서 우리 입안을 자극하는데 탄산은 단맛 또는 쓴맛과 똑같이 혀에서 느껴지는 감각인 것 같다. 물리적인 거품의 움직임은 입안에 소용돌이를 일으켜 음식의 지방기와 다른 리치한 맛을 씻어준다.

양조업체는 스타일과 특정 맥주에 맞게 탄산을 적정 수준으로 세밀하게 주입한다. 전통적인 영국 캐스크 에일의 경우 탄산 수준은 상당히 낮으며 단지 밝은 느낌의 따끔한 느낌을 더해주고 맥아와 홉의 아로마를 잔 밖으로 끌어내는 역할을 한다. 이런 스타일의 맥주에서 낮은 탄산 수준은 상당히 중요한 특성으로 전체 풍미 요소를 드러내는 역할을 한다. 영국 밖의 경우, 에일의 탄산 수준은 이보다 높은 편이다. 라거는 차가운 상태로 제공되기 때문에 탄산 수준을 한 단계 높일 필요가 있다. 일반적으로 벨기에 맥주, 특히 수도원 제조의 종류는 탄산이 많이 주입되어 아로마와 드라이한 목넘김성이 향상된다. 이는 바로 이곳의 맥주 애호가들이 좋아하는 특성이기도 하다. 괴즈(벨기에 맥주의 일종-역자주) 형태의 람빅은 샴페인처럼 거품이 많지만 전통적인 공법으로 만든 람빅은 거품이 아예 없다시피 한 경우도 있다. 독일식 밀맥주에도 탄산이 많이 들어가는데 덕분에 밀맥주의 다른 중요한 마우스필 특성인 밀크셰이크의 크리미함이 밸런스를 찾는 것 같다.

현대 맥주가 풍부한 맥아 또는 홉 폭탄을 내세우면서, 마우스필은 사람들이 좋아하는 맥주를 마실 때 고려하는 1순위 요소가 아닐 수도 있다. 그러나 중요한 시음을 하거나 그저 단순히 맥주를 즐길 때 마우스필을 염두에 두면 손해될 게 없다. 마우스필의 미묘한 매력은 좋아하는 음료에 풍성한 깊이감을 더해준다는 것이다. 이런 요소가 없다면 맥주는 훨씬 단순하고 밸런스가 떨어지는, 매력이 훨씬 덜한 음료로 전락하게 될 것이다. 그 느낌을 자신의 입에게 물어보는 게 어떠할지?

외관과 다양한 감각

맥주는 실로 대단히 아름답다. 인류는 맥주의 깊고 투명한 색과 크림 같은 흰 거품을 수천 년 동안 찬양해왔고, 오늘날에도 맥주로부터 결코 적지 않은 즐거움을 누린다. 테이블 위의 유리잔에서부터 맥주 거품이 위로 올라오면서 풍기는 냄새, 바 안의 모습, 소리를 비롯한 그 외의 요소까지 우리 세계는 굳건하며 충분히 믿음직하다.

그러나 이 모두는 환영이며 실수 많은 우리 감각에 의해 만들어진 투영에 지나지 않는다. 고대 지혜의 격언이 이 점을 지적하는데, 현대 과학을 통해 그동안 풀리지 않은 진실이 점차적으로 규명되고 있다. 보는 것이 믿는 것이라지만 보이는 게 항상 진실은 아니다.

모든 감각 중에서 우리는 시각을 가장 신뢰하며 의지한다. 결국 시각에 대한 고도의 신뢰를 바탕으로 차를 운전하고 사냥을 하고 짝을 고르는 등 많은 작업을 수행하니까. 우리 눈은 이 세상을 아주 세세하게 보여주지만 단순한 착시 현상에서 나타나듯이 속임수에는 속수무책이다. 음식과 음료에 관한 한, 우리의 시각 의존 현상은 큰 문제가 된다. 왜냐하면 우리는 보이는 대로 어쩔 수 없이 (아니면 이끌려), 그게 실제든 실제가 아니든, 맛을 보고 냄새를 맡게 되어 있기 때문이다.

우리의 모든 감각은 깊숙이 엮이고 서로 동등하게 작용하여 여러 개의 정보 가닥을 하나의 그림으로 완성해낸다. 예컨대 다크한 색의 맥주라면, 우리는 십중팔구 이 맥주가 다크한 풍미를 가졌다고 생각한다. 실제로 그런 풍미가 없어도 말이다. 이런 현상을 피하려고 의식적으로 노력을 해도 걸려들 수 있다. 입력된 하나의 감각을 무시하는 일이 쉽지 않기 때문이다. 게다가 시각 시스템은 화학 감각과는 달리 상위 인식 중추에 연결되어 있기 때문에 막강한 힘을 부여받고 일종의 행패를 부린다. 하지만 시각적인 정보가 아무리 강력하더라도 1,000가지 이상이나 되는 맥주의 아로마와 맛, 마우스필 감각에 대해서는 어떤 정보도 주지 못한다. 자신만의 어휘와 기술을 쌓아가다 보면 아로마와 맛에 집중하는 것이 좀 더 수월해질 것이다. 연습이 필요한 일이다.

연구에 의하면 와인 심사위원이 붉은 염료에 물들인 화이트 와인을 평가할 때 응당 기대되었던 복숭아와 시트러스 과일류 맛이 아닌 블랙베리와 베리맛이 난다고 답한다고 한다. 와인과 이따금 맥주까지도 검은 유리잔에 담아 평가한다는 얘기는 바로 이 때문이다. 여러분은 이 어리석은 와인 심사관을 비웃을지도 모르겠지만 우리 역시 다를 바 없다는 사실을 잊지 말자. 크래프트 맥주가 나오기 전, 미국에서 다크 맥주나 복 맥주는 보통 옅은 색의 라거에 캐러멜색 염료를 조금 떨어뜨려 만들었고, 당시 소비자들은 여기에 충분히 만족했다. 나 역시 그랬다.

특정 색조의 맥주의 경우, 그 색을 만드는 방법은 무수히 많다. 양조업자가 선택할 수 있는 맥아는 유령같이 창백한 색부터 거의 탄화된 색까지 수십 가지가 있다. 각 색조의 맥아는 저마다 다른 풍미를 낼 뿐 아니라, 동일한 색상의 맥아도 볶는 사양에 따라 전혀 다른 풍미를 낼 수 있다. 어떤 특정

스타일의 맥주를 놓고 볼 때 수많은 원료와 제조 과정을 통해 동일한 색상을 얻을 수 있다.

경험 많은 노련한 시음인은 보이는 것에 너무 휘둘리지 않으려고 노력한다. 맥주대회 점수표에서는 외관 점수에 10% 이상을 할당하는 경우가 거의 없지만, 맥주를 연달아 심사해본 사람이라면 우리 눈이 받는 강력한 유혹을 누구나 알고 있다. 해당 스타일에 비해 지나치게 색이 옅거나 다크한 맥주는 경험을 왜곡한다. 이렇게 경험을 왜곡하는 트릭은 역으로 블랙 IPA에 이용되는데, 이 맥주는 깊은 밤색이지만 제대로 만든 경우 로스팅 풍미는 거의 나지 않는다. 하지만 어쨌든 로스팅 풍미를 제조해내는 건 우리 두뇌이다. 누군가에게 이 맥주의 블라인드 테스트를 부탁하고 한 번 직접 확인해보라.

따라서 맥주를 양조하든, 테이블에 내놓든, 우리 모두는 시각적인 중요성을 이해하고 가능한 적정 수준에 이르도록 힘써야 한다.

와인잔과 맥주잔에 관해서는 여러 가지 설이 있지만, 물리학과 생리학이 궁극적으로 뭘 밝혀내든 한 가지는 확실하다. 동일한 음료를 두 가지 다른 잔에 담아 제공할 경우, 좀 더 '특별하게' 보이는 잔에 사람들이 관심을 기울이고 더 즐겁게 마신다는 것이다. 시음을 실시할 때 나는 종종 와인잔을 사용하는데, 그때마다 혹자는 눈썹을 치켜올리며 "어머, 맥주를 와인잔에 담나요?"라는 질문을 한다. 나는 이렇게 보통 방식과는 다르게 맥주에 접근한다는 맥락에서 사람들이 맥주를 좀 더 진지하게 대하리라 확신한다. 벨기에 양조업체는 꽤 오랫동안 잔을 맥주 체험의 중요한 부분으로 만들어 대단한 이득을 보았다.

교차 감각 인식 영역에 관한 최근 연구에 의하면 때로 중요치 않게 여겨지던 사소한 요소도 확연한 효과를 낼 수 있다고 한다. 예를 들어 딸기는 검은 접시보다 흰 접시에, 사각 접시보다는 둥근 접시에 담을 때 더 달콤한 맛이 난다.

인지 요인

이외에 음식과 음료를 받아들이는 방식에 상당한 변화를 줄 수 있는 정보가 있다. 예컨대 '소금'이라는 단어를 읽기만 해도 짠맛 감각이 처리되는 뇌 부위가 실제로 활성화된다. 이런 실험이 실제로 이루어졌는지는 모르겠지만, 맥주 애호가에게 두 개의 동일한 페일 에일을 제공하고 한쪽에는 30

IBU 레이블을, 다른 한쪽에는 60 IBU 레이블을 붙인 경우, 상당수 시음인들은 60 레이블이 붙은 맥주를 좀 더 쓰다고 생각한다는 데 돈을 걸겠다. 우리 모두는 이런 속임수에 걸려들지 않으리라 생각하고 싶겠지만 그동안 재차 밝혀진 바, 우리는 그렇지 못하다.

사회적 동물인 우리는 집단에 적응하려는 강한 열망이 있다. 우리의 화학 감각은 무리에 끼어 노는 것을 행복해한다. 레이블에 적힌 몇 단어, 맥주 평가 사이트, 맥주 평점이나 말빨 좋은 술자리 친구의 말을 듣고 우리는 이들이 제시하는 풍미를 찾아낸다. 그것이 맥주에 실제로 존재하든 않든 상관없이 말이다. 이런 이유 때문에 맥주 평가는 점수 집계가 끝날 때까지 보통 침묵 속에서 이루어지며 토론은 후에 진행된다.

와인을 평가할 때 가격이나 전문가의 점수가 제시되면 후에 공개되는 시음단의 와인 품질 평가와 선호도에 변화가 생긴다는 것은 이미 입증된 사실이다. 브랜드 위상과 희귀성 같은 다른 요소 역시 똑같이 영향을 미친다. 따라서 이런 종류의 정보를 선별해서 받아들여야 자신의 인식 거품을 꺼뜨릴 수 있다.

마케팅 담당자들은 수십 년 동안 포장이 단지 제품의 기능을 높여주거나 기본 정보 전달 역할만을 하지는 않는다고 생각해 왔다. 브랜드와 이들의 역사는 감성적으로 자리를 잡아 소비자의 제품 만족을 이끌어주는 기대감을 형성한다. 이를 속임수라고 해도 뭐라 할말이 없지만 마케팅과 포장은 실제로 제품의 맛에 영향을 준다. 이런 이유로 중요한 대회는 항상 블라인드 형태로 심사가 진행되며 이 때문에 온라인 평가 사이트에 상당한 의심이 갈 수밖에 없다. 괜찮은 연습을 한 가지 소개하자면 좋아하는 맥주 몇 가지를 택하고 이와 비슷한 맥주 한두 가지를 선정해서 누군가에게 블라인드 형태로 서빙해달라고 부탁하자. 다른 정보에 오염되지 않은 자신의 진짜 반응에 놀랄 수도 있다.

우리 감각이 이런 덫을 깔아놓는 상태에서 휘말리지 않고 굳건하게 자리를 지키는 방법은 무엇일까? 우선 스스로 자

우리는 눈으로 마신다
우리 눈은 실제 존재하지도 않는 요소를 맛보도록 다른 감각에게
심한 영향을 미칠 수도 있다는 사실을 유념해야 한다.

각하고 대부분의 정보를 얻을 수 있는 곳에 항상 인식의 날을 세우라. 두 번째는 감각에 진정 집중해서 정보가 물밀듯이 들어오도록 하라. 아로마는 정신세계가 상당히 개방적이고 수용적일 때 특히 잘 인식된다. 먼저 자신의 느낌을 수집해서 기록한 다음 나중에 이들을 분류할 것. 예기치 않은 감각을 위해 항상 인식의 문을 열어두라. 머릿속 큰 현실 모델을 가능한 세세하게 또 최신으로 유지하라. 성공적인 시음의 핵심에는 이런 열린 마음자세가 자리잡고 있지만 잘 생각해보라. 이는 인생살이에도 적용되는, 실제로 꽤 현명한 방법이다.

언젠가 한 번은 여러분도 훌륭한 맥주에 대해 소개해보라는 요청을 받을지도 모른다. 잘 단련된 미각과 확실한 시음 기술, 풍부한 어휘는 사람들의 맥주 경험을 이끌어주는 최고의 도구가 될 것이다. 해당 맥주의 면모 하나하나를 날카롭게 파악해두면 사람들에게 가장 적절한 부분을 소개할 수 있고, 식견 있는 시음인으로서 사람들의 자신감 개발에도 일조할 수 있다. 자신만의 맥주 경험은 또 얼마나 더 풍요로워질까. 더 이상 언급할 필요도 없겠다.

시음 기술

맥주 애호가로서 단순히 즐기는 음주와 시음이라는 좀 더 진지한 활동간의 차이는 다들 알 것이다. 음주는 별다른 생각 없이 하는 조직적이지 않은 행위지만, 시음에는 규칙이 있다. 음주는 자연스럽게 이루어지지만, 시음은 훈련과 노력이 필요하다. 후자에 숙달되면 많은 문이 열리고, 무게감 있는 맥주 세계와 그 위상에서 한 단계 올라서게 된다.

하지만 정확히 시음은 무엇을 뜻하는가? 시음의 목표는 자기 앞에 제공된 맥주로부터 가능한 한 많은 정보를 검색해보는 것이다. 전형적으로 시음은 목적 또는 원하는 결과가 있고, 이들은 경우에 따라 상당히 달라질 수 있다. 품질관리를 하는 양조장의 시음 패널단은 해당 맥주에 이취가 있는지, 풍미 사양에서 어긋나는 것이 있는지 감시를 늦추지 않는다. 맥주를 서빙하는 전문가의 경우 맥주 품질 문제는 맥주의 숙성이나 드래프트 시스템으로 빚어지는 문제에 더 집중될 수도 있다.

상황이 어떠하든 우리는 모두 자신의 정신과 몸이 가진 특정 도구와 조직에 기대어 시음을 한다. 우수한 기술과 훈련,

연습을 갖추어 놓으면 적은 양의 맥주에서도 꽤 많은 양의 정보를 끄집어낼 수 있다. 몇 가지 간단한 규칙과 연습 방법을 알아두면 이 작업이 훨씬 수월해진다.

유리잔으로 시작하자

화이트 와인잔이 이상적이지만 매년 수백만 가지 맥주가 투명한 플라스틱 비행기 컵에 제공되어 평가된다. 어떤 잔을 사용하든 잔은 약 1/3 이상 채우지 말 것. 아로마가 모이도록 잔 위에 일정 공간을 비워두는 것이 중요하기 때문이다.

맥주는 반드시 적당한 온도로 제공할 것

라거와 라이트한 에일일 경우 어느점보다 몇 도 높게, 이보다 묵직한 맥주는 시원한 셀러 온도로 제공하는데, 맥주는 잔에 따를 때 순식간에 데워진다는 점을 명심하라. 맥주가 너무 찰 경우 피부와 유리잔의 접촉이 많이 이루어지도록 잔을 손에 쥐고 서서히 흔들면 맥주는 빨리 데워진다.

자신을 음주 모드가 아닌 시음 모드로 바꾸도록 한다. 최근 운좋게도 씨서론 임원진과 3일을 함께 보낼 기회가 있었다. 이곳에서 양조회사를 비롯한 기타 다른 기업을 위해 풍미 첨가 샘플을 만드는 회사인 아록사의 중역인 빌 심슨 박사의 지도를 받았는데 그는 먼저 우리에게 샘플 컵에 맥주를 채우고 시계 반대 방향, 45rpm의 속도로 흔들어보라고 지시했다. "이건 여러분 근육이 기억하도록 돕는 작업입니다." 그는 이렇게 말하면서 "시음을 할 때마다 자신이 시음 모드에 있음을 여러분 뇌가 인지했으면 하는 거죠"라고 덧붙였다. 이 속도와 방향은 약간 부자연스러워 우리 안쪽 뇌에 파블로프 조건반사의 신호를 제공할 수 있다.

성공적인 시음을 위해서는 뇌에서 여러 가지 많은 부위를 사용하여 작업해야 하지만 이 모든 부위를 우리가 의식적으로 통제할 수는 없다. 편도체 같은 많은 부위는 음지의 감성 세계를 형성한다. 우리는 이들을 될 수 있는 한 속여서 연습을 통해 통제할 수 있다는 확신을 가져야 하며, 결국은 그럴 수 있다. 잔을 흔드는 작은 속임수가 바로 이런 기술이다.

현장 시음표를 통해 맥주의 모든 면모를 관심 있게 보도록

심지어 이 표는 특정 풍미에 주의를 기울이라고 주문하기도 한다. 하지만 아무것도 적혀 있지 않은 빈 종이 역시 도움이 된다. 단어를 적는 단순한 행위를 위해 우리는 어쩔 수 없이

시음용 잔 따르기
거품이 약간 차오르는 걸 두려워하지 말 것.
중요한 시음일 경우 잔의 약 1/3을 채운다.

시음 자체에 세세히 신경써야 하며, 자신이 적은 단어를 보면서 두뇌를 통해 다른 경로로 아이디어를 재생하고 과거 경험에 덧붙여 이해와 기억의 층을 한 겹 추가하기도 한다. 한 손에 연필을 잡았으면 이미 만반의 시음 준비를 마친 것이다. 산만한 요소가 최소화된 조용한 장소에서 시음하는 것 역시 도움이 된다.

맥주를 따르라

거품을 줄이려면 잔 가운데에 곧장 부어 내릴 것. 집중하라. 테이블 위에 놓인 맥주에서 뭔가 냄새를 맡을 수 있는가? 잔을 들고 코로 쓱 가져가보라. 바로 '드라이브 시음'이라는 기법이다. 무슨 냄새가 나는가? 이상하게 들릴지도 모르겠지만 맥주 안에는 일정 거리를 두고 숨을 짧게 내뱉어야 잘 맡을 수 있는 고휘발성 화학물질이 있다. 후각이 무뎌졌더라도 이렇게 하면 냄새를 맡을 수 있다.

컵을 코에 바싹 갖다 대고 코를 킁킁거리며 냄새를 맡으라

무슨 냄새가 느껴지는가? 빵의 풍미, 맥아 풍미, 비스킷, 캐러멜, 탄 설탕, 토스트, 맥아의 로스팅 스펙트럼 또는 홉의

풀, 꽃 또는 과일 노트, 아니면 효모의 스파이시한 노트 또는 과일 또는 야생의 노트 등 맥주 감각 어휘를 총 동원해서 경험하고 있는 감각을 범주화해보자. 냄새를 그다지 많이 맡을 수 없다면 한 손을 컵 위에 놓고 천천히 흔든 다음 손을 떼고 냄새를 맡아보라. 맥주가 찬 듯하면 조금 데워보라. 맥주 아로마로 인해 어떤 기억이 살아난다면 그 기억의 근원지를 따라가보라. 아마도 사탕가게, 할머니의 부엌, 아니면 또 다른 어린 시절 기억이 떠오를 것이다. 이런 연습은 특정 어휘를 끄집어낼 수 있는 방아쇠 역할을 충분히 할 수 있다.

목표는 일반적인 용어에서 특정 아로마 용어로, 그리고 가능한 개별 화학물질에 집중해보는 것이다. 훈련과 경험을 통해 이 작업은 수월해지지만, 초보자일 경우 그저 자신의 느낌이 이끄는 대로 두고 가능한 이를 구체적으로 표현해보자.

잠시 짬을 두고 맥주를 관찰하라

아로마에 대해 기록한 후에는 잠시 맥주를 관찰하라. 거품이 풍성하고 안정적인가? 선명도와 색은 어떠한가? 마시고 싶은 욕구를 자극하는가? 단, 맥주의 외관은 한계가 있고 시음자를 잘못된 방향으로 이끌 수 있다는 점을 명심하라.

이제 한 모금 마셔보자

맥주를 입안에 넣고 1초, 2초 풍미가 변하는 양상에 집중하라. 처음엔 신맛이 접수되고 이어서 달콤함이 모습을 드러내는데 거기서 기다려보라. 쓴맛이 느껴지면서 서서히 그 맛이 강해진다. 홉의 풍미가 정말 강한 맥주의 경우 완전한 홉의 효과를 느끼려면 1분 이상 걸릴 수도 있다. 급하게 삼키지 말 것. 입 바닥에서 맥주를 따뜻하게 덥힌 다음 목구멍으로 천천히 미끄러지듯 넘기도록 하라. 맥주가 넘어가는 동안 입을 다물고 코로 숨을 부드럽게 내쉬라. 이를 비후 후각이라고 하는데 아주 중요한 감각 인식 과정으로, 콧구멍으로 냄새맡는 것과는 확연히 다르다.

단맛, 쓴맛, 신맛 같이 혀로 느끼는 맛과 아로마를 분리해보려는 노력도 중요하다. 마치 식은 죽 먹기로 보일지 모르지만, 〈스타 트렉〉의 맥코이 박사 말을 좀 빌리자면, "이런 젠장, 우린 기계가 아닙니다"다. 우리 뇌는 일단 입안으로 물질이 들어오면 맛과 아로마를 합쳐버린다. 따라서 이들을 분리하려면 특별한 노력이 필요하다.

그렇다면 우리 뇌에서는 무슨 일이 벌어지는 것일까? 비

시음 유형과 기법

맥주의 각기 다른 아로마성 화학물질은 각기 다른 기법을 동원해야 맡을 수 있다.
이 점을 염두에 두고 시음 기술에 이런 기법을 추가해보도록.

| 테이블 위 | 드라이빙 기법 | 흔들기 | 짧게 킁킁거리기 | 시음 | 코에서 공기를 내뿜으며 향을 느끼기 |

후 시음에서 맥주는 침과 박테리아 효소의 공격을 받아 아로마를 배출한다. 우리 뇌는 이런 아로마를 맛과 마우스필 정보와 결합하여 좀 더 복잡한 풍미 감각을 만들어낸다. 가치 있는 정보가 많이 들어올 때 이런 비후 감각에 집중하는 법을 배워보자.

맥주의 질감 또는 마우스필도 잊지 말자. 단백질로 이루어진 맥주의 콜로이드망은 점도를 높여 맥주의 바디감을 높이고 글루칸 같은 점착성의 탄수화물은 매끄럽고 크리미한 질감을 생성한다. 탄산은 맥주의 뚜렷한 특성이다. 높은 도수의 맥주에서 알코올은 '뜨겁거나' 혀에 껄끄럽게 느껴질 수 있다.

맥주가 입안을 떠난 후에도 맛은 한동안 지속되어 쓴맛과 떫은맛 또는 알코올의 따뜻함 같은 다른 자극이 입안을 맴돈다. 맥주 시음은 시작과 중간, 끝, 심지어는 여운도 있다. 모든 부분부분이 다 중요하다. 실로 위대한 맥주는 시종일관 위대한 향이 나고 위대한 맛이 난다.

연습의 중요성은 아무리 강조해도 지나치지 않다. 정말 잘하기 위해서는 공식적인 시음 활동에 정기적으로 참여해야 한다. 맥주 심사 인증 프로그램 Beer Judge Certification Program(www.bjcp.org)은 한 번 검토해볼 만한 가치가 있다. 이 사이트에서는 정규 수업을 열지는 않지만 무료로 학습자료를 제공하며, 시험을 자주 치를 계획이 있는 지역 사람들은 임시 스터디 그룹을 만들어 정기적으로 만나서 맥주를 시음하고 스타일에 대해 토론한다.

양조 학교, 대학, 요리 학교에서 제공하는 공식 수업도 있다. 수업은 디아세틸 또는 디메틸 설파이드(DMS) 같은 특정 맥주 풍미에 관해 배울 수 있는 가장 좋은 방법이다. 정기적으로 심사에 참여하다 보면 이런 풍미를 경험하겠지만, 훈련 세션을 통해 이런 화학물질을 정말 확실한 수준으로 맥주에 첨가해보면 바로 친밀감이 생기고 실제 맥주에서 어떤 요소를 찾아야 하는가에 대한 감이 잡히기 때문에 도움이 된다. 사람들을 모집하여 함께 돈을 모아 지벨 Siebel, 아록사 또는 이외 다른 회사의 샘플을 구입한 다음 혼자 실험을 하는 방법도 있다. 분명 눈이 번쩍 뜨이는 놀라운 결과를 얻게 될 것이다.

장기전으로 갈 각오를 하라. 이 섬세하고 독특한 기술을 숙달하는 데는 빠른 지름길이 전혀 없다. 나는 25년 이상 이 분야에 몸담았지만 언제나 고개를 숙이게 된다. 시음장에 들어서면 그때마다 완전히 새로운 것을 배우고 돌아간다. 이는 일평생 배워야 하는 일이고 목적지에 결코 도착하지도 못하지만 조금씩조금씩 좀 더 나아진다. 이런 경험으로 자신감이 생기고 그러면서 이 일이 좀 더 즐거워진다.

그저 꾸준히 노력하라. 언젠가 곧 저녁식사 자리에서 무심코 물잔을 들어 시계 반대 방향으로 돌린 다음 코를 대고 몇 차례 킁킁 냄새를 맡은 후 정신을 차려보면, 그 순간 여러분은 깨닫게 될 것이다. 이제 시음인이 되었구나!

맥주 어휘: 맥주 양조와 풍미에 관하여

한 잔의 맥주에서 발견되는 모든 감각에는 기원이 있으며, 그 기원은 제조과정 중 양조사와 몰트 제조가가 내린 결정에서 비롯된다. 가벼운 견과의 풍미와 건포도의 기미가 느껴지는가? 살짝 볶은 페일 에일 몰트와 소량의 크리스털 몰트 덕분이다. 홉의 톡 쏘는 그린의 향이 나는가? 바로 양조 설비, 아마도 발효탱크 안에 중요한 아로마 홉을 신중하게 선택하여 딱 좋을 때 추가한 결과다. 그리고 이 모든 복합성은 일정 조건 하에서 특정 효모의 신비스러운 작용으로 완성된다.

전문 시음인과 일반 시음인의 차이는 맥주를 분해하는 능력으로, 이는 양조사의 머릿속을 들여다볼 수 있는 능력이다. 양조 재료와 과정을 통해 어떻게 풍미가 생성되는지 이해하는 사람들에게 맥주는 그 내막을 그대로 드러낸다. 재료와 양조 과정을 이해하는 일은 실제적인 맥주 시음 경험에 토대를 마련하는 것이다. 시음의 목표는 좀 더 많은 즐거움을 찾고 잔 속에 있는 내용물을 좀 더 완벽히 이해하는 것이다. 이 목표를 이루기 위해 우리는 양조 과정을 속속들이 꿰뚫고 있어야 한다.

오늘날 반짝이는 스테인레스 통을 구비한 대형 양조장은 몰트, 물, 홉, 효모를 가지고 단순한 목재 및 진흙 통을 보유했던 고대 양조장과 기본적으로 동일한 작업을 하고 있다. 공정은 꽤 간단해 보이는데, 지하실과 차고에서 몇 가지 특대 취사용구를 이용하여 지극히 높은 예술의 경지에 이르는 맥주가 탄생하는 것만 봐도 알 수 있다. 그러나 보기에 아무리 간단해 보여도 생화학은 깜짝 놀랄 정도로 복잡하다. 우리 목표는 맥주를 진정으로 아는 것이기 때문에 우리는 깊숙이 들어가 이 아름답게 반짝이는 액체 뒤에서 벌어지는 모든 과정을 배워야 한다.

맥주 용어 이해하기

지금까지 알려진 바로 추정해보자면 맥주에는 1,000~2,000가지의 아로마 화학물질이 들어 있다. 이들을 하나하나 구별해낸다는 것은 감히 꿈도 꿀 수 없지만 맥주의 풍미 어휘를 이해하는 일은 시음인으로서 우리가 해내야 하는 가장 중요한 과제에 속한다. 특정 아로마에 올바른 명칭을 붙여주는 것은 특정 아로마를 식별해서 다른 사람과 소통하는 데 있어 중대한 작업이다. 이 일이 어렵겠다 싶으면 클럽으로 오라. 누구나 맥주 용어는 힘들어한다. 무지개색에 이름을 붙이는 일처럼 간단하면 좋겠지만 이 작업은 좌절감이 들 정도로 까다롭다. 과학적으로 판단해보자면 이는 기억력이 나쁘거나 민감도가 떨어지거나 또는 성실하지 않아서가 아니다. 문제는 이보다 훨씬 깊게 들어간다.

우선 맥주에서 발견되는 냄새를 묘사하는 단어가 실제로 우리에게는 많지 않다. 몰트의 경우는 상당히 괜찮은 편이다. 몰트 건조 malt kilning의 화학작용은 전세계인이 아는 마이야르 반응으로, 이는 음식과 똑같이 맥주의 빵의 풍미, 캐러멜 풍미, 구운 풍미, 로스트 풍미의 원천이기 때문에 몰트 어휘는 음식 어휘에서 쉽게 끌어쓰면 되고 따라서 이 작업은 별 문제가 되지 않는다. 홉의 경우는 좀 더 까다롭다. 지금까지 확인된 아로마 복합물질이 400가지 이상이 되는데도 우리는 여전히 '스파이시' 같은 거의 쓸모없는 단어밖에 사용하지 못하고 있다. 그렇다. 어떤 홉은 약간 풀 냄새 또는 허브 냄새, 시트러스 과일 냄새가 나기도 하고 베리나 고양이 오줌 냄새, 열대 과일 향이 나기도 한다. 그러나 어느 정도만 이런 냄새가 날 뿐이다. 우리는 이런 생생하고 뚜렷한 아로마 기억과 혼동의 화학물질의 도가니인 홉 아로마를 이어줄 다리를 만드느라 고생이다.

우리 뇌는 경험한 아로마로부터 단어를 쉽게 만들어내지 못한다. 맥주 시음인에게 단어를 만들어내는 능력은 실로 도움이 되지만, 이런 숨은 재주가 진화적인 이점을 제공한 적

맥주 아로마 나선환

아래의 단순한 나선환에서는 맥주 아로마를 종류별로 분류해 놓았는데, 넓은 범주는
다시 좀 더 구체적인 아로마로 세분화된다. 시음인들은 맥주 아로마를 식별하는 공부를 할 때
일반적인 것에서 구체적으로 것으로 나아가는 법을 배워야 한다.

은 결코 없으므로 우리 신경망은 여러 면에서 이런 이름 붙이기 작업에 부적합한 상태로 남아 있다.

한 가지 특정 문제는 분류와 관련이 있다. 인식한 경험을 언어로 옮기기 위해서는 이를 논리적인 틀 안에 넣어 조직화하거나 위에서 언급했듯이 무지개색처럼 의미적으로 암호화해야 한다. 아로마를 꽃향 또는 스파이시향 같은 넓은 범주로 묶을 수 있지만 좀 더 정확하게 분류하기란 쉽지 않다. 아로마 용어의 의미상 분류는 깔끔한 서류 분류 작업이 아니라 다소 뒤죽박죽하고 파악하기 힘든 작업이다. 이제까지의 증거에 따르면 이런 일은 우리의 의식적인 자각 수준 훨씬 아래 단계에서 일어나기도 하며 강력한 감성적인 요소가 끼어들 수 있다. 분류 작업을 시도해보라.

사실 언어는 뚜렷한 문제를 일으키지는 않지만 시음 과정에 방해가 될 수 있다는 사실이 밝혀졌다. 흔히 사용되는 어휘에 익숙해져서 이를 잔 안에서 발견하는 요소와 연계시키려고 애쓸 때, 증거에 따르면 단어는 우리의 아로마 인식을 바꿔버릴 수 있다. 시음 게임에 처음 입문한 사람일수록 특히 그러하다. 우리는 맥주 어휘를 이해할 때 이들에 집착하는 경향이 있어서 시음 시 해당 요소를 찾지 못하면 묘사 어휘와 완벽하게 일치하지 않는 다른 감각은 무시하려고 한다. 풍미에 따라 상황은 달라지는데 어떤 것은 찾기 쉽다. 하나 예를 들자면 디아세틸은 버터 냄새가 난다는 묘사 어휘와 실제로 거의 딱 맞게 일치하지만 다른 맥주 아로마 화학 물질은 그 어휘와 얼추 비슷할 뿐이다. 아세트알데히드는 아주 좋은 예다. 이 화학물질을 묘사하는 대부분의 공통 어휘는 풋사과이고 일부 사람들은 그렇다고 수긍한다. 그러나 아세트알데히드는 농익은 사과, 젖은 풀, 호박 속, 아보카도 또는 라텍스 페인트와도 비슷하며 때때로 솔벤트 기운도 약간 느껴진다. 물론 이런 성질을 찾지 못하는 시음자들은 많다. 따라서 맥주 어휘를 배우긴 하되 열린 마음으로 이들에게 전적으로 끌려가지는 말아야 한다.

다양한 맥락과 농도의 아로마를 알아가면서 우리는 좀 더 정교하고 풍부한 내적 묘사를 위해 앞 페이지의 맥주 아로마 나선환의 어휘를 서로 맞바꾸기도 한다. 이 말은 단어와 화학식을 아무리 많이 기계적으로 암기한다 한들 노련한 시음인은 될 수 없다는 뜻이다. 지금 읽고 있는 이런 책은 기반을 닦는 데 도움이 될 수 있지만 결국 우리 스스로 노력을 해서 아로마라는 경이로운 세계의 내부 지도를 만들어내야 한다.

맥주를 이루는 요소

아로마
몰트 및 홉 등의 원료에서 파생되지만, 효모를 통해 달라지고 풍부해진다.

헤드
몰트와 밀, 귀리, 호밀 같은 보조 곡물에 존재하는 중간 길이의 단백질에서 생성됨. 당화, 홉의 아이소 알파산 iso-alpha acids, 여과 filtration에도 영향을 받는다.

색상
주로 해당 양조에 선택된 몰트를 건조시키는 과정에서 색이 발현되지만, 당화와 끓임 공정의 세부 조건에 영향을 받고 심지어 발효와 여과를 통해서도 어느 정도 색이 달라진다.

탄산
이산화탄소 CO_2 가스, 효모에 의한 발효의 부산물.

바디
몰트 단백질에 의해 발현되며 발효와 여과 공정의 영향을 받는다. 즉 몰트의 단맛과 양조공정, 발효가 영향을 주는 인자다.

마우스필
질감, 화학적 열감 및 냉감, 떫음 등을 감지할 수 있는 입안 신경세포에 의해 연속적으로 전달되는 자극.

풍미
아로마와 맛, 마우스필, 이외 다른 감각, 심지어 기대감을 우리 뇌가 취합해서 합성한 결과물. 복합성을 띠는 이유는 대부분 아로마 때문이지만 풍미는 다른 방식으로 경험된다.

알코올
발효성 물질이 많다는 것은 알코올 함량이 더 높아지고, 그 외 모든 부산물이 늘어난다는 뜻이다.

맛
주로 혀에서 느껴지는 감각. 단맛, 쓴맛, 신맛은 맥주에서 가장 중요한 맛.

맥주와 양조 재료

맥주는 농산물이지만 양조의 원재료 중 압도적인 비율을 차지하는 보리와 홉은 상품으로 공급, 판매된다. 이 부분은 와인의 세계와 상당히 다른데 이 세계에서는 단지 몇 미터 떨어져 재배되는 포도라도 미세한 기후 차이와 토양의 종류, 태양 노출을 비롯한 여러 가지 변수에 따라 극적으로 달라질 수 있다. 와인의 경우에는 자연의 손길이 가장 으뜸이다. 그러나 맥주 양조의 경우 확실히 눈에 띄는 건 사람의 손길이고, 내가 보기엔 그래서 가장 매력적인 위대한 요소이다. 맥주에서도 테루와(토양, 기후, 식물 품종, 이외 다른 지역적인 요인)가 정말 중요한 역할을 하는 몇 가지 경우가 있는데, 이에 대해서는 나중에 다뤄보겠다. 물감은 물감일 뿐이다. 중요한 것은 붓을 움직이는 손이다. 우리의 목표는 양조사의 작품인 맥주를 통해 이들을 알아가는 것이다.

선택의 과정은 몰트 생산자에서부터 시작된다. 일련의 단계를 통해 가장 잘 자라고 품질이 균일한 보리는 조련의 손길을 거쳐 생명력을 가진다. 보리는 으레 급격한 변화를 거친다. 효소가 이끄는 환상적으로 복잡한 일련의 변신을 통해 보리 씨앗의 녹말 저장고는 몰트 생산자에게 다른 계획이 있다는 사실을 까마득히 모른 채, 새로운 식물을 뒷받침해줄 태세를 갖추게 된다. 이렇게 발아에 사람이 개입하는 특성은 몰트의 양조 특징과, 맥주의 풍미에 지대한 영향을 끼친다. 적절한 시점에 발아 과정의 중단을 위해 열이 가해지는데, 이런 건조 과정을 통해 아주 섬세한, 빵 같은 곡물의 풍미에서 캐러멜, 호박, 구운 브라운색 등 수십 가지 색조, 더 나아가 검게 볶은 몰트의 칠흑 같은 에스프레소 색상까지 맥주의 몰트 풍미가 탄생한다.

그런데 아직까지 양조는 시작도 하지 않은 상태다.

그러나 레시피 공식, 브루하우스 공정, 효모, 발효, 탄산, 여과, 포장 등 전 공정을 통해 선택은 끝없이 진행된다. 수백 가지의 작은 절차가 전통과 기술, 시장의 수요, 그리고 때때로 양조사의 대담한 결정과 함께 작용하여 우리 앞에 특별한 맥주가 놓인다.

숙련된 손으로 이런 까다롭고 복잡한 공정을 관리하려면 독특한 성격이 요구된다. 내가 아는 최고의 양조사들은 아주 세심한 부분 하나하나에 거의 광적으로 집착하면서 이와 함께 호기심, 창조성, 위험을 무릅쓰는 대담성을 함께 보여주었다. 확실히 독특한 사람들이자 맥주 세계의 대단한 보물이다.

양조의 세부적인 면은 기술적으로 보일지도 모르지만, 확언컨대 이런 세부 사항이 맥주의 혼과 영이다. 앞으로 맥주를 마실 때는 우선 이런 세부적인 면을 찾아보라. 그럼 이들이 바로 잔 밖으로 나와 그 모습을 드러낼 것이니.

물 WATER

맥주는 대부분 물이다. 물론 물은 풍미에 영향을 준다. 무엇보다 물은(사실 양조에 쓰이는 물은 '양조수 liquor'라고 한다) 풍미가 없다. 물이 한 모금의 맥주로 우리 입에 도달하기 위해서는 때때로 오랜 시간에 거쳐 믿을 수 없이 긴 거리를 여행해야 한다. 이 과정에서 물은 토양과 모래, 바위를 비롯한 다른 물질과 접촉한다. 물은 타의 추종을 불허하는 용해 능력이 있기 때문에 그 여정에서 다양한 미네랄이 녹아든다. 이들 물질은 이온으로 등장하는데, 물에 의해 마법처럼 분리되어 자유롭게 떠다니는 분자 성분이다. 실제로 맛을 볼 수 있는 물도 있다. 탄산염의 백악질성(석회암 성질–역자주), 염화물의 입천장을 넓혀주는 듯한 둥근 느낌, 황산염의 회반죽이 주는 싸한 맛 등, 이런 모든 특성이 맥주에 발현된다.

물 속 미네랄은 맥주에 풍미 이상의 것을 선사한다. 양조수의 이온은 화학적으로 활발하며 양조 과정에 중요한 영향을 미친다. 맥주의 종류와 양조 과정마다 이상적인 물은 따로 있다. 1800년 경에 가서야 양조사들은 해당 지역 물의 화학성분을 조정하는 법을 터득했다. 그 전에는 지역 물의 특성 때문에 양조할 수 있는 맥주의 종류에 제한이 있었고, 이런 제약은 많은 정통 맥주 스타일의 진화 과정에서 중요한 요인으로 작용했다.

감각 어휘

SULFATE

종류 풍미, 아로마

묘사어 석고, 석고보드, 황산염

맥주에서의 역치 상황에 따라 다름. 미세한 수준 이상을 찾기 힘듦

적합성 일부 페일 에일과 황산염이 많이 들어 있는 물로 양조한 IPA에서 감지되고 기분 좋게 느껴질 수 있음. 영국 버튼온트렌트 맥주에서 볼 수 있으며 도르트문더 라거에서는 거의 찾아볼 수 없음

공급원 양조수의 황산 칼슘 이온(Calcium Sulfate ions)

참고 물은 맥주의 성질에 매우 중요한 영향을 끼치지만, 항상 그

맛이 뚜렷하게 드러나는 것은 아니다. 여기서 언급한 석고 냄새는 황화물 성분이 많은 물에서 형성된 이산화황과 황화수소 혼합물의 발현일 수 있다.

흔한 암반 종류인 석회석은 주로 탄산칼슘(돌로마이트라는 비슷한 암석에서는 탄산 마그네슘)으로 이루어진다. 석회석 위, 아래를 지나가거나 그 안을 통과하는 물이 이 돌의 일부를 용해시킨다. 순수한 물은 이런 일을 할 수 없다. 물은 그 속에 이산화탄소 가스가 용해되어 있어야 산성을 띠어 미네랄을 어느 정도 흡수할 수 있고, 그 결과 약한 알칼리성의 경수가 탄생한다. 석회석은 흔하기 때문에 탄산염의 경수 역시 흔하지만, 이런 물은 많은 맥주의 양조수로는 이상적이지 않다. 페일 맥주의 경우 물이 알칼리성이면 홉에 불쾌한 떫떠름한 맛이 가미되고 당화의 화학작용도 영향을 받는다. 이

런 백악질의 알칼리성 물은 다소 산성인 다크한 몰트를 첨가해야만 효력을 나타내기 시작한다. 이때 홉 비율을 낮추면, 딩동댕! 성공이다. 뮌헨과 더블린의 그 유명한 다크 맥주가 이러한 사례다.

황산칼슘인 석고는 그리 흔하지 않은 미네랄이지만 맥주 스타일에 있어 중요한 열쇠다. 버튼 에일이라고 불리는 달콤한 다크 맥주로 유명세를 탄 이후 19세기 영국 버튼온트렌트의 양조사들은 이 지역의 우물물이 인디아 페일 에일이라고 불리는 청량하고 드라이하며 홉의 풍미가 매우 진한 새로운 스타일의 맥주를 양조하는 데 아주 적격이라는 사실을 알고 기뻐했다. 오늘날에도 품질관리가 잘된 영국 배스사의 생맥주에서는 이따금 버튼 냄새 또는 버튼 스내치 snatch라고 불리는 석고/석고보드의 특성을 확 느낄 수 있다.

일부 양조수에서는 소금(염화나트륨)이 상당량 발견된다. 독일 도르트문트의 미네랄 복합수는 유명한 사례다. 소금은 독일 밀맥주인 고제의 경우처럼 인위적으로 첨가할 수도 있는데 이런 공정이 미국에서 일종의 부흥기를 누리고 있다. 소금이 소량이면 맥주는 그저 약간 리치하고 기름진 맛이 난다. 곡물 몇 알을 맥주나 심지어 물 한 잔에 뿌려서 용해되도록 놔두면 쉽게 알아볼 수 있다.

일부 맥주의 경우, 최고의 미네랄은 미네랄이 전혀 아닌 경우도 있다. 체코 플젠 마을의 양조사들은 그 지역의 고도 연수에 정교한 당화 공정을 적용하여 세계 정통 맥주의 하나인 필스너를 창조했다. 미네랄이 없는 물은 대부분의 맥주나 양조 방식에 그리 적합하지 않지만, 고도의 연수를 이용하면 양조사가 필요한 미네랄을 추가하기가 수월해진다. 어떤 양조사들은 물에 용해된 미네랄을 제거하고 스타일에 맞게 물의 화학 조성을 바꾸기도 한다. 이런 공정은 시간이 소요되고 비용도 많이 들 수 있으므로 지역 물이 정말 문제가 있을 경우에 흔히 사용된다.

중요한 점은 양조에 사용되는 물이 마시기에 좋은 수질이어야 한다는 것이다. 이는 곧 유기 오염물질과 살충제, 중금속, 철, 황, 기타 다른 해로운 물질이 없어야 한다는 의미다. 인간에게 해롭지 않더라도 예컨대 철 같은 일부 미네랄은 효모에 유독할 수 있으며 혼탁 형성의 원인이 되거나 불쾌한 맛을 만들어낼 수도 있다. 철은 맥주에 존재할 때 피비린내

물이 중요하다
물은 자체적인 풍미가 있고, 양조의 화학 과정에서 중요한 역할을 한다.

나는 금속의 풍미를 낸다. 소량의 구리와 아연 같은 금속은 효모 영양 공급에 필수적이어서 전부 스테인레스통을 사용하는 한 신식 대형 양조장의 노동자들은 180cm 정도의 스테인레스 파이프를 구리로 교체해서 효모가 번식하기 좋은 조건을 확보해야 했다. 아연은 효모 영양분으로 추가되는 경우가 종종 있다.

결론: 북쪽 물이나 산속 천혜의 옹달샘을 선전하는 광고 속의 아름다운 신화는 그저 새빨간, 아름다운 거짓말이다.

감각 어휘
금속 풍미 Metallic

종류 맛, 아로마

묘사어 금속 풍미, 피 맛, 철, 구리 풍미, 쌉쌀한

맥주에서의 역치 0.15ppm(철)

적합성 불가

공급원 물이나 오래된 양조 장비에 존재하는 철, 구리 또는 이따금 이외 다른 원소. 일부 금속 풍미는 지질(지방) 산화의 결과로 생각되며, 이는 바꿔 말해 금속 이온이 촉매작용을 할 수도 있다는 얘기다. 철은 그 냄새를 직접 맡을 순 없지만, 몸 안이나 표면에 존재하는 지질 산화 효소와의 상호 작용을 통해 이 효소를 분해하면서 1-octen-2-one을 방출한다. 이 물질이 특유의 퀴퀴한 철 냄새를 낸다. 맥주에 철이 존재하는지 의심이 들 경우 한 가지 유용한 방법은 맥주를 손등에 조금 문질러보는 것. 이렇게 하면 냄새 나는 화학물질이 좀 더 방출되어 손을 코에 가져갈 때 그 냄새를 확실히 맡을 수 있다.

* 입안에서 느껴지는 금속 풍미가 맛인지 전기 효과 같은 3차 신경 감각인지는 아직 결정되지 않았다.

보리의 마법

보리는 완벽한 양조 곡물이다. 보리에는 당으로 전환될 수 있는 많은 양의 전분과 완벽한 여과대 역할을 하는 겉껍질이 들어 있을 뿐 아니라, 뜨거운 물 이외에 아무것도 첨가하지 않아도 작업을 수행한다. 1만년 전 신석기 시대 사람들은 맥주를 만들기 위해 필요한 원료를 정확히 알아서 딱 알맞은 품질의 야생 풀을 골라 다시 심었고, 비교적 짧은 시간에 경작 보리를 생산해냈다.

보리는 독특한 효소 시스템 덕분에 완벽한 양조 곡물로 평가받는데, 이는 빽빽한 씨 안에 저장된 전분이 효소의 작용으로 단순당 simple sugars 으로 분해되고 효모는 이를 알코올

로 변형할 수 있기 때문이다. 효소는 많은 양조 공정에서 핵심 역할을 하며 이들이 없으면 양조는 거의 불가능하다. 중요한 발아, 양조, 발효 작업은 모두 효소가 이끌며 이들 효소는 화학작용을 돕는 특수한 단백질이다.

화학반응이 일어나기 위해서는 무언가를 벽 위로 올려보내는 것처럼 에너지 장벽을 넘어서야 한다. 효소는 한 화학 상태에서 다른 상태로 전환되는 데 필요한 에너지 양을 줄여준다. 양조 공정에서 전분은 이보다 단순한 당으로 분해되어야 한다. 강한 산이나 고온의 무자비한 힘을 사용하면 이런 반응이 가능할 수 있지만, 보리에 존재하는 효소는 열을 그다지 많이 가하지 않아도 이런 반응이 일어날 수 있도록 해주는 능력이 있다. 우리는 앞으로 맥주 제조 공정의 많은 부분에서 효소를 만나게 될 것이다.

양조에 사용되는 보리는 두 줄 보리와 여섯 줄 보리의 두 가지 형태가 있는데, 위에서 내려다보면 낟알이 두 줄 또는 여섯 줄이 있어 명확히 구분되기 때문에 이런 이름이 붙었다. 두 줄 보리는 좀 더 통통한 낟알을 생산하고 시원한 기후에서 잘 자라는 반면, 여섯 줄 보리의 낟알은 덜 둥글고 좀 더 덥고 건조한 곳에서 자란다. 양조사의 관점에서 볼 때, 이들의 주된 차이점은 단백질 수준으로, 이 요소는 여러 가지 이유에서 양조에 중요하다. 단백질은 맥주의 헤드를 형성하고 유지하며 맥주 바디의 점도를 책임지고 유용한 양조 효모 군단을 불러들인다. 이외 분해되었을 때 효모에 필요한 영양분을 생산한다.

그러나 단백질이 전적으로 좋은 것만은 아니다. 맥주에 잘못된 단백질이 너무 많이 함유되어 있으면 대부분 한랭 혼탁(외관상 탁함)과 쉽게 변질되는 등의 문제를 일으킬 수 있다.

이런 이유로 100% 몰트 맥주는 두 줄 몰트로 가장 흔하게 양조되는 반면, 여섯 줄은 전통적으로 대량 유통되는 미국식 맥주에 사용되는데, 이 맥주의 경우 자체 효소가 전혀 없는 옥수수나 쌀가루의 전분을 분해하는 데 효소가 추가로 사용된다.

몰트 제조

발아 과정은 높은 등급의 보리를 선정해서 수분 함량이 40%가 넘을 때까지 약 2~4일 동안 물에 담가놓는 단계로 시작된다. 이런 공정을 통해 낟알에 수분이 다시 충전되며 그 안의 효소가 활성화되어 발아를 위한 준비가 완료된다.

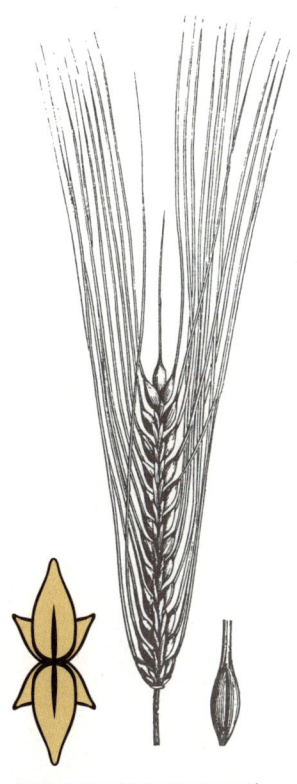
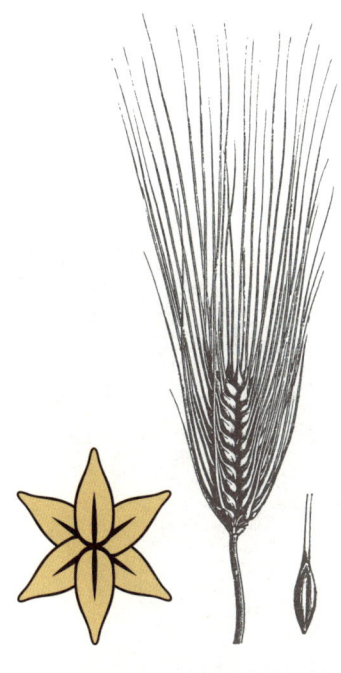

두 줄 보리 헤드(위와 옆에서 본 모습)　　　　　　여섯 줄 보리 헤드(위와 옆에서 본 모습)

이 식물의 씨앗은 1만년 동안 맥주를 양조하는 데 사용되었다. 맥주에 사용되는 이들 두 가지
보리 유형은 가운데 줄기를 둘러싼 각 마디에 얼마나 많은 낟알이 들어 있는가에 따라 나뉜다.
두 줄 보리는 통통하고 단백질 함량이 낮은 낟알을 생산하며 따라서 100% 몰트 맥주에 더 적합하다.

이 시점에서 보리 씨앗은 산소가 필요하기 때문에 보리는 통풍이 잘 되는 선선한 곳으로 옮겨진다. 이때 씨앗 한쪽 끝에는 가는 뿌리가 생기고 유아초(acrospire: 씨앗이 싹틀 때 맨처음 나오는 것 -역자주)라는 싹이 겉껍질 아래 숨어 자라난다.

이 새싹이 일정 지점까지 올라오면 몰트 작업자는 열을 가해서 이 과정을 끝낸다. 새싹의 길이는 발아 과정의 단계를 알려주는 믿을 만한 지침으로 변형 modification이라고 알려진 척도이다. 변형이 잘된 몰트의 경우 새싹은 낟알 길이까지 꽉 채워 자랄 수 있다. 요즘 대부분의 몰트는 완전 변형되어 비교적 간단한 브루하우스 공정을 통해서도 당화될 수 있다. 과거에는 모든 몰트가 변형이 잘 되지 않아서 끝에 '단단한' 작은 매듭이 남았다. 이런 단단한 부분에서는 내용물이 쉽게 배출되지 않아 보통 단시간 끓이는 공정을 포함하여 좀 더 집중적인 당화를 거쳐야 젤라틴화되어 전분이 완전히 배출된다.

이 시점에서 축축하고 불안정하며 상대적으로 풍미가 없는 이들 곡물은 가마로 향한다. 이때 간접 열을 사용하여 처음 곡물을 건조한 다음 볶는다. 거의 모든 몰트, 심지어 색이 아주 옅은 몰트의 풍미도 건조하는 공정에서 생겨난다.

때때로 '비효소 갈변'이라고 불리는 마이야르 반응은 갈변의 화학반응을 총괄적으로 묘사하는 데 사용되는 용어이다. 중요한 점은 갈변의 화학반응을 이해하는 것이다. 이 공정이 맥주 풍미와 외양, 아로마에 상당히 큰 역할을 하기 때문이다. 요리 중 흔히 접하는 모든 갈변, 즉 버거의 탄 부분, 기름에 살짝 볶은 양파의 캐러멜 같이 노릇노릇한 좋은 풍미, 커

몰트의 풍미 어휘

다음 도표는 가장 흔하게 접하는 몰트의 풍미를 5개 큰 범주로 나눈 다음 각 범주를 라이트에서 다크까지 색상에 따라 다시 세분화한 것이다. 여기서 표시된 색상은 특정 풍미가 전형적으로 나타나는 색상 범위를 대략적으로 표시한 것이다. 각각의 칸은 이들 풍미가 나타나는 색상 범위만을 보여준다. SRM 단위가 적힌 로비본드 화살표는 맥주의 색상을 가리킨다.

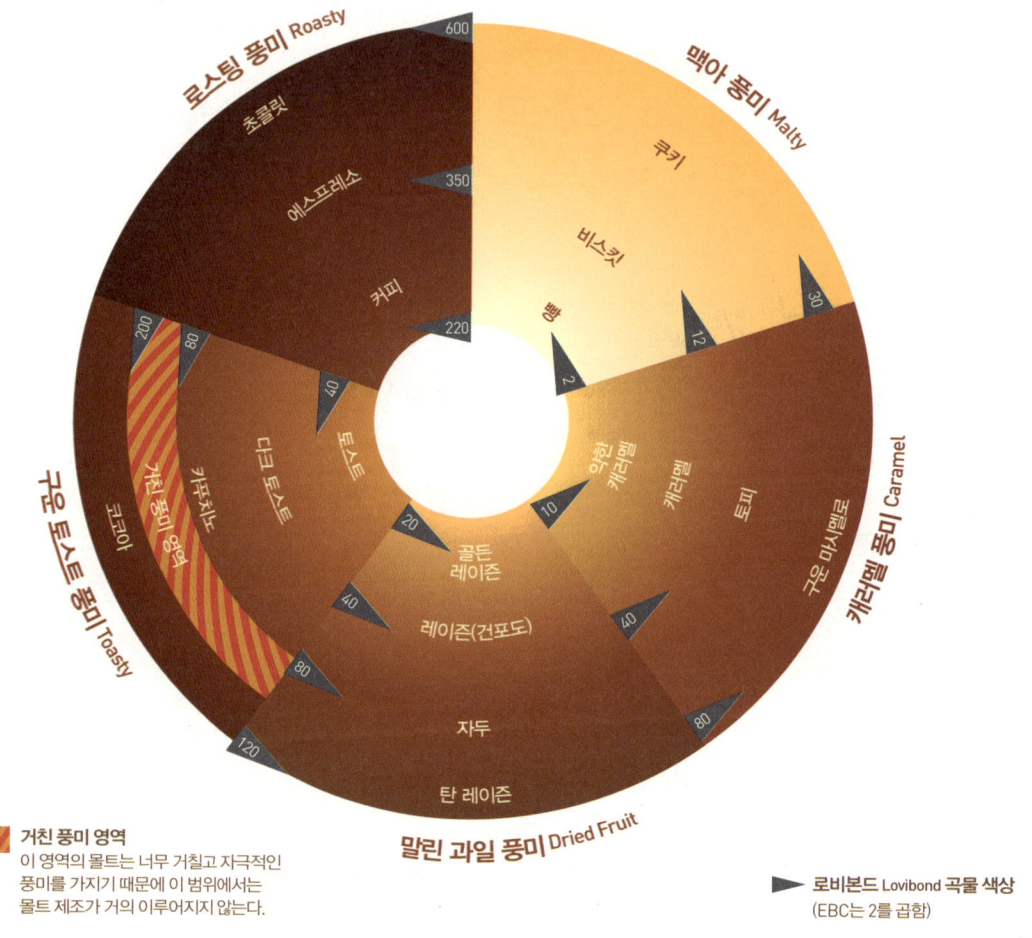

거친 풍미 영역
이 영역의 몰트는 너무 거칠고 자극적인 풍미를 가지기 때문에 이 범위에서는 몰트 제조가 거의 이루어지지 않는다.

▶ **로비본드 Lovibond 곡물 색상**
(EBC는 2를 곱함)

피와 초콜릿의 구운 풍미는 모두 이 화학과정으로 설명된다. 세부적으로 들어가면 상당히 복잡하지만 우리가 알아야 할 것은 바로 이 부분이다. 당, 즉 탄수화물을 질소 함유 물질 (보통 단백질에서 파생됨)과 섞어 물기가 있는 상태에서 열을 가하면 상당한 갈색의 풍미와 아로마, 색상이 나온다. 색

상 구성 성분은 멜라노이딘이라고 하는데, 불그스름하거나 노르스름한 기를 가지며 식별가능한 아로마가 전혀 없는 큰 유색 분자이다.

염두에 두어야 할 점은 '멜라노이딘'이라는 용어가 마이야르 갈변으로 인한 모든 풍미를 가리키는 데도 종종 사용되지

만 이는 틀렸다는 사실이다. 건조된 몰트의 아로마는 히테로 사이클릭 heterocyclics이라는 작은 고리 모양의 분자에서 방출되며 이 분자 옆 고리에는 황, 질소 또는 산소가 각각의 탄화수소 고리에 붙어 있다. 이들은 매우 강력한 부취제로 허용한계치는 10억 분의 1(ppb) 비율의 낮은 함량 또는 그 미만이다.

마이야르 갈변의 경우는 당, 전분을 비롯한 일종의 질소 물질이 매번 다르게 조합을 이루어 조금씩 다른 최종 산물을 만들어낸다. 게다가 시간, 온도, pH, 수분량, 이외 다른 변수가 조금씩 달라지면 풍미 프로파일도 다르게 나타난다. 건조 공정 중 수분 함량을 달리하면 색상은 비슷하지만 풍미는 다른 두 가지 종류의 몰트를 생산할 수 있다.

몰트를 수분감 없이 바싹 로스팅하면 '비스킷' 또는 '앰버'라고 하는 몰트의 구운 토스트 풍미를 뚜렷하게 얻을 수 있다. 몰트를 수분감 있게 로스팅하면 쿠키나 토피 toffee(럼주용 사탕수수 진액 -역자주) 같은 리치함으로 유명한 멜라노이딘 몰트가 나온다.

맥주 레시피에서 몰트를 혼합할 때는 동일한 원칙이 적용된다. 브라운 색상의 맥주를 만드는 방법은 많이 있다. 예를 들어 적당히 로스팅된 색상의 몰트를 많은 양 사용하거나 로스팅이 많이 된 깊은 색상의 몰트를 소량 사용하면 색상은 같지만 풍미는 전혀 다른 맥주가 나온다. 맥주에서 몰트의 아로마와 풍미를 두고 볼 때 마이야르 갈변이 큰 영향을 미치기 때문에 이런 모든 요소에 주의를 기울여야 한다.

캐러멜화는 단순한 갈변 과정을 가리킨다. 설탕을 팬에 넣고 색이 변할 때까지 둘 때 일어나는 현상이다. 이 과정에는 전분보다는 설탕이 필요하기 때문에 크리스털/캐러멜 몰트에서만 눈에 띄게 형성된다. 이들 몰트는 건조 공정 전에 끓이는 단계를 거치는데 설탕 속으로 전분의 분해를 유도해서 원하는 색으로 가열되었을 때 많은 양의 캐러멜이 나오도록 하기 위함이다. 이 현상은 캐러멜, 레이즌, 자두, 탄 설탕 풍미의 광범위한 영역에서 나타난다.

곡물의 색은 로비본드 Lovibond(미국) 또는 EBC 단위를 사용하여 도수로 표현한다. EBC 단위는 로비본드 1.97배 정도이다.

몰트 종류

몰트 건조 공정를 통해 가장 색이 옅은 로비본드 2도 미만의 필스너 몰트부터 가장 많이 로스팅된 로비본드 500도가 넘는 블랙 몰트까지 아주 다양한 색상이 나온다. 이런 다양한 색상 범위를 통해 양조사에게는 선택가능한 거대한 색 팔레트가 제공되는 셈이다. 몰트 생산자와 양조사는 몰트가

몰트 종류와 맥주 색상

이 차트를 통해 맥주 레시피에서 서로 다른 종류의 몰트를 양을 달리했을 때 맥주색의 깊이가 어떻게 변하는지 대략 유추할 수 있다.

로비본드	100	100	30	100	5	20	5	20	1	10
	필스너, 라거	페일 에일, 비엔나	뮌헨, 마일드 에일		앰버/비스킷, 멜라노이딘, 페일 크리스털		미디엄 크리스털		블랙, 로스티드 발리	

제조되거나 사용되는 방식에 따라 다음과 같이 다양한 색조의 몰트를 대여섯 가지 범주로 분류한다.

베이스 몰트

이 몰트는 필요할 경우 모든 양조에 사용해도 손색이 없을 정도로 약하게 건조된다. 예를 들어 가장 다크한 맥주인 스타우트에서도 베이스 몰트는 곡물 구성의 대부분을 차지한다. 필스너, 페일, 비엔나, 뮤닉몰트가 베이스 몰트에 포함되는데, 단 특정 맥주에서는 베이스 몰트보다는 더 다크한 몰트가 색을 내는 데 사용된다.

색 로비본드 1.2~15도 ●●●●●

필스너 몰트 가장 색이 옅은 몰트 사용

페일 에일 몰트 페일 에일에 전형적으로 사용되지만 다른 맥주에도 많이 사용됨

비엔나 몰트 옥토버페스트 같은 앰버 맥주를 생산하는 유럽 몰트

마일드 에일 몰트 다크한 영국 에일에 베이스로 사용하는 전형적인 몰트

뮤닉 몰트 깊은 색의 앰버 맥주를 양조함. 달콤하고 캐러멜 풍미가 나며 약간의 구운 토스트 풍미가 느껴짐

'킬른드 Kilned' 몰트 또는 '칼라' 몰트

이 몰트는 소량으로 쓰이며, 레시피의 최대 약 20%까지 사용한다. 브라운 몰트와 함께 앰버/비스킷 몰트와 멜라노이딘 몰트가 이 범주에 해당된다.

색 로비본드 15~200도 ●●●●●

아로마틱/멜라노이딘/다크 뮌헨 브라운 맥주와 앰버 맥주 양조. 달콤한 캐러멜 풍미를 생성

앰버/비스킷 브라운 색상의 날선 구운 토스트 풍미

브라운 몰트 포터에 전형적으로 사용. 부드러운 로스팅 풍미에서 날선 로스팅 풍미 생성

페일 초콜릿 다양한 용도로 쓰임. 중간 정도의 날선 로스팅 풍미 생성

크리스털 몰트 또는 캐러멜 몰트

이 몰트를 사용하는 공정은 특별한 공정으로, 축축한 몰트를 섭씨 약 66도의 온도에서 '끓인다'. 이 결과 유리 같은 바삭한 질감과 적은 양으로도 캐러멜, 레이즌 또는 탄 설탕 풍미가 감지 가능할 정도로 생성되며, 자칫 잘못하면 풍미가 과해질 수 있다. 특히 로비본드 60(EBC 120) 색 범위에 해당하는 크리스털 몰트는 맥주 부패에 강하게 연루되어 특유의 '가죽' 산화 냄새를 발산한다. 드물지만 로비본드 170~210(EBC 340~410) 범위의 극도로 다크한 캐러멜 몰트는 기분좋은 초콜릿 아로마를 낸다. 덱스트린 몰트라고 불리는 색이 거의 없는 특수 크리스털/캐러멜 몰트는 색이 옅은 맥주에서 바디와 헤드 보존력을 높이는 데 종종 사용된다. 건조 공정의 사양은 특정 풍미를 발현하는 데 결정적인 역할을 한다. 모든 몰트 제조가는 크리스털/캐러멜 몰트를 조금씩 다르게 만들기 때문에 동일한 색상의 몰트라도 전혀 다른 맛이 날 수도 있다.

색 로비본드 10~210도

(덱스트린 몰트: 로비본드 1.2~2.5도) ●●●●●

(모든 제조자는 다양한 색상을 만들어냄. 숫자를 제외하고는 공통의 용어가 없음)

로스티드 몰트 Roasted malts와 곡물

초콜릿 몰트와 다양한 색조의 블랙 몰트가 로스티드 몰트에 포함된다. 이들 몰트는 커피, 초콜릿를 비롯해 과하게 로스팅된 음식과 상당히 비슷한 아로마와 풍미를 가진다. 직관에 반하는 얘기지만 색상이 진해질수록 로스티드 몰트의 풍미 강도는 실제로 감소한다는 사실을 염두에 두어야 한다. 가장 다크한 블랙 몰트는 가장 부드럽고 초콜릿 풍미가 가장 풍부하지만 색이 연한 초콜릿 몰트일수록 실제로는 날선 풍미와 자극적인 풍미가 아주 강하다. 온도가 높아질수록 많은 풍미 화학물질이 파괴되거나 휘발되어 날아가는데, 쓴맛 제거 과정으로 인해 실제로 이런 효과가 가속화되기 때문에 이점을 이해하면 수긍이 간다. 전형적으로 이 몰트는 곡물의 가루의 10% 미만으로 사용한다.

색 로비본드 180~600도 ●●●●●

초콜릿 다크한 맥주의 날선 로스팅 풍미를 생성

블랙 현대 포터와 스타우트에 전형적으로 사용

뢰스트말츠 Röstmalz 독일 블랙 몰트, 좀 더 부드러운 풍미를 위해 때때로 껍질을 벗겨 사용

로스트 발리 아이리시 스타우트에서는 로스팅된 비발아 보리가 전형적으로 사용됨

보조 곡물

보리 몰트는 대부분의 전형적인 맥주 스타일에서 가장 압도적인 비율을 차지하지만, 고대 시대부터 양조사들은 대체 또는 보조 곡물의 양조 가치를 인식하고 있었다. 보조 곡물을 사용하는 이유는 많다. 밀 맥주, 귀리 스타우트, 호밀 맥주는 모두 발아된 보리 외에 특정 곡물이 필요하다. 미국 스타일의 산업 생산 라거의 경우, 풍미를 가볍게 하기 위해 옥수수 또는 쌀, 다양한 형태의 설탕이 추가된다. 이렇게 하면 보통 생산 원가를 낮추는 데도 도움이 된다. 몇 가지 예외는 있지만 아주 저렴한 맥주는 보조 곡물의 비율이 상당히 높다. 아주 옛날 영국의 일부 지역에서는 좋은 상품을 구입할 수 없는 가난한 사람들을 가리켜 걸쭉하고 값싼 귀리 에일 이름을 따서 '그라우터 grouters'라고 불렀다.

오늘날 맥주에서 보조 곡물은 풍미보다는 질감을 내기 위해 쓰인다. 모든 보조 곡물은 보리 몰트보다 아로마가 뚜렷하지 않은 편이다. 밀, 귀리, 호밀은 모두 맥주에 크리미한 질감을 더하고 헤드 유지력을 대단히 좋게 하며, 이런 특성으로 유명하지 않은 맥주에서도 그 특성을 내기 위해 쓰이는 경우가 종종 있다. 어떤 사람은 밀에서 레몬의 경쾌함을 감지할 수 있다고 하지만 정작 나는 한 번도 발견한 적이 없다. 옥수수와 쌀은 언제나 맥주를 묽게 해준다. 이런 곡물이 보유하고 있는 소량의 단백질로 보아 발효가능한 당을 공급한다는 것을 알 수 있지만, 많은 양은 아니다. 그럼에도 버드와이저에서 미묘하게 까칠한 쌀의 '흔적'을 감지할 수 있으며, 옥수수를 주요 보조 곡물로 사용하는 밀러 제뉴인 드래프트 Miller Genuine Draft 같은 많은 맥주에서는 살짝 크리미한 옥수수 풍미가 느껴진다.

밀몰트와 호밀몰트 같이 발아된 특수 곡물은 발아하지 않은 날 보조 곡물에 필요한 특별한 조리 절차 없이 당화 Mash에 직접 추가할 수 있지만, 겉껍질이 없기 때문에 라우터링 Lautering을 돕기 위해 때때로 쌀의 겉껍질 같은 여과 물질을 추가해야 한다. 미리 젤라틴화된 곡물을 사용하면 되는데 가장 흔하게는 오트밀 같은 플레이크형 제품을 사용한다. 이들은 당화에 직접 추가할 수 있지만 여기에도 역시 쌀 겉껍질이 권장된다. 비발아 날 곡물은 전분을 젤라틴화하기 위한 조리 절차를 거쳐야 한다. 이 부분에 대해서는 나중에 더 자세하게 다루겠다.

레시피의 예술

한 방울의 맥주를 양조하기 전에 양조사는 맥주에 무엇이 들어갈지 결정해야 한다. 도수를 어느 정도로 할까? 어떤 색으로 만들까? 쌉쌀함은? 기본 풍미는? 밸런스는? 조심스럽고 미묘하게 감지되는 배경 원료는 무엇으로 할까?

대부분의 양조사는 우선 이런 특성을 결정한 다음, 원하는 맥주를 양조하는 데 어떤 원료가 얼마나 필요할지 결정한다. 비중, 즉 발효되지 않은 맥즙에 녹아 있는 당과 다른 고형 물질의 양 같은 변수가 우선 고려된다. 한 가지 또는 두 가지, 아니면 10여 가지 이상의 몰트가 합쳐져 맥주로 만들어진다. 비중 계산은 쉽다. 몰트 각각이 보유하는 잠재 생산량이 정해져 있고 브루하우스와 당화 공정마다 이런 생산량에 차이가 나는데, 양조사의 경험치가 좀 쌓이면 충분히 잘 파악한다. 따라서 비중 계산은 단순히 여러 요소를 총합하는 작업이다. 색상 계산의 경우 색이 정비례 방식으로 진해지지 않는데, 몰트마다 색상을 측정하는 방식에 다소 차이가 있기 때문에 비중 계산만큼 바로 나오지 않는다. 하지만 레시피를 만들 때 이런 차이를 고려하는 공식이 있다.

홉도 이와 비슷하게 고려할 사항이 있다. 양조사는 아로마와 쓴맛을 둘 다 고려해야 하는데 이 둘은 서로 상충된다. 쓴맛을 추출하려면 홉을 센 불로 끓여야 하고 이 과정에서 휘발성의 아로마 오일이 날아간다. 그래서 쓴맛을 원하면 홉을 보통 초반에 추가하고, 아로마를 위해서는 후반에 추가한다. 홉 각각의 품종에는 쓴맛 물질이 일정량 들어 있는데, 이는 지역과 생산된 해에 따라 달라진다. 다행히 각각의 홉 선적분에는 추수 시 잠재된 쓴맛 정도를 나타내는 분석치가 적혀 있지만 홉이 잘 상하는 제품이라 낮은 온도에서 보관해도 쌉쌀한 성질과 아로마를 잃어버린다. 따라서 양조사는 어떤 홉을 어느 정도 양으로 언제 추가해서 맥주에 어느 정도의 쓴맛과 아로마를 더할지 결정해야 한다. 이 작업은 수동으로 할 수 있지만 점점 컴퓨터 프로그램으로 이루어지는 경우가 많다.

밸런스는 상당히 주관적인 특질로 수치 계산으로는 특히 잘 표현되지 않는다. 쓴맛 단위 대 비중 단위(BU:GU) 비율(108~112페이지 참조)이라는 척도가 도움이 될 수 있다. 이 수치를 통해 일정한 밸런스 수준에서 필요한 홉 쓴맛의 양은 맥주 비중에 따라 증가됨을 알 수 있다. 적당한 밸런스라는 것은 마시는 사람과 맥주 스타일에 따라 크게 달라진다. 그러나 몰트 풍미가 가장 진한 도펠복이나 스카치 에일에서도 견고하게 자리잡은 홉의 쓴맛이 있으며, 혀를 때릴 정도로 홉의 풍미가 가장 진한 대부분의 더블 IPA에도 몰트 풍미가 어느 정도 있어 그 밑을 받쳐준다.

우리는 보통 밸런스를 홉의 쓴맛과 몰트의 달콤함이 서로 겨루는 무대라고 생각하지만 여기에는 많은 요소가 포함되어 있다. 예컨대 다크 몰트는 등식에서 쓴 쪽에 속해 홉과 자리를 나란히 한다. 능숙한 손길이 더해진다면 구운 토스트 풍미의 몰트, 홉의 쌉쌀함, 달콤한 몰트의 세 방향 밸런스를 이루어낼 수 있으며 이런 맥주는 마시는 동안 매우 상쾌한 경험을 남긴다. 스페셜티 맥주의 경우 밸런스는 전혀 달라질 수 있다. 시큼한 맥주는 보통 홉이 억제되기 때문에 시큼함과 달콤함 또는 우디한 풍미의 대결에 밸런스가 결정된다.

훈제 풍미 및 칠리 고추, 과일, 허브, 향신료 같은 요소는 모두 밸런스에 작용한다.

'밸런스'라는 단어는 산업 용어이지만 나는 개인적으로 이 용어가 약간 정적이라고 생각한다. 진정한 밸런스는 없으며 그저 초점이 바뀌는 것이고, 따라서 양조사의 관점에서라면 다른 요소를 서로서로 견주어보는 일종의 동적인 대비가 더 좋은 개념이다.

양조사들은 셰프나 다른 분야의 예술가가 사용하는 대비, 조화, 레이어링, 충격 등의 기법을 똑같이 사용한다. 최고의 양조사는 반짝이는 눈으로 사람들과 바로 소통하여 단지 한 잔의 맥주가 아닌 경험을 선사하는 사람이다.

양조를 제대로 하고 있다면 이는 아이디어 싸움이다. 짐승 같은 힘으로 대단한 인상을 남길 수는 있지만 때때론 속삭임이 외침보다 큰 울림을 준다. 결국 모든 위대한 맥주에는 이야기가 있다.

원료의 맛 감정

이런 식의 맛보기는 양조사가 양조 원료의 풍미와 얼마나 친숙한지 알아보는 것이다. 많은 종류의 몰트, 홉, 물을 늘어놓고 모든 사람에게 맛을 보거나 냄새를 제대로 맡아보도록 한다. 한 번에 모든 재료를 다 맛보거나 시간당 하나의 범주씩만 맛보면 된다. 모든 원료는 가까운 지역의 홈브루잉숍(필요한 경우 우편으로 주문 가능)에서 구할 수 있다. 여기 방법을 소개한다.

몰트
필스너, 페일, 뮌헨, 비스킷 몰트와 다른 색조의 크리스털 몰트 두 가지, 블랙 몰트를 각각 약 0.5kg 정도 담는다. 이들 몰트를 늘어놓고 모든 사람에게 냄새를 맡고 맛을 보라고 한다. 의욕이 생긴다면 커피컵에 대충 으깬 옅은 색의 몰트를 채우고 몰트를 덮을 정도로 섭씨 77도 이상의 물을 컵에 붓는다. 이후 2~3분에 걸쳐 몰트에서 전개되는 아로마와 달콤함을 느껴보라. 지금은 양조중!

홉
여러 가지 다른 홉 품종을 소량 구입하라. 권장 품종은 사츠 Saaz, 할러타우 Hallertau, 켄트 골딩 Kent Goldings,

캐스케이드 Cascades인데, 각각 체코, 독일, 영국, 미국의 크래프트 맥주에 사용된다는 감이 올 터. 홉 콘을 쓰는 것이 좋지만 홉 펠렛도 괜찮다. 이들 홉을 접시에 놓고(홉의 녹색을 돋보이게 하도록 보라색 종이를 사용하는 것이 좋다), 각 홉을 두 손바닥으로 차례로 소량 문질러서 아로마가 발산되도록 한다. 그런 다음 손을 오므려 냄새를 맡는다. 각 홉을 만지기 전에 먼저 냄새가 없어지도록 손을 닦아내거나 알코올로 닦을 것을 권장한다. 주저하지 말고 홉의 맛을 보거나 차를 만들어보라.

물
다른 종류의 물을 여러 병 사서 맛을 보라. 증류수는 단순히 순수한 물이고, 에비앙은 알칼리(탄산) 경수로 약간 알싸한 맛과 미네랄의 바디감이 있으며, 페리에 Perrier(탄산수) 같은 단순한 탄산수는 강력한 탄산의 효과를 과시하면서 맥주 풍미에 영향을 미치는, 친숙한 거품의 질감과 약간의 산도가 있다. 또한 일부 증류수에 식탁용 소금을 조금 넣고 그 맛을 보라. 소금 1/8 티스푼을 준비한 다음, 약 0.94리터 용량의 물에 준비한 소금양의 1/8을 탄다. 이렇게 하면 85ppm의 소금물이 만들어진다. 진하고 풍부한 맛이 나지만 그다지 짜지 않다.

라우터링 Lautering
양조사 브래드 랜드먼이 콜로라도 최초의 브루펍인 윈쿱 Wynkoop에서 맥즙 여과 단계를 점검하고 있다.

매쉬(당화)와 스파징

양조의 핵심에는 '당화'라고 하는, 죽을 만드는 신비로운 공정이 있다. 빻은 몰트를 뜨거운 양조수와 섞고, 이렇게 만들어진 매쉬를 그대로 방치한다. 단 몇 분 안에 몰트에 존재하던 효소가 곡물의 전분을 당으로 전환한다. 이 결과 '맥즙 Worf'이라고 하는 달콤한 용액이 배출된다.

관건이 되는 것은 빻은 몰트의 상태다. 너무 굵으면 매쉬에서 당이 거의 배출되지 않고, 너무 고우면 여과대 역할을 해야 하는 겉껍질이 제구실을 하지 못해, 쓸모 있다고 해도 야채 고형물밖에는 나오지 않는다. 몰트 제분기는 최대 6개의 롤러가 있고 무게가 수천 킬로그램 나갈 수 있어서 양조사가 아주 신중히 다루는 기계다.

매쉬 안에는 서로 다른 기능을 하는 여러 가지 효소 시스템이 있다. 각 효소는 좋아하는 온도대가 다르고 pH, 미네랄 이온, 농도 등의 최적 조건이 각각 다르다. 각 효소는 특정 온도에서 가장 활발하며 그 온도 이하에서는 활동하지 않는다. 온도가 조금만 높아도 효소는 열에 의해 파괴되어 활동을 중지한다.

어떤 효소는 매쉬 안에 있는 글루칸 glucan(효모균에서 얻는 글루코오스 잔기로 이루어진 다당류—역자주)과 펜토산 pentosan(가수분해에 의해 폰토오스를 생성하는 다당류—역자주) 같은 끈끈한 복합 탄수화물을 분해한다. 단백질을 다양한 길이로 잘게 분해하는 효소도 있는데, 이 중 가장 작은 단백질은 효모 양분으로 중요하다. 중간 크기의 단백질은 바디와 헤드 형성에 중요하다. 크기가 큰 단백질을 분해하는 작업도 중요한데, 이들이 공정이 끝난 맥주에 탁함과 불안정성을 야기할 수 있기 때문이다.

중요한 공정은 전분이 당으로 전환되는 과정이다. 전분은 당 중합체로, 포도당의 수많은 작은 분자가 서로 연결된 큰 분자이다. 매쉬 안에서 효소는 이당류인 몰트당과 다양한 발효도를 가진 길이가 긴 당을 분리시킨다. 몰트 내 효소 시스템의 기발한 점은 약간 다른 온도에서 작용하는 두 가지의 효소가 있다는 것이다. 그중 효소 하나는 발효도가 상당히 높은 당을 생성하고, 다른 또 하나의 효소는 완전히 발효되지 않는 맥즙을 생성한다. 이 작용의 미학은 양조사가 매쉬 온도에 변화를 주어 맥즙의 발효도를 조정해서 달콤함 또는 드라이함을 생성할 수 있다는 점이다.

섭씨 63도에서 발효도가 높은 맥즙이 생성되는데, 이 맥즙이 드라이하고 청량한 맥주로 발효된다. 섭씨 68도에서 맥즙은 발효 불가능한 당이 상당 비율 차지하고, 그 결과 달콤하고 리치한 맥주가 만들어진다. 실제로 대부분의 맥주는 이 양 극단 사이 어딘가에서 당화된다. 실제 일어나는 작용을 극적으로 단순화해서 설명했지만, 양조사가 브루하우스에서 하는 결정이 얼마나 중요한지 일깨워준다.

일단 매쉬가 본연의 일을 끝내면 온도가 상승하면서 효소 활동이 중단되고 발효성 당 대 비발효성 당의 비율이 고정되면서 '당화 끝'이라는 단계에 도달한다.

오늘날 사용되는 매쉬 공정은 그 종류가 많다. 가장 기본은 단일 온도 주입으로 곡물에 뜨거운 물을 섞어 약 1시간 정도 놔둔다. 이런 변형 공정을 '단계 온도 주입' 또는 '온도 상승형 매쉬'라고 한다. 영국 스타일의 맥주에서는 온도가 단 두 단계에 불과하지만, 핀란드 사티 sahti에 사용되는 일부 농가 방식에서는 실온부터 거의 끓는 온도까지 여러 가지의 소폭 온도 단계가 적용된다. 무엇보다 가장 복잡한 공정은 전통 독일의 디콕션(달임) 매쉬다. 이 방식에서는 매쉬의 약 1/3을 매쉬튠에서 꺼내 일련의 단계를 거치도록 하고 잠깐 끓인 다음 다시 매쉬튠에 넣어 전반적인 온도 상승을 유도한다. 디콕션은 한 가지 또는 두 가지, 세 가지 단계가 있으며, 이중 가장 복잡한 버전은 다 끝내는 데 6시간 이상이 걸린다. 이런 공정은 시간과 에너지 소비의 이유로 현재는 거의 적용되지 않지만, 맥주에 진한 캐러멜 풍미층을 덧입혀주는 기능으로 여전히 가치를 인정받고 있다.

당화 공정 마지막에는 '다 쓴 곡물'이라고 알려진 겉껍질과 덩어리층에서 달콤한 맥즙을 분리해야 한다. 매쉬튠 자체가 이런 용도에 부합하기도 하지만, 대부분의 양조장에서는 바닥에 구멍이 뚫린 여과조를 사용한다. 달콤한 맥즙이 솥으로 흘러들어가면 뜨거운 물을 매쉬 위에 더 부어주는데, 이 과정을 '스파징 sparging'이라고 한다. 이 전체 과정은 약 1시간 정도 걸린다.

홉

양조 솥 안에 들어간 맥즙이 재빨리 끓어오르면 첫 번째 홉이 투하된다.

홉은 맥주 세계에 어떻게 기여하는 걸까? 쐐기풀과에 속하는 덩굴 식물이자 마리화나와 아주 가까운 친척인 홉은 고대 시대부터 경작되어 왔지만 1,000년 전까지만 해도 맥주에 사용되지는 않았다. 양조에서 유용한 홉의 부위는 원뿔형 열매로, 많은 양조사들이 이 부분을 꽃이라고 부르지만, 실은 꽃차례 Catkins이며 식물학적으로 열매 Strobiles다.

홉은 남반구와 북반구 모두 위도 35도에서 55도 사이에서 재배되는데, 이는 열매 생산을 위해 여름철 낮의 길이가 일정량 확보되어야 하기 때문이다. 홉은 병충해에 약하지만, 크기가 화려해서 관상용으로 좋다. 구대륙에서 가장 가치가 높은 품종은 특정 지역에서만 재배된다. 사츠는 서부 보헤미아의 오렌지색 토양에서 스파이시한 특성을 얻고, 허브 성격의 할러타우는 바바리아 북부의 할러타우 지방에서 자란다. 런던에서 남동쪽으로 아주 조금 떨어진 지역에서는 이스트 켄트 골딩이 톡 쏘는 듯한 그린의 스파이시함을 발하는데 최고 양질의 페일 에일을 만드는 데 200년 동안 귀한 대접을 받아왔다. 전세계적으로 줄잡아 200종 이상의 홉이 있으며, 매일 새로운 품종이 등장한다.

요즘 미국의 경우는 워싱턴주 야키마와 이외 북서부 지역에서 홉이 재배된다. 그러나 신생 양조업계는 한때 미국 홉의 심장부였던 그레이트 레이크 지역으로 복귀하는 추세다. 북미에서 재배되는 유럽 고전 품종은 원산지에서 재배된 것과 동일한 맛이 나지 않지만, 자체적으로 바람직한 양조 품질을 부여한다. 유럽 '노블' 홉(이 장 후반부에 다룰 예정)에 근접하는 변종 역시 개발되었다.

홉의 원추형 열매 안에는 작은 내부 줄기, 즉 스트링이 있어 열매의 잎부분을 지탱해준다. 스트링 주위에는 냄새가 자극적이고 끈적한 물질인 작은 황금색 암꽃 가루, 루풀린이 모여 있다. 이 암꽃 가루에는 쓴 송진과 맥주에 아주 중요한 아로마 오일이 들어 있다. 쓴 송진은 알파산과 베타산 두 가지로 분류해볼 수 있으며, 알파산이 더 중요한 역할을 하고 홉의 쓴 강도를 나타낼 때 사용되는 척도이다. 홉의 알파산 함유량은 고(高) 알파 high alpha 유형의 경우 최대 거의 20%, 쓴 강도가 가장 약한 아로마 홉의 경우 2% 정도다.

맥주 광고 속의 주장, 맞을까? 틀릴까?

맥주 광고 담당자들은 맥주 판매를 위해 종종 다음과 같은 문구와 개념을 사용한다.
다음은 여기에 대한 나의 평결이다.

물 Water

'스카이 블루', '로키산맥' 등의 미사여구가 들린다.
양조사들은 양질의 물을 필요로 하고, 한때는 지역의
물을 있는 그대로 사용하여 양조해야 하는 시기도 있었다.
그래서 적어도 이론적으로는 물이 좋을수록 양질의 맥주를
생산할 수 있었다. 거의 모든 현대식 양조장은 양조하는
맥주 종류에 적합하도록 물을 처리한다.
평결: 옳지 않다.

병 생맥 처리 Draft in a Bottle

이는 저온 살균에 대한 간접적 비방인데, 맥주
문헌상에서는 차이가 미미하다고 하지만 말 많은 사람들은
저온 살균이 맥주에 나쁜 영향을 끼친다고 말한다. '병 생맥
처리된' 맥주는 종종 특별한 방법(아래 참조)으로 여과된
다음, 판매 시점에 바로 냉장보관되는데 일반적으로
이렇게 하는 방식이 맥주에는 좋다.
평결: 각자의 판단에 맡김

냉각 여과 처리 Cold-Filtered

특별히 밀러 제품 광고에서 볼 수 있는 문구지만, 이 기술은
일본 양조업체 삿포로가 특허를 가지고 있다. 효모와 부패
박테리아는 제거하고 단백질과 색상, 다른 소중한 특성은
건드리지 않는다는 것이다.
평결: 상당히 미묘한 효과

크라우센 처리 Krauesened

숙성 막바지 단계의 맥주 생산분에 갓 발효된 맥주를
일정량 추가하는 공정이다. 이 공정의 의도는 살아 있는
효모가 맥주의 아세트알데히드와 디아세틸 같은 원치 않는
'그린' 풍미의 제거를 촉진한다는 것이다. 옛날 방식이지만
효과는 실제로 있다.
평결: 일반적으로 좋은 공정이지만, 갓 발효된 맥즙을
적시에 투입해야 하기 때문에 양조 스케줄이 대형 양조장에
비해 규칙적으로 정해져 있지 않은 소형 양조장에서는
적용하기 어렵다.

너도밤나무 숙성 Beechwood-Aged

100년 전, 대부분의 미국 양조장은 바닥에 나무판자를 쌓아
놓은 '칩 탱크 Chip Tank'에서 라거를 숙성시켰다. 판자는
나무의 특성이 모두 제거된 다음 탱크 안으로 들어가기
때문에 맥주에 나무 풍미가 배지 않는다. '칩 탱크'의 실제
목적은 효모가 자리잡을 표면을 추가로 제공하는 것이고,
이렇게 하면 맥주를 숙성할 때 도움이 될 수 있다. 안호이저
부시 Anheuser-Busch는 효모와 맥주를 위해 이런 상당한
수고를 계속 치를 가치가 있다고 판단했지만, 요즘 이와
생각을 같이 하는 양조장은 거의 없다.
평결: 전통에는 수긍이 가지만 과연 듣던 대로 효과가
있을까?

맥주 순수령 Reinheitsgebot

이 케케묵은 바바리아 법령은 라거 맥주에서 홉, 몰트,
물, 효모 이외에는 그 어떤 것도 허용하지 않는다. 나만의
생각이지만, 지구상의 대부분의 맥주는 아마 이런 제한으로
품질이 향상되겠지만 설탕과 허브, 향신료를 비롯해 기타
금지된 원료로도 맥주 품질을 향상할 수 있는 합법적인
사례가 많다.
평결: 글쎄?

장시간 양조 Brewed Longer

시간을 좀 늘려서 이득을 볼 수 있는 양조와 발효 공정이
많지만, 이 문구를 보면 항상 마케팅 담당자의 노력이
떠오른다. 이들은 고무장화를 신고 있는 사람들이 하는
일을 헤아린 다음, 이런 작업을 소비자가 괜찮다고 여기는
뭔가 의미 있는 것으로 바꾸려고 한다. 나는 광고회사와
양조장에서 너무 많은 시간을 보낸 탓인지 이건 아니라고
생각한다.
평결: 말도 안 됨

크래프트 양조 Craft-Brewed

이 말은 풍미가 높고 창의적인 맥주를 만드는 소규모
독립 양조장에 어울리는 문구지만 강제성이 없다 보니
있는 그대로 믿기에 조금 어려움이 따르기도 한다. 확실히
대규모 산업 양조장에서는 소규모 양조장의 맥주 마력이
자기들 제품에 옮겨 붙을 거라는 희망으로 '크래프트 양조'
레이블을 제품에 붙이는 사례가 있다.
평결: 라벨의 작은 글씨를 읽을 것. 너의 양조장을 알라.

옛날에 발행된 이 식물도감은 홉의 모든 부위의 화려한 아름다움을 자세히 보여준다.

감각 어휘

Cheesy Isovaleric Acid

종류 아로마

묘사어 역겨운 치즈 냄새, 고약한 발 냄새

맥주에서의 역치 이소발레르 산 0.7ppm

적합성 절대 안 됨

공급원 홉을 잘못 보관해 생기는 유기산. 박테리아 감염을 알려주는 많은 아로마 중 한 가지일 수 있음. 상업 생산 맥주에서는 드물지만 가끔 발견됨. 많은 양이 존재할 경우 보통 브레타노미세스 감염의 신호일 수도 있음.

감각 어휘

Hop Bitterness

종류 맛

묘사어 쌉쌀한, 홉의 풍미가 있는

맥주에서의 역치 5∼7ppm(5∼7 IBU(국제 쓴맛 단위 International Bitterness Units))

적합성 항상 어느 정도는 허용됨. 일부 극한 강도의 맥주인 경우 최대 100 IBU 이상까지 허용

공급원 이성화된 홉 알파산. 거친 느낌이나 나무의 풍미, 떫은맛 없이 깨끗하고 기분 좋아야 함

참고 현재 벌어지는 홉경쟁으로 양조업체는 1000 IBU를 자랑하는 맥주를 생산했다. 고통스럽게 쓴맛을 자초해서 우쭐대는 심리는 그렇다 치더라도, 과연 화학적으로 이런 수치 분석이 정확할 수 있을까라는 의문이 든다. 그러니 인간의 입이 이렇게 한도 끝도 없이 쓴 맥주를 분간할 수 있을지는 신경 쓸 문제가 아닌 것 같다.

암꽃 가루 루플린 안에는 수백 가지의 아로마 오일이 들어 있으며, 각각 고유한 특성이 있다. 품종과 산지에 따라 아로마 오일이 독특하게 배합된 홉이 생산된다. 꽃의 풍미에서 송진의 풍미까지, 박하 풍미에서 스파이시한 풍미까지 홉 아로마는 맥주에 개성을 부여하는 위대한 도구이다.

홉의 특성은 국가별로 달라지는 것 같다. 독일 홉은 허브의 성격이 있어 때로는 거의 박하향이 나지만 영국 홉은 신선한 그린의 건강한 풀향을 한껏 풍긴다. 그 유명한 사츠 Saaz 홉에는 확실히 다른 것과 구별되는 깨끗하고 정제된 특성이 있지만 그 풍미를 묘사하기 유독 어려워 '스파이시 spicy'라는 부적절한 용어를 달고 다니는 경우가 많다. 미국 홉은 천차만별이지만 가장 특성이 강한 품종은 솔과 송진, 꽃, 시트러스의 풍미로 기울어진다. 어떤 맥주 스타일에서는(머릿속에 떠오르는 게 미국과 영국 페일 에일이다) 뚜렷이 드러나는 유일한 차이가 선택된 홉이다. 아로마 홉은 강력한 도구이다.

역사적으로 '노블 noble'이라 불리는 유럽 홉 품종이 있는데, 이들은 보통 라거 맥주의 아로마를 내는 데 사용된다. '노블' 그룹에는 사츠와 독일 할러타우 미텔프뤼 Hallertauer Mittelfrüh, 테트낭 Tettnanger, 슈팔트 Spalt가 있다. 이 배타적인 홉 클럽에 적용되는 화학적 규정 요건이 있지만 새로운 아로마 품종이 개발되자, 요건이 전면적으로 개정되어 노블 홉 이름은 원조 그룹에만 붙이는 것으로 제한되었다. 물론 이들은 모두 위대한 홉이지만 노블홉만이 요즘 그 이름값을 제대로 하는 건 분명 아니다.

아로마 홉 이외에도 과거 수백 년간 쓴맛의 강도를 계속 높여 개발된 고알파 high alpha 품종이 있다. 이들 홉은 알파산 파운드 단위로 판매되고 다소 원자재 취급을 받는 경향이 있다. 그러나 일부 미국의 크래프트 양조사들은 치눅 Chinook과 콜럼버스 Columbus 같은 품종의 소박한 자몽의 매력을 잡아내, 이를 이용하여 전설적인 페일 에일과 기타 다른 제품을 생산해왔다.

적절한 알파산 수치와 상쾌한 아로마 요소를 결합한 이중

용도의 홉도 있다. 전세계 품종 개량 프로그램은 새로운 품종 개발에 항상 힘쓰고 있으며 알파산과 작황률을 비롯한 다른 특질을 높이기 위해 애쓰고 있다. 최근의 관심은 아로마 홉 재배인데 베리, 화이트 와인, 패션 프룻, 레몬 라임, 배를 비롯해 예전 홉에 없던 맛있는 아로마를 가진 홉이 등장하고 있다. 홉의 판도 역시 변해왔다. 뉴질랜드와 호주에서 일부 상당히 감미로운 홉이 생산되고 있으며, 심지어 아르헨티나에서는 예전에 재배하지 않던 홉으로 실험을 하여 흥미로운 결과를 얻었다. 독일, 슬로베니아, 프랑스 및 다른 유럽 국가에도 아로마를 강화하는 재배 프로그램이 있다. 전 세계에서 IPA가 인기를 끌면서 소비자들은 모자익 Mosaic, 갤럭시 Galaxy, 만다리나 바바리아 Mandarina Bavaria, 시트라 Citra 같은 홉 품종에 점점 친숙해지고 있다. 더 많은 홉이 모습을 드러내는 것, 우리에겐 행운이다.

감각 어휘
Hop Aroma

종류 아로마
묘사어 홉 아로마 어휘의 스파이더 차트를 참조
맥주에서의 역치 수백 종의 다른 오일이 있음. 역치가 1ppb 미만인 것도 있고, 이보다 100배 많은 것도 있음
적합성 스타일에 따라 다름. 일부 스타일에서는 없어야 하고, 일부 스타일에는 절대적으로 중요함
공급원 홉의 아로마 오일. 전문 용어로 테르펜 terpene, 세스키테르펜 sesquiterpene, 케톤 ketones, 알코올. 끓임 공정이나 끓인 후 또는 드라이 호핑 같은 발효 후 기술로 추출됨. 용매로 추출된 순수한 오일 또는 혼합 오일 형태로 추가되기도 하지만 이런 것들은 그 아로마에 깊이가 없음
참고 '스파이시'라는 말은 사츠를 비롯해 이와 비슷하게 뚜렷한 아로마 특성이 전혀 없는 홉을 묘사하는 데 종종 사용하는 암호 같은 용어임

위에서 언급했듯이 홉은 보통 단계별로 추가된다. 쓴 물질을 추출하기 위해서는 끓이는 것이 필수적이다. '이성질화 isomerization'라는 공정에서 홉 알파산은 화학적으로 재배열되어 맥즙에서 좀 더 쓰고 용해도가 큰 형태로 바뀐다. 끓이는 시간이 길수록 쓴맛은 강해지지만 약 2시간 후에는 수확 체감이 적용되어 다른 문제점이 발생할 수도 있다(88페이지 참조). 팔팔 끓이면 휘발성 오일이 날아가기 때문에, 홉 아로마가 필요할 경우 끓임 공정 막바지 무렵에 홉을 좀 더 추가해야 한다.

양조사는 15분에서 30분 동안의 끓임 공정 중에 한 가지 또는 그 이상의 '풍미 추가'를 하는데 이렇게 하면 쓴맛과 아로마가 둘 다 보강된다. 끓임 공정이 끝난 후 홉을 추가할 수도 있다. '홉 백 hop back' 또는 '홉 여과기'라고 하는 특별한 장치에 홉과 뜨거운 맥즙을 넣어 냉각기로 가기 전 걸러내도 된다. '홉 버스팅 hop bursting'이라는 기술은 끓임 공정에서 홉을 최소량 사용하고 대부분의 홉은 끓임 공정 막바지 또는 이후 월풀에 투입한다. 이런 기술로 생산된 맥주는 아로마는 풍부하지만 쓴맛은 과하지 않다. 홉은 발효가 끝난 후 숙성 탱크 또는 서빙 캐스크 안에 투입해도 된다. 이 기술은 '드라이 호핑 dry hopping'이라고 하며 전통적인 영국 캐스크 페일 에일과 IPA는 물론 홉이 전면에서 두각을 나타내는 미국 IPA와 이외 다른 스타일에 사용된다.

양조사들은 드라이 호핑 공정의 시간을 줄이고 효율성을 향상시키기 위해 노력해왔다. 현재 어떤 양조장은 채가 있는 폐쇄 필터 형태의 용기인 '어뢰 torpedoes'라는 외장 기구를 사용하여 홉을 담기도 한다. 이 용기를 사용하면 탱크에 홉을 바로 투입할 때보다 맥주가 배출되면서 훨씬 빨리 홉의 아로마가 추출된다. 적은 양의 홉을 사용하고도 생산량이 좋아지는 점은 또 하나의 큰 덤이다. 이런 종류의 시스템은 다른 풍미 원료와도 궁합이 잘 맞는다.

보글보글 끓이기

일단 보일링 솥이 꽉 채워지면 솥을 팔팔 끓인다. 이 공정을 통해 많은 일이 이루어진다. 우선 맥즙이 살균되기 때문에 맥주는 박테리아와 야생 효모에 감염되지 않는다. 두 번째는 앞에서도 언급했듯이 끓임 공정은 홉의 알파산을 이성화해서 홉을 쌉쌀하게 해주고 액체에 잘 녹는 물질로 만들어준다. 세 번째는 홉의 생장 부위에 존재하는 탄닌(폴리페놀)의 도움을 받아 과도한 단백질을 응고시킨다. 이렇게 해서 '핫 브레이크 hot break'라고 하는, 계란 수프와 아주 유사한 단백질 덩어리가 생겨 긴 사슬 단백질을 제거해주는데, 이런 긴 사슬 단백질은 맥주의 불안정이나 냉각 혼탁 현상을 야기하기 때문이다. 냉각 혼탁은 무해하지만, 외관상 보기 안 좋은 탁한 현상으로 맥주를 차게 낼 때 생길 수 있다. 끓임 공정은 매쉬에 남아 있는 효소의 활동을 종식하고 발효성 당 대 비발효성 당의 비율을 변하지 않게 고정시킨다. 보일링 솥을 직화방식으로 가열하면 캐러멜화도 일어날 수 있다.

끓임 공정 중에 나타나는 또 다른 중요한 현상은 DMS(디메틸 설파이드)라는 화학물질의 생성과 배출이다. 몰트에 존재하는 전구체인 s-메틸 메티오닌은 섭씨 60도 이상의 온도에서 DMS로 전환되는데, 이 물질은 보통 크림 옥수수의 아로마를 방출한다. DMS는 휘발성이 매우 강해서 끓이는 도중에 쉽게 사라지지만, 끓임 공정이 중단되면 그 즉시 축적되기 때문에 맥즙을 가능한 빨리 냉각시키는 것이 중요하다. 뜨거운 맥즙은 산소를 취하기 쉽기 때문에 나중에 문제가 생길 수 있다.

감각 어휘
Dimethyl Sulfide

종류 아로마
묘사어 크림 옥수수, 양배추, 채소 냄새, 생두, 아스파라거스 통조림, 다크 맥주에서는 토마토 주스 냄새가 남
맥주에서의 역치 30~50ppb

넝쿨에서 수확한 홉
영국 보디암의 키친햄 팜에서 갓 딴 홉 열매가 건조장에서 골라지고 있다.

홉 아로마 어휘 스파이더 차트

홉 아로마는 수백 종의 요소가 우리에게 친숙한 음식과 딱 맞아 떨어지지 않기 때문에 상당히 까다롭다.
그러나 몇 가지 핵심 아로마군을 지정해서 이들을 좀 더 구체적인 용어로 세분화할 수는 있다.
각 홉에는 실제로 이 모든 풍미가 다 들어 있으며, 홉의 전반적인 풍미를 결정하는 것은 이들의 비율이다.

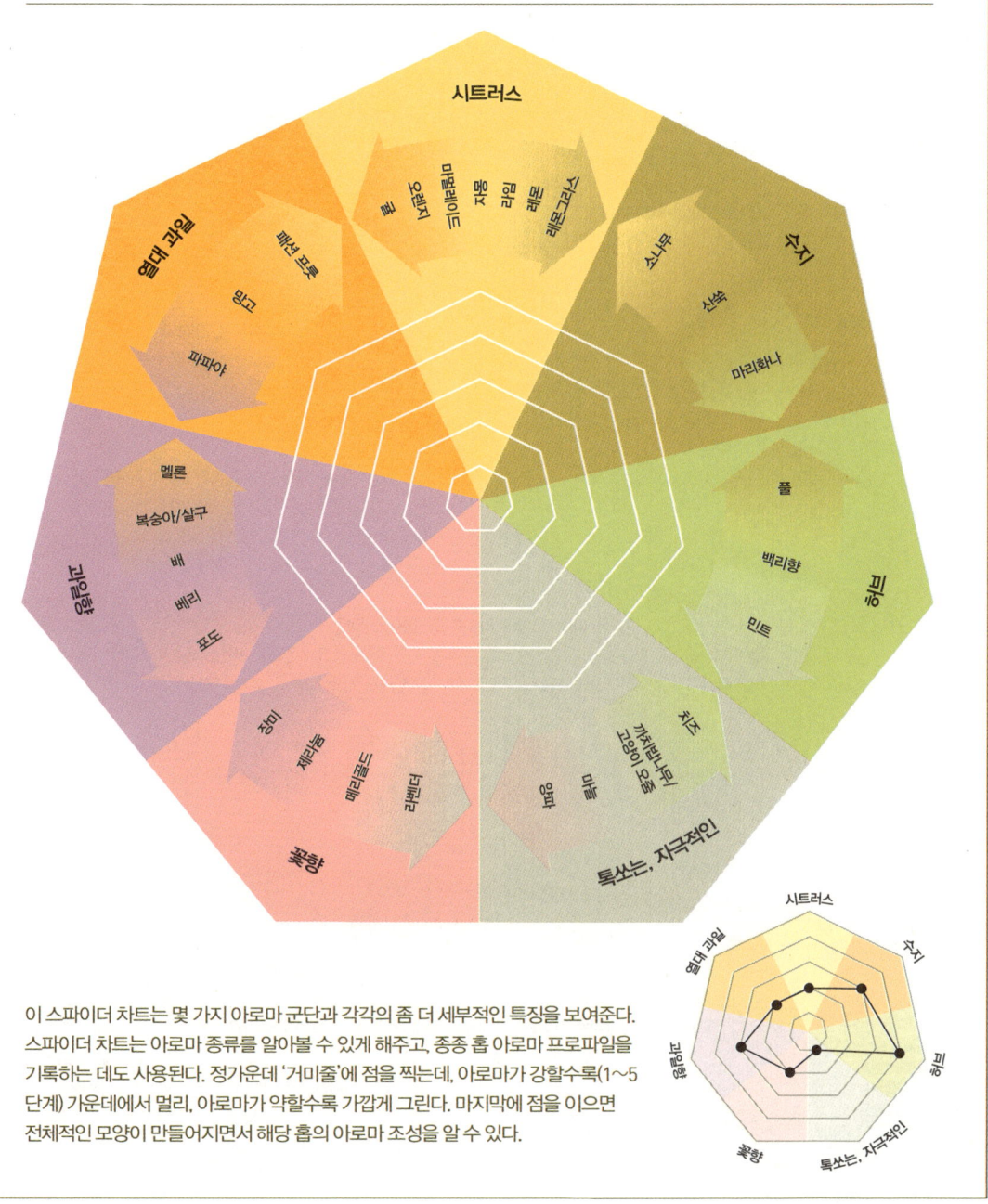

이 스파이더 차트는 몇 가지 아로마 군단과 각각의 좀 더 세부적인 특징을 보여준다.
스파이더 차트는 아로마 종류를 알아볼 수 있게 해주고, 종종 홉 아로마 프로파일을
기록하는 데도 사용된다. 정가운데 '거미줄'에 점을 찍는데, 아로마가 강할수록(1~5
단계) 가운데에서 멀리, 아로마가 약할수록 가깝게 그린다. 마지막에 점을 이으면
전체적인 모양이 만들어지면서 해당 홉의 아로마 조성을 알 수 있다.

라이트 맥주, 저탄수화물 맥주, 드라이 맥주의 차이점

양조사들은 맥주의 칼로리 함량과 알코올 함량에 영향을 주는 도구를 많이 보유하고 있다. 전통 양조 기술을 통해서는 항상 비발효 물질을 함유한 맥즙이 생산되지만 산업 생산에 쓰이는 곰팡이 효소는 이런 한계가 없기 때문에 수많은 스타일에 사용된다. 이 효소의 일관된 특징은 잔여 탄수화물이 매우 낮은 수준이라는 것이다. 이런 제품을 나타내는 용어는 사람들과 심지어 맥주 애호가에게까지 똑같이 혼동을 줄 수 있으며 시장이 변화하면서 용어 또한 바뀐다. 이런 제품은 풀 바디의 100% 몰트 맥주에 익숙한 사람들에게는 이상하게 느껴지는 생산물이다. 이들 맥주를 간략하게 소개한다.

라이트 맥주

이 맥주는 저비중 레시피로 시작되고 이후 균류에서 파생된 효소가 매쉬에 투입돼 남아 있는 전분을 당으로 전환한다. 이 말은 탄수화물이 모두 알코올로 발효되었기 때문에 맥주 안에 잔여 탄수화물이 전혀 없다는 뜻이다. 라이트 맥주는 일반 맥주보다 알코올과 칼로리가 낮다.

울트라라이트/저탄수화물 맥주

라이트 맥주와 비슷한 방식으로 만들어진다. 미국에서는 다이어트와 운동하는 사람들을 겨냥해서 만든, 놀라울 정도로 라이트한 맥주이다. 시작 비중이 정상 맥주보다 훨씬 낮기 때문에 알코올 함량도 낮다. 모든 탄수화물은 알코올로 전환되었고, 맥주에 남아 있는 잔여물은 전혀 없어 칼로리 역시 낮게 유지된다. 유럽에서 저탄수화물 맥주는 주로 당뇨병 환자를 겨냥한다.

드라이 맥주

이 맥주 또한 공정은 앞의 라이트 맥주와 비슷하지만, 이번에 양조사는 정상 도수의 맥즙으로 시작한다. 하지만 동일하게 극단적인 방법을 사용하여 모든 탄수화물을 발효가능한 당으로 전환하고 당은 알코올로 발효되기 때문에 드라이 맥주는 일반 맥주보다 알코올 함량이 약간 높다.

아이스 맥주

개념은 위와 동일한 맥주지만 좀 더 도수 높은 맥주로 제조된다. 고도의 발효당을 맥즙에 추가하는 덕분에 탄수화물이 전혀 남지 않아 알코올 함량이 올라간다.

일반, 라이트, 울트라라이트, 아이스 맥주

다음 도표는 이들 세 가지 고발효된 스타일의 초기 비중과 종료 비중을 보여주며, 비교를 위해 일반 라거와 크래프트 양조된 미국 페일 에일의 비중을 제시한다.

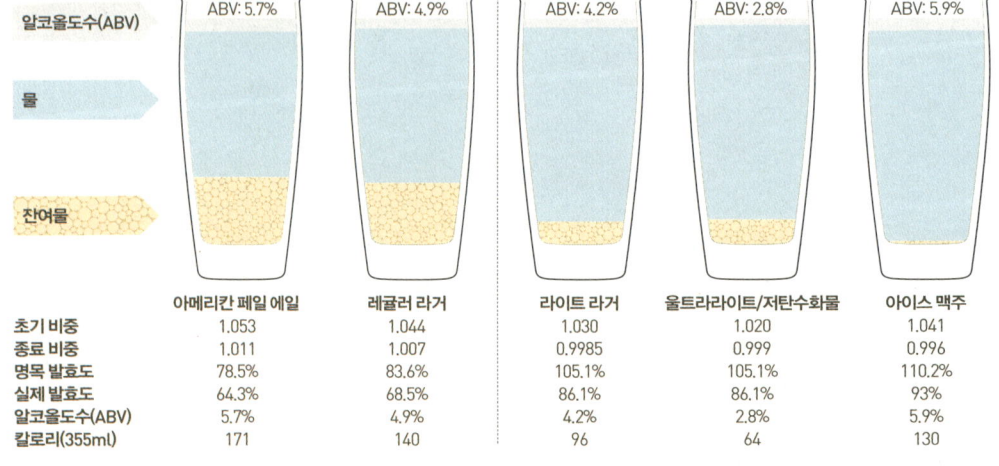

	아메리칸 페일 에일	레귤러 라거	라이트 라거	울트라라이트/저탄수화물	아이스 맥주
초기 비중	1.053	1.044	1.030	1.020	1.041
종료 비중	1.011	1.007	0.9985	0.999	0.996
명목 발효도	78.5%	83.6%	105.1%	105.1%	110.2%
실제 발효도	64.3%	68.5%	86.1%	86.1%	93%
알코올도수(ABV)	5.7%	4.9%	4.2%	2.8%	5.9%
칼로리(355ml)	171	140	96	64	130

적합성 보통은 적합하지 않지만 페일 라거에서 소량은 허용됨

공급원 끓임 공정 중 SMM(에스-메틸 메티오닌 s-methyl methionine)에서 생성됨. 이 물질은 곡물에서 발견되는 전구체로 대개는 브루하우스에 문제가 있음을 알려줌. 특히 많은 양으로 검출될 때는 감염의 징후가 될 수도 있음

홉 입자와 핫 브레이크는 대개의 경우 맥즙을 침전조에 탄젠트 형태로 넣은 후 가동시키면 제거된다. 이 방법을 쓰면 소용돌이가 생기면서 핫 브레이크와 홉이 얄팍하게 쌓이는데, 그 결과 맥즙이 배출되고 찌꺼기가 뒤에 남는다. 이후 맥즙을 가능한 신속하게 냉각시킨다.

위에서 언급한 DMS와 산화 문제 외에도 맥즙이 너무 천천히 냉각될 경우, 맥주는 미생물에 감염될 수도 있다. 보통은 역류 열교환기가 사용된다. 여러 개의 얇은 판을 통해 뜨거운 맥즙을 한 방향으로 흘려보내고 찬물을 반대 방향으로 통과시킨다. 이때 맥즙은 발효 온도로 냉각된다. 이렇게 갑자기 냉각되면 '콜드 브레이크'가 생성되면서 단백질과 일부 지질(지방)이 응고된다. 대형 양조장에서는 이런 콜드 브레이크를 제거할 수 있지만, 크래프트 양조장에서는 맥즙에 남아 있는 경우가 많다.

감각 어휘
Oxidation Trans-2-Nonenal

종류 아로마/풍미

묘사어 종이 냄새, 퀴퀴한, 판지, 신발 상자

맥주에서의 역치 0.05~0.25ppb

적합성 절대 허용 안 됨, 지나친 끓임 공정이나 열악한 브루하우스 기술을 나타냄, 김빠진 맥주에서 공통으로 나타나고 맥주가 오래될수록 증가함

공급원 당화, 끓임, 또는 공기와의 접촉이 가능한 다른 브루하우스 공정 도중 지질(지방) 몰트 구성 성분의 산화로 생성되며 맥주 보관 시간이 길어질수록 확산된다.

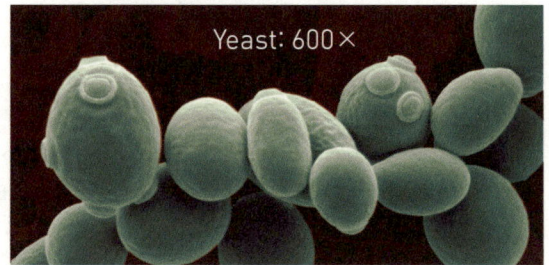

Yeast: 600×

효모와 발효의 마법

양조사는 맥주가 아닌 맥즙을 만든다. 오직 효모만이 맥주를 만들 수 있다. 여기에 해당하는 생화학 경로는 놀라울 정도로 복잡하지만 기본은 이렇다. 효모는 당을 분해해서 에탄올과 이산화탄소 그리고 기타 많은 화학물질을 아주 소량 생산한다.

효모는 단세포 균류로 고대 시대부터 양조와 베이킹을 위해 배양되어 왔다. 양조의 세계에서는 두 가지 주요 효모군이 에일과 라거의 발효를 책임진다. 에일, 즉 상면발효 효모는 사카로미세스 세레비시아 Saccharomyces cerevisiae라는 종이다. 유전자 데이터를 보면 라거 효모인 사카로미세스 파스토리아누스 Saccharomyces pastorianus가 두 번째 효모로, 에일 효모와 가까운 종이라는 결론이 나온다. 에일 효모 변종은 유전적으로 상당히 많은 변화를 거쳤는데, 임의로 아무 에일이나 조사해봐도 이를 쉽게 알 수 있다. 일부 스페셜티 맥주에는 이외 다른 효모와 심지어 박테리아까지 들어가지만, 거의 대부분의 맥주는 이들 두 가지 종으로 발효된다.

효모 세포는 환상적인 작은 화학공장이다. 이들 세포는 양분을 찾아 에너지로 분해하고 생명에 필요한 단백질과 다른 많은 분자를 합성하며 스스로 폐기물을 제거하고 더 많은 효모를 재생성한다. 효모를 찐득찐득한 물질이 담긴 작은 포대라고 생각해보라. 이 물질의 세포막에는 구멍이 많아 일부 분자를 받아들이고, 특수화된 문 또는 항구가 있어 적절한 시점에 특수 분자의 출입을 허용한다. 이 모든 화학작용은 특정 조직 안에서 일어나거나 자유롭게 유동적으로 이루어진다. 각각의 목표를 달성하기 위해서 효모는 많은 단계를 거쳐야 하며, 일부 중간 단계 생성물은 자체적으로 아로마가 강력해 맥주의 부차적인 아로마와 풍미 요소를 형성한다. 온도가 높을수록, 모든 화학작용은 빠르게 일어난다. 효모는 그 작업 방식이 항상 효율적이지는 않기 때문에, 온도가 높을수록 일부 중간 단계 생성물질이 세포 밖으로 새어나와 맥주 안으로 들어간다.

낮은 온도에서는 상대적으로 이런 부산물이 적게 생성되며 온도가 높아질수록 부산물은 늘어난다. 이 때문에 에일과 라거의 주된 풍미 차이가 생기는 것이다. 섭씨 4도에서 7도 사이에서 발효되고 거의 어는점에서 숙성되는 라거는 과일향이나 스파이시한 아로마가 없는 비교적 깨끗하고 순수한

풍미를 가진다. 보통 섭씨 13도가 훨씬 넘어야 발효되는 에일은 과일향의 에스테르와 스파이시한 페놀, 높은 함량의 알코올을 비롯한 다른 복합물 등 부산물을 계속 달고 있다.

효모에 의해, 심지어 낮은 온도에서도 생성되는 한 가지 중요한 화학물질은 디아세틸이다. 우리에게 친숙한 버터향의 이 화합물은 정교한 단백질 합성 과정 중 1단계 물질이다. 디아세틸의 전구체는 상대적으로 풍미가 거의 없지만, 디아세틸은 버터 풍미가 강해서 이 물질에 대량으로 노출된 노동자들에게 호흡기 문제를 일으킨다는 사실이 밝혀지기 전까지는 전자레인지 팝콘에 사용되었다. 좀 더 온도가 올라가면 효모는 디아세틸을 재흡수하여 풍미 없는 물질로 바꾼다. 양조 공정 중 바로 이 단계, 즉 숙성 기간 중 며칠간 온도를 높이는 과정을 '디아세틸 휴식기'라고 한다. 이 단계는 라거에 공통적으로 적용되지만, 종종 에일 발효에도 사용된다.

감각 어휘
Buttery Diacetyl/2,3-Butanedione

종류 디아세틸(2,3 부탄디온)은 버터향 나는 아로마 화학물질로, 집단적으로는 비치날 디케톤스 vicinal diketones, VDKs라고 알려진 2,3 판타네디온이라는 관련 화학물질을 포함하는 집합체의 일부이다.
묘사어 버터향의 극장 팝콘, 양이 더 많으면 버터스카치 캔디
맥주에서의 역치 10~40ppb(디아세틸). 맥주와 시음인의

맥주의 테루와 TERROIR IN BEER

테루와 terroir는 와인이나 다른 전통적인 농작물에 지역이 미치는 영향을 총괄하여 설명할 때 사용하는 용어다. 기후, 토양, 습기, 지형, 미량 영양소 등이 이 영향 요소에 포함된다. 하지만 테루와는 와인과 마찬가지로 맥주에서도 잔 밖으로 보란 듯이 튀어나오지 않는다. 따라서 찾고 있는 요소를 알고 있어야 한다.

조상 대대로 내려오는 몰트
고전적인 특정 영국 품종은 경작하기 상당히 어렵지만 일반적으로 시중에 판매되는 몰트에서 얻을 수 없는 풍미가 있다. 그 중에서도 마리스 오터 Maris Otter는 복합적이고 살짝 도는 견과류 풍미로 오랫동안 귀한 대접을 받았다. 찾아봐야 할 다른 품종은 할시온 Halcyon과 골든 프라미스 Golden Promise, 체코공화국에서 하나 Hana라는 품종은 정통 필스너를 위한 비변형 몰트를 생산할 때 그 가치가 인정된다. 한때 미국 북서부에 널리 퍼졌던 클라게스 Klages는 현재 희귀한 몰트로, 이 대신 생산량이 높고 질병에 강해 경작률이 좋은 몰트인 해링턴 Harrington으로 대부분 교체되었다.

노블 홉 Noble Hops
사츠는 골드바흐 밸리 Goldbach Valley라는 전통적인 체코 경작 지역의 밝은 오렌지색 육계(시나몬) 껍질 색의 토양에서 자라는 경우에만 그 깔끔하고 중성적인 홉의 풍미가 나오는데, 기타 다른 지역에서 자라는 다른 노블 품종에도 이런 사실이 적용된다. 와인의 경우처럼 기후, 토양을 비롯한 기타 많은 요소는 전통적인 경작 지역에서 자라는 홉의 섬세함과 세련된 특성에 영향을 끼친다.

물
다른 곳에서 언급했듯이 물의 화학 과정은 현재 브루마스터가 좌지우지하고 있지만, 지방 특유의 물은 가끔 빛을 발한다. 가장 유명한 양조수 중 영국 버튼온트렌트의 미네랄 풍부한 물이 있으며, 많은 버튼 맥주에 청량한 드라이함과 석고의 노즈를 더해준다. 도르트문트 엑스포트 맥주는 독특한 미네랄 풍미를 위해 현재는 귀하지만 황, 탄산염, 소금이 섞인 지역물에 의존했다.

야생 효모
야생 발효 스타일의 람빅을 만들 때, 양조사는 어느 정도 해당 지역의 미생물상 microflora(토양, 물, 대기, 등 미생물의 서식권에 있는 미생물의 종류, 양, 혼합비 등의 양상-역자주)에 의존하여 맥주에 미생물을 노출시키고 발효를 시작한다. 효모를 보유하고 있던 브뤼셀 바로 남쪽 지역의 오래된 체리 과수원은 오래 전에 없어졌기 때문에 이제 공정은 다소 바뀌었다. 이제는 예전의 야생 미생물 중 많은 것들이 맥주통 안에 살고 있다고들 믿지만, 식어가는 맥즙을 지역의 밤 공기에 내놓는 관행이 여전히 이루어지고 있다. 다른 지역의 양조사들도 자기들만의 야생 발효 맥주를 만들기 위해 시도해 왔는데, 성공 여부는 천차만별이다.

민감도에 따라 달라짐

적합성 영국 스타일 에일에서 매우 낮은 수준으로 존재하면
때때로 기분 좋게 느껴짐

공급원 아미노산 합성 중 전구체가 효모 세포에서 새어나와
디아세틸로 전환됨. 양이 좀 많을 경우, 효모 스트레스나
변형의 징조일 수 있음. 양이 상당히 많은 경우에는
박테리아 감염의 징조이며 특히 감염된 드래프트 라인에서
흔함

효모는 온도변화에 상당히 민감하여 미세하게 다른 온도
에서 현저히 다른 맥주를 만들어내는 경우가 종종 있다. 탱
크 깊이와 지형 같은 물리적인 변수에도 민감하다. 효모는
만드는 맥주마다 적당한 양분 혼합물과 적절한 세포수가 있
어야 활동을 한다(이 조건은 맥주 도수에 따라 달라진다). 효
모가 더 많은 효모를 생산하려면 산소도 필요한데, 이는 맥
주에서 발효가 시작되기 전 일어나는 과정이다. 주목해야 할
것은 양조 공정에서 산소가 맥주와 접촉하는 것은 오직 허용
된 시간에서만 이루어져야 한다는 점이다.

전세계 효모 은행에는 수백 가지의 양조 변종이 저장되어
있다. 대형 양조업체는 대개 자체적인 전매 변종을 보유하고
있으며 이보다 규모가 작은 업체에서는 양조업체를 대상으
로 하는 상용 효모 공급업체를 통해 수십 종의 효모를 주문
하면 된다. 행간의 의미를 읽을 수 있는 사람이라면, 특별한
족보를 가진 특정 효모를 카달로그 설명을 보고도 입수할 수
있다. 양조 효모의 광범위한 목록과 효모 종류별 설명을 보
고 싶으면 웹사이트를 참고하면 된다. Wyeast(www.wyeast.
com) 또는 White Labs(www.whitelabs.com)

적정량의 건강한 효모는 꼼꼼하게 살균된 발효용기 안의
산화된 맥즙에 추가된다. 효모는 산소를 취해 새로운 세포에
서 '분기'하여 더 많은 효모를 만들어낸다. 이 공정은 여러 시
간이 걸리며 이 시간 동안 실제적인 발효는 거의 진행되지
않는다. 일정 시점에 산소를 모두 다 써버리면 효소는 달콤
한 맥즙에 관심을 돌린다. 먼저, 효모는 소량의 포도당(단당
류로 효모가 좋아하는 양분)을 우선 먹기 시작하는데 이 일
이 수월하기 때문이다. 그 다음 효모는 엿당을 분해한다. 이
게걸스러운 작은 야수는 30cm 이상 높이의 두꺼운 돌 같은
맥즙의 상부를 발효중인 맥주 표면으로 바꾸면서 상당히 많
은 열을 발생시키기 때문에, 급등하는 온도를 막으려면 탱크
를 냉각시켜야 한다.

이 격렬한 과정은 온도와 맥즙의 농도, 효모의 활동력을 비
롯한 다른 요소에 따라 하루에서 1주일 정도 걸린다. 이 과정
을 보통 '1차 발효'라고 부른다. 엿당이 다 소모되면, 효모는
그 다음으로 길이가 긴 당인 말토트리오스 maltotriose에게 관
심을 돌린다. 이 시점에서 효모의 활동은 상당히 둔화된다.

감각 어휘
Estery · Solvent Ethyl Acetate

종류 아로마

묘사어 소량에서는 과일향이 나지만 양이 많아질수록 매니큐어
지우는 리무버, 즉 솔벤트 냄새가 남. 실제로는 냄새보다는
눈물이 날 정도의 자극감으로 존재감을 드러냄

맥주에서의 역치 18ppm

적합성 소량일 경우 맥주의 과일 아로마를 내는 데 중요한 역할을
함. 양이 많을 때는 지나치게 높은 발효 온도, 부적절한 맥즙
통기, 또는 다른 효모 스트레스의 징후일 수 있음. 알코올
도수가 높은 맥주에서 종종 발견됨

공급원 지방산 합성 과정 중 형성된 다음 효모 세포를 통해
빠져나감. 알코올 함량이 10%가 넘는 맥주에서 가장 흔함.
양이 상당히 많다면 박테리아 감염(특히 초산을 형성하는
아세토박터 acetobacter)의 결과일 수 있으며 플란더스 레드
같은 나무통 숙성 맥주에서 자주 발견됨

감각 어휘
Clove, Allspice vinyl guaiacol

종류 아로마

묘사어 정향, 페놀향

맥주에서의 역치 약 1ppb

적합성 감지될 수 있는 수준인 경우 독일 바이젠과 일부 벨기에
스타일 에일에서만 적합

공급원 전구체인 페룰산 ferulic acid(재미있지만 바닐린의
전구체이기도 함)에서 발효 중 형성됨. 몰트 건조
과정에서도 형성됨

몇 가지 맥주의 경우 적당한 풍미 프로파일을 내려면 아주
특화된 효모가 필요하다. 헤페바이젠으로 알려진 바바리아
의 바이스비어 weissbier는 독특한 효모가 사용되는데, 이 효모
는 바나나와 풍선껌의 과일향과 더불어 정향의 아로마를 생
산한다. 벨기에 농가 에일 세종에는 레드 와인 효모와 관련
이 있다고 여겨지는 독특한 효모가 사용된다. 이 효모는 최대

섭씨 32도의 온도에서 활발하게 활동하는 것으로 아주 유명한데, 이런 활동 온도는 일반적인 효모와 비교해 상당히 높은 편이다. 이 효모는 에스테르 소량과 상당량의 페놀을 생산하며, 벨기에 농가 에일의 기본 특징인 후추의 독특한 스파이시함을 선사한다. 벨기에 맥주를 즐기는 즐거움 중 한 가지는 상당히 개성 강한 효모 변종에 의존하는 스타일이 많다는 점이다.

고유한 맛과 아로마 프로파일을 위해 몇 가지 서로 다른 효모 품종에 의존하고 심지어 박테리아까지 사용하는 맥주 스타일이 있다. 아래 열거하는 모든 효모는 대부분의 양조장에서 꺼리는 오염원이다. 이들을 자기들 지붕 아래로 끌어들일 만큼 대담한 양조업체는 이들 효모가 탈출해서 영업장 전체를 오염시키지 않도록 특단의 조치를 취해야 한다. 여기 몇 가지 효모를 소개한다.

브레타노미세스 Brettanomyces

본래 떡갈나무에 기생하며 서서히 자라는 효모. 람빅과 일부 세종, 전통적인 영국 올드 에일에서 제 역할을 한다. 헛간 또는 말 냄새를 풍긴다. 엿당을 분해한다. 맥주를 (서서히) 발효시키기 위해 단독으로 사용 가능하다. 북미의 모험심 많은 양조업자들도 사용한다.

감각 어휘
Barnyard, Brett 4-Ethyl Phenol

종류 아로마
묘사어 말 냄새, 말 안장, 헛간
맥주에서의 역치 약 420ppb
적합성 브레타노미세스에 감염된 맥주에서만 흔하게 나타남
공급원 브레타노미세스 효모가 생산. 보통 4 에틸 구아이아콜 또는 후추향의 페놀 화합물이 동반됨

피치아 Pichia와 칸디다 Candida

막을 형성하는 효모로 셰리주 효모와 비슷. 람빅에서는 2군 주자지만, 부패 유기체 역할을 하기도 함.

락토바실루스 Lactobacillus와 페디오코커스 Pediococcus

람빅과 베를리너 바이스 Berliner Weisse의 시큼한 맛을 내주는 관련 종. 종류에 따라 디아세틸(버터향)과 염소 냄새, 땀에 젖은 양말 냄새를 연상케 하는 아로마를 많이 생성하기도 함.

아세토박테리아 Acetobacteria

알코올을 아세트산으로 변형시키지만 이 작업을 위해 산소를 필요로 함. 식초나 피클 아로마를 더해주지만 상당한 양의 에틸 아세테이트를 생성할 수도 있음(93페이지 참조). 오크통 숙성 맥주에 흔하고 람빅과 특히 플란더스 스타일의 레드/브라운 에일의 아로마에 중요한 역할.

감각 어휘
Goaty Caprylic, Caproic, Capric

종류 아로마
묘사어 염소 냄새, 동물, 땀에 절은 양말, 땀 냄새
맥주에서의 역치 특정 화학물질에 따라 8~15ppm
적합성 일반적으로는 기분 좋지 않음. 한계치 미달 수준에서는 흙향의 복합성을 더해줄 수도 있음
공급원 많은 음식과 채소에 흔한 동물성 아로마를 풍기는 유기산 대(大) 군단의 일부

감각 어휘
Rancid Butter, Vomit Butyric Acid

종류 아로마
묘사어 부패한 버터 냄새, 토한 냄새, 시큼한, 썩은내
맥주에서의 역치 2~3ppm
적합성 아주 적은 양에서는 기분 좋은 펑키함을 더해줄 수 있지만 대개는 꽤 불쾌한 아로마
공급원 야생 발효와 람빅 맥주, 특히 시큼한 맥즙으로 만든 맥주에 흔하며 맥주의 박테리아 감염으로도 발생함

초기 발효단계가 지나면 맥주는 숙성단계에 들어간다. 이 단계에서는 날 재료의 '그린' 풍미가 효소의 계속적인 대사작용으로 부드러워진다. 여기저기 떠돌던 분자는 다시 세포 안으로 들어가서 덜 불쾌한 요소로 바뀐다. 이 단계에서는 맥주 안에 있는 효모와 다른 입자가 서서히 가라앉는다. 도수가 높은 맥주일수록 일반 맥주보다 숙성이 오래 걸린다. 일반적인 영국 스타일의 에일은 마실 수 있을 때까지 2주가 채 걸리지 않지만, 발리 와인은 적당한 상태까지 여섯 달 이상 소요될 수도 있다. 어는점 가까운 온도에서는 모든 작용이 느리게 진행되기 때문에 라거 숙성은 시간이 훨씬 더 걸린다. 평균 4~6주 정도 걸리지만, 도수가 높은 도펠복은 여섯 달 이상이 걸릴 수도 있다.

감각 어휘
Estery · Banana Isoamyl Acetate

종류 아로마

묘사어 바나나, 서커스 땅콩(땅콩 모양의 마시멜로 캔디-역자주)

맥주에서의 역치 1.2ppm

적합성 소량일 경우 맥주의 과일 아로마를 내는 데 중요한 역할을 함. 양이 많을 경우 지나치게 높은 발효 온도, 부적절한 맥즙 통기 또는 다른 효모 스트레스의 징후일 수 있음. 도수가 상당히 높은 맥주에서 종종 발견됨

공급원 지방산 합성 중 생성되어 효모 세포 밖으로 새어나감. 바바리아 바이젠에서 흔하며 걷잡을 수 없는 수준이 아니라면 바람직함

감각 어휘
Hydrogen Sulfide

종류 아로마

묘사어 썩은 달걀 냄새, 하수 가스

맥주에서의 역치 1ppb 미만

적합성 라거의 경우 이따금 풍기는 정도는 괜찮음

공급원 효모, 특히 특정 라거 변종의 대사 부산물. 스트레스를 받거나 변형된 효모가 이런 화학물질을 생성할 수 있으며 종종 구리 결핍으로 발생하기도 함. 많은 양의 황화수소는 박테리아, 특히 지모모나스 Zymomonas 감염의 징후일 수 있음

참고 이 물질은 휘발성이 강한 복합물이며 처음 맥주를 맛볼 때 감지할 수 있지만, 이후 증발하는 것 같다.

감각 어휘
Sulfur Dioxide Sulfite

종류 아로마

묘사어 탄 성냥, 톡 쏘듯 자극적인, 황 타는 냄새

맥주에서의 역치 25ppm

적합성 효모의 대사 부산물. 보통 숙성되지 않은 지나치게 영young한 '그린' 맥주의 징후. 이런 특성으로 유명한 라거 변종도 있음. 스트레스를 받거나 변형된 효모가 이런 화학물질을 생성할 수 있으며 종종 영양 결핍의 징후일 수도 있음

감각 어휘
Other Esters

종류 아로마

헥사논산 에틸 Ethyl Hexanoate(카푸로산 에틸 ethyl caproate이라고도 함)

묘사어 익은 사과, 아니스 씨의 기미

맥주에서의 역치 0.37~0.21ppm

초산 페닐에틸 Phenylethyl Acetate

묘사어 꿀, 달콤한, 꽃향, 장미

맥주에서의 역치 3.8ppm

낙산 에틸 Ethyl Butyrate

묘사어 파인애플 캔디. 일부 브레타노미세스 종에서는 전형적임

맥주에서의 역치 300ppm

시간이 충분히 주어진다면, 맥주는 대개의 경우 자체적으로 딱 좋게 정화된다. 그러나 양조가 상업적인 행위라 때때로 이런 정화 속도를 조금 높일 필요가 있다. 종종 '청징 fining'이라 불리는 공법이 사용되는데, 맥주에 젤라틴이나 다른 물질을 투입하여 효모와 기타 부유물을 빼낸다. 부레 풀 Isinglass은 특정 물고기의 말린 부레로 전통적인 영국의 청징 방법이지만 젤라틴도 비슷한 작용을 한다. 실리카와 특수 플라스틱 마이크로스피어 microsphere(크기가 1.4~2.5 마이크로 미터인 구형의 아미노산 중합체-역자주)(PVPP/Polyclar)도 냉각 혼탁을 제거하는 데 사용될 수 있다. 클래리티 펌 Clarity Ferm 또는 브루어스 클라렉스 Brewers Clarex로 불리는 신제품은 냉각 혼탁을 막아주는데 이들 제품이 특정 아미노산을 공격하는 효소이기 때문에 글루텐을 '글루텐 프리' 국제 표준인 20ppm 미만으로 줄여주는 부가적인 효과도 있다.

여과는 청징보다 강력한 도구지만 효과가 지나칠 수 있다. 이론적으로는 아주 미세한 입자와 박테리아 제거를 위해 필터를 설치할 수는 있지만 실제로 필터를 너무 빈틈없이 설치하면 맥주에서 색과 홉의 쌉쌀함, 바디와 헤드를 형성하는 단백질까지 빠져나갈 수 있다. 밀러사가 삿포로사로부터 사용권을 취득한 소위 냉각 여과 공정은 이런 문제를 피할 수 있지만 초대형 양조장에만 적합한, 비싸고 복잡한 공정이다. 대형 양조장에 적합한 다른 해법은 원심분리기인데, 미립자 물질을 고도의 통제적인 방식으로 회전시켜 제거하며 그 자체 기능으로 또는 사전 필터로 사용되기도 한다.

주목할 점은 여과를 통해 맥주의 숙성이 가속화되지는 않는다는 것이다. 너무 이른 여과는 '그린'(풀이나 야생 식물의 진한 향-역자주), 특히 아세트알데하이드와 혹은 디아세틸의 맥주 아로마가 생성될 수 있다.

많은 맥주에서 효모가 여과를 통해 완전히 제거되는 건 아니다. 맥주를 소량의 설탕과 함께 병이나 캐스크에 담아 발

효시킬 때 일부 효모가 맥주에 남아 있다면 이산화탄소가 추가로 생성되어 용기 안에 갇히면서 자연 탄산이 발생한다. 병이나 캐스크 안의 살아 있는 효모는 그 끔찍한 산소를 실제로 먹어치워 맥주의 신선한 맛을 오래까지 유지해준다. 캐스크나 병에서 자연적으로 탄산이 생성되는 제품을 '리얼 에일'이라고 한다. 이는 영국 에일을 만드는 전통적인 방식이지만, 많은 벨기에 에일과 미국 크래프트 맥주 역시 병 속에서 발효된다.

감각 어휘
Ethanol · Ethyl Alcohol

종류 아로마, (마시면 몸이 따뜻해지는) 감각
묘사어 알코올의, 달콤한, 몸을 덥혀주는
맥주에서의 역치 약 6%
적합성 일반 도수의 맥주에서는 대개 감지되지 않음
공급원 (이산화탄소와 함께) 효모 발효의 주요 산물

감각 어휘
Higher Alcohol · Fusels

종류 아로마
참고 여기서는 네 가지의 퓨젤을 소개하지만 사실 더 많은 종류가 있다. 맥주 시음자들이 이런 개개의 복합 성분을 골라내는 일은 드문 것이 퓨젤은 혼합 성분으로 존재하고 맥주의 주된 아로마가 되는 경우는 거의 없기 때문이다. 보통 코에서는 거친 알코올 냄새로 인식되고, 가끔 입안에서는 매운 후추맛으로 인식된다.
적합성 일반 도수의 맥주의 경우 대개 감지되지 않지만, 맥주의 전반적인 특성을 더해줌. 고온 발효에서 함량이 높아짐
공급원 효모 대사

2-페닐에탄올 2-PHENYLETHANOL
묘사어 장미
맥주에서의 역치 45~50ppm

1- 프로파놀 Propanol/N-프로파놀/프로필 Propyl 알코올
묘사어 날선, 퀴퀴한, 소독용 알코올
맥주에서의 역치 600ppm

이소부탄올 ISOBUTANOL/이소부틸 Isobutyl 알코올
묘사어 와인 같은, 에테르성 냄새, 비숙성 위스키
맥주에서의 역치 80~100ppm
묘사어 알코올

이소아밀 알코올
묘사어 퓨젤, 에테르성 냄새, 과일향, 바나나
맥주에서의 역치 50~60ppm

리얼 에일 캐스크는 에일이 여전히 발효중일 때 펍으로 배달된다. 이 발효 과정을 관리하고 서빙하기 적당한 시기를 결정하는 일은 펍의 몫이다. 까다로운 과정이지만, 맥주 애호가들은 리얼 에일의 뛰어난 질감과 미묘한 풍미를 위해서는 감수할 가치가 있다고 생각한다. 리얼 에일에 관한 자세한 내용은 154~158페이지를 참조할 것.

맥주 공정의 마지막 과정은 살균이다. 완성된 맥주는 이 공정을 통해 잔여 효모와 박테리아를 없앨 정도의 온도로, 보통 섭씨 60도에서 2~3분 정도 단시간 가열된다. 일부 연구 결과에 따르면 살균된 맥주의 '조리' 풍미는 전문가 집단은 감지할 수 있지만, 살균 맥주를 정기적으로 소비하는 수백만 명의 소비자들에게는 전혀 문제가 되지 않는다.

포장 전, 단시간 살균 공정 Flash pasteurization은 일반적으로 맥주 풍미를 유지하는 데 더 좋다고 알려져 있다. 이 살균방법에서 맥주는 섭씨 72도에서 74도 사이에서 15초~30초 동안 가열된다. 어느 방식을 적용해도 맥주는 결코 상하지 않지만 살균 가열 처리에 의한 인위적 숙성(양조장을 떠나기 전 수 주간의 병속 숙성 과정에 해당) 비용이 들어간다. 미국에서 판매되는 거의 모든 케그 맥주는 살균되지 않는데, 이 때문에 케그 맥주는 항상 섭씨 3도 미만에서 보관해야 한다.

탄산을 두고도 비슷한 논쟁이 달아오른다. 대부분의 양조장에서 이산화탄소 가스는 컨디셔닝 중 탱크 안이나 병 포장 직전 여과 후 단계에서 맥주 안에 용해된다. 드물기는 하지만 발효가 끝날 무렵 탱크를 닫아두고 블리더 밸브 bleeder valve를 장착해두면 탄산이 원하는 수준까지 안전하게 쌓인다.

후자 방식을 찬성하는 사람들은 거품이 더 미세해지고 헤드가 좀 더 촘촘해진다고 주장하지만, 예민한 부분이라 일반적으로 받아들여지지는 않았다.

감각 어휘
Acetaldehyde

종류 아로마
묘사어 풋 사과, 농숙 사과, 젖은 풀, 날 호박, 라텍스 물감, 아보카도, 때때로 솔벤트 냄새가 나기도 함
맥주에서의 역치 약 10ppm
적합성 절대 감지되어서는 안 됨
공급원 자체적으로 전구체 피루브산염에서 이산화탄소 폐기물을 제거하는 효모의 대사 과정에서 형성됨. 숙성이 너무 안된 '그린' 맥주의 흔한 증상. 대부분의 아세트알데히드는

결국 효모가 다시 거두어들여 에탄올로 전환한다. 포장 시 뜻하지 않게 산소가 들어가면 아세트알데히드가 감지 가능 수준으로 발견되기도 한다. 플란더스 사우어 브라운 에일과 레드 에일 같은 장기 나무 숙성 맥주에서도 흔함

감각 어휘
Mercaptan

종류 아로마
묘사어 썩은내, 쓰레기통, 배수관
맥주에서의 역치 1.5 ppb(메테인싸이올)
적합성 고기 풍미의 복합성을 더해줄 수 있지만 뚜렷이 감지될 경우 불쾌한 이취

포장과 그 이후

브루펍에서 포장은 그저 맥주를 서빙 탱크에 채워놓기만 하면 되므로 그만큼 단순하다. 그러나 대부분의 양조장의 경우, 포장은 생산 단계에서 가장 까다로운 부분에 속한다. 미국 마스터 양조사 협회에서 편찬한 세 권 세트 책 중 포장 편의 양이 훨씬 방대한 것만 봐도 알 수 있다. 병 포장 장비는 크고 복잡하며 비싸다. 병입 라인을 작동하는 데는 고난도 기술이 필요하다. 허술하게 포장된 맥주는 수많은 문제가 생기며 이는 소비자가 실제 맛으로 느낄 수 있다.

가장 중요한 잠재적 문제는 산소다. 양조 과정에서 산소가 너무 많으면 맥주에서 김빠진 퀴퀴한 판지 냄새가 날 수 있는데 포장 단계에서 산소가 있으면 아세트알데히드 수치가 올라가는 요인이 될 수 있다. 병 속 산소의 최소 역치에 대해서는 일반적으로 합의된 게 없지만 산소는 항상 어느 정도 나쁜 영향을 끼치기 때문에 양조업체는 산소 수치를 낮추는 방법에 집착한다. 시에라 네바다는 얼마 전 비틀어 따는 마개에서 특수 라이닝을 댄 일반 마개로 바꾸었는데 이유는 오프너로 들어올려 따는 마개가 산소를 좀 더 잘 차단한다는 실험 결과가 나왔기 때문이다.

가장 흔한 포장 문제 중 또 다른 한 가지는 사실 마케팅 선택에서 발생한다. 투명한 병이나 녹색 병은 맥주의 스컹크 방귀 냄새를 유발하는 블루라이트 blue light 파장을 전혀 차단하지 못한다(99페이지 감각 어휘: 스컹크 방귀 냄새 참조). 반면 갈색 병은 전형적으로 스컹크 방귀 냄새를 유발하는 햇빛이나 형광등 불빛을 훌륭하게 차단해준다.

캔과 병 비교

오랫동안 대량 유통시장의 상징이었던 캔은 지금 현재 그 인기가 뜨겁다. 크래프트 맥주를 캔제품으로 먹는 방식은 하이킹에 친숙한 콜로라도주에서 시작되었고, 지난 10년 넘는 기간을 거쳐 미 전역으로 번졌다. 에너지와 재활용 관점에서 캔은 많은 이점을 가지고 있다. 간단한 형태와 가벼움 때문에 병맥주에 비해 두 배 많은 양을 트럭으로 운반할 수 있다. 알루미늄은 재활용이 쉬워 유리와 비교하면 다시 사용될 비율이 상당히 높다. 그렇다면 결정적인 문제는 '캔이 맥주에 좋을까?'이다. 포장 용기는 이 용기를 채워주는 기계가 좋아야 좋다는 가정하에 캔은 몇 가지 이점이 있다. 테두리 부분이 밀폐 처리되어 있어 병뚜껑의 플라스틱 라이너보다 맥주 부패의 주요 용의자인 산소를 차단하기 좋다. 결과적으로 유통기간이 캔제품의 경우 조금 길어진다. 또 한 가지 명백한 점은 한 장의 금속판이 스컹크 방귀 냄새를 유발하는 빛을 완벽하게 차단해주는데, 갈색 병도 마찬가지 기능을 한다는 것을 밝혀두어야겠다. 모든 음료 캔 안쪽의 에폭시 수지 라이너에는 비스페놀—A, 즉 BPA라고 하는 상당량(에폭시 수지의 최대 80%)의. 화학물질이 들어 있다. 이 물질은 내분비 교란물질로 간주되며 고혈압과 관련되어 있다. 이 화학물질의 일부는 캔 음료와 음식을 먹고 마시는 사람의 몸으로 들어가지만 현재까지는 어느 정도로 건강상 위험을 초래하는지 여전히 의문점으로 남아 있다. 괜찮은 대체 물질을 찾는 노력이 진행중이지만 진전은 더디다.

그러나 한 영국 브루 마스터는 스컹크 방귀 냄새 맥주가 가득 든 아름다운 투명한 병을 들고 이렇게 말했다. "오, 그래도 겉으로는 진짜 대단해 보이지 않나요?"

하지만 밀러사가 쓰는 테트라 홉 Tetra Hop이라는 특수 가공된 홉 쓴맛 추출물은 스컹크 방귀 냄새를 일으키는 문제의 전구체가 제거되어 있다는 점을 밝혀두어야겠다. 재미있게도 테트라 홉은 덤으로 실제 맥주의 거품 안정성을 높이기 때문에, 다른 양조업체는 무엇보다 거품을 향상시키는 이 특성에 주목해서 이 물질을 주시하고 있다.

맥주는 어떻게 변질되나

맥주를 마시는 건 즐거움을 얻기 위함이지만 때로 고통의 요소가 수반되는 경우가 있다. 맥주가 언제나 완벽한 것은 아니다. 맥주의 모든 풍미가 맛있게 느껴지지는 않으며 시음인으로서 우리가 할 일은 행복한 풍미뿐 아니라 맥주에 있는 모든 감각을 감지해내는 것이다. 맥주는 자연의 변덕에 쉽게 노출되는 취약한 제품으로 박테리아라는 야생 미생물, 제대로 관리하지 않은 탭 시스템, 그리고 무엇보다 시간의 경과에 따라 쉽게 변질된다.

맥주의 변질은 양조 업계에서 제1로 꼽는 기술적인 문제로 매년 100만 달러 이상이 소모된다. 변질되면 신선하게 양조된 맥주가 밍밍한 맛의 실망스런 수프로 전락하며, 판지와 썩은 사과를 비롯한 불쾌한 냄새를 풍긴다. 어떠한 다른 양조 분야보다 이 부분에 지금 투자와 과학적인 실험이 많이 진행된다. 그 이유는 무엇일까? 거의 모든 양조장은 시장에 제품을 출시할 때 맥주의 변질을 다루어야 한다. 변질의 위험이 높기 때문이다.

공기는 우리 주변의 생명을 유지해주지만 신선하고 맛있는 맥주에는 치명적이다. 비록 산소와 시간이 주된 악당 역을 하지만 맥주가 병속에 포장되기까지 공정 단계가 길다 보니 선택된 보리의 품종과 이들이 재배된 조건까지 쭉 뒤를 돌아봐야 한다. 나는 이 복잡한 첨단기술 영역에서 풋내기에 불과하므로 간략하게 소개만 하고 넘어가려 한다.

양조업체는 전형적으로 제품의 유통기간을 여섯 달로 정해놓지만 실제 대부분의 사람들은 그보다 좀 더 빨리 이상 징후를 느낄 수 있다. 뉴 벨지엄 브루잉 New Belgium Brewing 주식회사의 시음가들은 상한 풍미를 잡아내는데 고도로 훈련을 받아 병입 라인에서 갓 나온 팻 타이어 Fat Tire(뉴 벨지엄 양조장 제품)와 1주일 된 동일 제품의 차이를 식별할 수 있다. 특정 이취를 잡아낼 수 없다 하더라도 약간 밍밍하고 생기 없으면서, 밝은 신선한 아로마와 우리가 높은 가치를 매기는 생명력이 부족한 듯한 맥주는 종종 골치를 썩인다. 홉은 특히 시간의 경과에 따라 그 신선함이 사라지기 쉽다. 단 몇 개월 만에 홉의 쌉쌀함과 아로마는 반 정도 사라진다.

단순히 신선하고 밝은 풍미가 사라지는 것 외에도 기이한 과일의 풍미, 밀랍 풍미, 불쾌하게 느껴지는 단 빵의 풍미층 위에 다른 변화 요소가 쌓이면서 일반적으로 신발 상자 냄새가 풍기는 축축한 종이 냄새 같은 풍미가 맨 위에 자리하고 종종 마른 듯 떫은 끝맛이 동반된다. 이런 축축한 종이 풍미는 알데히드(trans-2-nonenal)에 의한 것으로 유통기한이 많이 지난 오래된 맥주에서 나타나는 가장 두드러진 풍미 특징이다. 종이 풍미는 아로마에서 나타날 수도 있지만 대개는 맛에서 좀 더 두드러지고 특별히 끝맛에서 강하게 느껴진다. 이런 풍미는 상쾌하지 않다.

이외 다른 알데히드와 몇 가지 에스테르가 시간의 경과에 따라 축적되어 맥주의 좀 더 섬세한 아로마를 무너뜨린다. 농축된 사과 풍미가 공통적으로 생기며 이와 함께 느글거리는 단 꿀/밀랍의 노트와 때로 아니스 씨의 기미가 동반된다.

여기에 광적으로 집착하는 사람들을 위해 좀 더 자세하게 들어가자면, 지질 또는 지방의 산화가 부패의 1등 공신이지만 몰트와 홉, 맥주에는 이 과정에서 활발한 역할을 하는 복합성분이 많다. 몰트에는 지방이 많지 않지만 이들이 강력한 풍미 화학물질로 산화되면서 적은 양이라도 큰 존재감을 발휘한다. 일부 다크 몰트(캐러멜화된 맥즙도 해당)에는 리덕톤 reductone(카르보닐기를 갖는 화합물의 총칭으로 강한 환원력을 갖는다-역자주) 역할을 하는 화학물질이 풍부해서 산소를 흡수한 다음 나중에 이를 방출한다. 캐러멜/크리스털 몰트가 특히 이 과정이 의심쩍게 느껴지며, 로비본드 약 60도의 중간 범위 몰트가 가장 문제를 많이 일으키는 것 같다. 아로마와 쌉쌀한 맛이 약해지는 문제 외에 홉은 다른 문제를 야기하는데, 카로티노이드라고 알려진 색소가 시간이 경과하면서 다마시오니 damascenone라고 불리는 물질로 변형된다. 이 물질은 그 소리만큼 상쾌하지 않은 일종의 커런트와 유사한 과일향을 낸다.

보리와 몰트는 그 종류에 따라 산화와 부패에 대한 취약성에 차이를 보이지만 어떤 레시피를 택하든 양조사는 맥주 공정에서 뜨거운 매쉬나 맥즙이 공기와 접촉하지 못하도록 주의를 기울여야 한다. 양조 또는 포장 공정 중 산소에 노출되면 추후 부패하기 쉬운 토대가 조성되기 때문이다. 이 문제는 상당히 중요해서 포장 관리자가 산소 수준이 용인될 정도로 낮은 수치를 유지할 경우 보너스를 받기도 한다. 소형의 반 수동 병입 장비와 대형의 좀 더 첨단 병입 라인 간의 가장 큰 차이점이 바로 이런 문제이며, 장비 품질은 포장된 맥주의 유통기한에 지대한 영향을 미칠 수 있다. 열 또한 적인데 맥주에 일어나기 쉬운 모든 화학 반응을 가속화하기 때문이다. 맥주는 상온에서 셀러 온도보다 두 배 빨리 변질된다. 고온에서 단 몇 시간만 있어도 셀러에 수개월 묵힌 것과 같다.

Leathery, Oxidized Isobutyl Quinolone

종류 아로마

묘사어 오래된 가죽 냄새, 말안장, 담배, 숙성된 발리 와인

맥주에서의 역치 20ppb

적합성 숙성된 맥주에서 흔하며 셰리주 같은 산화된 요소와 결합할 때 기분 좋은 숙성 맥주의 풍미 프로파일이 될 수 있다. 비숙성 맥주에서는 부적합

공급원 몰트 요소의 산화. 중간 범위 색상(로비본드 40~80/EBC 80~160)의 크리스털/캐러멜 몰트 비율이 높은 맥주에서 특히 잘 발생함

Honey Ethyl Phenylacetate

종류 아로마

묘사어 꿀, 밀랍, 달짝지근한 아로마

맥주에서의 역치 160ppb

적합성 벌꿀 맥주의 경우 긍정적인 요소지만 비벌꿀 맥주의 경우 산화되었다는 아주 흔한 증상. 부패된 수입 맥주에서 상당히 자주 감지됨

공급원 부패된 맥주의 산화 요소

부패 및 변질의 징후

맥주는 오래될수록 그 풍미가 변한다. 맥주가 라이트할수록 변하는 속도가 빠르고 온도가 높아질수록 변화에 가속이 붙는다.

먼저, 홉의 아로마가 무뎌지기 시작하고 맥주에 김이 빠졌다는 느낌이 든다. 종이 냄새 또는 판지 냄새 같은 산화된 냄새가 뚜렷해지기 시작한다. 신선한 몰트향과는 다른 왁스 냄새나 사과 향 또는 꿀 같은 아로마를 풍길 수도 있다. 홉의 쌉쌀한 맛 역시 감소한다. 맥주가 극도로 부패하면 여과된 페일 맥주는 약간 혼탁해지거나 눈송이 같은 결정이 나타나기 시작한다. 둘 다 용액에서 빠져나온 단백질에서 생기는 물질이다.

비여과 맥주나 병 숙성 맥주에는 산소를 게걸스럽게 먹어치우는 효모가 들어 있다. 덕분에 이런 종류의 맥주는 좀 더 느리게 숙성되지만 병 속에 조금 들어 있는 효모가 만병통치약은 절대 아니다. 여과 맥주에서 발견되는 동일한 종류의 이취가 비여과 맥주나 병 숙성 맥주에서도 발생한다. 효모 자체는 화학물질을 분해하고 효모 세포 안으로부터 화학물질을 방출하면서 자체적인 풍미를 높일 수도 있다. 이들 화학물질은 비누냄새가 나거나 빈티지 샴페인 같이 약간 구운 풍미 또는 육수 같은 약간 수프 풍미가 나기도 한다. 맥주가 수년 간 숙성되면 감칠맛이 일종의 간장 풍미로 나타나기도 한다.

Skunky 3-Methyl-2-Butene-1-Thiol 또는 3MBT

종류 아로마

묘사어 스컹크 방귀 냄새, 고무 냄새

맥주에서의 역치 0.05ppb

적합성 절대 적합하지 않음

공급원 블루 라이트와 홉의 쓴맛 화합물(이소휴물론 isohumulones) 간의 반응으로 형성됨. 형광등이 켜진 시원한 용기 안에서도 단 몇 초 만에 발생할 수 있음. 갈색 병이 좋지만 완벽하게 빛을 차단해주지는 못함

Stale hops Beta Damascenone

종류 아로마

묘사어 블랙 커런트, 리베나(블랙 커런트 소다수), 포도 젤리

맥주에서의 역치 25ppb

적합성 절대 적합하지 않음

공급원 홉의 카로티노이드 색소의 분해 산물. 홉 풍미가 강한 맥주에서 흔하게 나타나는 부패 증상

알코올 함량이 높은 맥주의 경우 숙성은 아름다울 정도로 우아하게 진행될 수 있다. 밝은 홉의 풍미나 꽃향의 풍미가 사그라들면서 닦아 말린 몰트의 풍미가 나며 이따금 뭐랄까 가죽의 싸한 풍미나 기분 좋은 포트 또는 셰리의 특징을 발한다. 이러한 성질은 맥주가 병입된 후 수 개월 지나야 발현되며 맥주 도수가 강하고 제대로 양조되고 보관된 경우 수년 동안 맛있는 방향으로 전개될 수 있다.

이외에 산화는 종종 가죽 아로마로 모습을 드러내며 적절한 맥락에서는 꽤 기분이 좋은데 이게 바로 도수 높은 다크한 맥주이다. 그러나 홉의 풍미는 사그라들면서 불쾌한 블랙 커런트의 아로마를 풍길 수도 있다. 수년간 숙성된 맥주는 단백질 분해의 결과 감칠맛을 띠며 이와 비슷하게 단백질 분해 산물로 간장의 풍미도 나타낸다.

몇 년 전, 잘 숙성된 1958년산 요크셔 Yorkshire 맥주를 시음한 적이 있다. 이 맥주는 출시된 지 몇 년 밖에 안된 맛이 났

다. 수십 년 숙성되었어도 어느 술 못지 않게 맛이 좋은 맥주를 옛 문헌에서는 많이 언급하지만 요즘 이런 맥주는 매우 드물다. 우리는 6장에서 맥주를 제대로 숙성하는 방법에 관해 얘기하려고 한다.

그러나 슬프게도 대부분의 맥주는 햇빛에 활짝 핀 꽃과도 같다. 다들 짧은 순간 생을 누리다 훅 맛이 가기 때문에, 시간이 얼마나 빨리 흐르는지 깨닫게 되고, 순간을 포착해서 달콤하고 신선하고 맛있는 한 방울 한 방울을 즐기는 게 얼마나 중요한지 다시 한 번 일깨워준다.

감각 어휘
Solvent—stale Furfuryl Ethyl Ether/Fee

종류 아로마
묘사어 솔벤트 부패 냄새, 화학약품
맥주에서의 역치 6ppb
적합성 절대 적합하지 않음
공급원 몰트 건조 중 형성되고 끓임 공정에서 당과 아미노산과
　　　　 결합하여 형성된 전구체로부터 숙성 중 발현됨. 맥주 부패를
　　　　 알아보는 대표 화학물질로 꽤 지속적으로 유지됨. 온도가
　　　　 높을수록 더 빨리 발현된다.

감각 어휘
Autolysed

종류 아로마, 풍미
묘사어 자가 분해된, 칙칙한, 간장, 마마이트 Marmite, 감칠맛, 비누
맥주에서의 역치 다양함
적합성 일반적으로는 기분 좋지 않음. 오래 숙성된 도수 높은
　　　　 맥주에서는 인정
공급원 다양한 지질과 아미노산. 효모 세포 분해의 결과물

감각 어휘
Musty · Mold Trichloroanisole

종류 아로마
묘사어 퀴퀴한, 코르크 냄새
맥주에서의 역치 0.1ppt 미만(1조 분의 일)
공급원 코르크로 마감한 병에서 부패한 코르크나 곰팡이에
　　　　 오염된 몰트로 인해 생김. 곰팡이 냄새는 축축한 양조장
　　　　 환경에서 플라스틱 호스를 타고 이동 가능하며 보관중인
　　　　 빈 병과 캔을 오염시킬 수도 있음. 놀랄 정도로 강력한
　　　　 냄새! 일반적으로 코르크 마감 맥주에서는 시골의 흙향으로
　　　　 용인되지만 와인의 경우는 끔찍한 결함으로 평가됨

세척과 살균

세척과 살균은 맥주 양조에서 상당히 중요하다. 작고한 홈브루어이자 과학자인 조지 픽스 박사는 "먼지는 살균할 수 없다"는 얘기를 하곤 했는데, 여기에서 세척과 살균 간의 관계를 짐작할 수 있다. 특수 화학물질과 대형 양조장의 자동화된 스프레이식 세척 장비는 세척과 살균 작업을 해낼 수 있지만, 실제 청결함을 완성하는 것은 양조사의 철통 같은 눈이다. 그리고 이에는 힘든 노동이 항상 수반된다. 살균이 제대로 되지 않은 장비는 말썽을 일으키는 무수히 많은 세균의 은신처가 될 수 있는데, 이것들은 원치 않는 풍미 및 아로마 등을 생성함은 물론 다양한 단계에서 맥주에 침투할 수 있다. 배양 효모의 경우 아주 소량 만드는 아로마 화학물질을 박테리아와 야생 효모는 많이, 불쾌할 정도로 생산하는 경우가 종종 있다. 젖산균과 페디오코커스가 가장 악명이 높지만, 이 무리에는 다른 것들도 많다.

기타 맥주 변질을 일으킬 수 있는 곰팡내 나고/퀴퀴한 화합물로는
　　　 지오스민 geosmin(탄소, 수소, 산소로 만들어져 흙냄새를 내는 원인이
　　　 되는 천연물질-역자주)(흙향, 사탕무 같은 냄새), 2-에틸 펜콜(흙향,
　　　 파촐리 patchouli의 톱 노트 수반) 등 많은 것들이 있음. 이들은
　　　 대개 축축한 곳에서 형성되며 플라스틱이나 나무를 통해, 또는
　　　 오염된 포장 물질을 통해 맥주나 양조 원료에 들어간다.

감각 어휘
Chlorophenol

종류 아로마
묘사어 반창고, 접착 테이프, 소독약
맥주에서의 역치 0.5ppb 미만
적합성 절대 감지되어서는 안 됨
공급원 양조액 속에 남아 있던 염소 또는 클로라민이 몰트와 맥즙
　　　　 안의 페놀 화합물과 만나면서 생기는 반응의 산물. 유리잔을
　　　　 씻을 때 염소 또는 브롬 살균제를 완전히 헹구지 않았을
　　　　 경우 맥주를 서빙하는 시점에 흔하게 발생할 수 있음

이취의 다른 공급원

맥주가 양조장을 떠나면 많은 재앙이 따른다. 시간과 온도가 적이지만 흔들림, 무관심, 태만도 적이 될 수 있다. 본국에서 맥주를 신선하게 관리하는 것도 충분히 어려운 일이지만,

블루 라이트는 특정 홉 화합물과 반응하여 스컹크 방귀 냄새를 유발하는데,
갈색은 이런 냄새로부터 맥주를 지켜줄 수 있는 유일한 유리 색상이다.
캔과 세라믹 재질의 병도 차단성이 좋다. 녹색과 투명한 병은 무용지물.

맥주가 지구 반대편으로 넘어갈 때 어려움은 곱절로 증가한다. 본국 근처에 공급되는 맥주의 유통기한은 6개월로 설정하는 것이 업계의 표준 관행이다. 수출용 맥주는 이의 두 배인 1년으로 늘어난다. 조금은 구린 비밀인데, 이 기간을 일반 도수 맥주(6% 미만)에 적용하기에는 지나치게 낙관적인 면이 있다. 양조장 공정이 아무리 정교하더라도 대부분의 맥주는 단 몇 주 만에 급격히 변질되며, 전문가 패널은 1주 또는 2주 된 맥주의 차이를 구별할 수 있다. 소비자는 전문가와 비교하면 민감도가 떨어지지만, 정말 신선한 맥주와 3개월 된 제품을 비교하려는 노력을 해보았던 사람이라면 구체적으로 세세하게 집어내진 못할지라도 거의 누구나 그 차이를 식별할 수 있을 것 같다. 그러니 훌륭한 맛의 맥주를 마침내 손에 넣는 순간, 이 얼마나 작은 기적인지 실감하게 된다.

서빙 시점의 취급 부주의는 여러 가지 풍미 문제를 유발하며 이런 것은 거의 전적으로 양조업체가 관리할 수 있는 범위를 넘어선다. 탭 라인은 양조장과 거의 다를 바 없는 위생과 감염 문제를 안고 있는데, 특히 젖산균과 페디오코쿠스

감염으로 버터향이 유발되고 맥주가 탁해질 수 있다. 산소를 좋아하는 아세트산균은 맥주 탭 안에 살 수 있는데 하루에 처음 두세 번만 맥주를 따라도 식초 냄새를 유발할 수 있다. 정기적으로 엄격하게 라인 세척을 실시하면 이런 문제를 예방할 수 있지만, 모든 바와 레스토랑이 이 점에서 원리원칙을 고수하지는 않는다. 최소한 격주에 한 번은 충분히 세척하여 큰 문제를 막아야 한다. 청결에 상당히 집착하는 펍 주인은 라인 청소를 매주 실시한다. 제대로 헹구지 않아 유리잔에 남아 있는 세척제는 클로로페놀 또는 브로모페놀 냄새를 유발할 수 있다.

이런 모든 양조 과정이 실제로 어떻게 진행되는지 가까이 보려면 양조장 투어를 한 번 해볼 만하다. 이 장에서 다룬 기술적인 세부사항이 많지만, 누누이 강조했듯이 이런 종류의 결정은 양조의 피와 살이고 실제로 서로 다른 맥주를 만들어내는 요소이다. 맥주를 한 모금 마시며 양조사의 이런 결단을 생각해보라. 맥주가 그 이야기를 전해줄 것이다.

맥주의 성질로 맥주 파악하기

맥주는 어떤 다른 음료보다 색과 풍미, 도수, 밸런스를 비롯한 기타 다른 속성이 변화무쌍하게 펼쳐지는 만화경이다. 우리는 이미 맥주의 원료와 양조 공정으로 생성되는 아주 다양한 풍미와 아로마를 살펴보았다. 이 장에서는 이런 요소가 완성된 맥주에 어떻게 덧입혀지며, 어떻게 스스로 존재감을 드러내는지 알아보자.

그렇다면 여기에서는 어떤 종류의 변수를 다루게 될까? 우선 알코올과 이보다 훨씬 중요한 비중의 관점에서 도수를 파헤쳐본다. 비중은 비발효 맥즙에 녹아 있는 고형 물질(대부분 당)의 양이다. 맥아의 양이 많으면 레시피에 따라 맥아의 풍미, 캐러멜, 구운 풍미, 로스팅 풍미가 많이 동반되면서 알코올이 늘어난다. 맥아 양이 늘어나면 더 많은 홉이 필요하고, 그 결과 풍미도 한층 높아진다. 어떻게 이런 현상이 일어나는지는 앞에서 설명했다.

맥주는 온갖 빛깔의 무지개와도 같다. 아주 연한 지푸라기 색에서 칠흑 같은 검은색까지 다양한 모습이 있어 모든 맛과 분위기, 순간에 맞는 진가를 보여준다. 이런 음료가 또 어디 있겠는가? 우리는 이미 서로 다른 종류의 맥아가 풍부하게 혼합된 맥주의 풍미에 어떻게 기여하는지 알아보았다. 이 장에서는 또한 맥주의 색상을 측정하고 묘사하는 방법을 살펴보도록 하자.

쓴맛은 미비하거나 다른 맛과 상당히 대립되지만, 꽃향의 스파이시한 허브 홉 아로마에 쓴맛을 덧입히면 맥주에 극적으로 변화를 줄 수 있다.

이렇게 상당히 많은 변수가 있고 양조사는 이런 변수를 긴밀하게 통제할 필요가 있기 때문에 수치상으로 표현될 수 있는 객관적인 척도를 가지고 있는 것이 중요하다. 숫자가 전부는 아니지만, 말은 숫자 체계보다 구체적이거나 객관적이지 않다. 제품의 일관성과 경제성, 품질 제어, 평가, 심지어 세금 같은 문제를 위해 숫자는 필수적이다.

그렇다고 당장 달려나가 자외선 분광 측정기를 구입해서 마시는 모든 맥주의 쓴맛 수치를 알아볼 필요는 없지만, 맥주에서 숫자로 표현되는 언어에 익숙해지는 게 중요하다. 한동안 이런 측정치를 다루다 보면, 비중 1.065에 쓴맛 44 IBU, SRM 색상 8도의 맥주는 실제로 어떻게 넘어가는지 상당히 잘 파악이 된다. 연습하면 완벽해지는데, 맥주로 연습하는 것을 두고 투덜댈 사람은 아무도 없다.

비중 Gravity

비중은 맥즙이나 발효되기 전 맥주의 밀도로, 맥주에 설탕과 기타 다른 고형 물질이 얼마나 많이 용해되어 있는가를 보여주는 간단한 방식이다. 맥주에서 비중을 표현할 때는 두 가지 숫자 체계가 주로 사용된다. 첫 번째는 플라토 Plato 도수인데, 녹아 있는 고형 물질의 무게를 %로 표현한 수치이다. 플라토 10도는 맥주에 10%의 고형 물질이 들어 있음을, 플라토 12도는 12%가 녹아 있음을 나타낸다. 예전 책에서는 볼링 Balling이라는 척도를 언급하기도 하는데, 이는 플라토 교수가 자신이 개발한 척도를 고착시키기 전까지의 표준이었다. 플라토는 모든 독일 양조사와 전세계 대형 양조업체에서 사용하지만, 이것이 유일한 척도는 아니다. 체코 사람들은 볼링이 자기 나라 사람이기에 여전히 볼링 척도를 사용한다. 와인과 관련하여 브릭스 Brix라는 용어를 들어본 적이 있는가? 플라토와 아주 동일한 척도지만, 이 용어는 맥주 양조에서 거의 사용되지 않는다.

영국인들은 초기 비중(original gravity: OG)이라는 척도를 사용한다. 물에 대한 특정 비중으로, 맥즙 무게 대 이와 동일한 양의 순수한 물 무게 비율이다. 플라토 10도와 12도의 맥줍은 초기 비중이 각각 1.040과 1.049이며, 이 말은 순수한 물보다 각각 1.040, 1.049배 더 무겁다는 뜻이다. 편의상 소수점을 생략하는 일이 종종 있다. 영국 에일을 마시는 사람들은 아직도 탭 손잡이에서 비중을 확인해, 해당 맥주가 얼마나 도수가 센지(그리고 얼마나 비싼지) 가늠한다. 홈브루잉 초기 문헌의 상당수가 영국 것이기 때문에, 미국의 많은 홈브루어들은 여전히 초기비중의 관점에서 생각하며 이런 현상은 브루펍과 기타 소규모 양조장들 사이에서도 흔하다.

이쯤 되면 벨기에인들도 그들 나름의 특별한 척도를 가지고 있을 거라는 짐작이 간다. 바로 옛 문헌에서 '데그레 레기degré Regié'라 불린 벨기에 척도이다. 수도원 스타일의 맥주에 대부분 사용된 단위로, 이 척도를 구하려면 비중에서 1.0을 빼면 된다. 예를 들어 1.050 맥주는 벨기에 5도 맥주가 되고, 1.080 맥주는 8도 맥주가 된다. 주목할 점은 많은 벨기에 맥주의 경우 이 숫자가 수십 년 전 레시피에 기초해서 나왔다는 것이다. 세월이 흐름에 따라 맥주가 변화하면서 이 수치는 정확한 것이 아닌 대략적인 비중으로 봐야 한다.

비중은 다양한 방법으로 측정된다. 가장 간단한 방법은 액체 비중계로 측정하는 방법이다. 부유성 튜브인 액체 비중계는 대개 유리로 되어 있으며 바닥에는 추가, 위쪽에는 안에 눈금이 매겨진 가느다란 유리 튜브가 있다. 이 액체 비중계의 측정 방식은 비중계가 위로 뜰수록 수면에 나타나는 수치가 더 올라간다는 것이다. 모든 물질과 마찬가지로 액체는 온도에 따라 팽창하고 수축하며, 이는 곧 액체의 밀도가 온도에 따라 변함을 뜻한다. 결과적으로 액체 비중계는 항상 특정 온도를 기준으로 교정된다. 이 기준 온도보다 높거나 낮으면 교정을 반드시 해야 한다.

1785년, 리처드슨이라는 양조 과학자는 처음으로 액체 비

음용성 Drinkability이란 무엇인가?

대형 양조업체는 사람들이 무엇보다도 음용성을 중요시한다는 사실을 알고 이 분야에 대해 많은 연구를 해왔다. 그렇다 해도 이는 여전히 정확하게 정의하기가 어려운 특성이다. 아우구스트 부시 August Busch 3세의 말을 빌리자면, "그만 마실 때가 됐다고 생각해서 술잔을 놓지만 실은 계속 마시고 싶은 것, 이게 바로 음용성이다"라고 할까. 자꾸 찾게 하는 이런 특성 때문에 주류 맥주의 홉 쓴맛은 아주 낮은 수준을 유지한다. 맛을 가진 것은 모두 입안을 피로하게 하기 때문에, 맥아 대신 옥수수나 쌀을 쓴다. 매끄러움과 뒷맛이 없는 것도 역시 중요한데, 이 모든 요소를 고려할 때 물은 음용성이 상당히 좋다.
음용성은 강도 높은 맥주 serious beer에서도 중요한 역할을 한다. 미 서부 해안에서 출시되는 홉 폭탄 맥주는 대부분 사람들에게, 심지어 크래프트 맥주 애호가들에게도 결코 세션 맥주만큼 대단하지는 않다는 게 기정 사실이다. 이들 맥주는 마음을 달래주기보다는 어쩌면 마음을 자극하는 데 목적이 있다. 일반적인 도수를 가졌지만 충분한 개성과 깊이가 있고, 섬세함으로 세 번째 잔을 바닥까지 비울 때에도 우리의 온전한 매력을 뺏어가지 않는 맥주에는 뭔가 꽤 굉장한 면모가 있다.

중계를 가지고 실시한 양조 실험 결과를 발표했다. 그는 양조 세계에 획기적인 변화를 일으켰지만, 이는 포터 분야에 해당되는 이야기다(228~229페이지 참조).

굴절계라고 하는 기기는 설탕의 굴절력, 즉 빛 굴절력을 사용하여 비중을 정확하게 측정한다. 굴절계 내부에는 물방울이 있고, 뚜껑은 밀폐되어 있으며, 비중은 접안렌즈를 통해 보이는 눈금으로 읽는다. 그러나 맥주가 일단 발효되면

초기 비중과 플라토 도수
이 도표는 맥즙 밀도를 표현하는 데 사용되는 두 가지 다른 시스템 사이의 관계를 보여준다.

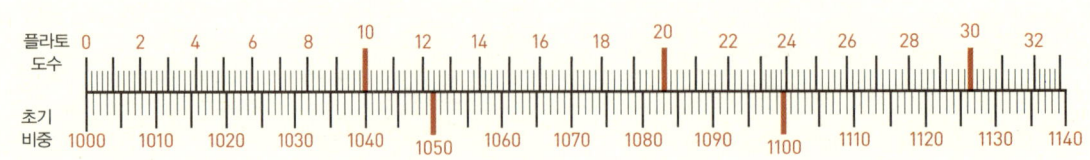

플라토 도수 0 2 4 6 8 10 12 14 16 18 20 22 24 26 28 30 32

초기 비중 1000 1010 1020 1030 1040 1050 1060 1070 1080 1090 1100 1110 1120 1130 1140

맥주 스타일에 따른 알코올 도수

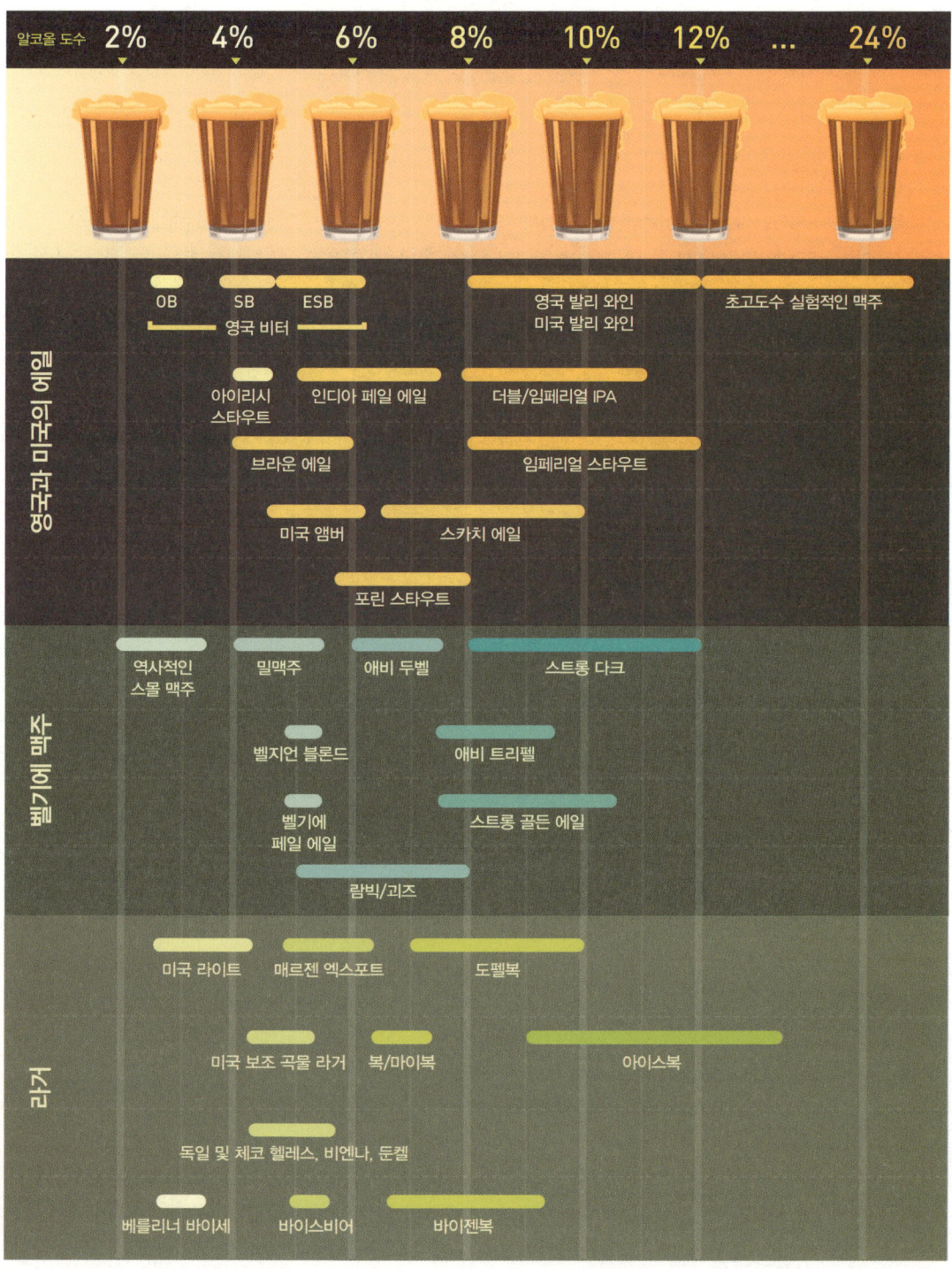

알코올 도수 2%   4%   6%   8%   10%   12%   ...   24%

영국과 미국의 에일

OB   SB   ESB
영국 비터

영국 발리 와인
미국 발리 와인

초고도수 실험적인 맥주

아이리시 스타우트

인디아 페일 에일

더블/임페리얼 IPA

브라운 에일

임페리얼 스타우트

미국 앰버

스카치 에일

포린 스타우트

벨기에 맥주

역사적인 스몰 맥주

밀맥주

애비 두벨

스트롱 다크

벨지언 블론드

애비 트리펠

벨기에 페일 에일

스트롱 골든 에일

람빅/괴즈

라거

미국 라이트

매르젠 엑스포트

도펠복

미국 보조 곡물 라거

복/마이복

아이스복

독일 및 체코 헬레스, 비엔나, 둔켈

베를리너 바이세

바이스비어

바이젠복

액체 비중계
이 간단한 도구는 액체의 밀도에 따라 다른 높이로 떠오르기 때문에, 양조사들은 이를 보고
맥주가 발효되면 도수가 얼마나 될지 대충 짐작할 수 있다.

알코올의 높은 굴절력으로 이 수치가 왜곡되기 때문에 굴절계는 대부분 저장실이 아닌 브루하우스에서 쓰이는 도구이다. 고정밀 측정은 비중병 pyncnometer이라는 특수 용기를 이용하여 실시한다. 처음에 빈병의 무게를 잰 다음, 병을 채워 무게를 재고 병의 무게를 빼면 그 부피만큼의 무게가 비중 수치로 전환된다. 이는 실험실 공정이어서 실험실과 대형 양조장에서만 사용된다. 고무장화를 신은 양조장 인부에게 이런 정밀성은 거의 필요하지 않다.

비중은 완성된 맥주에 최종적으로 들어 있는 알코올 양을 대략 추정한 측정치이다. 대략 어림잡았을 때 1.050 맥주는 약 5% 도수가 되며 1.060 맥주는 대략 6%이다. 그러나 이는 어디까지나 정말 대략적인 측정치이며, 맥즙이 달라지면 발효의 정도도 다양해지는 데다, 효모가 양상을 한층 복잡하게 만들어 놓는다.

알코올과 발효도 Attenuation

에틸 알코올(에탄올)은 발효의 주요 산물이다. 알코올 양을 표현하는 방법은 두 가지로, 각각 부피당 알코올 함량과 중량당 알코올 함량을 %로 나타낸다. 전자는 현재 국제 표준이고 미국도 이 방법을 쓴다. 그러나 1933년과 1990년 사이 미국은 중량당 알코올 표준을 사용했다. 금주령이라는 재앙 이후 미국 양조사들은 제품의 알코올 함량이 적당하다는 것을 알리는 데 열심이어서 수치상 가장 낮게 표시되었던 척도 체계를 선택했다. 중량당 알코올 3.2% 맥주는 실제 부피당 알코올 4% 맥주이다. 캐나다를 비롯한 전세계 나머지 국가는 부피당 % 체계를 유지했고, 이 때문에 수입 맥주는 미국 내 맥주에 비해 도수가 획기적으로 높아 정신줄을 놓게 만든다는 전설이 생겨났다.

동일한 비중의 모든 맥즙이 동일한 알코올 함량을 가진 맥주를 생산하지는 않는다. 맥즙 안의 당이 알코올로 전환되는 정도는 양조 공정과 사용되는 당 및 보조 곡물, 효모 품종, 발효 온도, 이외 다른 변수에 의해 영향을 받는다. 브루하우스에서 양조사는 이런 공정에 많이 개입하는데, 매쉬가 뜨거울수록 발효가 덜 되는 맥즙이 나오고, 매쉬가 차가울수록 발효가 더 잘되는 맥즙이 생산된다.

이제부터는 약간 헷갈리는 개념인 발효도와 이를 측정하고 표현하는 여러 가지 방법을 다루어야겠다. 양조사는 대부분 종료 비중*을 초기 비중*으로 나누고 100에서 이 숫자를 빼서 명목 발효도를 산출한다. (*여기서의 비중은 뒷자리 숫자 2개를 말한다. 비중이 1.053인 경우 53으로 계산한다–감수자 주) 이 수치는 유용한 정보를 주지만 실상을 반영하지는 못한다. 알코올은 물보다 가볍기 때문에, 알코올이 함유되어 있으면 최종 비중 수치가 실제보다 낮게 나온다. 일부 발효도가 높은 맥주의 경우 명목 발효도가 100%보다 더 높아질 수 있다. '실제 발효도'를 구하려면 실제 알코올 함량을 측정해야 한다. 이 작업은 보통 소량 견본에서 알코올을 증류하여 실시하기 때문에 약간 성가신 절차라 대개 대형 양조장에서 실시한다. 초대형 크래프트 양조장을 제외한 모든 양조장은 대개 명목 발효도로 무리 없이 작업을 진행한다.

발효도가 낮은 맥주는 좀 더 묵직하고 달콤하며 동일한 비중의 맥즙으로 만든 발효도가 높은 맥주보다 알코올 함량이 적다. 발효도가 높은 맥주는 좀 더 많은 추출물이 알코올로 전환된 것이며, 가장 발효도가 높은 맥주는 저탄수화물의 드라이하고 라이트한 맥주가 차지한다.

맥주 색상

인간은 상당히 시각적인 동물이라 풍미와는 다르게 겉모습에서 조금만 차이가 나도 금방 민감하게 알아차린다. 따라서 올바른 색상을 얻는 것이 양조사에게는 상당히 중요하다. 오랫동안 맥주 색상을 좀 더 자세하게 나타내기 위한 실험이 이루어졌지만 현재의 측정 단위는 라이트와 다크의 단일 숫자 단위이다. 맥주는 불그스름한 액체이기 때문에 블루 라이트를 가장 잘 차단하며, 따라서 파란색이 가장 민감한 측정치를 제공하기 때문에 이 빛을 사용하여 맥주 색상을 측정한다. 전문적으로 말해 맥주 색은 보통 분광광도계에서 430나노미터 블루라이트로 측정할 때 1cm 샘플 큐벳(실험실에서 사용하는 용기-역자주)의 광학 밀도(흡광도)의 10배이다. 이는 미양조화학자협회 ASBC: American Society of Brewing Chemists의 색상 표준이고, 표준 참조 방식 Standard Reference Method, 즉 SRM 도수라고 부른다. ASBC는 미국 양조의 분석적 표준을 감독하는 조직이다.

광전분광광도계 Spectrophotometer
이 장치는 빛의 특정 파장이 샘플 물질에 의해 얼마나 감쇄되는지 측정한다. 맥주의 경우 색상을 측정하는 데 사용되고 간혹 다른 요소도 측정한다.

원래 맥주 색은 19세기 후반 조셉 로비본드 Joseph Lovibond 가 고안한 색유리 세트를 사용하여 결정되었다. 입체경 같은 장치를 들어 빛에 비추고, 맥주 견본을 한쪽의 견본 홀더 안으로 부어주면, 이후 작동기가 여러 가지 다른 색의 유리 안으로 미끄러져 들어가 일치하는 색을 찾는다. 다행히도 이 색상은 분광계 측정 방식이 개발되었을 때 찾아낸 색상과 거의 완벽하게 매치되었다. 그래서 우리는 아직도 맥주 색을 로비본드 도수로 묘사하며, 아무도 여기에 이의를 제기하지 않는다.

유럽인들은 EBC European Brewery Convention라는 다른 척도를 사용하는데 EBC는 ASBC에 해당하는 유럽 기관이다. 최

맥주 색상 등급

미국 맥주 색상 등급 SRM에 따라 표현한 맥주 색상. 유럽(EBC) 맥주 색상 수치는 SRM 수치의 약 두 배이다.

SRM 도수	2	3	4	6	9	12
	옅은 짚색	짚색	옅은 황금색	진한 황금색	옅은 호박색	중간 호박색

SRM 도수	15	18	21	24	30	40+
	진한 호박색	호박빛 브라운	브라운	루비 브라운	진한 브라운	블랙

근 미국양조협회와 협의를 본 끝에, EBC는 미국 SRM 도수의 약 두 배(SRM×1.97=EBC)로 표기된다.

맥주 색상 척도에 대해서는 일반적으로 합의된 호칭이 없다. 107페이지의 도표에서는 가장 흔하고 중립적인 용어를 골라 이 색상명과 근접한 견본 맥주를 짝지었다.

맥주 색상은 붉은색과 노란색 사이에 변화가 적다. '3자극값'이라는 방법은 눈이 가장 민감하게 반응하는 적색, 녹색, 청색의 동일한 파장으로 맥주 색상을 측정하지만 양조에서는 아주 드물게 사용된다.

홉, 쓴맛, 밸런스

홉은 맥주에 꽤 복합적인 아로마를 선사하지만, 일상에서는 단순히 쓴맛만 측정해서 수치화된다. 이 수치는 끓임 공정 중 이성질화되고 용해된 홉의 쓴 알파산을 측정한 것이다. IBU는 완성된 맥주 안에 존재하는 이소−알파산을 백만분율(ppm 또는 mg/L)로 표기한다. 실험실 분석은 시약과 자외선 분광광도계로 실시한다. 그다지 어려운 일은 아니지만 장비가 꽤 비싸다. 대부분의 소형 양조업체는 레시피 형성 과

맥주 색상과 맥주 스타일 Ⅰ : 라이트 비어

화살표는 흔하게 접하는 맥주 스타일의 색상 범위를 나타낸다.

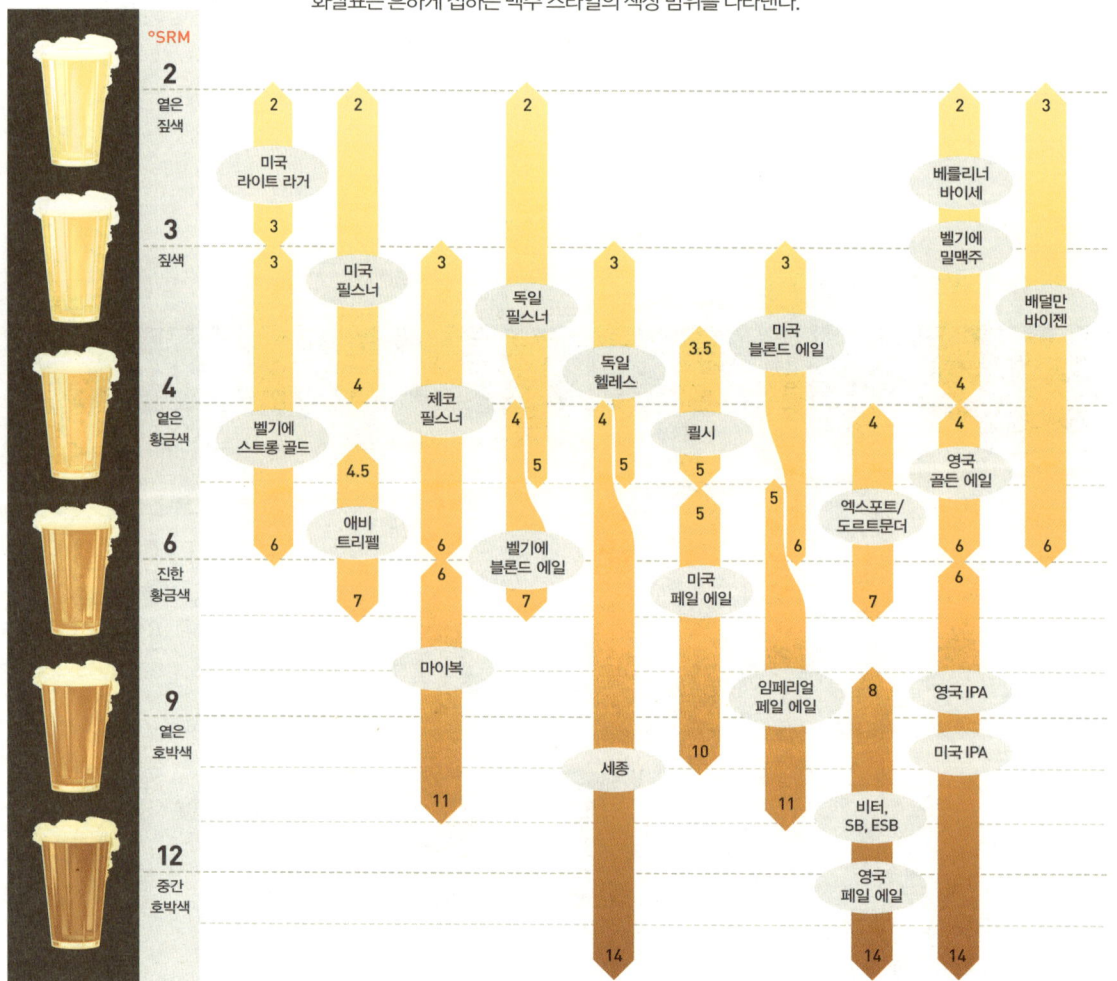

맥주 색상과 맥주 스타일 II : 중간 색상 및 다크한 색상의 맥주

화살표는 흔하게 접하는 맥주 스타일의 색상 범위를 나타낸다.

°SRM

6 진한 황금색
9 옅은 호박색
12 중간 호박색
15 진한 호박색
18 호박 브라운
21 브라운
24 루비 브라운
30 진한 브라운
40+ 블랙

비엔나 라거 (9–15)
매르첸 (8–14)
발리 와인 (8–14)
비에르 데 가르드 (6–12–19)
캘리포니아 커먼 (10–13)
뒤셀도르퍼 알트비어 (11–17)
앰버 에일 (10–17)
애비 두벨
영국 브라운 에일 (12–17)
복 (15–22)
둔켈 바이젠 (15–17–23)
뮌헨 둔켈 (14–22–28)
다크 마일드 에일 (12–22–25)
스코티시 엑스포트 (13–17–22)
바이젠복
도펠복 (17–17–24)
슈바르노비어 (17–22)
오트밀 스타우트 (22–30–40)
포린 스타우트 (30–30–40)
아이리시 스타우트 (25–40)
포터 (20–24)
발틱 포터 (17–22–30)
임페리얼 스타우트 (35–35–80)

109

정 중 IBU를 계산하고 정확한 수치가 필요할 경우, 외부 실험실에 적절한 분석을 의뢰한다. 맥주의 쓴맛은 IBU 약 5에서 IBU 100을 훌쩍 넘는 범위까지 다양하다. 쓴맛을 인식하는 인간의 역치(어떤 작용요인이 생체에서 반응을 일으킬 수 있는 최소의 한계-역자주)는 IBU 약 6이며 이 수치는 서로 다른 쓴맛 수준을 구별하는 인간의 한계치이기도 한다.

홉의 쓴맛은 맥아 풍미가 가장 풍부한 스타일에서도 맥아 달콤함의 균형을 맞추는 데 절대적으로 중요한 요소이다. 맛 요소 간의 상호작용은 음용성에서 상당히 중요하다. 밸런스가 완벽히 맞는 맥주는 거의 없으며, 어느 한쪽으로 조금씩 기울어져 있게 마련이다. 색이 옅은 맥주 종류는 맥아의 존재로 순수하게 맥아 풍미만 난다고 느껴지지만, 맥아를 볶는 과정 중의 캐러멜화의 결과로 캐러멜, 견과류, 맥아의 풍미 및 아로마를 비롯해, 온갖 다양한 로스팅 풍미가 맥주에 존재하기도 한다. 일부 맥아의 풍미는 상당히 달콤하고 질릴 수 있어 홉으로 밸런스를 맞춰야 하지만, 맥아의 로스팅 풍미는 종종 밸런스 등식의 쓴 쪽에 속한다.

홉의 쓴맛은 달콤함을 줄여주고 상쾌한 느낌을 더해준다. 바로 앞장에서 다루었듯이, 맥주 밸런스를 측정하는 데 흔히 사용되는 방법은, BU대GU 비율로(쓴맛 단위 대 비중 단위), 적어도 달콤한 맥아와 홉의 쓴맛을 비교할 때 적용된다.(BU가 우리가 언급한 바로 IBU다) 예컨대, IBU 50은 쓴맛이 상당히 강할 수 있지만, 영국 비터와 달리 맥아 풍미가 진한 묵직한 발리 와인에서는 분명 다른 맛이 난다. GU는 맥

맥주 스타일별 쓴맛

쓴맛은 맥주 스타일의 중요한 단면이다. 아래 도표는 다소 흔한 일부 스타일의 쓴맛을
IBU International Bitterness Units로 측정한 것이다.

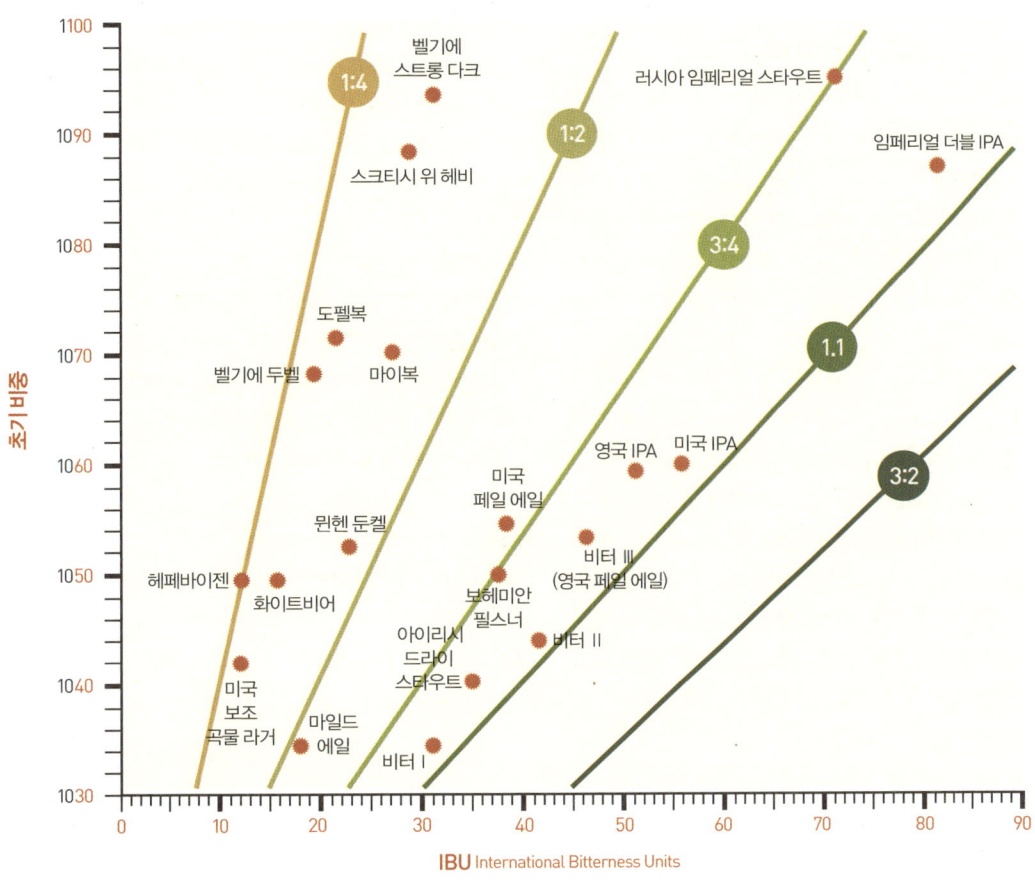

상대적 쓴맛(씨서론 쓴맛 단위 대 비중 단위)

쓴맛은 약한 맥주일수록 강하게 발현되기 때문에 관건이 되는 것은 초기 비중에 대한 쓴맛 비율이다.
아래 도표는 비중 단위(초기 비중에서 가장 중요한 두 자리수: 1050=50 비중 단위) 대비 IBU 비율을 나타낸다.

초기 비중

1:4 벨기에 스트롱 다크
1:2
3:4 러시아 임페리얼 스타우트
1.1 임페리얼 더블 IPA
3:2
스크티시 위 헤비
도펠복
벨기에 두벨 마이복
영국 IPA 미국 IPA
미국 페일 에일
뮌헨 둔켈
헤페바이젠 화이트비어
비터 Ⅲ
(영국 페일 에일)
보헤미안 필스너
아이리시 드라이 스타우트
비터 Ⅱ
미국 보조 곡물 라거
마일드 에일
비터 Ⅰ

IBU International Bitterness Units

즙의 초기 비중에서 1.0을 뺀 수치이다. OG 1.050은 GU 50이 된다. 친숙한 맥주 스타일 몇 개의 BU대GU 비율을 도표로 그려보면 그 차이가 확연히 눈에 들어온다. 명심할 것은 BU대GU 비율은 달콤한 맥아와 쓴 홉의 밸런스 방향만을 나타낸다는 점이다. 물론 이 비율은 맥주의 감각 주자 중 주전으로 활약하지만, 구운 풍미, 로스팅 풍미, 과일, 훈제, 산, 탄산 등 다른 요소도 많다.

홉의 쓴맛의 경우, 일단 맥주 안에서는 거의 모두 똑같은 맛을 낸다. 홉은 아로마를 통해 그 개성의 상당 부분을 드러낸다.

탁함과 맥주의 투명도

고대부터 사람들은 영롱하게 맑은 맥주의 미덕을 찬양해 왔다. 오늘날 투명도는 그 기원에 관계없이 거의 모든 맥주 스타일의 바람직한 면모다. 중요한 예외 사항은 아래에 수록했다. 완벽하게 투명한 맥주가 나오기 위해서는 양조사의 전문 지식과 철저한 주의가 필요하다. 발아, 브루하우스 공정, 발효, 숙성, 여과, 포장 모두가 하나하나 역할을 한다. 그런데 유통 과정에서 맥주가 제대로 취급되지 않으면 이 모든 것이 수포로 돌아갈 수 있다. 정상 도수의 맥주는 대부분 너무 오래되거나 잘못 취급될 경우 혼탁해지기 때문이다. 탁한 정도는 측정할 수 있지만 그 수치는 맥주 스타일 사양에 절대로 쓰이지 않는다.

맥주 탁함의 원인

냉각 혼탁
맥주를 냉각할 때 맥아에서 나온 단백질이 응결되기 때문에 발생한다. 종종 비여과된(또는 약하게 여과된) 크래프트 맥주에서 나타나는 현상인데, 비여과 맥주는 복합성이 더 늘어나기 때문에 외관상의 결점은 눈감아줄 만한 요소이다. 냉각 혼탁은 풍미가 전혀 없고, 맥주 온도가 약간만 올라가도 금방 사라진다.

효모 혼탁
헤페바이젠(아래 참조)의 경우처럼 의도적으로 혼탁을 야기할 수도 있고, 침전 물질이 가라앉은 병 숙성 맥주를 엉성하게 따르거나 병이 흔들렸을 경우 나타난다. 헤페바이젠에서 효모는 빵의 효모 풍미를 살짝 부여하기도 한다. 오래된 병 발효 맥주의 경우, 효모는 때때로 살짝 진흙맛을 내기 때문에 가능한 한 피해야 한다. 밀맥주 케그는 거꾸로 하여 보관하고 운송하는 경우가 많으며, 서빙할 때 바로 해서 맥주 안의 효모를 분산시킨다.

전분 혼탁
특정한 고대 전통의 양조 공정은 맥주에 보기 좋은 유백색 '광'을 남긴다. 벨기에식 밀맥주/비에르블랑슈/화이트 에일을 참조할 것.

맥주의 결함을 알려주는 혼탁

오래되거나 취급이 잘못된 맥주
종종 단백질이 침전되어 작은 '눈결정'을 수반하는 혼탁은 상당히 오래된 맥주, 특히 수입된 옅은 색의 라거에서 나타나는 흔한 현상이다. 냉각 및 온도상승을 여러 주기 반복했을 때 이런 현상이 가속화된다.

감염
많은 맥주 부패 유기체가 혼탁을 유발한다. 락토바실루스(젖산균)와 페디오코커스 박테리아의 온상인 더러운 탭 라인이 아주 흔한 주범이다.

의도적으로 탁하게 하거나 뿌연 맥주
대부분의 보리 맥아 기반 맥주는 수정 같이 맑은 상태로 내야 하지만 많은 밀맥주가 가지는 공통의 특성은 일정한 탁함이다. 중세 시대로 거슬러 올라가보면, 이때 맥주는 레드와 화이트 두 가지 종류로 양분되어 있었다. '화이트'는 옅은 색상 외에 맥주의 탁함을 가리키기도 한다.

헤페바이젠 Hefeweizen
헤페바이젠이란 말은 '효모'를 뜻하는데, 실제 이 경쾌한 느낌의 독일 밀맥주 병에는 효모가 더해진다. 병에서 이 맥주를 따르는 의식 중 크리미한 두터운 헤드 위에 소량의 효모 앙금을 휘젓는 절차가 있다. 정말 투명한 밀맥주를 마셔야 한다면, 크리스탈 Kristal을 달라고 하라.

베를리너 바이스 Berliner Weisse
이 시큼한 밀맥주는 레시피의 50~60%를 차지하는 단백질 풍부한 밀로 인해 혼탁이 나타날 수 있다. 아래 사진의 맥주에는 전통적인 그린색의 설갈퀴 시럽이 들어가 있으며, 물론 라즈베리도 인기가 있다.

(왼쪽) 헤페바이젠은 탁한 외관을 형성하는 헤페, 즉 효모를 투입한 밀맥주이다. (오른쪽) 정통 고블렛 잔에 담긴 베를리너 바이스. 우드러프 시럽으로 풍미와 색상을 가미했다.

여과: 꿈인가 악몽인가?

여과는 간단하게 답할 수 없는 상당히 복잡한 주제다. 긍정적인 측면에서 볼 때 여과는 특정 맥주의 불안정을 야기하고 유통기한을 단축시킬 수도 있는 효모와 기타 다른 물질을 제거하는 빠르고 효과적인 방법이다. 적당한 가격에 밝은 색의 신선한 맥주를 마신다는 것은 복이다. 여과는 자연적으로 발생하는 변화를 가속화시키는 데도 종종 사용된다.

많은 양조 공정과 마찬가지로 올바른 여과를 하기 위해서는 현명하고 경험 많은 브루마스터가 필요하다. 잘 여과된 맥주는 그야말로 아름다움의 결정체다. 여과의 부정적인 측면은 지나치게 여과할 경우 때때로 색, 바디감, 헤드 유지력, 풍미가 없어져 단조롭고 별 맛이 없는 맥주가 나온다는 것이다.

윗비어/벨지안 화이트 에일/벨기에식 밀맥주

이 고대 스타일에는 탁한 당화 기법, 또는 밀가루를 보일링 솥에 소량 넣은 결과로 전분의 광택이 나타난다.

켈러비어 Kellerbier

세간에 거의 알려지지 않은 이 스페셜티 맥주는 보통 색이 옅은 독일 라거로 숙성탱크에서 여과 없이 곧바로 비어켈러에 담아 서빙된다. 적어도 한 종류의 병 제품이 미국에 수입되며, 당연히 몇몇 크래프트 양조업체에서도 시도를 해왔다.

'이스트 코스트' IPA

최근에 나온 미국 IPA 제품으로 밀과 귀리로 양조된 아주 탁한 버전이다. 탁함은 불충분한 여과로 인해 생기지만 양조사들이 보일링 솥에 밀가루를 추가하여 일부러 혼탁이 오래 가도록 유도한다는 보도가 있다.

투명도 평가

스타일 규정상 어느 정도의 혼탁이 정해지지 않는 한, 모든 맥주는 서빙될 때 밝고 투명해야 한다. 색상이 옅은 페일 맥주의 경우는 투명도를 평가하는 게 쉽다. 하지만 색상이 어두워질수록 혼탁은 색에 가려질 수 있다. 보통 육안으로 보이지 않는다면 문제가 되지는 않지만, 일부 맥주광들은 다크한 맥주의 투명도를 평가할 때 작은 플래시 등을 사용, 맥주 안에 떠 있는 혼탁을 비추어서 그 빛을 관찰한다. 투명도를 평가할 때는 우선 유리잔 닦는 것을 기억하라. 그래야 유리잔 표면의 물방울을 혼탁과 헷갈리지 않는다. 또한 냉각 혼탁은 사라질 수도 있으므로 크래프트 맥주의 경우는 적절한 서빙 온도의 최고 상한선까지 온도를 올린다.

탄산과 맥주 거품

맥주가 가지는 거품과 탄산의 특성은 맥주와 오랜 사랑을 나눈 바로 초창기 때부터 우리를 매혹시켜왔다. 맥주는 그 고유한 단백질 구조 덕분에 진짜 거품을 가진 유일한 음료이다. 거품을 진지하게 여기는 이들은 맥주를 마시는 사람만이 아니다. 맥주 거품은 양조 공정 중 기술적으로 가장 복잡하면서 연구가 잘 이루어진 부분으로, 거품의 적절한 관리는

정선된 맥주 스타일과 탄산 수준

고탄산화 맥주 스타일	
스타일	CO_2 부피
벨기에 골든스트롱에일	3.5–4
벨기에 애비	2.7–3.5
벨기에 리즈	3–4.5
바바리안 헤페바이젠	3.5–4.5
베를리너 바이스	3.2–3.6
미국 라거 및 보조 곡물 라이트 맥주	2.5–2.7

저탄산화 맥주 스타일	
스타일	CO_2 부피
영국 캐스크 에일	0.8~1.5
스트레이트 람빅	0.5~1.5
발리 와인	1.3~2.3
임페리얼 스타우트	1.5~2.3
초 고비중 에일	0~1.3

일반 탄산화 맥주 스타일	
스타일	CO_2 부피
일반 라거	2.2~2.7
일반 에일	1.5~2.5

저 멀리 농장에서 이루어진 결정으로 시작된다.

거품은 맥주 바디감의 모든 것이라 할 수 있다. 맥주거품의 단백질은 '콜로이드 colloid'라는 물질을 형성하는데, 이는 맥주를 한데 묶어주는 느슨한 단백질 망이다. 우리는 입안에서 꽉 찬 바디감으로 이 콜로이드를 실제로 맛보거나 느낄 수 있다. 콜로이드는 일종의 얇은 젤로 Jell-O와 구조가 상당히 비슷하다. 이 콜로이드 상태는 맥주 표면 장력에 영향을 주는데, 달리 표현하자면 거품의 형성과 유지에 중요한 역할을 한다. 거품은 골디락스(Goldilocks: 영국 전래 동화에서 유래된 말로 과하지 않고 적당한 상태-역자주) 상태로, 길이가 '딱 적당한' 단백질이 있어야 형성된다. 너무 짧거나 긴 단백질은 제 구실을 하지 못한다.' 홉과 효모도 거품을 형성하는 데 역할을 한다. 앞에서 언급했듯이, 거품은 복잡한 주제다.

밀은 우수한 헤드를 형성하는 데 필요한 알맞은 종류의 단백질을 보유하고 있으며, 바로 이 점은 밀맥주의 훌륭한 특성 중 하나다. 사실 밀을 비롯해 귀리와 호밀 같은 다른 곡물은 일괄적으로 '헤드 곡물'이라 불리기도 하며, 헤드를 좀 보완해야 하는 맥주(당장 머릿속에 필시와 영국 비터가 떠오른

좋은 거품이 생기도록 맥주 따르는 방법

집에서

맥주를 따를 때 최고의 헤드를 얻으려면 아주 깨끗한 잔 중앙에 맥주를 과감하게 붓는다. 거품이 올라오지만 괜찮다. 정말이다. 거품이 가라앉기를 기다렸다 다시 잔이 가득 채워질 때까지 맥주를 따른다. 마시는 만족감을 뒤로 미루고 많은 양의 거품이 쌓였다 꺼지도록 놔두면 작고 오래가는 거품 방울로 가득 찬 조밀하고 크리미한 거품이 생성된다. 부수적으로 얻을 수 있는 이점은 일부 과도한 가스를 맥주에서 배출할 수 있고, 그 결과 생맥주의 부드러운 크리미함을 한 층 더 느낄 수 있다는 것이다.

바에서 따를 때

위의 방식은 성질 급한 손님에게 적용하기는 시간이 너무 많이 걸린다. 일반적인 절차는 잔을 비스듬히 기울여 컵 옆쪽으로 맥주를 부어준 다음 잔의 2/3가 차면 잔을 바로 세워 이미 잔 안에 들어 있는 맥주 위로 맥주를 부어서 거품층을 1.5~3cm로 만들어준다.

맥주를 똑바로 부어 거품이 올라오도록 놔둔다.

거품이 가라앉기를 기다린다.

적당한 높이로 채워질 때까지 맥주를 붓고 기다리는 과정을 반복한다.

이제 즐기라!

유리잔에 남는 브뤼셀 레이스의 섬세한 베일은 맥주가 잘 양조되었고, 잔이 깨끗함을 나타낸다.

탄산: 자연 생성과 인위적 주입 비교

많은 사람들에게 탄산 강제 주입은 그 자체가 악마의 도구로 인식된다. 전통 에일을 보존하려는 리얼 에일 캠페인(CAMRA) 운동의 개혁적인 성격으로 인해 이 논쟁은 과학적인 성격보다는 이념적인 성격을 띤다. 용액 안에 녹아 있는 가스는 어떤 식으로 녹아 있든 대체로 물리학의 문제이다. 그러나 거품의 지속력은 맥주의 단백질 화학 공정에 상당한 영향을 받으며 따라서 양조 공정과 맥주의 발효 방식, 또 특히 여과 아니면 청징 방식에 따라 크게 좌우된다. 반대론자들은 종종 강제 주입된 탄산을 보조 곡물의 높은 함량, 부적당한(너무 차가운) 온도로 서빙하는 문제, 살균, 과다 여과 등 다른 문제와 동일시한다. 이런 요소는 맥주의 맛을 바꾸고 헤드에 영향을 준다. 사실 무모하게 강제로 탄산화를 시키면 탱크 안에서 거품이 과다하게 형성되고 중요한 헤드 형성 단백질이 소모되기 때문에 맥주의 헤드 형성 능력이 저하될 수는 있다. 하지만 관리를 잘한다면, 잘 양조된 비여과 방식의 살아 있는 에일은 강제로 탄산 주입을 하면 딱 좋다.

다)의 레시피 속에서 조용하게 제 역할을 하고 있다.

맥주를 서빙하는 환경 속의 일부 물질은 거품에 악영향을 끼친다. 세제나 오일은 헤드를 상당히 빨리 소멸시키며, 맥주를 깨끗하게 맛볼 수 있는 잔에 대한 증명이다.

물론 맥주에 탄산이 없다면 거품도 전혀 나지 않는다. 이산화탄소는 물 기반의 용액에서 상당히 잘 용해되며, 차가운 맥주에는 상당히 많은 양이 녹아 있을 수 있다. 이와 비교하여 질소는 물에 잘 용해되지 않는다. 스타우트 드래프트 캔에서는 뚜껑을 따자마자 질소가 맥주에서 빠져나가는데, 이게 바로 질소 충전의 목적이다. 일반 맥주를 따면 그 안에 어마어마한 양의 가스가 용해되어 있더라도 (캔을 따기 전에 흔들 경우 일어나는 현상처럼) CO_2 가스는 맥주 안에 머물러 있지 밖으로 방출되지 않는다.

미국에서 양조사들은 탄산을 부피라는 척도를 사용하여 논한다. 부피는 압력이나 온도에 영향 받지 않는 절대적인 척도이다. 그러나 144페이지의 그래프에서 볼 수 있듯이, 이 세 조건은 서로 연관되어 있다. 즉 일정 부피에서는 온도가 높을수록 압력이 커진다. 미국 밖에서는 무게당 CO_2 비율, 보통 리터

당 그램이 좀 더 흔하게 사용되는 척도이다.(1부피=1.96g/L)

모든 맥주 스타일이 모두 동일한 정도로 탄산화되지는 않는다. 캐스크 에일 같은 맥주는 옛 맥주이기 때문에 탄산화를 상당히 약하게 한다. 옛날 나무 캐스크는 오로지 일정량의 압력만 견딜 수 있었다. 영국 에일이 이런 식으로 훌륭한 맛을 낸다고 문제될 건 없으며, 고탄산 맥주를 지하 저장고 온도로 서빙하는 건 괜한 짓이라는 말에도 신경 쓸 필요는 없다. 우리는 뼈가 시리도록 차가운 맥주를 좋아하고, 탄산이 청량하고 원기를 회복해주는 성질을 배가시켜 주기 때문에 미국 산업 생산 맥주는 탄산 함량이 높다. 113페이지의 도표에서 정상적인 탄산 범위를 넘어서는 맥주 스타일 몇 가지를 소개했다.

색과 투명도, 탄산을 비롯한 많은 요소, 즉 맥주가 나타내는 많은 특성은 진정 눈부시다. 내 생각에 이런 특성으로 인해 맥주와 맺는 관계가 상당히 흥미로운 것이다. 맥주는 자체만의 언어가 있으며 우리가 올바른 방식으로 접근해야 그 비밀을 실토한다. 경이로운 마음으로 대하고 호박색 거품의 깊이를 주시하라. 맥주의 이야기를 귀 기울여 열심히 듣는다면 맥주는 여러분에게 많은 이야기를 해줄 것이다.

맥주를 어떻게 시음하고 평가할까?

지금쯤이면 이 책이 맥주를 아무 생각없이 들이키기 위한 책이 아니라는 것이 명확해졌을 것이다. 5장은 우리가 맥주를 맛보는 다양한 방법과 환경, 그리고 이렇게 맥주와 만나는 목표에 대해 설명한다. 나는 맥주를 마시는 모든 경우에 즐거움을 느끼길 바라고 있지만, 애당초 드러난 목적과 동떨어진 경험이 될 수도 있다. 어떤 상황에서도 맥주의 화학적인 작용은 동일하고 우리 모두는 맥주와의 모든 만남에 자기 고유의 생리와 심리를 동원한다.

경우에 따라 맥주와 갖는 관계는 상당히 달라진다. 격의 없고 재미있는 교육적인 시음인 경우, 우리는 맥주의 친구로 맥주를 평가하게 된다. 친구들이 그렇듯이 결점도 너그럽게 이해하며 눈감아준다. 최고를 끄집어내기 위해 단점에 집착하지 않고, 아니, 적어도 그 단점을 공식적으로 인정하는 정도까지에만 머무른다.

하지만 대회에서는 맥주를 가차 없이 비판하면서 다른 맥주와 비교해보고 해당 스타일의 이상적인 수준과 견주어보는 게 우리의 일이다. 당연히 옆의 사람들과 의견을 달리할 수도 있다. 해당 제품의 의도와 개념적 순수성, 역사적인 세부사항 그리고 내가 '경이로움'(액상 형태 제품의 예술 및 기술적인 탁월함의 총체)이라고 즐겨 부르는 특질에 대해 형이상학적인 단어를 동원하며 불꽃 튀는 논쟁을 펼치기도 한다.

품질을 세심하게 통제하는 환경에서는 좋거나 싫다는 개념을 배제하기 위해 대단한 주의를 기울인다. 시음자의 일은 사견을 삼가고 표준화된 언어로 묘사하는 것이다. 시음법 중에서 가장 단순하고 정확한 삼각 시험법the triangle의 경우, 시음자는 3가지 견본 중 동일한 두 가지를 집어내기만 하면 된다.

시음자로서 보는 시험도 있다. 편안한 분위기에서는 시작 비중이나 IBU 또는 양조 중 양조사가 무슨 색의 바지를 입었는지 따위의 세세한 사항을 알면 대단한 맥주광이라는 찬사를 들을 수 있다. 그러나 이런 것은 BJCP(Beer Judge Certification Program) 시험을 통과해서 씨서론 Cicerone 시험에서 좋은 성적을 올리거나, WBC(World Beer Cup)에 의석을 획득하기 위해 필요한 공부나 노력에 비하면 아무것도

아니다. 맥주 업계의 품질 관리 환경에서는, 심사위원을 훈련시켜 그 능력을 일정 기준에 도달하도록 하는 게 일반적인 관행이다. 이렇게 해야 심사자의 강점과 약점이 샘플 맥주 평가에 반영될 수 있기 때문이다.

시음 환경

시음의 목적이 무엇이든, 환경은 매우 중요하다. 시음실은 쾌적해야 한다. 이를 위해 도움이 될 지침을 제시했다.

산만한 요소를 차단하라

시음을 하려면 고도의 집중이 필요하기 때문에, 산만한 요소를 제거하는 게 관건이다. 딴 생각에 몰두해 있는 시음자들을 누가 원할까. 일반적인 시음에서 체계화된 시음으로 발전할수록 더욱 중요해지는 요소다. 사교적인 시음에서는 너무 많은 규칙은 과하다는 생각을 들게 하지만, 대부분의 중요한 시험에서는 심사자들은 샘플 맥주 몇 컵만 놓인 작은 부스 안에서 시음을 진행한다.

따라서 행사에 필요하지 않은 것은 뭐든 배제해야 한다. 바로 옆 무도회장에서 열리는 주니어 미인대회 참가자와 시음자 그룹이 섞이게 하는 일은 없어야 한다.(실제로 있었던 일이다.) 휴대폰은 당연히 끄거나 진동으로 해야 하고, 일부 대회의 경우 휴대폰은 절대 금지 대상이다. 심사를 끝낸 심사자는 조용히 시음실을 떠나야 한다. 모든 사람이 쉽게 집중할 수 있도록 할 수 있는 조치는 다 취하라. 부담 없는 행사에서 백그라운드 뮤직은 괜찮지만 대화를 방해할 정도로 소

리가 커서는 안 된다.

조명을 고려하라

좋은 조명은 언제나 환영이다. 가장 이상적이지만 좀처럼 얻을 수 없는 조명은 북쪽 자연광이다. 장소를 빌렸다면 내 맘대로 조명을 조절하기는 힘들겠지만, 대회 같은 경우에는 특히 고려해야 할 사항이다.

물을 제공하라

어떤 행사이든, 식수는 무제한으로 제공해야 한다. 수돗물의 염소 성분은 때때로 집중을 방해하게 만든다. 정제되지 않은 물이나 잘 연수된 물도 좋지 않다. 높은 산에서 나오는 깨끗한 물이 아닌 이상 생수는 병제품으로 준비하라.

버리라

'버리는 양동이'를 준비하고 사람들에게 알려준다. 맥주를 버리는 게 가슴 쓰린 일이지만 어떤 시음을 하든 사람들이 쉽게 맥주를 버릴 수 있도록 배려해야 한다. 아니면 혼란을 초래하는 꼴이 된다.

적으라

캐주얼한 시음회라면, 맥주 목록을 제공하자. 사람들이 메모하기도 좋고, 나중에 다른 매장에서 해당 맥주를 찾기도

쉽다. 종이와 여분의 필기도구를 준비하는데, 반드시 연필이 아닌 샤프 펜슬을 준비할 것. '여기요, 이건 삼나무 향이 나는 맥주예요.' 이런 생각을 했다가 일순간 연필과 잔을 같은 손에 들고 있다는 사실을 깨달았던 적이 한두 번이 아니다. 내가 말했듯이 세세한 부분이 중요하다.

점수를 기록하라

맥주 심사는 점수표에 상당히 많이 의존하는데, 이 점수표는 맥주의 외관부터 뒷맛까지 다양한 속성의 중요도를 적절하게 매겨 구성한다. 점수표는 지도와 같아서 모든 면을 고려하고 균형 있게 봐야 하는 심사자를 잘 이끌어준다. 초보 시음자라도 이런 식의 훈련에서 얻을 게 많다. BJCP 또는 WBC 사이트에서 다운받은 점수표 또는 반대편에 나오는 시음지의 맥주를 몇 가지 경험해 보는 것도 대단히 재미있는 일이다.

원치 않는 냄새는 제거하라

뜻밖에 출현한 향은 치명적일 수 있다. 할머니들이 쓰는 향수는 도시 한 블록 전체까지 퍼질 수 있다. 할머니를 좋아하지만 이런 향수는 삼가야 한다. 일반적인 시음이나 조금 더 봐줘서 교육용 시음장소에서 향수를 조금 뿌린 채 오는 건 괜찮지만, 심사위원이나 대회 또는 전문가 시음 패널 가까이에서 향수는 용납할 수 없다. 컵을 코까지 들어올리기

시음의 종류와 요건

	향 금지	흡연 금지	정숙	식수	버리는 양동이	종이	점수표	맥주 목록	스타일 지침	나무 소재(가연성 연필)	크래커나 소빵
일반적인 시음	Y	Y	-	Y	Y	-	N	Y	-	OK	-
체계적 시음	Y	Y	-	Y	Y	-	N	Y	OK	Y	-
교육용 프레젠테이션	Y	Y	-	Y	Y	Y	N	Y	OK	Y	OK
일반 대회	Y	Y	N	Y	Y	Y	N	N*	N	Y	OK
대회	Y	Y	Y	Y	Y	Y	N	N*	OK	Y	OK
감각 패널	Y	Y	Y	Y	Y	-	Y	N	OK	Y	N

*과일이나 향신료 같은 어떤 특별한 원료가 맥주에 사용되었고 표현되었는지의 정보가 중요한 맥주에서는 심사위원에게 '풀 시트 pull sheets(항목별로 표를 만들어 나타낸 종이-역자주)'가 주어진다.

시음 기록지

날짜   시음인

맥주   맥주 생산일

종류/스타일   포장 형태

장소   알코올/비중

아로마

외관

바디&질감

뒷맛

전체적인 느낌

특별한 이취 및 아로마

- ○ 아세트알데히드
- ○ 오래된 냄새, 판지, 가죽
- ○ 헛간
- ○ 치즈

- ○ 클로로페놀(반창고)
- ○ 디아세틸(버터)
- ○ DMS(크림 옥수수)
- ○ 흙/코르크

- ○ 에스테르/솔벤트
- ○ 염소/땀
- ○ 금속
- ○ 페놀

- ○ 황산
- ○ 효모/자가분해 냄새
- ○ 기타

인쇄할 수 있는 페이지를 다운받으려면 http://randymosher.com을 방문해서 'Books, Etc.' 페이지의 'Tools and Download'로 갈 것.

ISO 표준 시음잔 및 플라스틱 심사컵
국제표준화기구(ISO)의 연구를 통해 이 잔(왼쪽)은 와인 및 기타 다른 음료의 시음잔으로 선정되었다.
안으로 굽은 테두리와 채우는 한계선(fill line)의 위치에 주목할 것. 맥주의 경우 잔의 크기가 다소 커도
모양이 비슷하면 훌륭한 역할을 한다. 수정 같이 투명한 10온스 컵 역시 대부분 시음용으로 사용된다.

때문에 향이 강한 비누나 핸드 로션도 시음을 방해할 수 있다. 그레이트 아메리칸 비어 페스티벌에서는 심사위원 패널과 인접해 있는 화장실의 호텔 비누를 무향 비누로 바꾼다. 여자의 경우, 립스틱도 맥주 헤드를 해칠 수 있다. 가장 흔한 후각 오염원 중 하나는 주방이다. 주방이 시음에 영향을 주는 위치에 있지는 않은지 미리 알아두고 환풍기가 잘 작동하는지 확인하라. 상태가 좋지 않을 때는 정말 악취가 난다.

한번은 실수로 고양이가 여러 마리 사는 집에서 심사 인증 시험을 개최한 적이 있다. 전반적으로는 별 문제 없었다. 그러나 고양이 알러지가 있었던 한 명에게는 악몽 그 자체였다. 나 역시 알러지가 있으며 때때로 맥주에 있는 성분이 알러지를 유발하기 때문에 중요한 시음이나 심사 전에는 항히스타민제 복용을 잊지 않으려고 한다.

입가심 거리를 제공하라

식빵이나 크래커의 필요성에 대해서는 의견이 분분하다. 일반적으로 심사위원이 피로를 느끼거나 제공된 맥주가 서로 너무 달라 입가심할 게 필요할 경우에는 있으면 좋은 품목이다. 순수한 물 또는 크래커, 소금 뿌린 크래커, 프랑스식 식빵이 선호된다. 지방이 많은 크래커는 피하라(대부분 지방이 많음). 지방이 샘플 맥주에 들어가면 맥주의 헤드가 파괴되기 때문이다. 마찬가지로 우리의 코 역시 피로해질 수 있으므로 때로 테이블에는 커피 원두를 작은 그릇에 담아 제공한다. 원두 냄새를 맡으면 코가 다시 리셋되어 자기 본연의 기능을 되찾을 수 있다.

잔을 고려하라

시음잔은 대개 좀 실망스럽다. 이상적인 환경이라면 모든 맥주가 스템드 stemmed(가는 목의 손잡이가 있는 잔-역자주) 화이트 와인잔에 담겨 평가될 것이다. 이 잔은 맥주를 아름답게 표현하는데, 안쪽으로 좁아지는 폭은 맥주 아로마를 입구 테두리 아래 잡아두고, 가는 목의 손잡이 부분은 끈적한 손가락으로 인해 잔이 덥혀지는 현상을 막아준다. 실상은 ISO(국제표준화기구) 표준의 소형 스템드 튤립잔이 시음잔으로 사용된다.

통제된 환경에서 제한된 수의 맥주를 시음하는 심사위원의 경우, 적당한 시음잔을 사용할 수 있다. 그러나 WBC 같

은 큰 대회의 맥주 물량은 헤아릴 수 없이 많아, 모든 홈브루잉 맥주 및 상업 맥주는 플라스틱 컵으로 심사를 받는다. 8~10온스(약 240~300ml) 용량의 단단하고 수정 같이 투명한 컵이라면 가장 좋다. 플라스틱 아로마는 요즘 대개 문제는 되지 않지만 우윳빛의 반투명 컵은 피해야 한다. 맥주가 반짝 빛이 날 정도로 투명한지 분간하기 어려울 수 있다. 불투명하거나 색이 있는 컵은 안 된다.

어떤 종류의 잔을 쓰든 잔의 1/3 이상을 채워서는 절대 안 된다. 적당한 아로마가 발현되려면 충분한 헤드 공간이 필요하다. 2~3온스(약 60~90ml) 정도라면 맥주를 철저하게 판정하기에 충분하다.

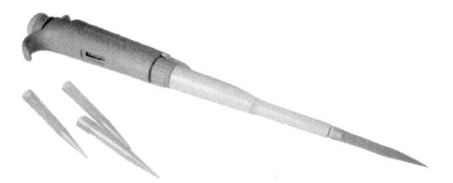

1회용 바늘이 있는 스파이킹 피펫
프리미엄 주류 맥주에 스파이킹할 때는 정확한 피펫을
사용하는 것이 가장 좋다.

스파이킹 처리된 맥주의 준비와 시음

맥주에는 양과 맥락에 따라 좋거나 나쁘게 느껴질 수 있는 많은 아로마성 화학물질이 들어 있다. 이런 수십 가지 화학물질을 아는 것은 양조사에서 바 관리자에 이르는 맥주 전문가가 갖추어야 할 지식 기반의 일부로 간주된다. 교육 환경에서는 맥주별로 특정 농도의 특정 이취를 경험해볼 필요가 있다. 샘플 시음을 하다가 결함 있는 맥주를 일부 마주할 수는 있지만, 보통은 맥주에 특정 화학물질을 정해진 양만큼 넣는 '스파이킹 spiking'이라는 방법을 사용하는 편이 더 좋다. 수십 가지의 화학물질을 맥주에 스파이킹할 수 있지만 일반 초보자들은 가장 중요한 여섯 가지 정도의 화학물질에만 친숙해져도 된다.(아래 표 참조)

깨끗한 중성의 안정화된 맥주가 스파이킹 기반으로 가장

적절하다. 라이트 맥주는 너무 가볍고 '맥주' 아로마가 충분하지 않아 스파이킹 화학물질에 쉽사리 덮인다. 대량 유통 맥주가 일반적으로 사용되지만 잘 양조된 크래프트 맥주도 지속적인 강한 풍미가 없을 경우 실험에 사용된다. 12온스(350ml) 맥주 하나면 6~8명의 시음자가 사용할 수 있다.

스파이킹을 실시하는 방법은 두 가지가 있다. 사전 혼합된 스파이킹 물질을 사용하거나 직접 혼합하는 방법이다. 지벨 인스티튜트 Siebel Institute, 아록사 Aroxa, 플레이버액티브 FlavorActiV 같은 다양한 회사는 사용하기 쉬운 스파이킹 화학물질을 제조하는데 이들 물질은 사전측정된 캡슐 또는 기타 다른 용기에 담겨 있어 특정량의 맥주에 혼합하기만 하면 일정 수준으로 농도가 올라간다. 일반적으로 역치의 3배까지 농도가 높아진다.

실험 기술이 있다면 식품 등급의 순수 화학물질 버전을 구입해도 된다. 어떤 스파이킹 물질은 맥주 샘플에 직접 사용해도 될 정도로 소량 판매된다. 기타 좀 더 강력한 풍미가 나는 물질은 원액에 1:1000, 1:1,000,000 이상으로 희석한 다음 맥주에 주입해도 된다.

일반적인 스파이킹 화학물질

화학물질	풍미	역치	샘플 농도
에틸 아세테이트 Ethyl Acetate	솔벤트/에스테르	18ppm	72ppm(4x)
아세트알데히드 Acetaldehyde	풋사과, 잎사귀	10ppm	40ppm(4x)
이소아밀 아세테이트 Isoamyl Acetate	바나나/에스테르	1.2ppm	5ppm(4x)
2,3 펜타네디온 2,3-Pentanedione	버터/디아세틸	10-40ppb	80ppb(4x20ppb)
DMS	크림 옥수수	30-50ppb	160ppb(4x40ppb)
트랜스-2 노네날 Trans-2-Nonenal	종이	0.05ppb	0.20ppb(4x)
홉 이소 추출물 Hop Iso Extract	쓴맛	5ppm(IBU)	25ppm(5x) + 베이스 맥주

경험상 보드카가 희석할 때 사용하기 좋다. 분량만큼 주입하는 데는 분사 피펫(양을 맞추는 다이얼이 있으며 버튼을 한 번 누르면 내용물이 나오는 기기)이 최고의 도구이다. 1,000마이크로 리터(1mL) 용량이 가장 유용하게 쓰인다.

주의 사항: 이들 스파이킹용 화학물질은 냄새가 좋지 않으며 유리나 금속 밀폐용기에 보관하지 않을 경우 냉동실에 매우 강하게 냄새가 밸 수도 있다. 이들 화학물질은 순수한 형태에서 실제로 인화성이 있거나 위험할 수 있다. 순수한 풍미의 화학물질로 작업할 때는 환기가 매우 잘 되는 공간에서 실시해야 한다. 넓은 플라스틱 용기나 쟁반에서 스파이킹을 진행하여 흘리거나 방울이 떨어져도 받을 수 있도록 조치하는 것도 좋은 생각이다. DMS 같은 많은 화학물질은 불안정하여 몇 개월 만에 변질된다. 적당한 용기만 있다면 보관하기 가장 좋은 곳이 냉동실이다. 빈틈없는 방수 마개가 있는 금속함이 권장된다.

2,3-펜타네디온은 맥주 아로마에 있어서 디아세틸만큼 중요하지는 않지만 작업장에서 디아세틸을 흡입할 경우의 위험성이 알려지면서 이 물질을 구입하기 좀 더 어려워졌기 때문에 그 대체 물질로 종종 사용된다. 만약 디아세틸(2,3-펜타네디온)을 구할 수 있다면 80ppb 비율로 사용하라.

일단 맥주가 있다면 새 바늘을 끼워서 피펫을 원하는 스파이킹 양으로 조정하는 건 간단하다. 마개를 비틀어 여는 맥주라면 조심스럽게 마개를 딸 것. 병따개는 사용하지 않는다. 스파이킹이 끝나면 병마개를 도로 닫아놓아야 하기 때문이다. 맥주 뚜껑이 열려 있는 상태에서 피펫을 사용하여 적당한 양의 스파이크를 떨어뜨린다. 피펫을 내려놓고 병마개를 다시 꽉 조여서 닫는다. 비틀어 따는 마개가 없어졌다면, 홈브루잉 마개와 새 크라운 캡을 사용해도 된다. 뚜껑과 라벨에 스파이킹 물질 이름을 꼭 표시해 둘 것.

스파이킹 물질을 직접 혼합하든지, 사전혼합된 물질을 사용하든지, 시음자에게 '통제군', 즉 스파이킹하지 않은 맥주를 제공하여 시음자가 두 맥주를 모두 시음을 해서 서로 비교할 수 있도록 하는 게 중요하다. 나는 보통 이런 시음을 할 때는 기분도 전환할 겸 69페이지에서 소개한 시음 방법, 즉 테이블 위, 드라이빙 기법, 흔들기, 짧게 킁킁거리기, 시음, 비후 시음 방식을 활용한다.

대부분의 참가자의 경우, 역치의 3배에서 4배 사이의 스파이킹 물질을 접했을 때 이들의 아로마와 풍미를 가장 잘 분간

하는 것으로 드러났다. 고급 훈련 단계인 경우, 시음자들은 이 레벨에서 시작해서 개별 한계 농도까지 낮추어 시음을 해본다. 다양한 아로마에 대해 사람들의 민감도가 제각각 다르기 때문에 맥주 심사위원들은 당연히 진지한 자세로 스스로의 민감도를 교정해야 한다.

다음의 일부 이취는 인위적으로 스파이킹된 샘플보다 실제 맥주에서 좀 더 쉽게 느껴진다.

- **스컹크 방귀 냄새**
빛이 맥주 안의 홉과 반응했을 때 나타나는 스컹크 방귀 냄새는 아주 간단하게 알아볼 수 있다. 코로나 Corona 또는 하이네켄 같은 녹색 병에 든 맥주를 낮에 몇 분 동안만 빛에 노출해보라. 우웩, 바로 스컹크 방귀 냄새가 난다! 참고로 밀러 제품은 여기에 해당하지 않는다.(스컹크 방귀 냄새를 유발하는 화학물질이 밀러 제품의 홉 추출물에서 제거되기 때문이다).

- **정향 기운의 아로마**
효모를 통해 바이젠에 덧입혀지는 이 냄새는 유제놀 eugenol이라는 화학물질로 느껴볼 수 있지만, 그냥 헤페바이젠을 사서 맡아보는 것이 더 간단하고 정확하다.

- **너무 오래된 맥주 냄새**
끔찍할 정도로 그 원인이 복잡해서 재연하기는 쉽지 않지만, 오래된 제품을 입수하기는 그다지 어렵지 않다. 좀 껄끄럽기는 해도, 주류 매장에 가서 유통업체에 반품하려고 하는 유통기한 지난 맥주가 있는지 물어보면 된다.

심사와 대회

대회는 양조의 기술와 과학을 한 단계 업그레이드하는 데 중요한 수단이다. 대부분의 양조사들은 편견 없는 동료 집단으로부터 잘 양조된 맥주에 대해 메달을 받았을 때 짜릿한 전율을 느낀다. 수상과 동시에 이들은 명성을 쌓고 때로는 여러 혜택을 받는다. 이는 맥주가 받는 유명세만큼이나 대단한 것이다.

우승자를 선정하는 방법은 많으며, 대회마다 다르지만, 모든 방식에는 다음과 같이 유사한 점이 있다.

- 심사위원은 세심하게 선정되고 심사에 대한 완벽성과 어휘에 대해 점검받는다.
- 대개 심사는 점수표와 특정 방법에 따라 상당히 체계적으로 이루어진다.

- 빛, 아로마, 소음 및 다른 산만한 요소는 통제된다.
- 맥주는 항상 제품명을 가린 채 제공된다. 따라서 심사위원은 오직 잔 안에 있는 내용물만 평가해야 한다.
- 심사 방식은 심사위원이 서로 부당하게 영향을 주지 않도록 짜여 있다.
- 맥주는 모두 같은 스타일 범주에서 대개 8~15가지가 함께 제공된다.

맥주는 순전히 그 자체의 풍미와 밸런스, 다른 감각적 특성을 기준으로 심사되거나 특정 스타일의 맥주는 어때야 한다는 합의된 관점에 비추어 심사되기도 한다. 전자는 쾌락적인 심사라고 하며, 심사위원들은 단지 본인이 느끼기에 맥주가 얼마나 맛있는지에 따라 점수를 매긴다. 비슷한 스타일의 맥주가 같이 비교된다면 어디까지나 더할나위없이 정당한 맥주 평가 수단이다. 문제는 아무리 심사위원이 노련하다고 해도 편견이 있다는 것. 이런 대회에서 심사하는 사람들은 발리 와인같이 좀 더 도수가 높고 풍미가 높은 맥주에 더 높은 점수를 주는 경향이 있다. 하지만 비슷한 스타일끼리 견주는 한, 이 방법에는 전혀 문제가 없다.

스타일 기반의 심사의 경우 각 맥주는 각자가 속한 스타일 범주의 필수적인 특성을 얼마나 잘 발현했나에 따라 심사된다. 스타일 지침은 이 책 9~13장에 수록된 것과 비슷하며 테이블 위에 스타일 지침을 기록한 유인물이 놓인다. 심사위원들은 보통 실제로 심사하기 전에 스타일을 모두 확실히 이해하기 위해 서로 상의한다. 역사적인 스타일과 현대의 상업적인 관습을 서로 연결하고 그 과정을 조직화해서 철저하고 균형 있는 평가를 도모하기 위해 그동안 스타일 지침 작업에 어마어마한 노력이 투입되었다.

어떤 시스템이 더 좋다고 단정할 수는 없으며, 각 시스템은 자체적으로 약점이 있다. 스타일에 따라 심사하게 되면 불가피하게 맥주가 맛있어도 너무 라이트하거나 다크하거나 과일 풍미가 진하거나 너무 쓰거나 아니면 이미 알려진 스타일 지침에 부합하지 않는 경우가 생긴다. 양조사가 해당 스타일 지침에 동의하지 않더라도 이는 고려할 대상이 안된다. 스타일은 모든 사람이 따라야 하는 로드맵이기 때문이다. 반면 쾌락적 심사는 양조사와 음주인들이 서로 대화할 때 일종의 암호로 사용하는 스타일의 언어를 고려하지 않는다는 데 문제가 있다.

규모가 큰 대회에서 많은 참가자 맥주가 속해 있는 한 범주를 솎아내서 마지막 하나 남은 결승전에서 심사할 수 있는 몇 가지로 선별하려면 1회전 이상의 단계가 필요하다. 보통 예선전의 선임 심사위원들이 서로 모여 전 단계에서 올라온 최고의 맥주를 재빨리 재평가한 다음 메달색을 결정한다.

심사 시 알아두어야 할 사항

테이블 위에 맥주가 있다. 조건은 완벽하다. 이보다 더 좋을 순 없다. 이제 다음은?

만반의 준비를 해서 훌륭하게 해내자

자신에게 주어진 일이 무엇인지 확실히 파악하라. 모든 대회는 확실한 기반과 특정 스타일의 조직이 있다. 모든 사람들이 뜻을 같이할 때 최고의 결과가 나온다. 어떤 면에서 맥주 대회는 항상 작위적인 요소가 약간 있기 때문에 판단은 일단 뒤로 하고 대회의 특정 규칙에 따라 움직인다.

스타일 기반 대회인 경우에는 특정 맥주가 지침에 나오는 대로 해당 스타일을 얼마나 잘 표현했는지 평가하는 것이 주어진 임무다. 지침을 놓고 왈가왈부하는 건 심사위원이 할 일은 아니다. 나 역시 지침에 수긍이 안 간 적이 수도 없이 많았지만 이런 것을 논할 시간과 공간은 따로 있으며 심사 테이블은 해당이 안된다. 거의 모든 경선에는 '안타까운' 맥주가 있다는 걸 알아두라. 정말 맛있고 그냥 집에 가져가서 곁에 끼고 싶을 만큼 잘 양조된 맥주지만 무슨 이유인지 스타일 지침에 맞지 않는 그런 맥주 말이다. 슬프게도 이런 맥주는 분명 경선 테이블에서 내려간다.

심사의 경우에는 또 다른 종류의 문제에 직면한다. 모든 심사위원이 스타일 기반 구조에 익숙해 있다 보니 스타일 지침이 없으면 뭔가 기반이 흔들리는 느낌을 받는다. 그러나 이럴 때는 분석 기술은 물론 어떤 맥주가 단순히 맛있는지 집어낼 수 있는 잘 단련된 감을 가지는 게 중요하다.

대회에서는 대회 지침과 점수표가 항상 제공된다. 스타일의 경우 모든 사람들이 동일한 내용을 숙지하도록 경선이 시작되기 전에 해당 스타일 범주에 대한 설명을 읽는 게 의례적인 일이다. 작은 글씨가 불편한 사람들을 위해서는 복사물이 제공된다. 점수표는 심사 과정의 안내자 역할을 한다. 세부 사항 외에도 맥주 품질에 대해 특정 점수가 의미하는 일반적인 사항을 반드시 확인해서 자신이 매긴 점수가 해당 기준에 부합하도록 한다.

심사에는 명시적 규칙과 비명시적 규칙이 있다

대부분의 규칙은 단순한 상식이고 에티켓이다. 어떤 사람의 맥주를 평가할 수 있다는 건 특권이다. 맥주는 그 사람의 많은 노고가 들어간 결과물이니 신중하게 심사하도록 하자. 하지만 무엇보다 중요한 일은, 자신 앞에 놓인 맥주를 가능한 한 자세하게 그리고 정확하게 묘사하는 것이다. 다른 심사위원에게 영향을 주지 않도록 의식적으로 노력을 하라. 익살스러운 얘기나, 탄성 또는 눈을 굴리는 행위를 금하라는 의미도 있지만 우선 심사할 때는 말을 하지 말아야 한다. 그렇게 할 시간은 나중에 주어진다.

맥주 심사위원은 어떻게 되나?

BJCP 프로그램을 통해 심사위원들은 경험, 지식, 노력에 따라
그 단계를 차례차례 올라갈 수 있다.

맥주를 심사하는 일은 날카로운 시음인으로 기술을 갈고 닦는 최고의 방법이다. 양조사가 아니더라도 BJCP(Beer Judge Certification Program)에 참가할 수 있다. 공부를 해서 시험을 보면 심사위원으로 인정을 받는다. 높은 점수와 경험 점수를 더하면 더 높은 등급을 딸 수 있다. BJCP 웹사이트(www.bjcp.org)는 이 모든 과정에 대한 최고의 포털이지만 지역의 홈브루잉 클럽도 이에 못지않게 중요하다. 많은 클럽에서는 스터디를 운영하는데, 언제나 맥주 시음이 많이 이루어지기 때문에 교육적인 요소가 있는 만큼 재미도 있다. American Homebrewers Association(www.homebrewersassociation.org) 또는 지역의 홈브루잉 매장에 가서도 도움을 받을 수 있다.

심사 일에 발을 서서히 담그고 싶다면, 스튜어드(보조) 일을 시작해보라. 스튜어드는 올바른 순서와 조건으로 맥주를 심사하는 데 필요한 모든 일을 뒤에서 처리하는 사람이다. 일을 하면서 '시음'을 접할 일이 종종 있기 때문에 심사 과정이 어떻게 진행되는지 알아볼 수도 있다. 도움의 손길은 언제나 환영이다.

생산적으로 심사하라

심사에서는 짧은 시간에 많은 일이 이루어져야 한다. 원활한 진행을 돕는 것이 심사위원이 할 일이다. 대부분의 홈브루잉 대회에서는 맥주당 10분이 소요되지만 처음 대회에 참여하면 이 시간은 상당히 빨리 지나간다. 자기의 본능과 첫 느낌을 믿고 점수표를 안내자로 삼아 진행하는 것이 중요하다. 완벽한 한 단어를 찾기 위해 심사 과정을 지연시키지 말자. 비후 감각(58페이지 참조)은 또 다른 기회를 주며 이게 좀 늦게 찾아올 수도 있다는 걸 기억하자. 기록을 하고 점수를 기입한 다음 시간이 있으면 맥주를 크게 돌리면서 두 번째 냄새를 맡아보라. 자신이 시음한 것을 기록하지만, 누가 봐도 뻔한 결점이 아니라면 무엇이 잘못되었는지, 어떻게 하면 바로잡을 수 있는지 파악하려고 하지 말 것.

쓸 데 없이 다투지 마라. 물론 한 스타일의 풍미나 섬세한 부분에 있어서 이견은 있지만 이곳은 맥주 대회이지 선과 악을 겨루는 최종 전투장이 아니다. 저마다 맥주의 맛은 조금씩 다르게 느껴지므로 자신이 문외한이라면 다른 사람 의견도 적어도 자기 의견만큼의 가치가 있음을 인정하고 합의를 봐가며 진행한다.

무엇보다 맨 먼저 맥주 냄새를 맡는 것이 가장 좋다

아로마, 특히 황 기반의 아로마는 휘발성이 강해서 겨우 1분 정도만 지속되다 영영 사라져버린다. 먼저 드라이빙 기법으로 냄새를 맡고 빠른 속도로 몇 번 킁킁 거리면서 냄새를 맡는다. 일부 아로마는 감지되는 데 시간이 좀 걸리므로 잠시 짬을 두고 아로마가 가라앉기를 기다리라. 이때는 특히 머릿속에 문득 떠오르는 사소한 기억을 놓치지 말 것. 아로마를 식별하는 데 중요한 단서가 될 수 있다.

느껴지는 아로마가 많지 않다면 손으로 잔을 덮고 소용돌이를 일으키듯 천천히 돌리라. 맥주가 스타일 기준에 비해 너무 차가운 듯 싶으면 잔을 두 손에 모아 쥐고 소용돌이를 일으키듯 돌려주면 온도를 올려 아로마를 발산시키는 데 도움이 된다.

자, 이제 맥주를 바라보라

색, 투명도, 헤드 특성, 헤드 유지력 등에 관해 메모를 하라. 이런 속성은 스타일에 따라 그 적합 여부가 급격히 달라진다는 점을 명심할 것. 또 한 가지, 이들 속성은 맥주에서 가장 중요한 성질이 아니며 전체 점수에서 아주 작은 부분을 차지한다는 점도 알아두라. 솔직히 맥주를 가까이에서 관찰한다고 해서 얻을 수 있는 정보는 그리 많지 않다. 외관에 속아서 실제 존재하지도 않는 맛을 보는 일은 없도록 하라. 다크한 색상이 딱 그럴 수 있다. 구운 토스트 냄새를 맡고 있는 게 정말 확실한가? 사람은 쉽게 속아넘어간다.

한 모금 마시고 혀 위에 맥주를 머금으며 입안에서 덥히라

달콤함, 새콤함 같은 기본 맛에 주의를 기울이고 쓴맛은 다른 맛보다 서서히 축적되므로 좀 더 여유를 가지고 기다린다. 맥주가 데워지면서 아로마가 발산된다. 와인 감정가들은 보통 샘플을 뱉어내기 때문에 '흡인법 aspiration'이라는 방법을 쓴다. 맥주를 입안 바닥에서 데우면서 입안으로 공기를 빨아들이며 그르륵 하는 소리를 낸다. 그 다음 공기를 코 밖으로 서서히 내보내면서 입을 다문다. 이렇게 하면 비후 감각이 형성된다. 보통은 샘플 맥주를 삼키기 때문에 이 과정은 생략할 수 있는데, 일반적으로 사용하는 비후 기법, 즉 천천히 삼킨 다음 입을 다문 채 숨을 서서히 내뱉는 과정을 따르면 된다. 비후 감각을 강화할 수 있는 다른 부가적 기법이 있다. 맛을 보고 삼킬 때 코를 막고, 맥주가 목을 타고 내려가면 막은 손을 떼어준 다음 짧은 숨을 뱉는다. 가끔 이런 기법을 사용하면 미묘한 아로마를 느낄 수 있다.

마무리하고 세부적인 부분을 보라

디아세틸이나 DMS 같은 이취가 있는가? 특별히 끝맛에 거침이나 떫음이 있는가? 산화를 나타내는 종이 맛이나 우디한 기미가 있는가? 원치 않는 신맛이 느껴지는가? 바디, 탄산화, 떫음, 기름기 등의 마우스필 감각에도 반드시 신경을 쓰라. 뒷맛은 어떠한가? 빨리 사라지는가, 아니면 오래가는가? 홉의 풍미가 진한가? 아니면 맥아 풍미나 로스팅 풍미가 강한가? 위에 열거한 것이 모두 해당되는가? 아니면 또 다른 요소가 느껴지는가? 다시 한 번 기록을 하라. 거북하게 드러나는 요소가 없는지 살펴보라.

마지막으로 좀 더 수준 높게 분석을 하라

맥주를 스타일별로 심사하는 중이라면 맥주의 전반적인 강도, 쓴맛, 맥아 특성, 발효 방식이 해당 스타일에 잘 부합하는가? 라거일 경우, 과일향이나 에스테르향이 없는가? 밸런스는 어떠한가? 모든 부분이 서로 조화를 이루는가? 한 잔 마시고 싶은 맥주인가? 아니면 한 잔 더? 무인도로 가져가고 싶은가? 1년 후 이 맥주가 좋은 쪽으로 생각날 것 같은가?

모든 메모를 마치고 맥주 점수를 기록했으면, 이제 다른 심사위원과 토론을 해도 된다. 이런 토론에서는 경험 많은 감정가라도 토론을 독점하지 않도록 주의하는 게 최선이다. 아무리 신참이라도 귀담아 들을 말은 있기 마련이다. 한두 가지 놓치지 않는 사람은 아무도 없다.

대회 소개

그레이트 아메리칸 비어 페스티벌 GABF: Great American Beer Festival과 월드 비어 컵 World Beer Cup

이 두 대회는 미국 크래프트 양조사와 홈브루어를 대표하는 협회인 Brewers Association에서 운영한다. 그레이트 아메리칸 비어 페스티벌이 미국 양조사만 참여할 수 있고, 월드 비어 컵은 전 세계인들에게 기회가 주어진다는 점을 빼고는 두 대회는 성격이 똑같다. 그레이트 아메리칸 비어 페스티벌은 1981년부터 시작되었다. 월드 비어 컵은 1996년 시작되어 짝수 해에만 운영된다.

이들 대회는 스타일 중심의 경선으로, 광범위한 스타일 지침(양 대회에서 사용되며 www.brewersassociation.org에서 다운받을 수 있다)이 심사위원과 양조사들의 피드백을 통해 매년 갱신된다. 이런 대회에서 채택하는 범주는 미국을 비롯한 전 세계의 현 상업적인 실태를 반영한다. 모든 심사는 3일에 걸쳐 이루어진다. 점수 산정은 포인트에 기반하지 않는다. 맥주는 경선 그룹별로 테이블에 놓이고, 각 그룹은 마치 최고의 제품을 가려내는 결승전인양 심사를 받는다. 심사위원들은 하나씩 차례로 보면서 특별 제작된 심사지에 메모를 하고 적절한 코멘트를 곁들인다. 1회전은 토론 없이 진행되는데 심사위원들끼리 서로 지나친 영향을 주는 것을 막기 위함이다. 참여한 모든 사람들이 맥주에 대해 의견을 가질 시간을 확보한 후에 토론이 시작된다.

문제점이 아주 뚜렷하거나 스타일에 어긋나는 맥주는 처음에 배제된다. 그런 다음 풍미나 스타일 또는 한 범주 안에 묶이지 않는 맥주 등 작은 문제로 좁혀진다. 이제 심사 대상 맥주는 소수로 좁혀졌다. 이 시점에서는 해당 스타일에 남아 있는 맥주가 전부이기 때문에 심사위원들은 맛, 사소한 결점, 긍정적인 느낌을 만들어낼 가능성 등 덜 구체적인 속성에 집

대회에서 메달을 수상하면 자랑거리가 됨은 물론
양조장은 강력한 판매도구를 갖게 된다.

사적 또는 '고전적인' 버전에 좀 더 치중하며, 현재 상업적인 실태에는 영향을 덜 받고 5년에 한 번 정도만 갱신된다. 이 책에 소개된 맥주 스타일의 수는 2015 BJCP 스타일 수이며, 씨서론 협회에서도 이를 사용한다.

AHA에서 운영하는 National Homebrew Competition은 세계에서 가장 큰 규모의 맥주 대회다. 출품된 맥주는 2단계 과정을 거친다. 첫 번째 라운드에서 맥주는 그룹별로 나뉘어 여러 곳에서 심사된다. 커트라인을 통과한 맥주는 해당 양조사에게 보내지며 2라운드에 진출한다. 이 대회는 National Homebrewers Conference와 함께 항상 6월에 열린다.

심사는 매우 엄격하게 짜여 있는데 50점 단위로 외관과 아로마, 풍미, 바디, 전반적인 요소에 일정 점수가 부여된다. 대회 규모가 크든 작든 각 스타일 범주별로 수상자가 결정되고, 모든 범주의 금메달 수상자는 마지막 최고 우승 맥주를 가르는 라운드에 진출한다. GABF와 달리 경쟁 맥주는 하나씩 차례로 뚜껑이 열리고 심사위원의 점수 집계와 숙고의 시간이 지난 후 탈락할 맥주가 정해진다. 최종 출품 맥주를 추려내는 일은 이들이 모두 다른 스타일이기 때문에 까다롭다. 심사위원은 발리 와인의 순수한 위력과 화이트 에일의 섬세한 아름다움을 저울질해 보아야 한다.

BJCP/AHA 인가 대회는 참가자가 100명 미만인 소규모 대회에서 휴스턴의 딕시 컵 Dixie Cup 같이 어마어마한 광란의 장까지 모두 지역 차원에서 열린다. 이밖에 NASCAR(전미 스톡 자동차 경주 협회)가 하는 방식과 똑같이, 한 시즌의 경선급 대회에서 받은 점수를 합산하는 무수히 많은 지역 연맹이 있다. 실제 대회는 주최하지 않는 독특한 모임이다.

중해야 한다. 그룹당 시음 시간은 보통 60분에서 90분이 걸린다.

전문 심사위원 집단이 선호되지만, 예외적으로 기술이 뛰어난 홈브루어나 언론인들도 심사위원 집단에 소속된다. 경쟁이 치열해서 대기명단이 있고, 많은 심사위원들은 순환식으로 돌아가며 선정된다.

BJCP/AHA 인가 홈브루잉 대회

미국과 해외 다른 나라에는 동네와 지역, 국가 차원에서 BJCP(Beer Judge Certification Program)와 AHA(American Homebrewers Association)가 주최하는 행사가 많으며 이런 대회는 홈브루잉 클럽 활동에서 소중한 부분이다. 이들 경선은 GABF와 마찬가지로 스타일 기반의 경선이다. BJCP 지침은 GABF 지침과 비슷하지만, 스타일의 역

몬디알레 드 라 비온 Mondiale de la Bion

이 맥주 축제는 몬트리올에서 시작되었지만 현재는 프랑스 스트라스부르크 Strasbourg와 리오데자네이루 Riode Janeiro에서 행사가 개최된다. 모든 행사에서 관련 대회가 열리지만 대회 진행 방식은 좀 독특하다. 하나의 스타일 대신, 각 그룹에는 비슷한 중량의 서로 다른 스타일이 혼합되어 있으며 테이블의 각 심사위원은 저마다 다른 맥주를 심사한다. 조직위의 믿음은 이렇게 하면 토론의 편견을 줄일 수 있다는 것이다. 스타일에 기반한 심사에 익숙하다면 처음에 좀 당황스러울 수 있지만, 편안해지면 꽤 만족스러운 결과가 나온다. 이 시스템의 독특한 특징으로 참가자들은 해당 맥주가 어떤 스

타일에 속하는지 추측하고 이 스타일의 전형으로서 해당 맥주가 주는 즐거움에 기반하여 맥주를 평가해보라는 요구를 받는다. 분명 틀에 박히지 않은 방법이지만, 내 경험에 위대한 맥주는 이런 곳에서도 변함없이 선전한다.

베버리지 테이스팅 인스티튜트 Beverage Testing Institute/
월드 비어 챔피언십 World Beer Championships

시카고에 위치한 이 회사는 이름 그대로 주류를 검사하는 기관이다. 와인 평가 프로그램으로 출발한 후 1994년, 맥주와 증류주로 그 범위를 확대했다. 회사는 심사위원단을 자주 투입해서 맥주를 스타일별로 분류한다. 그러나 이곳의 심사 방법은 쾌락 시스템이기 때문에 심사위원단은 좋아하는 정도에 따라 14점 단위로 맥주를 평가한다. 당연히 이렇게 평가를 하면 스타일 사이에 불균형이 생기지만, 각 스타일 안에서 모든 순위가 매겨지기 때문에 문제가 되지는 않는다. BTI(맥주 검사 기관 Beer Tasting Institute) 메달은 획득한 특정 점수로 결정되고 이에 따라 금, 은, 동 메달이 가려진다. 이 회사는 일부 사람들로부터 상을 너무 남발한다는 비판을 받았지만, 이런 점수 기반의 메달 시스템이 다른 식품 및 와인 대회에서 널리 사용된다.

미국 외의 국가에서 개최되는 대회는 다채롭다. 특히 남미에서 개최되는 많은 대회는 BJCP 형식을 사용하고 때로는 특별히 수정된 스타일 지침을 적용한다. 다국적 대회인 이탈리아의 몬디알 드 라 비에르 Mondial de la Biere와 비라 델아노 Birra del'Anno는 그야말로 특이하다. 미국 밖에서 심사할 기회가 생긴다면 주저말고 참여하라. 환상적인 경험이며 대개는 신나게 즐길 수 있는 특별 행사도 있다.

시음 패널과 맥주 평가

양조장은 제품 평가를 위해 상당히 조직적인 시스템이 필요한데, 오늘날 첨단 분석 장비를 통해 많은 작업을 할 수 있다고 해도 맥주에 관해서는 사람이 잘할 수 있는 부문이 아직 많다. 우선 양조장은 단순히 현재 시판되는 맥주의 일관성을 모니터하거나 다른 양조장에서 양조된 동일한 맥주가 모두 같은 맛이 나는지 확인할 필요가 있다. 이밖에 맥주 품질의 향상 여부를 평가하기도 하고 재료, 장비 또는 양조 기술이 바뀔 때 제품의 일관성이 유지되는지 확인하기도 한다. 물

양조장 시음 행사
안내에 따라 진행되는 양조장 시음 행사는 양조장과 그 제품을
단시간에 알 수 있는 가장 좋은 길이다.

론 신상품이 개발되면, 이들 제품 역시 시음을 해야 한다. 시음 패널은 보통 테스트와 훈련을 거친 양조장 직원 중에서 선발하지만 신제품의 경우는 일반 소비자를 이용하는 것도 중요하다.

시음 실시 요강에는 많은 종류가 있다. 가장 까다로운 요강은 패널진이 오직 하나만 다른 맥주를 제공받는 경우이다. '듀오-트리오 duo-trio'라고 하는 기술에서는 기준 샘플이 먼저 제공되고, 패널진은 나머지 두 맥주 중 어떤 것이 샘플과 똑같고 어떤 것이 다른 맥주인지 식별해야 한다. '삼각 시험법'의 경우에는 3가지 맥주가 동시에 제공되고 패널진은 그 중 다른 맥주를 골라내야 한다. '짝 비교'에서, 시음자는 두 가지 맥주 중 어떤 맥주가 쓴맛 같은 특정 속성이 더 강하냐는 질문을 받는다.

패널진은 맥주를 연속으로 제공받은 후 특정 속성의 차이를 등급으로, 보통 1~5 또는 1~10 척도로 매겨보라는 질문을 받기도 한다. 다른 척도로는 (-)~ 0 ~(+) 체계를 사용하는데 가장 극한값은 +7 또는 -7이며 0은 중성값이다. 패널진은 보통 여섯 가지 미만의 맥주를 연속적으로 제공받은 후 어떤 특성 또는 선호도 순으로 등급을 매겨보라는 요청을 받기도 한다.

이런 모든 방법과 병행하여 결과의 타당성과 신뢰도를 결정하기 위해 통계 작업을 일정량 실시해야 할 필요가 있다. 시음진이 어쩌다 우연히 정답 맥주를 고를 확률이 있기 때문이다. 통계 이외에 큰돈이 걸려 있는 평가에서는 많은 심리적인 효과를 고려해야 한다. 샘플이 제공되는 순서는 평가 방

식에 영향을 주어, 가장 정직한 평가는 샘플 그룹 중간에 이루어진다는 것은 잘 알려진 사실이다. 맥주끼리 강한 대조를 이루는 경우도 영향을 주기 때문에, 풍미가 덜 강한 맥주가 먼저 평가된다. 꽤 비슷한 맥주가 모이면 패널진은 최면에 걸린 듯 실제보다 이들을 더 비슷하게 인식한다. 심사위원들은 저마다 척도를 다르게 사용해서, 어떤 사람은 극한값을 쓰고 어떤 사람은 중간값에 집착한다. 때때로 임의의 패널진의 가장 낮은 점수와 가장 높은 점수는 완만한 자료값을 위해 배제시킨다. 그리고 또 하나, 우리 모두는 브랜드 이름이나 포장 상태 같은 사전 기대 사항이나 다른 시음자의 의견에서 나온 견해에 영향을 받기 쉽다. 때문에 이런 것들은 의미 있는 상황에서는 되도록 배제하거나 피한다.

심사나 평가를 위한 맥주 준비

언제든 맥주를 진지하게 평가할 때는 맥주가 가능한 최적의 상태로, 주의를 산만하게 하는 요소는 최소화하여 시음자의 입술에 닿도록 만전의 노력을 다해야 한다.

첫 번째 고려할 사항은 적절한 온도이다. 온도를 관리하는 것은 지독하게 어려운데, 특히 우주의 창조주가 우리에게 섭씨 10도의 얼음을 주는 축복은 내리지 않기로 작성했기 때문이다. 일반적으로 라거는 섭씨 4도, 에일은 섭씨 10~13도가 적당하다고 여겨지는 온도이며, 도수가 높은 맥주는 낮은 맥주보다 덜 차갑게 낸다. 통상적인 방법은 냉장 보관된 맥주를 대회 1시간쯤 전 미리 냉장고에서 꺼내 각자의 이상적인 서빙 온도까지 올라가도록 놔두거나, 맥주는 컵에 닿기만 해도 2~3도가 올라가기 때문에 서빙 온도 약간 아래까지 올라가게 놔둔다. 이런 방법은 대회 서빙 준비 과정 중 세세한 부분에 속한다. 대회 조직위나 서빙 책임자에게는 적외선 온도계가 유용하다. 맥주 쪽으로 온도계를 뻗기만 해도 온도를 잴 수 있으니 탐침식 온도계보다 번거로움이 덜하다.

심사위원들은 맥주 온도에 유의해야 한다. 너무 찬 맥주는 아로마가 부족하고, 어떤 것은 냉각 혼탁이 생기기도 하지만 이는 눈감아줄 수 있다. 차가움이 살짝 과한 맥주는 아로마를 다시 확인하기 전 손으로 덥혀야 한다.

맥주는 언제든지 시음하기 직전에 따라야 한다. 맥주는 잔 중앙에 바로 붓고 거품이 가라앉기를 기다린 후, 필요한 경우 더 부어도 되지만 잔의 1/3 이상으로 채워서는 안 된다.

시음 유형 제안

- **스타일별** IPA, 바이스 등 비교
- **국가별 또는 양조 전통별 비교**
- **클래식 스타일에 대한 크래프트 생산자와 전통 생산자 비교**
- **버티컬 테이스팅** 한 종류의 맥주를 여러 빈티지 비교 시음
- **원료별** 홉, 맥아 등
- **계절별** 여름 맥주 등
- **다양한 효모 종류** 라거, 에일, 바이스, 벨지안 비교
- **전통 비교**
- **비슷한 에일과 라거** 예를 들어 브라운 에일과 뮤닉 라거 비교
- **음식과 곁들여 비교** 치즈, 초콜릿 등(자세한 내용은 7장 참조)

일부 괴짜 심사위원은 작은 플래시나 레이저 포인터를 가지고 다니기도 한다. 색이 다크한 맥주의 혼탁을 평가하는 데 도움이 될 수 있다. 이런 도구로 잔 위에서 바닥까지 쭉 비춰보거나 잔의 측면을 따라가며 살핀다. 빛줄기가 보일 경우, 혼탁이 조명을 받은 것이다. 내가 대회를 치를 때 좋아하는 도구는 기술과는 거의 관계없는 유성 연필이다. 테이블 위에 계속 놓고 다시 확인하고 싶은 맥주에는 유성 연필로 참가 번호를 기록하면 되므로, 어떤 것인지 기억하기 위해 맥주를 순서대로 정렬할 필요도 없다.

대회 조직위는 조직적이어야 하고, 시음을 하는 판정단은 맥주에서 무엇을 기대해야 할지 알고 있어야 한다. 정보를 풍부하게 제공해주면 판정단이나 맥주나 최고의 실력을 발휘할 수 있다.

가벼운 맛의 맥주일수록 앞에 나와야 하는데 이는 곧, 홉의 풍미와 로스팅 풍미가 덜한 맥주, 알코올 도수가 낮은 맥주일수록 먼저 심사된다는 뜻이다. 그룹당 10여 가지 맥주가 평가하기 좋은 최대 가짓수로 간주되지만 때때로 그 수가 좀 더 많아지기도 한다. 시음 판정단들이 적당한 휴식을 취하고 생리적인 욕구가 제대로 해결될 수 있도록 배려해야 한다.

마지막으로 한계를 이해하는 게 중요하다. 공식적인 시음은 섭취하는 알코올 양이 그다지 많지 않더라도 상당히 피로한 일이다. 그룹별로 12~15가지 맥주를 심사하는 하나의 심사 세션에서는 각 그룹의 심사가 끝난 후 휴식이 필요하다.

시음 행사 샘플 준비

시음 행사는 그 형식이 다양해서 완전히 즉석으로 이루어지는 파티에서부터 철저히 기획된 단계별 교육행사까지 다양하다. 큰 규모 또는 작은 규모로 열리며 공식 또는 비공식으로 진행되기도 한다. 아래에 나열한 시음 행사가 결코 다가 아니지만 어떤 행사가 이루어지는지 대략 감을 잡을 수 있을 것이다.

리셉션 스타일의 시음 행사

맥주 축제처럼 이런 시음 행사는 대개 즐기는 것이 목적이고, 교육은 부차적인 목표다. 가장 일반적인 형식에서는 한 스타일이나 지역에서 범위를 좁혀 선정한 다양한 종류의 맥주 또는 대표 맥주를 10~15종 정도 소개하거나, 특정한 점을 알려줄 목적으로 맥주를 선정한다. 대개 얼음이 담긴 버스 터브 안에 병맥주가 놓인다. 참가자들은 보통 자기 나름의 속도로 돌면서 맥주를 시음한다. 규모가 작은 단체인 경우는 맥주를 따라주는 사람이 없어도 시음할 수 있지만, 단체 규모가 커지면 따라주는 사람이 있어야 한다. 특정 시음 순서를 제안하거나 맥주에서 반드시 살펴보아야 할 것을 알려주는 프로그램이 마련되기도 한다. 이때 맥주에 대한 세부사항을 수록한 프린트물은 상당히 도움이 된다. 구두로 소개가 이루어지기도 한다.

많은 시음 환경에서 중요한 점은 맥주와 청중을 알맞게 연결하는 일이다. 와인을 마시는 사람이 있다면, 과일 람빅을 내놓는 것이 이들을 맥주 쪽으로 끌어들이는 방편이 될 수도 있다. 아니면 이들이 적어도 맥주가 모두 노란빛에 톡 쏘는 거품이 나는 건 아니라고 인정하기만 해도 성공이다. "이 맥주 괜찮네요. 맥주 맛이 안 나요!" 이런 말을 듣는 게 나는 너무 좋다.

일반적인 청중의 경우 사람들의 경험과 개인적인 맛의 민감도는 상당히 달라질 수 있다는 점을 기억하라. 자신이 IBU 100의 더블 IPA에 열광한다고 해도 모든 사람이 여기에 동조하지는 않는다. 따라서 어느 정도 창의적이지만 거부감이 없는 맥주를 준비하는 것이 대개는 좋다. 사람들을 기존의 익숙한 영역에서 조금은 이탈하도록 유도하는 것은 괜찮다. 바로 이 때문에 시음 행사에 참여하는 것이니까. 경우에 따라서는 사람들을 당초 계획보다 더 밀어붙여도 된다.

어떤 맥주를 어떤 층이 좋아할 거라는 섣부른 가정은 하지 말 것. 우리 어머니는 묵직하고 달콤한 다크 맥주를 좋아했다. 홉의 풍미가 아주 진한 맥주만 조심하라. 칠리 고추의 매운맛과 똑같이 맥주의 쌉쌀함은 적응하는 데 시간이 좀 걸리므로 노련한 참가자가 있지 않은 이상 조심해서 제품을 선정하라.

캐주얼한 시음 대회

이런 대회는 전세계에서 널리 열리지는 않지만, 참가자는 물론 맥주 공급업자를 끌어들이는 재미있는 방식으로 진행되고, 대회 결과가 중요한 의미를 지닌다. 중요한 특징은 통제된 조건하에서 고도의 훈련을 받은 심사위원이 아닌 행사에 참여한 참가자에 의해 점수가 매겨진다는 것이다. 어떤 면에서는 이런 평가 방식이 사람들이 맥주를 즐기고 맥주에 관해 얘기를 나누는 사회적인 상황과 더 가깝기 때문에 실세계의 맥주 평가 방식과 좀 더 유사하다. 시카고맥주협회Chicago beer Society는 거의 40년 가까이 이런 행사를 주최해왔다. 현재 형식은 스타일별로만 나뉘어진 10여 가지 생맥주를 마셔보는 것이다. 참가자에게는 점수표가 배부되며, 그 안에 메모할 공간과 절취란이 있는데, 이곳에 가장 좋아하는 맥주, 두 번째, 세 번째 좋아하는 맥주를 기록한다. 어떤 순서로든 맥주를 시음할 시간은 90분이 주어진다. 표가 수거된 후, 맥주를 식별할 수 있는 탭 핸들이 설치되고 디너가 제공된다. 이런 종류의 시음은 병맥주로도 진행할 수 있는데, 맥주를 참가자가 보지 않게 따라야 하기 때문에, 맥주를 따르고 이동하는 횟수가 상당히 많아지므로 참가자가 많으면 진행하기 힘들다.

맥주 및 음식 행사는 브루펍과 양조장을 이어주는 또 하나의 좋은 장이다. 시카고맥주협회는 매년 '브루펍 슛아웃Brewpub Shootout'을 개최해서 서로 궁합이 맞는 음식과 맥주를 선보인다. 참가자들은 최고의 맥주, 최고의 음식, 최고의 궁합을 선정한다. 수상이 걸려 있는 경우 양조장과 브루펍이 여기에 얼마나 열정을 쏟아붓는지 혀를 내두를 정도다. 이 행사가 개최된 지 15년이 지난 터라 금메달을 놓고 양조장 간에 경쟁이 꽤 치열하다.

일반 시음 행사

상당히 여러 가지 형식을 가질 수 있다. 인도 뷔페와 IPA 향연, 바이스비어 브런치, 색다른 페어링을 선보이는 맥주와 치즈 행사, 벨기에 스타일의 맥주와 찐 홍합, 카르보나드 플라망드를 비롯한 기타 벨기에 요리를 곁들인 최고급 벨기에 디너 등이 그 예다.

음악 관련 행사

근처에 강이나 바다가 있다면 전체 행사를 보트로 옮겨 맥주 크루즈를 해도 된다. 블루스 밴드와 구운 돼지로 블루스 앤 브루즈 크루즈를 진행했는데 끝내주게 재미있었다.

양조장 시음 행사

가장 흔한 형식 중 한 가지인데, 맥주를 판매하는 가장 좋은 방법이 사람들 입에 직접 넣어주는 것임을 양조장이 파악하고 있기 때문이다. 전형적인 방식에서는 6~8개의 샘플을 보통 강도가 약한 순에서 강한 순으로 내놓는다. 사람들이 도착하자마자 마실 수 있는 '웰컴 맥주'를 제공하는 게 좋다. 때론 좀 성급해서 도착 즉시 바로 시작하려는 사람들이 있기 때문이다. 제공되는 총 알코올 양에 유의하라. 합산해서 최대 2에서 3 사이의 표준 맥주의 알코올 양(137페이지 도표 참조)이 2시간 시음 행사에 적당하다. 시음하는 맥주가 무엇이고 각각 어떤 점을 찾아봐야 하는지 그리고 이들 맥주가 맥주계라는 큰 그림에 얼마나 조화롭게 어울리는지 등을 염두에 두고서 시음을 하도록 할 것. 맥주 홍보물과 메모란이 있는 시음지는 항상 환영이다. 참석자에게 맥주 버리는 용도의 양동이와 헹굼물이 제공된다면 잔 두 개만 있으면 된다. 첫 번째 맥주를 따라서 이 맥주에 관해 얘기를 나누다 보면 두 번째 잔을 따를 시간. 세 번째 맥주를 따를 시점에는 맥주를 마셔버리거나 버려야 한다.

교육 프로그램

이런 시음은 대개 강의식이나 교실 환경에서 이루어진다. 어떤 주제로도 진행될 수 있지만 스타일을 다루는 프로그램이 가장 인기가 있다. 씨서론 또는 BJCP 시험을 공부하는 사람들은 이런 행사에 거의 의무적으로 참여해야 한다. 전형적으로 참가자 그룹은 스타일군에 초점을 맞추어 많은 상업 제품을 시음하며 지식이 많거나 경험이 풍부한 전문가로부터 설명을 듣는다. 원료 시식과 스파이킹 된 맥주를 시음하는 것도 또 다른 재미거리이며 유용한 순서다. 정해진 순서로 2~3온스의 맥주가 제공된다. 맥주를 시음하는 사람들에게 다른 사람들 앞에서 느낌을 표현해 보도록 자꾸 유도해야 한다. 아무도 틀리고 싶어하지 않지만 계속 부추긴다. 사람들이 자신이 느끼는 것을 편안하게 얘기해보도록 하는 게 중요하다. 대개는 예상보다 더 잘한다.

리얼 에일 행사

주최 공간을 마련하는 등의 특별한 준비가 필요하다. 토요일 행사를 위해서는 화요일까지 맥주를 마련해야 하기 때문이다. 맥주를 따르는 순간 반드시 최적의 상태를 유지하기 위해서는 특별한 기술 역시 필요하다. 이런 행사는 날씨가 확실히 선선한 시기로 접어들어 문을 열거나 온도조절기를 낮추면 맥주 온도를 조절할 수 있는 그런 계절에 개최하는 게 가장 좋다. 아이스 블랭킷부터 순환용 글리콜까지 다양한 리얼 에일 쿨링 시스템이 있지만 이런 것들은 비싸고 손이 많이 가므로 꼭 필요한 경우가 아니라면 피해야 한다. 맥주는 비중에 의해 따라지므로 이는 곧 단순한 플라스틱 탭만 있으면 된다는 의미이다. 값비싼 핸드 펌프는 이런 상황에서 맥주에 아무 득이 되지 않으므로 필요없다.

버티컬 시음 행사

수년 간의 사전 기획이 필요할 수 있지만 어떤 것과도 견줄 수 없는 맥주 경험을 선사한다. 이 시음은 한 맥주를 제품 출시년도에 따라 다양하게 시음하는 것인데 지금까지 밝혀진 바, 버티컬 시음은 숙성시키기 좋은 고도수 맥주로 할 때만 그 목적을 달성할 수 있다. 레시피가 그대로인데도 맥주마다 얼마나 맛이 달라질 수 있는지 놀라울 따름이다. 가끔 양조장이나 바는 이런 행사를 위해 특별 맥주를 한정된 양으로 비축해두며, 맥주 애호가들이 모인 상당한 규모의 단체인 경우는 개개인이 소장해놓은 물량으로 상당히 괜찮은 버티컬 시음 행사를 주최할 수 있다.

맥주 나눔 행사

간단한 거실 모임에서 상당히 큰 규모의 행사 등 종류가 다양하다. 이 행사의 원조격은 인디애나주 먼스터에서 개최되는 쓰리 플로이즈 다크 로드 데이 Three Floyds' Dark Lord Day. 팝업 텐트인 이—지 업스 E-Z Ups가 끝없이 펼쳐져 있는 가운데 텐트마다 독특한 희귀 맥주가 마련된다. 참가비는? 자신이 애장하는 스페셜티 맥주 몇 병만 있으면 그만이다. 맥주 수

집가는 되지 마라. 맥주는 끝도 없이 보관하는 물건이 아니며 분명 무덤에 가져갈 수도 없을 테니, 그런 맥주를 꺼내서 자기만큼이나 좋아하는 사람들과 나누어라.

사교 시음은 맥주 애호가로서 즐기는 대단한 즐거움이다. 맥주광들로 가득찬 방에서 새로운 맥주를 찾아 발견하고 나누는 경험은 내게 있어 교회 안에 있는 것과 똑같은 기쁨이지만 사실 훨씬 재미있다.

대부분의 브루펍과 많은 포장 판매 양조장은 정기적으로 브루마스터 디너 행사를 여는데, 이곳이 바로 동료 맥주 애호가는 물론 양조사를 만나기에 아주 좋은 장소이며 특정 양조장의 맥주와 이들이 선전하는 비결을 알아가기에도 대단히 좋다. 내 경험에 이런 행사는 직접 참여해서 조직에 관여하는 것이 훨씬 즐겁다.

스스로 시음 행사 준비하기

가장 단순한 행사는 사교적인 모임 자체로 맥주에 마냥 중점을 두지는 않는다. 사람들에게 필요한 것을 가져오라고 부탁하거나 경비 분담을 요청할 수 있고 아니면 돌아가며 행사를 준비하면 된다. 중요한 건 그 목적에 집중하는 것이라 맥주를 한 번에 다 마셔버리지 않도록 해야 한다. 참석자들에게 초반에 할 얘기를 준비하도록 부탁하거나 권위 있는 책을 일부분 읽거나 시음 노트를 작성하도록 하면 행사에 참여할 때마다 모든 사람들이 최대한 많은 것을 얻어갈 수 있다. 맥주 가짓수는 10개 정도로 제한할 것. 10가지가 넘어가면 부담이 된다. 훌륭한 유리잔도 경험에 더해지는 요소이다. 사람들에게 저녁 행사 내내 같은 잔(아니면 두 개씩)을 헹구어 다시 사용하도록 부탁해도 된다.

나는 20년 정도 시카고맥주협회에 속해 일을 해왔으며 여전히 이곳 구성원이다. 이 협회는 모두 자원봉사자로 구성되고 그동안 여러 가지 많은 행사를 개발해 진행해오면서 그 과정에서 무엇이 성공적이고 무엇이 효과가 없었는지 경험했다. 내가 이 책에서 소개하는 모든 정보는 이 조직에서 일한 경험으로부터 나온 것이다.

행사에서는 할 수만 있다면 음식을 준비하는 것이 가장 좋다. 음식이 알코올 흡수 속도를 늦춰주고 행사를 좀 더 사교적으로 만들어주며 맥주가 식도락 체험의 일부로 가장 보기 좋게 부각되기 때문에 음식을 곁들일 책임이 있다고 생각한

다. 간단하지만 푸짐한 애피타이저를 준비하면 되는데 예를 들면 아티산 치즈나 소시지가 있다.

일단 콘셉트를 잡았으면, 다음 순서는 구성원을 수용할 수 있는 크기의 전용룸을 갖춘 레스토랑에 연락해서(외부 공급업체에서 맥주를 조달하는 문제 등) 준비 과정과 예상 비용(총 비용에 반드시 세금과 팁을 포함할 것) 등에 관해 이야기를 나눈다. 책임 보험 또한 고려해야 할 중요 사항이다. 행사가 상업 공간에서 열린다면 행사는 사업장 보험의 혜택을 받을 수도 있지만 그렇지 않은 경우 AHA에서 책임 보험을 제공한다.

이후 인근의 양조장과, 되도록이면 맥주 유통업체에 연락해서 행사에 무료로 참여할 수 있는 티켓을 제공할 테니 맥주를 협찬해줄 수 있는지 물어본다. 맥주 협찬에 관해서는 지역법을 확인할 필요가 있다. 미국의 많은 주에서 맥주를 직접 협찬하는 건 불법이며, 이런 경우 맥주를 구입해야 할지도 모른다.

그러나 양조업체에서 행사 티켓 값을 내거나 기부를 해줄 수 있기 때문에 맥주에 드는 비용은 상쇄된다. 보통 행사가 비영리 목적인지 아닌지에 따라 차이가 난다. 세세한 사항까지 알려줄 수는 없지만, 해당 지역의 양조업체와 유통업자들이 허용가능한 사항을 잘 알 것이다.

다음은 행사를 홍보하는 일인데, 소셜 미디어를 통해, 또 구식이지만 인기 있는 맥주 판매처에 전단지를 붙여 열심히 홍보한다. 전단지에는 비용과 과정 그리고 티켓 구매 마감일을 빠짐없이 수록한다. 이밖에 처리해야 할 물류 문제가 있으며 이중 가장 어려운 부분이 맥주를 운반하고 서빙하는 일이다. 일부 클럽은 크기가 상당한 생맥주 장비를 구비하고 있기도 하며 아니면 레스토랑이나 근처 양조장, 유통업체 또는 홈브루어에게서 빌릴 수도 있다.

행사에서 챙길 게 너무 많아 지쳐 있다면, 지역 양조자 단체나 해당 주의 크래프트 양조자 조합과 협력 관계를 모색해봐도 좋다. 이들 조합은 세부사항을 관리하는 데 도움을 주는 열정적인 자원봉사자를 대개 기쁘게 받아들이며, 기획 인력을 제공해준 대가로 성공적인 행사 절차를 공유해주기도 한다.

맥주 축제를 최대한 이용하기

축제는 매력 덩어리다. 입맛에 맞는 수많은 맥주가 줄지어

있고, 1년은 족히 걸릴 펍 순회를 자리를 꽉 메운, 프레첼 목걸이를 건 맥주 애주가들과 함께 서로 팔꿈치를 맞대며 단 몇 시간 만에 해치운다. 바로 열반의 경지!

그러나 축제는 많은 군중, 너무 많은 선택 사항, 불편한 환경 조건으로 사람을 조금 피곤하게 할 수 있다. 훌륭한 전략과 약간의 자제력은 행사를 좀 더 즐기는 데 크게 도움이 된다. 여기 몇 가지 팁을 제시한다.

자신의 한계를 알라

알코올과 더위, 태양, 도보, 그리고 사람들과 부대낄 수 있는 자신의 한계를 파악하라. 양조업체는 때때로 자사 제품 중 가장 도수가 높은 위험한 맥주를 이런 행사에 내놓는다는 사실을 알아둘 것. 이런 맥주는 물론 대단하지만, 도수 높은 맥주는 함부로 대하지 말아야 한다.

사람들이 가장 적을 때 가라

시작하는 초반에 가거나 길게 진행되는 축제인 경우는 한가한 날을 택하라. 끝나는 시간이 언제인지 알아두라. 나는 혼돈의 마감시간을 놓쳐도 전혀 개의치 않는다. 일부 축제에는 '개인 세션'이라는 시간이 있는데 돈은 더 들지 몰라도 훨씬 덜 북적인다. 적어도 나에게는 그만큼 투자할 가치가 충분하다.

조사를 하라

축제에 도착하기 전 누가 대단한 맥주를 만드는지 알아보라. BeerAdvocate.com과 RateBeer.com이 다는 아니지만, 도움이 상당히 많이 된다.

두려워말고 버려라

마음에 들지 않는 맥주를 마시는 건 정말 아무 의미가 없다. 전혀 실례가 아니다.

목적을 가지라

전에 마시지 못했던 맥주, 특정 스타일, 한 번도 들어보지 못한 양조장, 완벽한 세션 맥주 찾기 등 뭔가를 공략해서 행사에 참여하라. 메모를 하고 토론하라.

양조사에게 물어보라

일부 축제에서는 맥주와 함께 양조장 관계자가 상주한다. 양조 방식, 그들이 제품에 대해 가지는 생각, 제품의 원동력이 된 영감, 심지어 몇 가지 레시피 비결 등 맥주에 관해 좀 더 알아볼 수 있는 대단한 기회다.

자원봉사를 하라

행사는 직접 서빙을 하며 발로 뛸 때 더 재미를 느끼는 경우가 많다. 보통 재미있는 맥주 애호가들이나 전문 양조사와 함께 일하거나 우수한 맥주를 사람들에게 광고하는 기회를 갖는다. 자원봉사로 참여하게 되면 목적의식을 갖게 되고 뒤풀이에 해당하는 사적인 시음 행사 같은 특별한 기회나 티셔츠 같은 기념품 혜택으로 보상을 받는다.

'추가' 행사를 확인하라

많은 축제는 축제가 끝난 후 수일 안에 디너 행사나 투어, 그밖에 다른 행사를 연다. 서둘러 예약하라. 이런 행사는 대개 빨리 마감된다. 일반인에게 공개되는 행사도 있지만 어떤 경우는 양조사, 축제에 관련된 사람들로 참가를 제한한다. 이런 대단한 이유 때문에 자원봉사자로 축제에 참여해보라는 것이다.

수분을 보충하라, 안주를 들라, 자외선 차단제를 발라라

자기 몸을 잘 살피라.

집으로 돌아가는 차편을 마련하라

필요한 사람의 경우다. 어떤 행사에서는 택시를 이용할 경우 요금 혜택을 받을 수 있다.

가장 공식적인 심사부터 햇빛이 드리우는 맥주 가든에서 마시는 신선하고 맛있는 맥주까지 시음 행사는 거의 맥주 자체 가짓수만큼이나 다양하다. 일단 잔 안에 맥주가 있다면 맥주와의 관계, 즉 옹호자 또는 비판자가 될 것인지, 나그네 또는 절친이 될 것인지 결정하는 일은 여러분의 몫이다. 여타 가치 있는 추구와 마찬가지로 맥주 시음 경험은 자기가 해내는 만큼만 의미가 있다. 본인이 가지고 있는 모든 감각과 경험을 총동원해서 온 마음을 다해 그 안으로 뛰어들어보라. 자신과 맥주 사이에 펼쳐지는 체험의 시간이 진정으로 깨우침을 주는 기회임을 깨닫게 된다.

맥주를 맛있게 마시려면

맥주는 까다로운 음료다. 너무 따뜻하거나 너무 차가운 걸 싫어하고, 햇빛도 꺼린다. 담기는 잔의 크기, 형태, 청결 문제에도 까다로우며, 어떻게 따르냐에 따라 정말 민감하게 반응한다. 여러 가지 다양한 맥주가 모인 화려한 세계에서 각자는 프리마돈나이며 최고의 것을 끌어내려면 제대로 다뤄달라고 주문한다. 맥주는 관대한 영혼을 가져서 우리가 어떤 노력이라도 기울이면 풍성하고 기억에 남을 만한 경험으로 우리에게 보상해준다. 물론 그저 병을 집어들고 벌컥벌컥 마셔도 된다. 이런 목적으로 만들어진 맥주도 있다. 하지만 내면의 영혼을 드러내기 원하는 대부분의 맥주는 좀 더 많은 관심을 가지고 다루어야 한다.

반짝반짝 아름다운 맥주, 때와 분위기에 맞고 적당한 숙성과 조건을 갖췄으며, 크리미하고 오래 지속되는 헤드와 아로마로 가득한 맥주는 우리의 모든 감각에 기쁨을 선사한다. 이는 맥주가 만들어지기 시작한 아주 초창기부터 사람들의 마음을 움직여온 경험이며, 오늘날에도 이런 요소는 하나하나가 다 흥미롭다. 제대로 느끼기 위해서는 조금의 노력이 필요하고 충분히 그럴 만한 가치가 있다. 이 장에서는 맥주를 준비해서 서빙할 때 유의할 모든 점을 다루면서, 약간의 연습으로 여러분을 최고의 맥주 서버로 만들어주는 것을 목표로 삼았다.

온도

서빙 온도 이상으로 잔 안의 맥주에 영향을 주는 요소는 없다. 풍미, 아로마, 질감, 탄산, 심지어 투명도까지 온도에 따라 달라질 수 있다. 항상 정확한 온도로 맥주를 내기란 쉽지 않은 일인데, 특히 많은 수량을 서빙할 때는 더더욱 그렇다. 그러나 서빙 온도에 관해서는 항상 노력을 좀 기울일 만한 가치가 있다.

맥주 서빙 온도는 어느 정도 전통에 따라 결정되지만, 특정한 논리적 양상을 따른다. 도수가 높을수록 약한 것보다 높은 온도에서, 다크한 맥주일수록 라이트한 것보다 높은 온도에서 낸다. 라거 맥주는 에일보다 시원한 온도에서 발효되고 역시 에일보다 시원한 온도에서 서빙해야 한다. 미국 산업 맥주는 입술이 얼얼할 정도의 차가운 온도에서 최고의 맛을 내도록 양조되었지만, 스페셜티 맥주는 이런 차가운 온도에 가깝게 서빙하면 절대 안 된다.

적당한 맥주 서빙 온도는 섭씨 3~13도이며, 정확한 온도는 스타일에 따라 상당히 달라진다.(뒷장 표 참조) 너무 차가우면 아로마가 맥주 안에만 머물러 있다. 아로마가 공기 중에 발산되지 않으면 우리에게 별 소용이 없게 된다. 너무 온도가 높으면, 글쎄 뜨뜻한 맥주 맛이 어떤지 모르는 사람은 없을 것이다. 실제로 완벽하게 온도를 맞추는 건 상당히 어렵다. 완벽에 가깝게만 해도 대단한 경험을 할 수 있다.

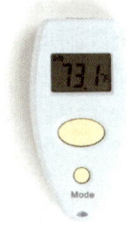

적외선 온도계
좀 이상하게 보이기도 하지만 이런 종류의 온도계는 맥주에 직접 갖다 대지 않아도 온도를 잰다. 겨냥해서 쓰기만 하라.

맥주 서빙할 때 점검사항

- 적당한 온도의 맥주
- 맥주 종류와 행사에 맞는 잔
- 매우 깨끗하게 잘 헹군 잔
- 조밀하고 오래 지속되는 헤드가 생기도록 잘 따르기
- 맥주 도수에 맞는 정확한 양
- 마시는 사람의 적당한 기대감

완벽한 세상이라면 스페셜티 맥주를 제공하는 소매 업소는 온도를 조절할 수 있어야 하고 각 스타일에 맞는 온도로 맥주를 서빙해야 하지만 현실적으로 이렇게 하는 경우는 거의 드물다. 아마 가장 좋은 방법은, 한 곳은 국내 및 스페셜티 라거용으로 섭씨 3도를 유지하고 다른 한 곳은 스페셜티 에일용으로 7도를 유지하는 건데(영국 스타일 에일에 치중하고 있다면 약간 더 높은 온도로 유지하지만), 이를 실행하기는 상당히 어렵다.

캐스크 에일의 경우는, 10~13도 사이로 온도가 아주 꾸준히 유지되는 깊고 어두운 지하 저장고가 없는 이상 자체적인 온도 제어 수단이 있어야 한다. 리얼 에일을 제공하는 미국 대부분의 바는 한 번에 선택하는 리얼 에일의 가짓수를 하나 또는 두 개로 제한하기 때문에 그렇게 많은 공간이 필요하지는 않다.

양

맥주의 알코올 함량이 저마다 현저하게 다른 요즘 시대에 올바른 양을 서빙하는 일은 업계와 사회적인 책임 면에서 중요한 일이다. 대상이 친구이든 고객이든 지나치게 많은 양을 제공하지 않도록 조심해야 하며, 상업적인 환경에서 발리 와인을 파인트 잔으로 판매하는 것은 무모할 뿐 아니라 이윤을 최대화할 수 있는 기회를 놓치는 일이기도 하다. 적합한 양은 수학적인 계산을 약간 하면 되지만 137페이지 도표를 보면 간단히 알 수 있다. 업계는 80프루프 proof의 43ml(1.5온스) 리큐어 한 샷 또는 알코올 5%의 360ml(12온스) 맥주로 일종의 허구적인 '표준 음주량'를 설정하는데 이는 순수 에탄올 14g(0.5온스)에 해당한다. 이게 항상 맞지는 않지만 그럼에도 좋은 지침이 된다.

맥주 포장

생맥주와 병맥주의 기원은 둘 다 이 황금색 영약에 인간이 매료되기 시작한 초기 시대까지 거슬러 올라간다. 아마 각 맥주 형태가 지닌 장점에 대한 논쟁도 마찬가지일 것이다. 물론 기술이 변천을 거듭했지만 여전히 논쟁은 진행중이다. 어떤 것이 최고인가? 단순한 답은 없다. 둘 다 맥주에 완벽할 정도로 훌륭한 보관용기이고 각각 문제가 생길 여지가 있기 때문이다.

미국과 유럽에서 대부분의 생맥주는 비살균 처리되기 때문에 유통기한을 최대로 하기 위해 차갑게 보관해야 한다. 대부분의 사람들은 생맥주의 맛과 질감이 같은 종류의 병맥주보다 좀 더 낫다고 느낀다.

권장 서빙 온도

1도　　4도　　7도　　10도　　12도

도수 강한 라거
10~13도

페일 라거, 필스너
3~7도

미국 주류 라거,
라이트 3~4도

다크 라거
7~10도

밀 맥주
4~10도

리얼 에일
10~13도

미국 페일 에일, IPA
7~10도

크림, 블론드 에일
4~7도

니트로 스타우트
4.5~7도

스타우트, 포터
7~13도

벨기에 페일 에일
4~7도

벨기에 두벨
10~13도

애비 트리펠
4~7도

람빅(모든 종류)
4~10도

참고: 위의 권장 온도는 잔 안에 있을 때 온도이다. 대부분의 주요 생맥주 장비 회사는 모든 종류의 맥주(리얼 에일 제외)를 섭씨 3도로 보관하라고 권장한다. 보관 온도가 높을수록 거품이 많이 생길 수 있기 때문이다.

서빙 용량(온스)에 따른 맥주 알코올 함량 비율

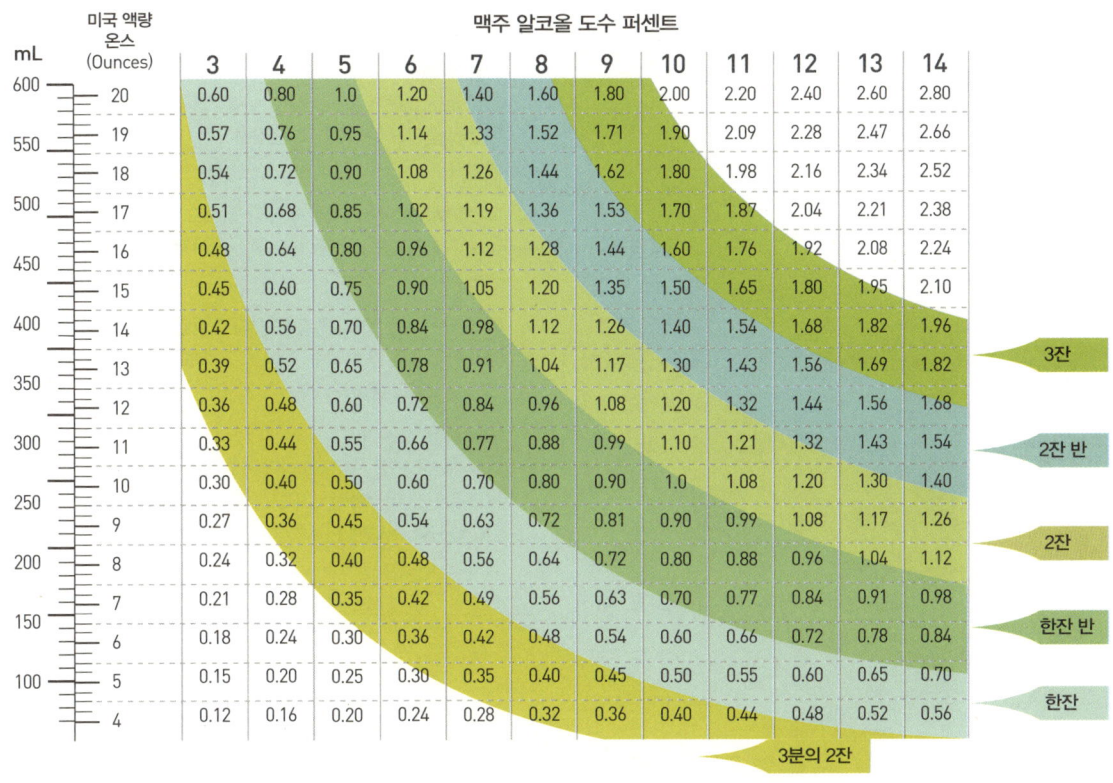

미국 액량 온스 (Ounces)	맥주 알코올 도수 퍼센트											
	3	4	5	6	7	8	9	10	11	12	13	14
20	0.60	0.80	1.0	1.20	1.40	1.60	1.80	2.00	2.20	2.40	2.60	2.80
19	0.57	0.76	0.95	1.14	1.33	1.52	1.71	1.90	2.09	2.28	2.47	2.66
18	0.54	0.72	0.90	1.08	1.26	1.44	1.62	1.80	1.98	2.16	2.34	2.52
17	0.51	0.68	0.85	1.02	1.19	1.36	1.53	1.70	1.87	2.04	2.21	2.38
16	0.48	0.64	0.80	0.96	1.12	1.28	1.44	1.60	1.76	1.92	2.08	2.24
15	0.45	0.60	0.75	0.90	1.05	1.20	1.35	1.50	1.65	1.80	1.95	2.10
14	0.42	0.56	0.70	0.84	0.98	1.12	1.26	1.40	1.54	1.68	1.82	1.96
13	0.39	0.52	0.65	0.78	0.91	1.04	1.17	1.30	1.43	1.56	1.69	1.82
12	0.36	0.48	0.60	0.72	0.84	0.96	1.08	1.20	1.32	1.44	1.56	1.68
11	0.33	0.44	0.55	0.66	0.77	0.88	0.99	1.10	1.21	1.32	1.43	1.54
10	0.30	0.40	0.50	0.60	0.70	0.80	0.90	1.0	1.08	1.20	1.30	1.40
9	0.27	0.36	0.45	0.54	0.63	0.72	0.81	0.90	0.99	1.08	1.17	1.26
8	0.24	0.32	0.40	0.48	0.56	0.64	0.72	0.80	0.88	0.96	1.04	1.12
7	0.21	0.28	0.35	0.42	0.49	0.56	0.63	0.70	0.77	0.84	0.91	0.98
6	0.18	0.24	0.30	0.36	0.42	0.48	0.54	0.60	0.66	0.72	0.78	0.84
5	0.15	0.20	0.25	0.30	0.35	0.40	0.45	0.50	0.55	0.60	0.65	0.70
4	0.12	0.16	0.20	0.24	0.28	0.32	0.36	0.40	0.44	0.48	0.52	0.56

mL 눈금: 600, 550, 500, 450, 400, 350, 300, 250, 200, 150, 100

오른쪽 구역 표시: 3잔 / 2잔 반 / 2잔 / 한잔 반 / 한잔 / 3분의 2잔

이 표는 다양한 범위의 맥주의 도수와 서빙 용량에 대한 알코올 함량을 나타낸다.

병맥주

병맥주는 종류가 상당히 많아서(살균, 비살균, 병입 숙성) 레이블만 봐서는 어떤 방식으로 병입되었는지 정확히 알아낼 수 없다. 어떤 것이 더 좋은지는 맥주 종류에 따라, 어떤 방식으로 즐길지에 따라 상당히 달라진다. 대량 판매 시장의 양조업체와 소비자는 살균으로 인한 주류 맥주의 안정성을 선호하지만 크래프트 맥주 소비자들은 비살균 맥주의 좀 더 신선한 풍미를 행복하게 즐긴다.

병입 숙성 맥주에는 여전히 활동하는 살아 있는 효모가 들어가며 소량의 발효를 통해 탄산이 생성되지만 대신 효모 침전물이 약간 남는다. 밀 맥주를 제외한 대부분 종류의 맥주에서 잔 안에 생기는 효모로 인한 혼탁 현상은 바람직하지 않다. 모든 사람들이 병 바닥에 가라앉은 효모 찌꺼기로 인한 혼탁과 약한 흙향을 좋아하지는 않는다. 따라서 병 한 병을 한 번에 따라서 병 안의 효모를 남겨두는 것이 도움이 된다. 작은 양을 낼 경우, 특히 큰 병에서 따를 경우엔 맥주를 피처 용기에 부어놓는 것이 대개 가장 좋다. 이 피처 용기에서 마음대로 맥주를 따르면 된다.

병의 큰 단점은 그 투명함이지만 모든 병이 그렇지는 않다. 브라운색 병은 스컹크 방귀 냄새를 유발하는 블루 라이트를 상당히 잘 차단하는 반면, 투명한 그린색 병은 전혀 차단하지 못한다. 투명한 병에 맥주를 병입하는 일부 제조업체는 특별한 홉 추출물을 사용하는데 이 추출물은 빛에 의해 스컹크 방귀 냄새가 생기지 못하도록 미연에 방지하는 역할을 한다.

포장된 맥주의 제품 안정성은 여러 요소가 어우러져 생기는 결과다. 첫 번째 요소는 양조 과정과 레시피인데, 리덕턴 reductones이라는 복합물질은 산화를 일으킬 수 있고 양조 과정의 다른 원료와 세부 공정이 맥주가 부패할 수 있는 잠재적 가능성에 영향을 미칠 수 있기 때문이다. 특히 중간색의 캐러멜 맥아가 부패에 불균형적으로 영향을 미칠 수 있지만 이는 양조 과학에서는 믿을 수 없을 정도로 복잡한 부분이다. 병입 단계에서 추가된 산소의 양 또한 중요하다. 목표는 언제나 산소 투입양 0이지만 현실적으로는 힘들다. 일반적으로 병입 장비가 크고 정교해질수록 산소량은 줄어든다. 예외의 경우는 병입 발효 맥주이다. 산소를 닥치는 대로 먹어치우는 효모가 방부 효과를 제공한다. 크래프트 맥주를 의례적으로 병입하는 양조업체는 병 안에 효모를 아주 소량 남겨놓아 동일한 효과를 노린다.

병뚜껑도 기능을 한다. 수년 동안 업계 표준으로 사용된 라이닝 재료는 PVC였지만 상대적으로 산소가 침투할 수 있어 유해한 화학물질이 맥주에 침출될 우려를 낳았다. 이런 이유로 PVC는 점차 사라지고 있다. PVC 마개를 사용했던 얼마 안 되는 크래프트 양조업체 역시 비틀어 따는 마개 대신 확실히 밀봉이 되고 산소가 덜 침투하는 올려 따는 마개를 선호한다. 크래프트 양조업체는 산소를 막아주거나 산소를 먹어치우는 마개로 점점 옮겨가는 추세다.

병맥주 종류

병입 후 살균
가장 흔한 병맥주 종류. 많은 이들은 살균 처리하면 맥주의 풍미가 묽어진다고 생각하지만 이는 아주 미묘한 차이다.

고온 단시간 살균 처리한 후 무균 상태로 병입
업계 종사자들은 단시간의 고온 살균이 맥주를 부드럽게 만든다고 본다.

마이크로 (냉온) 여과 후 무균 상태로 병입
병맥주에 '진정한 생맥주' 풍미를 주기 위한 방법이다. 고온 살균 처리를 하지 않는다.

병입 숙성
병 속에 살아 있는 효모와 설탕이 조금 들어가 발효된다. 효모로 인해 이산화탄소가 생성되며 이로써 맥주가 탄산화된다. 효모는 산소를 먹어치우고 방부 효과를 제공한다. '리얼 에일'로 간주된다.

캔맥주

캔맥주는 병맥주와 거의 같다고 생각할 수 있다. 한때는 대량생산 시장 맥주에만 적용되었던 캔은 콜로라도 양조장인 오스카 블루스 Oskar Blues가 2002년부터 사용하기 시작하면서 주류 크래프트 맥주의 일부분이 되었다. 대형 맥주회사 고객과 마찬가지로 크래프트 맥주 고객들은 캔맥주의 가벼운 무게와 깨지지 않는 성질, 빠른 냉각, 친환경성을 선호한다. 어떤 사람들은 캔 안쪽의 에폭시 코팅에 사용되는 비스페놀-A(BPA)라는 화학물질의 안정성에 의문을 표시해왔지만 과학적으로는 여기에 대해 명쾌한 해답이 나오지 않았다. 대체 물질을 모색하는 중이지만, 그걸 찾는 것은 먼 미래의 얘기가 될 것 같다.

그라울러: 생맥주 포장 용기

'그라울러'는 바에서 생맥주를 집으로 가져갈 때 사용하던 용기의 옛 명칭이다. 사람들은 보통 아이를 술집으로 심부름 보낼 때 빈 그라울러(전형적인 모양은 뚜껑이 있는 반 갤런들이의 양동이)와 5센트를 들려보냈는데 요즘에는 상상할 수 없는 일이다.

오늘날 '그라울러'는 보통 약 반 갤런(1.9리터) 용량의 유리 저그이지만, 1/4 크기의 '하울러' 등 다른 크기와 형태도 점점 보편적으로 사용되고 있다. 진공 단열을 특징으로 하는 첨단 금속 그라울러도 있으며 심지어 소형 케그처럼 압력을 가해 사용할 수 있는 기능도 있다. '크라울러'라는 1/4 용량의 캔 또한 가끔 사용된다.

병은 너무 새것이 아니어야 좋은 맛이 나고,
한 병이면 기분 좋지만, 두 병이면 사랑에 빠진다.

작가 미상

상당히 흔하게 일어나는 일이지만 바텐더들은 아무렇게나 그라울러를 채우는 경향이 있다. 탭 끝에 플라스틱 관을 붙여 이곳을 통해 그라울러를 채운다. 이렇게 하면 상당히 많은 양의 맥주가 소모되고 탄산이 깨지면서 아래로 사라지며 산소와 원치 않는 미생물이 들어온다. 결과 유통기간이 이틀 정도로 극도로 짧아진다. 전용 역압 그라울러 필러를 사용하면 이런 모든 문제가 거의 줄어든다. 값은 비싸지만 이 전용 필러는 바와 브루펍, 그라울러를 판매하는 온라인 소매점 등에서 고객에게 양질의 맥주를 제공한다는 인식이 생기면서 많은 인기를 끌고 있다. 유통기간은 한 달쯤 되는 것으로 알려져 있다.

미국의 경우, 누가 어떤 조건하에서 그라울러를 판매할 수 있는지는 주와 지방법에 따라 확연히 달라진다. 법이 애매모호할 때도 있지만, 일반적으로 그라울러는 주류담배세금 무역국Alcohol and Tobacco Tax and Trade Bureau:TTB 규제에 따라 레이블이 붙어야 한다. 또한 그라울러에는 대개 일정 형태의 분리형 밀봉 장치breakable seal가 부착되어야하는데, 이는 마시기 전일 경우 용기가 열려있지 않다는 표시다. 그라울러를 차에 싣고 집으로 가져갈 때 중요한 점이다.

생맥주

생맥주는 한때 대부분의 맥주 음주인들이 압도적으로 선택하는 형태였다. 병맥주는 19세기 후반까지 찾기 어려웠고, 주로 생맥주로 소비되었다. 그러나 미국의 금주법(1919–1933) 이후에는 생활 양상이 변화되기 시작했고, 점차 집에서 맥주를 마시기 시작했다. 크래프트 맥주 소비자들은 그 신선함과 지속성을 사랑하며 그 인기는 갈수록 많아졌다.

기본 형태의 생맥주 시스템은 꽤 단순하다. 양조장에서 투입된 탄산으로 가압된 맥주는 스테인레스 스틸 케그에 담기는데 이 케그에는 가스를 들여보내고 맥주를 내보낼 수 있는 커플링 밸브가 장착되어 있다. 압력 조절기가 장착된 액화 이산화탄소 탱크는 특수 커플링을 통해 맥주통에 연결되며, 이것은 맥주가 탭으로 흘러나오는 동안 가스가 유입되도록 한다.

롱 드로(장거리: long draw) 멀티탭 시스템은 글리콜 냉각 라인과 혼합 가스 압력이 필요하기 때문에 상당한 비용이 들고 설치도 복잡하다. 보도에 의하면 시카고 다운타운의 한 바는 360개의 탭과 114개의 맥주 드래프트 시스템을 설치하는

크래프트 캔맥주
일반적으로 주류 라거와 관계가 있었지만, 크래프트 캔맥주는 엄청난 현상이 되었고 여전히 급속도로 성장하고 있다.

완벽하게 따르기

유능한 바텐더는 보기엔 쉽게 맥주를 완벽하게 따르지만 이를 위해서는
많은 연습이 필요하며 생맥 시스템이 바르게 설치되어 있어야 한다.

미국/해외 방식

2.5cm의 헤드가 가장 이상적인 것으로 간주되지만 많은
소비자는 거품 대신 맥주를 원하는 경향이 있다. 그러나
적어도 1.25cm의 조밀하고 크리미한 거품은 아름답다.

장비 표준 탭. CO_2 가스 단독
기술 반 이상 찰 때까지 잔 옆면으로 따른 다음 거품이 생기도록
잔을 세워서 따른다. 따르는 맥주 줄기를 좀 더 강하게 해서
거품이 좀 더 많이 생성되도록 하려면 잔을 낮은 위치에 둔다.

US/
International

Euro Pils

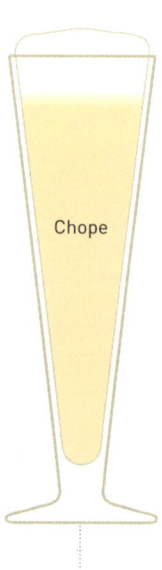

Chope

유로 필스 방식

유럽은 어디를 가나 유리잔에 눈금이 매겨져 있고 보통 특정 부피를
표시하는 선이 있다. 위에 형성되는 거품은 보너스다. 맥주는 보통
상당한 양의 거품이 생기도록 따른 다음 거품이 가라앉길 기다렸다
한두 번 그 위에 다시 부어준다. 이런 과정을 거치면 일부 가스가
발산되고, 조밀하고 크리미한 거품이 형성된다.

장비 다양한 제어가 가능한 유로 필스 탭. CO_2 가스 단독. 풍성한 거품이
형성되도록 따르려면 꽤 높은 압력이 필요함
기술 처음 따를 때는 따른 양의 약 반 정도가 거품이어야 한다. 거품이 가라앉길
기다렸다 다시 거품이 생기도록 따르고, 기다린 다음 마지막으로 위에
부어주면서 심혈을 기울여 따라서 잔의 나머지 부분을 조밀한 흰 거품으로
채워준다.

쵸프(브라질) 방식

크리미한 헤드를 만들어주는 이 방식은 유독
라이트한 브라질산 대량 유통 제품인 '필스'를
위한 것으로, 이 맥주는 보통 작은(266ml)
필스너 플롯잔에, 입술이 얼얼할 정도로
차가운, 때론 0도 훨씬 아래 온도로 서빙된다.

장비 '크리머' 포셋라 불리는 특수 맥주 탭. 전형적으로
상온 케그의 맥주가 냉장 코일을 통해 냉각된다.
기술 차게 한 소형 필스너 잔에 맥주를 따르는데, 컵
맨 위에서 3.8cm 안에 오도록 부은 다음 크리머
포셋를 뒤로 젖혀서 조밀한 거품 덩어리가 잔
테두리 위까지 넘치도록 한다.

니트로 방식

친숙한 기네스 방식의 따르는 방법으로 캐스크 에일의 부드럽고 크리미한
질감을 모방하기 위해 만들어졌다. 특수 포셋과 질소 및 CO_2 혼합 가스가
필요하지만 맥주는 양조장에서 특별히 준비되어야 한다. 이 기술은
일반 탄산의 약 절반, 전형적으로 1.0~1.4볼륨이 필요하고 탄산 비율이
높아지면 맥주는 거품으로 엉망이 된다. 따라서 CO_2 25%, 질소 75%의
지믹스G-Mix라는 혼합 방식을 이용해 압력을 낮춘다. 질소는 맥주에 잘
용해되지 않기 때문에 맥주가 포셋를 통해 배출되면 질소가 맥주 밖으로
나오면서 CO_2 일부를 함께 데려간다. 이 과정에서 질소 방식의 특징인
미세한 거품과 크리미한 헤드의 아름다운 폭포가 형성된다.

장비 니트로 포셋와 혼합 가스
기술 니트로 포셋 밑에 잔을 놓고 포셋를 열면 된다. 어떤 바텐더는 거품 줄기로
　　　토끼풀이나 다른 모양을 만든다고 한다.

벨기에 방식

이 방식은 저마다 조금씩 달라서 각각 다른
방식이 필요하고 가능한 한 전용 잔에
따라야 한다. 탄산량이 많은 병맥주의 경우
풍부한 거품을 감당하려면 공간이 많은
여분의 잔이 필요하다.

장비 일반 생맥 또는 병. 헹굼 물이 있으면 좋다.
기술 찬물로 잔을 미리 헹궈 거품이 최소한으로
　　　생기도록 한다. 병인 경우 한 번에 맥주를 다
　　　따라서 병 바닥에 혼탁을 일으키는 효모를
　　　남겨둔다.

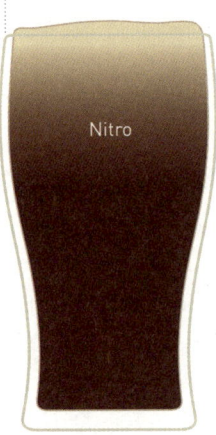
Nitro

Real Ale

Belgian

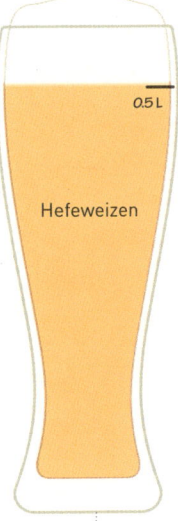
0.5 L
Hefeweizen

리얼 에일 방식

이는 단지 따르기 방식의 한 가지라는 의미를 훨씬 넘어선다. 리얼 에일은
한때 사라질 뻔했던 맥주를 서빙하는 귀한 고대 방식이다. 리얼 에일은
정의상 비여과 및 비살균 처리되며 판매되는 용기 안에서 탄산화되는 맥주다.
병제품도 리얼 에일에 포함되지만, 리얼 에일 생맥은 펍 저장고에 살아 있는
상태로 운반되기 때문에 펍 주인이 세심하게 관리해야 고객에게 최상의 상태로
제공할 수 있다. 리얼 에일에 관한 자세한 내용은 154~158페이지를 참조하라.

장비 맥주가 저장고에 있는 경우 핸드 펌프, 아닌 경우 캐스크에서 직접 탭을 통해 단순히
　　　중력 배출하는 방법이 선호됨
기술 선호하는 거품의 양은 지극히 개인적이며 지역적인 문제로 영국 북부 사람들은
　　　일반적으로 1.3~2cm의 조밀하고 크리미한 거품층을 선호하는 반면 남부에서는
　　　최소한의 거품을 선호함

헤페바이젠 방식

화병 모양의 잔이 전형적으로
쓰인다. 과장된 감이 있지만
114페이지에 병 따르기 방식을
자세히 설명했다. 남아 있는 효모는
보통 혼탁을 더하기 위해 추가한다.

데 100만 달러가 들었다고 한다. 그러나 아무리 환상적인 시스템이라도 그 기본은 절대적으로 동일하다.

단순한 시스템이라도 악마는 바 아래 그 어두운 공간에 숨어 있다. 맥주를 망치는 방법은 많다. 김 빠지고, 냄새 나고, 거품 가득한 맥주가 가장 흔하다. 시스템이 적절한 밸런스를 이루어 맥주에 탄산이 잘 형성되면서 과다한 거품이 생기지 않도록 하는 데는 미세한 튜닝 작업이 많이 필요하다. 시스템을 한 번 설치하면 제대로 돌아가는지 매의 눈을 뜨고 계속 지켜봐야 하며 엄격한 세척 관리를 통해 시시때때로 미생물이 맥주를 망치지 않도록 조심해야 한다.

생맥 시스템의 기본

맥주 세계에서 발견되는 생화학의 원리는 많지만 여기에서는 좀 더 기본적인 것, 물리학에 관해 얘기해보겠다. 물리학을 통해 기체가 압력과 온도의 영향을 받을 때 운동 방식과 액체 안에 녹는 성질을 이해할 수 있다.

생맥 시스템의 중심에는 보일의 법칙 Boyle's law이 자리한다. 이 법칙은 17세기 과학자 로버트 보일이 만든 등식으로 기체의 압력과 그 온도 사이의 관계를 설명한다. 초등학교에서 배웠듯이 기체는 단지 물질의 단계로 분자가 주위에서 상당히 활발하게 뛰어다녀 고체나 액체 상태로는 함께 존재할 수 없다. 분자 운동은 열을 통해 시작된다. 솥에 물을 붓고 열을 가하면 수증기라는 기체가 만들어진다.

맥주의 경우 우리가 주로 다루는 기체는 이산화탄소인데 끓는 온도가 낮아(섭씨 -78.5도) 실온에서는 기체 상태이다. 이산화탄소를 수백 파운드의 압력으로 압축해서 무거운 금속 병에 넣으면 액체 상태가 되고 바로 이 액화 CO_2 탱크가 생맥 시스템의 원동력이다. '니트로' 시스템 같은 일부 전문 생맥 시스템은 대개 혼합 형태로 질소 가스도 사용한다. 질소는 이산화탄소보다 끓는점이 훨씬 낮고 맥주 용해도도 낮아 여러 방식에서 이산화탄소와 다르게 활동한다.

양조장에서 맥주가 올 때 맥주는 이미 탄산화되어 일정한 양의 CO_2로 차 있다. 이 양을 표시하는 데 여러 가지 다양한 용어가 사용된다. 미국에서는 맥주의 부피에 상당하는(섭씨 0도 실내 압력에서) 기체 양을 표시하는데 '볼륨 volume'이란 단어를 사용한다. 맥주 볼륨은 보통 2.2에서 2.6 범위에 있고 벨기에 애비 에일과 바바리안 헤페바이젠 같은 일부 스타일

은 3을 넘는다. 샴페인은 5~6볼륨 근방이다. 반면 영국 캐스크 에일은 1.1~1.8 범위이다. 유럽 표준 탄산화 단위는 리터당 그램으로 이 수치는 볼륨의 거의 두 배이다.

CO_2는 물에 상당히 잘 용해되며 이 때문에 IPA 뚜껑을 따는 순간 CO_2가 전부 흘러나오지 않는다. 압력이 낮아져도 다행이 대부분의 CO_2는 그대로 있어 기포와 거품이 형성되는 데 도움이 되고 맥주를 마시면 생동감을 느낄 수 있다.

그러나 기체 측정기는 볼륨이 아닌 압력으로 눈금이 매겨져 있다. 둘의 관계를 이해하려면 온도를 고려할 필요가 있다. 일정 볼륨의 CO_2에서 온도가 높아지면 압력 역시 높아진다. 수학 공식은 꽤 복잡해서 대부분의 사람들은 그냥 143페이지의 도표를 참조하는데, 이 도표는 온도와 CO_2 볼륨 조합에 대한 압력을 보여준다.

밸런스는 생맥 시스템을 작동하는 중심 원리이다. 맥주는 케그 안에서 압력을 받고 있는데 압력의 양은 양조장에서 투입한 가스의 양과 맥주 온도의 조합이다. 이 압력은 144페이지 도표에서 보는 바와 같이 이상적으로는 시스템 안의 다양한 제한 요소에 의해 형성되는 저항값과 일치해야 한다. 제한 요소가 충분치 않다면 맥주 밖으로 거품이 분출된다. 정확한 제한 요소로 밸런스가 잡힌 맥주를 따르면, 마치 케그에서 잔으로 사뿐히 들어올려진 것처럼 맥주는 풍부한 탄산과 미학적으로 아름다운 적당한 거품이 조화를 이룬다.

147페이지의 도표에서 보는 것처럼, 관의 모든 길이와 직경 그리고 케그에서 잔까지의 수직거리가 평방인치당 파운드(pounds per square inch: psi)로 표시되는 특정 저항값을 형성한다. 이동거리가 짧은 경우 맥주가 이동해야 하는 수직거리의 저항값을 계산한 다음 시스템 밸런스를 위해 필요한 관의 길이와 직경을 더한다. 이동거리가 긴 경우, 좀 더 큰 직경의 관을 사용하더라도 저항값이 높아지는 건 피할 수 없기 때문에 케그의 배출 압력을 높여서 맥주가 나오도록 저항값을 일치시킬 필요가 있고, 이는 다시 말해 맥주에 탄산을 과다 주입하지 않고 필요한 압력을 유지하려면 다양한 비율의 혼합 기체가 필요할 수도 있다는 의미이다.

간단한 예를 들어보자. 페일 에일은 2.2볼륨에서 탄산화되고 섭씨 7도에서 서빙된다. 144페이지의 볼륨/압력/온도 도표를 보면 이들 두 개의 변수를 통해 용기는 11psi(0.76바)의 압력을 받고 있음을 알 수 있다. 이상적인 서빙 조건을 위해

생맥 시스템의 기본

케저레이터는 맥주를 위한 자체 냉각 및 서빙 장치이다.
라거를 위한 이상적인 모델이며 좀 더 복잡한 시스템이다.

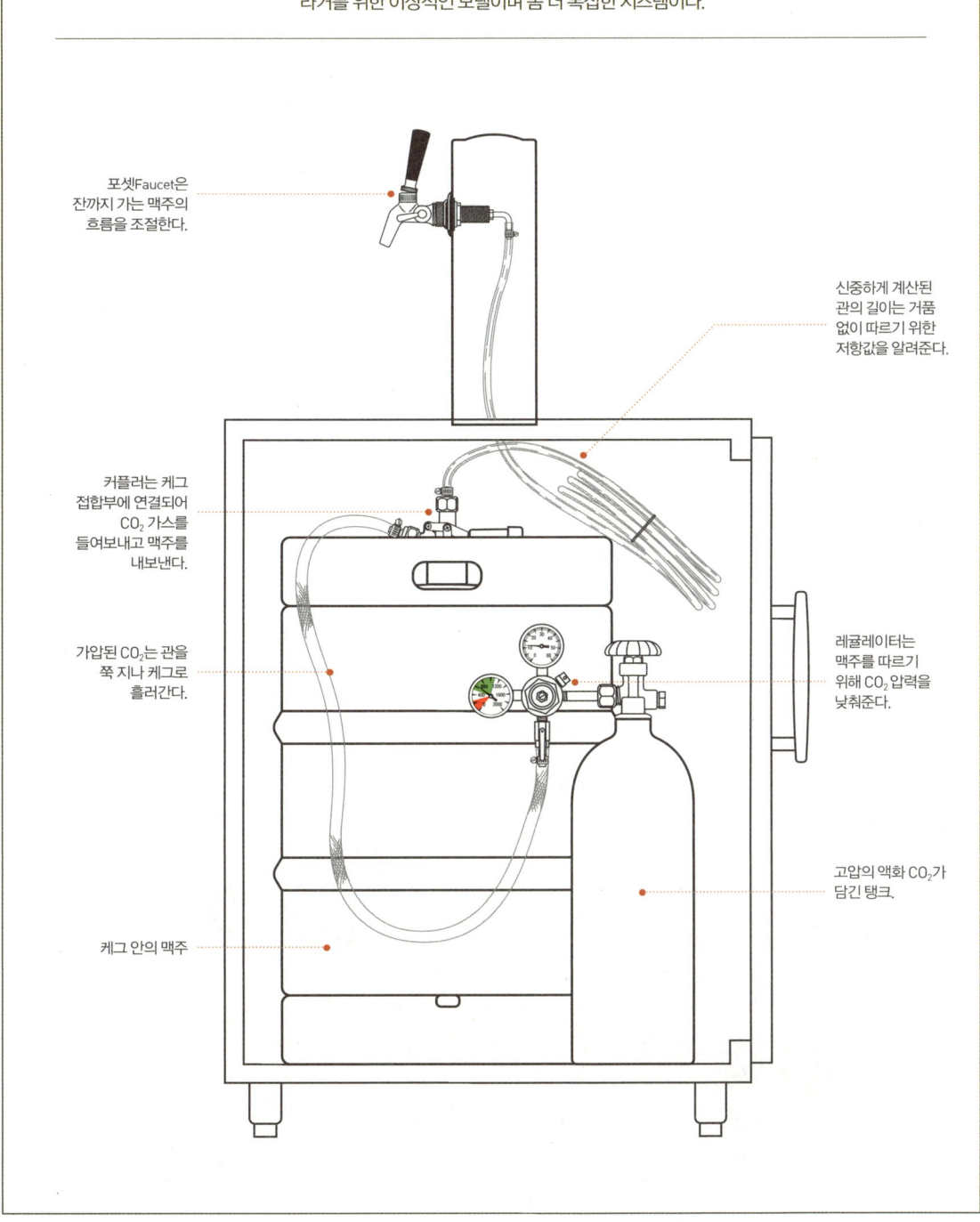

포셋Faucet은 잔까지 가는 맥주의 흐름을 조절한다.

신중하게 계산된 관의 길이는 거품 없이 따르기 위한 저항값을 알려준다.

커플러는 케그 접합부에 연결되어 CO_2 가스를 들여보내고 맥주를 내보낸다.

가압된 CO_2는 관을 쭉 지나 케그로 흘러간다.

레귤레이터는 맥주를 따르기 위해 CO_2 압력을 낮춰준다.

케그 안의 맥주

고압의 액화 CO_2가 담긴 탱크.

우리는 이를 동일한 시스템 저항값과 맞추어줄 필요가 있다. 맥주에서 탭까지의 수직거리가 4.3m인 저장고에서 맥주를 공급하는 경우 중력은 피트당 0.5psi(1피트=0.3미터)로 작동하여 7psi의 저항값을 형성한다. 균형잡힌 시스템을 만들려면 추가 저항값으로 4psi가 더 필요하다(11psi−7psi=4psi). 해결책은 배관에 있다. 약간 줄을 늘어지게 해서 케그에서 탭까지 닿게 하려면 5.2m의 관이 필요하며 이는 곧 총 저항값에 대해 피트당 0.3psi가 필요하다는 뜻이다. 7.9mm의 스테인레스 관을 쓰면 저항값이 정확히 딱 나오지만(147페이지 도표 참조) 생맥 시스템 설치 시 스테인레스를 잘 쓰지 않으므로, 피트당 0.2psi에서 9.5mm 비닐을 사용한다고 가정하면 5.2m에 대해서는 3.4psi의 저항값이 나온다.

이렇게 되면 1.6psi가 모자라게 되므로 필요한 총 저항값을 얻으려면 선을 2.4m 늘려서 총 6.7m로 하거나, 6.3mm 관의 0.6m 초커 라인을 추가하면 적당하다.

자키 박스 jockey boxes, 안에 맥주 탭과 코일 또는 냉각판이 장착되어 있는 쿨러 안의 긴 코일도 많은 저항값을 생성하므로 이들 역시 높은 배출 압력이 필요하다. 이런 상황에서 혼합 기체가 아닌 순수 CO_2를 사용할 경우 케그를 밤새 고압 상태로 세워놔 과탄산 상태로 만들지 말고 항상 원래 압력으로 감압시킨다.

일부 맥주 포셋 옆면에는 작은 레버가 장착되어 저항값에 조금씩 변화를 준다. 이 레버로 배출 방식을 약간 조정할 수는 있지만 밸런스가 심하게 어긋난 시스템을 수정하는 건 기대할 수 없다.

자키 박스 코일은 15.2에서 36.6m까지의 길이와 여러 가지 다른 직경으로 나온다. 긴 코일을 만드는 데는 큰 직경의 관을 사용하지만 소직경의 짧은 코일을 이어 저항값을 늘리

CO_2 볼륨에 따른 압력과 온도

누구나 뜨듯한 맥주를 따본 사람이면 알 듯이 맥주의 탄산 압력은 온도에 따라 증가한다. 미국의 양조업체는 맥주에 용해되어 있는 CO_2 절대량을 표현하기 위해 CO_2 '볼륨'을 사용한다. 아래 그래프의 사선은 임의의 압력과 온도에서의 볼륨과 그램/리터이다.

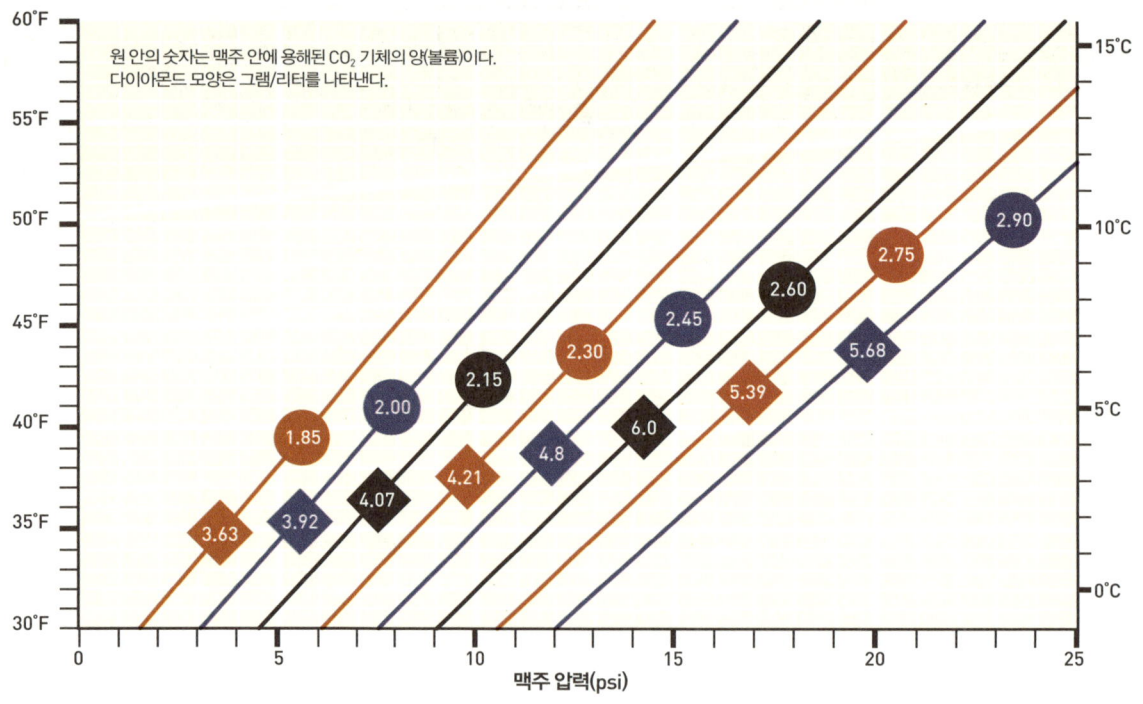

144

기도 한다. 저항값은 15~36파운드(6.8~16.3kg) 사이지만 제조업체에 문의하여 해당 모델의 특정량을 확인한다. 상당히 높은 저항값 때문에 자키 박스에서 공급되는 맥주는 종종 20~30psi(1.5~2바)의 압력을 유지할 필요가 있으며 이를 위해서는 코일을 좀 꼬아둘 필요가 있다. 행사를 끝내고 케그에 남겨진 맥주를 사용하고 싶다면 반드시 압력을 케그 원래 압력으로 감압시켜 놓아야 과다 탄산 생성을 방지할 수 있다.

생맥 시스템 종류

기본적인 콜드 룸, 다이렉트 드로 cold-room, direct draw

소형 바와 레스토랑에서 흔히 사용하는 간단한 시스템이다. 맥주는 일정 압력하에 차게 보관되고, 라인은 전형적으로 바 뒤쪽을 통해 아니면 케그레이터에서 탭까지 직접 짧게 설치한다. 라인이 아주 짧지 않은 이상 비냉각 라인은 거품을 유발하므로 일반적으로 권장되지 않는다.

롱 드로우 long-draw, 냉각 라인

케그에서 서비스 지점까지 거리가 멀리 떨어져 있는 경우, 라인에는 상당량의 맥주가 들어간다. 이 때문에 라인을 냉각시켜 뜨거운 맥주와 과도한 거품 형성을 방지할 필요가 있다. 일반적으로 라인은 안에 냉각 라인이 들어 있는 단열 번들과 평행하게 배열하거나 냉각된 터널 또는 전선로를 통과하도록 배열한다. 거리가 떨어져 있으면 저항값이 상당히 많이 생성되며, 이는 곧 압력을 더 높여야 한다는 뜻이다. 순수

홈브로잉의 서빙 탱크
이 사진을 보면 대단히 복잡하게 보일 수도 있지만 홈브로잉의 생맥주 시스템은 아주아주 큰 탱크에 케그레이터가 붙어 있는 것에 불과하다.

CO_2로 발생하는 과다 탄산을 막기 위해서는 질소와 CO_2 혼합 기체를 사용해야 한다.

롱 드로우, 펌프 보조

라인이 너무 길거나 맥주가 라인을 따라 이동하는 수직 거리가 상당할 경우 이에 따른 필연적인 높은 압력이 문제가 되므로 맥주의 흐름을 원활하게 하기 위해 시스템에 펌프를 추가할 필요가 생긴다. 펌프는 전형적으로 스포츠 행사장 같이 규모가 큰 시설에서만 사용된다.

롱 드로우 압축공기

일부 고볼륨 시스템은 압축공기를 사용하여 맥주를 따르는 데 필요한 압력을 공급한다. 일반적으로 권장사항은 아니지만 많은 양의 맥주가 상당히 빨리 팔리는 곳에서는 산소가 맥주에 영향을 끼칠 시간이 전혀 없으므로 이따금 압축공기를 사용한다.

서빙 탱크를 갖춘 브루펍 콜드 룸 시스템

홈브루잉 맥주를 바로 파는 브루펍의 경우 생산분을 케그에 저장할 필요가 없다. 맥주는 피복형의 온도 조절 탱크 또는 냉장실(콜드 룸)의 비피복 셀러 탱크에서 공급된다. 크기가 훨씬 크다는 것 외에는 시스템의 다른 부분이 위에서 언급한 사양과 상당히 비슷하지만, 단 CO_2는 일반적으로 양조장의 대형 CO_2 냉각 탱크에서 단단한 관을 통해 공급된다. 대형 탱크는 케그만큼 높게 압력을 유지할 수 없기 때문에 맥주의 이동을 돕기 위해 종종 펌프가 사용된다.

뜨거운 케그에 냉각기 부착

세계 많은 지역에서 냉장고는 상당히 비싸고 맥주 저장을 위해 콜드 룸을 만드는 건 정말 드문 일이어서 더운 기후 지역에서는 일반적으로 생맥주가 별로 없다. 일반 행사에서 맥주 탭을 통해 서빙되는 한두 가지 맥주는 실온 상태로 제공된다. 이 맥주를 적당한 서빙 온도로 차게 식히기 위해서 자키 박스와 비슷하게 전기 냉각 코일을 설치하여 맥주를 흘려보낸다. 크래프트 맥주는 멕시코, 브라질을 비롯한 남미 국가에 침투하고 있다. 이들 지역의 전문 맥주 바에서는 케그 냉각을 위해 필요한 투자를 점점 늘리는 중이고, 가끔 바 안쪽에 만든, 창문을 낸 콜드 룸을 공개하기도 한다.

케그레이터 kegerator와 키저 keezer

일반적으로 가정용으로 만들어진 케그레이터는 케그 크기의 냉장고로 구성되어 있고 라인이 바깥쪽 탭까지 연결된다. '키저'(케그+냉장고)는 상자형 냉장고에 셋백 setback 온도조절장치를 부착하여 수공으로 만든 버전의 명칭으로, 어떤 것은 냉장고 상자와 뚜껑 사이에 홈메이드 라이저 riser가 있고 뚜껑에는 생크 shank와 라인을 통과시킬 구멍이 뚫려 있다.

축제용 시스템

행사에서는 전형적으로 얼음으로 가득찬 통이 사용되며 여기에 케그를 놓는다. 라인은 코일 또는 얼음에 잠긴 냉각판이 들어 있는 자키 박스를 통과하여 이 냉각장치 바깥쪽의 표준 탭으로 연결된다. 보통 거품이 큰 문제이며 대개는 압력을 줄이는 게 답이다. 직관에 반하겠지만, 종종 이와 반대로 했을 때 해결되는 경우도 있다. 냉각코일 안의 긴 배선으로 인해 자키 박스는 저항값을 생성하는 경우가 많아서 압력을 높일 경우 오히려 맥주 흐름이 향상될 수 있다.

홈브루잉 생맥주

집에서 신선한 생맥주를 마시는 것이야말로 진정한 사치다. 홈브루어들은 처음에 병맥주를 만들지만 이게 점점 시시해지면서 많은 사람들이 생맥 시스템을 설치한다. 가정용 시

생맥 시스템 워크시트

이 워크시트를 사용하여 완벽한 맥주 배출에 필요한 저항값의 총량과 압력을 계산할 수 있다.

---

1) 압력 구하기

맥주 온도: _____ CO_2 볼륨: _____

(대부분의 맥주: 2.2~2.6볼륨. 벨기에 에일과 헤페바이젠: 최대 3~3.8볼륨)

케그 압력 = _____ psi = 필요한 저항값

---

2) 한계 요소 추가하기

포셋: _____ = _____ psi 또는 _____ 바

고도: 파운드 lbs/피트 ft _____ × _____ 피트 = _____ psi 또는 바/미터 _____ × _____ 미터 = _____ 바

기타 1: _____ _____ 파운드 = _____ psi 또는 @바 _____ = _____ 바

기타 2: _____ _____ 파운드 = _____ psi 또는 @바 _____ = _____ 바

기타 3: _____ _____ 파운드 = _____ psi 또는 @바 _____ = _____ 바

기타 4: _____ _____ 파운드 = _____ psi 또는 @바 _____ = _____ 바

    하부총합: _____ psi 또는 하부총합: _____ 바

호스: 파운드/피트 _____ × _____ 피트= _____ psi 또는 바/미터 _____ × _____ 미터 = _____ 바

    총합: _____ psi 또는 총합: _____ 바

3a) 필요한 호스 길이에 따른 저항값이 케그 안의 맥주 압력보다 낮을 경우 호스 길이를 늘리거나 직경을 줄여 저항값을 늘려서 맥주 압력과 맞출 것.

3b) 필요한 관 길이에 따른 저항값이 맥주 압력을 초과할 경우 증가한 관 직경을 보고 그 수치를 확인하라. 저항값이 여전히 맥주 압력을 초과한다면 시스템 밸런스를 맞추기 위해 맥주에 더 높은 압력을 적용해야 하지만 순수 CO_2를 사용할 경우 탄산이 과하게 생성될 수 있다. 이런 경우 종종 혼합가스를 사용한다.

생맥 시스템 한계 요인 및 양

배관

IN/MM	OD/ID*	재질	한계
$3/16$"/4.8 mm	ID	비닐	3.00 lbs/ft (0.67bar/m)
¼"/6.4 mm	ID	비닐	0.85 lbs/ft (0.19bar/m)
¼"/6.4 mm	OD	스테인레스	1.20 lbs/ft (0.27bar/m)
¼"/6.4 mm	ID	배리어	0.30 lbs/ft (0.067bar/m)
$5/16$"/7.9 mm	ID	비닐	0.40 lbs/ft (0.089bar/m)
$5/16$"/7.9 mm	ID	배리어	0.10 lbs/ft (0.022bar/m)
$5/16$"/7.9 mm	OD	스테인레스	0.30 lbs/ft (0.067bar/m)
$3/8$"/9.5 mm	ID	비닐	0.20 lbs/ft (0.044bar/m)
$3/8$"/9.5 mm	ID	배리어	0.06 lbs/ft (0.013bar/m)
$3/8$"/9.5 mm	OD	스테인레스	0.12 lbs/ft (0.027bar/m)
½"/12.7 mm	ID	비닐	0.025 lbs/ft (0.006bar/m)

*외부 직경 및 내부 직경

냉각판

12 ft/3.7 meters of $3/16$"/4.8 mm tubing: 3.6 lbs/0.24bar

18 ft/5.5 meters of $3/16$"/4.8 mm tubing: 5.4 lbs/0.37bar

냉각 코일

50 ft/15.2 m of ¼"/6.4 mm tubing: 15 lbs/1.02bar

70 ft/21.3 m of ¼"/6.4 mm tubing: 21 lbs/1.43bar

100 ft/30.5 m of $5/16$"/7.9 mm tubing: 12 lbs/0.82bar

(일부 냉각 코일은 두 가지 다른 직경의 배관을 사용하여 저항값을 관리한다. 해당 제조업체의 사양을 확인하라.)

포셋: 무시 가능
케그 중간부터 탭 높이, 피트당: 0.43psi/0.015bar
케그 중간부터 탭 높이, 미터당: 1.64psi/0.11bar
플라스틱 믹서 삽입물*, 6인치/15.2cm당: (약) 6psi/0.41bar

* 에폭시를 혼합하는 용도의 나선형 플라스틱 관. 홈브루어들이 소다 케그의 침적관 dip tubes에
  삽입하며 맥주 라인을 크게 연장하지 않고 저항값을 늘리기 위해 사용함.

생맥주의 명소
멕시코시티에 있는 Fiebre de Malta(Malta Fever)의 이 아름다운 콜드 룸은 멀티탭 바가 아직도 상대적으로
드문 이곳에서 사장이 양질의 맥주에 얼마나 심혈을 기울이고 있는지 여실히 보여준다.

스템도 일반 생맥 시스템과 그 구성품이 동일해서 케그, CO_2 실린더, 레귤레이터, 호스, 특정 형태의 포셋이 필요하다. 대부분의 홈브루어들은 원래 소다 음료용으로 나온 5갤런들이 케그를 사용한다. 이 케그의 특징은 맥주의 용액과 가스를 빠른 속도로 분리시켜주며 위로 젖히는 해치 타입의 뚜껑이 있어 안으로 들어가 세척하기 용이한데 이 점이 생키 Sankeys 및 다른 전용 맥주 케그와 가장 크게 다른 점이다. 가정용 생맥 장비는 비교적 라인이 짧아 저항값이 적당량에 못 미치는 경우가 종종 있으므로 시스템 밸런스에 조금만 신경을 기울이면 맥주를 따를 때 거품 문제를 방지할 수 있다.

생맥 포셋 종류

- 표준
- 유럽 타입
- 코브라 탭
- 크리머
- 저항값이 다양한 것
- 니트로/혼합 기체(기네스 종류)
- 피크닉 탭(펌프 및 일회용 가스 카트리지 타입)
- 피그테일 pigtail 및 츠비켈 zwickel(양조장에서만 사용)

고속 주입

터보탭은 맥주 탭에 부착하는 특허 장치로 배출 속도를 향상시켜준다. 비격류성, 층류 유동을 생성하는 평형막이 있어 거품 형성이 줄어든다. 관 바닥에는 맥주가 나가는 방향, 즉 위쪽으로 향한 원뿔 모양 펜촉이 있어 맥주 흐름을 바깥쪽으로 조정하면서 다시 한 번 격류를 줄여준다. 이런 장치가 제대로 설치되면 대용량 맥주 한 컵을 몇 초 만에 채울 수 있다. 분명 모든 장소에서 필요하지는 않지만 스포츠 및 음악 행사에서 맥주를 사려고 기다리는 대기줄을 대폭 줄일 수 있다.

버텀 업 Bottoms Up 컵은 맥주 배출 속도를 높여주는 또 다른 방식이다. 이 컵에는 바닥에 단순한 밸브 또는 덮개가 있으며, 주입 장치 위에 올리면 이 밸브 또는 덮개가 열리면서 맥주가 들어온다. 맥주는 컵 바닥에서 들어와 위로 채워지며 이때 거품이 거의 생성되지 않는다. 컵을 주입 장치에서 빼내면 밸브가 닫힌다.

안전과 생맥 시스템
가스가 갇히면 언제라도 그 운동 에너지가 위험할 수 있다

CO_2 탱크의 압력 범위는 500~800psi이며 이 기체가 액체 형태로 있기 때문에 언제든 상황에 따라, 고도로 응축된

많은 물질이 무서운 힘으로 분출될 수 있다.

가스 실린더는 내구성이 대단하며 사고를 일으키는 경우가 드물지만 나사로 연결된 밸브가 상대적으로 취약하다. 떨어뜨리거나 거칠게 다루면 오작동을 일으키면서 끔찍한 일이 벌어질 수 있다. 〈미스버스터 MythBusters〉라는 텔레비전 쇼에서 이 실험을 했는데 이때 탱크가 무서운 속도로 날아가 두 개의 콘크리트 블록 벽을 뚫고 나서야 멈췄다. 극도로 주의를 해야 한다. 아기처럼 조심스럽게 다루고 사용할 때는 수직 구조물에 항상 체인(고무밧줄 안 됨)으로 단단히 고정시켜 놓는다. 옆으로 뉘어 놓거나 뒤집어 놓고 사용해도 절대 안 된다. 이렇게 하면 액화 CO_2가 레귤레이터를 통해 새어나갈 수 있는데 이 레귤레이터는 액화 CO_2를 감당할 수 있도록 만들어져 있지 않아 엄청난 불상사가 생길 수 있다. 언급할 필요도 없는 것은 감압 안전 장치 또는 파열판. 절대 조작하면 안 된다.

CO_2는 고농도에서 질식을 일으킬 수 있다

CO_2는 소량일 경우 들이마셔도 무해하다. 많은 작업장, 특히 하드 파이프 시스템일 경우에는 CO_2 경보와 다른 안전 장치가 요구된다.

케그는 상당히 무겁다

미국 하프 배럴 케그를 가득 채울 경우 161파운드(73kg)이 나가는데 일반 사람 혼자서 취급하기엔 무겁다. 맥주를 배달하는 사람들은 케그를 한손으로 능숙하게 다룰 필요가 있지만 경험과 극도의 주의가 필요하며, 조심한다고 해도 부상이 흔하게 발생한다. 발가락 부분을 강철로 댄 신발 또한 적극 권장한다.

케그는 가끔 폭발한다

스테인레스 스틸 케그는 아주 극도의 환경에서만 파손된다. 지난 10년 동안 일회용 플라스틱 케그에 대한 관심이 아주 많았는데, 특히 맥주를 장거리 운반할 경우 이득이 많을 거라는 기대감에서였다. 그러나 이쪽 기술이 발달하면서 플라스틱 케그가 폭발하는 등 수많은 부상 사고, 어떤 경우엔 치명적인 사고가 속출했다. 플라스틱 케그로 작업하는 경우 세척과 주입 시 항상 제조업체 지침을 따르고 계기판과 다른 시스템이 정상 작동하는지 확인해야 한다. 이 기술은 급속도

케그 커플러 종류

생키 Sankey, **유로 생키** Euro-Sankey
표준 생키(타입 D)는 북미에서 가장 흔하게 사용되는 케그 커플러이다. 맥주는 중앙에서 바로 나오는 반면 가스는 옆면을 통해 들어간다. 사용 방법은 간단한데, 단순하게 커플러를 끼운 후 비틀어 잠그고 열 때는 손잡이를 약간 뺀 다음 찰칵 소리가 날 때까지 손잡이를 누른다. 북미와 유럽(타입 S) 버전은 몇 mm만 차이가 나기 때문에 성가신 문제를 일으킨다. 혹시 두 가지 다 가지고 있다면 타입 표시가 명확히 되어 있는지 확인하라.

슬라이더 Slider
독일 양조장에서는 유럽 타입이 가장 인기 있다. '타입 A'와 '타입 M', 두 가지가 있으며 프로브 probe 배열에서만 차이가 난다.

하프 벨 Half-bell **또는 하프 레이션** Half-ration
많은 영국 양조장에서 인기 있다.

기네스 'U 타입' 커플러
누구나 예상하겠지만, 이 타입은 주로 기네스와 그 관련 브랜드에 맞다.

플라스틱 케그용 전매 커플러
특정 제조업체의 제품에만 해당된다. 일부 시스템의 경우 태핑 후 맥주가 소진될 때까지 커플러는 반드시 그대로 있어야 한다는 점을 주목할 것.

로 발전하고 있어 앞으로 좀 더 흔하게 보급되리라 본다. 조사를 해서 폭발사고를 방지할 수 있도록 감압 장치가 내장된 케그를 선택하라.

생맥주 문제 진단

호스와 밸브가 얽혀 있는 생맥 시스템은 얼핏 보기에 복잡해 보이지만 실은 너무나 간단하다. 이 책 안에 문제 진단 가이드를 전체 다 실을 수는 없지만 다룰 수 있는 몇 가지 일반적인 사항은 있다. 상식을 가지고 문제점을 근본적인 것부터 탭까지 논리적으로 추적하다 보면 원인이 나온다. 거의 모든 맥주의 흐름이나 거품 문제는 배관의 연결과 밸브 위치가 정확한지 확인하고 전반적인 압력 균형 원칙을 준수하면 해결될 수 있다.

생맥주 케그 종류 및 크기

케그 종류	크기
스테인레스 생키	½배럴(15.5 미 갤런), ¼배럴, 1/6배럴(sixtel)
유로 생키 등	½헥토리터/50리터(13.2미 갤런), 30, 25, 20리터(7.9, 6.6, 5.3갤런)
플라스틱 일회용 케그	여러 인기 있는 크기가 유통되고 있으며 제조업체마다 다양한 제품이 공급되고 있음
코니 케그(홈브루잉)	5미 갤런(18.9리터), 3미 갤런(11.4리터)
퀼시 및 알트 배럴	10.2리터(2.7미 갤런)
전매 소량 케그(CO_2 자체 억제)	다양한 크기로 유통되지만 보통 5갤런(18.9리터) 미만
골든 게이트(판매 중단)	½배럴(15.5미 갤런), ¼배럴
호프 스티븐(판매 중단)	½배럴(15.5미 갤런), ¼배럴

DIN STANDARD(유럽) 케그 크기, 밀리미터/인치

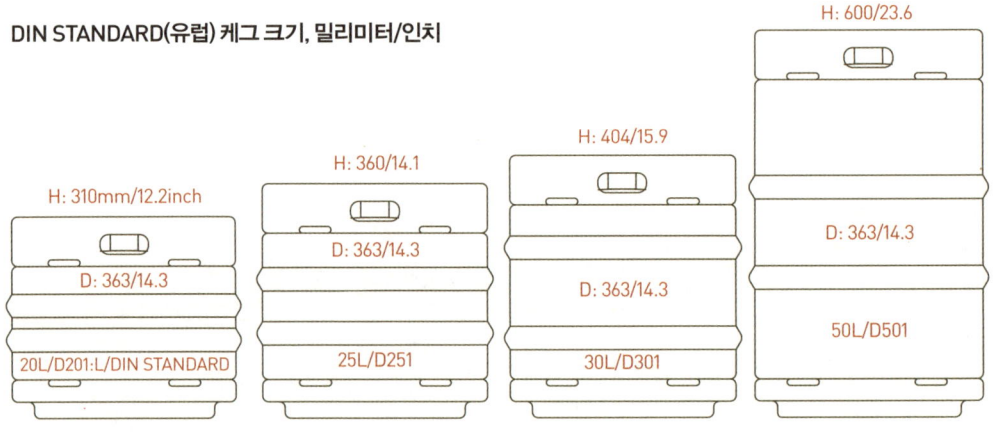

H: 600/23.6
D: 363/14.3
50L/D501

H: 404/15.9
D: 363/14.3
30L/D301

H: 360/14.1
D: 363/14.3
25L/D251

H: 310mm/12.2inch
D: 363/14.3
20L/D201:L/DIN STANDARD

미국 케그 크기, 인치

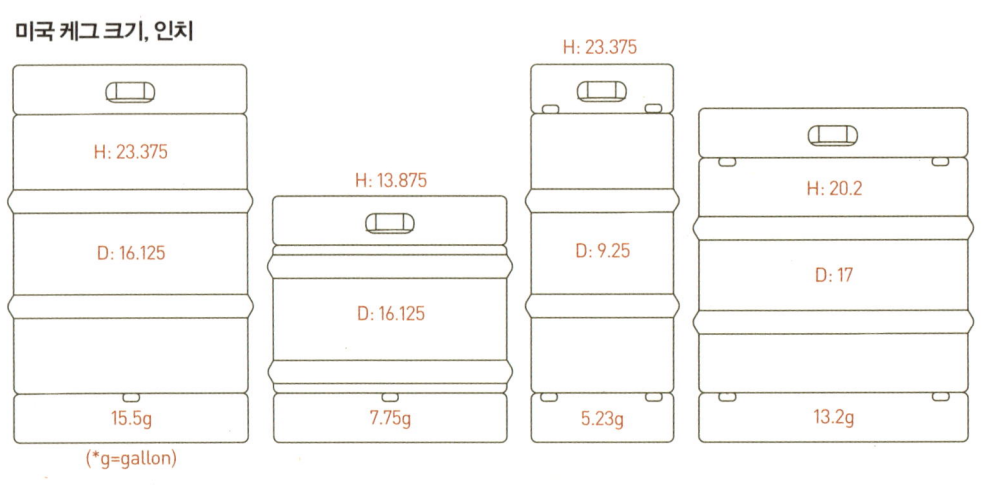

H: 23.375
D: 16.125
15.5g
(*g=gallon)

H: 13.875
D: 16.125
7.75g

H: 23.375
D: 9.25
5.23g

H: 20.2
D: 17
13.2g

맥주가 나오지 않는다

(CO$_2$ 가스통을 포함하여) 모든 밸브와 연결을 점검하고 실린더 안에 여전히 가스가 있는지, 케그 안에 맥주가 있는지 확인한다. 가스 게이지는 안전상 한 번쯤 의심해보는 것이 좋다. 특히 사용한 지 한참 되어 그동안 충격을 좀 받은 경우, 대부분의 지침기 안에는 섬세한 동관이 들어 있어 손상되기 쉽다. 두어 개 여분으로 가까운 곳에 두어서 지침이 정확하지 않다는 의심이 들 때 교체하는 것도 나쁘지 않다.

맥주에 과다한 거품이 생긴다

원인은 많을 수 있다. 우선 탄산 수준과 맥주 온도에 맞게 시스템이 적절한 밸런스를 이루고 있는지 이중 점검하라. 문제가 없어 보이면 레귤레이터 중앙의 나사나 손잡이를 통해 압력을 조정해보라. 직관에 반하겠지만, 너무 낮은 압력도 높은 압력과 마찬가지로 동일한 거품 문제를 유발할 수 있으니 먼저 압력을 낮추지 말고 좀 더 높여보라. 문제가 지속되면 가스를 잠그고 케그 연결을 해제한 다음 가스가 흐르지 않는 상태에서 포셋을 작동해보라. 맥주가 여전히 빨리 나오면서 거품이 생기면 케그 온도가 너무 높거나 케그 자체가 과탄산화되어 있을 수 있다. 맥주가 오랫동안 탭핑되어 있고, 압력이 높게 연결된 경우, 압력이 가중되었을 수 있다. 아니면 양조장 문제일 수도 있다. 이는 드문 일이지만 발생할 수 있다. 헤페바이젠과 벨기에 에일 같은 특정 스타일은 종류별로 과하게 탄산화되며, 올바로 따르기 위해서는 다른 제약이 따르기도 한다.

따르는 데는 이상이 없지만 다른 때와 비교해서 밍밍하다

이런 현상은 가스 라인에 탄산 압력이 적절하지 않거나 탄산이 일부 소실된 경우다. 기네스에 사용되는 G-Mix 등 혼합가스가 일반 맥주 케그에 연결되었을 때 자주 일어나는 현상이다. 첫날 정도는 맥주를 따랐을 때 이상이 없지만, 꽤 높은 압력에도 CO$_2$가 충분하지 않기 때문에 탄산이 맥주에서 새어나간다.

맥주에서 이상한 풍미가 난다

흔한 문제이다. 버터 또는 신 아로마와 시큼한 맛은 탭 라인이 락토바실루스 또는 다른 박테리아에 감염된 것으로 혼탁 현상으로 이어질 수도 있다. 빠른 속도로 연속해서 몇 잔

돌려보내라! 생맥 음주인의 권리장전

상태가 안 좋은 맥주가 나오리라 기대하는 사람은 없을 것이다. 그래서 문제가 있는 맥주가 나온 경우 당연히 돌려보낼 권리를 알고 두말 없이 다른 것을 요구해야 한다. 우리는 다음과 같은 맥주를 마실 권리가 있다.

- 스타일 기준상 아름답게 반짝이며 투명한 맥주(많은 크래프트 맥주와 특히 브루펍 맥주는 차갑게 낼 경우 약간의 혼탁이 있을 수 있다)

- 신선한 맥주. 마분지 또는 들쩍지근한 산화 냄새가 없는 맥주

- 불결한 생맥 라인 또는 탭으로 인한 이취가 없는 맥주. 버터 냄새, 상한 우유 냄새 또는 치즈 냄새 같은 이취와 더불어 시큼한 풍미(스페셜티 맥주인 야생 숙성 사우어 스타일은 시큼한 풍미가 정상이므로 이들 맥주는 제외)는 라인이 불결하다는 징후일 수 있다.

- 생동감 있고 완벽하게 탄산화된 맥주

- 맥주의 도수와 스타일에 맞게 빛이 날 정도로 깨끗한 유리잔에 제공되는 맥주(잔 안쪽에 넓게 거품이 깔려 있으면 잔이 더럽다는 확실한 증거다. 또 다른 증거는 잔 테두리의 립스틱 자국으로 이런 나태함은 양해를 구할 수도 없다.)

- 살균제 맛이 전혀 나지 않는 맥주

케그 절도

미국 양조업체 추산에 따르면 도난당하는 케그로 인해 업계에 한 해 5,000만 달러 이상의 손실이 발생한다고 한다. 스테인레스 스틸 같은 금속 가격이 치솟는 바람에 쉽게 자물쇠가 열리는 느슨한 케그는 범죄자들에게 떨쳐낼 수 없는 유혹이다. 그렇다면 이에 대한 대가는 누가 치르는가? 소비자인 우리가 치른다. 이를 근절하기 위해 법적인 조치와 홍보가 논의중에 있지만, 케그의 보증금 비용이 케그 본래 가격보다 훨씬 저렴한 추세가 지속되는 한 이 상황은 해결되지 않을 것이다. 케그는 개당 가격이 150달러에 육박하고, 스테인레스 가격이 오르면서 케그 가격 또한 덩달아 계속 오르고 있다. 홈브루어들이여, 케그는 제발 합법적인 유통망을 통해 구입하라. 보증금은 구입가격이 아니다.

생맥 시스템 필수 용어 및 장비

기압 Atmosphere
해발 평균 대기압으로 압력의 미터계 표준 단위로 사용되며 바 bar라고도 알려져 있다. 1기압은 14.7psi에 해당한다.

바 Bar
기압(옆)과 동일하며 압력의 미터계 단위로 사용되는 용어. 1바는 14.7psi에 해당한다.

블렌더 Blender/ **믹서(가스)**
순수 CO_2와 질소를 원하는 비율로 혼합하는 장치. 크고 좀 더 정교한 생맥 시스템 설치에서만 사용됨.

제어 밸브 Check valve
맥주 또는 가스의 흐름을 한 방향으로만 제어하는 단순한 장치로 라인 또는 커플링 안에 설치한다.

냉각기 Chiller
글리콜 냉각에 사용되는 냉각 장비.

초커 Choker
가끔 저항값을 늘리기 위해 라인에 부착하는 작은 직경의 배관.

냉각판 Cold plate
알루미늄 안에 장착하는 지그재그 배관으로 코일과 동일하게 맥주를 차게 해주지만 일반적으로 냉각 용량은 적다. 얼음과 직접 닿는 게 권장되지만 물에 담그는 건 권장하지 않는다. 보통 자키 박스 안에 사용된다.

코니 Corny
'코넬리우스'의 줄임말. 소다 케그 제조업체 중 한 곳으로 코니 케그는 현재 보편적으로 홈브루잉 생맥 서빙 용기로 사용된다. 3, 5, 10 갤런(11.4, 18.9, 37.9 L) 용량으로 출시되며 5갤런 용량이 가장 보편적이다.

커플러 Coupler(케그)
케그 맨 위 부분에 부착하는 태핑 헤드로 가스가 들어오고 맥주가 흘러나가도록 해준다. 세계 각지마다 선호하는 스타일이 다르다. 그 결과 수입 생맥주는 종종 특별한 커플러가 필요하다.

크리머 포셋 Creamer faucet
당기면 정상적으로 나오지만 핸들을 뒤로 밀면 맥주 위에 얹기 좋은 순수한 거품이 나오는 전문 맥주 탭이다. 브라질에서 쵸프 생맥에 널리 사용되며, 니트로 포셋 역시 일반적으로 크리머 기능이 있다.

포셋 Faucet
맥주 서빙 시 맥주를 받는 탭.

가스 실린더 Gas cylinder
가스 보관에 사용되는 두꺼운 벽의 용기. 미국의 경우 가스 용기는 5년마다 점검 및 재인증을 받아야 하며 검사 날짜는 밸브 근처 금속 부위에 찍혀 있다.

글리콜 Glycol
프로필렌 글리콜의 줄임말로 맥주 라인과 다른 맥주 서빙 장치에서 원격 냉각을 위한 냉매액으로 사용되는 비독성 화학물질.

자키 박스 Jockey box
안에 코일이나 냉각판이 들어 있고 앞에는 맥주 탭이 있는 냉각기로 대부분 축제 및 기타 다른 행사에서 사용된다. 콜드 룸이 드문 많은 국가에서는 전기로 냉각되는 고정식 냉각기가 사용되며 실온 상태의 맥주 온도를 서빙하기 좋은 온도로 낮춰준다.

케그 Keg
맥주를 일정한 압력으로 보관하는 데 사용하는 스테인레스 스틸 또는 플라스틱 용기.

라인 Line
생맥 시스템에 사용되는 배관. 가스와 액체에는 각각 다른 크기와 종류가 종종 사용된다.

매니폴드 Manifold
종종 온–오프 밸브를 갖춘 스프릿터로 하나의 공급원으로부터 오는 여러 가스 라인을 인도한다.

니트로 Nitro
전통 케스크 에일의 풍부하고 크리미한 거품을 모방한 혼합 가스(CO_2와 N_2) 배출 시스템을 편하게 부르는 용어.

부분 압력 Partial pressure
혼합 가스 시스템의 움직임을 설명하는 물리적 현상. 각 가스는 약간씩 압력을 받는데, 그 압력의 양은 혼합 가스 안의 각 가스양에 비례한다. 이는 복잡한 주제로 이 책이 다루는 범위를 조금 넘어선다.

파이톤 Python
트렁크 라인 참조.

퀵 디스커넥트 Quick disconnect
다양한 시스템 부위의 가스 또는 액체 커넥터. 대부분은 주로 가스에 사용되며, 원래 소다 음료용으로 나온 홈브루잉 타입의 코니 케그에 있는 양쪽 커넥션에 사용된다.

레귤레이터 Regulator
가스 압력을 낮추기 위해 사용하는 장치. 레귤레이터 하나는 CO_2의 높은 압력을 낮추기 위해 항상 가스 실린더에 부착하고, 보조 또는 드로핑 레귤레이터는 각 맥주에 섬세한 면을 부가하기 위해 많은 시스템에서 사용된다.

해제 밸브 Relief valve
과도한 압력을 안전하게 낮출 수 있는 장치. 가스 실린더, 레귤레이터, 커플링 및 특정 종류의 케그에 대부분 맞는다.

저항값 Restriction
맥주의 유동 경로에 위치하는 호스, 피팅을 비롯한 기타 여러 부위에서부터 탭까지 저항량을 나타내는 용어. 저항값이 완벽하게 조정되면 케크 안 압력의 밸런스가 맞는다.

린서 Rinser
맥주 잔을 뒤집어 엎어서 눌러 놓으면 잔 안으로 물을 뿌려주는 바 장치. 잔을 미리 헹구어 놓으면 표면장력이 줄어들고 고탄산 스타일 맥주에 거품이 덜 생긴다.

섕크 Shank
맥주를 한 장소에서 다른 곳으로 옮기기 위해 벽 또는 다른 장벽을 뚫고 장착하는 나사 피팅. 전형적으로 맥주 탭은 한쪽 끝에 장착하고, 맥주 라인을 다른 쪽에 연결한다.

트렁크 라인 Trunk line/**트렁크 번들** Trunk bundle
저장고/콜드 룸에서 서비스 지점까지 이어져 있는 평행의 생맥 라인 다발. 라인이 2~3피트보다 긴 경우 전형적으로 냉각장치가 부착된다.

워셔 Washers(**가스 및 맥주**)
작고 둥근 모양의 개스킷으로 아주 단순한 장치. 피팅을 밀봉해준다. 가스 워셔는 섬유(1회 사용만 가능) 또는 단단한 플라스틱이며 가스 실린더를 커플러와 섕크, 포셋에 연결할 때 실린더 사이를 밀봉해준다.

츠비켈 Zwickel
양조장 발효 탱크에 장착하는 작은 탭으로 맥주 샘플을 뽑아볼 수 있다. 종종 피그테일과 함께 사용되는데 피그테일은 작은 직경의 스테인리스 배관을 촘촘히 감아놓은 코일로 자칫하면 발생할 수 있는 거품을 줄여준다. 비여과 라거 맥주도 이 이름을 따서 츠비켈이라 불리는데, 몇몇 츠비켈은 포장된 버전으로도 유통되지만 대부분은 오직 양조장 지하 저장고에서만 판매된다.

따른 후 문제가 사라졌다면 라인의 문제이다. 문제가 지속된다면 양조장 잘못일 수 있다. 루트 맥주 Root Beer와 일부 다른 소다 음료 또 풍미를 첨가한 맥아 음료라면 라인 교체도 필요하다.

생맥 시스템에 관한 더 자세한 사항은 Brewers Association의 《생맥주 품질 매뉴얼 Draught Beer Quality Manual》을 비롯해 훌륭한 자료를 이용할 수 있다. 장비 제조업체 마이크로 매틱 Micro Matic은 3일간의 디스펜스 과정 Dispense Institute과 요약 정리한 온라인 버전을 무료로 제공한다. 지벨 인스티튜트 Siebel Institute 역시 4일간의 생맥 마스터 클래스를 제공한다.

캐스크(리얼) 에일

영국맥주보존협회인 리얼 에일 캠페인 Campaign for Real Ale(CAMRA)은 리얼 에일을 가리켜 '정통적인 원료를 사용하여 양조되고 캐스크(용기)에서 숙성되며 펍에서 2차 발효라는 공정을 통해 캐스크에서 서빙되는 자연적인 산물'로 정의한다.

100년 전, 리얼 에일은 영국 맥주의 표준이었다. 빠르게 양조되어 여전히 발효되는 동안 펍으로 바로 이동하기 때문에, 리얼 에일이 고객의 잔에 빛나고 맛있는 완벽한 상태로 도달

맥주통에 바치는 시

맥주통은 야만족이 인류에게 바친 최고의 선물에 속한다. 서기 1년에 발명된 이 나무통은 지금까지 기술적으로 2,000년이라는 수명을 누려왔다. 나무통은 이들 숲속 종족의 영리함을 나타내는 증거로, 약 200년 전, 금속테가 도입된 걸 제외하고는, 오늘날까지 원래 형태와 목적을 그대로 유지하고 있다. 제2차 세계대전 이후 금속 케그로 대체된 이후에는 맥주에 거의 사용되지 않지만 나무통은 숙성된 모든 증류주와 상당수 많은 와인에 없어서는 안 될 도구이다. 오늘날 크래프트 맥주계에서 통숙성 맥주는 맥주 세계의 사치를 위해 추가하는 흥미로운 품목이다.

배럴 숙성 럭셔리 맥주
중고 나무통은 이 귀하고 비싼 맥주에 이전 내용물의 풍미를 비롯한 기타 다른 풍미를 전달한다.

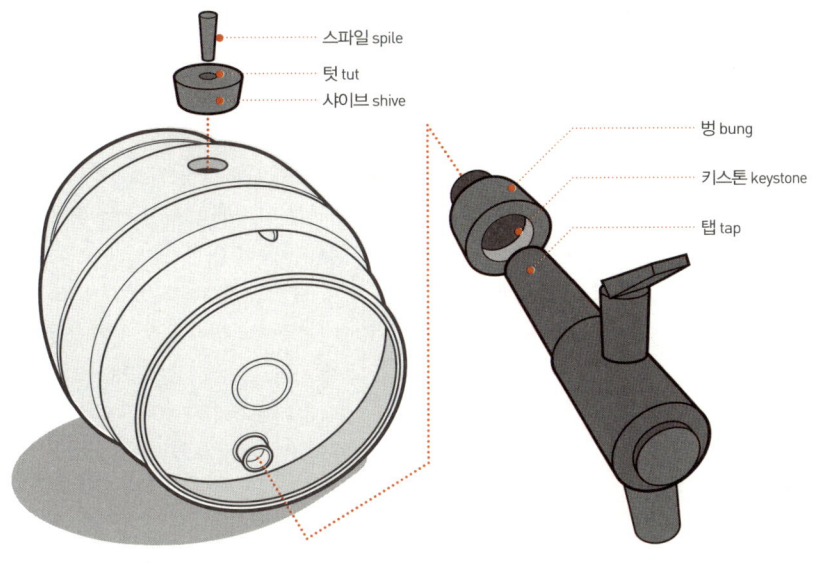

| | 스파일 spile |
| 텃 tut |
| 샤이브 shive |

| 벙 bung |
| 키스톤 keystone |
| 탭 tap |

퍼킨
10.8미 갤런(40.9리터) 용량의 이 캐스크는 리얼 에일을 서빙하는 표준 용기로,
초기 나무 용기와 모든 부속품이 동일한 금속 버전의 용기다. 핀 Pin(5.4미 갤런/20.4리터) 크기와
이보다 드물긴 하지만 킬더킨 kilderkin(21.6미 갤런/81.8리터) 크기도 사용된다.

하기 위해서는 숙련된 기술을 가진 의욕적인 저장고 전문 직원이 필요하다. 리얼 에일을 만드는 방식은 아주 옛날 방식이라 지난 반세기 동안 사업 현실과 꽤 심한 충돌을 빚어왔다. CAMRA는 양조업체가 캐스크 맥주를 완전 없애고 탱커 트럭이 채워주는 케그 또는 셀러 탱크로 갈아타려고 밀어붙이던 시기에 설립되었다. 비록 현재 영국에는 일반 캐스크 맥주보다는 스페셜티 캐스크 맥주가 더 많지만 대체로 CAMRA 덕분에 캐스크 맥주는 영국에서 살아남았다.

다 완성되지 않은 맥주는 캐스크에 담겨 샤이브라는 나무 플러그가 봉해진 채 펍으로 수송된다. 캐스크에는 두 개의 입구가 있다. 하나는 머리 부분에 있는데 여기에 탭을 삽입하는 키스톤이라는 또 하나의 플러그가 있고, 다른 하나는 캐스크의 가운데 가장 넓은 부위에 있다. 에일을 서빙할 때 캐스크를 옆으로 눕혀놓는데 이곳이 제일 윗부분이 된다.

일단 케그가 펍의 저장고에 들어가면 '스파일 spile'이라는 다공성의 갈대 마개가 샤이브 안의 구멍으로 끼워지고 이 마개를 통해 과다한 이산화탄소가 배출된다. 이 과정이 보통 며칠 소요되며, 저장고 안에 도착하는 맥주의 상태에 따라 때

론 더 오래 걸리기도 한다. 이산화탄소 배출이 둔화되고 셀러 마스터에 의해 맥주가 마시기 가장 좋은 상태라고 판단되면, 부드러운 스파일을 제거하고 가스가 새지 않는 딱딱한 스파일을 끼워넣어 캐스크 안의 압력이 유지될 수 있도록 한다.

일단 캐스크에 딱딱한 스파일이 끼워지면 일정 시간, 보통 단 며칠이면 맥주가 안정화되면서 효모 및 다른 고형 물질을 떨구어낸다. 때때로 청징제인 부레풀을 추가하면 침전 작용이 빨라진다. 아로마를 위해 홉을 추가할 수도 있다. 맥주를 서빙할 때가 되면 플라스틱 탭을 벙 안으로 힘있게 박아넣어 끼운다. 벙 안쪽의 나무 재질 속마개인 키스톤이 밀려나면서 탭이 제자리를 잡는다. 올바로 하면 아주 소량의 맥주만 흘러나오지만, 나무망치로 소심하게 박으면 탭이 일부분만 장착되어 맥주가 다량 배출된다. 딱딱한 하드 스파일은 반드시 임시적으로 제거하여 서빙된 맥주 대신 공기가 들어와 그 자리를 메울 수 있도록 해야 하지만, 대개 펍이 문을 닫는 밤에는 이 마개를 구멍에 다시 끼워넣는다.

이런 식으로 제공되는 맥주는 탄산이 소멸되고 산소의 유해한 작용과 박테리아 감염의 지배를 받기 때문에 유통기한

이 상당히 짧다. 캐스크에 탭을 박아 넣었으면 통 속의 에일은 반드시 며칠 안에 소비해야 한다. 노련한 맥주광들은 캐스크에 탭을 끼운 지 얼마나 되었는지 알 수 있으며, 심지어 소량의 산소가 부여하는 부드러운 풍미를 선호할지도 모른다. 그러나 일정 시점에 가면 이 모두가 안 좋게 변질되어 캐스크 에일은 맛이 밋밋해지고 생기가 사라지며 심지어 시큼한 맛이 난다.

대부분의 펍에서 맥주는 저장고에 보관되는데, 맥주를 바가 있는 곳까지 올리려면 운반 수단이 필요하다. CO_2 압력이 들어가면 CARMA 기준으로 볼 때 리얼 에일 범주에서 탈락되기 때문에 핸드 펌프가 전통적으로 사용되며 여전히 선호된다. 핸드 펌프는 크기가 크고 거창해 보이지만 자전거 펌프와 아주 흡사하게 작동하는 단순한 장치로 한쪽 끝에 실린더와 플런저(plunger: 실린더 내를 왕복하며 유체의 압력을 전달하는 막대모양의 피스톤—역자주), 밸브가 달려 있다. 펌프를 내리면 맥주가 라인을 통해 끌려올라와 포셋를 통해 유리잔으로 분출된다. 때때로 스파클러라는 작은 플라스틱 제어기를 포셋 끝에 나사로 고정시킨다. 이렇게 하면 맥주가 작은 구멍을 통과하다 보니 이산화탄소를 방출해서 조밀하고 크리미한 거품이 생성된다. 여러 가지 면에서 영국 맥주가 그렇듯이 스파클러의 사용은 지역마다 다르다. 영국 북부에서 훨씬 인기가 많다. 핸드 펌프를 사용하는 행태가 리얼 에일의 권위를 상당히 크게 부각시킨다 해도, 사실상 (스파클러를 제외하면) 맥주의 풍미나 질감에는 아무런 영향을 주지 않는다는 사실을 주목해야 한다. 핸드 펌프는 맥주를 저장고에서 바까지 올리기 위한 수단에 지나지 않는다. 캐스크를 음주자와 동일한 지면에 설치하는 축제를 비롯한 기타 다른 상황에서는 단순한 중력 탭을 사용해도 아무 해가 없다.

CAMRA는 죽자사자 옛날 방식에 집착한다. 주류 상품이었다 스페셜티 맥주로 된 것은 고통스러운 일이었고 이런 현상은 지금도 계속 진행중이다. 그러나 CAMRA의 집착이 없었다면 리얼 에일은 지나간 추억이 돼버렸을지도 모른다. 그러나 이런 보수주의가 별 도움이 되지 않는 경우도 있다. 전통 방식의 한 가지 문제점은 캐스크에 구멍을 낼 때 맥주가 공기에 노출된다는 것이다. 1995년 CAMRA는 캐스크 호흡 장치 사용에 관해 자세한 연구를 실시했다. 캐스크 호흡 장치는 공기를 부드러운 이산화탄소층으로 대체해 펍에서 캐스크의 수명을 늘려주는 장치이다. 블라인드 검사 결과 캐스크 호흡 장치는 맥주에 아무런 해도 주지 않는 것으로 드러났다. 그러나 CAMRA는 그 자체적인 연구와 규칙을 무시하고 전통을 계속 따르기로 결단하면서 호흡 장치 사용을 허용하지 않았다.

셀러에서 바로 서빙 준비중인 '숙성 단계'의 리얼 에일.

리얼 에일 핸드 펌프
자전거 펌프와 같은 원리로
작동되는 이런 식의 맥주 엔진은
저장고에서 바까지 맥주를
끌어올리는 전통적인 방식이다.

캐스크 맥주는 미국에서는 다소 흔하지 않은 스페셜티 맥주지만 서서히 성장하고 있다. 그 복합성으로 인해 캐스크 맥주는 성향이 비슷한 양조업자와 펍 주인 간의 특별한 관계로 탄생하는 경우가 많다. 이들은 맥주를 잘 관리하고 만약 맥주가 기준 품질에 못 미칠 경우 매장에서 철수한다는 일정 수준의 신뢰를 확립해왔다. 몇몇 양조장은 이 캐스크 맥주를 전문으로 만들지만 여전히 이 맥주는 상당히 드물고 종종 영국과 강한 연줄이 있는 사람들이 운영한다.

여러 어려운 상황에도 완벽한 상태의 캐스크 에일 한 잔은 좀처럼 보기 힘든 아름다움 그 자체로, 시원하고 부드러우며 크리미하고 아로마로 넘쳐나지만 위험할 만큼 음용성이 좋아 한 잔 또 한 잔을 부른다.

청결, 위생, 맥주 서빙

청결은 양조에서 항상 신중하게 신경써야 할 부분이고 맥주를 서빙할 때는 작은 부분 하나하나가 다 중요하다. 많은 훌륭한 맥주가 서빙 시점의 부주의로 망가진다. 음주자들이 맥주가 양조장을 떠난 이후 일어날 수 있는 모든 불상사를 일일이 알고 있을 필요는 없다. 고객들은 그저 자신들이 특정 양조장에서 출시된 잘못된 맥주를 손에 들고 있다는 것만 인지할 뿐이다. 그렇다면 누구에게 비난의 화살이 돌아갈 것인가? 제대로 알고 있는 맥주광들은 반복되는 양상을 살핀다. 바에서 정말 많이 만나는 버터 풍미 맥주는 해당 설비에서 맥주 라인을 제대로 세척하지 않는다는 의미일 수 있다.

맥주가 플라스틱 라인을 통과할 때 미세한 단백질 막과 끈적끈적한 찌꺼기가 배관 옆면에 들러붙는데 이것은 제거하기가 상당히 어렵다. 맥주 라인은 대개 뜨거운 부식성 용액을 안으로 흘려보내 세척한다. 괜찮은 맥주 바는 탭 라인을 2주마다 한 번, 어떤 경우엔 좀 더 자주 세척한다. 미국의 경우 탭 라인 세척 책임은 주마다 다르다. 주에 따라 허락이 된다면, 유통업자가 일반적으로 라인 세척을 책임진다. 다른 주에서 이런 행위는 유통업자가 바 주인에게 부당한 영향을 끼칠 수도 있는 선물로 보며 따라서 다른 금전적인 혜택과 더불어 금지된다.

더럽거나 제대로 세척하지 않은 잔 역시 심각한 문제를 일으킬 수 있는데, 잔 세척 문제는 간과되는 경우가 너무 많다. 먼지나 때는 희미한 불빛에서는 분간하기 어려울 수 있고, 음료가 튀는 바에서는 올바른 관리를 하는 것이 어렵다. 일단 맥주를 따랐을 때 잔에 오물이 붙어 있는 경우는 잔 옆면에 거품 띠가 확실하게 그 모습을 드러낸다. 옛날 방식은 빈 잔을 물에 적시고 잔을 털어서 과도한 물기를 없앤 다음 잔 안에 소금을 마구 뿌린다. 물은 기름기나 오염된 부위에 들러붙지 않으며 물이 없으면 소금도 붙지 않는다. 따라서 소금이 없는 부위가 더러운 곳이다.

오염 문제 외에도 잔 세척 및 위생 세제는 독하고 불쾌한 맛이 난다. 급하게 헹구면 역겨운 페놀 냄새가 베면서 완벽할 수 있는 맥주를 망치게 된다.

일반 세척 세제는 대부분 휘발유 기반이고 잔에 기름막을 남길 수 있는데 이 때문에 맥주 헤드가 무너질 수 있다. 최적의 결과를 위해서는 '맥주에 안전한' 특수 세정제를 사용하는 것이 좋다. 염소 또는 브롬 기반의 살균제가 기본적으로 많이

브라운 옥토버는 끌려나오는 걸 원치 않으리니
30년 간의 어두운 퇴각 생활에서 성숙하고 완벽해져,
이제 그 정직한 전선은 찬란한 빛에 불타올라
포도원 최고 산물과의 경쟁에도 두려울 것이 없다.

제임스 톰슨, 시 〈가을〉에서

미국인 관광객들이 자주 언급하는 첫 느낌과는 달리, 영국식 에일은 10~13도의 시원한 저장고 온도에서, 살아 있지만 과하지 않은 탄산이 함유된 채 제공되어야 한다. 적당한 헤드 양은 영국에서 활발한 논쟁의 대상이며, 기준은 지역에 따라 달라서 북부 지방에서는 적정 헤드양이 좀 더 많다. 왕실에서 승인한 파인트 잔은 현재 잔 테두리에서 약 1인치(2.54cm) 아래까지 채우도록 되어 있지만 불과 2~3년 전까지만 해도 잔 테두리까지가 한 잔 가득한 용량이었다. 때문에 거품을 빌미로 단골 고객들의 끊임없는 술수가 이어졌는데, 잔을 반 정도 비운 다음 다시 잔을 '보충'해달라고 요구하곤 했다.

사용되고 효과도 꽤 좋지만 이런 강력한 화학물질은 맥주의 폴리페놀과 작용하여 클로로페놀이나 브로모페놀을 생성하고, 어느 것이든 한 물질은 역겨운 반창고 또는 소독약 냄새를 풍길 수 있어 맥주를 망친다. 결론적으로 내가 강조하는 얘기는 맥주를 따르기 전에 특별히 신경써서 잔을 잘 헹궈 냄새를 완전히 제거하라는 것이다.

안타깝게도 많은 업소는 이런 기준에 미치지 못한다. 훈련 부족, 부족한 인력, 태만, 불량 장비 등이 비난받을 문제다. 만약 잔이 불량해 완벽하지 못한 맥주가 서빙되었다면 이들에게 일단 양해를 구하고 문제를 지적하라.

맥주 잔

특수 제작된 맥주 용기는 수천 년 동안 맥주 문화의 소중한 부분이었다. 잔의 크기, 형태, 재질은 아주 다양하지만, 그 목적은 항상 변함이 없었다. 맥주를 훌륭한 모습으로, 기분 좋게, 심지어는 의식을 치르는 것처럼 입술까지 가져가는 것이다. 잔은 손에 딱 맞아야 하고 맥주와 어울려야 한다. 눈이 부실 정도로 빛난다면, 더더욱 좋다.

150년 전까지만 해도, 맥주 마시는 잔은 보통 좀 싼 재질로 만들어졌다. 유리는 귀하고 비싼 재질이었고 그 생산은 고도로 숙련된 장인이 있어야 가능했다. 오직 부유한 계층만이 유리잔을 구입할 수 있었다. 일반 서민은 진흙, 금속, 심지어는 블랙 잭이라는, 타르를 입힌 가죽 그릇으로 마셨다. 19세

기 후반이 되어 기계로 만든 유리 그릇이 시장에 나오자 비로소 모든 사람들이 맥주의 가치를 높여주는 유리잔의 특질을 즐길 수 있었다.

맥주 잔은 60~90밀리리터에서 1리터를 가득 채우는 용량까지 다양하다. 전형적으로 맥주는 유리잔과 잘 어울리며, 두 말할 필요도 없이 도수가 아주 높은 맥주는 가장 작은 잔에 내야 한다.

오늘날 맥주 잔은 그 모양이 초기의 잔과 상당히 비슷한 경우가 많다. 유리의 기하학적 구조는 맥주의 외관과 냄새, 맛에 영향을 주기 때문에, 특정 형태가 시간이 지나도 계속 사용되었다는 사실은 놀라울 게 없다.

투명한 잔은 거의 언제나 최고로 평가받지만, 색이 연하게 들어간 것도 매력적일 수 있다(162페이지, 파스글라스 Pasglass 참조). 짙은 색의 잔은 드물다. 패시팅(깎는 공법-역자주) 같은 디자인은 맥주 자체의 시각적인 아름다움을 향상시킬 수 있다.

손에 잡히는 잔의 느낌 또한 중요하다. 바깥쪽으로 넓어지는 형태나 다양한 형태의 돌기 또는 돌출부가 있으면 잔이 손에서 미끄러지는 현상을 막을 수 있다. 큰 잔의 경우 손잡이는 필수다. 잔의 목은 손잡이와 비슷한 효과를 낼 수 있다. 손의 많은 열기를 맥주로 전하지 않고 잔을 잡을 수 있기 때문이다.

아로마 관점에서 볼 때, 중간에서 위로 갈수록 좁아지는 형태는 맥주 아로마를 잡아두는 데 가장 많은 도움이 된다. 와인 잔이 전형적인 사례지만 이런 특성을 가진 맥주 잔도 많이 있다. 잔을 테두리까지 가득 채워 서빙하면 이런 기능이 전혀 도움이 되지 않지만, 잔 테두리에서 2.5~5cm 못 미치게 따르면, 그 순간 아로마가 방으로 나와 떠다니는 대신, 안쪽으로 좁아지는 형태 덕분에 잔 안에 갇힌다. 효과는 분명하며 심지어 극적이다. 표준형의 '셰이커' 파인트 잔(162페이지)과 레드 와인 잔을 나란히 비교해보자. 두 잔을 반쯤 채우고 아로마를 정직하게 평가해보자. 어떤 점을 발견하게 될지 얘기는 하지 않겠다. 그러나 확실한 차이가 난다.

전형적인 필스너 잔처럼 바깥쪽으로 넓어지는 형태는 거품에 효과가 있다. 이런 형태는 쐐기와 같은 역할을 해서 맥주 상층부의 헤드를 추가적으로 지탱해준다. 안쪽으로 좁아지는 형태는 잔이 가득 채워지면 헤드가 저절로 안으로 밀려들어간다. 이 결과 거품의 농도가 진해져 더 조밀하고 크리미한 헤드가 형성된다.

역사적인 맥주 용기

◄ 레이디 푸아비의 골든 텀블러
이라크 북부, 기원전 2400년

이라크 북부 우르의 메소포타미아 왕실 매장지에서 발굴된 이 값비싼 용기는 기원전 2400년까지 거슬러 올라가며 고대인들이 자기들 음료에 부여한 지위를 보여준다.

◄ 중세 세라믹 음료 저그
런던, 1271~1350년

서민이 사용하던 중세의 잔은 대단히 실용적이었다.

▲ 골든 치차 용기
페루 북부, 시칸 Siccan 문화(페루 북부 연안에서 발달했던 잉카 제국 이전 문화-역자주), 1000~1476년

'치차'라고 하는 옥수수 기반 맥주는 페루 북부의 수준 높은 고대 문화를 일구었던 민족의 의식 및 일상 생활에서 중심 역할을 했다.

▶ 벨라마인 Bellarmine 또는 바트만크루그 Bartmannkrug 저그
독일 라인 지방 북쪽, 1575년

얼굴이 새겨져 있는 통통한 단지는 이와 똑같이 풍채가 넉넉한 성직자 벨라마인 대주교의 이름을 땄는데 맥주는 물론 와인을 비롯한 다른 음료에도 사용되었다. 보통 도시의 문장이 새겨져 있다.

◄ 가죽으로 된 블랙잭 또는 밤버드 Bombard
영국, 런던, 16세기

안에 피치(석탄, 목재, 등에 의해 얻어지는 타르를 증류할 때 생기는 흑색의 탄소질 고형 잔류물-역자주)를 덧댄 이런 가죽 컵은 초기 시대의 험준하고 요동 많은 환경 조건을 견딜 수 있었다. 쉽게 구할 수 있는 재료로 만들어졌는데 술집에서 싸움이 났을 때 무기 역할을 한 것 같지는 않다. 이들은 19세기까지 계속 사용되었다.

▲ '비커 컬처 Beaker Culture' 비커,
영국, 기원전 4000년

벨 모양의 비커는 유럽 전역에서 발견된다. 끈 장식으로 보아 이런 그릇을 쓰던 사람들과 마과 식물이 연관되어 있음을 알 수 있다.

파스글라스
북유럽, 17세기

키가 크고 밑으로 갈수록 폭이 좁아지는 잔의 형태는 현대 필스너 잔의 직계 조상이다. 많은 여타 다른 잔과 마찬가지로, 이 잔은 공동으로 사용되었고 이 사람 저 사람 돌아가며 마시는 데 쓰였다. 컵에 그려진 고리는 음주 게임의 일부로 각 음주자는 더도 덜도 말고 딱 선까지만 마시도록 되어 있다. 녹색 주물은 소위 숲의 잔을 상징하며, 철과 유리의 다른 불순물로 만들어졌다. 체코 장인들은 지금도 이 잔을 비롯하여 다른 옛날 스타일을 그대로 복제하여 만든다.

표준 은제 파인트 컵
런던, 1704~5년, 필립 롤로스(존장)

양각 무늬 은제 컵
런던, 1670~75년, 제이콥 보덴딕

신사 숙녀들은 에일을 마실 때 단순한 것에서 화려한 것까지 호화로운 머그잔을 사용했다.

맥주 스테인 stein
독일 및 오스트리아, 1830~1900년

뚜껑 달린 이 잔은 크기, 재료, 개성이 다양하며 곤충의 접근을 막아주기 때문에 밖에서 마시는 용도로 아주 그만이다.

영국 드워프 에일 Dwarf Ale 글라스
1760~1820년

섬세한 모양의 이 소형 잔은 60~90밀리미터의 용량으로만 제작되었고, 지주 귀족의 시골 부지에서 양조된 도수 높은 '옥토버 October' 맥주를 조금씩 마시는 데 사용되었다. 크기와 용량은 다양했고, 여러 가지 많은 방식으로 장식되었는데 홉과 보리를 새기는 방식이 가장 흔했다.

슈니트 Schnitt
미국, 1900년

이 작고 뭉툭한 텀블러에는 소량의 맥주를 담을 수 있는데, 위스키를 마신 후 뒤따라 마시는 체이서 chaser로 으레 제공되었다. 로고가 있는 버전은 양조 제품 소장가들 사이에서 인기가 상당히 높다.

현대의 고전적인 유리 용기

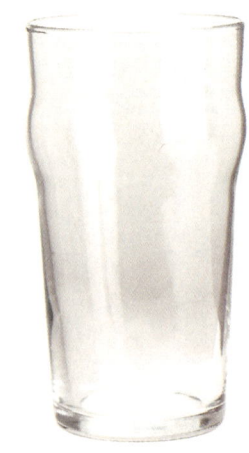

셰이커 파인트 글라스

영국 튤립형 파인트

노닉 Nonick 파인트

- 미국 표준
- 도수가 높거나 좀 더 이국적인 스페셜티 맥주에는 비추천
- 본래 이 잔보다 약간 큰 금속제 컵과 함께 칵테일 셰이커로 사용되었기 때문에 셰이커 잔이라고 불린다. 1980년대 와서 이 잔에 크래프트 맥주를 따라 마시기 시작하면서 비교적 큰 용량을 서빙할 수 있어서 각광 받았지만 특별히 매력이 있는 것도, 맥주의 풍미와 아로마를 돋보이게 하는 잔도 아니다.

- 또 하나의 20세기 잔
- 특히 아이리시 스타우트에 적격이다.

- 1960년대 초반 이래 영국 에일에 사용
- 저비중 세션 맥주에 좋음
- 불룩한 부분 덕분에 테두리 이가 빠지지 않고 서서 마실 때 잔을 잡기가 수월함

맥주의 거품은 고대 시대부터 칭송받아 왔다. 잔 내부의 비누나 기름기는 섬세한 콜로이드 구조에 나쁜 영향을 줄 수 있다. 결정핵 생성 영역에서는 거품이 생기는데, 이 영역은 먼지나 긁힘으로 인해 형성되는 아주 미세하고 거친 거품띠로, 세척을 더럽게 했다는 것을 단적으로 보여주며, 바 직원에게 충분히 한마디 할 수 있는 근거가 될 수 있다. 때로 미세한 거품 방울이 모인 작은 띠가 연속적으로 올라와 헤드를 보충함과 동시에 아로마를 발산할 수 있도록 결정핵 생성 영역을 고의적으로 추가하기도 한다. 이런 목적을 위해 시메이 Chimay 고블릿 잔 바닥에는 시메이 로고가 레이저로 작게 새겨져 있다.

거품은 홉의 풍미가 맥주에서 자체 발현되는 방식에도 특히 극적인 영향을 준다. 쌉쌀한 홉 화합물은 전극을 띠는 화학적인 성질로 인해 우선적으로 헤드 위로 올라온다. 그 결과 거품은 맥주 자체보다 아주 약간 더 쌉쌀한 맛이 날 수 있다. 사람들이 편하게 받아들이는 수준보다 훨씬 호피한 맥주를 내놓는 경우 이 점을 염두에 둘 것.

얼마나 많은 거품이 적정량일까? 물론 문화적으로 결정되는 선호도이지만, 대부분의 사람들은 2.5cm 정도가 적당하다고 느낀다. 거품 양은 맥주의 탄산 수준과도 관련되어 있다. 많은 벨기에 맥주는 탄산양이 많아서, 듀벨 Duvel 같은 맥주의 경우 푹신푹신한 거대한 헤드를 생성하지 않고 따르기란 사실상 불가능하다. 이런 이유 때문에, 이런 맥주의 전용 잔은 대부분 그 크기가 실제 서빙 용량의 두 배 정도가 된다.

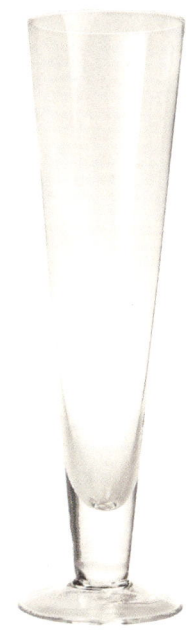

스니퍼 Sniffer

- 20세기 브랜디 용으로 인기
- 발리 와인과 임페리얼 스타우트에 좋음

특별히 고전적 형태는 아니지만, 테두리가 안으로 깊게 굽고 키가 작기 때문에 스트롱 에일을 내기에 이상적이다.

스템드 튤립 또는
포코 그랑데 Poco Grande

- 안쪽 테이퍼가 아로마를 가두어 놓음
- 나팔형의 외번형 테두리는 헤드를 지탱하고 입술 모양에 딱 맞음

여러 가지 면에서 이 잔은 세계 최고다. 이런 모양의 튤립 잔은 역사적으로 드물지만 19세기 후반에 등장하기 시작한다.

테이퍼형 필스너 잔
Tapered Pilsner Glass

- 형태가 좁아 옅은 색이 돋보임
- 바깥쪽 테이퍼 형태는 헤드를 지탱
- 잔의 발이 우아함과 안정성을 부여

오늘날 우리가 아는 필스너 잔은 중세 후반에 비슷한 형태로 등장했지만, 실제는 1930년대에 와서야 널리 퍼지기 시작했다. 당시 심하게 모난 형태는 그 시대 아르데코 정신을 반영했다.

바이스비어 올바로 따르기

탄산이 많은 바바리안 바이젠은 컵에 따라서 테이블에 낼 때 자체적으로 특별한 방법이 있다. 우선 키가 크고 우아한 테이퍼 형의 '꽃병 모양' 잔을 사용하라. 이 잔은 500ml 용량 위로 상당한 양의 헤드 부위가 있다. 독특하고 전통적으로 따르는 방식을 보면 친구들이 깜짝 놀랄 것이다.

우선 깨끗한 물로 아주 깨끗한 잔을 헹구라. 그 다음 병마개를 열고 잔을 그 위에 엎어놓는다. 한 손에 잔을 잡고 다른 손에 병을 잡은 상태에서 둘 다 뒤집어 가파른 대각선 각도가 되도록 든다. 잔이 채워지면 병 목을 잔의 수위면 바로 위에 둔다. 올바로 했을 경우, 잔이 꽉 채워지면서 거품이 잔 테두리 바로 위까지 올라온다. 잘못 하면 테이블에 흘린 맥주를 닦는

신세가 될 수도 있다. 마지막 단계는 거의 아무것도 남지 않은 빈 병을 잡고 테이블 위에서 앞뒤로 굴린 다음, 들어올려 거품 위에 병 속 효모를 원 모양으로 떨어뜨리는 것이다. 효모가 녹으면서 맥주에 탁한 폭포수가 퍼진다.

낼 때는 레몬 한 조각을 추가해도 좋고 아니어도 상관 없다. 맥주광인 대부분의 내 친구들은 레몬을 올리는 걸 경멸하겠지만, 나의 경우는 레몬을 같이 내면 보기에 좋은 것 같다. 내가 들은 이야기로는 바이스비어는 원래 지금보다 더 시큼해서 나이든 사람들은 자신들이 기억하고 좋아하는 신맛 수준까지 끌어올리기 위해 레몬을 추가했다고 한다. 레몬을 좋아한다면 부끄러워 말고 그렇게 해보시라.

바이스비어 베이스 잔

볼레케 Bolleke 고블릿

영국 보조개형 파인트 Dimpled Pint

- 큰 크기가 거품을 수용
- 안쪽 테이퍼가 풍부한 헤드의 거품을 농축함

바이스비어 베이스는 중세 후반 발이 있는 비커 형태에서 진화된 온 것처럼 보이지만, 아마도 20세기에 와서야 현대의 곡선 스타일이 나타났다.

- 안쪽 테이퍼가 헤드와 아로마를 농축함
- 작은 크기는 도수 높은 맥주에 아주 좋음
- 벨기에 앤트워프 지방에서 유명한 볼레케는 드 코닉 De Koninck과 연관이 있음

볼레케는 네덜란드어로 '작은 공'이란 뜻인데, 그 의미의 유추는 독자에게 맡기겠음

- 1948년에 등장
- 마일드 에일과 비터에 사용됨

이 잔은 1840년 경 영국에서 유행한 렌즈 커팅 기둥형 페일 에일 잔을 키를 줄이고 폭을 넓혀 손잡이를 넣어 변형한 것이다. 골동품은 아니지만 예스럽고 편안한 잔으로, 호박 빛의 맥주를 부으면 렌즈 디자인으로 인해 빛이 아름답게 반사된다.

상태가 좋은 맥주를 올바른 방법으로 따른다면 풍부하고 크리미한 헤드를 생성할 수 있다. 좋은 헤드를 만들려면, 얼음이 없는 깨끗한 잔 한가운데에 맥주를 바로 붓는다.(114페이지 참조) 잔 측면을 따라 떨어뜨리면 맥주에 가스만 너무 차고 아로마는 거의 없는 데다 헤드는 빈약하게 빨리 사라지고 만다. 특히 병맥주의 경우 탄산을 어느 정도 내보내주는 게 중요하다. 너무 많은 탄산은 홉 아로마 같은 요소를 감추고 배를 빨리 부르게 한다. 유럽의 바에서는 맥주가 너무 빨리 나올 경우 손님들이 의심의 눈초리를 보낸다. 맥주에 좋은 헤드를 형성하려면 어떻게 해야 하는지를 알기 때문에, 이들은 좋은 헤드를 만나기 위해 1~2분쯤 참고 기다린다.

벨기에 에일이나 바바리안 바이젠 같은 고탄산 맥주의 경우, 따르기 전에 잔을 차고 깨끗한 물로 헹구면 좋다. 이렇게 하면 표면장력이 깨져 탄산이 극도로 많은 맥주를 거품이 곤란할 정도로 많이 나지 않게 따를 수 있다.

잔의 마지막 양상은 테두리이다. 이들 테두리는 안쪽으로 향하거나 나팔 모양으로 바깥쪽으로 향한다(유리그릇 전문가들은 '외번형'이라고 한다). 테두리 모양에 따라 맥주가 닿는 입술 부위가 바뀌며, 외번형 잔은 액을 혀 바로 중앙뿐 아니라 입안 전체에 좀 더 넓게 퍼지게 해준다. 테두리 모양에 따라 입안에서 풍미도 다르게 인식된다.

이 효과는 복잡해서, 잔 테두리 모양에 대해 전세계적으로 통하는 단순한 룰이 있다고는 단정하지 못하겠다. 개인적으

바바리안 사이델 Seidel

포칼 Pokal

개선형 포칼

- 필스너, 헬레스, 옥토버페스트 같이 도수 낮은 스몰 맥주에 적합한 큰 잔

사이델 잔은 머그잔으로 수세기 동안 사용된 단순한 돌로 만든 크룩 krug(뚜껑과 손잡이가 있는 맥주용 컵−역자주)의 유리 버전이다. 옵틱 원은 19세기 중반 유리를 깎아 세공하는 기계가 상용화되면서 처음 등장했는데 나중에 이 원은 주형을 통해 만들어졌다.

- 복에 전형적으로 사용
- 도수 높은 맥주에 적합한 작은 크기
- 바깥쪽 테이퍼가 헤드를 지탱
- 짧은 다리

원래 포칼 잔은 크고 장식도 상당히 화려했으며 (경첩 없이) 열 수 있는 뚜껑이 장착되어 있는 경우도 많았다. 19세기 경 포칼 잔은 거의 대부분 복 맥주에 사용되었다.

- 안쪽 테이퍼가 헤드를 농축함
- 벨기에 스타일 트리펠, 마이복, 임페리얼 IPA 등 고급 맥주에 쓰기 좋은 다목적 잔
- 다리가 있어 맥주가 손을 통해 덥혀지는 걸 방지

전매 특허 유리잔

벨기에 사람들은 양조장 로고가 장식된 주문제작 방식의 잔에 열광한다. 벨기에의 경우 원하는 로고 맥주 잔이 다 나갔을 경우, 해당 잔이 반환될 때까지 다른 음료를 마셔야 하는 곳도 있다. 나는 맥주를 낼 때 보여지는 화려함과 맥주를 존경하듯 대하는 자세를 좋아한다. 그러나 이런 모든 잔이 특정 맥주의 감각적 특성을 완벽하게 돋보이기 위해 과학적으로 디자인되었다고는 볼 수 없고, 어떤 잔이 다른 잔보다 낫다고도 할 수 없다. 미국의 많은 크래프트 양조장 역시 자체 유리잔을 제작해왔다.

전매 특허 유리잔

구슬처럼 둥근 잔 테두리는 맥주에 격한 기류를 형성하며 맥주가 입에 들어오면서 아로마를 발산하도록 해준다.

밖으로 향한 입술 부위를 통해 맥주는 입속 모든 부위에 전달된다.

안으로 굽은 테두리는 아로마를 잡아둔다.

유리벽이 얇아 맥주를 잔에 따랐을 때 미지근해지지 않는다.

아랫부분이 좁아 들기 편하고 손에서 맥주로 열이 전도되는 현상이 줄어든다.

레이저로 파낸 원은 헤드와 아로마를 위해 거품 줄기를 유지하는 데 도움이 된다.

보스턴 비어 컴퍼니의 짐 코크는 자사의 사뮤엘 아담스 보스턴 라거의 맛을 향상시켜주는 잔을 제작하기 위해 2년을 투자했다. 기능적으로 비슷한 잔이 최근 도그피시 헤드와 시에라 네바다 양조장 합작으로 슈피겔라우 Spiegelau에서 만들어졌다.

로 외번형 테두리(잔 모서리는 다른 것보다 얇은 종류)가 입의 자연스러운 곡선과 맞기 때문에 마시기 좋은 것 같다.

식음료 사업장에서 어떤 잔을 사용할지 결정하는 데는 비용과 적재성, 세척의 용이성 같은 실용성이 지대한 역할을 한다. 이런 점을 고려하느라 미국에서는 셰이커 파인트라는 가장 최악의 맥주 잔에 집착해온 것 같다. 파인트 pint라는 말은 혼동의 원천일 뿐 아니라(대부분 겨우 410밀리미터 용량이고, 350밀리미터 용량인 것도 있음), 원래는 절반 용량의 칵테일 셰이커로 고안되었다. 이 잔이 맥주의 아로마나 외관에 도움을 주는 건 전혀 없다.

맥주의 보관과 숙성

맥주는 매우 섬세한 제품이다. 따라서 결코 변함없는 상태를 유지하는 것이 아니라 끊임없이 진화한다. 발효와 숙성이 일어나는 매일매일이 조금씩 다르며, 특정 시점에서는 출고될 준비가 되었다고 간주된다. 그러나 양조장을 떠날 때도 맥주의 변화는 계속되고, 대부분의 맥주의 경우 일어나는 변화는 긍정적이지 않다. 풍미는 시들해지고 산화라는 죽음의 손아귀가 그 자리를 이어받으며 대부분의 바디와 헤드 형성 능력을 제공하는 미묘한 단백질 구조는 해체된다. 맥주가 섬

셀러 숙성 맥주
일부 고도수 맥주는 셀러에서 세심하게 보관할 경우
환상적으로 숙성될 수 있다.

세할수록, 이들 변화는 더 빨리 그 맛을 떨어뜨린다. 심하게 오래된 맥주인 경우 파괴된 단백질은 실제로 작은 파편처럼 나타나 맥주는 계란 푼 수프처럼 보인다. 맥주가 스노우 글로브처럼 보이면 안 될 일이다.

열기는 적이다. 온도가 올라가면서 모든 화학작용도 속도가 붙는다. 맥주의 경우 온도가 오르내리는 과정이 반복되어도 좋지 않은 결과가 생기며, 특히 단백질에 악영향을 미치는데 이 때문에 한 번 냉장된 맥주는 계속 그 온도를 지켜야 한다. 냉장고 밖으로 한두 번 나왔다 들어간다고 해서 맥주가 당장 어떻게 되는 것은 아니지만, 일정한 온도, 즉 평균 온도보다 약간 높더라도 그 온도를 유지하는 게 급격한 변화보다 항상 낫다.

가장 먼저 변하는 요소는 기분좋게 신선한 풍미, 특히 홉 아로마이다. 맥아의 풍미는 약간 무뎌지고 달콤한 꿀이나 왁스의 아로마가 풍긴다. 에일의 경우는 에스테르가 덜 향기로운 고도수 알코올로 산화되면서 과일의 향이 점차 사라진다. 쓴맛도 점차 사라지는데 아마 5~6개월 안에 그 강도의 반을 잃는다. 5~6개월은 도수 높은 맥주와 약간의 숙성이 필요한 맥주에 해당되는 기간이지만 대부분의 일반 맥주의 경우 가장 맛있게 즐길 수 있는 '유통기한'을 넘어서는 시간이다. 홉

다양한 맥주 종류의 숙성 시간

맥주 종류	알코올 함량(%)	최대 숙성 시간	
벨기에 애비 두벨	6.5~7.5	1~3년	▬
벨기에 애비 트리펠/스트롱 골든	7.5~9.5	1~4년	▬
영국 또는 미국 스트롱/올드 에일	7~9	1~5년	▬▬
벨지안 다크 스트롱 에일	8.5~11	2~12년	▬▬▬
임페리얼 페일/브라운/레드 등	7.5~10	1~7년	▬▬
발리 와인 & 임페리얼 스타우트	8.5~12	3~20년	▬▬▬▬
울트라 스트롱 에일	16~26	5~100년	▬▬▬▬▬▬▶

의 풍미가 강한 맥주는 특히 시간의 공격에 취약하며 종종 베타 다마시오네 bete damascenone라 불리는 블랙커런트 아로마를 풍긴다.

결론적으로 알코올 6~7% 미만의 맥주는 절대 숙성시키면 안 된다. 대부분의 맥주는 양조장을 떠나는 즉시 소비하는 게 좋다. 양조업체는 자사 제품이 팔리는 환경 조건을 상당히 엄격하게 통제하기 위해 최선을 다하지만 사실상 대부분 손 쓸 방법이 없다.

대부분의 맥주는 포장용기에 날짜가 일정 형식으로 표시되어 있다. 단 이 날짜가 항상 마시는 사람들에게 보여주기 위해 기록되는 것은 아니고 맥주의 지정된 유통기간이 지났을 때 유통업자와 소매업자가 이를 보고 판단하기 위함이다. 전형적인 날짜 코드에는 병입 날짜가 일, 월, 연도순으로 표시되고 이외에 특정 양조장 또는 병입 라인 등의 기타 정보도 기록된다. 표준 형식은 전혀 없지만 다행히도 인터넷에 많은 정보가 있고 스마트폰 앱도 있기 때문에 양조장 코드를 해독해볼 수 있다.

수입 맥주, 특히 페일 라거 종류에 있어서 신선도는 특히 문제가 된다. 이런 맥주는 이곳 미국에서 상종가를 달리지만, 레시피는 그대로인데도 본국에서와 똑같은 맛이 나지 않는다. 게다가 일부 대형 브랜드의 경우 미국 시장에 맞게 맥주 레시피를 바꾸어 보통 바디감과 홉의 쓴맛이 덜하다.

수입업자들은 나에게 하이네켄 같이 물량이 많은 맥주는 수주 만에 매장 진열대에 도착할 수 있다고 장담하지만 맥주 맛으로 평가해볼 때 많은 브랜드에게는, 특히 물량이 작은 맥주의 경우에는 단지 꿈과 같은 일이다. 맥주는 양조장에서 부두까지, 부두에서 배를 타고 바다 건너 이곳 미국의 부두까지, 다시 세관을 통과하고 유통업자 창고에 머물다 드디어 매장 진열대에 오르기까지 긴 여정을 거치는데, 여정의 모든 구간에서 최적에 미치지 못하는 조건을 만나게 된다.

도수 높은 맥주는 어느 정도의 기간을 견딜 수 있다. 18세기 영국에서는 전통적으로 아들의 탄생을 축하하기 위해 도수가 특별히 더 높은 '더블' 맥주를 양조한 다음 아들이 18세가 되면 이 맥주를 마셨다. 19세기 초반에서 중반 사이, 포터와 스트롱 에일은 마실 때까지 보통 1년에서 심지어 2년 정도 숙성시켰다. 심지어 오늘날에도 특정 도수 높은 나무통 숙성 맥주는 이런 식으로 숙성시킨다.

DIY 숙성

저장고 조건을 알맞게 구현할 수 있다면 숙성을 혼자서도 할 수 있다. 이상적인 곳은 습기가 너무 많지 않은 시원한 지하실이다. 이런 지하실이 미 동부와 중서부에는 흔하며, 남부와 서부에 사는 사람들은 와인 저장 창고를 빌리거나 냉장고나 미니 냉동고에 셋백 setback 온도계를 설치하여 시원한 환경을 조성하면 된다. 나는 시카고에 간소한 지하실 방이 하나 있는데, 이곳에서 맥주와 와인이 놀라울 정도로 숙성이 잘된다. 따라서 집에 적절한 조건을 갖춘 장소가 있다면 구태여 비싸게 온도 및 습도 조절 장치를 구비할 필요는 없다.

이상적인 온도는 섭씨 13~18도이고, 여름에는 이보다 높아도 별다른 문제를 일으키지 않는다. 다시 한 번 말하지만 하루 사이의 급격한 온도 변화는 가능한 한 피해야 한다.

그렇다면 어떤 맥주가 숙성시키기 가장 좋을까? 우선 에일이 좋고, 효모가 어느 정도 방부 효과를 제공하기 때문에 병입 숙성된 제품이 선호된다. 이런 '살아 있는' 맥주는 좀 더 복잡한 변화를 겪고 여과 또는 살균된 맥주보다 좀 더 우아하게 숙성된다. 라거를 숙성시킬 필요는 거의 없는 것이, 이들 라거는 보통 양조장에서 최고의 풍미를 구사하기 때문이다.

숙성시킬 맥주는 알코올이 7%가 넘는 것을 찾아야 한다. 도수가 높을수록 훨씬 길게 숙성된다. 벨기에 두벨은 1년 또는 2년 사이에 달콤한 면이 좀 사라지고 드라이해지며 약간 더 복합성을 띠고 우아해진다. 오르발 Orval 또는 구스 아일랜드 마틸다 Goose Island Matilda 같이 브레타노미세스균이 들어간 맥주의 경우, 야생 효모는 1년 또는 2년에 걸쳐 헛간의 환상적인 풍미를 전개한다.

시큼한 벨기에 스타일 맥주는 이런 도수 규칙에서 어느 정도 제외된다. 이들 맥주는 대다수 좀 오래 숙성되지만, 알코올 도수는 결코 6%를 넘지 않는다. 람빅 같은 많은 맥주는 양조장에서 수년 간 숙성되지만, 병속의 활발한 미생물군이 맥주가 한동안 변하지 않도록 막아준다. 이런 맥주는 시간이 지나면서 좀 더 시큼해지기 때문에 숙성시키려면 강렬하게 시큼한 맥주를 좋아해야 한다.

어떤 맥주는 숙성이 필요한 것도 있다. 시에라 네바다 브루잉의 전형적인 제품인 빅풋 Bigfoot 발리 와인은, 전적으로 내 개인적인 의견이지만, 출시된 지 얼마 안 되었을 때는 풍미가 좀 과한 느낌이 있다. 시에라 네바다 소유주인 켄 그로스맨은 '출시된 지 최대 1년까지의 신선한' 제품을 선호한다. 하지만 그는 "최대 10년까지 묵힌 빅풋을 맛본 적이 있는데, 완전히 다른 맥주였지만 상당히 괜찮았다"고 말하기도 한다. 나는 매년 6개들이 한 팩을 사서, 보통 병 하나는 5년이 지나야 딴다.

맥주는 숙성될수록 드라이해져서, 단맛이 줄어들고 와인 맛이 강해진다. 다소 직관에 반하게 들릴지 모르지만, 숙성된 맥주는 불안정한 홉과 꽃의 아로마가 날아가기 때문에 코에서는 달콤한 맥아의 풍미가 더 느껴질 수도 있다. 숙성이 진행되면서 진한 가죽 또는 견과류 또는 셰리주 같은 산화취가 또 하나의 풍미층을 형성한다.

효모는 '자가 분해'라는 공정을 통해 진한 고기의 풍미를 생성한다. 샴페인에 토스트 아로마가 생기는 것도 동일한 자가 분해 공정 때문이다(자가 분해된 효모는 맥주에서는 이런 토스트 풍미를 거의 발현하지 않는다). 고기의 풍미는 글루탐산 같은 효모의 분해 산물로 생기는데, 종종 감칠맛으로 발현된다. 아주 오래된 맥주에서 때때로 간장 풍미의 기운이 느껴지는데 너무 강하다면 더 이상 매력적이지는 않다.

1년 이상 숙성을 위해 코크로 마감된 맥주는 와인처럼 옆으로 눕혀야 코크가 말라 탄산이 새어 나오는 현상을 막을 수 있다.

숙성된 맥주와 버티컬 테이스팅

숙성된 맥주는 재미있고 교육적인 버티컬 테이스팅 vertical tasting에서 진가를 발휘하는데, 물론 이런 시음을 하기 위해서는 미리 꼼꼼하게 계획을 세워둘 필요가 있다. 버티컬 테이스팅은 다른 연도에 생산된 동일한 맥주를 단순히 비교하여 맥주가 숙성되면서 어떻게 변하는지 알아보는 것이다. 때로는 예상보다 훨씬 많은 변화가 있다.

주변에 맥주 애호가들이 많다면 빅풋 Bigfoot, 로그의 올드 크러스테이션 Old Crustacean, J.W. 리즈 하비스트 에일 같이 광범위하게 유통되고 있는 고도수 맥주를 대표 견본으로 수집하는 일이 그다지 어렵지 않다. 많은 맥주 마니아들은 이런 작은 보물을 모아두는 경향이 있기 때문이다. 고도수 맥주의 버티컬 수집을 시작한 바는 많다. 여기에서 판매하는 장기 숙성된 맥주는 꽤 비싸기는 하지만, 긴 안목으로 맥주를 보는 이점을 얻을 수 있기 때문에 여럿이 돈을 모아 살 만한 가치가 있다.

여타 다른 예술과 마찬가지로 맥주가 진정으로 사람들의 주목을 받으려면 올바른 맥락이 필요하다. 맥주를 낼 때 정성을 들이는 효과는 연막작전에서 얻어지는 그것과는 다르다. 맥주를 낼 때 세심하게 신경을 쓰면 맥주 체험의 질적인 수준이 실로 달라지고, 때로는 아주 극적인 차이가 생긴다. 우리를 위해 대단한 맥주를 만드는 양조사들은 맥주 안에 그들의 마음과 혼을 담는다. 테이블에 서빙할 때 맥주가 실로 빛날 수 있도록 최선을 다해서 그 장인정신을 받들자.

맥주와 음식, 그 궁합에 관하여

음식 그 자체와 다를 바 없는 맥주는 풍미, 아로마, 색, 질감 등 여러 요소들이 어우러져 많은 종류의 요리를 보완해준다. 특히 음식과의 궁합을 생각할 때 많은 선택이 가능하다. 활기찬 황금색의 필스너에서 음울한 빛의 임페리얼 스타우트까지, 기운을 돋구어주는 맥아 풍미의 진한 스카치 에일과 상쾌할 정도로 홉의 풍미가 진한 인디아 페일 에일까지, 맥주는 확실히 지구상에서 가장 다채로운 음료이다. 소박한 수제 소시지이든, 아주 고귀한 명품 요리이든 거기엔 딱 맞는 맥주가 있다.

먹는 것은 가장 친밀한 행위이다. 우리는 차갑고 냉철한 이유로 음식과 음료를 경험하는 것이 아니라 감동적이고 감성이 충만한, 종종 신비롭기까지 한 세계에서 음식과 음료를 체험한다. 이런 경험은 현실보다는 꿈의 세계와 좀 더 비슷해서 기쁨과 두려움, 어디서 왔는지 알 수 없는 통제 불가능한 기억과 느낌이 충만하다.

사람들에게 좋은 맥주를 소개하는 일은 예전보다 어려운 일은 아니다. 그러나 우리는 여전히 자신의 습관과 선택만 고집하는 사람들과 마주친다. 이들에게 새로운 것을 시도해 보라고 설득하는 일이 우리의 도전이다. 맥주와 음식을 한입에 맛있게 즐기는 것만큼 설득력 강한 도구는 없다. 내가 승리의 기쁨을 만끽할 때는 "저기요, 전 블루 치즈를 별로 좋아하지 않고 사실 IPA는 싫어하는데 이 둘은 정말 잘 맞네요"라는 말을 들을 때이다. 맥주와 음식의 좋은 페어링을 만나면 사람들은 자기들이 평상시 고수했던 원칙을 뒤로하고 새로운 경험에 마음을 열게 되고 그러는 동안 영원히 (적어도 조금은) 바뀔 수 있다.

사람의 마음과 행동을 바꾸는 위력은 돈에서 나온다. 와인 업계가 바로 이 위대한 일을 해내면서 와인을 음식과 음료 세계의 주인공으로 만들어 놓았다. 하지만 맥주도 그 기능과 복합성 면에서 어디 하나 와인에 비해 뒤지지 않는다. 많은 사람들이 20년 동안 이 일을 모색해 왔지만 여전히 할 일이 산적해 있다. 맥주는 식탁에 많은 걸 가져다 주었지만 사람의 마음을 사로잡으려면 입안에 실제 맥주와 음식이 들어가야 한다. 이번 장을 안내 삼아 흥미진진한 세계로 들어가보자.

어떤 걸 시도해볼까?

사람들에게 놀라움을 주고 이들의 마음을 바꾸려면 맥주가 미식 최고 수준에 있으면서도 편안한 음료임을 각인시켜야 한다. 만만치 않은 일이다. 맥주에 그만한 자격이 없다는 것이 아니라, 와인이 맥주보다 우수하다는 2,500년 동안의 통념과 맞서야 하기 때문이다.

소믈리에와 맥주를 한두 잔 마실 기회가 있다면, 이들은 페어링하기 곤란한 아스파라거스는 물론이고 그 외에 다른 음식과도 어울리지 않는 와인이 꽤 많다는 사실을 마지못해 수긍할 것이다. 하지만 이런 간극을 맥주는 달갑게 메워준다. 다양한 전문가들이 수프, 샐러드, 채소, 버섯, 치즈, 디저트를 비롯한 양념 맛이 강한 모든 요리와 와인을 페어링하다 두 손 두 발 다 들었다. 그들을 데려오라. 맥주는 이 모든 음식과 폼나고 즐겁게 어울릴 수 있다.

이런 기념비적인 변화를 꾀하려면 우리는 이 게임의 수준을 높여서 위대한 경험을 전달해야 한다. 이를 위해서는 우리 목표에 대해 냉철한 자세를 취하고 그 근본을 꿰뚫어봐야 하며 세세한 부분까지 놓치지 말고, 일을 추진할 때도 허점이 없어야 한다. 우리는 맥주가 가장 최적의 조건에서 가능한 우아하게 제소리를 낼 수 있도록 도울 책임이 있다.

그렇다면 이 위대한 만남에 대해 생각해보자. 각 파트너는 상대방을 받쳐주고 상대방의 특징을 부각시켜야 하며, 때로는 재미있고 맛있는 쪽으로 상대를 변신시키기까지 해야 한다. 기분을 좋게 하는 풍미 조합이 있으며, 혀에서 맛을 봤을 때 서로 잘 어울려야 하고, 한쪽이 다른 쪽을 짓누르거나 압도하면 안 된다. 때로는 새로운 풍미가 탄생하기도 하며 때로는 옛 기억이 떠오르기도 한다. 미국에서는 일반적으로 '페어링'이라는 용어를 사용하며, 브라질 사람들은 하모니자카오 harmonizacão, 즉 조화라는 단어를 사용하는데, 내 생각에는 후자가 편안한 관계보다는 좀 더 친밀하게 즐기는 관계여야 한다는 페어링의 바람직한 경험에 더 가까운 것 같다.

맥주와 음식: 천생연분

음식의 파트너로 맥주보다 더 좋은 대상을 찾을 수 있을까. 광범위한 풍미, 아로마, 질감, 강도, 색상까지 맥주는 상상 가능한 어떤 요리와도 강렬한 조화와 적당한 대비를 이룬다. 달콤함에서 쌉쌀함, 시큼함까지 적어도 천 가지 이상의 다른 아로마가 음식 어휘의 상당 부분을 차지하는 가운데 맥주는 와인보다 음식과 조화를 이루는 요소가 훨씬 많다. 맥주와 짝을 찾지 못하는 요리는 드물다.

맥주는 볶은 곡물로 만들어지기 때문에 조리된 음식 냄새가 난다. 맥주가 가지는 빵의 풍미, 구운 풍미, 캐러멜 풍미, 로스팅 풍미는 많은 종류의 음식과 조화가 잘 된다. 홉은 허브 또는 시트러스, 과일 또는 송진 아로마를 더해준다. 효모는 부드럽거나 강한 과일의 풍미와, 계피와 정향의 포근히 감싸주는 따뜻함에서 후추의 상쾌한 쓴맛까지 아우르는 스파이시함을 더한다.

그리고 실제로 든든한 와셀주에서 섬세한 화이트 에일까지 맥주 자체에 실제로 향신료가 들어 있는 맥주도 있다. 이 밖에 과일과 견과류, 커피, 초콜릿을 비롯해 바닐라 풍미에 푹 젖은 중고 버번통의 훌륭한 풍미까지 가능성은 무궁무진하다. 벌써부터 배고프지 않은가?

맥주와 음식은 서로를 변신시켜준다. 대조되는 요소는 균형을 이루고 때로는 물질과 반물질처럼 한데 섞여 강력한 경험을 선사한다. 이들 효과는 꽤 놀라운 경우가 많아, 잘 선정된 맥주-음식 조합의 핵심을 이룬다. 정말 효과가 좋고 기억에 남을 만한 조합을 찾으려면 한쪽이 상대방에 끼치는 영향에 주의를 기울여야 한다. 맥주의 쓴맛은 섬세한 풍미를 압도할 수 있지만, 이 쓴맛이 리치하거나 크리미한 음식, 심지어 상당히 달콤한 디저트의 밸런스를 맞추는 데 딱 필요한 요소일도 수 있다. 탄산, 로스팅 풍미, 달콤함, 훈제, 알코올 또한 모두 대비 요소로써 활약한다. 음식에서는 달콤함, 지방기, 감칠맛의 입맛 당기는 풍미, 칠레 고추의 매운맛이 모두 페어링 요소로 잠재력을 갖추고 있다.

맥주의 살아 있는 탄산은 와인이라면 공포에 질려 엄두를 못낼 문제를 해결해준다. 이산화탄소 거품은 말 그대로 입안을 개운하게 해주는데, 이런 효과가 치즈처럼 맛이 강하거나 리치한 음식과 같이 먹을 때 때때로 도움이 된다. 다행히 맥주 탄산에도 영국 캐스크 (리얼) 에일의 살짝 얼얼함과 바이스비어 및 벨기에 트리펠의 원기왕성함까지 그 느낌이 다양하다.

우리가 이용해야 할 또 다른 수단은 맥주와 아무 상관이 없는 특정 풍미 조합에 대해 우리가 느끼는 친숙함이다. 구운 치즈 샌드위치는 끈끈한 치즈와 그릴에 구운 빵의 풍미가 합쳐진 상징적 조합이다. 카망베르 Camembert나 뮌스터 Münster 같은 부드럽고 크리미한 치즈를 구운 풍미의 브라운 에일과 페어링한다면 완전히 새로운 맥락으로 이런 친숙한 감각을 불러내는 셈이다. 이런 친숙함 기반의 페어링은 상당한 재미를 주는 것은 물론이고 인상적인 기억을 남긴다.

북적이는 사람들에게 내놓는 한 솥 가득한 기름진 소고기에
에일 한 잔은 최고의 명품 요리나 공작 뇌로 만든 라구,
개암 열매로 만든 타르트보다 효과가 크다.

윌리엄 킹

언어에 신중하라

올바른 단어를 선택하는 것은 중요하다. 음식과 음료의 조합을 이론화하는 건 좀 골치 아픈데, 이는 맥주뿐 아니라 와인에도 적용되는 문제이다. 과학계는 지난 수십 년간 화학 감각에 진지한 관심을 가져왔다. 의심의 여지는 있지만 맛과 냄새는 오랫동안 '기본' 감각으로 인식되었다. 복합적이거나 진지하게 연구할 필요는 없다고 여겨졌다. 지난 수십 년간 폭발적으로 발전한 과학은 이런 전제가 모든 면에서 빗나갔음을 증명했다. 그러나 음식과 음료가 실제 입안에서 조우했을 때 발생하는 현상에 대해서는 기본 원칙을 이끌어낼 연구가 거의 이루어지지 않았다. 앞으로 전진하기 위해서는 우리는 되도록 많이 알아야 하고 논리적이어야 하며 가능한 한 과학으로부터 배워야 하고 이론과 실제가 서로 확실히 받쳐줄 수 있도록 해야 한다.

음식과 음료 페어링 이론이 엉망이라는 것은 사용하는 용어에서 드러난다. 무수히 많은 다른 말이 난무하고 의미는 거의 없는 경우도 많다. 이런 현상은 불일치나 혼란은 물론 페어링으로 발생하는 특정 작용에 대한 이해가 부족함을 드러낸다. 실제 페어링 경험에서 무슨 일이 일어나는 것일까? 화학작용일까? 화학 감각 영역 또는 감각 신호의 고급 처리 과정에 뭔가 있는 것일까? 기억과 감성의 통합일까? 언어 같은 인지 처리일까? 이 모든 질문에 아마 '맞다'라고 답할 수 있는데, 이는 곧 맥주와 음식을 진정으로 이해하고 통달하기 원한다면 우리 앞에 어마어마한 과업이 놓여 있음을 암시해준다.

따라서 지금부터는 우리가 손을 댈 수 있는 곳, 우리가 사용하는 실제 용어에서부터 시작한다. 이들 용어를 분석할 수 있다면 연구를 할 수 있는 분야가 더 나타날지도 모른다. 만약 우리가 이들 용어를 그 속까지 벗겨본다면, 선택을 좀 더 냉철하게 할 수 있다.

맥주를 마시는 것과 똑같이 여기에서는 다른 감각 과정, 즉 아로마, 맛, 마우스필을 포함해 우리가 풍미라고 부르는

지역 맥주와 해당 지역 유명 요리의 페어링은 성공적인 연인을 찾는 작업을 시작할 때 아주 좋은 출발점이 되는 경우가 많다.

맥주와 음식의 상호 작용에 사용되는 용어

울림이 깊은 Resonant
대체 용어: 연관, 울림, 연결, 유사, 보완하는
'울림이 깊은'이란 용어는 아로마의 유사성을 기반으로 한 상호
작용을 나타내며, 공통의 아로마 분자 또는 동일한 일반 계열
아로마(예: 시트러스, 향신료, 캐러멜)에서 유사성이 생긴다.

친밀감 Affinity
대체 용어: 관계 있는, 친숙한, 이끌림
친밀감은 서로에게 해가 되거나 득이 되는 관계는 아니다.
아로마의 유사성을 기반으로 한 일반적인 조화가 아닌
살아오면서 음식을 경험하며 얻은 친숙한 풍미 조합에서
파생된 조화다. 이 때문에 문화적 편견은 물론 개인적인 편견
역시 강하다.

합성 Synthesis
대체 용어: 시너지, 혼합, 통합, 융합, 결합
때때로 풍미간의 친밀감이 너무 강해서 그 구성요소에서 제3의
풍미가 생성되면서 전혀 다른 것을 떠올리게 하는 경우도 있다.
한 예로 과일과 바닐라를 결합할 때(통 숙성 맥주에서) 과일향의
아이스크림 같은 느낌이 생성되는 경우이다.

압도 Overwhelm
대체 용어: 강도 부조화, 제압
한쪽이 너무 강한 풍미를 가지고 있어 다른 쪽을 대부분
가려버리는 문제 상태이다. 페어링 전반에서 발생한다는
점에서 균형이나 차폐와는 다르며 보통 피해야 할 문제로
간주된다.

균형 Balancing
대체 용어: 보완적인, 대립되는, 대등화
많은 맛은 서로 전멸시킬 듯이 정말 극적인 조화를 이루면서
작용하는데 이런 모습은 물질과 반물질의 작용과 거의
흡사하다. 때때로 쓴맛과 단맛처럼 두 가지 강한 맛은 같이
합쳐지면 거의 사라지는 느낌이 든다.

차폐 Masking
대체 용어: 감쇄(약화), 은폐, 위장
차폐가 균형 효과와 정확히 동일한지는 확실치 않지만 약간
다른 것 같고, 아마 그 효과로 볼 때는 극적이지 않다. 예를
들자면 바닐라는 유명한 차폐 물질이고 따라서 아로마
영역에서 분명 효과는 있다.

클렌징 Cleansing
대체 용어: 차단, 해소, 헹굼, 닦아내기, 씻어내기
클렌징은 주로 탄소에 의해 형성된 거품 작용 덕분에
발생하는데 입안에서 문자 그대로 음식을 닦아내는 것이다.
이런 작용은 리치하고 지방기 있는 음식에 특히 도움이 된다.
이는 탄산의 경우나 알코올 내 특정 복합물질의 용해도를
높이는 경우처럼 물리적 헹굼에 해당한다.

비슷한 풍미 감쇄효과 Like-Like Canceling
대체 용어: 단맛끼리 페어링
이 효과는 와인 세계에서 단 와인과 단 음식을 페어링할 때
유명하다. 직관에 반하긴 하지만 단맛을 더한다고 반드시
단맛이 강해지는 건 아니며, 특히 혀가 상한치에 도달해서 모든
단맛이 덜 느껴지기 시작할 때 그렇다. 신맛도 어느 정도는 이
효과가 통하지만 이런 페어링은 맥주보다는 와인에서 훨씬
흔하다.

심화 Aggravating
대체 용어: 악화, 자극, 거슬림
'심화'란 말은 안 좋은 쪽으로 정도가 심해진다는 의미로,
페어링에서 한쪽 요소 강도가 세지거나 다른 쪽의 성격이
좋지 않은 방향으로 바뀐 경우이다. 칠리고추의 매운맛이 악명
높은데 이 맛은 알코올이나 홉의 쓴맛으로 가중될 수 있지만
탄닌이나 엷은 식감으로도 발생한다.

향상 Enhancing
대체 용어: 확장, 확대, 풍부, 증가, 신장, 고조, 강화
향상은 한쪽이 다른 쪽의 한 개 이상 구성 요소의 인지 강도를
늘려줄 때 일어난다. 흔하게 일어나는 현상으로, 예를 들자면
시트러스나 허브 요소를 약간 추가하면 혼합물에서 그 전에
인지하지 못한 비슷한 성격이 발현되는 것이다. 음식에서는
소금과 후추가 이런 향상 효과를 노릴 때 흔하게 사용되며,
맥주의 풍미에서도 비슷한 향상 효과를 낼 수 있다. 풍미는 물론
맛과 아로마에도 이런 현상이 일어난다.

진정 Soothing
대체 용어: 누그러뜨리기, 연화, 진정, 완화
진정 작용은 매운맛이나 자극을 줄여주는데 보통 칠리고추의
매운맛에 사용되며, 이 매운맛은 달콤한 맥아 풍미 맥주에 의해
줄어들거나 진정된다.

결합된 감각 경험을 분리해보는 것이 중요하다. 이들 감각을 분리해보면 많은 작용이 주로 한두 영역에서 일어난다는 사실을 알 수 있다. 풍미 특성을 공유하는 맥주와 음식간의 울림 깊은 페어링은 대부분 아로마를 기반으로 한다. 대조 요소를 관리하는 대부분의 중요한 작업은 맛과 마우스필로 이루어진다. 맛과 아로마가 우리 뇌에서 강하게 상호 작용하지만 이들을 따로 떼어서 생각해보면 감각 과정이 확실하게 다가온다.

맥주와 음식 페어링에 관한 간단한 지침

맥주에 관해서는 '고기엔 레드와인', '생선엔 화이트와인' 같은 규칙이 없다는 점을 미안하지만 말해두려 한다. 이보다는 한층 복잡하지만 다행히 맥주와 음식 페어링은 정말 상식적인 것이 다이고 몇 가지 요소만 고려하면 되는 작업이다. 이 과정에 어렵거나 신비스러운 것은 전혀 없다. 몇 가지 기본 규칙을 따르고 주의를 기울이면 틀릴 일이 거의 없다. 완벽한 궁합을 찾는 데 너무 힘을 빼지 말 것. 세상에 그런 건 없다. 그러나 때때로 진정 시공을 초월한 순간을 맞보게 될 텐데, 그게 바로 우리가 여기서 추구할 일이다.

아직 페어링을 시도해보지 않았다면, 지금 현재 즐기는 맥주와 음식에 주의를 기울여보라. 페일 에일의 청량한 쓴맛은 구운 햄버거의 묵직함을 덜어주고, 스타우트가 가지는 훈제 풍미의 부드러움은 훈제 연어의 강한 크리미한 맛의 밸런스를 맞춰준다. 발리 와인의 달콤 쌉싸름한 풍미는 달짝지근한 크렘 브륄레 creme brulee에 숨통을 터준다. 기억할 만한 페어링은 선택의 손길을 기다린다. 필요한 건 조금만 집중해보는 것이다. 동양의 한 신비주의자 말을 바꿔서 해보면, '맥주가 지금 여기에 있도다.'

이런 시도를 처음 하는 사람들이라면 다소 버거울 수도 있겠다. 여기서 소개한 지침을 토대로 삼아 맥주와 음식에 관해 생각해보고, 훌륭한 맥주와 여기에 맞는 음식을 찾아보는 바로 그 중요한 일에 착수하면 된다. 연습을 하다 보면 여기에서 제시하는 개념을 점차 직관적으로 이해하게 되고 친구들을 깜짝 놀라게 할 만한, 결코 실패하지 않는 자신만의 페어링 레퍼토리가 개발된다. 당연히 자신만의 맥주와 음식 모험기에 기록해두는 게 도움이 된다.

많은 페어링 접근 방식은 맥주와 음식의 짝을 제로섬 게임 (한쪽의 이득과 다른 쪽의 손실을 더하면 제로가 되는 게임-역자주)으로 묘사한다. 페어링은 대비 아니면 조화라는 것이다. 그런데 내 경험으로는 정말 이거 아니면 저거라는 페어링은 드물다. 십중팔구 페어링은 여러 층에서 이루어지고 다른 아로마와 맛의 쌍이 동시에 작용한다. 물론 첫 느낌에서 특정적인 대조 또는 균형의 풍미 쌍이 부각되기도 한다. 때로는 가장 강한 연결 풍미, 예를 들어 소량 첨가된 허브나 시트러스가 더 강하고 확실한 풍미가 아닌 부차적인 풍미가 된다.

맛과 아로마는 다른 것이고 이들이 종종 함께 하는 경우도 있지만 역시나 서로 완전히 독립적으로 작용한다고 보이기 때문에, 균형은 아로마 영역에서 종종 더 강하게 일어나고 대조는 맛 요소에서 진행된다. 내 생각에 맥주와 음식이 입 안에 들어갔을 때 한 가지 요소에 단순히 집중하기보다는 입 안에서 진행되는 모든 과정에 대해 생각해보면 좀 더 매력적이고 심오한 페어링이 만들어진다.

다음의 3단계 과정은 맥주와 음식을 선택할 때 가장 중요하게 고려해야 할 점이라고 생각하는 사항이다. 나는 여기에서 다른 현상은 따로 분리하고 언어는 가능한 한 단순하게 쓰려고 했다. 물론 페어링을 만드는 여러 다른 방법이 있을 수 있지만, 10년 이상 이 방식을 사용한 결과 다음 3가지 방법을 고려한다면 크게 실패할 일은 없다는 것을 장담한다.

1단계: 강도를 맞추라

종종 한쪽이 다른 쪽에 비해 더 부각되는 경우가 있지만 섬세한 요리는 섬세한 맥주와 가장 잘 맞고 풍미가 강한 음식에는 개성 강한 맥주가 필요하다. 페어링의 쌍은 강도 면에서 웬만큼의 차이는 감내할 수 있지만 특정 범위를 넘어서면 한쪽이 다른 쪽을 압도한다. 내가 '밤비 Bambi 대 고질라 Godzilla'라고 부르는 효과가 나오는 것과 같다. 페어링의 한쪽을 다른 쪽이 변화시키는 그런 페어링을 추구하고 있거나 한쪽이 다른 쪽을 완전히 없앤다면 이건 상당히 난감한 일이다.

무엇이 풍미의 강도를 정하는가? 풍미의 강도는 단 한 가지 요소가 아니라 풍미 경험의 전반적인 요소가 결정한다. 맥주의 경우는 알코올 도수, 맥아 성격, 홉 쓴맛, 단맛, 바디, 홉, 맥아의 아로마, 톡 쏘는 신맛, 로스팅 풍미 등 많은 요소를 말한다. 음식의 경우는 리치함(또는 지방기), 단맛, 조리 방식 (로스팅, 석쇠 굽기 또는 튀김), 양념 등의 모든 요소가 역할

음식의 강도 순서

스시, 부드럽게 익힌 생선, 무염 모차렐라 치즈, 흰 빵

살짝 튀긴 흰살 생선, 셰브르 치즈(염소 젖으로 만든 치즈-역자주), 야채 그릴 구이, 프레첼, 버터 크림치즈, 브리 치즈

닭구이, 시금치 샐러드, 피자, 생선 튀김, 덜 숙성된 고다 치즈

폭찹 그릴 구이, 연어 또는 포르토벨로 버섯, 칠면조 구이, 크랩 케이크, 그뤼에르 치즈

햄버거, 바비큐 치킨, 햄, 킬바사(마늘을 넣은 훈제 소시지-역자주), 천에 담아 만든 체다 치즈, 파테pate

파히타 fajitas, 구이라스 guylas, 검보, 소프레사타, 사과 슈트루델, 초콜릿칩 쿠키, 페코리노 로마노 치즈

훈제 로스팅 프라임 립, 치즈 케이크, 피칸 파이, 숙성된 고다 치즈

양고기 그릴 구이, 체밥치치(피를 입히지 않은 돼지고기 및 소고기 소시지-역자주), 블루 치즈, 당근 케이크

바비큐 립, 텍사스 메스키트 훈제 양지머리, 스틸턴 치즈, 초콜릿 무스

초코릿 라바 케이크, 초콜릿 트러플, 파르마지아노 레지아노 치즈

을 한다. 우리는 혀 아래 맛 요소의 특정 역학을 파고들어가 겠지만 이 1 단계는 단순한 전반적인 효과에 가깝다.

2단계: 조화를 찾아라

비슷하기 때문에 또는 이와는 다른 이유로 같이 하면 편안 하게 느껴지는 풍미가 있다. 이런 것들은 아로마 영역에서 가장 흔하게 발견된다. 맥주와 음식에는 수천 가지의 독특 한 아로마 분자가 있고 이런 이유로 서로 관련이 있는 분자 를 찾을 기회가 충분하기 때문에 어쩌면 당연한 것이다. 대 조적으로 혀에 있는 맛 감각은 소수에 불과하고 이들은 훌륭 한 페어링을 만드는 데 정말 중요하지만 아래에서 다룰 것이 다. 페어링의 연결점을 찾을 수 있는 부분은 맛이 아닌 아로 마다.

맥주와 음식 조합은 이들이 공통의 풍미 또는 아로마 요소 를 공유할 때 잘 이루어진다. 비슷한 생화학적인 과정이 다 른 맥락에서 다양하게 이루어지기 때문에 종종 동일한 아로 마 분자가 도처에서 튀어나오게 된다. 홉, 꽃, 시트러스 과일 류는 아로마 면에서 싸한 느낌의 테르펜을 공유한다. 말린 맥아 및 구운 빵, 바싹 볶은 양파, 그릴에 구운 고기는 모두 로스팅 풍미 아로마 분자를 공유한다.

다행히 이런 공통의 풍미가 맥주와 음식의 연결점을 탐색 하는 데 있어 상당히 광범위한 가능성을 제공한다. 초콜릿 트러플과 결합한 임페리얼 스타우트의 깊은 로스팅 풍미, 또 는 구운 돼지고기와 짝을 이룬 옥토버페스트 라거의 캐러멜 풍미, 이들 두 가지 예 외에도 수없이 많은 사례가 있다.

개인적인 경험과 문화적인 측면 때문에 우리에게 조화롭 게 느껴지는 풍미 조합도 있다. 빵의 구운 풍미는 유럽 또는 미국에서 자란 사람들에게는 버터의 풍미와 결합할 때 대단 한 빛을 발하지만 유제품을 접촉할 기회가 별로 없었던 아 시아인들에게는 이런 결합이 아주 생소하게 느껴질 수 있다. 바닐라의 경우 서구에서는 모든 달콤한 것과 깊이 연관되어 있지만 아시아에서는 꼭 그렇지만은 않다.

나는 이런 관계를 묘사할 때 '친밀감'이란 용어를 사용한 다. 이런 풍미 조합은 문화적, 개인적인 기반 위에 형성되기 때문에 이들 친밀감은 사람마다 상당한 차이가 있고, 따라 서 문화적으로 다양하게 모인 사람들을 위해 페어링을 구성 할 때는 이 점을 민감하게 생각해야 한다. 나는 미 중서부 출 신으로 내가 자라면서 맺어온 조합을 도표화해 보았다. 문화

시트러스 풍미의 홉 아로마
시트러스 과일, 고추, 식초

맥주와 음식의
공통 풍미

특정 맥주의 풍미와
아로마 프로파일을 공유하는
음식을 소개한다.

허브 성격의 홉 아로마
블루 치즈, 허브 럽, 샐러드 드레싱

과일향의 효모 성질
와인 또는 과일을 기반으로 만든 드레싱,
처트니(과일, 설탕, 향신료와 식초로 만든
소스-역자주), 과일 디저트

후추 풍미의 효모 성질
검은 후추, 주니퍼, 생강

매운 효모 성질
고추, 계피, 스타아니스, 매운 요리,
칠리, 바비큐

꿀 풍미의 맥아 또는 효모 성질
약한 캐러멜, 과일, 꿀, 꽃

배럴 숙성, 바닐라, 코코넛 아로마
바닐라, 견과류, 코코넛이 들어간
디저트 음식

견과류의 맥아 풍미
견과류, 견과류 풍미의 알파인 치즈,
숙성된 소시지

캐러멜 맥아 풍미
고기, 양파, 야채의 살짝 데치거나
캐러멜화된 풍미, 바비큐 소스,
숙성된 치즈, 디저트의 캐러멜

로스팅된 맥아 풍미
굽거나 훈제된 고기, 초콜릿, 커피

구운 맥아 풍미
그릴에 굽거나 불에 구운 고기,
구운 견과류, 빵, 패스트리

맥주와 음식: 풍미 친밀성

이 도표는 아로마 면에서 반드시 비슷하지는 않지만 맥주와
음식의 일부 요소 간의 조화로운 관계를 보여준다.

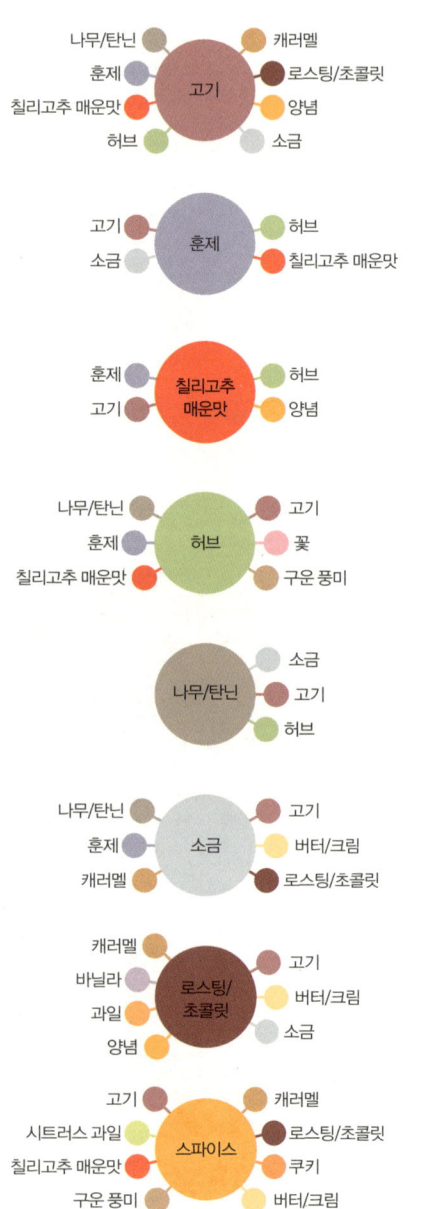
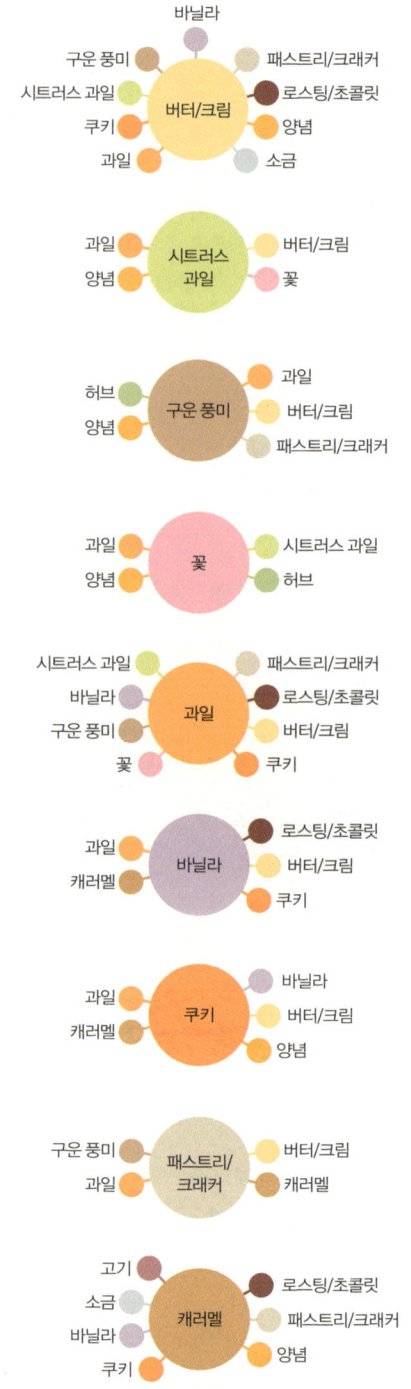

적인 경험이 다르면 다를수록 이런 식의 도표는 더욱 생소하게 다가올 것이다.

단계 3: 대비 요소를 고려하라

단맛, 쓴맛, 탄산, 매운맛, 리치함 등 음식과 맥주의 어떤 특성은 구체적이고 예상 가능한 방식으로 서로 작용한다. 이런 작용을 이용하면 음식과 맥주가 서로 균형을 이루게 되고, 어느 한쪽이 탐욕스럽게 주목을 받는 일이 결코 없다. 위에서 언급한 전반적인 강도 맞추기 개념과는 다른 맛대맛의 구체적인 상호 작용이다.

달콤하고 지방이 풍부하거나 감칠맛이 풍부한 음식은 쓴맛, 단맛, 로스팅/구운 맥아 또는 알코올 등 맥주의 다양한 요소와 대비를 이룰 수 있지만 각각의 요소는 약간씩 다르게 작용하기도 한다. 탄산 역시 리치함을 덜어내는 데 효과적이지만, 이는 아마도 탄산과 붙어다니는 밝은 느낌이나 신맛의 도움으로 단순하게 씻어내는 작용이다. 감칠맛은 가끔 잘 숙성된 맥주는 물론 지방이 많은 생선, 숙성된 치즈, 고기, 익히거나 조리된 토마토에 나타나는 리치하고 입맛 당기는 기본 맛이다. 감칠맛은 단맛과 밸런스를 맞출 때 사용하는 맥주의 요소와 조화를 이룰 수 있지만 감칠맛이 단맛보다는 성질 면에서 강도가 덜하기 때문에, 서로 맞는 강도보다 단계를 낮추어 페어링을 해야 그 역할을 할 수 있다.

알싸한 매운맛은 음식과 맥주의 또 다른 상호 작용이다. 홉의 풍미가 진한 맥주는 매운 음식을 더욱 맵게 만든다. 차라리 고추 주사를 혈관에 바로 맞고 싶을 정도의 매운맛 중독자라면 문제가 되지 않기 때문에 이렇게 페어링을 해도 된다. 그러나 대부분의 사람들에게는 맥아의 풍미가 들어간 좀 더 균형잡힌 페어링이 환영받는다. 그래도 매운 음식에 홉의 풍미가 강한 맥주를 고집한다면, 반드시 맥아도 풍부하게 들어간 맥주를 선택하도록.

그 외의 고려사항

위에서 제시한 원칙은 기본적인 고려사항이다. 여기에 추가적으로 맥주와 음식을 함께 즐기는 데 필요한 몇 가지 방안을 더 소개한다.

음식과 맥주의 상호 작용

아래 도표는 맥주와 음식의 서로 다른 맛과 마우스필 감각 사이에 일어나는 특정 상호 작용의 범위를 나타낸다.
이를 통해 어떤 종류의 작용이 일어날 가능성이 가장 높은지 알 수 있다. 대부분의 용어는 다음 페이지에서 설명하겠지만,
몇 가지는 추가적인 설명이 필요하다. '중립'의 뜻은 상호 작용이 거의 이루어지지 않거나 전혀 없다는 뜻이고
'주의'는 때로 이런 조합이 기분 좋게 진행되더라도 문제가 생길 수 있으니 조심하라는 의미이다.

| | | 음식의 맛과 마우스필 | | | | | |
		달콤함	매운맛 (칠리고추 매운맛)	지방기	감칠맛	신맛	소금
맥주의 맛과 마우스필	홉 쓴맛	균형	균형	주의	차폐	차폐	악화
	로스팅된 맥아 쓴맛	균형	균형	친밀감	친밀감	친밀감	중립
	달콤함	비슷한 풍미 감쇄	균형	친밀감	균형	주의	균형
	탄산	클렌징	클렌징	클렌징	클렌징	클렌징	클렌징
	알코올	균형	클렌징	균형	악화	주의	악화
	신맛	주의	균형	중립	비슷한 풍미 감쇄	차폐	악화

높은 강도

발리 와인
스틸턴

미국 IPA
포인트 레이즈 블루

벨기에 IPA 또는
미국 페일 에일
고르곤졸라 돌체

보헤미안 필스너
블루 브리

낮은 강도

정통 요리를 보라

맥주를 즐기는 나라의 요리에는 훌륭한 맥주와 음식이 함께 제공된다. 브라트부르스트 bratwurst(돼지고기로 만든 독일 소시지-역자주)에 페일 라거를 곁들이는 것처럼 동일한 지역이나 동일한 수도원의 맥주와 치즈를 같이 선택하는 건 어쩌면 뻔한 페어링이지만, 굴요리에 스타우트를 마신다는 생각을 누가 하겠는가? 음식과 맥주의 정통적인 페어링은 이미 시도된 진리의 방식으로 심층적인 탐험을 하기 위한 아주 좋은 시작점이다. 벨기에인들은 맥주와 음식에 거의 광적인 집착을 보이며 맥주와 어울리는 요리를 수준 높게 전개해왔다. 그들의 방식을 배우다 보면 페어링에 관해 많은 아이디어를 얻을 수 있다.

익숙한 패턴을 이용하라

특정 요리의 풍미 조합은 대부분의 사람들에게 아주 친숙해서 조합을 쌓아올리기 위한 공통의 기반이 된다. 새롭고 색다른 맥주 맥락에서 이렇게 친숙한 풍미 페어링을 재창조하거나 심지어 재현할 수 있다면 반 정도는 인정을 받는 셈이다.

연습을 통해 완벽해지라

모든 페어링이 기대만큼 효과가 나오지는 않지만 뜻밖의 것을 음미할 수 있다면 이것 역시 재미있게 즐길 수 있다. 그렇게 대단하지 않더라도 메모를 해두고 계속 시도해보라. 잘 맞는 페어링을 구축하고 이런 마법의 조합을 계속 찾아보라.

사다리 위 아래를 고려하라

여기에서 '사다리'는 특정 원칙을 기반으로 만들어진 페어링 그룹이며 이 원칙은 한 강도 범위 안에서 동일하게 적용되기도 한다. 블루 치즈와 홉 풍미 진한 맥주가 대표적인 예인데, 마일드한 블루 브리 치즈는 진한 홉 풍미의 필스너와, 고르곤졸라와 같은 중간 강도의 블루 치즈는 벨기에 IPA와, 또 강도가 가장 높은 스틸턴 Stilton은 역시 가장 높은 발리

블루 치즈와 홉 페일 맥주를 위한 페어링 사다리
왼쪽의 사다리는 동일한 풍미 조합이 다양한 강도 수준에서 어떻게 작동하는지를 보여준다. 사다리를 사용하면 하나의 아이디어가 여러 가지 음식과 맥주 스타일로 레퍼토리가 확장되는 데 도움이 된다.

친숙함을 기반으로 한 페어링

체리 스트루들(과일, 특히 사과를 잘라 밀가루 반죽에 얇게 싸서 오븐에 구운 요리-역자주) **+** 포터 **=** 초코릿을 입힌 체리

부드러운 카망베르 치즈 **+** 구운 풍미의 브라운 에일 **=** 그릴에 구운 액상 치즈 샌드위치

부라타 치즈 **+** 과일 풍미의 헤페바이젠 **=** 복숭아와 크림
(부라타 Burrata는 크림과 커드가 가득 들어 있는 무염 모차렐라)

고기 풍미의 숙성 고다 치즈 **+** 임페리얼 스타우트 **=** 불에 굽거나 석쇠에 구운 고기

와인과 좋은 궁합을 이룰 수 있다(옆 그림 참조). 홉에서 기름진 맛을 줄여주는 쓴맛의 위력과 허브의 조화로운 연계성은 블루 치즈 곰팡이와 오직 강도만 달리할 뿐 각 단계에서 페어링이 된다. 따라서 일단 자신에게 맞는 페어링을 발견하면 이보다 높거나 낮은 강도의 비슷한 풍미를 보면서 조율해가면 된다.

계절을 고려하라

여름에는 가볍게 가고, 겨울에는 묵직하게 가라. 해당 계절의 맥주와 음식은 상당히 자연스럽게 페어링이 되며 분위기와 맞다.

'끼워 맞추는' 그 이상의 요소를 생각하라

맞다. 초콜릿과 임페리얼 스타우트는 공통의 풍미를 공유하는 맥주와 음식의 다른 많은 조합처럼, 함께 하면 대단히 잘 어울린다. 이런 접근방식에 전혀 문제는 없지만 실전 경험이 좀 더 많은 사람들은 상상력을 좀 더 동원해서 뭔가 다른 것을 시도하며, 마법을 일으키기 위해 종종 유사성보다는 친밀감을 고려한다.

변화를 주라

때때로 재미없는 페어링에 조금만 변화를 주면 실로 놀라운 일이 벌어진다. 요리를 하는 사람에게 창의력을 북돋워주고 이들이 음식에서 맥주와 조화를 이루는 풍미를 찾을 수 있도록 맥주의 풍미를 이해시켜라. 때때로 간단한 녹색 고명을 얹어도, 소스를 조금 떨어뜨리거나 시트러스를 뿌려도 맥주와 음식과의 연결고리가 하나 이상 더해져 전체 페어링이 빛나게 된다.

모르면 벨기에 맥주를 택하라

저녁식사 자리에 가는데 어느 음식과도 잘 어울리는 맥주가 필요하다면 벨기에 스타일의 애비 두벨 또는 트리펠을 추천한다. 이들 맥주는 바로 어떤 음식이라도 받쳐줄 정도로 구성 요소가 충분하지만, 음식 대부분을 압도할 정도로 지나치게 자극적인 맥아나 홉의 풍미는 없다. 게다가 병이 커서 테이블에 올려놓으면 보기가 좋다.

위에 제시한 내용은 단지 추천사항이지 절대적인 규칙이 아니라는 점을 기억하라. 맥주 요리는 창조성과 실험정신에

바탕을 두고 이루어졌다. 맥주와 음식 여정에서 바로 이런 정신을 추구하길 우리는 희망한다.

식사와 함께 하는 맥주

식사의 각 코스는 한계와 기회를 둘 다 제공하는 독특한 동력이 있다. 샐러드는 궁극적으로 유연하며 애피타이저는 가벼움을 유지할 필요가 있고, 메인 요리는 어느 것이든 괜찮다. 디저트의 경우 설탕과 기타 다른 풍미를 다스리기 위해서는 도수 높고 묵직한 맥주가 필요하다.

샐러드 및 애피타이저와 함께 하는 맥주

청량하고 상쾌한 맥주로 식사를 시작하면 더할 나위 없이 좋다. 라이트한 밀 맥주는 간단한 샐러드 요리와 완벽한(어쩌면 지루한) 궁합을 이룬다. 특히 샐러드의 미학은 전적으로 어디에나 전천후로 끼워 맞출 수 있다. 강한 풍미의 토핑을 선택할 경우 샐러드는 실제로 고강도의 쓴맛을 가진, 강도가 상당한 맥주를 감당할 수 있다.

샐러드에 아루굴라나 붉은 치커리 같은 쌉쌀한 채소를 사용하면 맥주의 쓴맛과 어울린다. 이런 쓴맛은 드레싱의 달콤한 성분 또는 설탕을 입힌 견과류나 블루 치즈 조각 같은 토핑을 통해 균형을 이룰 수 있으며, 어느 것이나 홉의 풍미가 상당한 맥주와 당당하게 어울린다. 토마토도 마찬가지인데 익은 토마토는 상당히 많은 감칠맛을 가지며 적당히 쓴맛과도 어울린다. 샐러드 위에 뿌려지는 숙성 치즈도 또 다른 감칠맛의 공급원이다. 음식에 곁들이는 이 모든 부가물은 쓴맛을 돋보이게 하고 쓴맛과 어울리도록 도와주는 기능 외에 아로마 영역에서 맥주와 연계할 기회를 제공한다.

애피타이저는 별도의 범주에 속하기 때문에, 이 음식과 관련된 간단한 규칙은 없다. 간단한 새우 칵테일은 치즈를 꽉 채운 할라피뇨 고추 튀김과 완전히 다른 녀석인지라 강도 맞추기, 친숙함 찾아내기, 대비되는 요소 이용하기 등의 동일한 규칙이 적용된다. 요리 전체, 즉 단백질, 전분, 준비 방법, 소스/토핑을 보고 그 전반적인 강도를 어림으로 짐작해보라. 이렇게 하면 페어링 가능한 맥주의 범위가 좁혀지기 때문에 이때 맥주와 음식의 조화를 생각해보면 된다. 대개는 선택할 수 있는 페어링이 풍부하다.

개성 강한 블론드 에일은 아히 튜나 ahi tuna 구이와 함께 하

면 훌륭하다. 홉의 풍미가 강한 미국 페일 에일은 치즈 타르틀레트와 브루스케타 *bruschetta* 같은 수분 많은 애피타이저와 균형을 이룰 수 있다. 스파이시한 세종은 강한 풍미의 뉴올리언스 스타일 새우 요리와 완벽하게 대조를 이룬다. 풍미로 가득한 레드 에일이나 앰버 라거는 훈제 생선 요리와 이상적인 짝을 이룬다. 아니면 이 훈제 생선 요리를 라이트한 바디감의, 훈제 로스팅 풍미의 스타우트와 곁들여도 된다. 식사전 반주는 입안에 피로를 주지 않으면서 환상적인 경험을 선사해야 한다. 바디는 가벼우면서 지독하게 쓰지 않은 맥주를 찾으라.

메인 코스에서의 맥주

강도 맞추기, 깊은 울림과 친숙함 찾기, 대비 조합 고려하기 등의 규칙을 기억하고 있다면, 모든 메인 요리에 맞는 맥

주를 찾을 수 있다. 애피타이저와 마찬가지로 메인 코스 요리는 주 재료, 요리 방식, 소스, 고명이 합쳐져 완성되며, 각각의 요소는 요리의 전체적인 강도와 성격에 영향을 미친다.

첫 번째, 주 재료를 고려하라

예를 들어 양고기는 닭보다는 입안에 묵직한 맛으로 느껴지기 때문에 그 강도는 처음부터 닭고기보다는 높은 수준에서 시작한다.

두 번째, 요리 방식을 고려하라

삶는 방식은 요리 자체 풍미에 영향을 거의 주지 않지만, 굽기와 기름에 살짝 데치기, 튀기기, 그릴에 굽기, 훈제 방식은 점진적으로 좀 더 강한 풍미를 부여한다. 맥아를 말리는 과정과 똑같이 노릇노릇하게 변하는 갈변의 화학 과정

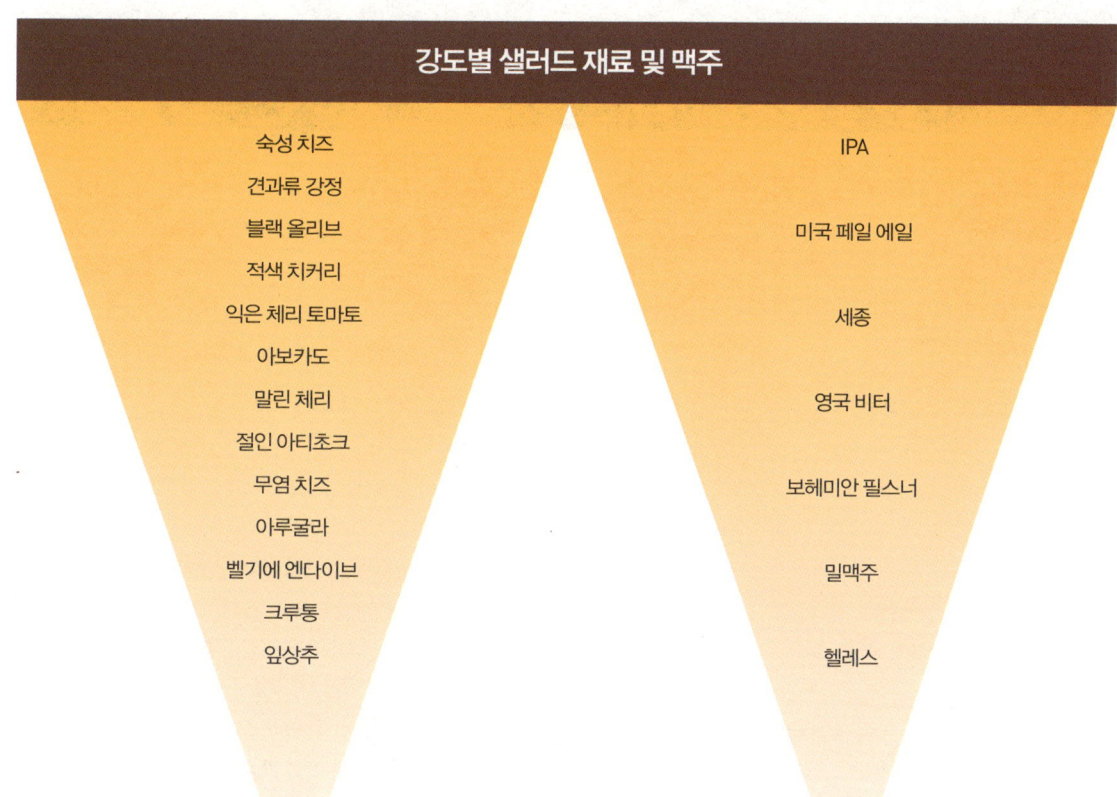

강도별 샐러드 재료 및 맥주

숙성 치즈	IPA
견과류 강정	
블랙 올리브	미국 페일 에일
적색 치커리	
익은 체리 토마토	세종
아보카도	
말린 체리	영국 비터
절인 아티초크	
무염 치즈	보헤미안 필스너
아루굴라	
벨기에 엔다이브	밀맥주
크루통	
잎상추	헬레스

가벼운 애피타이저와 맞는 맥주

100% 맥아 필스너, 벨기에 스타일 세종, 헤페바이젠, 밀 맥주.

은 기본적으로 음식에서 동일하게 나타나기 때문에, 이런 요리 방식은 빵과 견과류의 풍미, 쿠키 같은 풍미, 캐러멜 풍미와 구운 풍미, 로스팅 풍미 등의 공통 풍미와 친숙한 풍미를 찾아보기에 더할 나위 없이 좋다. 음식과 준비 방식이 다르면 지방 함량도 달라지는데, 이에 따라 음식의 밸런스를 맞추기 위해 사용되는 맥주 요소의 강도에도 변화를 주어야 한다.(179페이지, 음식과 맥주의 상호 작용 참조).

세 번째, 요리에 추가되는 양념, 소스 또는 기타 다른 요소를 고려하라

이들은 요리의 성격에 극적인 변화를 주는데, 이런 요소에는 허브 또는 양념, 지방, 설탕, 신맛, 고추의 매운맛 등이 있고 아니면 앞선 재료가 모두 포함되기도 한다. 양념과 소스 덕분에 음식과 맥주의 연계점을 찾을 기회는 많이 생기지만 오히려 더 복잡해질 수 있다. 기억하라, 완벽하게 맞는 짝은

없다는 것을. 가장 강렬한 풍미 요소(사이드 요리나 부가 요소를 고려하는 일도 잊지 말 것)를 찾고 이들이 맥주와 균형을 이루는지 확인한 다음 더 나아가 공통의 요소나 친숙한 요소가 있는지 확인하라.

바비큐 립이 이에 관한 좋은 예이다. 돼지고기 립 그 자체의 풍미 강도는 그저 적당하게 느껴질 정도지만 지방기는 꽤 많은 편이다. 그러나 매운 럽(rub: 고기를 연하게 굽기 위해 고기 표면에 문질러 입혀주는 양념-역자주)을 한 겹 발라 연기를 씌우고 불에서 고기를 노릇노릇 구워낸 다음, 칠리 양념을 더하고 마지막으로 달콤하고 톡 쏘는 듯한 캐러멜 풍미의 소스를 한 겹 바르면 입에서 군침이 돈다. 고기와 소스의 달콤한 캐러멜이 두드러지는 요소로 맥주에서는 캐러멜 풍미의 맥아와 연결고리를 제공한다. 바비큐 립은 그 달콤함과 리치함 때문에 입 안에 드라이한 맥주와 균형이 맞고 적당하게 높은 알코올 도수와 높은 탄산도 이런 리치함을 줄이는 데 한층 도움이 된

든든한 애피타이저용 맥주

인디아 페일 에일, 과일 맥주, 레드 호밀 에일, 벨기에 페일 에일, 영국식 페일 에일.

다. 이런 음식에 맞는 맥주 스타일이 여러 가지 있지만, 나는 벨기에 스타일 두벨을 좋아한다. 다른 특성도 많지만, 두벨은 전반적인 강도 면에서 음식과도 상당히 잘 어울린다. 이렇게 풍미를 분석적으로 분해해보는 것이 성공적인 페어링의 열쇠다.

디저트와 곁들이는 맥주

디저트는 맥주와 멋지게 잘 어울린다. 혹시나 이 점을 잊었을지도 모르니 다시 한 번 반복하겠다. 맥주는 디저트와 환상의 궁합을 이룬다! 얼핏 생각하면 이상한 조합처럼 여겨질 수도 있지만, 맥주와 음식 양쪽에서 공통으로 찾을 수 있는 리치하고 달콤한 풍미, 캐러멜과 로스팅 풍미를 생각해보면 완전히 수긍이 간다.

그러나 모든 맥주가 다 디저트와 맞는 건 아니다. 디저트의 달콤함과 리치함에는 풍미 가득한 맥주가 필요하다. 디저트

와 맥주를 페어링할 때는 대개 알코올 도수 6% 미만은 생각도 하지 말 것. '단맛이 잘 느껴지는 구간'은 아마 이 도수보다 높을 것이다. 우리는 설탕이 상당히 순한 풍미라고 생각하는 경향이 있는데, 물론 복합적인 맛은 아니지만 단맛은 우리 혀에서 폭발하면서 주도권을 잡기 때문에 이와 밸런스를 맞추기 위해 강한 풍미의 맥주가 필요하다. 지방의 경우도 마찬가지다.

다행히 디저트 맥주는 선택 가짓수가 풍부하다. 애플 파이 또는 살구 타르트 같은 과일 디저트는 도수는 높지만 청량한 벨기에 스타일 트리펠과 페어링하면 좋다. 브레드 푸딩이나 설탕을 뿌린 피칸 파이는 비슷한 풍미의 맥주와 같이 했을 때 존재감이 빛난다. 올드 에일이 갖는 캐러멜 풍미의 쌉쌀 달콤한 매력은 그 역할을 멋지게 소화한다. 많은 맥주에서 보이는 향신료와 시트러스 성질은 비슷한 풍미가 두드러지게 나타나는 디저트와 잘 어울린다.

호피 엔딩 Hoppy Ending
키 라임 파이와 짝을 이루는 열대 과일, 시트러스 풍미의
IPA처럼, 홉은 디저트에 관한 한 우리의 친구다.

달콤한 디저트일수록 홉의 쌉쌀함과 더 잘 어울린다

더블 IPA 같이 홉의 풍미가 상당한 고도수 맥주는 치즈 케이크, 크림 브륄레, 당근 케이크 같이 아주 단 디저트와 이상적인 궁합을 이룬다. 이는 맥주와 음식의 극적인 상호작용으로 한쪽이 다른 쪽 맛의 방식을 바꿔주는 역할을 한다. 아무리 디저트가 달아도 홉 풍미가 강한 맥주는 그 달달함을 그 즉시 쓰러뜨린다. 마찬가지로 아무리 무자비하게 쓴 맥주라도 기분좋게 달콤한 디저트로 완전히 제압할 수 있다. 나는 항상 설탕과 홉을 물질 및 반물질과 비교하는데 각각은 상대방을 무기력화시킨다. 많은 맥주에서 접할 수 있는 향신료와 시트러스 풍미는 비슷한 풍미가 두드러지는 디저트와 잘 어울린다.

초콜릿은 다크 맥주를 사랑한다

밀크 초콜릿은 벨기에 스타일의 스트롱 다크 에일이나 블랙 맥아의 로스팅 특성이 너무 지나치지 않은 스트롱 맥주와 멋지게 어울린다. 밀가루를 쓰지 않은 초콜릿 케이크나 트러플 같이 가장 순수하고 가장 진한 초콜릿 디저트는 칠흑같이 검은 임페리얼 스타우트처럼 육중한 블랙 맥주와 정말 잘 어울린다. 그러나 초콜릿은 다른 풍미, 특히 캐러멜과 견과류, 향신료도 사랑한다는 점을 기억하라. 따라서 페어링의 양쪽 요소가 너무 동일한 맛이 날 경우, 새로운 페어링을 시도하고자 한다면 이런 친숙함을 가지고 있는 다른 묵직한 맥주를 찾아보라. 초콜릿 칩 쿠키와 피넛 버터 컵처럼 초콜릿이 덜 들어간 디저트는 묵직한 브라운 에일 또는 스카치 에일, 바이젠복 같이 로스팅 풍미가 덜한 맥주와 제격이다. 화이트 초콜릿도 빼먹지 말자. 스트롱 페일 맥주와 같이 하면 훌륭하고 때때로 과일 맥주와 함께 해도 좋다.

과일 맥주는 확실히 과일 디저트와 잘 맞는다

크릭 kriek이나 프람부아즈 frambozen의 신맛은 체리 치즈 케이크 또는 라즈베리 쿨리스(야채, 과일을 조려서 만든 질척한 소스-역자주) 같은 디저트의 달달함과 크리미한 리치함을 덜어줄 수 있다.

과일 맥주는 종종 가벼운 디저트와 가장 잘 맞는다. 과일맛이 강한 건, 초콜릿과 함께 하면 마법을 부릴 수 있는데, 특히 음식에 라즈베리 쿨리스 같은 과일 요소가 있는 경우 그렇다. 그러나 상당히 신 람빅 종류 맥주는 종종 너무 날 선 느낌

에 바디감이나 조직감이 부족하기 때문에 단 음식과 페어링하면 묽고 날카로운 느낌이 들 수 있다. 약한 캐러멜의 구운 풍미를 가진 맥주는 과일과 상당히 잘 어울리는 경우가 많은데, 이들이 많은 디저트에서 분명 환영받는 요소인 패스트리 풍미를 전달하기 때문이다.

배럴 숙성 맥주는 버번, 바닐라, 셰리의 세련된 분위기를 제공하는 묵직하고 풍미 진한 맥주로, 리치한 디저트와 함께 하면 더할 나위 없이 즐겁다. 커피, 초콜릿, 헤이즐넛을 비롯해 다른 많은 재료가 들어간 스페셜티 맥주도 있어 페어링의 가능성을 확실히 넓혀준다.

맥주와 치즈

브루클린 브루어리의 가렛 올리버가 사람들에게 즐겨 이야기하듯이, 치즈는 소를 통해 가공되고 미생물에 의해 변형된 풀이다. 맥주 역시 미생물, 즉 효모에 의해 가공된 풀이다. 따라서 페어링 가능성을 찾을 때 끌어낼 공통의 풍미가 상당히 폭넓게 걸쳐 있는데, 이는 놀랄 일이 아니다. 치즈 또한 훌륭한 파트너인 것이 크래프트 맥주와 같이 열정으로 뭉친 소규모 장인 생산업체에 의해 만들어지고 이들 업체는 강한 창의성과 독립정신으로 독특하고 맛있는 제품을 만들어내기 때문이다.

치즈는 주류와 함께 페어링하기 까다로운 음식이다. 강도가 세고 자극적인, 흙향의 짭짤하고 크리미한 성질은 굳이 이름을 대고 싶진 않지만 강도가 좀 덜한 주류를 압도하는 경우가 많다. 하지만 탄산과 홉의 쌉쌀함, 로스팅 풍미 요소가 혼합되어 있는 맥주는 앞에서 언급한 일반적인 페어링 지침을 돌아본다면, 입안에 막을 입히는 찐득한 치즈의 리치함을 아주 훌륭하게 다스릴 수 있다.

맥주와 마찬가지로 치즈는 섬세한 것에서 무지막지하게 자극적인 것까지 그 강도 범위가 넓다. 치즈 가공의 기본을 어느 정도 이해하는 게 도움이 되는데, 그러면 이런 복잡한 그림이 명료해지기 때문이다. 동물의 종류와 종에 따라 기본 풍미 특징과 함께 단백질과 지방 수준이 정해진다. 수분 제거는 치즈 가공에서 가장 근본적인 부분에 속하고 숙성 과정과 마찬가지로 최종 치즈 제품의 질감과 농도에 대단한 영향을 미친다. 박테리아와 곰팡이 조직은 아로마 특성을 강화해주고 질감 변화를 더해준다. 페어링을 시도할 때, 맥주와 맞는 짝을 선택할 때는 우선 강도를 맞추어야 한다. 풍미가

맥주와 치즈 페어링 제안

오르발 트라피스트 에일
Orval Trappist Ale
+
재에 담아 숙성한 흰 곰팡이
bloomy-rind 염소 치즈

플로스무어 스테이션 풀만 브라운
Flossmoor Station Pullman Brown
+
콜로루즈 카멜베르
ColoRouge Camembert
(맛있게 끈적거리는, 겉을 세척한 치즈)

린데만스 프람부아즈
Lindemans Framboise
+
레드우드 힐 프레시 셰브르
Redwood Hills Fresh Chevre
(소박하고 크림 같은 신선한 염소 치즈)

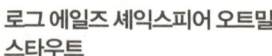

도그피시 헤드 90 미닛 IPA
Dogfish Head 90 Minute IPA
+
골든 리지 블루 Golden Ridge Blue
(버섯 같은 색조의 크림색의 치즈)

세인트 아놀드 팬시 론모워 비어
Saint Arnold Fancy lawnmower Beer
(쾰시)
+
페어 옥스 팜즈 트리플 크림 버터 캐제
Fair Oaks Triple Cream Butter Kase
(단순하지만 풍성한 크림 버터 치즈)

**로그 에일즈 셰익스피어 오트밀
스타우트**
Rogue Ale's Shakespeare Oatmeal Stout
+
로그 크리메리 Rogue Creamery의
스모키 블루 Smokey Blue
(훌륭하게 훈제가 되어 갈라진 무늬가 선명한
블루 치즈)

**노스 코스트 올드 라스푸틴
임페리얼 스타우트**
North Coast Old Rasputin Imperial Stout
+
로스 캐제 반 고흐 빈티지 고다
Roth Kase Van Gogh Vintage Gouda
(풍부하고 영양가 있는 6개월 된 고다 치즈)

**투 브라더즈 도그 데이즈
도르트문더**
Two Brothers Dog Days Dortmunder
+
카나스타 파르도 Canasta Pardo
(계피가 섬세하게 뿌려진 양 우유 치즈)

아인베커 마이 우어 복
Einbecker Mai-Ur-Bock
+
마이스터 패밀리 데어리 호스래디시 체다
Meister Family Dairy Horseradish Cheddar
(조각마다 최고의 풍미가 살아 있는 치즈)

슈렘케를라 라우흐비어 메르첸
Schlenkerla Rauchbier Märzen
+
카 벨리 애플 스모크트 체다
Carr Valley Apple Smoked Cheddar
(맛있는 베이컨 맛이 진한 미국식 체다 치즈)

강해질수록 치즈와 맥주의 페어링을 찾는 일이 쉬워진다. 스틸턴 Stilton 같이 잘 숙성된 묵직한 치즈와 발리 와인 또는 임페리얼류와의 조합은 실패할 일이 거의 없다.

헤페바이젠의 과일 아로마는 무염 모차렐라의 우유 같은 단순함과 좋은 짝을 이룬다. 과일 맥주는 브리 또는 쉐브르 Chèvre (염소 젖으로 만든 치즈-역자주) 같은 섬세한 숙성 치즈와 함께 하면 훌륭하다. IPA의 허브와 홉의 향은 블루 치즈의 복합적인 아로마와 잘 섞이는 반면 그 쌉쌀함은 입안을 개운하게 씻어준다. 아로마가 지독하고 혀에 닿는 풍미가 부드러운 세척 피막 치즈는 영국 브라운 에일과 다크 라거 같은 중간 강도의 브라운 맥주와 상당히 훌륭하게 어울린다. 이들과 동일한 다크한 맥주, 아마 강도가 약간 더 높은 것들은 견과류 풍미의 피레네 Pyrenees 양젖치즈와 그뤼에르 같은 알파인 종류와 궁합이 잘 맞는다.

훈제 맥주가 알싸한 풍미의 반 경질 치즈와 잘 어우러지듯이 스타우트와 체다는 또 하나의 훌륭한 짝이다. 트리플 크림 치즈는 벨기에 트리펠 같은 도수 높은 페일 맥주나 초콜릿 치즈 케이크 느낌이 나는 도펠복과 잘 어울릴 수 있다. 잘 숙성된 짭짤한 치즈가 내는 고기 풍미의 리치함은 임페리얼 스타우트 같은 도수 높은 다크 맥주와 가장 잘 맞는다. 이렇게 고기와 로스팅 풍미의 결합은 친숙함을 기반으로 하는 페어링의 훌륭한 예이다. 맥주와 음식 페어링에서 이 두 가지 풍미가 함께 있으면 서로 잘 맞을 거라는 느낌이 먼저 온다.

훌륭한 치즈는 찾아 나설 가치가 있다. 주류 맥주와 마찬가지로, 미국인들은 비닐에 포장된 고무 같은 식료품점의 치즈를 거부하고 있다. 체인점에서 지나치는 체다, 뮌스터, 잭 Jack, 스위스를 비롯한 나머지 모든 치즈는 진짜 치즈를 형편 없이 모방한 것일 뿐이다. 진짜 치즈는 풍미가 진하고 고약한 냄새가 나며 다양하고 기품이 있으며 진정 믿을 만하다. 그리고 일부 최고의 치즈는 흔들림없는 전통주의자가 만들든, 폭탄을 던지는 변절자가 만들든, 가장 영세한 업체에서 생산된 것들이다. 다시 말해 위대한 치즈는 크래프트 맥주와 공통점이 많다.

고품질의 치즈는 우리 감각에 기쁨을 주고 훌륭한 맥주와 페어링했을 때 즐거움을 준다. 보통 식료품점에는 정말 흥미로운 치즈가 거의 없기 때문에 전문 식료품 매장이나 식도락

전문점, 혹 운이 좋아 근처에 전문 치즈숍이 있을 경우 이곳을 가는 게 훨씬 낫다.

크래프트 양조와 마찬가지로 미국에는 아티산 치즈 운동이 있고, 이 결과 생산되는 일부 치즈는 유럽의 치즈와 맞먹을 정도다. 이런 치즈는 노력과 비용을 투자해도 아깝지 않다. 내 경험으로는 카운터 뒤의 치즈 전문 판매원이 보통 자기들의 물건을 잘 알기 때문에 구매 결정을 내릴 때 이들에게 추천할 제품이 있는지 물어보는 게 (그리고 시식까지 해보는 게) 좋다. 이런 사람들은 맥주와 페어링할 좋은 치즈를 권해주는 경우가 많다.

치즈는 맥주와 음식 여행에서 출발점으로 삼기 대단히 좋은 식품이다(디저트 역시 이 목적에 좋다). 훌륭한 치즈를 찾는 건 그다지 어렵지 않고 서빙 전 대단한 준비를 할 필요도 없으며 한 가지 음식이라 여러 재료와 양념, 요리 방식이 혼

사우스햄튼 세종과 파베 다비누와 Pave d'Affinois
(부드럽고 크리미한 숙성 우유 치즈)

전혀 어렵지 않고, 실패할 일 없는 맥주와 치즈 페어링

앵커 올드 포그혼 발리 와인 Anchor Old Foghorn Barleywine과
포인트 레이즈 팜스테드 치즈 컴퍼니 오리지널 블루 Point Reyes Farmstead Cheese Company Original Blue

후추 풍미의 세종
브라세리 듀퐁 모이네트 Brasserie Dupont Moinette
노스 코스트 르 머를 North Coast Le Merle
사우스 햄프턴 세종 Southamton Saison

크리미한 흰색 피막 치즈
반 숙성된 스윗 그래스 그린 힐 Sweet Grass Green hill
모우코 카망베르 MouCo Camembert
프렌치 쿨로미에 Fresh Coulommiers

구운 풍미의 진한 브라운 에일
도그피시 헤드 인디안 브라운 Dogfish Head Indian Brown
유니브로우 샹블리 누아르 Unibroue Chambly Noire

+

견과류 풍미의 단단한 양 또는 소젖 치즈
오쏘 이라티 Ossau Iraty
쿰트 생 앙트왕 Compte St. Antoine

홉의 풍미가 진한 묵직한 페일 에일
파이어스톤 워커 유니온 잭 Firestone Walker Union Jack
벨즈 투 하티드 Bell's Two Hearted
빅토리 홉 데빌 Victory Hop Devil

+

리치한 크리미한 블루 또는 고르곤졸라 치즈
그린 마운틴 팜 고어 돈 졸라 Green Mountain Gore–Dawn–Zola
로그 크리머리 로그 리버 블루 Rogue Creamery Rogue River Blue
메이태그 블루 Maytag Blue

육중한 스타우트 또는 임페리얼 스타우트
노스 코스트 올드 라스푸틴 North Coast Old Rasputin
데슈츠 어비스 Deschutes Abyss

+

고기맛의 캐러멜 풍미의 잘 숙성된 고다 치즈
4년산 더치 고다 Dutch Gouda
로스 캐제 반 고흐 빈티지 Roth Käse Van Gogh Vintage

발리 와인
앵커 올드 포그혼 Anchor Old Foghorn
쓰리 플로이즈 비히모스 Three Floyds Behemoth
브루클린 몬스터 Brooklyn Monster

+

스틸턴 또는 기타 강도 높은 숙성된 블루 치즈
콜튼 바세트 스틸턴 Colton Bassett Stilton
재스퍼 힐 베일리 헤이즌 블루 Jasper Hill Bayley Hazen Blue

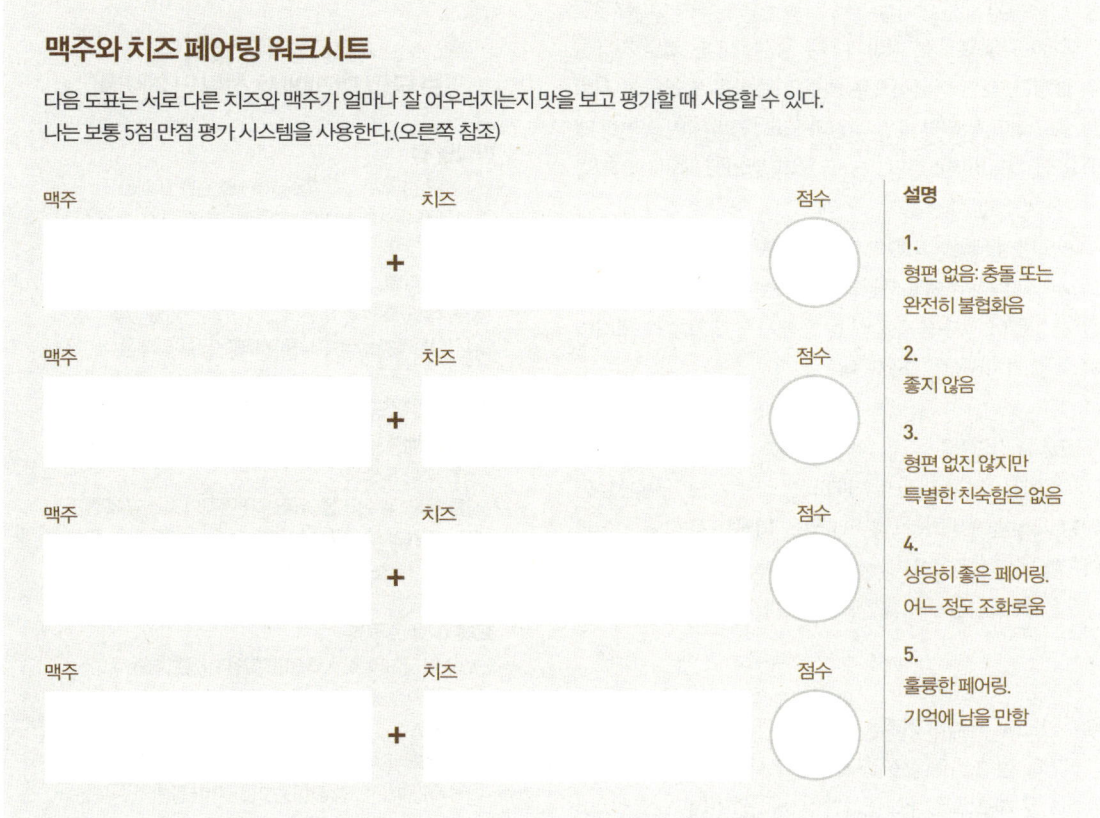

맥주와 치즈 페어링 워크시트

다음 도표는 서로 다른 치즈와 맥주가 얼마나 잘 어우러지는지 맛을 보고 평가할 때 사용할 수 있다.
나는 보통 5점 만점 평가 시스템을 사용한다.(오른쪽 참조)

맥주		치즈	점수	설명
	+			**1.** 형편 없음: 충돌 또는 완전히 불협화음
맥주	+	치즈	점수	**2.** 좋지 않음
맥주	+	치즈	점수	**3.** 형편 없진 않지만 특별한 친숙함은 없음
맥주	+	치즈	점수	**4.** 상당히 좋은 페어링. 어느 정도 조화로움
				5. 훌륭한 페어링. 기억에 남을 만함

합되어 있지 않아 페어링하기가 약간 더 쉽다. 하지만 연구 대상으로써의 치즈는 맥주만큼이나 모든 면에서 복합적이다. 때문에 치즈의 세계를 이해하려면 좋은 입문 교재를 선택할 것을 권장한다.

편안하게 시식과 시음을 즐길 수 있는 가장 간단한 방법은 친구 몇 명에게서 4~5가지 치즈를 모으고 이들에게 맥주를 가져오도록 부탁한 다음 테이블에 모두 펼쳐놓고 먹어보는 것이다. 편안하게 즐기는 자리에서는 한 사람당, 각 치즈 30g 정도가 시작하기 적당하다. 양이 큰 사람들이라면 그 두 배로 한다. 식빵이나 크래커를 원한다면 정말 단순한 것으로 고르라. 좋은 치즈는 실온에서 가장 좋은 맛이 나므로 서빙하기 전 냉장고에서 꺼내두는 것을 잊지 않도록. 어떤 페어링이 괜찮고 어떤 게 기대에 어긋나는지 얘기를 나눠본다. 분명 좋은 페어링을 찾게 될 터이지만, 궁극적으로 이 과정이 가장 의미 있다. 그리고 즐기는 것도 잊지 말자.

맥주 정찬 마련하기

맥주를 곁들이는 음식 행사는 많은 형식을 띠지만, 가장 전형적인 것은 특정 맥주(때로는 두 가지 맥주)를 코스마다 페어링하는 여러 코스의 정찬이다. 대규모 정찬에서는 각 음식 코스의 재료로 맥주를 사용하기도 한다. 이런 행사는 맥주와 요리를 함께 체험하는 좋은 방법이며, 자기가 좋아하는 양조장의 무대 뒤에서 일하는 사람들을 알아가고, 양조장의 같은 팬클럽 사람들을 만날 수 있는 좋은 기회. 대부분의 브루펍과 많은 포장 판매 양조장은 정기적으로 브루마스터 정찬 행사를 실시한다.

자기만의 정찬 파티를 계획할 수 있는데 이때는 각 코스에 어떤 맥주를 낼지 생각해두면 된다. 인터넷을 검색해보면 메뉴가 있고 맥주 전문 요리책도 참고하기 좋은 자료이다. 줄리아 허츠 Julia Herz와 그웬 콘리 Gwen Conley, 가렛 올리버

Garrett Oliver와 루시 선더스 Lucy Saunders가 쓴 책을 찾아볼 것.

벨기에나 독일 같은 나라의 맥주 중심 요리는 그냥 지나칠 수 없지만, 훨씬 이국적으로 맥주와 음식을 조합하여 서빙할 수도 있다. 인디아 페일 에일과 인도 요리, 독일 라거와 태국 음식, 옥토버페스트와 멕시코 요리, 벨기에 에일과 바비큐 등 가능성은 넘쳐난다.

여느 미식 체험과 마찬가지로, 적절한 테이블 세팅과 준비에 따라 평범한 경험을 제공할지 탁월한 행사일지 그 운명이 갈릴 수 있다. 맥주를 곁들인 음식 행사를 계획할 때 고려해야 할 몇 가지 사항을 소개한다.

무엇을 할 것인가?

서버에서 게스트까지 방 안에 있는 모든 사람이 이해할 명확한 계획을 준비하라. 맥주와 짝을 이루는 음식의 목록과 여기에 대한 설명을 인쇄해두면 상당한 도움이 된다. 반드시 메모를 할 공간을 준비할 것. 집중력과 정보 습득이 정말 향상된다.

맥주가 먼저, 음식이 먼저?

여기에 정해진 규칙은 없지만, 만약 자신이 양조장이나 맥주회사를 대표해서 나와 있다면 분명 사람들이 스스로 알아서 맥주를 먼저 시음해보기를 원할 것이다.

강도가 낮은 것에서 높은 것 순으로 시음하라

단 알코올, 홉, 로스팅 풍미, 단맛 이 모두는 입안을 강타할 수 있으므로 가장 강도가 약한 맥주를 초반부에 배치하는 것이 좋다. 그러나 강도를 늘리는 과정 하나하나가 천천히 오래 지속되면 약간 피곤해질 수 있으므로 중간에 휴식시간을 고려해보고 가능한 청량하고 밝은 느낌의 시큼하거나 쌉쌀한 맥주를 입안을 씻어주는 목적으로 마련하라. 이런 맥주를 준비하면 사람들의 미각이 도중에 재설정되어 다시 새롭게 된다.

'웰컴' 맥주를 고려하라

사람들이 항상 정확히 같은 시각에 도착하지는 않으며 보통은 행사장에 들어오자마자 맥주를 마시길 원한다. 이런 딜레마를 해결하기 위해 밝고 상쾌한 느낌의 그리 도수가 높지 않은 맥주를 반 잔 정도 제공하라. 그 사이 다른 사람들이 도착하면서 본 행사가 시작되기 전 준비가 완료될 것이다.

시카고 맥주 협회의 브루펍 대전에서 선보인 페어링

어니언 펍
- 무화과 잼과 쿠스쿠스 couscous를 곁들인 매운 하리사(후추와 오일로 만드는 북아프리카 소스-역자주) 소스 소고기 요리
- 애비 트리펠

  시음 메모: 트리펠이 무화과의 과일 풍미를 살려주면서 리치함을 덜어주며 매콤하게 매운맛을 달래줌.

구스 아일랜드 클라이본 브루펍
- 미니 양배추 김치를 곁들인 오리 고기 파스트라미
- 배럴 숙성 도펠복

  시음 메모: 맥주와 빵의 풍미가 연계되고 소금에 절인 오리 고기의 리치함과 조화를 이루었다. 톡 쏘는 듯한 미니 양배추는 날선 느낌으로 느끼함을 줄여줌.

프레리 락 브루펍
- 매운 아시아풍 소스와 어린 잎을 이용한 태국 치킨 롤리팝
- 더블 IPA

  시음 메모: IPA의 홉의 풍미가 요리의 리치함과 대조를 이루지만 매운맛과 균형을 이룰 맥아 풍미가 충분함.

락 바텀 레스토랑 앤 브루어리
- 물냉이와 아시아고 Asiago 치즈를 넣은 원형 미니 샌드위치와 맥주에 끓인 양지머리 요리
- 드라이 호핑 공법의 미국식 브라운 에일/겨울에는 따뜻하게 서빙

  시음 메모: 리치한 소고기 맛은 구운 풍미의 맥주와 어울릴 때 깊은 울림이 있는데, 이 맥주에 쌉쌀한 청량감이 풍부해서 요리의 상당한 리치함을 덜어줌.

무리하지 말라

너무 많은 맥주를 시음하다 보면 입안에 과부하가 걸린다. 정찬 행사를 계획할 때 맥주가 제공되는 회수는 6~8번으로 제한하라. 즉 한 번 서빙할 때 맥주의 최대량은 약 110ml로 하며 도수가 높은 맥주의 경우 다소 양을 줄인다. 알코올 양을 계산하라. 적당한 알코올 섭취 범위는 abv 5%의 2~3가지 '표준 맥주' 355ml이다. 또 한 가지, 공개 시음행사에 올 때는 항상 대중교통을 이용할 것을 권장하라.

창의적으로 생각하라
로스팅 풍미 또는 홉의 풍미가 진한 맥주가 소고기 요리엔
정석이지만 위의 매운 과일 풍미의 트리펠도 이 요리의
리치함을 마법같이 해소해준다.

맥주로 준비하는 요리

- 사과 및 체리 에일과 함께 하는 돼지등심구이
- 둔켈 라거 또는 슈바르츠비어와 함께 하는 돼지 정강이 요리
- 도펠복을 바른 오리 요리
- 벨기에식 밀맥주 크림 소스를 곁들인 연어구이
- 레드 에일과 그린 알후추에 절인 스테이크 그릴 구이
- 스타우트 또는 포터와 함께 하는 소갈비
- 말린 살구와 바이젠복 소스를 곁들인 닭구이
- 벨기에식 밀맥주에 찐 조가비
- 진저브레드 브라운 에일 케이크
- 검은 맥아 가루를 뿌린 초콜릿 임페리얼 스타우트 트러플
- 발리 와인 호두 아이스크림

맥주는 가장 좋은 환경에서 선보이라

서빙하는 온도, 적당하고 깨끗한 유리잔, 알맞은 조명, 연기나 신경을 쓰이게 하는 다른 냄새가 없는 환경은 모두 맥주와 음식 페어링 행사를 준비할 때 고려해야 할 사항이다.

바꾸고 버리라

참가자들은 저녁 내내 잔 두 개만 있으면 된다. 첫 번째 맥주를 따르고 이 잔을 즐기는 동안 두 번째 맥주를 따른다. 세 번째 맥주 순서가 되면 이 잔을 마시든지 버리든지 해야 한다. 손쉽게 잔 내용물을 버릴 만한 통을 꼭 마련하라.

맥주로 요리하기

맥주는 그 특성 범위가 넓기 때문에 주방에서도 뛰어난 동반자 역할을 한다. 맥주는 다른 요리액처럼 사용해도 되지만, 몇 가지 고려해야 할 사항이 있다. 맥주와 음식을 페어링하듯이 맥주의 강도를 요리와 맞출 것. 맥주의 쓴맛은 사나운 개와 같다. 보통 쓴맛 강도가 낮은 맥주가 요리에 최적이다.

약간 쓴 맥주도 요리에 들어가면 상당히 씁쓸해질 수 있으므로 맥주를 졸이지 않도록 한다. 짠맛, 신맛, 단맛 모두 쓴맛을 가리는 위력이 있다. 한 가지 이상의 이런 맛을 조금 첨가하면 짠맛이나 신맛 또는 단맛이 과하게 느껴지지 않으면서 쓴맛을 감출 수 있다. 요리하면서 맛을 보는 것을 잊지 마라.

반죽을 가볍게 할 때

맥주는 생선이나 애피타이저 같이 완전히 튀기는 음식에 사용되는 반죽을 가볍게 해준다.

추천 맥주 홉의 풍미가 적당한 페일 또는 앰버 라거나 에일

팬을 데글레이즈(deglaze: 바닥에 눌어 붙은 것이 남아 있는 팬에 소량의 육수나 물, 와인 등을 부어 주걱으로 바닥에 붙은 것을 살살 긁어내 풍미와 맛을 더하는 조리방법-역자주) 할 때

튀기거나 굽는 음식을 위한 빠른 간편 소스는 맥주를 사용하여 팬에 눌러 붙은 것을 긁어내어 만들 수 있다. 과하게 쓴맛이 날 수도 있으니 맥주는 졸이지 말 것.

추천 맥주 음식의 성질에 맞게 강도가 약하거나 센 맥주. 단 쓴맛 강도가 낮은 맥주가 선호됨. 시큼한 과일 맥주가 이런 역할에 제격

드레싱과 마리네이드(기름, 식초, 와인 등 요리 전에 고기, 생선 등을 담그는 향신료 즙-역자주)

맥주는 석쇠에 구운 고기나 바비큐에 뿌리는 샐러드 드레싱과 마리네이드에 첨가하면 아주 좋다. 시큼한 맥주는 드레싱에서 식초 대신 뿌려도 된다.

추천 맥주 드레싱에는 색이 옅고 쓴맛 강도가 낮은 맥주, 마리네이드에는 묵직한 앰버 또는 브라운 맥주

찌거나 데칠 때

밀맥주로 찐 홍합이 전형적인 예지만, 다른 훌륭한 조합도 가능하다.

추천 맥주 벨기에식 밀맥주, 바이스비어, 이 외 섬세하고 홉의 풍미가 가벼운 맥주

수프와 소스의 육수를 대체하거나 풍미를 늘릴 때

든든한 수프나 육즙에 리치함을 더해줄 수 있는 맥주가 많다. 맥주 없이 치즈 수프는 만들지 말라!

추천 맥주 달콤한 스타우트, 도펠복, 스카치 에일

디저트를 좀 더 화려하게 꾸밀 때

도수가 높고 리치한 맥주는 케이크와 페스트리를 만들 때 다른 물 종류 대신 사용할 수 있다. 과일 맥주는 과일 콤포트나 소스에 복합성을 더해준다. 아니면 맥주를 스타로 만들어보라. 임페리얼 스타우트 잔 안에 아이스크림을 한 덩이 떨어뜨린 다음, 자, 디저트예요! 하고 내놓아보라.

추천 맥주 달콤한 스타우트, 도펠복, 벨지안 다크 스트롱 에일, 과일 맥주

먹고 마시는 것은 늘상 하는 일이니, 이제부터는 풍미와 질감을 비롯한 다른 감각에 주의를 좀 더 기울여보라. 조금만 노력을 기울여도 큰 보상이 따르고, 곧 페어링 레퍼토리가 만들어져 음식 한 입 한 입을 위한 완벽한 한 모금의 맥주를 준비할 수 있다. 위대한 댄스팀이었던 프레드와 진저처럼, 맥주와 음식은 서로를 위해 만들어진 것 같은 생동감 있고 유연한 파트너이다. 맥주와 음식 커플은 서로 뒷받침해주든, 자기편으로 가져오든, 어루만져주든 또는 더 높이 치켜세워주든 항상 대단한 상호 작용을 한다. 맥주와 음식은 그저 같이 나아가는 존재다.

맥주 스타일 해부

맥주 스타일이라는 개념에 발끈하는 사람들이 있다. 그들은 맥주는 예술인데, 미리 결정된 범주에 가두려고 하면 그 위대함이 반감된다고 주장한다. 스타일은 상상력이 결여된 정신세계가 짚는 목발에 지나지 않는다고 지적하기도 한다. 그러나 스타일은 현실이다. 맥주는 역사 속에, 시장 안에 존재하고 어떤 곳에서는 법의 위력의 영향을 받고 있다. 양조사들은 스타일에 따라 양조하고, 소비자는 스타일에 따라 구매하고, 대회는 스타일에 따라 판정한다. 스타일은 과거를 존중하고, 현재에 질서를 준다. 스타일은 사람들이 세계의 다양한 맥주 앞에 골치 아파할 때 도움이 된다.

나는 모든 경계를 허무는 창의적인 맥주를 좋아한다. 같은 맥락으로 반역할 대상이 없는 반역은 좀 허무하다. 스타일은 바로 이런 반역의 구조를 상당히 풍부하게 제공한다. 스타일의 개념은 맥주의 광활한 세계에 깊이와 관점을 더해준다. 스타일을 공부하게 되면 밸런스, 문화적인 취향, 변해가는 유행, 우리 자신의 생각 등 맥주에 관해 모호하게 여겼던 양상이 뚜렷해진다.

스타일은 어느 면에서 종교와 같다. 믿거나 말거나는 우리가 선택할 일이지만, 지지를 받지 못하는 모든 사고방식조차 용인될 때 이 세계는 더 풍요로워지고 보다 심오해진다. 그래서 나는 이렇게 말하련다. '스타일을 데려오라!'

스타일은 도대체 무엇인가?

스타일은 식별 가능한 하나의 단일체를 형성하기 위해 결합된 특성의 모임이다. 자세히 들여다보면 그 한 가지가 여러 개체의 모임이지만, 이는 문제가 되지 않는다. 스타일은 합의 그 자체다.

스타일에 대한 현대적 개념은 1980년대 전문가 및 홈브루잉대회의 시작과 함께 비로소 형성되었다. 맥주는 스타일에 따라 판정된다고 결정되자 자세한 지침이 개발될 필요가 있었고 이에 따라 당시 스타일에 관해 알려진 사항이 지침으로 굳어졌다. 말하자면 현재의 상업 행태와 역사적인 해석을 섞어놓은 것이었다. 물론 본국에서 이미 사장된 포터 같은 일부 스타일의 경우 추측이 난무했다. 오늘날까지 일부 세부적인 내용은 새로운 내용이 밝혀짐에 따라 계속 수정되고 있다.

그러므로 우리가 스타일의 세계를 훑어볼 때 스타일을 바라보는 관점이 여러가지일 수 있다는 점을 명심해야 한다. 스타일은 유사한 카테고리 사이에 선을 긋기 위해 만들어지거나, 역사에 의해 정해지기도 하고, 맥주를 홍보하기 위해 마케팅 목적으로 만들어지기도 한다.

스타일을 정의하는 성질 중 우선 가장 확실한 것은 객관적으로 측정 가능한 속성, 즉 색상, 비중, 알코올 도수, 쓴맛, 발효도 등이다. 맥주 스타일은 거의 이들 속성만으로 정의될 수 있다. 그중에서도 단연 으뜸 속성은 아로마, 풍미, 질감, 마우스필 등의 주관적인 감각 특성으로, 이들 요소는 잔 속에 들어 있는 맥주의 그림을 완성하며 스타일 범주 안팎에 존재한다.

그러나 이런 정의는 수박 겉핥기에 불과하다. 감각적인 특성은 스타일이 어떻게, 누구를 통해서, 무슨 목적으로 쓰이게 되었는지 본격적인 이야기나 설명은 해주지 못한다. 좀 더 깊게, 정보가 풍부한 곳까지 들어가보면 스타일의 기원을 좀 더 확실하게 알려주는 기술적, 지형학적, 문화적인 토대가 자리한다. 이러한 점을 이해하고 맥주 스타일을 문화적으로 올바른 맥락에서 바라보는 자세는 스타일의 좀 더 큰 주제와 본질을 이해하는 데 필수적이며, 이로써 양조사와 마시는 사람, 양쪽 모두 맥주를 좀 더 수준 높게 찬양할 수 있다.

스타일은 특정 맥주가 어떤 맛이 날 것인지에 관해 양조사와 마시는 사람이 공통의 입지를 공유할 때 없어서는 안 될 요소다. 스타일은 마케팅을 빠르게 할 수 있는 도구이다. '미국식 페일 에일'과 '알코올 도수 5~6.5%, 미국 홉의 송진과 시트러스 느낌의 청량한 쌉쌀함을 가진 호박색 상면발효 에일' 중 어느 쪽이 더 이해하기 쉬운가? 물론, 이런 문구는 레이블 뒤에 작은 글자로 적어놓을 수도 있다. 하지만 레이블을 진짜로 읽는 사람이 있는가? 여러 연구에 따르면 쇼핑하는 사람들은 진열대 위에 놓인 상품을 처음 훑어보는데 겨우 2초를 소비한다고 한다. 따라서 소비자와의 소통은 거의 순식간에 이루어져야 한다. 스타일은 이런 소통에 정말로 도움이 된다.

역사적으로 많은 스타일은 자발적으로 생겨났으며 나중에 가서야 현재 우리에게 알려진 이름을 얻었다. 다크 브라운 에일은 한 세대, 즉 약 30년간 런던에서 양조되다가 1725년 경에 가서야 '포터'라는 이름이 붙었다. '스타우트'는 17세기 후반 영국에서 도수가 센 스트롱 맥주를 총칭하는 말이었지만, 30년 후에야 흔하게 사용되어 스트롱 포터만을 의미하게 되었다. 뮌헨 맥주는 단순히 지역 맥주였지만, 다른 곳에서 유명해진 후, 이 도시의 이름을 따 불리게 되었다.

이외 다른 맥주들은 진화가 아닌 발명의 산물이다. 필스너의 역사는 정확히 1842년으로 거슬러 올라가는데, 이때 도시의 원로들은 양조장을 지어서 당시 라거 세계의 새로운 개념이었던 페일 맥주를 양조하기로 결정을 내렸다. 최초의 근대 미국 브루펍을 만든 창의력의 주역인 빌 오웬스는 '앰버'라는 스타일명을 이렇게 처음 만들어냈다. "다크하고 라이트한 맥주를 마셨는데, 이런 중간 색조를 뭐라고 부르지? 앰버라고 하자."

스타일은 세대를 거듭하면서 변화한다. 변치 않는 사실은 아무도 자기들 아버지 세대의 맥주는 마시고 싶어하지 않는다는 것이다. 결국 힘겨운 산고를 치르더라도 각 세대는 그 자체의 방식을 찾아야 하는 것 같다. 새로움이란 그 나름의 매력이 있고, 전통은 때때로 좋기도 하지만, 항상 주류가 되지는 못한다. 이 책의 초판이 나온 이후 앰버와 레드 에일은 점점 홉의 풍미가 강해졌고 황갈색, 신성한 빛깔의 옥토버페스트는 거의 전적으로 옅은 색의 맥주로 바뀌었으며, IPA는 색은 점점 옅어지고 아로마는 더 강해졌으며 이와 동시에 단 6년이라는 짧은 기간 동안 화이트, 블랙, 레드 라거와 세션

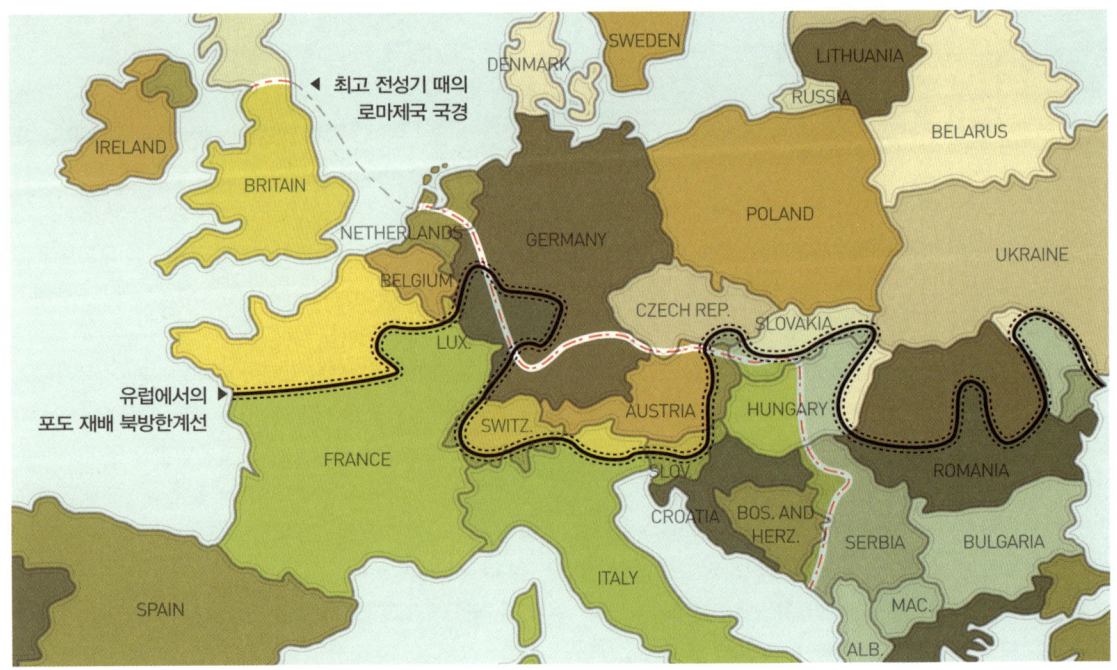

포도 재배 한계선
이 선은 유럽의 포도 재배의 북쪽 한계선인데, (영국을 제외한) 구 로마제국의 국경선과 대략 일치한다. 이 선 위쪽에 사는 사람들은 분명 맥주를 마셨을 것이다.

버전이 많이 쏟아져 나왔다.

스타일 형성에 영향을 미치는 다른 요소가 많기는 하지만, 그게 무엇이든 반드시 감각을 만족시켜야 한다. 모든 부분 요소가 한데 모여 훌륭한 외양과 맛과 냄새와 느낌을 내는 맥주로 완성된다. 현재 양조 가능한 모든 맥주에서 이런 요소가 다 작용하는 것은 아니다. 맛은 시간과 장소에 따라 달라지지만 역사 속으로 사라진 꽤 많은 수의 맥주를 양조해보고 이들이 상당히 맛있다는 것을 깨달은 후, 나는 사람마다 차이는 있어도 모두가 좋다고 느끼는 공통의 요소가 맥주에 많다고 생각한다.

모든 문화를 살펴볼 때 특정한 요구, 즉 특별 행사는 물론 수분 보충, 영양 보충, 정찬의 동반자, 일상 음주 등의 필요에 부응하는 맥주가 따로 있다. 고대 수메르에도 도수가 약한 맥주, 강한 맥주, 특별한 품질의 맥주, 심지어는 다이어트 맥주까지 모두 함께 존재했다. 맥주는 문화의 일부이고 수행할 목적에 맞게 많은 일을 감당한다.

시대와 장소에 따른 맥주

맥주 스타일을 완벽하게 이해하려면 가능한 넓은 맥락에서 인간의 활동을 바라봐야 한다. 지구상에는 보리가 잘 자라는 곳이 있고, 다른 곡물에 더 적합한 곳이 있으며, 물론 양조 곡물 농사가 전혀 되지 않는 곳도 있다. 이런 조건은 누가 맥주를 만들고, 무엇으로 양조할지에 영향을 끼친다. 포도 재배선을 나타내는, 유럽을 관통하는 선이 하나 있는데, 이 선 북쪽에서는 와인 포도가 자라지 않으며, 이 선은 대략 구 로마제국의 북방 국경선과 일치한다. 문화적 유산과 농경상의 이유로 이 선 남쪽 땅에서는 항상 곡물보다는 포도가 선호되었다. 그리스인들과 이들의 뒤를 이은 로마인들은 와인을 문명의 산물로 보았고, 맥주는 야만인들의 음료로 간주했는데, 이런 태도가 이 시대 이후 서구의 사상에 영향을 끼쳤다. 기쁘게도 이런 경향은 변해가고 있다. 이탈리아 같이 예전의 맥주 불모지에서는 최근 상당히 흥미로운 장인 맥주가 꽃을 피웠다.

기후와 원료

보리와, 그보다는 덜 쓰이지만, 밀 역시 항상 맥주 양조에서 선호되는 곡물이었지만, 가혹한 기후와 토양 조건을 견뎌

영국의 버튼온트렌트
1800년 운하 개선으로 이곳은 영국 북부 양조의 최강 중심지가 되었다.

내는 호밀과 귀리 같이 좀 더 단단한 곡물로도 그런대로 기준에 달하는 맥주를 만들어낼 수 있었다. 그래서 영국과 저지대 국가(유럽 북해 연안의 벨기에, 네덜란드, 룩셈부르크로 구성된 지역–역자주), 스칸디나비아, 심지어 그 위 발트해까지 귀리 맥주와 때때로 호밀 맥주는 흔했다. 밀을 경작하려면 특정 기후와 상당히 좋은 토양이 있어야 하는데, 원료를 놓고 제빵업자와 항상 경쟁을 벌여야 한다. 따라서 다양한 시대와 장소에서 밀 맥주는 보리 맥주보다 더 심한 규제를 받았고, 때때로 먹고 살기 힘든 해에는 금지되거나 18세기 바바리아에서처럼 왕실 독점으로 지정되었다.

홉은 재배되는 위도 범위가 좁아, 해당 조건하에서만 원뿔형 열매가 생산된다. 예를 들어 영국의 경우, 홉은 남부지방에서 경작이 상당히 잘 되지만 북쪽으로 갈수록 덜 된다. 영국 맥주에서 홉을 넣는 비율은 이러한 지역간 경작 조건에 따라 달라지는 경향이 있다. 홉은 크기가 작고 가치가 높은 작물로, 수세기 동안 상당히 먼 거리까지 운반되었다. 홉의 흔적을 쫓아가는 일은 맥주 스타일을 이해하는 또 한 가지 방편이 된다.

농사를 짓는 사람이라면 다 이렇게 얘기하겠지만, 날씨는 예측 불가하다. 맥주의 원료는 이런 불확실성의 영향을 받으며 그 결과 원료 부족과 높은 가격이 동반된다. 작황이 안 좋은 해의 순기능이 있다면 양조사들이 원료를 아끼거나 대체 작물을 찾는다는 점일 것이다. 영국에서 설탕은 양조에 금지되다 1825년 경 허용되었는데, 이 시기 두 차례에 걸쳐 보리 작황이 충분치 않자 처음에는 단기적으로, 이후 영구적으로 (1847년) 설탕과 다른 보조 곡물이 양조에 허용되었다.

지질학과 물

맥주에서는 기후 외에도 지질학을 반드시 고려해야 한다. 어떤 지역을 떠받치는 기반암은 지역 물의 화학적 성질에 큰 영향을 미친다. 물은 강, 호수, 대수층을 흘러가면서 미네랄을 분해한다. 이는 물의 경도와 산–알칼리 밸런스에 영향을 주며, 이 두 가지 요소는 양조 공정에 강력한 영향을 끼친다. 19세기 후반 이전에는 물의 화학 성질에 대한 이해가 충분치 않아 이를 조작할 수 없었고, 이에 양조사들은 해당 지역의 물과 잘 맞는 맥주를 양조해야 했다.

비록 복잡한 주제지만 이해하기 수월하게 방향을 잡아보자면, 경수의 알칼리 물은 다크하고 맥아 풍미가 진한 맥주에 가장 적합하다. 홉의 풍미가 강한 맥주에는 경수의 산성(석고/황산염)수 또는 연수가 필수적이다. 런던, 더블린, 뮌헨의 브라운 맥주는 백악질의 경수가 있는 도시에서 만들어졌다. 19세기 중반 이후 살을 에듯이 쓴 페일 에일로 오랫동안 유명세를 떨친 플젠과 버튼온트렌트의 청량하면서 홉의 풍미가 강한 맥주는 이 지역의 물을 충분히 이용한 사례다.

파울라너 살바토르
처음 수도승에 의해 만들어진 '살바토르'라는 이름은 세속화된 양조장이 그 상표 방어에 돌입할 때까지 한때 도펠복 스타일을 총칭하는 이름이었다.

계절적인 주기

냉장시설 덕분에 양조가 연중 사업이 되기 이전, 기후는 양조의 계절적인 생산주기에 영향을 미쳤다. 여름에는 농사 인력에 대한 수요 때문에 양조 인력을 구할 수 없는 경우가 많았다. 더위도 문제였다. 발효 온도와 공중에 떠다니는 상당히 많은 수의 박테리아, 야생 효모를 제한할 수단이 전혀 없었기 때문에 더운 여름철에 생산되는 맥주는 상당히 빨리 시큼해졌다. 그래서 필수적으로 목만 축여주는 저도수의 스몰 비어가 양조되었다. 겨울이 양조하기에 적합한 계절이었다.

저장 조건도 그다지 좋지 않아 여름이 되면 지난 가을의 맥아와, 특히 홉은 거의 쓸 수 없었다.

보통은 3월 또는 4월, 양조 시즌 말에, 여름 내내 상하지 않는 적당히 도수가 좀 센 맥주를 양조해서 여름 내내 숙성시켰다. 가을에 추수 기념으로 소비하는 행태가 일반적이었다. 이런 양조주기는 유럽 전역에서 비슷했다. 옛날, 영국에서는 가장 몸값이 높았던 맥주가 도수 높은 '옥토버 October' 맥주였고, 이와 비슷하지만 약간 품질이 떨어지는 '마치 March' 맥주도 만들어졌다. 적어도 200년 동안, 프랑스 사람들은 비에르 드 마스 biere de mars를 양조해서 즐겼다. 물론 사라져가고는 있지만 지금도 뮌헨에 존재하는 메르첸 Märzen 라거는 옥

토버페스트 맥주의 원조다. 색소니 지방의 독일인들은 에른테비에르 erntebier(추수 맥주)를 마셨는데, 현대의 알트비어와 여러 면에서 비슷하다.

복 맥주는 매혹적으로 계절과 연관되어 있는 또 하나의 맥주다. 아인베크에서 탄생한 이 고도수 맥주는 바바리아으로 내려와 아인베키셰스 einbeckisches에서 아인포키셰스 einpockisches 비에르로 이름이 바뀌었고 결국에는 짧게 복비에르 bockbier로 불렸다.

복이라는 단어는 숫염소에 해당하는 독일어로 봄이 되면 자연적으로 생겨나는 활기찬 수컷의 번식력을 상징한다. 수도승 같이 종교를 엄수하는 사람들은 사순절 금식 거부에 대한 허점을 찾으며 그 규칙을 공부한 후, 신이 어쨌든 고기와 함께 맥주를 금지해야 하는데 이를 간과했고 그래서 충분한 혜택을 받았다는 결론을 내렸다. 그 감사함을 표현하기 위해 상업적인 양조장은 아니었지만 당시 수도원이었던 파울라너 Paulaner의 수도승들은 1773년 초고도수의 복 버전을 만들어 살바토르 Salvator라 이름지었다. 이 이름은 200년 동안 이 스타일을 총칭하는 이름으로 쓰이다가 이후 이 이름을 상표로 보호해야겠다는 조치가 내려졌다. 이런 혼란스러운 신화

를 보면 맥주 스타일 연구자들에게 당면한 일이 어마어마함을 알 수 있다.

우리는 지금도 마시는 맥주로 계절의 흐름을 따라갈 수 있다. 한여름 열기에 목을 축이기 위해 제공되는 맥주는 2월의 지루한 우울함 속에서는 만족할 수 없다. 봄의 약속은 바람부는 가을의 건조함과는 다른 분위기를 자아내며 다른 종류의 맥주를 달라고 한다.

맥아 로스팅기, 1850년
1817년 대니얼 휠러가 특허를 딴 혁명적인 장치를 본떠 만든
이런 로스팅 기계를 통해 블랙 맥주를 만들 수 있었고
그 결과 매우 다크한 새로운 맥주 시대가 열렸다.

훈제 맥주
우리는 요즘 훈제 맥주의 투박한 매력을 좋아하지만,
양조업자들은 훈제향이 배는 건조 공법에서
탈피할 수 있게 되자 바로 이 공법을 중단했다.

기술과 맥주 스타일

기술은 맥주에 지대한 영향을 끼친다. 가령 항공 운송 기술 발전으로 기술 수준이 제품의 품질과 분명 나란히 가고 있지만, 맥주에 미치는 기술의 영향은 좀 더 복잡하며, 기술이 좋다고 항상 더 맛있는 맥주가 나오지는 않는다. 양조를 알고 있는 사람이라면 곡물 한 양동이 조금 넘게, 그리고 효모 한 자밤 정도로 우리가 울고 갈 만한 맥주를 만들 수 있지만, 이런 맥주를 일관성 있게, 또 특히 경제적으로 생산할 수 있으려면 기술이 필요하다. 모든 신기술에는 원래 발명자의 마음에는 애시당초 없을 수도 있는 변화가 동반되며, 따라서 이런 기술이 사용된 스타일에도 영향을 미친다.

열 가마의 진화

산업시대 이전, 맥아는 그저 다락방 바닥에 펼쳐 놓고 말리기도 했지만, 열 가마가 좀 더 보편적으로 사용되었다. 초기의 맥아 가마는 직화 방식이어서 뜨거운 연소 가스가 맥아를 지나가면서 훈제 아로마가 입혀졌다. 1700년 경, 가마 기술이 향상되면서 대부분의 유럽 맥주에서는 더 이상 훈제향이

맥주의 1년

새해
해가 바뀔 때 매번 마시는 지루한 구식 샴페인 대신 벨기에 스타일의 트리펠을 따보라. 다음날에는 기분좋은 효모 풍미의 바이젠복으로 마음과 머리에 영양을 주라.

1월에서 마지막 연속 12일
가장 좋아하는 발리 와인이나 임페리얼 스타우트를 버티컬 테이스팅하면 정말 시간이 순식간에 지나가는 것 같다. 자칫 수평 시음이 되지 않도록 주의를 기울일 것.

발렌타인데이
선택이 넘쳐나는 때! 밀크 초콜릿을 곁들여 벨지안 다크 스트롱 에일을 마셔보거나, 안에 매운 앤초 칠리가 들어 있는, 라바 덩어리처럼 정말 뜨겁고 타락해 보이는 임페리얼 스타우트를 마셔보라. 애인이 페일 맥주를 원하면 블랙 포레스트 케이크의 화이트 초콜릿 버전에 벨지안 골든 스트롱 에일을 곁들이면 어떨까? 누가 그랬던가? 맥주를 즐기는 연인은 중요한 순간에 로맨틱할 수 없다고.

사순절
개인적으로 나는 자제를 해본 경험이 많지 않다. 나라면 고행의 치유제로 입증된 복이나 도펠복과 함께 가겠다. 이들 맥주는 해마다 이맘때 훌륭한 맛이 난다.

부활절과 춘분의 날 같은 좀 더 토속 신앙적인 절기
부활절 맥주는 스칸디나비아 지방과 그 외 북유럽 지역에서 큰 사업 품목이었다. 마이복 병을 좀 일찍 딸 수 있다면, 색이 연하고 도수가 약간 센 상태에 만족해야 할 거다. 고모님이 브런치 드시러 오실 때 라즈베리 람빅 병을 열어라.

날씨가 정말 좋은 첫 봄날
때로로 나도 그렇게 하기는 하지만, 바이스비어를 집안에서 마시는 건 뭔가 문제가 있다고 생각한다. 그래서 날이 좋은 날 밖에 나가 가변형 맥주 정원에 앉아 쌀쌀한 햇살을 받으며 둔켈 바이젠을 즐길 때 죄책감을 씻었다는 생각에 상당히 안도감이 든다.

5월
부활절에 마이복을 마시고 남은 게 있다면 마시라.

6월
6월은 그냥 IPA의 달이라고 부르자. 7월 4일. 무르익는 국민 열기를 즐기고, 진정으로 미국과, 잔디 깎으며 마시는 위대한 스몰 비어를 찬양하라. 금주령 이전 필스너, 퀼시, 스팀 맥주, 크림 에일, 미국 밀 에일, 크래프트 양조 방식의 맥아주 등 선택할 것은 많다.

7월 15일

성 스위딘 축일. 그렇다, 이날이 실제로 있으며, 역사적으로 억수로 내리는 비와 관련된 재미있는 이야기가 전해내려온다. 라이트한 맥주를 추천한다.

복날

참 덥다. 벨기에식 밀맥주, 영국 서머 에일, 고전적인 독일 필스너, 헤페바이젠처럼 갈증을 해소해주는 대형 무기를 발사할 때다. 제발 큰 잔으로.

신학기 기간 또는 그 외

아직 좀 덥고 햇빛이 강하지만 공기에서 변화가 느껴진다. 기분좋은 세종을 마시기 가장 좋은 적기이지만, 이외 영국 비터, 아이리시 스타우트, 슈바르츠비어, 괴즈 등 많은 맥주가 이 계절에 적합하다. 9월 말까지 기다리면 덴버에서 열리는 미국 맥주 대축제에서 훨씬 많은 맥주를 맛볼 수 있다.

옥토버페스트

설마 여기서 추천을 받겠다고?

핼로윈

이때는 호박 맥주가 적격이지만, 호박 발리 와인, 호박 바이젠복, 호박 임페리얼 포터 같이 무시무시한 변형판을 구할 수 있는지 알아보도록. 파이보다 낫다!

칠면조 절기

완벽하게 구워진(굽기 시작할 때 팬 바닥에 스카치 에일을 한 파인트 붓도록) 육즙 많은 칠면조 고기에 트리펠을 마셔보라. 트리펠은 피칸 파이에 잘 어울리지만, 호박 파이에는 도수 높은 스트롱 브라운 에일이 더 좋다.

크리스마스 이브

나이든 사람들은 초콜릿 칩 쿠키에 임페리얼 페일 에일을 즐겨 마신다고 한다.

연휴

영국 사람들은 집을 홀딱 태워버리지만 않는다면 파티의 재담꾼으로 만들어줄 와셀주 wassail(크리스마스 이브 등에 마시는 포도주 또는 맥주)와 여러 가지가 합성된 뜨거운 음료를 마셨다. 아주 오래된, 영국의 리치하고 스파이시한 풍미에 영감을 받은 축제 맥주는 많이 있다. 솔직히 말하면 해마다 이맘때 구할 수 있는 묵직한 축하용 맥주는 다 한 번 즐겨보면서, 새해 진지한 목표를 실천할 수 있는 동기를 부여해보라.

나지 않았다. 그러나 밤베르크와 바바리아 북부, 또한 스웨덴 고틀란드 지역의 전통 홈브루잉 맥주도 여전히 만들어지고 있다. 100년 전에는 훈제향의 맥주가 지금보다 유행해서 그라드지스케(그래처 gratzer)와 리히텐하이너 lichtenhainer 같은 맥주는 독일 북부와 폴란드에서 인기를 누렸는데 현재 다시 살아날 조짐이 보이기 시작한다. 프랑스의 스트라스부르그에서도 훈제 맥주는 라거 이전에 큰 인기를 누렸다.

맥아를 말리는 초기 공정에서 연기만이 유일한 문제는 아니었다. 간단한 장비가 있으면 호박색에서 브라운색의 맥아를 만드는 일은 꽤 쉽다. 하지만 정말 연하거나 어두운 색을 내는 일은 다소 힘들다. 1817년, 대니얼 휠러는 철제 실린더가 있는 드럼통 로스팅기를 만들어 특허를 냈는데, 철제 실린더 안에 맥아를 넣어 불이 직접 닿지 않게 분리하는 장치였다. 오늘날에 이 맥아는 블랙 특허 맥아라고 불린다. 블랙 맥아는 포터를 완전히 바꿔놓았다.

불과 30년 전 리처드슨이라는 양조사는 액체 비중계의 도움으로 양조를 하는 과정을 자세히 담아 책을 써냈으니 이 장치는 놀라운 발명이었다! 모든 브라운 맥아는 맥주 외관을 좋게 그리고 다크하게 만들지만 페일 맥아보다 쿼터(부피척도)당 발효 가능한 추출물이 훨씬 적다. 그래서 양조장 회계 담당자들은 비용을 줄이기 위해 브루마스터가 브라운 맥아보다는 페일 맥아를 더 쓰도록 수단과 방법을 가리지 않았다. 엄밀히 말해 합법적인 공정은 아니었지만 정부는 포터와 스타우트의 색을 캐러멜화된 설탕으로 내는 것을, 적어도 휠러가 특허를 들고 나올 때까지는 못 본 척했다. 이런 유명한

구리솥
구리는 전통적으로 사용되었기 때문에 양조솥 자체를
단순히 '구리'라고 부르는 경우도 많다.

맥주의 격동기를 다룬 책들은 종종 '진짜' 포터를 더 이상 구할 수 없다는 사실을 두고 개탄했다.

이와 비슷하게 진정 페일 맥주라고 불리는 맥주를 양조할 정도의 옅은 색 맥아를 생산하는 데는 양질의 온도조절장치가 부착된 간접열 방식의 첨단 가마가 필요했다. 공기로 말린 '화이트' 맥아가 오랫동안 영국과 유럽 대륙에서 사용되었는데, 19세기 중반에 가서야 아주 옅은 색의 맥아, 즉 필스너 맥아가 대량 생산되었다.

캐러멜 또는 크리스털 맥아가 언제 또는 어디서 발명되었는지는 미스터리다. 많은 현대 맥주에서 사용되는 상당히 리치한 이 맥아는 1870년쯤 가서야 옛 서적에 등장하기 때문에 대부분의 고전적인 유럽 맥주 스타일을 형성하는 데는 별다른 역할을 하지 못했다. 캐러멜 또는 크리스털 맥아는 개발된 초기에는 저비중의 영국 비터를 만드는 데 쓰였다. 크리스털 맥아의 쫀득쫀득한 캐러멜 성질이 상당히 낮은 비중의 이 비터 맥주에 상당량 옮겨졌다. 크리스털 맥아는 결국 많은 정통 스타일에서 살길을 찾았지만, 대부분 스타일의 초기에는 거의 사용되지 않았다.

용기와 기기

초기 양조장에서 아주 까다로운 작업은 물과 매쉬, 맥즙을 데우는 일이었다. 금속 용기는 지금도 브루하우스에서 가장 비싼 집기에 속하는데, 다른 것이 전혀 제 구실을 하지 못할 때 유일하게 사용되었다. 나무는 물을 담기는 딱 좋지만 불 위에 올려놓을 수는 없다. 아주 옛날에는 가열한 돌을 매쉬 안으로 떨어뜨려 끓여서 온도를 올렸다. 이후 작은 솥을 구비한 양조사는 매쉬를 일부 담아 끓인 다음, 원래 매쉬와 다시 섞어 온도를 올렸다. '디콕션'이라고 알려진 이 공정은 전통적인 독일 및 체코 스타일 라거에서 상당히 중요한데, 특유의 맛있는 캐러멜 풍미를 더해준다.

액체 비중계 외에 다른 기구도 양조 발전에 영향을 주었다. 양조사들은 끓는 물을 찬물과 조심스럽게 섞어 계절에 따른 온도 변화를 감안하거나 물이 데워지면서 나타나는 모양을 관찰하면서 오랫동안 당화 온도를 직감으로 조절해왔다. 물이 끓는 과정에서 일정 시점이 되면 연무층이 걷히는데, 표면층이 열기로 소용돌이 치기 시작하기 전 고요한 유리 같은 표면에 양조사의 모습이 비춰지는 짧은 순간이 온다. 이 시점이 섭씨 약 77도이며, 매쉬를 만드는 적당한 시점이다. 이

런 기술은 평생을 해도 눈대중으로 어림잡는 방법에 지나지 않았기 때문에 매쉬의 온도를 얼마나 미세하게 조절해야 하는지 또 결과적으로 맥즙의 발효도에 얼마나 많은 미세 공정을 더해야 하는지 알기는 힘들었다. 맥주를 일관적이고 효율적으로 양조하고자 한다면 단계마다 온도를 세밀하게 조절하는 일이 결정적으로 중요하다. 온도 측정치를 사용하게 되면서 양조사들은 공통의 언어를 사용하여 양조 공정의 가장 중요한 부분을 논의할 수 있었다.

양조사들은 온도가 양조 공정에 어떠한 영향을 미치는지 이해하면서 곧바로 온도를 조절하는 데 특히 관심을 가졌다. 발효조의 온도 조절이 가능해진 것도 이 덕분인데, 보통 탱크에 매달린 파이프를 통해 찬물을 내보내면서 이루어졌다. 냉각 기술은 1870년대 마침내 양조에 사용할 수 있을 정도로 발전했다. 이 시점에 와서 1년 중 가장 시원한 6개월 동안이 아닌, 연중 내내 맥주를 양조하는 일이 가능해졌다. 그리고 결국 얼음처럼 차게 마시는 맥주가 등장했다. 이 청량한 옅은 색의, 고탄산 맥주 중에는 미국 보조 곡물 필스너와 스파클링 및 크림 에일이 있었다.

살균

루이 파스퇴르 역시 영향을 미쳤다. 효모의 성질은 다른 사람에 의해 발견되었지만, 파스퇴르는 1871년 《맥주 연구》에서 무엇이 맥주의 '변질'을 일으키는지 알아내 이런 현상을 피하는 실용적인 방식을 연구했다. 그는 또한 맥주를 비롯한 기타 다른 제품을 지정된 시간과 온도 지침에 따라 열을 가하거나 살균 처리하여 미생물의 공격을 받지 않도록 하는 방법을 알아냈다. 살균 덕분에 병맥주의 유통기한이 상당히 늘어났고, 냉각 기술과 연계하여 광범위한 유통망이 가능해져 그때까지 맥주가 귀하고 공급이 안정적이지 않던 미국 남부 같은 지역에 맥주를 공급하게 되었다.

병의 역할

생맥주에는 항상 탄산이 많이 들어가지 못했다. 나무 케그가 한정된 압력만 견딜 수 있었기 때문이다. 유리나 점토로 만든 수제 병이 있었지만, 무겁고 믿을 게 못되었다. 19세기가 2/3 가량 지나고 나서야 상당한 압력을 견딜 수 있는 기계로 제작된 병이 시장에 출시되었다. 이로써 탄산이 많이 함유된 새로운 맥주가 등장하게 되었다. 람빅을 블렌딩하여 병

맥주 패키징
예전 사람들은 때때로 소량의 맥주를 병에 담았지만
1800년대 후반까지는 그 양이 눈에 보이게 늘어나지 않았다.

으로 포장한 형태인 괴즈 Gueuze가 얼마 안 있어 시장에 나왔다. 베를리너 바이스는 19세기 상당히 무거운 도기 병에 담겨 엄청난 인기를 누렸다. 스코틀랜드와 호주, 미국에서 스파클링 에일 병제품은 선풍적인 인기를 끌었다. 그리고 현대의 산업 생산 라거도 잊지 말자.

아마도 이 모든 기술이 가져온 가장 큰 변화는 맥주가 더 이상 원산지의 재료와 조건에 밀접한 영향을 받지 않았다는 것이다. 특정 맥주 스타일이 특정 지역에만 머물러 있는 데는 수많은 문화적인 이유가 존재했지만, 1900년 경에 가서는 기술적인 요인은 거의 작용하지 않았다. 특정 스타일의 경우, 예를 들어 필스너는 전 세계적으로 양조되어 서서히 완전히 다른 제품으로 변형되고 있는 상황에서, 한 스타일의 순수하고 확실한 표현은 원 양조사의 완고한 고집에 의존하는 일이 많았다. 나는 창의성이라면 목숨을 거는 스타일이지만, 전통을 보존하는 일은 창의력으로 될 일이 아니다. 장소에 상관 없이 무엇이든 만드는 힘은 전통의 등식을 극적으로 변화시킨다. 오늘날 마케팅 부문의 천재들에 의해 옥토버페스트와 보헤미안 필스너 같은 고전 제품이 어설프게 만들어지고 있지만, 스타일을 가장 그 스타일답게 보존하는 일은 열정적이고 역사적 지식이 있는 전세계 양조사의 몫으로 남

겨졌다. 동물원의 동물처럼 스타일도 결국 야생의 서식지로 다시 풀려날 수도 있지만, 지금 당장은 단순히 종을 보존하는 일이 당면 과제다.

법, 세금, 맥주 스타일

정부는 맥주가 만들어진 아주 초창기부터 맥주에 대한 단속의 손을 포기하지 않았고, 맥주에 대한 욕망이 너무 강한 사람들은 어떻게든 법망을 피해다녔다. 기원전 2225년 세계 최초의 성문법인 함무라비 법전이 새겨진 유명한 석비에는 선술집 주인이 맥주값을 어떻게 받아야 하는지에 관한 규정이 들어 있다. 중세 유럽, 벨기에 브뤼헤 같은 곳에서 맥주세는 도시 세입의 절반을 차지했다. 홉을 넣은 맥주가 출현하기 전, 세금은 그루트 권리 Gruitrecht 형태로 부과되었다. 이는 지역 양조사에게 상당히 비싸게 매겨진 향신료 혼합물을 판매할 수 있는 권리였고, 이들 양조사들은 이 그루트를 어쩔 수 없이 써야 했다. 나중에 홉을 넣은 맥주가 나오자 세금은 맥아와 홉에 부과되었다. 그 의기양양한 바바리아 맥주 '순수' 법인 '라인하이츠게보트 Reinheitsgebot(순수령)'은 주로 세금 집행 목적으로 만들어진 법으로 이에 따라 양조사들은 과세된 원료를 사용해야 했다.

양조사들이 맥아에 세금을 내던 당시, 특정 가격에 판매되는 맥주에 대해 얼마나 많은 맥아를 넣어야 음주자들이 값을 치른 만큼의 맥주 도수가 나오는지 규정하는 추가 법규도 종종 눈에 띄었다. 이런 규정은 수백 년 동안 북유럽에서 흔했다. 홉 세금이 높을 때 양조사들은 홉 사용에 신중을 기했다. 그러다 영국에서 1862년 홉세가 폐지되자 이와 동시에 홉을 많이 넣은 페일 에일의 인기가 높아졌다.

오늘날 영국 양조사들은 맥주의 알코올 함량에 따라 세금을 내는데, 이는 곧 맥주를 가능한 한 약한 도수로 양조해야 하는 압력을 끊임없이 받고 있다는 뜻으로, 당연히 브리티시 스타일의 세션 음료가 출시되는 것도 이 규제 때문이다.

19세기 중반, 벨기에의 경우는 매쉬툰 부피에 따라 세금을 매기는 독특한 시스템이 있었다. 세금은 통 안에 담긴 맥아의 양에는 상관 없이 용기 크기에 따라 결정되었기 때문에, 양조사들은 매쉬툰을 위 테두리까지 넘치게 채웠고, 이런 관행이 맥주에 영향을 미쳤다. 정부는 비발아 곡물의 경우 보

조 용기 사용을 허용했다. 완전한 용량을 못 채우고 세금을 냈던 양조사들은 용량을 가득 채우기를 바라는 마음으로 밀 맥주와 람빅 두 종류의 고전적인 레시피를 만들었다. 이들 맥주는 비발아 밀을 독특하게 당화에 사용한다.

알코올에 대한 세금 부과의 기원은 19세기 말로 곧장 거슬러 올라간다. 스칸디나비아 일부에서 사용되는 1등급, 2등급, 3등급 시스템처럼 전형적으로 알코올 함량에 기초하여 점진적으로 높은 세율을 매기는 단계가 있기 마련이다. 이런 방식이 시행되는 곳은 어디에서든, 양조사들은 맥주의 알코올 함량을 낮추어 고객들이 용인해줄 거라고 생각하는 가장 하한선까지 끌어내리면서 맥주계를 재편한다. 식탁 도수였던(ABV 4~5%) 독일의 많은 맥주는 센크비에르, 즉 스몰 비어의 알코올 함량으로 떨어졌는데, 1890년 경 만들어진 이 범주의 알코올 함량은 2~3% 범위로 낮았다.

맥주 스타일에 궁극적으로 영향을 주는 맥주와 증류주 사이의 전쟁은 종종 벌어지는 현상이다. 대부분의 시대와 장소에서 정부는 증류주 음주를 억제하기 위해 맥주에 더 낮은 세율을 매긴다. 벨기에 정부가 1919년 진의 영업장 판매를 금지했을 때, 본의 아니게 시장에서의 빈 자리를 메꿔줄 도수 높은 맥주 시장이 형성되었다.

전쟁은 맥주에 깊은 상처를 준다. 전쟁으로 인해 원료와 장비 부족이 야기될 수 있고, 그 결과 생산되는 맥주는 그다지 품질이 좋지 않다. 사람들이 이런 품질에 길들여지지만 않는다면 그다지 문제는 되지 않는다. 전쟁으로 피해를 입은 맥주는 사태가 끝난 후에도 제자리를 찾지 못하는 것 같다. 군인에게 전쟁은 인생을 바꿔놓는 하나의 사건과도 같았고 전우와 함께 한 맥주는 인생의 일부가 되었다. 캔맥주는 제2차 세계대전 중 이러한 전우애의 수혜를 톡톡히 입었다.

원산지 통제 명칭 작업에 있어서는 양조업자와 정부가 때때로 손을 잡는다. 원산지 통제 명칭은 제품이 보호받는 범주로, 특정 스타일로 레이블화되는 맥주의 양조방식과 양조자를 제한한다. 예를 들어 트라피스트 에일은 스타일은 전혀 아니지만, 진정한 수도원 양조장과 아닌 곳, 결국은 누가 트라피스트 로고를 사용할 수 있는지 판정하는 규정을 엄격히 따른다(12장 참조). 람빅은 자체적인 규정이 있다. 독일의 경우, 맥즙 비중의 상한선과 하한선이 정해져 있는 스타

일이 많고, 옥토버페스트 맥주의 양조업체는 반드시 뮌헨시 안에 위치해야 한다. 미국은 이런 종류의 규정이 대체로 없는 편이다.

맥주산업의 압력

비용 조정과 시장 경쟁력 확보라는 과제는 브루하우스에서 발생하는 많은 작업에 영향을 미친다. 미국 양조업체는 처음에 맥주의 바디를 묽게 하고, 포장된 맥주에서 감당할 수 있는 수준으로 단백질을 희석하기 위해 보조 곡물을 사용하기 시작했지만, 결국 옥수수와 쌀 같은 보조 곡물이 보리 맥아보다 더 저렴하다는 사실을 간파했다. 제2차 세계대전 이후 미국 양조업체는 저가 맥주 부문이 폭발적으로 성장하면서 제품 저가화에 미친 듯이 달려들었다. 오늘날 초저가 맥주에는 보조 곡물이 전체 곡물의 최대 절반까지 들어 있으며, 이는 법이 허용하는 최대 수준이다.

우리의 문화적인 태도는 먹고 마시는 것에 영향을 미치며, 이런 태도는 긴 궤적을 그린다. 문화의 추는 좀 더 특별한, 정통의 기풍을 담은 음식과 음료를 즐기는 쪽으로 가 있고, 우리는 현재 이런 문화의 해택을 누리고 있다. 어디로 튈 줄 모르는 이민자의 집단인 미국인들은 사람들을 하나로 뭉치게 하는 방법을 모색해왔다. 대량판매 시장의 '현대적' 제품에서 캠벨 수프 Campbell's Soup, 원더 브레드 Wonder Bread, 아메리칸 치즈 American Cheese 같이 공통의 언어를 찾는 것은 이런 시도의 한 방편이었다. 이들 제품은 여전히 마트 진열대에 있지만, 이제는 쇠락의 길로 접어들었다. 이런 산업 아이콘의 화려하지만 영혼 없는 합리성은 이제 그다지 사람들을 많이 끌어들이지 못한다. 오히려 썰지 않은 식빵, 곰팡내 나는 치즈, 갓 로스팅한 커피, 다크하고 아주 약간 탁하기도 한 맥주를 원하는 사람들이 많으니까. 비합리적인 것이 아름다울 수 있기에, 나는 우리가 아주아주 오랫동안 추를 계속 밀어붙일 수 있기를 바란다.

앞으로 제시하는 스타일과 추천 맥주에 관한 몇 가지 메모

맥주의 세계를 스타일별로 일단 쪼개면서, 몇 가지 내려야 할 결정이 있다. 거대한 양조업계의 경쟁으로 인해 스타일이라는 파이는 아주 얇은 조각으로 나뉘어 한 범주 안에 있는 맥주의 수가 다루기 좋은 정도로 줄어든다. 경쟁 속에서 별도의 범주를 확보하는 많은 스타일은 서로 약간씩의 변화를 준 것들로 공통의 역사와 양조 원료 등을 공유한다. 이 책에서 나는 특정 스타일, 예를 들어 페일 에일과 비터를 개별적인 한덩이 개체로 보기보다는 가깝게 연관된 제품군으로 다루었다. 내 목적은 스타일을 명확하게 규정하여 이들 사이의 관계를 밝혀내는 것이다.

스타일 자체는 움직이는 표적으로 시장 취향과 경제적인 압력에 따라 변한다. 현재와 역사적인 스타일 사이의 주도권 다툼이 있는데, 옥토버페스트 같은 일부 맥주는 완전히 다른 것으로 급속히 변모하며, 심지어 일부 소규모 양조업체는 역사적인 영감을 받은 맥주를 발굴해서 시장에 맞춰 다시 양조한다. 나는 스타일을 정의하고 변수를 정할 때 일반적으로 보수적인 입장을 취하고 넓은 망을 던져서 정통적인 역사상 관점을 견지했다.

이번 판의 스타일 수는 BJCP의 2015 스타일 지침을 따랐다. 나는 BJCP 지침과는 약간 다르게 범주를 쪼개고 나누어서 유사성과 공통의 제품군을 강조했다. 큰 맥주 대회에서나 세밀하게 구분된 범주가 필요하지 이 책의 목적은 교육적으로 훑어보는 것이기 때문이다.

대표 제품을 선정할 때는 유럽 정통 제품과 미국 크래프트 양조 맥주를 섞어서 택했는데, 후자는 거의 여지 없이 유럽 영감 제품보다 좀 더 대담한 경향이 있다. 나는 유통망이 넓은 맥주와 서로 다른 지역의 맥주를 대표 맥주로 추천하려고 애썼다. 소규모 지역 크래프트 양조장과 브루펍은 종종 많은 스타일별로 뛰어난 제품을 만들어내니, 제발 시간을 들여서 이런 것들을 찾아내기 바란다.

내가 이렇게 대표 맥주를 선정한 이유는 맥주 스타일의 특정 단면을 설명하기 위해서다. 규정을 약간 벗어나는 뛰어난 맥주도 많다. 그리고 잊지 말아야 할 점은 특정 스타일과는 전혀 상관없는 탁월한 맥주가 엄청나게 많다는 사실. 때때로 이런 제품이 상당히 큰 즐거움을 줄 수도 있다.

영국과 아일랜드 에일

대영제국과 아일랜드의 거주민들은 아주 오랫동안 맥주를 마셔왔다. 고대 시대 혼합물인 곡물과 꿀의 흔적은 기원전 3000년 경 스코틀랜드의 도기 파편에서 발견되었다. 스코틀랜드 이외 지역에서는 원주민인 픽트족이 헤더와 메도우스위트, 스윗게일(보그 머틀이라고도 함), 크랜베리를 비롯해 사리풀이라는 위험한 환각 효과가 있는 허브를 넣어 맥주를 즐겼다는 증거가 추가로 나왔다. 학자들은 이런 양조 전통이 해당 지역에서 유래되었을 가능성이 크고, 동쪽으로 전파되지는 않았을 거라고 믿는다.

로마제국 이전에는 이렇다 할 켈트족의 침입이 전혀 없었다. 시간이 흐르면서 후에 켈트족으로 알려진 골 Gallic족이 오랜 시간 동안 확립된 맥주 전통을 가지고 영국으로 침투했다. 그리스인과 로마인들은 프랑스와 이탈리아에서 그리고 동쪽에서도 켈트족과 숱하게 마주쳤다. 고대의 작가들은 애주가인 켈트족의 성향과 '야만인'이라는 별칭에 어울리게 그들이 마구잡이로 주류를 마셔온 사실을 기록했다. 초기 영국에서 수입 이탈리아 와인은 사치 품목이었다. 로마인들은 맥주를 '세레베시아 cerevesia'라고 불렀는데 아마도 '코마 korma' 또는 '커미 curmi'라는 켈트어에서 파생되었을 가능성이 크다. 일부 맥주에는 꿀을 넣었다는 말이 언급되어 있으며, 짐작컨대 다른 일상 맥주보다 더 도수가 세고 좀 더 사치스러웠을 것으로 추측된다.

기원전 55년부터 줄리어스 시저는 로마 문화를 이미 복잡해진 사회 구도에 도입했다. 시저가 봤을 때, 켄트지방 사람들은 골족의 생활방식대로 살았지만 이보다 북쪽으로 갈수록 문화가 낯설었고 훨씬 더 맥주 지향적이었다. 맥주는 로마 국경 방어를 위해 고용된 부대원들 사이에서 어마어마한 인기를 누렸는데 이들이 이탈리아인이 아닌 게르만 원조 단체였기 때문이다. 이들 방위대와 이들이 지배했던 지역의 사람들은 공통점을 가지고 있었으며, 아마도 이들이 영국인의 맥주 음주 성향을 키우는 데 일조했을 것이다.

로마시대 영국의 맥주와 양조에 관련한 문헌과 고고학적 증거는 지금도 상당량 남아 있다. 맥주에 관한 자세한 내용은 부족하지만 보리, 밀, 스펠트밀(spelt, 보리와 밀의 중간 단계에 해당하는 곡물)이 사용되었고 전용 발아 및 건조 설비가 존재했다

그들은 샴페인과 밝은 빛의 모젤 등 외국 와인에 대해 얘기를 나누고
외국산이라 우리 역시 이런 와인을 틀림없이 좋아할 거라 생각하며,
괜찮은 술이라고 감탄사를 터뜨리지만, 그래도 하는 말
새콤하든 달콤하든 올드 잉글리시 에일 한 잔을 따라올 수 없노라고.
나와 오랜 '맥주 친구 보리 씨'가 매일 악수를 나누지 않는다면 내 눈이 지금처럼 밝고
내 마음이 이처럼 가볍고 즐거울 것 같은가?
어림도 없지. 금주주의자들이 맥아와 홉을 조롱한다 하여도,
나, 이들을 비웃으며 올드 잉글리시 에일을 즐거운 마음으로 들이킨다.
제이. 캑스턴 J. Caxton, '올드 잉글리시 에일 한 잔'이란 노래에서

고 알려져 있다.

아일랜드는 로마에게 정복된 적이 없어 그 고유의 양조 전통을 유지했다. 세월이 흘러 수도원 시대로 진입하자 초기 기독교와 자기들의 전통을 혼합했다. 특히 성녀 브리지드는 병든 자를 위해 물을 맥주로 바꾸고, 곡물이 모자랐던 당시 부활절 행사를 위해 맥주를 갑절로 늘렸다는 기록이 남아 있다.

중세시대 맥주

로마인들은 5세기에 마침내 영국을 떠났다. 그 당시 영국은 스코틀랜드의 픽트족과 아일랜드의 원주민이었던 스코트족으로부터 많은 침공을 받았다. 로마에 도움을 청했지만 어떤 지원도 받지 못한 영국 지도자들은 앵글로 색슨계 용병에 의존했다. 용병들은 영국 지도자의 바람과는 다르게 떠나지 않고 결국 이곳에 머물기로 작정한다. 아더왕이 이들과 벌인 바돈 힐 전투에서의 영화 같은 승리에도 불구하고 결국 이들을 몰아내는 데는 실패했다.

맥주를 마시는 앵글로 색슨족이 영국 제도로 들어오면서, 연회장에서 공동으로 술을 마시는 전통도 함께 들어왔다. 영웅 서사시 〈베어울프 Beowulf〉에서는 4가지 종류의 술을 언급한다. 윈 win과 미도 medo는 와인과 벌꿀 술이며, 비어 beor는 비어 beer란 단어와 비슷해 보이지만 아마도 또 다른 벌꿀 술일 것이며, 에알루 ealu가 현재 영어 단어, 에일 ale의 초기 형태로 곡물로 만든 술을 가리켰다.

중세 초기 문헌에서는 '맑은 에일', '웰시 에일'(달콤하고 아마도 꿀이 들어감), '이중 양조된 에일', '마일드 에일'이 언급된다. 시간이 지나 '마일드 mild'란 용어는 비교적 신선하고 장기간 숙성 과정을 거치지 않은 맥주를 가리키게 되었다.

홉은 일찍이 9세기나 10세기 정도에 음료와 관련된 영국 식물 표본집에 등장한다. 홉은 1500년 경이 되어서야 영국 양조에 널리 퍼졌지만, 14세기 무렵에는 홉을 넣지 않은 맥주와 홉을 넣은 맥주는 분명히 구분되었다. 15세기 초반, 홉을 넣은 맥주는 영국 남동부 지역의 켄트와 그 외 지역에서 중요한 교두보를 확보했다.

중세시대 말에도 맥주 레시피에는 일정 비율의 밀이 사용됐다. 귀리 맥주도 있었는데, 이 맥주는 값이 싸서 '그라우터 grouters'라는 가난한 계층의 단골들에게 판매되었다. '그라우터'는 맥주 맛을 내는 데 사용된 곡물과 향신료 혼합물의 이

성녀 브리지드는 자기의 목욕물을 맥주로 바꾸었다고 한다.

영국 옥스퍼드 근처 루스홀 주인이었던 에일 아낙, 마더 루스
마더 루스는 에일 아낙이 지역 주민들에게 맥주를 공급했던 시대의
대표적인 인물이었다.

름을 딴 단어였다. 이런 맥주는 실제 거대한 화이트 맥주군
과 연계되는데, 이들은 유럽 북해 연안을 따라 퍼져 19세기
말 영국 제도에 속한 데번과 콘월에 최종 정착했다.

10세기 경 선술집은 앵글로–색슨 맥주 문화의 중요한 거
점이 되기 시작하지만 양조를 누가했는지에 대해서는 알려
진 바가 거의 없다. 수도원 밖에서 맥주 생산은 가내 노동이
었고, 주로 여성이 담당했다. 이런 행태는 수백 년 동안이나
그대로 유지되다. 양조가 규모와 위상 면에서 충분히 성장하
자 완전히 상업화되어 주로 남성의 일이 되었다. 초기 여성
양조사들은 양조장이 brewster 또는 에일 아낙 alewife이라고 불
렸다. 가정에서의 양조는 돈을 좀 더 벌어들이기에 합법적인
방법이어서 과부나 다른 사정으로 어려운 상황에 처해 있었
던 여자들에게 특히 도움이 되었다. 여성이 양조장이면서 선
술집 주인이었던 고대 수메르와 마찬가지로, 맥주를 판매할
수 있는 에일 아낙들은 문 위에 빗자루나 작은 나뭇가지(에
일 말뚝)을 걸어두곤 했다. 이런 관습은 꼬거나 땋은 가지를
사용하여 효모를 걸러낸 다음, 다음번 맥주를 생산할 때까지
보관해 두었던 작업방식에서 유래했다.

노르망 정복까지 거슬러 올라가 볼 때 수세기 동안 영국은
에일에 대해 일정 형식으로 가격을 통제해왔다. 빵과 에일에
관한 법률에 따라 맥아의 보급가를 기준으로 특정 분량의 맥

당신은 웃지, 올곧은 양반아. 그런데 뭘 보고?
내 과수원, 내 저택, 아니면 내 화려한 모자?
내 이가 다 빠져버려
내 사랑스러운 턱과 코가 맞닿을 것 같기 때문인가?
아니면 내 옷깃 때문에 키득거리는가.
이마의 주름살이? 아니면 푹 패인 볼이 우스운가?
아니면 흡사 코니 버로우 Coney–Burrough 같은 내 입 때문에?
아니면 눈물 흘리지 않는 동양인 눈 때문에?
허나 세관이 오면 말이지, 1년에 두 번 오던가?
내게 키스해주고 사실 대로 말해주게나. 그리고 일이 잘 안되면
그대 큰 단지에 진한 에일 담아주리니.

데이비드 로간 David Loggan

주 값이 정해졌다. 이 법은 싱글과 더블 맥주에 사용되는 맥아의 양과 이에 따른 각 종류의 맥주의 도수를 규정했다. 세수를 늘리기 위해 여러 차례 재정비되었지만 1643년까지 시행되다. 도수가 높고 비싼 맥주의 세금을 대폭 인상하는 단계별 시스템으로 교체되었는데, 현재 소비세 제도의 전신이라고 볼 수 있다.

맥주는 영국에서 거의 1,000년 동안 왕실 검사원이 인증하는 도량형으로만 판매되어 왔다. 옛날 문헌을 보면 계량을 위조해 비인증된 계량 방식으로 맥주를 판매하는 등의 여러 범죄 행위로 위반자들이 형틀로 보내지거나 물고문 의자에서 처벌을 받는 이야기가 수두룩하게 기록되어 있다. 유리잔으로 맥주를 구매하는 데 익숙한 미국인들의 경우, 완전 계량이 영국 문화에 얼마나 깊이 뿌리박혀 있는지 깨닫기 전에는 여기에 집착하는 현상이 강박적으로 보일지도 모른다.

현대를 향하여

16세기와 17세기에는 현대 영국 맥주 스타일의 뿌리가 앞으로 쭉쭉 뻗어나갔다. 군대가 영토를 점령하면서 그 지역의 홉이 들어가지 않은 올드 에일 대신에 홉이 들어간 맥주로의 변화가 서서히 일어났다. 소량의 홉이라도 들어가면 맥주의

안정성이 높아졌기 때문에, 홉을 넣으면 알코올 함량이 높은 맥주의 경우, 1년 또는 때때로 이보다 훨씬 장기간 보관할 수 있었기 때문이다.

이 시기에는 시골의 사유지들이 좀 더 효율적으로 운영되었는데, 피고용인에게 줄 임금을 맥주로 일정 부분 지불했기 때문에 양조장은 사유지의 원활한 운영을 위해 꼭 필요했다. 시골 사유지나 '가내' 양조장에서는 3가지 도수의 맥주를 생산했다. 모든 사람들이 거의 제한 없이 마실 수 있는 2% 정도 알코올이 포함된 '스몰 비어', 5~6% 사이의 보통 도수라 생각되어온 '테이블 맥주', 양조된 달의 이름을 따서 불렀던 8~10% 도수의 '마치 March' 또는 '옥토버 October' 맥주가 그것이다. 가족들이 즐겨 마셨던 스몰 비어에는 특별한 등급이 없었다. 즉 모든 사람들이 동일한 스몰 비어를 마셨던 셈이다. 도수가 높은 맥주도 물론 있었다. 때때로 특별한 행사를 위해 알코올 함량 10% 이상의 '더블 맥주'가 양조되어 숙성되었다.

엘리자베스 1세 시대의 연대기 편찬자인 윌리엄 해리슨의 가정용 레시피 《영국의 생활》(1577)을 보면 보리 맥아 맥주에 밀과 귀리가 각각 5% 또는 6%가 들어간다. 이를 통해 당시 주류 맥주에 이들 곡물이 여전히 쓰였음을 알 수 있다. 다른 곳에서 '헤드콘 headcorne'이라 불리던 이들 곡물은 맥주의

완전 계량
영국과 이외 유럽 국가의 음료는 수세기 동안 정부가 무게와 도량형을
통제해왔기 때문에 지정된 양이 보장된다.

ONE PINT TO LINE

헤드를 향상시키는 일, 즉 오늘날 영국 맥주에서 밀이 담당하는 역할을 했던 것 같다. 해리슨의 레시피에서는 맥주 한 통당 약 340g의 홉을 사용했으며, 이는 현대적 기준으로 봤을 때도 적당한 양이다. 해리슨은 이 레시피를 가정에서 양조를 담당했던 그의 아내에게서 얻었을 가능성이 크다.

산업화가 시작되면서, 시골 지역의 도수 높은 앰버 맥주는 상업적으로 양조되는 맥주보다 우수하다는 평을 받았다. 지주들은 경제적인 면에서 일반 양조업체와 동일한 압력을 받지 않았기 때문에, 맥아와 홉을 좀 더 사용할 수 있어 좋은 등급의 맥주를 생산할 가능성이 높았다. 게다가 홈브루어들이어서 원하는 건 무엇이든 양조할 수 있었다. 세금도 일반 양조업체보다 적게 내서 좀 더 많은 혜택을 누렸다.

이 시대의 또 한 가지 중요한 특징은 '마일드 mild' 또는 '러닝 running' 에일과 숙성된 '스테일 stale' 맥주 간의 차이였다. 스테일 맥주는 나무통이나 나무조에 오랫동안 담겨 있어 길고 복합적인 2차 발효 환경이 조성되었고, 덕분에 과일향과 흙향 또는 나무에 사는 미생물로부터 알싸하게 톡 쏘는 풍미를 얻을 수 있었다. 이런 맥주는 숙성을 통해 실제로 독특한 풍미를 얻었기 때문에 '올드' 에일이라는 말을 붙일 수 있었다. 이렇게 예전 도수 높은 맥주를 만들 때 쓰이던 보편적인

낟알이 아직 뜨거울 때
물을 더 붓고 곡물을 끓여라.
그리고 냄비 안에서 죽같이 되었을 때
솥에 넣고 저어라.
짚으로 불을 지피고,
찌꺼기를 잘 모아두면,
기쁘고 편안하니,
더 이상 무엇을 바라겠는가?

토머스 투서 Thomas Tusser, 《훌륭한 주부의 조건》, 1557

행태는 현재 영국에서는 보기 어렵다. 하지만 기네스는 20년 전까지만 해도 자사가 만드는 모든 스타우트에 이런 스테일한 숙성 맥주를 소량 섞었다.

선진 기술과 산업화 규모의 엄청난 성장에도 불구하고 18세기는 영국 맥주에 어려운 도전의 시기였다. 아주 가난한 사람들을 제외하고는 스몰 비어 대신 커피와 차를 마셨고 진은 인기가 치솟아 소비량이 엄청 많아지면서 여러 사회 문제를 일으키고 있었다. 미국의 금주령처럼 알코올 섭취를 제한하려는 국가의 시도로 주류 밀매가 성행했고, 범죄가 만연했고, 온갖 문제가 발생했다. 그 당시 많은 양조사들은 활력을 증강시키기 위해 코쿨루스 인디커스 cocculus indicus, 강력하고 위험한 흥분제가 들어 있는 동남 아시아 원산지의 쌉쌀한 베리, 비터 빈 bitter bean, 중추신경 흥분제가 들어 있는 필리핀 원산지의 쌉쌀한 향신료 같이 마약이나 독성 물질로 취급된 약재를 불법적으로 첨가했다. 19세기 초반이 되어서야 이런 혼란스러운 상황은 정리되었다.

고요한 오후를 준비하며
농경시대에서 산업경제로 가는 과도기 내내 맥주는 노동자와 신사 계급 양쪽 모두에게 있어
양질의 삶을 꾸려가는 데 없어서는 안 될 요소였다.
(토관과 함께 하는 조용한 삶 – 피터 클래츠 Pieter Claesz, 1636)

이러한 혼돈에도 불구하고 아니, 어쩌면 이런 혼돈으로 인해 양조는 소수의 큰 규모 업체에만 집중되게 되었고, 이런 통합 방식은 오늘날까지 계속되고 있다. 이 당시 런던은 누가 뭐래도 영국의 양조 중심지였다. 1701년 경, 런던의 194개 일반 양조업체는 런던 이외 다른 곳의 574개 일반 양조업체가 만드는 분량의 약 두 배(양조업체당 평균 약 5,000통)를 만들었다. 그러나 또한 주목할 점은 일반 양조산업이 당시 남쪽에 집중되었다는 것이다.

17세기 후반 런던에서 '앰버' 또는 '투페니'라 불리는 맥주는 홉을 넣지 않은 에일의 마지막 흔적이었다. 물론 홉을 어느 정도 넣기는 했지만 곧 '포터'라 불리게 될, 홉의 풍미가 강한 새로운 갈색 에일보다는 홉의 양이 훨씬 적었다.

옛날 책에는 당시 양질의 도수 높은 맥주를 찬양하는 노래가 많았다. 물론 이런 맥주의 별명은 수도 없이 많았지만 평범하게 보통 '브라운' 또는 '너트 브라운' 에일이라고 불렀다. 18세기는 어려운 시기였음에도 불구하고, 행복했던 졸리 올드 잉글랜드(산업혁명 이전 지나간 영국에 대한 향수를 불러 일으키는 말-역자주) 맥주의 전형적인 정통 스타일을 보여주는 시기이다. 이후 영국 맥주 문화를 엮어주는 그 당시에 대한 향수가 지금까지 계속 이어내려 오고 있다.

이후 포터의 시대가 열렸다. 산업화와 마찬가지로 포터의 이야기는 어디를 가나 언급되지만(228페이지 참조) 지금 와서 볼 때 당시 상황은 그때까지 맥주 세계에 불어닥친 그 어떤 것과 비교할 수 없는 판이한 현상이었다. 싸고, 도수가 세면서, 풍미가 진하고, 대체로 건강에도 유익했던 포터는 당시 분위기에 들어맞아 스타우트를 비롯해 오늘날까지 명맥을 유지하는 블랙 맥주 전 제품군의 원조가 되었다.

수출 국가

15세기 말 이후 영국에서 맥주 수출은 중요한 역할을 했다.

호가스 Hogarth가 그린 진 거리(왼쪽)와 맥주 거리(오른쪽)
18세기에 증류주를 무허가로 생산하여 판매함으로써 야기된
비참한 상황을 영국 사회 비평가의 눈으로 바라본 그림.
맥주는 오랫동안 순한 술로 간주되었다.

당시 영국 양조업체는 맥주에 홉 넣는 기술을 충분히 익혀서 원래 홉을 들여온 네덜란드에 역수출하기까지 했다. 영국제국이 커지면서 맥주를 포함한 온갖 제품을 전 세계에 판매할 기회도 늘어났다. 당시 상황은 맥주 수출에도 유리했는데, 영국에서 나가는 배의 화물 공간은 여유가 많았고, 배의 균형을 잡기 위해 선창 안에 낮게 실을 무거운 항목이 필요했다. 그래서 영국인이 있는 곳이라면 달콤한 영국 올드 맥주의 캐스크와 병이 항상 따라붙었다. 특히 인도의 경우가 가장 유명했는데, 인도에는 당시 군인과 상인, 행정관들이 파견 나가 있었다. 1630년대, 영국 맥주는 이들에게도 공급되고 있었다. 처음에는 감질나게 소량이었던 것이 수요가 증가하자 홍수처럼 제품이 밀려들었다. 초기에는 도수 높은 호박색이나 브라운 빛이 도는 에일이 선적되었지만 포터가 큰 인기를 끌자 도수가 더 높은 버전도 공급되었다.

수출 관련 이야기에서 가장 유명한 부분은 18세기 중반, 페일 에일, 그중에서 인디아 페일 에일로 시작된다. 1780년대 초반, 조지 호지슨이라는 런던의 양조사는 홉이 많이 들어간 호박색의 옥토버 맥주 캐스크를 수출하기 시작했다. 이는 도수가 센 맥주로 장기 보관하는 용도로 만들어졌고 1세기 이상 생산되었다. 이 맥주는 6개월 이상 걸리는 바다 항해에도 적합했고, 최상의 상태로 도착했다. 인도 수출 시장용으로 특별한 레시피가 이 당시 개발되었다는 증거는 없다. 40년 동안 대성공을 거두면서, 당시 양조장을 경영하던 호지슨의 아들은 탐욕스러워졌고 그 결과 영국의 아시아 사업에서 무역을 관장하던 강력한 독점 회사인 동인도 회사의 눈 밖에 나고 말았다.

동인도 회사 문장
이 막강한 단체는 2세기 이상 인도 무역을 관장했다.

한편, 영국 북부 버튼온트렌트의 양조 업체는 13세기부터 도수 세고 달콤하며 비교적 어두운 빛깔의 에일로 유명세를 떨쳤다. 1800년 직전 운하 프로젝트는 버튼에서 바다로 통하는 믿음직한 항로를 열어주었고, 버튼의 양조사들은 버튼 에일 양을 대폭 늘려 발트해에서 러시아까지 실어보냈다. 러시아와의 관계는 1822년 높은 관세가 부과되자 무너졌는데, 이와 때를 같이하여 호지슨이 어려움을 겪을 때를 타 인도 시장이 열렸고, 버튼의 올소프 Allsopp 양조장은 이 기회를 재빨리 이용했다.

호지슨이 판매했던 옅은 색의 홉 풍미가 진한 맥주는 그 당시의 브라운 색상의 버튼 맥주와는 상당히 달랐다. 호지슨의

영국 맥주는 네덜란드와 독일 남부에서 유명하다.
이 맥주는 보리와 홉으로 만들어지는데 영국은 상당히 많은 홉을 생산하지만 플란더스 지방의
홉도 사용한다. 바다에 접한 독일 남부 도시에서는 이곳 양조사들의 비위를 맞추기 위해
영국 맥주의 대중 판매가 금지되지만, 사람들은 비밀리에 이 맥주를 마치 과즙처럼 마신다.
그러나 네덜란드에서는 믿을 수 없을 정도로 어마어마한 양이 소비된다.

피네스 모리슨 Fynes Moryson, 《여행기》, 1617

런던 맥주를 확실히 대체할 좀 더 색이 옅고 청량한 맥주를 개발하기 위해서는 뭔가 조치가 필요했다. 색이 옅고 홉의 풍미가 진한 맥주를 만드는 데는 석고가 많이 함유된 버튼의 물이 사실상 런던의 물보다 더 적합했다. 전해 내려오는 얘기에 따르면 이 맥주에는 양조장에서 만들어왔던 맥아보다 색이 더 옅은 맥아가 필요했다고 한다.

결국 이 맥주가 인디아 에일 또는 인디아 페일 에일로 알려졌다. 이 페일 에일에는 '장기 보관할' 목적의 맥주에 홉 양을 늘린다는 일반적인 규칙에 따라 홉이 많이 들어갔다. 배스 맥주의 마케팅 자료에는 한 유명한 이야기가 있다. 가라앉은 인도행 배에서 여러 통의 인디아 페일 에일을 꺼냈는데 이렇게 건져 올린 맥주가 영국 일반인들에게 선풍적인 인기를 끌었다는 것이다. 이 이야기에는 많은 허점이 보이지만, 색이 옅고 청량한 이 맥주는 대단한 인기를 끌었다. 이전의 포터와 마찬가지로 이 새로운 맥주는 순식간에 퍼지더니 19세기 중반에 가서 페일 에일과 인디아 페일 에일은 포터 대신 영국에서 유행하는 맥주로 자리잡았다.

19세기 중반의 영국 맥주는 훗날의 기준보다 꽤 도수가 강했다. 조지 암싱크가 상당히 자세히 기록한 양조 노트를 보면 1868년의 비중이 나와 있다. 싱글 스타우트, 마일드, 러닝 에일은 ABV 5%, '런던 에일'은 무려 13.8%이고, 이밖에 많은 맥주는 5.5~7% 범위에 들어 오늘날 영국 맥주보다 훨씬 높다. 암싱크는 《실용적인 양조》(1968)에서 다른 영국 양조 업체들을 크게 비평했다. "양조업체들은 하급 양조와 저가

필러 에일 잔
이 크리스털 잔은 19세기 중반 새로운 페일 맥주 스타일의
시각적인 효과를 돋보이게 하면서 인기를 끌었다.

에일 그리고 어마어마한 할인이 단행되는 가격 미정의 고가 제품으로 이루어지는 시스템을 제정했는데… 틀림없이 여기에 소요된 비용으로는 대부분 어떠한 수익도 내지 못했을 것이다."

현대 스타일의 뿌리

1880년에 맥아세가 폐지되고, 알코올 함량에 얼추 해당되는 맥즙의 초기 비중에 따라 맥주에 세금을 매기는 시스템으로 대체되었다. 알코올 비율에 따라 과세하는 이러한 누진 시스템은 오늘날까지 적용되고, 맥주를 순하게 양조하라는 압박 효과가 있었는데 그후 50년 동안 이런 경향은 가속화되었다.

페일, 비터 맥주, K 스타일 맥주

영국 빅토리아 시대 말기에 대부분의 맥주 스타일은 강도가 천차만별로 출시되었다. 페일 맥주와 다크 맥주의 도수는 한 개 이상의 X로 표시되었고, 최고 도수는 'XXXX'였다. 맥주 스타일명으로 '비터'라는 용어는 19세기 중반 소비자가 새로운 페일 에일과 IPA를 두고 속어처럼 부르면서 등장한다. 특히 남부에서 'K'라는 명칭은 색깔이 옅고 드라이하며 보통의 페일 에일보다 다소 덜 쓴 맥주를 표시하는 데 사용

스트롱 맥주의 옛 영어 이름

스팅고 Stingo
후프캡 Huffcap
니피테이텀 Nipitatum
클램버 스컬 Clamber-skull
드래곤즈 밀크 Dragon's milk
매드 도그 Mad-dog
리프트 레그 Lift-leg
에인젤스 푸드 Angel's food
스트라이드 와이드 Stride-wide

1975 년 런던 코벤트 가든 맥주 전시회에 전시된 리얼 에일
CAMRA는 영국의 캐스크 에일 보존에만 중점을 두긴 했어도,
크래프트 맥주에 전념한 최초의 현대적 소비자 그룹이었다.

되었다. X 맥주와 마찬가지로 이들 K 맥주는 싱글 K(AK라고도 함) 맥주의 경우 약 1.045 OG(플라토 Plato 11도)부터 시작해서 'KKKK'의 경우 1.090 OG(플라토 24도)까지의 범위를 형성했다.

세월이 지나면서 한때 별개였던 페일 에일, 비터, K 스타일 맥주는 150년 동안 지역적인 차이를 넘어 희망 없이 뒤엉키고 말았다.

다크 맥주

19세기 후반, 포터는 여정의 마지막 구간을 밟고 있었다. 맥주 스펙트럼 말단의 가장 다크한 영역은 이제 스타우트가 차지했다. 스타우트는 많은 양의 블랙 특허 맥아로 의기양양하게 양조되었지만, 브라운 맥아와 1년간에 걸친 발효라는 옛 방식을 저버린 데 대한 해명은 한마디도 없었다. 포터의 자리를 치고 들어온 주자는 '마일드'라고 불리는 맥주였는데, 물론 라이트하면서 다크한 맥주도 존재했다. 마일드라는

용어는 아주 오래된 단어로, 나무 용기에 오랫동안 저장하지 않고, 만든 지 비교적 얼마 되지 않은 상태에서 판매되는 맥주를 가리켰다. 그러나 20세기 경, 마일드는 페일 에일 맥아보다 약간 더 다크한 맥아로 양조되는 경우가 많았고 색상을 내기 위해 블랙 맥아가 조금 가미되었으며 점도를 묽게 하기 위해 보조 곡물이 사용되었다. 런던 사람들은 루비 브라운색의 마일드를 즐겼으며 그밖에 다른 곳에서는 이보다 옅은 색의 마일드가 인기 있었다. 모두 당시의 페일 에일과 비교하여 홉이 적게 들어갔다. 대부분의 맥주와 마찬가지로 마일드의 도수는 다양했지만, 최고는 1871년 1.070 OG(플라토 17도)였고 이후 다음 세기로 가는 동안 수치는 급격하게 떨어졌다.

저비중 맥주의 부상

세계대전은 영국 맥주에 혹독한 시련기였다. 전쟁으로 인해 일상적인 물자 부족과 함께 배급품, 군수품 생산에 대한

압력으로 맥주 비중은 떨어지고, 펍 영업시간은 단축되었으며, 전쟁이 진행되면서 맥주 가격은 계속 올라 떨어지질 않았다. 1918년 정부는 출시되는 모든 맥주의 절반을 1.030 아래로 유지하도록 규정했다. 이는 곧 알코올 함량 3% 미만에 해당하는 수치였다. 양조장, 맥주, 세금 수준은 결코 전쟁 이전으로 돌아가지 않았다. 무엇보다 맥주는 칵테일의 현대적인 활기와 와인의 고급스러움이 결여된 한물 간 음료로 여겨지기 시작했다. 이 모든 어려움이 통합에 대한 압박 위에 가중되었고, 그 결과 많은 양조장이 문을 닫았다.

1930년대 말, 맥주 소비는 늘었지만 유럽에서 다시 전쟁이 일어날 조짐이 보였다. 제2차 세계대전은 제1차 대전과 비슷한 영향을 가져왔다. 맥주의 가격은 더 오르고 비중은 더 묽어졌는데 이번에는 정부의 개입 없이 이루어졌다. 독일에 의한 폭격으로 펍과 양조장이 파괴되면서, 전후 복구작업이 대대적으로 일어났고, 이로 인해 양조 발전은 10년 이상 미뤄지게 되었다. 1950년 경에 영국의 양조장 수는 1940년도에 있었던 양조장의 1/3도 채 되지 않았다.

맥주의 모든 정통 스타일은 1900년에 거의 스타일을 정립했고, 과거 100년간 부침을 겪으면서 20세기에는 그다지 더할 게 없어 보였다. 하지만 상황은 정반대였다. 영국 맥주는 도수와 쓴맛이 약해졌으며 보조 재료가 더 많이 들어갔고 1900년보다 다양성이 떨어졌다. 많은 비난이 쏟아졌지만, 이런 영향은 훨씬 크게 성장한 다른 주류들의 영향 때문이었고, 다른 많은 나라도 비슷한 영향을 받았다. 그렇다고 영국 사람들이 본국 맥주를 싫어한다고 단정할 수는 없다. 바디가 가볍고 알코올 함량이 낮은 맥주는 많은 양을 소비할 수 있으며 마시는 내내 활기차고 또렷한 정신을 유지할 수 있기 때문에 이 점은 홉 경쟁에 제동을 걸고 한 번쯤 재고해봐야 할 미국의 상황에서도 염두에 두어야 할 사항이다.

리얼 에일, 구조되다

맥주에 대한 경외심과 그 길고 찬란한 과거 역사는 거의 사라져 1960년 경에는 영국의 전통적인 리얼 에일이 케그 맥주로 대체될 위기에 처했다. 케그 맥주는 탱커 트럭을 통해 배달되어 펍 저장고의 대형 서빙 탱크에 주입되는 비활성 맥주다. 리얼 에일은 6장에서 자세히 다루었는데, 이 맥주는 본질적으로 펍에 도착해서도 여전히 발효를 하며, 지속적인 발효로 인해 효모가 가라앉기 전 맥주에 탄산이 생긴다. 살균 또는 여과되지 않은 리얼 에일은 좀 더 복합적이고 섬세하다. 과학적으로, 자연 탄산 그 자체가 주는 특별한 혜택에 대해 판단하기는 때이른 감이 있지만, 살아 있는, 자연적인 과정의 부산물이기 때문에 좋은 것이다.

왜 현대 기업 세력들이 리얼 에일에 등을 돌리고 있는지는 쉽게 알 수 있다. 리얼 에일 양조 방식은 구식이며, 복잡하고 비효율적이다. 캐스크는 안정적이지 않아 좋은 품질의 리얼 맥주 한 잔을 얻으려면 이를 다루는 섬세한 기술이 필요하다. 유통기한도 제한적이다. 2~3일만 지나면 맥주가 너무 밋밋해지고 활력이 사라지며 너무 시큼해지기도 해서 판매할 수 없다. 그러나 왜 사람들이 리얼 에일을 그렇게 소중히 여기면서 몸소 시간을 들여 그 매력을 접하려고 하는지도 쉽게 알 수 있다. 섬세하고 실크같이 부드러운 위대한 리얼 에일은 그 자체에 인생의 의미가 있고 깊이가 담겨 있어, 마치 마법에 걸린 듯 한 잔 한 잔 연거푸 마시게 된다. 이 지구상 맥주 중에 리얼 에일만한 것이 어디 있으랴.

리얼 에일 캠페인(CAMRA)이라는 조직은 캐스크 에일 전통 보존에 대해 활발한 로비활동을 펼치기 위해 1972년에 결성되었다. 이들은 리얼 에일의 종말을 막기 위해 애썼으나, 지금까지는 절반의 성공을 거두었다. 영국에서 라거는 거대

에일은 다음과 같은 특성을 갖추고 있어야 한다.
신선하고 투명해야 하며 끈끈하거나 훈제향이 나도 안 되고
찌꺼기도 전혀 없어야 한다.

앤드류 부어드, 〈A compendious Regiment or a Dyetary of Helth〉, 1542

산업이며 계속 성장하는 추세이다. 리얼 에일은 구원을 받기는 했지만 현재는 주류 맥주와는 닮은꼴이 전혀 없는 스페셜티 맥주이며, 앞으로도 그럴 것 같다. 그 차이를 알고 리얼 에일을 마시기 위해 기꺼이 공을 들이는 사람들의 시장이 남아있는 한, 리얼 에일을 만들 자금이 있을 것이고 앞으로도 리얼 에일은 계속 살아남을 것이다. 여기에 최근 새로운 양조사들은 영국 맥주에 신선한 생명력과 창의적인 생각을 불어넣으면서 여전히 그 전통을 드높이고 있다.

에일의 맛

여기서 설명하는 모든 스타일은 영국 또는 스코틀랜드, 아일랜드 에일에 특정적으로 사용되는 상면발효 효모로 발효된다. 이들 맥주는 실온과 저장고 온도 사이에서 발효되기 때문에 라거보다 과일의 풍미와 스파이시한 성격이 많이 발현되는 경향이 있다. 효모 품종은 상당히 다양하지만 벨기에 효모보다는 활동성이 덜한 편이다. 영국 효모가 부리는 많은 마법은 맥아와 홉, 이외 맥주의 다른 원료의 풍미를 높여주고 증대시키는 능력이다. 어떤 것은 크리미한 맥아의 풍미를 부각시키고, 어떤 것은 특정 맥아의 우디함 woody 또는 홉의 톡 쏘는 풋풋한 풍미를 강조한다.

1700년과 1847년 사이 영국 에일은 법에 의해 100% 맥아로 생산되었다. 이 시기 이후, 설탕이나 다른 보조 곡물 사용이 허용되었고, 영국 양조사들은 그때부터 지금까지 이런 재료를 계속 사용해왔다. 보조 곡물은 좋을 수도 있고, 나쁠 수도 있다. 소량을 넣을 경우 밀이나 귀리 같은 곡물은 감미롭고 크리미한 질감을 더해주고 헤드 유지력을 향상시킨다. 설탕이나 옥수수 또는 쌀가루는 바디를 묽게 하며 좀 더 라이트하고 포만감이 덜한(즉 음용성이 더 좋은) 맥주로 만들어

준다. 이 점이 좋을 수도, 나쁠 수도 있지만, 대부분의 보조 곡물이 보리 맥아보다 저렴하기 때문에 좋은 맥주를 만드는 데 필요하다고 브루마스터가 정한 양 이상으로 보조 곡물을 추가하고 싶은 유혹을 항상 받을 수 있다. 이는 영국 에일을 맛볼 때 신경 써야 할 점이다.

맥아 자체는 페일 맥주에서도 구운 기미가 살짝 느껴지면서 청량하고 활발한 풍미를 주는 편이다. 독특한 견과류 풍미도 종종 느껴지는데, 내가 항상 호두의 풍미에 비유하는 이 맛은 영국 스타일 맥주를 해외에서 양조할 때는 거의 발현되지 않는다. 일반적으로 독일 앰버와 다크한 라거에서 자주 발견되는 캐러멜 느낌은 영국 맥주에서는 중요하게 여겨지지 않는다. 예외가 있다면 스트롱 스카치 에일로, 풍부한 맥아의 풍미는 가히 스타급 매력이다.

페일 에일 계열의 모든 제품은 홉을 두드러진 특징으로 한다. 영국 홉들은 리치하고 톡 쏘는 풋풋한 풀의 풍미로 서로 가족같이 닮았다. 영국 양조업체는 본국의 우수한 홉 외에도 수입 홉을 오랫동안 사용해왔지만 아로마 면에서 전통의 경계를 넘어설 정도로는 사용하지 않는다. 다시 말해 아로마가 강한 미국 홉은 사용하지 않는다. 그런데 영국에서 진행중인 크래프트 부활 운동의 경우는 또 다르다. 과거, 포터와 스타우트 같은 다크 계열 맥주는 홉의 풍미가 진했지만, 요즘은 그 정도는 아니다. 이런 모든 다크 맥주 중에서 오직 아이리시 스타우트만 원래 쓴맛 강도 등의 요소를 유지하고 있다.

미국에서는 영국 에일을 제대로 맛보기 힘들다. 대양을 건너오는 스페셜티 캐스크가 귀한 데다, 건너온다 해도 맥주의 생명력이 일부만 남아 있다. 배스 Bass를 비롯한 대형 판매 업체의 드래프트 케그는 일반적으로 탄산이 너무 많고 지나치게 찬 온도로 제공된다. 온도를 조절할 수 있다면 섭씨 10도에서 13도 사이가 적당하다. 포크를 들고 맥주를 힘차게 휘

저으면 가스가 일부 제거되어 원래 에일과 가까워지기 시작한다. 하지만 최선의 방법은 전통적으로 양조해서 캐스크로 제공하는 미국 크래프트 양조장을 찾아내는 것이다.

페일 에일과 비터

일찍이 언급했듯이, 맥주 세계에서는 가깝게 연관된 에일 제품군이 다소 혼란스러운 명칭으로 뒤엉켜 있다. '페일 에일'이란 이름은 전형적으로 병맥주에 적용되는 경우가 많으며, 같은 계열 제품 중 도수가 가장 센 쪽에 붙이지만, 생맥주도 상당히 많다. '비터'는 모든 도수를 아우를 수 있으며 보통 생맥주를 가리키지만 병맥주 버전도 존재한다. '오디너리 Ordinary(보통)', '베스트' 또는 '스페셜', '엑스트라 스페셜 비터 Extra Special Bitter'(ESB)란 명칭은 맥주의 도수가 높아지는 순으로 적용된다. 단 전 세계에서 보편적으로 쓰이지 않으며, 세 가지가 아닌 단 두 가지 등급으로 도수를 제공하는 양조장도 많다.

상면발효 맥주 제품군은 제1차 세계대전이 끝난 후, 물론 그 이후에도 약간의 변화는 있었지만, 대체로 현재의 모습을 갖췄다. 풍미 면에서 이들 맥주는 '페일 에일'이라는 살짝 볶은 맥아를 기반으로 만들어져 견과류 풍미가 느껴지고 가끔 구운 풍미가 특징적으로 느껴지기도 한다. 대부분의 경우 이들은 보조 곡물 맥주이며 청량하고 음용성이 좋다. 이 스타일의 이름이 '비터'인 것은 결코 우연이 아니다. 홉은 항상 주전으로 활동하며 때로는 거의 모든 역할을 담당하지만 각 양조장은 이 점에 있어서 그 나름의 캐릭터를 갖고 있다. 영국 스타일의 홉은 적어도 아로마를 내는 데 있어서 필수적인 요소이다.

잉글리시 비터 English Bitter

기원 1850년, 페일 에일 생맥주로 등장했고, 20세기 초반에는 점점 비중과 바디가 가벼워졌다. 앞에서 언급했듯이 불명확한 하부스타일이 이 맥주 계열에 포함된다. 보통 바디를 가볍게 하고 음용성을 좋게 하기 위해 맥아 외에 보조 곡물을 첨가하여 양조한다. 캐스크에서 리얼 에일로 제공하는 게 훨씬 좋다. 비중이 낮고 보조 곡물을 쓰지만, 최고의 잉글리시 비터는 유혹하듯이 복합적이며 매력이 있다.

장소 영국, 특히 잉글랜드, 믿을 만한 전통 버전은 미국 및 캐나다의 몇몇 크래프트 양조 업체에서도 만듦

아로마 처음엔 홉, 이후 견과류/우디한 맥아향, 향신료와 과일향도 뚜렷함

풍미 신선한 홉과 견과류의 맥아 풍미, 청량한 끝맛

밸런스 홉 또는 맥아 밸런스, 끝맛은 씀

계절 연중 내내

페어링 다양한 음식. 닭 또는 돼지구이, 카레와 전형적으로 어울림

시음해볼 추천 맥주
이 스타일은 리얼 에일로 마신다면 정말 차원이 다른 맥주이다. 스페셜티 전문 바나 지역의 브루어리 펍에서 있는지 알아볼 것. 물론 본국에서 가장 맛있다.
Anchor Small Beer,
Coniston Bluebird Bitter,
ESB Deschutes Bachelor ESB,
Fuller's Chiswick Bitter,
Harviestoun Bitter & Twisted,
O'Hanlon Royal Oak Traditional Bitter

비중: 오디너리: 1.033~1.039(플라토 7.6~9.8도),
베스트/스페셜: 1.040~1.048(플라토 10~11.9도),
스트롱 비터: 1.046~1.060(플라토 11.9~14.7도)

알코올: 오디너리: 2.4~3%,
베스트/스페셜: 3.3~4.6%,
스트롱 비터: 4.6~6.2%

발효도/바디: 매우 드라이~미디엄

색: SRM 8~18, 라이트한 호박색에서 다크한 호박색

쓴맛: IBU 25~50, 중간~높음

클래식 영국 페일 에일 Classic English Pale Ale

페일 에일과 비터 계열을 완전히 구별하기란 거의 불가능하며, 페일 에일은 비터 계열 최상위 제품과 거의 동일하다. 미국 양조사들은 이 스타일을 좋아해서 자기들만의 버전으로 완성했다. 일부 미국 크래프트 맥주는 영국 에일과 다를 바 없지만, 대부분의 경우 미국 버전이 도수가 더 강하며 거의 예외없이 100% 맥아로 만들되 실질적인 차이는 홉이 좌우한다. 제대로 만든 영국 페일 에일은 항상 영국 홉의 특성을 드러낸다.

기원 영국 시골 부지에서 양조되는 호박색의 '옥토버' 맥주에서 유래되어 1800년 훨씬 전에 런던에서 채택되었다. 그후 시간이 흘러 이 스타일은 북쪽 도시인 버튼온트렌트를 거쳐 결국은 영국 전역과 깊은 관련을 맺으며 국민 맥주가

미국인들은 페일 에일의 경우, 미국과 해외 홉 품종을 사용해서 솔향과 자몽, 열대 과일의 아로마를 발산하는 훨씬 풍성한 풍미의 버전을 만든다.

기원 진정한 인디아 페일 에일은 1780년 경 런던 양조사 조지 호지슨에 의해 인도에 선적된 옥토버 에일에서 발전했다. 1830년, 호지슨은 사업을 그만두었고 버튼온트렌트의 양조사들이 좀 더 청량하고 드라이한 버전을 개발했는데, 이것이 이 스타일의 표준이 되었다.

생산지 영국, 미국 크래프트 양조장

아로마 처음에 스파이시한 영국 홉이 부각되고 뒤이어 견과류의 맥아향이 기분좋게 받쳐줌

풍미 풍부한 맥아의 풍미가 있지만 풍미는 홉이 주도함. 가장 쓴 제품에도 어느 정도 밸런스감이 있어야 함

밸런스 항상 홉의 풍미가 진하지만, 정도는 다름

계절 연중 내내

페어링 강도가 강하고 매운 음식, 당근 케이크 같이 맛이 진하고 달콤한 디저트

시음해볼 추천 맥주

Brooklyn East India Pale Ale,
Burton Bridge Empire IPA,
Meantime India Pale Ale,
Summit India Pale Ale,
Yards India Pale Ale

비중: 1.050~1.070(플라토 12~17도)

알코올: ABV 5.0~7.5%

발효도/바디: 청량하고 드라이하지만 진한 맥아 풍미가 존재하기도 함

색: SRM 6~14, 황금색에서 호박색

쓴맛: IBU 40~60, 높음

되었다. 1870년과 1920년 사이에 비중이 대폭 낮아지는 변화를 겪었다.

생산지 영국. 미국 및 다른 지역에서 양조되는 믿을 만한 버전

아로마 깔끔한 맥아향에 더해진 풀/허브 향을 내는 충분한 분량의 영국 홉

풍미 청량한(물 때문), 견과류 풍미의 맥아, 스파이시한 홉

밸런스 균형 또는 드라이/비터, 깨끗한 끝맛

계절 연중 내내

페어링 다양한 음식, 고기 파이, 영국 치즈

시음해볼 추천 맥주

비터 계열 맥주의 경우 캐스크에 들어 있거나 적당히 병입 발효된 제품을 찾아볼 것
O'Hanlon Royal Oak,
Whitbread Pale Ale,
Firestone Walker Double Barrel Ale,
Odell 5 Barrel Pale Ale.

사양 221페이지 잉글리시 비터 아래 부분의 스트롱 비터 사양을 참조할 것.

영국 인디아 페일 에일 English India Pale Ale

이 스타일은 최근 미국의 자체 고유 제품처럼 자리잡았지만 역사적으로 볼 때 광범위한 페일 에일의 상당 부분을 차지하며, 사실상 스타일은 상당 부분 겹친다. 그러나 일반적으로 보면 IPA는 페일 에일보다 색이 좀 더 옅고, 도수는 더 높으며, 쓴맛은 더 강하게 만들어진다. 그리고 이 방식은 이 스타일의 역사와도 일치한다. 페일 에일과 IPA는 구별하기 까다로운 게 어떤 양조사에게는 페일 에일인데, 다른 양조사는 IPA라고 한다.

역사적인 스타일

버튼 에일 Burton Ale

IPA의 다크한 사촌인 버튼 에일은 버튼의 양조사들이 인디아 페일 에일이라는 엄청난 맥주가 이곳을 강타하기 전 양조한 것이다. 리치한 깊은 호박색의, 심지어 브라운 색이 도는 맥주로 달콤함이 많이 남고 종종 초기 비중이 상당히 높았다. 이 에일은 발트해 위로 러시아까지 건너가 잘 팔렸는데 러시아는 원래 버튼의 수출

시장이었다. 대체로 이 스타일은 사람들에게 알려지지 않았지만 몇 가지 버전이 상업적으로 양조되며 유명세를 타도 될 만큼 품질이 좋다. 이 맥주는 스코틀랜드에서 인기를 누린 것으로 보이며 이곳에서 양조되면서 사실상 스카치 에일로 바뀐 것 같다. 1920년대 양상이라 인기는 오래가지 않았다. 혼란스럽게도 '버튼 에일'은 나중에 페일 에일이나 인디아 페일 에일에 붙은 교역 용어였다.

잉글리시 골든 비터 English Golden Bitter 또는 서머 에일 Summer Ale

길고 무미건조한 한 세기가 지나고 영국 양조사에게서 나온 새로운 아이디어를 구경하는 기분은 굉장하다.

기원	소규모 영국 양조장에서 최근 개발된 이 스타일은 기본적으로 청량한 느낌의, 갈증을 해소해주는 맥주 형태로, 라거의 조류에 대항하기 위해 가볍게 만든 IPA이다. 홉의 쓴맛은 일반적으로 약하고 비터에 비해 틀에 박힌 특성이 약간 덜하다.
생산지	영국, 또는 미국 크래프트 양조장
아로마	깔끔한 맥아 향에 가볍지만 특색 있는 홉의 향이 더해짐
풍미	밝고 깨끗한 페일 맥아, 견고한 홉의 끝맛
밸런스	적당한 홉의 풍미
계절	여름
페어링	다양한 음식, 닭, 해산물, 매운 요리

시음해볼 추천 맥주

Hopback Summer Lightning, Wychwood Scarecrow Golden Pale Ale, Tomos Watkin's Cwrw Hâf

비중: 1.038〜1.053(플라토 9.5〜13.1도)
알코올: ABV 3.6〜5%
발효도/바디: 드라이, 청량
색: SRM 2〜6, 옅은 황금 호박색
쓴맛: IBU 20〜45, 중간

잉글리시 위트 에일 English Wheat Ale

이 스타일은 밀로 양조되고 홉 프로파일이 다소 약하지만, 골든 비터의 역사 및 사양과 상당 부분 비슷하다.

아이리시 에일

아일랜드는 스타우트로 가장 유명한데 조금 뒤에 가면 이곳이 스타우트와 포터로 넘쳐나게 된다. 2세기 동안 스타우트는 거의 아일랜드의 맥주나 다를 바 없었다. 그러나 변해가는 입맛에 맞춰 맥주를 바꿔보자는 요구가 있었고, 그 결과 오랫동안 잊혀졌던 아이리시 레드 에일이 탄생했다.

아이리시 레드 에일 Irish Red Ale

중세시대, 아일랜드는 레드 에일로 유명했다. 색상을 빼고 레드 에일에 관해 알려진 바는 거의 없다. 중세시대의 다른 맥주 패턴을 따랐을 가능성이 크다. 현대의 아이리시 레드는 20세기 말 전에는 거의 존재하지 않았던, 꽤 최근의 현상이다. 아마도 아일랜드 자체보다는 미국에서 더 중요한 스타일로, 영국이 아닌 아일랜드에서 양조된 앰버 맥주를 구비해서 서빙하는 아일랜드 바에 공급된다.

기원	용어 자체는 오래되었지만 현대 아이리시 레드와 중세 아이리시 레드는 연관성이 전혀 없다. 이 스타일은 처음에 쿠어스사가 집중적으로 홍보했으며, 이 회사에서 만든 Killian's Irish Red는 크래프트 분야의 벽을 깨려는 대량 생산 업체에게 일찍이 성공을 안겨주었다.
생산지	미국 및 때론 아일랜드의 크래프트 양조장
아로마	살짝 달콤한 토피향, 구운 기미. 중간에 홉향이 살짝 느껴짐

풍미	토피 및 약간 부드러운 토스트 풍미. 드라이한 끝맛
밸런스	섬세한 맥주, 정통 스카치 에일과 잉글리시 비터 사이의 중간
계절	연중 내내
페어링	광범위한 음식. 연어 돼지구이, 피막 세척 치즈
시음해볼 추천 맥주	
	Caffrey's Irish Ale,
	Great Lakes Conway's Irish Ale,
	Harpoon Celtic Ale,
	O'Hara's Irish Red,
	Smithwick's Ale

비중: 1.036~1.046(플라토 9~11.5도)
알코올: ABV 3.8~5%
발효도/바디: 드라이, 청량함
색: SRM 9~14, 붉은기 있는 호박색에서 루비색
쓴맛: IBU 20~28, 중간

스카치 에일

스코틀랜드 맥주는 영국 맥주와 밀접하게 연관되어 있다. 일부 차이는 있지만 동일하게 폭넓은 전통에서 왔고 산업화가 진행되면서 두 맥주는 훨씬 더 비슷해졌다.

스카치 에일 하면 떠오르는 기본 특성은 달달한 맛에 가벼운 홉의 풍미를 풍기는 루비색 맥주. 이런 특성을 보여주는 제품은 확실히 있다. 그러나 정통적인 다크한 색상의 맥아 풍미가 진한 스카치 에일을 찾는다면, 그런 제품을 만나기란 쉽지 않다. 에딘버그는 1세기 이상 버튼의 물과 비슷한 물로 만들어진 드라이하고 미네랄이 풍부한 페일 에일로 유명세를 떨쳤다. 오늘날의 스코틀랜드 맥주는 다양성이 풍부한데, 본질적인 면에서는 영국 맥주와 다르지 않다.

섬 북쪽은 기후가 선선하기 때문에 스코틀랜드 맥주는 영국 맥주보다 보통 좀 더 선선한 온도에서 발효된다. 이 말은 스카치 에일이 영국 에일에 비해 과일과 향신료의 풍미를 덜 보여준다는 의미로, 이런 성질로 인해 맥아의 특성이 처음에 더 느껴진다. 스코틀랜드에서는 홉이 자랐지만 실제로 꽤 멀리 북쪽에서 가능하기 때문에 현재 상업적인 생산은 이루어지지 않는다. 영국인에게 돈 주고 사지 않으려는 스코틀랜드인의 문제인지 아니면 다른 별 볼일 없는 이유에서인지, 스카치 에일에는 일반적으로 홉이 적게 들어가지만 동시에 쓴

맥주도 공존한다.

우리가 여전히 영국 제도의 맥주를 살펴보고 있기 때문에 명명법이 혼동스러울 것이다. 스코틀랜드 맥주는 역사상 실링으로 지정된 여러 가지 도수(60/–, 70/–, 80/–)로 출시되는데, 역사상 분명치 않은 시기에 이 수치는 맥주 한 통의 실제 가격이었다. 이런 명명법은 현재는 사용되지 않지만, 세 가지 가격대는 라이트, 헤비, 엑스포트에 해당되고 잉글리시 비터의 세 가지 도수와 일치한다. 알코올 함량이 높을 때는 단순히 스카치 에일이라고 부르는데, '위 헤비 Wee heavy'라고도 알려져 있고 아니면 실링 명칭인 120/– 에일이라 하기도 한다.

중세 스카치 에일에서는 틀림없이 맥아를 말릴 때 연료로 쓰인 토탄 연기 냄새가 났을 것이다. 옛 양조 책자에 따르면, 1700년 경의 양조사들은 석탄이나 코크스 연료의 새로운 간접 열 방식 가마에서 말린 깨끗한 맥아의 풍미를 즐겼던 게 분명하다. 이들은 훈제향이 없는 맥주를 진정한 발전으로 여겼고, 거의 300년 가까이 이 방식을 고수했다. 그러나 최근 크래프트 양조를 지향하는 양조사들이 스카치 에일의 뿌리를 다시 평가하기 시작하면서 소량의 토탄 냄새가 배인 맥아를 스카치 맥주에 다시 투입하는 것이 완전히 필연적으로 여겨졌고, 실제로 이들은 이 작업을 해냈다. 주목해야 할 것이 양조장에서 사용하는 물의 일부는 토탄을 통과하여 토탄의 느낌을 일정량 얻어내고, 이 풍미가 맥주에 자리잡게 된다.

스카치 라이트 에일 Scottish Light Ale (60/–)

기원	스코틀랜드 생맥주 계열의 아래 범주 말단, 역사적으로 잉글리시 비터와 비슷함
생산지	스코틀랜드
아로마	깨끗한 맥아향, 홉의 아로마는 전혀 두드러지지 않음, 토탄 기미는 괜찮음
풍미	드라이한 맥아 풍미, 캐러멜과 구운 기미가 느껴짐
밸런스	지방과 맥아의 풍미, 약간의 구운 풍미 존재 가능
계절	연중 내내
페어링	가벼운 음식, 간단한 치즈, 연어와 닭이 들어간 가벼운 요리
메모	일반적으로 미국에서는 구할 수 없음. 지역 브루펍에 문의해볼 것

비중: 1.030~1.035(프로토 7.6~8.8도)
알코올: ABV 2.5~3.2%
발효도/바디: 라이트하면서 드라이
색: SRM 17~22, 호박색에서 루비 브라운색
쓴맛: IBU 10~20, 낮음

스카치 헤비 Scottish Heavy (70/—)

기원	스코틀랜드 생맥주 계열의 가운데 범주, 영국 비터와 비슷한 역사
생산지	스코틀랜드
아로마	깔끔한 맥아향, 홉 아로마는 전혀 두드러지지 않음. 토탄 기미는 괜찮음
풍미	부드러운 맥아 풍미, 캐러멜과 구운 기미
밸런스	아주 약하게 존재하는 홉의 기미와 약간의 구운 풍미를 통해 밸런스를 이룬 크리미한 맥아의 풍미
계절	연중 내내
페어링	가벼운 음식, 간단한 치즈, 연어 및 닭이 들어간 가벼운 요리
시음해볼 추천 맥주	Caledonian Amber Ale. 다른 제품은 미국에서 좀처럼 구하기 힘듦. 지역의 브루펍에 문의해 볼 것.

비중: 1.035~1.040(플라토 8.8~10도)
알코올: ABV 3.2~3.9%
발효도/바디: 미디엄~매우 라이트
색: SRM 7~22, 호박색~브라운
쓴맛: IBU 10~20, 낮음

스카치 엑스포트 Scottish Export (80/—)

유래	스코틀랜드 생맥주 계열의 맨 위 범주, 잉글리시 페일 에일 및 비터와 비슷한 역사
생산지	스코틀랜드
아로마	복합적인 맥아향, 코코아 뉘앙스, 홉의 기운은 많지 않음
풍미	비교적 바디가 가벼운데도 진한 토피/구운 맥아의 풍미가 존재. 효모의 특성은 억제됨. 토탄 기미는 드물지만 괜찮음
밸런스	확실한 맥아 풍미이지만 구운 요소와 홉의 기운을 통해 밸런스를 이룸
계절	연중 내내
페어링	가벼운 음식, 적당한 강도의 치즈, 연어 및 돼지고기가 들어간 가벼운 요리
시음해볼 추천 맥주	Belhaven Scottish Ale, McEwan's Export, Odell's 90 Shiling Ale, Samuel Adams Scotch Ale, Three Floyds Robert the Bruce(이 스타일의 도수 한계를 끌어올림)

비중: 1.040~1.052(플라토 10.0~12.9도)
알코올: ABV 3.9~6.0%
발효도/바디: 적절하게 라이트~약간 풀
색: SRM 13~22, 호박색~브라운
쓴맛: IBU 15~30, 낮음

스카치 에일/위 헤비
Scottish Ale/Wee Heavy (120/—)

기원	스카치 에일 계열의 맨 위 범주로 서서히 진화됨. 버튼 에일에서 영감을 받았을 가능성이 꽤 큼. 실제는 다크한 발리 와인
생산지	스코틀랜드, 미국 크래프트 양조장
아로마	복합적인 맥아향이 육중하게 다가옴. 토피와 부드러운 로스팅 풍미가 섞인 향. 약하지만 때때로 토탄의 기미가 느껴짐
풍미	진한 토피 성향의 맥아 풍미가 계속 발현됨. 효모 특성은 억제됨. 숙성된 제품은 약간 포트 같은 느낌
밸런스	지방과 맥아 풍미, 약간의 구운 풍미도 있음
계절	연중 내내
페어링	끈적한 푸딩 및 기타 든든한 디저트
시음해볼 추천 맥주	AleSmith Wee Heavy, Brasserie de Silly Scotch Silly, Founders Dirty Bastard, Oskar Blues Old Chub, Thirsty Dog Wulver, Traquair House Ale

비중: 1.070~1.130(플라토17.1~30.1도)
알코올: ABV 6.5~10.0%
발효도/바디: 풀 바디에 달콤함
색: SRM 14~25, 호박색 ~ 루비브라운
쓴맛: IBU 17~35, 낮음

잉글리시 브라운 에일

　브라운 에일의 시작은 시간의 안개 속에 사라져버렸다. 사람들은 아주 초기부터 브라운 맥주를 양조했지만 실제 이야기는 1700년 경에야 발견되고, 이때 앰버 또는 투페니 맥주 등 홉을 넣지 않은 올드 잉글리시 에일의 후손들이 런던 주변에서 살고 있었다. 그 당시 시중에는 좀 더 쓴맛의 다른 브라운 맥주가 유통되었는데, 이 맥주가 후일 포터가 되었다. 포터는 엄청난 인기를 끌었지만, 홉을 약간 넣은 다크 맥주도 한동안 명맥을 유지했다. 브라운과 너트 브라운이라는 용어는 수세기 동안 막연하게 적용되어 왔지만, 19세기 말이 되어서야 실제로 스타일 설명이나 교역 용어로 쓰였던 것 같다.

　브라운 에일은 지금까지 결코 큰 인기를 끌지는 못했지만, 페일 에일보다 구운 풍미가 좀 더 있어, 홉의 풍미가 덜한 맥주를 찾는 고객이 항상 있는 것 같다. 이 스타일은 영국 북부와 남부, 두 가지 종류로 갈린다. 북부의 브라운 맥주는 남부 맥주보다 색깔이 더 옅고 도수는 좀 더 세며, 지역마다 제품에 조금씩 미묘한 차이가 있다. 남부의 브라운 에일이 정통이라고 주장하는 사람들도 있지만, 지금 이 시점에서는 마일드 에일과 거의 구분이 가지 않으며, 월드 비어 컵 World Beer Cup 같은 대회에서는 이들을 하나의 동일한 맥주로 취급한다.

수전노들에게 그들의 재산을
한 번 넘겨보라고 해보지
그리고 황금 가방을 물끄러미 바라보니
내 가진 것과 비교할 때,
이 사람들 틀림없이 가난하네
그들의 전 재산을 다 헤아려보아도
나에겐 진정한 부가
더 많이 쌓여 있지
우정을 소중히 한다면
결코 사라지지 않을 기쁨이 있고
작은 집도 내 것,
그리고 진한 브라운 에일 한 잔이 있다.

존 해먼드 John Hammond, '진한 브라운 에일 한 잔'

잉글리시 브라운 에일 English Brown Ale

생산지 영국 북부, 특히 요크셔와 일부 미국 크래프트 양조장
아로마 복합적, 맥아 향. 로스팅 기미가 풍길 수 있으며 홉의 아로마는 전혀 없음
풍미 캐러멜 풍미의 맥아로 구운 견과류 풍미 발현, 가벼운 홉의 풍미
밸런스 은은한 청량함에서 아주 약한 달콤함. 깨끗한 끝맛
계절 연중 내내
페어링 구운 고기 및 여러 다양한 든든한 음식
시음해볼 추천 맥주
　　　Samuel Smith's Nut Brown Ale

비중: 1.040~1.052(플라토 10.0~12.9도)
알코올: ABV 4.2~5.4%
발효도/바디: 드라이~약간 달콤
색: SRM 12~22, 중간 호박색~진한 호박색
쓴맛: IBU 20~30, 낮음~중간

다크 마일드 에일 Dark Mild Ale

이 이름은 원래 비교적 신선한 상태에서 판매되고 장기간 나무 숙성 과정을 거치지 않은 맥주에 붙였던 이름이다. 1880년 경, 런던에서 즐겨 마시는 에일은 현대 영국 에일과 닮아가기 시작했다. 1910년 경까지 마일드는 단순히 신선하고 숙성되지 않은 맥주를 가리켰고, 특정 색 또는 도수, 스타일과는 관계가 없었다. 제1차 세계대전이 끝났을 무렵, 마일드는 확실히 저비중의 세션 맥주를 가리키게 되었다. 마일드는 20세기 중반 선풍적인 인기를 끌었고, 1960년 경에는 영국 맥주 시장의 61%를 점유했다. 페일 마일드라는 좀처럼 보기 드문 제품도 있지만, 가장 오래도록 시장에 남아 있는 마일드는 다크한 루비색의 맥주이며, 현재는 여러 단계의 도수를 다시 즐길 수 있다. 1980년 경, 마일드는 영국 시장에서 겨우 14%를 차지했다.

생산지 영국 북부, 특히 버밍엄 주변과 일부 미국 크래프트 양조장. 미국 양조장에서는 일반적으로 좀 더 묵직하게 재현하는 경향이 있음
아로마 복합적이고 약한 로스팅/맥아 향. 로스팅 기미는 느껴질 수 있지만 홉 아로마는 전혀 없음
풍미 캐러멜 맥아로 약한 로스팅 풍미. 가벼운 홉의 풍미
밸런스 맥아 풍미가 있지만 로스팅 기미와 청량한 끝맛 존재
계절 연중 내내
페어링 구운 고기와 여러 다양한 든든한 음식

스트롱 에일은 호박색 또는 브라운 색조의 도수 센 맥주를 포괄적으로 가리키는 말이다. 홉 추가 공법 같은 이 맥주의 다른 특성은 상당히 다양하며, 이 계열의 많은 양조장 제품에는 '스트롱'이나 '올드'란 명칭이 붙지 않는다. 이 용어는 미국에서 문제가 되는데, 연방 규칙상 양조업체는 (알코올 함량을 기록하는 것 외에) 맥주가 스트롱하다는 말을 쓰지 못하기 때문이다. 윈터 워머는 영국에서 겨울 맥주로 양조되며, 대개 다크하고 구운 풍미가 나고, 때로는 홉의 풍미가 적당히 느껴지도 한다. 영국과 미국은 스트롱 맥주에 대한 기준이 상당히 다르기 때문에, 영국에는 5% 알코올의 윈터 워머도 있다. 미국에서는 윈터 워머 역시 레이블에 표기할 수 없는 용어이다. 규제기관에서는 '워머 warmer'라는 말을 치료 용도로 간주한다.

기원	모든 고도수 맥주가 나무통에서 최장 1년간 숙성되던 당시 남겨진 고대 유물
생산지	영국, 미국 크래프트 양조장
아로마	과일향과 건포도향의 맥아, 구운 향/로스팅 요소도 존재 가능. 야생 효모 특성이 조금 느껴질 수 있음
풍미	지방 및 과일맛의 캐러멜 풍미, 홉의 기미, 제대로 만들어진 '스테일' 버전에는 확실히 신맛의 기운이 있음
밸런스	보통 달콤한 쪽이지만 고르게 밸런스가 잡혀 있기도 함
계절	연중 내내 가능하지만 추운 날씨에 정말 훌륭함
페어링	소고기 및 양고기 구이 같은 든든하고 강도가 센 요리, 리치한 디저트에도 어울림

시음해볼 추천 맥주

Anderson Valley Winter Solstice Seasonal Ale,
Deschutes Jubeale North Coast Old Stock Ale,
Fuller's Vintage Ale

비중: 1.055~1.088(플라토 15~22도)

알코올: ABV 5.5~9.0%

발효도/바디: 고도수 에일인 경우 미디엄~풀. 올드 에일은 당 발효가 훨씬 많이 됨

색: SRM 10~25, 호박색~브라운

쓴맛: IBU 17~60+, 중간~높음

시음해볼 추천 맥주

Broughton Black Douglas,
Moorhouse's Black Cat,
Orkney Brewery Dark Island,
Surly Mild,
Wychwood Hobgoblin Dark English Ale,
Yards Brawler Pugilist Stile Ale

비중: 1.030~1.038(플라토 7.6~9.5도), 도수가 센 버전도 존재함

알코올: ABV 3.0~3.8%

발효도/바디: 도수 센 버전의 경우 드라이하고 약간 달콤

색: SRM 12~25, 중간 호박색~진한 호박색

쓴맛: IBU 10~25, 낮음~중간

잉글리시 올드/스트롱 에일/윈터 워머

English Old/Strong Ale/Winter Warmer

실제로 두 가지 관련 스타일이 이 범주에 포함된다. '올드'란 말은 나무통에서 1년 정도 숙성되어 미묘한 신맛과 풍부한 향이 밴 맥주를 가리킨다. 이런 식으로 만들어진 맥주는 '스테일'이라고 불렸으며, 보통 신선한 맥주와 섞어서 판매되었다. 요즘 영국에서는 이런 식으로 만들어지는 맥주가 거의 없지만, 이 스타일은 플란더스 지방에 지금도 존재한다.(12장 참조)

잉글리시 발리 와인/발리와인 English Barley

Wine/Barleywine

기원	또 하나의 올드 맥주. 시골 농장에서 양조된 고도수 '옥토버' 에일에서 유래되었다. 이 명칭은 1903년 배스사가 자사의 넘버 1 스트롱 에일에 처음 붙였다. 같은 범주 안에서 다양한 제품이 많다. 상당히 고도수로 양조되는 소수의

영국 맥주 중 극히 일부에만 실제로 '발리 와인'이라는 레이블이 붙는다.

생산지 영국, 미국 크래프트 양조장
아로마 풍부한 과일향의 맥아와 스파이시한 홉
풍미 홉이 받쳐주는 복합적인 맥아 풍미가 많이 느껴짐
밸런스 맥아 풍미 또는 홉의 풍미
계절 연중 내내. 겨울철에 최고
페어링 강도가 센 요리에 좋지만 디저트와 더 좋음.
스틸턴 치즈와 마셔볼 것
시음해볼 추천 맥주
Anchor Old Foghorn,
The bruery Mash,
J.W. Lee's Midnight Sun Arctic Devil Barley Wine,
O'Hanlon's Thomas Hardy's Ale,
Revolution Brewing Company Straight Jacket,
Ridgeway Criminally bad Elf

비중: 1.080~1.120(플라토 19.3~28도)
알코올: ABV 8.0~12%
발효도/바디: 미디엄~풀
색: SRM 8~22, 호박색~브라운
쓴맛: IBU 35~70, 중간~높음

포터 Porter

포터가 무엇인지 알 것 같은가? 나는 모르겠다.
포터의 역사를 공부하는 것은 우주론을 이론으로 들여다보는 것과 같다. 이곳에서 이동하는 여러 개의 평형 세계는 시간의 흐름에 따라 끊임없이 구부러지고 움직인다. 이런 세계는 고정시키려고 하면 할수록 더 자유롭게 몸부림치면서 예상치 못한 완전히 다른 것이 된다. 당연히 더 재미있다.
포터는 창조된 것이 아니라, 30년 넘게 탄생기를 거쳐 자체적으로 브라운 에일 집합에서 체스트넛 색깔의 유서 깊은 맥주 계열로 변신했고, 결국 가장 열렬하게 탐닉했던 운송 노동자들을 위한 맥주로 이름 붙게 되었다. 당시 '포터'라고 불린 맥주는 단 한 가지도 없었다. 포터라는 이름이 붙던 당시에도 그 이름에 대한 해석은 분분했다.
포터는 근 300년의 역사 동안 세대마다 변화해왔다. 처음에 포터는 상당히 많이 건조시킨(로스팅은 하지 않은) '브라운' 맥아로 만들어진 맥주였으며, 이 덕분에 구운 풍미가 가득한 풀 바디를 자랑했다. 액체 비중계를 이용하여 맥주를 양조하던 양조사들이 이 방식의 비효율성을 깨닫게 되면서, 1780년 경 이후, 맥아 추출물이 충분한 페일 맥아로 바뀌었다. 문제는 예전의 다크

그러나 모든 민족은
런던이 포터가 탄생한 곳임을 안다.
유대인, 터키인, 독일인, 흑인, 이란인, 중국인,
뉴질랜드인, 에스키모인, 구리빛 인도인, 미국인,
스페인계 미국인은 한마음으로 뭉쳐
이제까지 세상에서 가장 보편적으로 사랑받는
술의 원산지에 대해 경외감을 표한다.

찰스 나이트 Charles Knight, 런던, 1843

브라운색을 얻는 방법이었다. 대체로 불법이었지만 탄 설탕 같은 다양한 물질이 사용되었고, 이런 방식은 맥주의 맛에 급격한 변화를 주었다.
1843년 양조사이자 저술가인 윌리엄 티저드는 이렇게 밝혔다. "이 맥주 마시는 나라의 양조 업체, 특히 바로 인접한 양조 업체가 만드는 제품이라도 특별히 포터 항목을 놓고 볼 때 제품의 풍미와 품질이 동일한 곳은 단 한 군데도 없다. 런던에서도 노련한 감정가라면 주요 또는 인근 양조장의 경영에 따라 달라지는 특징적인 풍미를 주저 없이 단지 맛만 보고도 알아낼 수 있다…."
1817년 대니얼 휠러라는 사람은 깊은 블랙 색상의 맥아를 만들 수 있는 로스팅 가마를 발명했는데, 이 발명으로 색상의 문제가 해결되었지만 포터는 다시 한 번 변화를 겪었다. 19세기 내내 스타우트는 변화가 없었지만 포터는 비중, 쓴맛, 색 그리고 추측컨대 풍미 또한 대체로 약해지면서 수난을 겪었다. 제1차 세계대전 무렵, 포터는 본국에서 겨우 명맥을 유지할 뿐이었다.
월드 비어 컵 World Beer Cup의 스타일 지침에 따르면 포터는 '브라운'과 '로버스트'로 나뉜다. 이런 구분은 조금 제멋대로인데, 포터가 영국 제도에서 20년 이상 양조되지 않았던 시기에 만들어졌기 때문이다. 미국 홈브루어 협회 American Homebrewers Association와 그레이트 아메리칸 비어 페스티벌 Great American Beer Festival을 창시한 찰리 파파지안이 내게 털어놓기를, 그와 유명 맥주 저술가인 마이클 잭슨과 함께 자신이 대회에서 두 가지 종류의 포터가 필요하겠다고 느끼고, 역사적인 현실은 많이 고려하지 않은 상태에서 이 범주를 만들었다는 것이다. 2015 BJCP 지침에서는 이들 두 가지 하부 범주가 '잉글리시'와 '아메리칸' 버전으로 기록되어 있으며 후자가 좀 더 도수가 강하고 묵직(robust)하다. 적어도 현재 실태를 어느 정도 반영하는 셈이다. 이렇게 언제나 포터는 수수께끼다.
사실 포터는 잘 정의된 하부 스타일 없이도, 꽤 광범위한 다크 브라운 맥주를 대표한다. 일부는 스타우트의 영역을 침범하기도 한다. 개인적인 의견으로는 포터는 스타우트의 아주 진한 에스프레소 느낌보다는 부드러운 모카나 밀크 초콜릿 같은 로스팅 풍미를 가져야 한다는 것이 내 개인적인 의견이다.

기원	1700년 경 런던, 포터는 산업 생산된 첫 맥주로 간주됨. 도수 센 버전은 '스타우트'라 불림
생산지	영국, 미국 크래프트 양조장
아로마	맥아의 로스팅 향. 홉 아로마는 거의 또는 전혀 느껴지지 않음
풍미	로스팅과 구운 풍미의 크리미한 맥아 풍미. 홉 풍미는 거의 없거나 있을 수도 없을 수도 있음
밸런스	맥아, 홉, 다양한 정도의 로스팅 풍미
계절	연중 내내, 서늘한 계절에 좋음
페어링	바비큐, 소시지, 초콜릿칩 쿠키 같은 굽거나 훈제된 음식

시음해볼 추천 맥주

Boulevard Bully! Porter,
Fuller's London Porter,
Great Lakes Edmund Fitzgerald Porter,
Harviestoun Old Engine Oil,
Meantime London Porter,
Samuel Smith's Taddy Porter

비중: 1.040~1.052(플라토10~12.9도)
알코올: ABV 4.0~5.4%
발효도/바디: 미디엄
색: SRM 18~35, 브라운~거의 블랙
쓴맛: IBU 20~40+, 낮음~어느 정도 높음

발틱 포터 Baltic Porter

기원	8세기 영국에서 러시아까지 수출된 맥주를 기반으로 한다. 여러 가지 면에서 발틱 포터는 200년 가까이 중단 없이 계속 양조되어 왔기 때문에 진정한 포터 세계의 계승자이다. 현대적인 버전은 에일보다는 라거에 가깝지만, 영국 버전과 역사를 같이 하기 때문에 이곳에 포함시켰다. 라거 발효에도 불구하고 발틱 포터는 우유를 탄 커피처럼 부드러운 로스팅 풍미가 나기 때문에 어느 누구도 스타우트와 혼동하지 않는다.
생산지	폴란드, 리투아니아, 스웨덴을 포함하는 발트해 지역, 미국 크래프트 양조장
아로마	맥아의 부드러운 로스팅 향. 대개 홉 아로마는 전혀 없음
풍미	로스팅 및 구운 풍미의 크리미한 맥아 풍미. 가벼운 홉의 풍미. 끝맛은 상당히 달콤
밸런스	맥아, 홉, 다양한 정도의 로스팅 풍미
계절	연중 내내, 서늘한 계절에 좋음
페어링	바비큐, 프라임 립, 초콜릿 케이크 같은 굽고 훈제된 음식

시음해볼 추천 맥주

Baltika #6 Porter,
Carnegie Porter,
Duck-Rabbit Baltic Porter,
Jack's Abby Framinghammar,
Okocim Porter,
Smuttynose Baltic Porter

비중: 1.060~1.090(플라토14.7~21.6도)
알코올: ABV 6.5~9.5%
발효도/바디: 미디엄~풀
색: SRM 17~30, 브라운~진한 밤색
쓴맛: IBU 20~40, 낮음~중간

스타우트 Stout

'스타우트'는 고도수의 블랙 맥주를 뜻하는 말로, 기원은 적어도 1630년으로 거슬러 올라간다. 이 스타우트라는 명칭은 나중에는 포터라는 이름으로 불리게 된 '스타우트 버트 맥주'에 적용된 것이다. 그래서 포터에 해당하는 모든 역사는 스타우트 관련사의 일부분이기도 하다. 스타우트는 깊고 다크하며 로스팅 특성을 공유하는, 광범위하고 다양한 맥주 계열이라 할 수 있다.

기원	스타우트는 '포터의 아들'로 여겨지는데, 대체로 포터의 색을 벗어버렸고, 드라이한 것에서 달콤한 것까지, 또 도수가 약간 것에서 강한 것까지 다양한 하부 스타일을 보유하고 있음
생산지	영국, 아일랜드, 미국, 카리브해, 아프리카, 즉 전세계
아로마	볶은 맥아의 향. 홉 아로마는 있거나 없을 수 있음
풍미	항상 로스팅 풍미. 캐러멜과 홉의 풍미가 있기도 함
밸런스	매우 드라이~매우 달콤
계절	연중 내내
페어링	스테이크, 고기 파이 같이 든든하고 리치한 음식. 굴과 마시는 것이 전형적. 초콜릿은 도수 센 버전과 함께 할 것

아이리시 드라이 스타우트 Irish Dry Stout

아일랜드는 18세기 후반 포터가 영국에서 산업 생산되던 시기와 때를 같이하여 양조 산업에 뛰어들었다. 그러나 아일랜드는 별개의 섬나라이기 때문에 여기에서 생산되는 맥주는 좀 다른 방향으로 전개되었다. 모든 회사 중 단연 선두주자인 기네스의 대표 제품인 아이리시 스타우트는 검게 로스팅된 맥아보다 로스팅된 보리를

사용하는 것이 특징이다. 이 로스팅 보리는 맥주에 독특하고
날카로운, 커피 비슷한 로스팅 풍미를 부여한다. 발아시키지 않은
날보리를 넣는 레시피는 지금도 사용되며, 저비중 맥주임에도
불구하고 풍부하고 크리미한 질감을 부여한다.

기원 런던에서 유래한 스타우트의 아일랜드식 버전

생산지 아일랜드와 아이리시 드라이 스타우트를 생산하는 전세계
크래프트 양조업체

아로마 로스팅 보리 특유의 날카롭고 커피와 유사한 향(블랙
맥아와 반대). 홉 아로마는 거의 없거나 전혀 없음

풍미 날선 로스팅 풍미와 비중에 비해 꽤 쓴맛. 비발아 보리
플레이크를 사용하면 신맛과 약간의 크리미한 느낌이 있음

밸런스 매우 드라이, 청량함

계절 연중 내내

시음해볼 추천 맥주

beamish Irish Stout, Guinness Draft,
Murphy's Irish Stout,

North Coast Old No. 38 Stout,
O'Hara's Irish Stout

비중: 1.036~1.044(플라토 9.0~11도)

알코올: ABV 4.0~4.5%

발효도/바디: 드라이

색: SRM 25~40, 블랙

쓴맛: IBU 25~45, 낮음~높음

스위트 [런던] 스타우트/밀크 스타우트
Sweet Stout/Milk Stout

스타우트는 그 원산지에서는 다소 약하고 부드럽고 달콤한 로스팅
풍미의 스타일로 변해갔다. 20세기 초반 무렵에는 병약자의
음료로 자리매김했고, 종종 발효되지 않은 젖당인 락토스를
첨가하여 달콤하게 만들어지기도 했다. 밀크 스타우트는 놀랍게도

미국에서도 인기를 조금 누리고 있는데 종종 부드럽고 크리미한 질감을 위해 질소를 주입하여 서빙한다.

—

시음해볼 추천 맥주

    Left Hand Milk Stout,
    Mackeson XXX Stout,
    Samuel Adams Cream Stout,
    Three Floyds Moloko,
    Young's Double Chocolate Stout

—

비중: 1.044~1.060(플라토 11~14.7도)
알코올: ABV 4.0~6.0%
발효도/바디: 달콤함, 풀
색: SRM 30~40, 블랙
쓴맛: IBU 20~40, 낮음

오트밀 스타우트 Oatmeal Stout

스타우트에 생 귀리나 귀리 몰트를 첨가하면 20세기 버전의 스타우트가 완성되는 것 같다. 귀리는 매우 부드럽고 리치한 크림감과 쿠키 같은 견과류 기미를 더해준다.

시음해볼 추천 맥주

    Anderson Valley Barney Flats Oatmeal Stout,
    Firestone Walker Velvet Merlin,
    McAuslan St. Ambroise Oatmeal Stout,
    New Holland The Poet Oatmeal Stout,
    Young's Oatmeal Stout

—

비중: 1.045~1.065(플라토 11.2~15.9도)
알코올: ABV 4.2~5.9%
발효도/바디: 미디엄, 리치, 귀리감
색: SRM 22~40, 브라운~블랙
쓴맛: IBU 25~40, 낮음~중간

아이리시 엑스트라 스타우트와 포린 엑스트라 스타우트
Irish Extra and Foreign Extra Stout

이들 맥주는 럭셔리 제품으로 본국에서 판매되는 도수 높은 스타우트였지만 대영제국 변방까지 수출되기도 했다. 이 스타일은 열대지방에서 가장 호응이 좋았는데, 도수 높은 스타우트는 자메이카부터 나이지리아, 싱가포르까지 세계 어디서나 양조된다.

—

시음해볼 추천 맥주

    D&G Dragon Stout,
    Bell's Special Double Cream Stout,
    Guinness Foreign Extra Stout,
    Lion Stout,
    Pike Brewery XXXXX Stout,
    Schlafly Irish-Style Extra Stout

—

비중: 1.052~1.062(플라토 12.8~15.3도)/1.056~1.706(플라토 13.8~18.5도)
알코올: ABV 5.5~6.5%/6.3~8.0%
발효도/바디: 미디엄~풀
색: SRM 30~40, 진한 블랙
쓴맛: IBU 35~50/50~70, 낮음~높음

임페리얼 스타우트 Imperial Stout

도수가 다른 맥주보다 훨씬 센 '임페리얼'은 18세기 거의 내내, 러시아 황실에서 인기가 많았다 하여 붙여진 이름이다.

시음해볼 추천 맥주

    Courage Imperial Russian Stout,
    Great Divide Yeti Imperial Stout,
    Harvey's Le Coq Imperial Extra Double Stout,
    North Coast Old Rasputin Imperial Stout,
    Stone Imperial Russian Stout,
    Three Floyds Dark Lord

—

비중: 1.075~1.1150+(플라토 18.2~27도)
알코올: ABV 8.0~12.0%
발효도/바디: 미디엄~풀
색: SRM 35+, 블랙
쓴맛: IBU 50~90, 높음

라거 맥주

라거의 역사는 적어도 양으로 볼 때 세계를 지배하는 맥주의 역사다. 잘 만들어진 라거는 맥주 세계의 진정한 즐거움이 될 만하다. 라거 계열은 다양한 스타일을 아우른다. 창백한 옅은 색에서 진한 체스트넛 색상까지, 약한 도수에서 아주 센 도수까지, 모두 서늘한 온도에서 발효되어 장시간 찬 온도에서 저장되고, '라거링'되었다는 공통의 특성을 공유한다. 라거의 원산지는 바바리아를 비롯한 인근 지역이다. 라거는 19세기 중후반까지 이 지역에서 번성하면서 놀라운 붐을 만들며 세계 곳곳으로 퍼져 나갔다.

이렇게 성공을 거둔 맥주 계열 치고는 그 기원과 관련한 자료가 충격적일 정도로 빈약하다. 대부분의 맥주 스타일과 마찬가지로 자주 언급되는 탄생설화가 있긴 하다. 그 설에 따르면 바바리아의 양조사들은 자연 동굴이나 석회암 비탈에 판 저장고에서 맥주를 발효시켰다. 세월이 흐르면서 이들이 사용했던 효모는 찬 온도에 적응해서 16세기에 완전히 새로운 종으로 모습을 드러냈는데 시기는 앞뒤 1세기 정도 차이가 난다.

독일 북부에서 기원하다

우리가 아는 사실은 일찍이 양조 공정의 많은 부분이 독일 북쪽 멀리 브레멘, 함부르크를 비롯해 한자 Hansa 무역동맹에 속해 있는 기타 다른 도시에서 이루어졌다는 것이다. 바바리아 지역은 현재 BMW와 다른 최첨단 기업의 본부가 있는 곳이지만, 당시는 후미진 농촌 구석이었는데, 이런 대조는 오늘날에도 즐겁게 회자될 만하다.

한자동맹의 도시는 세계에서 처음으로 홉 맥주를 생산한 곳으로, 북해와 발트해 지역 주변까지 널리 배에 실어 이동되었다. 당시에는 레드와 화이트, 두 가지 확연히 다른 맥주 계열이 있었다. 이 두 계열은 각각 자체적으로 양조사 조합이 있었다. 화이트 맥주에는 홉이 들어간 반면 레드 맥주는 여전히 예전에 쓰던 그루트라는 향신료 혼합물을 사용하여 양조되었다. 그루트는 조름나물과 서양 톱풀, 때때로 야생 로즈마리와 당시 요리법에 나오는 다수의 미확인 품종이 들어간 혼합물이었다. 그루트는 교회나 지정된 그루트 권리 소지자에 의해 고가에 판매되었고, 이것이 맥주세의 초기 형태였다.

중세 후기, 바바리아 북부지역, 특히 뉘른베르크 Nuremberg 는 홉 교역의 중심지로 알려져 있었다(500년이 지난 후에도 여전히 이곳은 세계 홉 교역의 중심지이다). 그러나 바바리아 남쪽에서는 홉이 들어가지 않은 레드 맥주가 여전히 주도하고 있었다. 명심할 점은 당시 독일이라는 국가는 우리가 현재 아는 그런 나라가 전혀 아니라는 것. 당시 독일은 공국이 모인 집합체로 각각의 공국은 자체적인 법과 관습, 중량 단위, 도량형, 통 크기가 있었다.

아인벡 Einbeck 은 일찍이 13세기와 14세기부터 자체 맥주로 유명한 도시였다. 아인벡은 교회 통제 밖에 있어 이곳 양조사들은 그루트를 사용할 의무가 없었다. 홉 교역의 중심지로서 아인벡은 홉 맥주를 전문으로 양조했다. 상당량의 홉 맥주는 바바리아로 선적되었고 이곳에서 인기 열풍이 불었다. 이 새로운 아인베커 맥주는 바바리아 양조사들에게 영감을 주었다. 역사적으로 볼 때, 특히 홉의 도입과 더불어 지역 양조사들은 수입 맥주를 반복적으로 모방하는 행태를 보여준다. 아인벡의 양조 계절은 9월 말에서 5월 초 사이로 이 시기에 맥주는 일반적으로 상당히 시원한 온도에서 발효되었다. 물론 양조는 대부분의 유럽에서 이와 비슷한 계절에 이루어졌지만, 시원한 온도에서 발효된 결과 찬 온도에 적응된 효모가 생겨났을 것으로 추정된다.

1420년 뮌헨시 의회의 연대기에는 라거 맥주를 언급하는 것으로 보이는 내용이 있다. 1487년 뮌헨 법령(순수령의 전신)에서는 양조사들에게 홉, 맥아, 물만 사용하도록 지시했는데, 이는 바로 예전의 홉을 넣지 않은 그루트 맥주는 이후 영영 자취를 감추었다는 확실한 증거가 된다. 마지막으로 1533년 칙령에서는 양조를 9월 29일에서 4월 23일 사이에 하도록 제한했고, 1612년 바바리아의 군주 맥시밀란 1세는 한스 피츨러라는 북부 지역의 브루마스터를 영입하여 남쪽 바바리아로 가서 양조의 성공 비결을 알아오라 명했다. 이 결과 추운 날씨에서 발효된 맥주를 브라운 맥주라 했으며, 뮌헨은 이후 이 맥주로 지금까지 유명세를 타고 있다.

산업혁명의 효과가 감지될 때까지 독일 양조는 어디에서

에일 또는 라거?

오늘날, 맥주는 크게 에일과 라거로 무 자르듯 분명하게 나뉘어 있다. 역사적, 문화적으로나 또 특정 맥주 스타일 면에서나 이 두 맥주의 상이성은 논쟁의 여지가 없지만 풍미 측면에서 볼 때 이 분류가 합당할까? 차이점은 발효에 달려 있다. 라거의 경우 특정 효모종이 서늘한 온도에 적응하여 생겨났다. 이 효모는 생화학적인 효모 활동을 많이 억제하여 발효로 인해 생겨나는 풍미, 즉 과일과 스파이시한 풍미를 줄여준다. 그 결과 라거는 이국적인 효모의 향보다는 원료의 특성을 보여주는 경향이 짙다.

에일과 라거의 차이는 특히 헤페바이젠 같은 효모 지향 맥주와 페놀부터 에스테르까지의 스펙트럼을 보여주는 벨기에 맥주를 비교할 때 상당히 클 수 있지만, 구분이 모호한 회색 영역도 상당하다. 알트비어 Altbier와 쾰시 Kolsch 같은 스타일은 상면발효 맥주이지만 역시 꽤 낮은 온도에서 저장된다. 우리는 영국 효모로 해당 효모가 활동할 수 있는 가장 낮은 온도에서 꽤 괜찮은 필스너를 만들 수 있는데, 고도로 훈련받은 사람이 아니라면 과일 풍미를 전혀 느끼지 못한다. 대량생산되는 대부분의 미국 맥주는 라거링 온도에 대해 단언하지만 사실 일반 라거 온도가 결빙 온도보다 조금 더 높은 온도라는 점 고려했을 때 훨씬 높은 온도인 7~10도 사이에서 저장되며 역사적인 정통 라거보다 보존기간도 훨씬 짧다. 사실 버드와이저는 사과라는 캐릭터로 유명한데, 일부는 에스테르, 일부는 알데히드로 인한 특성일 수 있으며, 쿠어스에서는 바나나 향을 감지할 수 있다. 이런 과일향의 경우 맥주가 정통 라거 방식대로 더 시원한 온도에서 저장된다면 훨씬 덜 드러날 것이다.

나 소규모 '크래프트' 생산방식을 유지했다. 바바리아 양조의 현대화에서 중요한 인물은 가브리엘 세델마이어 2세와 오스트리아-헝가리 제국의 안톤 드레어 경이었다. 이 두 사람은 게르만 양조계의 떠오르는 신동이었다. 세델마이어 가문은 이미 (슈파텐에서) 양조 사업에 종사하고 있었고, 드레어 가문 역시 (비엔나 근처 슈베카트에서) 양조업을 하고 있었다. 이들 둘은 1833년 겨우 22세 나이에 영국에 파견되어 금방 친구 사이가 되었고, 이곳에서 급속하게 산업화되어 가는 영국 양조장의 실태를 알아볼 수 있었다. 이들은 산업 스파이 활동을 했는데, 심지어 바닥에 밸브가 달린 속 빈 지팡이를 만들어 아무도 안 볼 때 발효중인 맥주를 몰래 여기에 채워서 호텔로 가져와 분석하기도 했다. 틀림없이 상당히 재미있는 일이었고 배운 것도 많아 돌아와서는 양조 제국을 건설했으며 그 유산이 오늘날 유럽에 고스란히 남아 있다.

수백 년에 걸쳐 진행된 일이었지만 바바리아 스타일 라거는 결국 독일 다른 곳과 인접 국가의 상면발효 맥주 대부분을 밀어냈다. 최후의 일격은 1871년 바바리아가 독일 연합으로 통합된 사건과 뒤이어 1906년에 일어난 맥주 순수령 채택이었다. 그 당시에는 현재 정통적인 모든 라거 스타일의 기반이 되었던, 잘 개발된 지역 스타일의 라거가 상당히 많았다. 페일 맥주가 시장을 지배했지만 매력적이고 맛있는 라거도 많았다.

라거, 북미에 상륙하다

한편 북미에서 라거 맥주는 독일인들이 이민오면서, 즉 남북전쟁이 일어나기 수십 년 전부터 시장에 등장했다. 미국은 이때까지 대체로 증류주를 마시는 나라였다. 소비 통계를 딱 집어 말하기는 상당히 어렵지만, 1810년 정부 보고에 따르면, 1인당 증류주 소비는 연간 14쿼트(1쿼트: 약 0.946리터)가 약간 넘는 수준이었다. 이 당시 맥주 소비는 1인당 연간 단 5쿼트로 추정되며, 섭취량으로 봤을 때는 약 70대1의 비율을 보였다. 펜실베이니아, 뉴욕, 매사추세츠 같은 주는 양조산업 규모가 상당했지만 그밖의 다른 곳은 보리 재배가 힘들거나 증류주가 훨씬 저렴해서 맥주 양조는 그다지 타산이 맞지 않았다.

이민 온 독일계 양조사 일부는 당시 시장 기회와 필적할 정도로 야심찬 사업 비전을 가지고 있었다. 파브스트 Pabst와 부

지모테크닉연구소의 맥주잔, 1911년
현재 지벨연구소로 이름이 바뀐 이곳은 1868년 시카고에 세워진
미국에서 가장 오래된 양조 학교이다.

시 Busch, 슐리츠사의 우에흘라인 같은 사람들은 1870년대 거대한 맥주 유통망을 만들어 그 전까지만 해도 맥주가 귀했던 남부를 비롯한 다른 곳에 맥주를 공급했다. 이들은 증기, 철도, 냉각, 살균, 전신 등의 모든 기술 발전을 이용했다. 광대한 규모와 훌륭한 조직 기술이 구비된 덕분에 초기의 대규모 독일식 미국 양조장은 전 제품 범주에서 최초의 국가 브랜드를 만들어냈다. 오늘날에도 모든 시장에서 맥주를 신선하게 관리하는 일이란 결코 만만한 일이 아니다. 그러나 지금 우리는 19세기, 핸드 코르크 마개 병에 담겨 나무상자에 실려 화차로 수천 마일을 이동한 맥주 얘기를 하고 있는 것이다. 그 전년도 겨울, 북부의 호수와 강에서 잘라내 안전한 전략적 거점에 보관해 두었던 얼음을 다시 싣기 위해 화차는 수 시간마다 정차했다.

초창기부터 미국의 독일식 맥주는 다크한 뮤닉 종류가 주류를 이루었지만, 다른 것들도 존재했다. 이곳의 양조사들은 다양한 독일 도시에서 영감을 얻었기 때문에, 맥주에 쿨름바허스 Culmbachers, 에르랑거스 Erlangers, 뒤셀도르퍼스 Duesseldorfers 등의 이름이 붙었고 물론 필스너와 버드와이저도 있었다. 1870년대, 〈아메리칸 브루어 American Brewer〉의 편집자로 일하는 양조 과학자 안톤 슈바츠와 지모테크닉연구소(후에 지벨연구소로 바뀜)의 잔 이왈드 지벨은 바디를 가볍게 하는 원료인 쌀과 옥수수를 사용하기 위한 보조 재료 양조 방식을 완성했다.

보헤미아인이었던 슈바츠는 순수령에 매여 있던 바바리아와 대조적으로 그 당시 오스트리아에서 행해진 보조 재료 실험 양조를 확실히 알고 있었다.

이와 동시에 기계로 제작된 병과 냉각 설비 덕분에 양조업체는 옅은 색의 탄산과 거품이 많고 얼음처럼 차게 즐기게 되어 있는 맥주를 만들어서 판매할 수 있었다. 바로 미국 보조 곡물 맥주가 탄생하는 순간이었다. 금주령이 시행됨에 따라 이 맥주는 시장을 지배했다.

라거 맥주의 풍미

라거 맥주는 차게 발효되고 차가운 온도에서 숙성 과정을 거치기 때문에 효모 대사의 화학 과정이 느리게 진행된다. 에일 발효로 생성되는 에스테르를 비롯한 다른 화학물질이 발산하는 과일향의 탑 노트는 라거에서는 훨씬 낮은 수준으로 발현된다.(사실상 대회에서 라거에 과일 풍미가 두드러지면 심사 테이블에서 탈락된다.) 긴 발효시간 덕분에 이들 화학물질이 재흡수되어 냄새가 덜한 화합물로 전환된다. 이는 곧 라거의 풍미가 좀 더 깔끔하고, 덜 복합적이며, 맥아와 홉에 좀 더 집중되어 있고, 다른 요소는 거의 없다는 뜻이다. 라거의 경우 양조사는 원료에 힘든 일을 맡긴다. 원료를 올바로 배합한 다음 한 발짝 물러나 지켜보는 것이 양조사의 일이다.

정통 라거 스타일의 미국 크래프트 제품

Firestone Walker Pivo Pils
(Paso Robles, CA)

Victory Prima Pils
(Downington, PA)

Great Lakes Dortmunder Gold
(Cleveland, OH)

Sierra Nevada Oktoberfest
(Chico, CA)

New Glarus Uff Da Bock
(New Glarus, WI)

Capitol Dark
(Middleton, WI)

Metropolitan Magnetron Schwarzbier
(Chicago, IL)

Boston Beer Company Samuel Adams Double Bock

이밖에 몇 가지 독특한 미국 라거

Capitol Autumna Fire, an amber doppelbock
(Middleton, WI)

Dogfish Head Imperial Pilsner
(Milton, DE)

Great Divide Hoss Rye Lager
(Denver, CO)

Full Sail LTD, 순환식으로 생산되는
색다른 라거 시리즈 (Hood River, OR)

에일 효모는 수백 개 다른 종이 있지만 라거 효모는 단 두 종이며, 이들은 살짝 변화만 있을 뿐 서로 밀접하게 연관되어 있다. 이 말은 라거의 경우 효모에서 나오는 풍미와 아로마가 그다지 많이 고려할 사항은 아니며, 에일과 동일한 정도로 취급되지는 않는다는 뜻이다.

밸런스는 압도적인 맥아의 풍미부터 상쾌한 홉의 풍미까지 이 사이에서 결정된다. 독일이나 체코 성질의 홉은 대부분의 스타일에서 결정적인 역할을 한다. 라거 양조사들, 심지어 크래프트 양조사들도 규정집에 집착하는 경향이 있어 영국 및 벨기에 영감의 에일에서 발현되는 양식에 어긋나는 즉흥성이 거의 없다. 나는 잘 만들어진 정통 라거도 좋지만 미국 양조사들이 힘을 좀 빼고 지나치게 규정에 얽매이지 않는 모습을 보고 싶다. 창의력의 발휘가 시장에서 라거 계열을 살리는 데 도움이 될 수 있다.

대부분의 전통 유럽 라거는 전부 맥아 all-malt로 만들어지기 때문에 맥아의 특정한 특성에 주의를 기울일 가치가 있다. 맥아에 빵의 풍미가 있는가? 아니면 꿀이나 약한 캐러멜의 기운이 있는가? 토피 같은가, 캐러멜 풍미가 깊은가, 아니면 구운 풍미나 로스팅 풍미가 나타나는가? 일반적으로 구운 풍미나 로스팅 풍미가 날서게 많이 느껴지지는 않을 것이다. 매끄러움은 라거의 모토니까. 깔끔한 홉 아로마와 쌉쌀함은 라거의 목표다. 괜히 '노블' 홉이라고 불리는 게 아니다. 독일 할러타우 Hallertauers의 허브 아로마, 즉 거의 민트향에 가까운 아로마가 느껴지고 슈팔트 Spalter, 테트낭 Tettangers, 사츠 Saaz의 좀 더 진한 과일 노트가 느껴지기도 한다. 이런 일부 아로마 특성은 스타일에 따라 딱 정해져 있어 홉과 친숙해져야 한다.

발효의 성격은 거의 나타나지 말아야 한다. 과일 풍미는 너무 따뜻한 온도에서 발효된 증거이다. 은은한 황 냄새와 약한 DMS 냄새(88페이지 참조)는 허용되지만 확연한 버터 냄새는 문제의 징조이다. 그러나 양조업체에 불만을 제시하기 전, 이런 증상이 실제 맥주로부터 야기된 것이고 탭 라인 문제가 아님을 확실히 확인해야 한다. 거친 맛은 많은 원인이 있을 수 있지만 물의 화학 조성과 관계가 있을 가능성이 높다. 일부 캐나다와 제3세계의 보리는 약간의 까슬한 페놀성의 떫은맛을 내게 해주지만 이들 지역 스타일에서 용인되는 특성이다.

체코/보헤미안 필스너 Czech/Bohemian Pilsner

기원 원조 필스너로 여기에서 수천 가지의 모방 제품이
파생되었다. 체코/보헤미안 필스너는 1842년 체코 도시
플젠에서 페일 에일의 인기에 대한 대항마로 만들어졌다.
이 맥주는 Plzensky Prazdroj, 즉 필스너 우르켈 Pilsner
Urquell로 널리 알려졌다. 우르켈이란 말은 '원조'란
뜻이다. 보헤미안 필스너 스타일은 새로운 경영방침에
따라 필스너 우르켈의 펑키한 복합성이 일부 없어지면서
변화를 겪고 있으며, 체코 필스너의 묵직한 매력을
찾기가 점점 힘들어지고 있다. 체스케 부데요비체 Ceske
Budejovice의 맥주는 오랫동안 체코 페일 라거보다 약간
더 라이트하고, 더 드라이하며 좀 더 색이 옅은 변형
제품이었다는 점을 주목할 필요가 있다.
이 맥주를 고를 때 관건은 희미하게 광이 나는 골드빛과
신선한 사츠 홉 아로마에 거의 가려진 복합적인 캐러멜
부케를 찾는 것이다. 페일 맥주의 모방 제품은 많으니
까다롭게 고르자. 보헤미안 필스너는 여러 도수로
양조되지만 이 중 도수가 높은 제품만 수출된다. 본국에서
대부분의 사람들은 좀 더 약한, 덜 비싼 버전을 마신다. 이
외에 앰버 및 다크 라거도 많으며 가장 유명한 것으로는
세계에서 가장 오래된 브루펍인 프라하의 우 플레쿠 U
Fleku에서 양조되는 맥주다.

생산지 체코 공화국, 미국 크래프트 양조장

아로마 깔끔한 맥아향에 더해진 사츠 홉의 스파이시한 향

풍미 달콤한 맥아, 캐러멜 힌트. 사츠 홉의 풍미

밸런스 홉의 풍미로 다소 또는 상당히 많이 기울어짐. 때때로 홉의
비율이 상당히 높은 경우에도 뒷맛이 깔끔 쌉싸름함

계절 항상 가능

페어링 닭, 샐러드, 연어, 브라트부르스트 bratwurst 같은 여러
가벼운 음식

시음해볼 추천 맥주

BrouCzech Lager,

Chechvar(유럽의 부드바르 Budvar),

Live Oak Pilz,

Lagunitas Pils(abv 6%로 정통 스타일보다 좀
도수가 강함),

Summit Pilsner

비중: 1.044~1.060(플라토 11~14.7도)

알코올: ABV 4.2~5.8%

발효도/바디: 중간

색: SRM 3.5~6, 옅은 골드에서 진한 골드

쓴맛: IBU 30~45, 중간

독일 필스너 German Pilsner

기원 북부 독일. 체코 필스너의 성공을 기반으로 만들어짐.
북쪽지방 버전이 좀 더 드라이하고 쌉쌀함

생산지 독일, 이외 유럽 다른 지역

아로마 깔끔한 맥아향에 허브/민트향의 노블 홉향이 상당히 많이
더해짐

풍미 청량하고 매끄러운 맥아 풍미. 허브 풍미의 할러타우 홉과
견고한 쓴맛

밸런스 균형 또는 드라이/비터, 깔끔한 끝맛

계절 연중 내내. 그러나 따뜻한 날씨에 가장 좋음

페어링 샐러드, 해산물 요리, 브라트부르스트 같은 다양한 가벼운
음식

시음해볼 추천 맥주

Firestne Walker Pivo Pils,

Hill Farmstead Mary,

Jever Pilsener,

Mahr's Pilsner,

Sierra Nevada Nooner Pilsner,

Trumer Pils,

Victory Prima Pils

비중: 1.044~1.050(플라토 11~12.5도)

알코올: ABV 4.4~5.2%

발효도/바디: 청량하고 드라이

색: SRM 2~5, 지푸라기 색에서 옅은 골드

쓴맛: IBU 22~40, 중간

켈러비어

많은 독일 양조장은 양조장 내에서만 하우스 맥주의
비여과 버전을 제공한다. 약간 우유 같은 탁함을 가진 이
맥주는 맛이 매우 신선하며, 후여과 처리된 동종 맥주보다
풀 바디감이 좀 더 있다. 켈러비어는 리얼 에일의 독일
버전이다. 여과로 인해 얼마나 많은 요소가 사라지는지
실감할 수 있게 하는 맥주다. 스타일 면에서 볼 때는
필스너, 헬레스 또는 양조장에서 만들어지는 다른 맥주
스타일에 비해 좀 더 신선하고 약간 더 리치한 맛이 난다.

전세계의 페일 라거

정통적인 스타일 이외에 페일 라거는 전세계에 퍼졌고, 정착한 지역마다
조금씩 다른 성격을 띤다. 아래에 제시한 예는 일부분에 불과하다.

중국과 인도

시골풍의 투박한 경향이 있으며, 이쪽 지역의 6줄 보리는 풀 풍미, 또는 때로 떫은 성질을 더해준다.

일본

전 범위에 걸쳐 다양한 제품이 있으며, 대체로 극도로 깔끔하고 청량하다. 예상하듯이 쌀은 가장 흔하게 쓰이는 보조 곡물이다. 100% 맥아 제품도 존재하고, 프리미엄 제품은 꺼끌한 느낌이 전혀 없으며, 사케 문화에서 차용한 미적 감각이 돋보인다.

호주

영국에서 영향 받은 강한 양조 유산이 있지만, 라거도 자체적으로 포용해왔다. 호주의 페일 라거는 국제적인 스타일을 따르며, 미국 보조 곡물 필스너 계열과 상당히 비슷하지만, 홉의 비율이 다소 높은 경우도 많다. 타스마니아와 뉴질랜드의 홉도 상당히 다른데, 호주에서 출시되는 많은 맥주의 독특한 향은 이 홉 때문이다.

폴란드

체코 맥주와 많이 다르지 않지만, 대체로 조금 덜 쌉쌀하고 아주 약간 거친 식감이 도는 경향이 있다. 도수는 광범위하게 출시되며, 일반적인 알코올도수 4.5~5%에서 시작해 9% 이상까지 올라간다. 나에게는 6.5~7% 제품이 가장 흥미로웠다. 폴란드에는 자체적으로 홉을 키우는 지역이 있고 이곳에서 재배하는 루블린 Lublin이라는 품종이 있다. 사츠홉과 비슷한 종류라고 한다.

캐나다

캐나다의 주류 라거는 미국 제품과 상당히 비슷하지만, 알코올 함량은 최대 0.5% 더 높다. 캐나다 고유의 '푸른색' 6줄 맥아는 유색 호분(표피)층 aleurone layer(호분립, 즉 단백립을 다량 함유한 세포층으로, 벼과, 대나무과의 종피 안쪽에 위치함-역자주) 때문에 이런 이름이 붙었으며, 날선 느낌의 청량한 거친 식감을 더해주기도 한다. 이곳에는 정통 필스너, 영국에서 영감을 받은 토론토 및 서쪽 지역의 에일, 퀘벡에서 펼쳐지는 짜릿한 벨기에 영감의 맥주 계열 등 우수한 크래프트 맥주가 많이 존재한다.

멕시코와 남미

대부분의 제품은 산업 표준에서 변형된 제품이며, 풍부한 보조 곡물이 바디를 묽게 해서 갈증 해소 기능이 높다. 헤드 강화 물질, 항산화 물질이 들어간 대량 생산 시장 맥주와 보조 곡물이 50% 이상 들어간 맥주도 흔하다. 멕시코의 보헤미아 Bohemia와 네그라 모델로 Negra Modelo, 과테말라의 복 스타일 라거인 모짜 Moza 등 우수한 제품이 존재한다. 흥미로운 크래프트 맥주 제품이 남미 많은 곳에서 이제 막 모습을 드러내고 있지만 이곳에는 많은 어려움이 존재한다.

21세기 그라울러
중국 산동성 칭다오 사람들은 비닐봉지를 사용하여
맥주를 테이크아웃한다.

뮌헨 헬레스 Müncher Helles

기원 체코 필스너의 성공을 기반으로 만들어진 이 제품은 독일 뮌헨에서 탄생했다. 뮌헨 양조사들은 1870년대에 와서야 우수한 페일 맥주를 만들기 위한 이자르 강물의 처리 방법을 알아냈지만, 그럼에도 이 스타일에는 지나친 쓴맛에 대한 지역적인 반감이 반영되어 있다.

생산지 독일 뮌헨, 미국 크래프트 양조장

아로마 깔끔한 맥아향에 상당한 양의 허브 홉 향이 더해짐

풍미 풍부함, 가벼운 캐러멜 풍미의 맥아, 홉의 힌트

밸런스 균형~맥아 풍미. 진하고 부드러운 끝맛

계절 연중 내내, 하지만 따뜻한 날씨에 가장 좋음

페어링 샐러드, 해산물 요리 같은 여러 광범위한 가벼운 음식. 바이스부르스트(맛있게 양념한 송아지 고기와 돼지고기로 만드는 전통적인 흰 소시지-역자주)와 전형적으로 어울림

시음해볼 추천 맥주

> Augustiner Lagerbier Hell,
> Spaten Munchner Hell(프리미엄 라거),
> ly Fox Helles Lager,
> Stoudts Gold Lager,
> Surly Hell,
> Weihenstephaner Original

비중: 1.044~1.048(플라토 11~11.9도)
알코올: ABV 4.7~5.4%
발효도/바디: 청량함, 드라이
색: SRM 3~5, 옅은 황금색
쓴맛: IBU 16~22, 낮음~중간

도르트문터 엑스포트/헬레스 엑스포트비어 Dortmunder Export/Helles Exportbier

기원 독일 도르트문트의 엑스포트 맥주는 독일에서 최초로 유명해진 페일 라거였다. 이 도시의 양조업체는 1845년경에 산업화되기 시작했고, 1865년 경 한 자료에 따르면 맥주에 관한 한 '바바리아가 독일 전체를 대변했듯이 도르트문트는 독일 북서부를 대표한다'고 밝혔다. 지역의 양조 전통과 날 원료에서 탈피한 뭔가 다른 것이 분명 이곳에서 진행되고 있었다. 라거 양조에서 '바바리아 공정'은 1865년에 채택되었고, 이 결과 나온 새로운 페일 맥주가 대단한 인기를 누렸다. 하지만 안타깝게도 이렇게 성공한 지 100년이 지난 현재, 도르트문터 엑스포트는 그 원산지에서 생을 마감하기 직전에 있다.

도르트문터는 원래 수출용으로 만들어진 도수가 약간 강한 맥주였다. 다행히도 미국 크래프트 양조 버전으로 이 제품이 때때로 출시된다. 밸런스를 놓고 볼 때는 헬레스와 필스너 사이에 있지만, 이 두 스타일보다 도수는 약간 세다. 도르트문트라는 도시는 탄산염, 황산염, 염화물 등 화학 구성이 상당히 특이한 물을 보유하고 있어, 홉이 적당히 들어간 페일 맥주 생산에 상당히 적합했다.

생산지 괜찮은 도르트문트 스타일 라거는 현재 몇몇 미국 크래프트 양조장에서 구하기가 더 수월함. 뮌헨 양조업체는 옥토버페스트 참가자에게 정통 메르첸 대신 이 맥주를 제공하고 있으며 따라서 도르트문트 스타일 라거는 현대 옥토버페스트 맥주가 되어가고 있다.

아로마 깔끔한 맥아 향에 부드러운 홉향이 더해짐

풍미 진하면서 가벼운 캐러멜 풍미의 맥아. 홉의 힌트

밸런스 완벽한 균형감에 리치하고 모난 데가 없지만, 미네랄 풍미의 청량한 끝맛이 있음

계절 연중 내내

페어링 돼지고기, 맵고 자극적인 아시아 음식, 케이준, 라틴 음식 등의 다양한 음식

시음해볼 추천 맥주

> Ayinger Jahrhundert,
> DAB(Dortmunder Actien-Brauerei),
> Great Lakes Dortmunder Gold,
> Three Floyds Jinx Proof,
> Two Brothers Dog Days Dortmunder Style Lager

비중: 1.048~1.056(플라토 11.9~13.8도)
알코올: ABV 4.8~6.0%
발효도/바디: 미디엄
색: SRM 4~7, 지푸라기 색에서 옅은 황금색
쓴맛: IBU 20~30, 낮음~중간

`역사적인 스타일`

미국 금주령 이전 필스너 American Pre-Prohibition Pilsner

제1차 세계대전 이전, 미국의 주류 맥주는 오늘날보다 개성이 더 강했다. 비중은 지금과 비슷하거나 약간 더 높았던 것 같고, 옛날 광고와 사진에서 보이는 맥주 색으로 판단해볼 때 당시는 지금보다 더 다크한 색상인 경우가 많았다. 홉 비율은 오늘날에 비해 몇 배 더 높았다. 100% 맥아맥주가 존재하기는 했지만, 대부분은 보조 곡물이 들어간 맥주로 전형적으로 쌀이나 옥수수 가루가 레시피상 20~25% 정도 함유되었고 오늘날의 프리미엄 맥주와 비슷했다.

오늘날 버전은 좀 더 높은 온도에서 좀 더 단기간 동안 발효된다. 결과 미국 대량 생산 시장 '라거'에서는 사과와 바나나 에스테르 힌트가 흔하다.

시음해볼 추천 맥주
> Brooklyn Lager,
> Narragansett Lager,
> Yuengling Traditional Lager
> 근처 브루펍을 주시해보라.
> 가끔 여름 계절 상품으로 이 스타일이 등장한다.

비중: 1.044~1.060(플라토 11~13도)
알코올: ABV 3.5~6.0%
발효도/바디: 미디엄
색: SRM 3~5, 지푸라기 색에서 옅은 황금색
쓴맛: IBU 25~40, 중간

미국 보조 라거 American Adjunct Lager

기원 미국에서 옥수수와 쌀을 원료로 한 보조 곡물 맥주는 1540년으로 거슬러 올라간다. 이 스타일은 우리가 아는 대로 19세기 후반 개발되었고, 20세기를 거치면서 훨씬 섬세해졌다. 이 맥주 스타일은 세계에서 가장 잘 팔리는 라거다. 사용되는 주요 보조 곡물 두 가지는 옥수수와 쌀로, 보통 함께 사용하지는 않는다. 잘 나가는 주류 브랜드에서는 레시피의 약 20%를 보조 곡물로 쓴다. 곡물 가격이 내려가면 보조 곡물 비율이 증가하고, 염가 브랜드에서는 때때로 설탕이 상당히 저렴한 보조 재료로 사용된다. 미국의 경우 맥아 음료는 아이러니하게 '맥주'보다 좀 더 규제를 많이 받는데 이 음료의 법적 보조 곡물 원료 상한선은 75%이고 대부분의 저가 브랜드 맥주는 보조 원료 비율이 약 50%를 넘어선다.

생산지 미국, 현재는 전세계

아로마 곡물 풍미의 맥아 기미. 가끔 홉의 향

풍미 살짝 흰 빵의 맥아 풍미가 있고 탄산과 함께 거품이 상당함. 적어도 미국 주류 버전에서는 쓴맛이 아주 미미함. 프리미엄 또는 유럽 버전은 어느 정도 쓴맛이 느껴지기도 함. 보조 곡물로 옥수수가 들어가면 입안을 감싸주는 둥글둥글한 식감을 남기며 약간의 달콤함이 느껴지기도 한다. 쌀은 청량한 끝맛을 내지만 너무 많은 양을 사용할 경우에는 거친 떫은맛이 약간 증가할 수 있다.

밸런스 드라이. 깔끔하고 청량한 끝맛

계절 연중 내내. 그러나 따뜻한 날씨에 가장 좋음

페어링 매일 수백만 가지 음식을 씻겨 내려주는 맥주지만 가볍고 섬세한 기본 특성 때문에 아주 가벼운 요리가 아닌 이상 음식에 묻힐 가능성이 많음

시음해볼 추천 맥주
> 도처에 깔려 있어서 추천을 할 필요까지는 없지만 budwiser, Coors Banquet, Miller Genuine Draft가 이 범주의 대표 주자이다.
> Pabst는 좀 더 꽉찬 풍미를 가지고 있다.

비중: 1.040~1.050(플라토 10.1~12.4도)
알코올: ABV 4.2~5.3%
발효도/바디: 청량하고 드라이하며 거품이 많음
색: SRM 2~4, 지푸라기 색에서 옅은 골드
쓴맛: IBU 8~18, 매우 낮음

미국 라이트 라거 American Light Lager

기원 1940년대에 여성을 위한 다이어트 맥주로 출시된 라이트 맥주는 당시 밀러의 모회사인 필립 모리스에 의해 그 브랜드인 '라이트 Lite'로 남성미가 부각되었다. 현재 라이트 라거는 일반 라거보다 많이 팔린다. 균류에서 추출된 효소를 사용하며 잔존하는 모든 전분을 발효가능한 당으로 줄여서 남아 있는 탄수화물을 완전히 없애고, 그 결과 최소한의 칼로리로 최대한의 알코올이 생성되도록 하였다.

생산지 미국 대부분 지역, 전세계적으로도 생산됨

아로마 곡물 풍미의 맥아 기미 살짝. 그 이상 없음

풍미 아주 살짝 맥아의 기미. 탄산과 함께 거품이 상당함

밸런스 슈퍼드라이. 깔끔하고 청량한 끝맛

계절 연중 내내 가능하지만 따뜻한 날씨에 가장 좋음

페어링 음식과 함께 마시는 것은 정말 권장하지 않음

시음해볼 추천 맥주
> 미국 보조 라거와 마찬가지로 이들 맥주는 도처에서 볼 수 있다. bud lite, Coors lite, Miller lite가 이 범주를 지배함

비중: 1.028~1.040(플라토 7.1~10.1도)
알코올: ABV 2.8~4.2%
발효도/바디: 슈퍼드라이
색: SRM 2~3, 옅은 지푸라기 색에서 옅은 황금색
쓴맛: IBU 8~12, 극도로 낮음

미국 맥아주 American Malt Liquor

기원 값싼 취기를 위해 만들어진 맥아주는 다른 저렴한 산업 생산 맥주처럼 양조되고 보조 재료가 상당히 많이 쓰이며 설탕만 들어가는 경우도 많다. 맥아주는 홉이 아주 소량 들어가며 때때로 병입 시 설탕이 약간 첨가된다.

생산지 미국

아로마 곡물 풍미의 맥아 기미가 살짝 풍기고, 혹 달달한 알코올 아로마가 느껴지기도 함

풍미 약간의 맥아 풍미와 달달한 끝맛. 알코올이 분명히 드러남

밸런스 알코올 대 탄산, 그리고 약간의 달콤함

계절 연중 내내

비중: 1.050~1.060(플라토 12.4~14.7도)

알코올: ABV 5.2~8.1%

발효도/바디: 슈퍼드라이

색: SRM 2~5, 옅은 지푸라기 색에서 옅은 황금색

쓴맛: IBU 12~23, 낮음

미국의 유서 깊은 양조장과 출시되는 브랜드

미국 양조장	전통 브랜드
오거스트 셸 August Schell	셸즈 Schell's, 그레인 벨트 Grain Belt
하이 폴즈 브루잉 High Falls Brewing	제네시 Genesee
민하스 크래프트 브루어리 Minhas Craft Brewery	후버 Huber, 라이네랜더 Rhinelander
아이언 시티 Iron City	아이언 시티 Iron City
포인트 브루잉 Point Brewing	포인트 스페셜 Point Special
더 라이언 브루어리 The Lion Brewery	스태그마이어 Stagmaier
스트로브 브루어리 Straub Brewery	스트로브 Straub
잉링 Yuengling	잉링 Yuengling

비엔나 Vienna 와 메르첸 Märzen, 옥토버페스트 Oktoberfest

기원 이 스타일은 1840년 경 비엔나에서 안톤 드레어가 처음 만들었다. 얼마 후, 이와 비슷한 맥주가 드레어의 친구인 가브리엘 세들마이어 2세(당시 슈파텐에서 양조업에 종사)에 의해 뮌헨에서 양조되었다. 메르첸은 '3월'이라는 의미로, 통상 여름을 앞에 두고 양조를 중단하기 전, 전년도 가을의 홉과 맥아를 모두 써버리기 위해 늦봄에 양조되던 맥주에 붙이던 이름이었다. 따라서 이제는 곳곳에서 볼 수 있는 '3월 맥주'라는 아이디어는 독일에서 꽤 오래 전에 고안된 개념이다. 최초의 옥토버페스트 축제는 1810년에 열렸고, 이후 적어도 50년이 지나 현재의 이름을 단 스타일이 나왔다.
비엔나 양조사들은 좀 더 많이 볶은 뮌헨의 맥아보다 살짝 옅은 색의 맥아를 사용했지만, 처음에 밀접하게 연관된 이 두 맥주간에 그다지 큰 차이는 없었을 것이다. 비엔나 스타일 라거는 한동안 그 원산지에서는 한물 간 구식이 되어버렸지만, 오스트리아의 몇몇 소규모 신생 양조장에서 크래프트 버전이 등장하고 있다. 독일의 경우 옥토버페스트라는 명칭은 오직 뮌헨 양조사들에 의해 만들어진 특정 맥주에만 붙인다. 이는 스타일이라기보다는 명칭에 가까운데, 일부 버전은 점점 변화해서 최근 몇 년간 좀 더 색이 옅어지고 드라이해지고 있는 반면 또 구식 메르첸을 고수하는 버전도 있고 두 버전을 같이 양조하는 곳도 있다. 이렇게 두 가지 버전으로 갈리기 때문에 옥토버페스트를 스타일로 논하는 것은 무의미하지만, 여전히 미국과 유럽 이외 지역에서는 교역 용어로 의미를 지닌다. 가을 계절 상품으로 크래프트 양조업체가 양조하는 훌륭한 버전이 많다.

생산지 독일, 오스트리아, 멕시코(오스트리아-헝가리 제국 시절 식민지였다), 미국과 전세계 크래프트 양조장

아로마 맥아, 맥아, 맥아! 캐러멜과 쿠키 특성을 강조함. 주로 뮤닉 맥아나 비엔나 맥아로 양조됨. 일반적으로 홉 아로마는 거의 또는 전혀 없음

풍미 캐러멜 맥아 풍미, 달콤한 구운 기운이 있으며 약간 쌉쌀함

밸런스 맥아 풍미. 홉에 의한 밸런스는 거의 이루어지지 않음

계절 9월~10월. 특히 미국에서는 연중 내내

페어링 멕시코 요리를 비롯한 다른 매운 요리. 닭, 소시지, 마일드 치즈

시음해볼 추천 맥주
Ayinger Oktober Fest Märzen,
Firestone Walker Oaktoberfest,
Paulaner Oktoberfest Marzen,

Samuel Adams Octoberfest,
Devil's Backbone Vienna,
Figueroa Mountain Damish Red(비엔나)

메르첸
비중: 1.054~1.060(플라토 13.3~14.7도)
알코올: ABV 5.8~6.3%
발효도/바디: 미디엄
색: SRM 8~17, 옅은 황금색에서 어두운 호박색
쓴맛: IBU 18~24, 낮음~중간

비엔나
비중: 1.054~1.055(플라토 11.9~13.6도)
알코올: ABV 4.7~5.5%
발효도/바디: 미디엄
색: SRM 9~15, 옅은 황금색에서 어두운 호박색
쓴맛: IBU 18~30, 낮음~중간

뮤닉 둔켈 Munich Dunkel

기원 독일 남부의 고대 '레드' 맥주에서 전해 내려온 둔켈은 최초의 라거 스타일로 아마도 16세기에 오늘날의 모습으로 발전했다. 탄산염이 많은 물은 맥아 풍미의 브라운 맥주를 양조하는 데 적격이었지만 양조사들은 미네랄 함량 조정법을 터득할 때까지는 페일 맥주를 양조하는 일이 불가능하다고 여겼다. 원래 이 맥주는 전적으로 호박색의 뮤닉 맥아로 양조했지만 좀 더 현대적인 레시피에서는 필스너 맥아와 뮤닉 맥아를 섞는 경우가 종종 있고, 소실된 색을 대체하기 위해 블랙 맥아를 소량 첨가한다.

생산지 독일 뮌헨, 미국 크래프트 양조장

아로마 리치하고 복합적인 맥아향. 홉 아로마는 전혀 없음

풍미 리치한 구운 쿠키와 캐러멜/토피 맥아 풍미, 부드러운 구운 풍미가 입혀짐

밸런스 맥아 풍미. 홉에 의한 밸런스는 거의 이루어지지 않으며, 부드럽게 쌉쌀한 구운 풍미가 있음

계절 연중 내내, 추운 날씨에 좋음

페어링 바비큐, 소시지. 구운 고기 같은 든든하고 풍미가 강한 음식. 브레드 푸딩

시음해볼 추천 맥주
Ayinger Altbairisch Dunkel,
Capital Munich Dark,
Harpoon Dark,

Hofbrauhaus Hofbrau Dunkel,
Lakefront East Side Dark

비중: 1.048~1.056(플라토 11.9~13.8도)
알코올: ABV 4.5~5.6%
발효도/바디: 미디엄
색: SRM 14~28, 루비색에서 진한 브라운
쓴맛: IBU 18~28, 중간

역사적인 스타일
미국 다크/복 American Dark/Bock

미국으로 이민 온 독일 양조사들은 미국에 진한 맥아풍의 둔켈 레시피를 가지고 들어왔다. 세월의 흐름에 따라 옥수수나 쌀가루가 추가되면서 이 맥주의 무게감과 단맛은 약해졌다. 필스너가 등장하면서 이런 다크한 스타일을 대신했지만, 1970년대까지 다크 맥주는 당 발효가 상당히 많이 된 형태로, 특히 계절 복 맥주로 계속 명맥을 유지했다. 이들 맥주는 대부분 자취를 감추었지만 유엔글링을 비롯해 몇몇 지역의 유서깊은 양조장은 여전히 이 스타일을 양조한다. 특히 가벼운 바디감의 앰버 파생 맥주인 시너 복 Shiner Bock는 텍사스 슈포츨 양조장의 대표 상품이다.

시음해볼 추천 맥주
Dixie Blackened Voodoo Lager,
Schiner Bock,
Yuengling Porter

독일 슈바츠비어 Schwarzbier

기원 독일 특정 지역, 특히 아우그스부르크 Augsburg, 바드 코스트리츠 Bad Kostritz, 쿨름바흐 Kulmbach에서 오랫동안 양조된 이 스타일은 독일에서 가장 다크한 맥주다. 슈바츠는 '블랙'을 의미하는 말이지만, 이 명칭은 다크 맥주를 표시하기 위해 특정 지역에서 종종 사용된다. 양조사이자 저술가인 라디슬라우스 본 바그너(1877)가 이 맥주를 '영국식 쾨스트리처 Englischer Köstritzer'라고 부른 것으로 보아, 이 맥주는 19세기 중반 영국 포터의 폭발적인 인기에 일부 편승한 것처럼 보인다. 당시 이 맥주는 '사츠' 당화라는 독특한 당화법으로 양조되었는데, 이는 매쉬를 물에 오랫동안 차게 담가둔 다음, 묽어진 매쉬에 홉을 넣고 끓이는 방식이었는데, 홉 '로스팅'이라는 공정이었다.

생산지 독일 쿨름바흐, 바드 코스트리츠, 일본(블랙 맥주).

	간혹 미국 크래프트 양조장
아로마	꽉찬 로스팅 풍미의 맥아 향. 홉 아로마는 거의 또는 전혀 없음
풍미	달콤 쌉싸름, 깔끔한 코코아 로스팅 풍미
밸런스	로스팅 맥아 풍미. 홉에 의한 밸런스는 거의 이루어지지 않음
계절	연중 내내. 날씨가 추울수록 좋음
페어링	바비큐, 소시지, 구운 고기 같은 든든하고 풍미가 강한 음식. 브레드 푸딩

시음해볼 추천 맥주

Sapporo Black Lager,
Samuel Adams Black Lager,
Sprecher Black Bavarian Lager,
Köstritzer Schwarzbier,
Kulmbacher Mönchshoff Schwarzbier,
Metropolitan Magnetron Schwarzbier

비중: 1.046~1.052(플라토 11.4~12.9도)
알코올: ABV 4.4~5.4%
발효도/바디: 미디엄
색: SRM 17~30, 루비색에서 진한 브라운
쓴맛: IBU 20~30, 중간

역사적인 스타일

독일 포터 German Porter

별로 알려지지 않은 이 스타일은 영국 포터의 전례 없는 성공에 부응하여 19세기 중반에서 후반 사이 전성기를 맞이했다. 동시대 작가에 따르면 독일 포터에는 두 가지 다른 스타일이 있었다. 달콤한 맥아 풍미의 포터와 청량하고 홉이 많이 들어간 버전 두 가지로 나뉘었고, 둘 다 초기 비중은 1.071~1.075(플라토 17.3~18.2도)였다. 라거와 상면발효 버전 둘 다 존재했다. 네우첼러 클로스터 브라우에서 양조하는 포터는 미국으로 수출된다.

마이복/헬러 복 Maibock/Heller Bock

기원	독일 남부의 아인벡은 정황상 분명 복 맥주가 탄생한 곳이다. 1613년 경에도 이 맥주는 요하네스 테오도러스의 《약초 책》에서 "쌉쌀한 맛의 묽고 섬세하고 깔끔하며 혀끝에 상쾌한 신맛이 느껴지며, 이밖에도 다른 좋은 점이 많다"라고 소개되어 있다.

맥시밀리언 1세에 의해 바바리아로 온 브룬스웍(아인벡 근처)의 브루마스터는 이 도수 센 맥주 스타일의 세부적인 양조 방법을 정리하는 데 도움을 주었다. 18세기 후반에 이 스타일은 독일 남부로 퍼져나간 것 같다. 50년 후에는 유럽 전역, 특히 프랑스에서 양조되었고, 이곳에서 활발하게 소비되었다.

생산지	독일 남부, 프랑스, 미국, 태국
아로마	약한 캐러멜 풍미의 맥아향이 풍성하게 느껴지면서 홉의 기미 가미
풍미	리치한 캐러멜 풍미의 맥아. 부드럽고 쌉쌀한 끝맛
밸런스	꽉찬 맥아 풍미의 바디. 고르게 균형잡힌 홉의 풍미
계절	전통적으로 늦봄(5월), 그러나 현재는 연중 내내
페어링	태국 음식 같은 쌀로 만든 음식이나 풍미가 강한 음식, 치즈 케이크, 사과 슈트루델

시음해볼 추천 맥주

Einbecker Mai-Ur-Bock

비중: 1.064~1.072(플라토 15.7~17.5도)
알코올: ABV 6.3~7.4%
발효도/바디: 상당히 풀, 리치
색: SRM 6~11, 황금빛~호박색
쓴맛: IBU 23~35, 낮음~중간

다크[둔켈] 복 Dark [Dunkel] Bock

기원	복 맥주를 표현한 옛날 그림을 보면 중간 색조의 호박색보다 어둡게 표현된 것이 좀처럼 없다. 따라서 다크 복은 호박색 복과 비교할 때 상당 부분 보조적인 역할을 했던 것 같다. 이 맥주는 역사적인 중요성보다는 미국 홈브루어나 크래프트 양조사에게 심정적으로 더욱 중요성을 가진다.
생산지	독일 남부, 미 크래프트 양조장
아로마	풍부한 맥아 향에 부드러운 로스팅 향의 기운
풍미	리치한 구운 쿠키와 캐러멜 맥아 노트, 달콤쌉쌀한 끝맛에 코코아 기운이 가미됨
밸런스	꽉찬 맥아 풍미의 바디. 홉이 중요한 역할을 하지 않음
계절	전통적으로 늦봄(5월), 그러나 현재는 연중 내내
페어링	리치하거나 풍미가 강한 음식, 세척 피막 치즈나 고지방 흰곰팡이 치즈

시음해볼 추천 맥주

Aass Bock,
Einbecker Ur-Bock Dunkel,
New Glarus Uff-Da Bock,

Schell's Bock,

Weltenburger Kolster Asam—Bock

비중: 1.064〜1.072(플라토 15.7〜17.5도)
알코올: ABV 6.3〜7.2%
발효도/바디: 상당히 풀, 리치
색: SRM 14〜22, 호박색에서 어두운 브라운
쓴맛: IBU 20〜27, 낮음

도펠복 Doppelbock

기원 1629년 뮌헨의 파울라너 Paulaner 수도원 양조장에서
'살바토르 Salvator'란 이름으로 처음 출시되었다.
살바토르란 이름은 20세기 초반까지 도펠복을 총칭하는
이름으로 쓰였는데, 이때 당시 일반 사업장이었던
파울라너 양조장에서 이 이름을 쓰지 못하도록 제동을
걸었다. 하지만 '—아토르 ator'란 접미어는 그 이후 계속
남아 전세계 대부분의 양조장은 자사 도펠복 이름 끝에
'ator'를 붙인다. 이 스타일은 지금도 여전히 리치하지만
한때는 지금보다 훨씬 묵직해서 비중은 높고 발효도는
상당히 낮았지만(왈 헤이너스 Wahl—Henius의 양조,
발아, 보조 무역에 관한 미국 간편북에서는 1897년산
살바토르를 4.61% 알코올에 원비중은 18.8도B/1.078]로
기록한다) 변해가는 입맛에 부응하여 이 스타일의
최종 비중은 지난 150년간에 걸쳐 계속 감소해 좀 더
드라이해지고 단맛은 줄었으며 알코올 함량은 많아졌다.
생산지 독일 남부, 미 크래프트 양조장
아로마 복합적 맥아향이 풍성. 뚜렷한 홉의 향은 전혀 없음
풍미 육중한 캐러멜 맥아 풍미. 부드러운 로스팅 풍미의 끝맛
밸런스 맥아 풍미. 홉은 중요한 역할을 하지 않으며 부드러운
로스팅 풍미가 있다.
계절 연중 내내. 날씨가 추울수록 좋음
페어링 (오리 요리같이) 리치한 구이 요리, 초콜릿 케이크 및
트리플 크림 치즈와 완벽하게 어울림
시음해볼 추천 맥주
Augustiner Brau Maximator,

Ayinger Celebrator,

Ettaler Klosterbrauerei Curator,

Metropolitan Generator,

Troegs Troegenator Dublebock Weihenstephaner

Korbinian

비중: 1.077〜1.112(플라토 18.7〜26.3도)

알코올: ABV 7.0〜10.0%
발효도/바디: 상당히 풀, 리치
색: SRM 6〜25, 깊은 호박색에서 어두운 브라운
쓴맛: IBU 16〜26, 낮음

아이스복 Eisbock

복을 단순히 얼린 다음 얼음 상태에서 물을 일부 제거하여 알코올
및 그밖의 다른 부산물의 비율을 늘림으로써 도수를 훨씬 강하게
만든 맥주다. 풍미는 일반 복과 같지만 정말 농축된 맥주다.

비중: 1.078〜1.120(플라토 18.9〜28도)
알코올: ABV 9.0〜14.0%. 최고 40%의 맥주도 가끔 양조됨
발효도/바디: 매우 풀, 리치. 리큐어와 비슷
색: SRM 18〜30. 깊은 호박색〜어두운 브라운
쓴맛: IBU 25〜35, 낮음〜중간

라우흐비어 Rauchbier

직화 방식의 가마가 출현하기 전, 모든 맥아는 연기 냄새가
배거나 공기로 건조되었다. 상당히 원시적인 간접열 방식의
가마를 사용하던 노르웨이 같은 곳에서 이런 증거가 남아 있는데,
1700년 전 많은 유럽 맥주에는 맥아를 건조시키기 위해 사용하던
나무로부터 연기 냄새가 어느 정도 배어 있었다. 또 기록상 분명한
점은 맥아 제조인이 무연 방식의 맥아 말리는 방법을 터득하자
대부분의 장소에서 훈제 맥주 생산이 줄어들었다는 것이다. 단
바바리아 북부의 프레코니아 Fraconia 지역은 예외였다. 밤베르크
Bamberg 주변에는 구식 훈제 맥주인 라우흐비어 생산지가 모여
있다.
이런 맥주는 대부분 저장 맥주였기 때문에(밀 맥주는 예외),
스페셜티 맥주인 라우흐비어는 라거 범주에 속하고 따라서 다른
바바리아 맥주 전통과 역사 및 풍미를 공유한다. 유일한 차이점은
연기다. 가마에는 보통 너도밤나무 목재가 사용된다. 맥주를
양조할 때는 원하는 훈제 수준을 얻기 위해 훈제 맥아와 비훈제
맥아를 다양한 비율로 섞는다. 복과 헬레스를 비롯한 다른 많은
맥주 스타일이 이런 식으로 양조되지만, 가장 흔한 훈제 스타일은
메르첸으로 이 맥주의 진한 맥아 풍미는 연기 풍미에 당당히
맞서기 때문에 독특한 밸런스가 완성된다.
라우흐비어는 처음 한 모금에 화들짝 놀랄 수 있지만 역경은
거기서 끝난다. 입안이 이 맛에 익숙해지면서 맥주는 점점 더 좋은
맛이 난다.

맛	메르첸, 헬레스, 복, 바이젠에 드라이한 햄 풍미의 연기를 한 겹 입혀보라. 음, 액상 베이컨이다!
시음해볼 추천 맥주	Brauerei Spezial Rauchbier, Aecht Schlenkerla 제품 중 아무거나, 이따금 출시되는 지역 브루펍의 계절 맥주
사양	많은 정통 스타일 버전으로 양조되는데 특히 메르첸을 들 수 있으며 헬레스, 밀 맥주, 복 맥주도 있다.

역사적인 스타일

슈타인비어 Steinbier

중세시대 양조사들은 항상 금속으로 된 양조 용기를 사용할 수 없어 목재 용기로 작업해야 했다. 이로 인해 매쉬와 맥즙을 가열할 때 어쩔 수 없는 문제가 생겼다. 해결책은 맥즙에 가열된 돌을 직접 넣어주는 것. 이렇게 하면 돌의 열이 꽤 효과적으로 전달되었다. 이런 고대 방식을 마지막까지 고집한 곳은 19세기 말 오스트리아 남부 산악 지역인 카린티아 Carinthia에 있었다. 이곳 사람들은 귀리와 밀 맥아를 사용한 상당한 저비중의 슈타인비어를 양조했다. 알가우어 Allgauer라는 밤베르크 양조장은 이 스타일을 재해석했지만 생산은 중단되었다. 맥즙에 넣는 돌은 '유사 사암'이라고 불리는 단단한 사암으로, 새장 모양의 금속 구조물에 담겨 흰색이 될 때까지 가열된 다음 맥즙에 투입된다. 맥즙은 신속하게 끓고 돌은 캐러멜화된 두꺼운 맥즙층으로 덮히는데, 이후 발효가 진행되는 동안 이 맥즙층이 분해되어 맥주에 훈제의 토피 풍미를 부여한다.

분명 슈타인비어는 양조하기 까다로운 맥주로, 특히 상업적인 양으로 생산하기엔 어려움이 따라서 가끔 특별 프로젝트로 모습을 드러낼 뿐이다.

컨티넨털 에일, 바이스비어,
에일-라거 하이브리드 맥주

위대한 라거의 조국에도 에일은 있다. 물론 수백 년 전에는 모든 맥주가 에일, 즉 상면발효 맥주였지만 이들 대부분은 19세기 후반 유럽을 휩쓴 바바리아와 보헤미아 라거의 거대한 물결로 인해 그 존재가 희미해지거나 사라졌다.

모든 에일에는 맥즙 상면에서 발효하는 효모가 사용된다. 스타일마다 다르긴 하지만, 좀 더 중요한 특징으로 에일 효모는 라거 효모보다 더 따뜻한 온도, 보통 섭씨 18~23도의 온도를 좋아한다. 이 온도에서 효모는 에스테르라고 부르는 과일 풍미의 아로마 분자와 맥주에 향긋한 과일향의 복합성을 더해주는 기타 다른 화학물질을 상당히 많이 생산한다. 대부분의 경우, 사용되는 효모 품종은 맥주 성격을 결정짓는다. 쾰른과 뒤셀도르프의 라인 밸리 Rhine Valley 에일에 사용되는 효모는 섬세한 과일의 풍미로 매우 중성적인 성질을 띠는데, 이들 효모는 에일 발효 온도 범위의 가장 서늘한 쪽에서 발효된 다음 마치 라거처럼 찬 온도에서 숙성되기 때문에 이 효모의 효과는 감지하기 힘들다. 에일-라거 하이브리드 맥주에도 같은 원리가 적용되며, 이들은 에일 효모로 서늘한 온도에서 발효되거나, 스팀 맥주처럼 라거 효모가 사용되더라도 따뜻한 온도에서 발효된다. 바바리아 바이젠에 사용되는 개성 강한 효모는 바나나, 풍선껌, 스파이시한 정향의 노트 등 과일 한바구니 가득한 아로마를 발산해준다. 맥주에 실제 이런 과일이나 향신료는 전혀 들어가지 않으며, 이런 아로마의 마법은 전적으로 효모에서 나온다.

바이스비어는 바바리아 헤페바이젠과 시큼하고 자극적인 베를리너 바이스의 다양한 색과 도수를 모두 아우르는 포괄적인 용어다. 보리 맥아 맥주와 비교하여 밀맥주는 입안에 좀 더 가볍게 와 닿으며 날선 듯한 아로마와 크리미한 마우스필, 갈증을 해소해주는 끝맛이 있고, 옥수수나 쌀 같은 보조 곡물로 만들어진 밍밍한 맥주와는 꽤 다르다. 옅은 색상과 높은 탄산 수준은 이 스타일의 상쾌한 면을 향상시켜준다.

이 스타일에 속하는 대부분의 맥주는 다른 맥주 애호가와 함께 어느 정도 많은 양을 마실 수 있게 만들어진 세션 맥주다. 알트 Alt와 쾰시 Kölsch는 맛이 있고 미국에서도 구입할 수 있지만, 이들 맥주를 완전히 만끽하기 위해서는 라인강을 따라 늘어선 본고장으로 날아가야 한다. 이곳 바와 브루펍에서는 옥상에 놓여 있는 작은 배럴통에서 맥주를 받아 두께가 종잇장처럼 얇은 높은 잔에 따라 내준다. 마시는 사람이 잔 위에 코스터를 올려놓아 이제 충분히 마셨다고 표시를 할 때

이름 속에 숨어 있는 뜻은?

바이스(Weis, Weiss, Weisse)
모두 독일어로 '하얗다'를 의미하고, 유럽 북부지역을 따라 재배되는 밀이 들어간, 색이 옅고 탁한 맥주를 묘사할 때 오랫동안 사용되어 왔다.

바이젠 Weizen
독일어로 '밀'을 뜻하고 바바리아 또는 독일 남부의 바이스비어 종류를 가리킨다.

헤페 Hefe
'효모'를 뜻하며 효모가 들어간 바이스비어를 가리키는데, 단연코 가장 인기가 많은 형태다.

크리스털 Kristal
수정같이 맑은 바이젠을 가리킨다.

까지 맥주는 자동적으로 계속 서빙된다.

알트란 말은 구식 스타일이라는 의미로 '오래되었다'는 뜻이다. 뒤셀도르프 바깥 지역에서는 몇 가지 알트 비어가 유통된다. 핀쿠스 뮐러에서는 페일 뮌스터 스타일을 만들고, 하노버의 린드너 길드(1546년 코드 브로이한이 설립)에서는 호박색 브로이한을 만든다. 도르트문트는 한때 알트 비어의 고장으로 유명해서 100년 전 도수 높은 아담비어 Adambier로 세계에서 명성을 날렸다. 시장이 통합되고 필스너가 주류 맥주가 되면서 도르트문터 알트는 점점 찾기 힘들다.

바바리아 라거 전통이 독일 북쪽에 늦게 입성했기 때문에 거의 잊혀졌던 독특한 지역 스페셜티가 많다. 고제 같은 일부 맥주는 부흥기를 누리고 있는 반면 또 어떤 것들은 시들해져 새로운 모습으로 다시 태어날 때가 온 것 같다.

쾰시 Kölsch

쾰시란 단어는 명칭이다. 유럽에서는 쾰른 Cologne에서 활동하는 양조업체만 이 이름을 사용할 수 있지만, 이 이름에 대한 보호권은 미국까지 확장되지는 않았다. 쾰시는 청량하지만 날선 느낌이 없고, 밸런스가 잡혔지만 과하게 쓰지는 않다. 아로마에는 감미롭게 미묘한 과일향이 있고, 때때로 밀을 소량 추가해서(정통 양조업체에서는 거의 하지 않음) 얻어지는 크리미한 기운으로 드라이한 꽉 찬 맛이 완성된다. 신선하고 매혹적이며 결코 질리지 않는 이 맥주는 세계 최고의 세션 맥주 중 하나로 꼽는다. 일부 미국 크래프트 양조장에서는 이런 쾰시를 인정하여 보통 여름 계절상품으로 제품 라인업에 포함시킨다.

기원   독일 쾰른
생산지   독일 쾰른, 미국 및 전세계 크래프트 양조장
아로마   식빵 풍미의 맥아 향에 노블 홉과 약간의 과일향이 가미됨
풍미   깔끔하고 신선한 맥아 풍미. 홉의 풍미가 뒤에 깔림
밸런스   균등하게 밸런스 잡힘. 부드럽고 쌉쌀한 끝맛
계절   연중 내내. 그러나 따뜻한 날씨에 가장 좋음
페어링   닭, 샐러드, 연어, 브라트부르스트 같은 여러 다양한 가벼운 음식 계열
시음해볼 추천 맥주
   Gaffels Kölsch,
   Goose Island Summertime,
   Reissdorf Kölsch,
   Saint Arnold Fancy Lawnmower Beer

비중: 1.044~1.050(플라토 11~12.4도)
알코올: ABV 4.4~5.2%
발효도/바디: 로우~미디엄
색: SRM 3.5~5, 옅은 황금색에서 중간 황금색
쓴맛: IBU 18~30, 낮음~중간

뒤셀도르퍼 알트비어 Dusseldorfer Altbier

니더작센주의 라인강 주변에는 상면발효 브라운 맥주의 전통이 잘 정립되어 있다. 현재 뒤셀도르퍼 알트는 19세기에 많은 사랑을 받았던 에른트비어 erntebier, 추수 맥주라는 좀 오래된 스타일에서 유래된 듯하다.

정통 알트는 구릿빛 색상에 일상에서 마시는 도수를 가진 100% 맥아 에일이다. 정통 알트는 상당히 드라이하거나 부드러운 맥아의 풍미가 있지만, 홉 아로마는 거의 느껴지지 않은 채 홉의 경쾌한 쌉쌀함이 살아 있다. 쾰시와 마찬가지로 알트비어는 바의

배럴통에서 따라 '슈탕어'라는 작은 원통형 잔에 제공된다. 수입 제품과 미국 크래프트 맥주 버전은 드물지만, 잘 양조되었을 경우 상당히 매력적인 세션 맥주다. 1년에 두 번, 가을과 겨울 중반에 독일 알트비어 양조장은 슈티케 sticke라는 약간 도수 높은 버전을 만들어 단골 고객에게 감사의 의미로 소리 소문 없이 출시한다. 한 가지 버전이 더블 슈티케 Double Sticke와 함께 미국에 수입되는데, 더블 슈티케는 본고장에서는 존재하지 않는다. 네덜란드 국경 근처 이숨 Issum의 디벨 양조장은 알트 맥주에 집중해서 믿을 만한 뒤셀도르프 버전을 생산하는데, 이곳 제품은 미국에서 널리 유통된다.

기원 독일 뒤셀도르프
생산지 독일 뒤셀도르프, 미국 크래프트 양조장
아로마 깔끔한 토피 맥아의 향과 허브 홉의 기미
풍미 맥아의 풍미가 있지만 청량함. 노블 홉의 자극이 느껴짐
밸런스 드라이하고 쌉쌀한 쪽으로 기움. 깔끔한 끝맛
계절 연중 내내
페어링 돼지 구이, 훈제 소시지, 연어 같은 중간 강도의 여러
　　　　　다양한 음식
시음해볼 추천 맥주
　　　　　August Schell Schmaltz's Alt,
　　　　　Metropolitan Brewing Iron Works Altbier,
　　　　　Zum Uerige Sticke Alt

비중: 1.044~1.052(플라토 11~12.9도)
알코올: ABV 4.3~5.5%
발효도/바디: 청량하고 드라이함
색: SRM 11~17, 호박색~루비 브라운
쓴맛: IBU 25~50, 중간~높음

미국 크림 에일 American Cream Ale

크림 에일 벨트 서쪽 끝단에 위치한 오하이오주 신시내티에서 대학을 다니는 동안 이 맥주를 처음 접했다. 그 시점에 크림 에일은 당시 살아남은 오래된 지역 양조장이 생산하고 있었던 보조 곡물 라거와 상당히 비슷했지만 알코올 함량이 살짝 높았다. 우리는 이 크림 에일을 좋아했지만 그 당시 우리가 뭘 알았겠는가? '크림'이라는 이름의 기원은 모호하고 제품 역시 '바로 마시는' 에일로 알려졌다. 처음에 크림 에일은 양조사가 라거와 도수 높은 저장 에일 사이의 중간 제품을 만들기 위해 둘을 섞어 만든 중간 제품이었을 것이다. 양조장에서 비중이 높은 양조를 시작한 이후에는 양조 생산분을 조금 덜 희석하고 때때로 살균 전 설탕을 추가한 다음 아로마 효과를 위해 홉 오일을 조금 넣어 약간 도수

높게 만든 맥주에 불과했다. 개념상 크림 에일은 일반적으로 옥수수와 설탕이라는 보조 재료가 들어간다는 사실만 제외하면 쾰시와 많이 다르지 않다.

기원 19세기 후반, 라거와 저장 에일의 혼합 맥주
생산지 미국 동부/중서부 지역 양조업체와 크래프트 양조장
아로마 깔끔한, 곡물 풍미의 맥아 향, 홉의 힌트
풍미 매끄럽고 크리미한 맥아 풍미. 부드럽게 쌉쌀한 끝맛
밸런스 달콤한 감이 있음. 깔끔하고 청량한 끝맛
계절 연중 내내, 하지만 따뜻한 날씨에 가장 좋음
페어링 가벼운 음식과 스낵. 크래프트 버전은 좀 더 든든한
　　　　　음식과도 어울림
시음해볼 추천 맥주
　　　　　Hedepohl-schoenling Little Kings Cream Ale,
　　　　　New Glarus Spotted Cow,
　　　　　Gennessee Honey Cream Ale

비중: 1.042~1.055(플라토 10.5~13.6도)
알코올: ABV 4.2~5.6%
발효도/바디: 드라이~미디엄
색: SRM 2.5~5, 옅은 지푸라기 색에서 옅은 황금색
쓴맛: IBU 8~20, 낮음~중간

스팀 맥주 Steam Beer

스팀 맥주는 캘리포니아와 워싱턴을 포함한 다른 서부 주에 이주자들이 대거 몰려들 당시 양조된 맥주 스타일을 가리킨다. 스팀 맥주란 이름은 높은 탄산 수준으로 인해 케그를 딸 때 나오는 '스팀' 때문에 붙여졌다고 한다. 스팀 맥주의 독특한 점은 얼음이나 냉각 시설이 없던 초기 시절, 라거 타입의 맥주를 양조하려는 시도였다는 것이다. 고온 발효로 인해 정통 라거와 비교하여 과일의 에스테르향이 있다.
이 스타일 맥주는 한 가지다. 현재 미국에서 유일하게 잘 알려진 스팀 맥주는 샌프란시스코 앵커 브루잉 컴퍼니에서 양조하는 앵커 스팀 Anchor Steam이다. 이 회사는 이 맥주 이름을 독점 상표로 보호하기

위해 시도해왔다. BJCP와 World Beer Cup에서는 이 스타일을 '캘리포니아 커먼 California Common'이라고 부른다. 앵커는 1971년 제품을 완전히 새로 만들면서 스팀 맥주에 남아 있던 역사적인 특성을 거의 없애버렸다. 이 새로운 맥주는 크리스털/캐러멜 맥아를 양껏 넣은 100% 맥아 맥주에 노던 브루어 Northern Brewer라는 독특한 홉을 넣는 등 이후 출시된 여러 크래프트 맥주의 모델이 되었다.

기원 미 서부, 특히 캘리포니아

생산지 샌프란시스코의 앵커 브루잉 컴퍼니는 가장 마지막까지 살아남은 옛날식 스팀 맥주 양조장이지만 다른 크래프트 양조장에서도 가끔씩 그들만의 버전을 생산한다.

아로마 캐러멜 기운이 있는 깔끔한 맥아 향이 신선한 허브 홉의 향으로 밸런스를 이룸

풍미 맥아의 풍미가 있지만 청량함. 드라이한 맛이 나는 노던 브루어 Northern Brewer 홉이 양껏 들어감

밸런스 드라이하고 쌉쌀한 쪽. 깔끔한 끝맛

계절 연중 내내

페어링 돼지 구이, 훈제 소시지 또는 연어 같은 중간 강도의 여러 음식. 코코넛 빵가루를 묻힌 새우 요리와 환상적인 궁합

시음해볼 추천 맥주

    Anchor Steam,

    115 Flat Earth Element 115,

    Toppling oliath Dorothy's New World Lager

비중: 1.048~1.056(플라토 11.9~13.8도)

알코올: ABV 4.5~5.5%

발효도/바디: 살짝 리치하지만 청량하고 드라이한 끝맛

색: SRM 10~17, 호박색

쓴맛: IBU 25~40, 중간~높음

스파클링 에일 Sparkling Ale

스코틀랜드 버전부터 시작해보자. 1902년에 출간된 《양조, 몰팅, 보조 무역에 관한 미국인들의 간편북》에는 볼링 18.03도(1.075), ABV 8.6%인 1901년 버전이 수록되었다. 그 시대 맥이완즈가 내놓은 버전은 볼링이 무려 21.6도(1.090), ABW 7.8%(ABV 9.6%)로 출시되어 고비중의 끝판을 달리는 매우 달콤한 맥주를 보여주었다. 두 맥주 모두 젖산의 양은 적당해서 각각 0.15, 0.38(이와 비교하여 동시대 람빅과 아이리시 스타우트는 약 1%였음)이었는데, 이를 통해 볼 때 브레타노미세스의 불가피한 활동으로 나무 숙성이 좀 진행되었음을 알 수 있다. 홉 비율은

파악하기 힘들지만 20세기 중반, 비슷한 비중의 'X' 스카치 에일은 배럴당(약 19리터) 82~118밀리리터의 홉이 들어가 IBU 40~60 사이를 기록했을 것으로 추정된다.

미국에서 스파클링 에일은 크림 에일, 즉 '바로 마시는' 에일과 저장 에일 사이에 위치했다. 비중은 수입 버전보다 낮아 약 1.057(플라토 약 14도)로 크림 에일과 동일했다. 차이점은 섭씨 4도에서 장기간 보관된다는 점. 3개월이 전형적인 숙성 기간이었다.

스파클링 에일은 다른 어느 곳에서보다 호주에서 살아남았다. 비중은 1.038~1.050(플라토 9.5~12.4도)로 매일 마시는 일상 범위에 속하고, 알코올은 4.5~6.0%, 홉의 쓴맛은 적당하다.

시음해볼 추천 맥주

    Cooper's Sparkling Ale,

    Sam Adams Sparkling Ale

바바리아 바이스비어/헤페바이젠 Bavarian Weissbier/Hefeweizen

황금빛의 여름날 오후, 당신은 초목이 무성한 옛날 맥주 가든에서 남은 하루를 여유롭게 즐기고 있다. 홉 넝쿨은 격자 시렁을 감고 올라가 적게나마 태양빛을 받는다. 조용히 속삭이는 대화와 가끔씩 들리는 육중한 잔의 부딪치는 소리가 적막을 깨뜨린다. 이 순간 단 하나의 완벽한 음료는, 바로 '바이스비어'다.

의식은 시작된다. 총알처럼 생긴 500밀리리터 병과 함께 높이가 높은, 화병 모양의 잔이 딸려온다. 잔은 병 위에 거꾸로 낮은 각도로 비스듬히 걸쳐 있다. 맥주를 따르기 시작하면 병이 비워지면서 이와 보조를 맞추어 잔속에는 맥주가 채워진다. 병이 완전히 비워지기 직전, 병을 테이블 위에 올려놓고 여러 번 앞뒤로 굴려 병 밑바닥에 가라앉은 효모가 남아 있는 거품과 잘 섞이도록 한다. 이 머랭 같은 마지막 거품 잔여물이 이미 상당량 형성된 잔 헤드 위에 나선 모양으로 얹힌다. 이 우아한 창조물 위에 쐐기 모양의 싱싱한 레몬 조각이 올라가면 의식은 끝나고 마시는 일만 남는다.

16세기 경, 바바리아 지역에서는 밀맥주가 지역의 스페셜티 맥주로 확고히 자리를 잡았다. 맥주 순수령은 단 한 군데 빠져나갈 구멍이 있었는데, 바이젠에 밀 사용을 허용하는 조항이었다. 바바리아의 왕족은 밀맥주를 양조할 배타적인 권리를 보유하고 있었고, 거의 300년 동안 호황기와 불경기를 거치다 17세기 말 최고의 전성기를 누렸다. 1872년 유행이 거의 사그라들자 조지 슈나이더는 이 왕가 스타일의 맥주 양조권을 협상을 통해 따냈다. 슈나이더 양조장은 지금도 뮌헨에서 밀맥주를 양조한다. 현재 밀맥주는 바바리아에서 인기가 많아 전체 판매 맥주의 거의 1/4을 차지한다.

밀맥주는 차게 내야 하지만 얼음같이 찬 온도는 금물이어서 섭씨 약 7도가 적당하다. 바이젠은 사실 화병 모양의 특별한 잔에 따라야

레몬을 꽂을 것인가, 말 것인가?

명확한 답은 없다. 종종 바이스비어의 '베이스 vase' 잔 테두리에 꽂는 레몬 조각은 유행을 탄다. 바이젠은 한때 지금보다 시큼했다고 하는데 레시피가 바뀌자 구세대 사람들이 잃어버린 신맛을 보충하기 위해 레몬즙을 짜넣기 시작했다는 설이 있다. 현재 미국에서는 레몬 조각을 곁들이는 추세이니, 좋아하지 않는다면 주문할 때 레몬을 꽂지 말아달라고 부탁을 해야 한다. 하지만 레몬은 보기에도 좋고 맥주의 경쾌한 성질을 돋구어준다. 만약 자신이 맥주광이고 비슷한 성향의 친구와 맥주를 마신다면, 레몬은 빼는 게 상책이겠지만.

하는데, 이 잔은 맥주 전체와 그 거품 헤드까지 담아낼 만큼 용량이 충분하다. 바바리아 제1의 밀맥주 양조업체인 에딩거 Edinger는 헤드를 어느 정도 조절하기 위해서는 우선 잔을 한 점 얼룩없이 깨끗하게 세척해서 물기 있는 상태로 둘 것을 권장한다. 기름 성분으로 인해 훌륭한 헤드가 망가지지 않도록 레몬은 윤활제 없는 칼로 잘라야 한다. 밀 맥아 50~60%와 보리 맥아를 적절히 섞어 양조된 이 밀맥주는 옅은 황금색에서 진한 황금색까지의 색을 나타내며 효모로 인한 탁함은 피할 수 없다. 홉이 가볍게 들어갔기 때문에 홉 아로마는 절대 드러나지 않는다. 뒷맛은 깔끔하고 매끄러워 끝에 남아도는 쓴맛도 거의 없는 편이다. 밀 덕분에 단단하고 크리미한 질감이 완성되고 밝은, 거의 시트러스류의 과일에 가까운 풍미가 전해진다. 탄산 수준은 상당히 높고 밀의 단백질 함량으로 인해 조밀한, 머랭 질감의 헤드가 완성된다. 바이젠은 페놀 이취 유전자가 있는 특수 에일 효모를 사용하여 상면발효되는데, 이 유전자로 인해 4-비닐 과이어콜이라는 물질이 생산되어 독특한 정향/올스파이스 아로마가 풍긴다(93페이지 참조). 이런 발효는 성격상 향신료, 바나나, 풍선껌 간의 밸런스가

항상 이루어진다. 특정 성격은 양조장마다 다양하게 발현된다. 어떤 사람에게는 이런 극단적인 발효의 특성이 후천적으로 습득해야 하는 맛이지만, 여기에 익숙해지면 이런 맛을 전적으로 즐기게 된다.

기원 독일 뮌헨. 원래 왕가 독점 양조 제품. 18세기에 어마어마한 인기를 누림

생산지 바바리아 전 지역. 미국과 전세계 크래프트 양조장에서도 생산

아로마 과일향(풍선껌, 바나나)과 스파이시한 향(정향, 올스파이스)

풍미 밀크 셰이크 질감을 가진 가벼운 곡물의 풍미. '호펜-바이스' 버전이 출시되고 있지만 홉의 풍미는 많지 않음. 고도의 탄산

밸런스 드라이한 맥아의 풍미/곡물의 풍미. 다소 리치하고 질감이 크리미함

계절 연중 내내. 전통적으로 여름에 즐김

페어링 샐러드, 해산물 같은 여러 다양한 가벼운 음식. 바이스부르스트와 전형적으로 잘 어울림

시음해볼 추천 맥주
Erdinger Weissbier,
Hacker-Pschorr Hefe Weiss Naturtrub.
Schneider Weisse Weizen Hell.
여름철에 지역 브루펍에 문의해 볼 것

비중: 1.044~1.052(플라토 11.0~12.9도)
알코올: ABV 4.9~5.6%
발효도/바디: 걸쭉하지만 드라이함
색: SRM 2~6, 지푸라기색~옅은 호박색
쓴맛: IBU 8~15, 낮음
참고: 크리스털(여과된) 버전도 사양은 동일함

바바리아 둔켈 바이젠 Bavarian Dunkel Weizen

바바리아 헤페바이젠과 동일한 맥주지만, 크리스털 맥아 또는 다른 다크 맥아가 첨가된다. 색은 전형적인 브라운보다는 깊은 호박색이 많고, 구운 풍미보다는 캐러멜이 강조된다. 때때로 일반 표준 헤페바이젠보다 약간 더 달콤하다.

시음해볼 추천 맥주
Ayinger UrWeisse,
Schneider Weisse Unser Original,
프란지스카너 바이스비어 둔켈 Franziskaner Weissbier Dunkel

비중: 1.044～1.056(플라토 11.0～13.8도)
알코올: ABV 4.3～5.6%
발효도/바디: 걸쭉하지만 드라이함
색: SRM 14～23, 옅은 호박색～중간 호박색
쓴맛: IBU 10～18, 낮음

로겐비어 Roggenbier

바바리아 둔켈바이젠의 변형이며 밀 대신 발아된 호밀을 사용한다. 호밀을 넣으면 맥주에 깊은 과일의 풍미와 담배 노트가 섞인 풍미가 발현되며 스파이시함도 약간 느껴진다.

바이젠복 Weizenbock과
바이젠 도펠복 Weizen Doppelbock

둔켈 바이젠보다 묵직하고 도수가 세며 다크한 이 맥주는 완벽한 겨울철 밀맥주다. 어느 것이나 똑같이 과일 한 접시 분량의 아로마가 풍기지만, 캐러멜화된 깊은 맥아 아로마도 어느 정도 느껴지고 역시 구운 힌트도 있다. 비록 도수는 강하지만 꽤 마실 만하다. 슈나이더는 얼려서 수분을 일부 없애 아이스복 버전으로도 만드는데 이렇게 하면 알코올이 12%까지 올라간다. 이런 도수라면 추운 날도 끄떡없다.

기원   독일 바바리아, 럭셔리 제품으로 양조되는 도수 세고 좀 더
          다크한 버전
생산지 독일 바바리아, 미국 크래프트 양조장에서도 생산
아로마 진한 캐러멜 맥아향에 과일향/스파이시한 효모가 첨가됨
풍미   크리미한 캐러멜 풍미의 맥아, 쌉쌀한 힌트
밸런스 맥아 풍미가 있고 달콤하지만 탄산 수준이 높음
계절   연중 내내 가능하지만 선선한 날씨에 가장 좋음
페어링 돼지고기, 소고기 구이, 훈제 햄 같은 든든한 음식.
          묵직한 디저트, 숙성 치즈
시음해볼 추천 맥주
          Edinger Pikantus,
          Schneider Mein Adventinus

비중: 1.064～1.090(플라토 15.7～21.6도)
알코올: ABV 6.5～9.30%
발효도/바디: 미디엄
색: SRM 6～25, 호박색
쓴맛: IBU 15～30, 낮음～중간

베를리너 바이스 Berliner Weisse

베를리너 바이스는 정통 맥주지만 거의 150년 동안 본국에서 설 땅을 잃었다. 베를린에는 킨들 Kindl이라는 대형 브랜드가 단 하나 남아 있다. 규모면에서 두 번째인 독립 양조장 베를리너 뷔르게르브로이 Berliner Burgerbrau가 최근 문을 닫았지만, 많은 지역 브루펍이 전통을 이어가고 있다.

여러 가지 이유에서 바이스는 요즘 시대에 적합한 맥주이기 때문에 이런 현상이 안타깝다. 알코올 함량이 낮고 시큼한 끝맛이 갈증을 해소해주는 바이스는 여름철 청량제로 양껏 마실 수 있다. 효모 침전물 때문에 '화이트 맥주'란 이름이 붙기도 했다. 독일에서는 라즈베리 시럽이나 선갈취 진액을 떨어뜨려 내지만 후자는 미국의 경우 음식과 음료에 금지되고 독일에서는 제한이 있어서 대체할 수 있는 제품이 개발되었다.

독일 양조업자들은 남북전쟁 이후 대대적인 이민의 물결을 따라 미국에 시큼하고 경쾌한 느낌의 베를리너 스타일 밀맥주를 가지고 들어왔다. 한때 미국의 많은 라거 양조장 제품 계열에서 압도적인 비율을 차지했던 밀맥주는 밀보다는 옥수수 가루(약 30%)로 양조되는 경우가 많았고, 비중은 1.040～1.048(플라토 10～12도)로 현재 베를리너 버전보다 높았다. 미국에서 밀맥주는 제1차 세계대전 중의 반독일 정서와 금주령에 연이어 강타당하면서 근 1세기 동안 잊혀졌다.

그러나 안전하고 통제 가능한 방식으로 젖산 발효를 가능하게 하는 케틀 사워 방식이 점점 인기를 끌면서 베를리너 바이스는 적어도 미국에서 미약하나마 부활하고 있다. 맥즙을 케틀에 흘려 보낸 다음 여기에 젖산 박테리아를 넣고 섭씨 44～49도를 유지한 채 12시간에서 48시간 동안 놓아두면 맥즙이 끓으면서 미생물이 죽고 이후 발효가 진행된다.

기원   독일, 베를린에서 중세 후반 개발된 화이트 맥주 계열의
          일부. 미국의 양조 중심지에서 한때 인기 있었던 관련 버전
생산지 독일 베를린과 미국 크래프트 양조장
아로마 밝은 요거트의 향. 약간의 과일향
풍미   요거트의 날선 신맛이 있는 가벼운 곡물의 풍미.
          탄산 수준이 높음
밸런스 슈퍼 라이트하고 드라이함. 시큼하고 청량한 끝맛
계절   전통적인 여름 맥주
페어링 가장 가벼운 샐러드와 해산물. 마일드 치즈도 가능
시음해볼 추천 맥주
          Bayerischer Bahnhof Berliner Style Weisse,
          The Bruery Hottenroth Berliner Weisse,
          Professor Fritz Briem's 1809 Berliner Style Weisse.

비중: 1.028～1.032(플라토 7～8도)

알코올: ABV 2.5~3.5%
발효도/바디: 시큼하고 드라이함
색: SRM 2~4, 옅은 지푸라기색~옅은 황금색
쓴맛: IBU 3~6, 극도로 낮음

역사적인 스타일
브로이한 알트 Broyhan Alt

1526년 독일 하노버에서 코드 브로이한이라는 양조사가 상당히 유명한 이 화이트 맥주를 발명했다. 원래는 밀맥주였지만, 19세기 후반쯤 순수한 보리 맥아 맥주로 바뀌었다. 비중은 그리 높지 않았으며, 와인의 아로마와 시큼 짭짜름한 맛이 났다고 전해진다.

역사적인 스타일
그래처 Grätzer / 그로드지스키 Grodziskie

그로드지스키는 오크의 훈제향이 밴 밀 맥아로 양조되는 저비중 에일이다. 한때 프로이센 서쪽지방에서 꽤 인기 있었지만 한동안 사장되었다. 이런 밀맥주의 변형 제품은 특히 북부 유럽에서 한때 인기가 많았고, 베를리너 바이스와 벨기에 밀맥주와 함께 제품 스펙트럼의 말단을 차지한다. 비중은 1.028~1.032 범위에 있고 이에 걸맞게 알코올 함량도 ABV 2~2.8%로 낮은데, 이렇게 시큼한 고탄산 훈제 맥주는 매일 마시는 갈증 해소 음료로 양껏 즐겼으리라 추측된다. 그로드지스키는 '아로마 지향 맥주'나 멜라노이딘 유형 제품 계열에서 보이는 잘 말린 맥아 비율로 인해 호박색을 띠었을 것이다. 폴란드 홈브루어들은 이 매력적인 스타일을 살리기 위해 힘써왔는데, 심지어 자기들이 만든 제품을 이 맥주를 기억하는 양조장 인부들에게 보여주어 양조 배양 라이브러리에 숨어 있는 특별한 효모종을 알아내기까지 했다.

역사적인 스타일
고제 Gose

고제는 독일 북부의 예나와 라이프치히 그리고 고제와 이름이 비슷한 도시, 고슬러 Goslar 부근에서 한때 인기가 상당했던 화이트 맥주다. 보리 맥아 40%와 밀 맥아 60%로 양조된 고제는 색이 매우 옅은 상면발효 맥주이며, 향신료로 들어간 고수와 소금은 이 매우 라이트한 맥주의 바디와 마우스필을 향상시켜준다. 일부 펍에서는 취향에 맞게 소금양을 조절해달라고 요청할 수도 있다.
나는 항상 고제에 꽤 흥미를 느껴 1997년에는 마이클 잭슨을 위해 고제를 양조하기도 했다. 고제는 현재 독일에서 적어도 3개

양조업체를 통해 양조되고 있으며, 바예리셔 반호프 Bayerischer Bahnhof에서 생산하는 제품 한 종은 현재 미국으로 수입되고 있다. 미국에서 고제는 진정으로 부활하고 있는데, 시큼하고 스파이시하며 약간 짭짜름한 풍미가 뭔가 펑키하고 독특하며 재미있는 것을 추구하는 맥주 팬들의 관심을 끌기 때문이다. 마침내 미국 수십 개의 양조장에서 고제가 양조되고 있으며 그중 일부는 상당히 규모가 큰 크래프트 양조장이다.

시음해볼 추천 맥주

> Anderson Valley The Kimmie,
> the Yink and the Holy Gose,
> Bayerischer Bahnhof Leipziger Gose,
> Dollnitzer Ritterguts Gose,
> Off Color Troublesome,
> Sixpoint Jammer

역사적인 스타일
리히텐하이너 Lichtenhainer

리히텐하이너는 독일 북부지방의 상면발효, 훈제 맥주다. 항상 비교적 저비중의 맥주(1886년 1.045[플라토 11도], 1898년 1.031[플라토 7도])였던 리히텐하이너는 100% 보리 맥아로 인한 훈제맛이 특징이었는데, 나중에 나온 버전에는 밀이 최대 1/3까지 사용되었다. 많은 화이트 맥주와 마찬가지로 리히텐하이너는 홉의 함량이 낮고 기분좋게 강타하는 신맛이 있었다. 이 맥주 역시 다시 인기를 얻고 있어 미국과 독일에서 소수의 버전이 생산되고 있다.

리히텐하이너 머그
때때로 이런 전용잔에 맥주를 내면 즐겁다.

벨기에 맥주

아, 벨기에! 맥주에 호기심 많은 사람들을 위한 엄청난 모험의 테마 파크, 와인 애호가들의 맥주 종착역, 식도락가의 손쉬운 페어링의 원천, 맥주 역사의 살아 있는 박물관. 벨기에는 많은 사람들에게 많은 것을 의미하는 나라다. 비록 벨기에의 양조는 그 뿌리가 다른 유럽 국가와 비슷하지만, 이곳의 맥주는 더 이상 독특할 수가 없을 정도다. 현재 벨기에 맥주계는 고대 민속 양식과 포스트모더니즘의 창의성이 혼합된 매력적인 모습을 띠고 있다.

벨기에는 거대한 제국을 이룬 적이 한 번도 없는 작은 나라지만, 초기부터 번성했다. 중세 후기와 르네상스 시대에 플란더스 지방(현대 벨기에의 주요 부분을 형성하는 지역)은 북유럽의 경제 강국으로 손꼽히는 곳이었다. 수세기에 걸쳐 소국 벨기에는 주변 강국의 지배를 받았지만 결코 이들 나라로 흡수 병합되지는 않았다.

벨기에는 수많은 작은 지역으로 이루어져 있으며, 각 지역은 자체적으로 언어, 문화, 그리고 당연히 스페셜티 맥주까지 보유하고 있다.

5,000년 역사의 벨기에 맥주

우선 철기시대, 갈리아족과 시저가 영국에서 마주쳤던 이야기부터 시작해보자. 갈리아족의 한 종족인 벨기에족은 켈트족과 독일인을 합쳐놓은 호전성으로 명성이 높았고, 맥주를 즐겼다고 한다. 널리 퍼진 주류 중심의 비커 문화 Beaker Culture(기원전 2800~1900년 사이 유럽에서 일어난 독특한 도기 문화-역자주)가 기원전 2800년부터 이미 존재했고, 따라서 벨기에에는 상당히 오래된 음주 전통이 있다. 로마제국의 몰락으로 공백이 형성되면서 권력은 지방 영주와 수도원을 기반으로 한 기독교 세력으로 이동했다.

양조하는 수도승

8세기 또는 9세기 경, 수도원이 북부 유럽의 시골 전역에 들어섰다. 수도원의 원활한 운영을 위해서는 상당량의 맥주가 필요했기 때문에 양조는 이러한 활동 중심지에 필요한 기능이었다. 많은 종교 관례에서는 수도승이 자급자족해야 한다고 명시했기 때문에 양조가 외부인에게 넘어가지 않았다. 옛 속담을 빌리자면, '에일은 고기요, 술이요, 옷이다.'

유명한 중세시대 문서를 보면 약 830년 스위스 성 갈린 수도원의 건축 방안이 나온다. 이 수도원은 실제 건축되지는 않았지만, 이런 시설에 적합한 조직과 규모를 보여주는 이상적인 계획안으로 평가되었다. 이 도면에는 별개의 세 곳의 양조장이 나오는데, 각각 다른 등급의 맥주를 전문적으로 양조했다. 귀족 손님은 보리와 밀로 양조한 고급 맥주를 마신 반면, 사제와 가난한 순례자는 저급의 귀리 맥주로 만족해야 했다. 이런 양조장 단지에서는 하루 350~400리터의 맥주를 생산했던 것으로 추정되며, 따라서 분명 음주가 어느 정도 이루어졌다.

양조 사양에 대해 기록한 가장 초기의 문헌은 빙겐 Bingen (독일 라인강에 면한 도시-역자주)의 힐데가르드 수녀원장의 기록이다. 그녀는 1067년 맥주가 주로 귀리로 만들어졌다고 언급했다. 힐데가르드는 수녀들이 맥주 마시는 게 좋았다고 기록하는데 수녀들의 볼을 '장밋빛'으로 만들어준다는 이유였다. 13세기 문헌에서는 보리, 스펠트 밀, 그리고 학자들이 보기에 호밀이었을 것으로 추정되는 실리고라는 곡물로 만든 맥주가 언급된다. 다른 문헌에는 벨기에 동부 공업도시인 리에주와 벨기에 중부 공업도시 나무르의 양조업자들이 스펠트 밀로 세금을 납부했다는 기록이 나온다. 스펠트 밀은 거의 1000년이 지난 지금도 위에서 언급한 벨기에 지역에서 여전히 전통적으로 쓰이는 양조 곡물이다.

벨기에 맥주의 역사

1980년대: 미국을 비롯한 해외 여러 시장에 벨기에 맥주 첫 입성

1971: 듀벨 Duvel이 다크에서 페일 맥주로 변신

1950~60년대: 스페셜티 맥주 확장 및 수출 고성장 시대를 맞이함

1948~58: 쟝 드클럭, 시메이 양조장을 재건하여 놀라운 양조책 집필

1940~45: 제2차 세계대전으로 양조계 황폐화

1933~34: 베스트말레, '트라피스텐비어 Trappistenbier'를 상표화하여 페일 트리펠 생산

1931: 오르발, 양조 시작

1928: 알켄 마에즈, 벨기에 필스너 첫 양조

1923: 맥이완즈 스카치 에일과 똑같은 다크 버전으로 듀벨 Duvel 출시

1920년대: 벨기에 맥주의 황금시대

1919: 정부, 진의 영업장 판매 금지

제1차 세계대전(1914~18): 세계대전으로 벨기에는 말 그대로 폐허가 됨. 맥주 역시 고전을 면치 못함

1908: 왈로니아에서 생산되는 맥주의 절반: 플라토 5도/초기 비중 1020

1902~04: 헨리 반 레어 교수의 '벨기에 맥주 향상을 위한 대회' 덕분에 높은 품질의 '수출급 품질' 맥주가 생산됨

1900: 영국 및 독일 수입 맥주가 벨기에 맥주를 압도함

1899: 로슈포르, 양조장 설립

1890년대: 양조 컨설턴트 조지 마우 존슨: 벨기에 맥주는 안타까운 상황에 있다고 언급

1871: 베스트블레테렌 양조 시작

1863: 시메이 양조 시작

1856: 베스트말레가 지역에서 판매되기 시작

1851: 조지 라캄브르《맥주 양조에 관한 완벽 지침서》저술

1833: 프랑스혁명 이후 벨기에 영토 내의 첫 수도원 개장

1822: 네덜란드가 통치하면서 양조업체에게 매쉬튠 부피로 세금을 매기는 우스운 세법 제정

1797: 프랑스혁명으로 인해 벨기에 영토 내 모든 수도원 폐장

1400~1750: 맥주 역사 서적에서 커다란 공백이 있는 시기

1300: 플란더스 지방에 홉 맥주가 처음 등장

1254~98: 맥주의 신화적 화신인 감브리누스 왕은 브라반트 군주인 장 프리무스일 가능성이 있음

초기 시대: 로마인들이 켈틱 벨개족을 맥주를 마시는 호전적인 사람들로 묘사

시메이 양조장의 사제
중세시대 수도원에서는 양조를 했지만 동시대 애비 및 트라피스트 맥주는 현대의 창조물이다.

당시 초기 시절에는 벨기에에 홉을 넣은 맥주가 없었다. 쓴맛은 그루트라는 혼합물이 담당했는데, 이는 허브와 향신료의 비밀스러운 혼합물로 빻은 곡물과 조합하여 그 모습을 위장했다. 그루트의 판매권인 그루트레히트는 종교 세력이나 정치적 거물이 소유했다. 12세기에 맥주 1배럴(2kg/hL)을 양조하기 위해서는 그루트 약 2.3kg이 필요했다. 벨기에 북서부의 브뤼헤에 아직까지 남아 있는 그루트 하우스의 호화로움이 입증하듯이, 그루트는 그 당시 큰 사업이었던 게 분명하다.(30페이지 참조)

우리에게 맥주의 신화적인 화신 중 하나인 킹 감브리누스를 선사한 사람들도 벨기에인이다. 감브리누스는 아마 장 프리무스라는 이름의 실존 인물로 추정되는데, 1250년에 태어나 현재 브뤼셀이 속한 벨기에 땅의 일부인 브라반트를 다스렸던 군주였다. 동시대 기록에 의하면 장 프리무스는 전사, 대단한 로맨티스트, 식도락가로 다방면에 뛰어난 사람이었고 야망이 큰 만큼 정치도 잘했다. 장 프리무스 외에 다른 후보도 있다. 부르고뉴 지방의 무적 장(1371~1419)이 그 중 한 명인데, 그는 샤를마뉴 대제의 술을 담당했던 술관원으로, 감브리누스라는 이름을 가지고 있었다. 아니면 단순히 '저장고 관리자'란 뜻의 캄바루스 또는 '선술집 술꾼'이란 뜻의 가네 비리누스라는 두 가지 다른 라틴어구가 변형된 것으로 추정된다. 독일 연대기 작가인 요하네스 트르마이어에 의해 1519년 맥주왕의 지위를 부여받은 감브리누스는 이후 북유럽 전역에서 사람 좋고 맥주에 취한, 피둥피둥 유쾌한 얼굴의 상징적인 역할을 했다. 만약 그의 생일을 맞아 큰 잔 높이 들어 축하하고 싶다면, 4월 11일이 기념일이다.

홉은 분명 14세기 초반, 함부르크와 암스테르담에서 수입된 맥주를 통해 플란더스 지방에 처음 들어왔다. 1364년 리에주의 주교는 지역 양조업자들에게 홉을 사용할 수 있는 허가권을 주었고, 그후 바로 홉이 들어간 맥주에 세금을 부과했다. 이는 홉이 도입될 때마다 으레 나타나는 양상이었다.

벨기에 맥주에 대한 기록은 수세기에 걸쳐 나타난다. 약초 채집자인 요하네스 테오도루스(1588)는 다음과 같은 말을 남긴다. "플란더스 지방의 맥주는 우수하다. 무엇보다도 겐트와 브뤼헤에서 양조되는 더블 맥주는 네덜란드 전체 맥주를 능가한다." 이 더블 맥주는 초기 비중이 1.077 정도(플라토 19도)에 알코올 함량이 6~7%였을 것으로 추정된다.

요하네스는 또한 밀, 스펠트, 호밀, 귀리를 두세 가지 조합

독일 엽서에 나오는 감브리누스 왕. 1900년

하여 사용하거나 필요한 경우 단독으로 사용하라고 조언한다. 1616년 경, 벨기에에 주둔하던 스페인 선장 돈 알론조 바스쿠에즈는 다음과 같이 기록한다. "밀을 기반으로 양조되는 맥주는 린넨만큼 색이 밝고 저그에 따를 때 풍성한 거품을 낸다."

이런 감질 나는 짧은 표현으로 벨기에 맥주를 다 파악하기는 어림도 없는 일이지만, 당시 벨기에 맥주계의 활력을 감지할 수 있다.

양조가 대중생활로 들어오다

17세기 경, 양조는 수도원 영역을 훨씬 벗어났다. 수많은 공설 양조업체가 존재했고 도시의 부르주아는 바바리아 동부의 조이글 Zoigl 시스템과 비슷한 브루하우스 공동체를 설립했다. 이곳에서는 개인 각자가 돌아가며 자기 가정에서 마실 맥주를 양조했다. 1718년 경에는 브뤼헤 한 곳에만 이런 공동체 양조장이 621곳이나 있었다.

이 시기가 되니 우리가 아는 맥주가 나타나기 시작한다. 1698년, 플란더스 지역 통치자는 다음과 같이 기록한다. "플란더스인들은 맥주에 겨울 보리라는 이름의 보리 품종을 사용한다. 겨울 보리를 물에서 발아시킨 후, 여기에 발아되지 않고 제분된 귀리를 보리의 1/8 분량 추가하고 24시간 동안 끓인다. 이 용액을 호그즈헤드(보통 63갤런의 큰 통-역자주)들이 반통에 넣으면 일정량의 효모에 의해 발효된다. 15일 후 맥주는 마시기 딱 좋은 상태로 된다." 주목할 것은 이렇게 매쉬를 끓이는 공정은 양조를 모르는 관찰자가 잘못 기록할 수도 있다는 사실이다.

라캄브르가 소개한 벨기에 맥주(1851년)

비에르 도르그 당베르 Bière d'Orge d'Anvers
안트워프의 보리 맥주

종종 소량의 밀 또는 귀리로 양조되며 최고 제품은 전부 보리 맥아로 만든, ABV 5~6%에 적어도 6개월 숙성된 맥주였다. 색은 호박색에서 브라운색 범위에 있었고 맥즙 색을 어둡게 하기 위해 양조솥에 백악을 첨가하기도 했다. 홉은 약간 들어갔지만 아로마가 부각되었다. 잘 숙성된 생산분은 종종 만든 지 얼마 안된 신선한 맥주와 혼합하거나, 캐러멜 시럽으로 단맛을 내기도 했다.

비에르 도르그 데 플란더스 Bière d'Orge des Flandres
플란더스의 보리 맥주, 우이트제트 uytzet라고도 함

겐트 부근에서 호박색 보리 맥아를 주원료로, 소량의 밀과 귀리 모두 또는 밀과 귀리 중 한 종류를 첨가하여 양조된다. ABV 3.2%의 오디너리 제품과 4.5%의 더블 제품 두 가지 버전이 존재한다. 둘 다 홉은 그다지 많이 들어가지 않았다.

비에르 브륀 데 플란더스 Bière Brune des Flandres
플란더스의 브라운 맥주

보리 맥아로 양조되고 때로 밀이나 귀리가 소량 첨가되며 홉이 약하게 들어가는 알코올 함량 4~5%의 브라운 맥주. 색은 전적으로 15~20시간 동안 끓이는 공정으로 발현됨.

비에르 드 마에스트리히트 Bières de Maestricht, 마세크 Masek, 브와러딕 Bois-le-Duc

벨기에의 네덜란드 지역에서 양조되는 홉이 아주 소량 들어간 브라운 맥주 계열로 네덜란드 국내에서 인기 있으며, 경질 듀럼 밀, 발아 스펠트, 저단백 밀로 양조된다.

비에르 도르그 왈로니아 Wallones
(베르비에 Verviers, 나무르 Namur, 샤를루아 Charleroy)
왈로니아(벨기에의 불어권 지역) 보리 맥주

맛과 색에서 상당히 다양한 통제 불가능한 제품군으로, 전 맥주가 ABV 4~5%이며 4~6개월 숙성 후 마신다. 리에주와 몬스에서 출시되는 버전은 경질(고단백)밀, 스펠트, 귀리, 그리고 때때로 메밀이나 누에콩을 사용하기도 했다.

페테르만 Peetermann

화이트 맥주의 '진한 호박색' 버전이며, 1.057~1.074(플라토 14~18도)의 비중을 가진다. 보통 맥즙의 색을 진하게 내기 위해 백악을 추가했다. 완성된 맥주는 발효도가 미약했으며 '점성이 있다'고 묘사되었다.

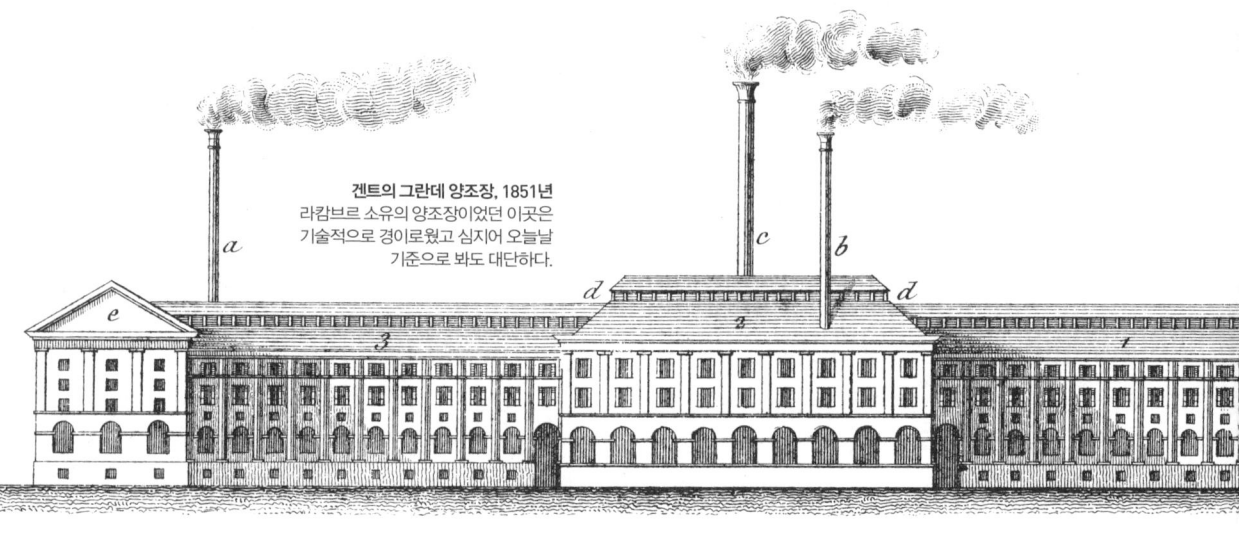

겐트의 그란데 양조장, 1851년
라캄브르 소유의 양조장이었던 이곳은 기술적으로 경이로웠고 심지어 오늘날 기준으로 봐도 대단하다.

비에르 드 디에스트 Bières de Diest

두 종류가 있다. '굴드 맥주 gulde bier' 또는 '비에르 드
카바레 bière de cabaret'라고 부르는 유형은 맥아 44%,
비발아 밀 40%, 귀리 16%로 이루어졌고 '매끈하며 살짝
달콤하다'고 묘사되었다. 디에스트 diest라고 알려진 또
다른 한 종류는 맥아 55%, 비발아 밀 30%, 귀리 15%로
양조되는 다크하고 달콤한 맥주였으며, 두 가지 도수,
즉 싱글은 1.047~1.049(플라토 12~12.5도), 더블은
1.061~1.081(플라토 15~19.5도)로 출시되었다. 디에스트는
수유를 하는 엄마에게 좋은 영양 많은 맥주로 명성이 높았다.

비에르 브륀 드 말린 Bière Brune de Malines
메헬렌 Mechelen의 브라운 맥주

보통 백악을 넣어 10~12시간 끓이기 때문에 '매우
다크하다'. 18개월 된 생산분의 1/4~1/3을 갓 양조한 맥주와
혼합하여 '올드 맥주 특정 맛'을 얻는데, 플란더스 사우어
맥주 제품 계열과 상당히 비슷하다. 단 메헬렌은 더 이상
이런 스타일의 본고장은 아니다.

비에르 드 후가르데 Bière de Hoegaerde

라캄브르가 '별로 중요하지 않지만', '여름철에 꽤 알맞다'고
묘사한 옅은 색의 밀맥주로, '약간의 신맛과 상쾌한 무스'의
질감이 있다. 맥아 63%, 비발아 밀 21%, 귀리 16%로 양조된다.

비에르 드 레르 Bières de Lierre, '카베스 Cavesse'
레르 Liers

맥아 67%, 밀 13%, 귀리 20%로 양조되며 두 가지 도수로
시판된다. 라캄브르는 이 맥주를 '비에르 쥔(옐로우
맥주)'이라고 묘사하며 후가르데 및 루벵 맥주와 공통점이
많다고 했다.

비에르 드 리에즈 Bières de Liège

다른 지역에서 리에즈 세종이라고 불린 이 스타일은 보리와
스펠트 맥아, 여기에 귀리와 밀을 섞어 양조했다. 도수는
'비에르 쥔 bière jeune(갓 만든 맥주)'과 적당한 양조 계절인
겨울에 양조되었다는 의미의 '비에르 드 세종 bière de saison'
두 가지로 출시되었다.

수도원은 수세기에 걸쳐 정치적인 영향력을 행사했지만,
유럽 대부분의 국가보다 가톨릭 성향이 강한 벨기에에서 그
권력의 영향이 두드러졌다. 그렇다 해도 프랑스혁명의 혼란
기인 1797년 수도원은 문을 닫았고, 이후 나폴레옹 집권기
내내 그 문은 열리지 않았다. 대부분의 수도원은 1830년과
1840년 사이 다시 문을 열었다. 그 사이 40년간의 공백이 생
겨 수도원의 양조 전통이 무너져버렸다. 이 기간 동안 무엇
을 잃었는지는 모르지만, 분명한 것은 오늘날 트라피스트 수
도원 맥주가 18세기보다 20세기와 좀 더 관련이 깊다는 점
이다.

1822년 벨기에의 네덜란드 출신 행정관은 양조업자에게
세금을 부과하는 세제를 재정했다. 매쉬튠 용량을 기준으로
생산 배치당 세금을 매기는 방식이었다. 1916년 영국인 참
관인 G. M. 존슨은 이런 말을 남겼다. "…당시 집권 군주는
윌리엄 1세였는데 양조계에 길이 남을 축복 받은 사람은 결
코 아니었다. 가장 터무니없고 말 많은 세법에 이 사람이 전
적으로 책임은 없을지언정, 여기에 서명한 인물이기 때문이
다. 이 세법은 재무상 간섭과 어리석음을 드러내는 불명예스
러운 기록이었다. 60여 년(1822~1885)의 기간 동안, 벨기
에 양조계의 실력자들은 1쿼트(약 2파인트)를 1파인트 용기
에 쑤셔 넣는 문제에만 집중해온 것 같다."

이상한 시스템으로 인해 벨기에 맥주는 별난 특성을 많이
띠게 되었다. 그중 터비드 Turbid 매쉬 공법이 가장 중요하며,
지금도 개량된 형식으로 사용되어 밀맥주와 람빅을 양조한
다. 이런 법이 영국식 세제로 바뀌자 소비자들은 맥주가 더
묽어졌고 예전만 못하다고 불평했다. 결국 일부 공정은 옛날
방식을 고수했다.

벨기에 독립

벨기에는 대군주가 13번 교체된 끝에 1830년 드디어 독
립을 쟁취했다. 확신컨대 벨기에 맥주 문화가 독특한 데는
다른 이유도 있겠지만 그 중 하나는 외국의 황태자가 들어오
고 나가는 상황에서 국민들이 진정 벨기에 문화라고 여기는
것을 고수하기 위해 애썼기 때문이다. 맥주는 이런 관점에서
볼 때 그 자체로 한없이 순수했고 세제 문제를 제쳐두면 맥
주의 적당한 공급은 불만의 불씨를 잠재우는 데 도움이 되었
기 때문에 외국의 지배자들은 대개 맥주는 건드리지 않았다.

조지 라캄브르는 1851년, 《맥주 양조에 관한 완벽 지침서》에서 벨기에 양조 실태를 꽤 완벽하게 묘사했다. "벨기에와 네덜란드만큼 다른 성격과 다양한 맛의 스페셜티 맥주를 그렇게 많이 양조하는 나라는 없다"고 라캄브르는 말한다. 라캄브르에 따르면 여러가지 곡물의 사용이 맥주 게임의 본질이었다. "…보리 맥아만 전적으로 사용하여 양조하는 맥주가 몇 가지 있었지만, 대부분의 경우에는 보리, 귀리, 밀, 스펠트를 동시에 넣어 양조했다." 심지어 안트워프사의 비에르 도르그 같이 보리 기반으로 간주되는 맥주도 '귀리 또는, 이따금 밀이 약간' 들어갔다고 그는 밝힌다. 라캄브르는 이런 많은 스타일의 오랜 역사가 초기 역사 자료에서 확인된다고 말한다. 실로 오랜 역사를 가진 벨기에 맥주, 특히 광범위한 밀맥주 계열에서 많은 보조 곡물 맥주에는 다양한 특성이 있다. 라캄브르가 쓴 책은 흠 잡을 수 없을 정도로 완벽했지만, 수도원 맥주와 농가 양조에 대해서는 비슷하게나마 한 마디 언급도 없다.

이로부터 50년 후 1895년 경, 영국인 침관인인 G. M. 존슨은 벨기에 양조계가 상당히 비참한 상태에 있다고 보고했다. 양조장은 소규모로 운영되고, 장비가 형편없었고, 맥주는 대체로 도수가 낮고 시큼했으며, 지역 주민에게만 재빨리 판매되었다. 1908년 왈로니아에서 생산되는 맥주의 절반이 초기 비중 1.020(플라토 5도) 미만으로 이 비중으로는 겨우 알코올 함량 2% 맥주를 생산할 수 있었다. 낮은 수입 관세도 문제였다. 영국과 스코틀랜드의 수입산 에일과 독일 수입산 라거가 상당히 저렴해서 벨기에 양조업체는 경쟁적인 가격으로 맥주를 양조할 수 없었고, 이 때문에 수입 맥주가 프리미엄 맥주 부문을 석권했다.

당연히 양조업체는 이런 실태가 달갑지 않았다. 당시 저명한 양조사 헨리 반 레어는 벨기에 양조업체 조합을 통해 1902년에 '벨기에 맥주 향상을 위한 대회'를 조직했다. 목표는 비중 1.044~1.057(플라토 11~14도) 범위에서 수출을 목적으로 훌륭한 맥주를 양조하는 것이었다. 양조의 자세한 사양이 공개될 예정이었기 때문에 참가자는 거의 없었다. 1904년, 반 레어는 또 다른 대회를 개최했는데 비밀보장이 성사되어 참가자가 쇄도했고, 팜 스페셜, 진더 에일, 오프 에일 등 이때 선보인 많은 맥주가 지금도 여전히 출시된다. 이런 고무적인 발전에도 상황이 전반적으로 개선되기 위해서는 아직도 시간이 어느 정도 필요했다.

세계대전

제1차 세계대전으로 상황은 더욱 악화되었다. 독일인들은 구리로 된 모든 양조 장비를 징발했고, 재료와 원료에 대해 엄격한 배급제를 실시했다. 초기 비중은 1.010~1.015(플라토 3~4도)로 떨어졌고, 그 정도 수치로는 묽은 보리차와 별반 다를 게 없었다. 양조업자들은 효모에 영양분을 공급하는 질소에 너무 매달린 나머지 보통 동물 사료로 사용되던 맥아의 어린 뿌리를 매쉬에 첨가했다.

일단 전쟁은 끝났고, 여러 해가 지나면서 상황은 호전되었다. 그러나 1919년, 벨기에 정부는 선술집과 카페에서 진의 판매를 금지했다. 이로 인해 불 같이 타는 듯한 예네버르(지역 진)에 익숙한 사람들을 겨냥한 도수 높은 맥주 시장이 열렸다. 벨기에 양조업체들은 점점 이쪽으로 발을 들여놓았고 맥주의 품질은 향상되었다. 많은 예전 스타일은 사장되었지만 살아남은 것들도 많았다. 벨기에와 영국 전통을 융합한 새로운 혼성 맥주 계열도 생겨났다. 예를 들어 1923년 스코틀랜드 양조장 맥이완즈의 효모 품종을 사용한 듀벨 Duvel이 다크 맥주로 처음 양조되었다. 영국인에 대한 긍정적인 정서도 많았는데, 이들은 결국 전쟁중에 다른 연합군과 함께 벨기에를 구하기 위해 와주었다.

벨기에의 맥주 지도는 라캄브르가 그 놀라운 다양성을 보여준 지 100년 만에 급격하게 변화했다. 람빅과 밀맥주 같은 일부 맥주는 살아남았다. 우이젯과 비에르 브루네 드 플란더스 같은 다크 맥주는 새로운 이름을 갖게 되었지만, 그렇지 않은 경우 현재의 오크 숙성 혼합 맥주인 플란더스 레드 및 브라운 에일과 같은 계열에 섞이게 되었다. 많은 것들이 사라져서 장 드클릭이 20세기 중반 세기의 양조책을 저술할 당시에는 꽤 많은 것들이 그저 먼 추억이 되고 말았다. 그 자리에는 대신 벨기에 페일 에일, 세종, 트리펠 같은 새로운 맥주가 들어섰다.

수쿠르몽 수도원(시메이)은 1862년부터 양조를 해왔지만 대부분의 현대 트라피스트 맥주는 1, 2차 세계대전 사이에 등장했다. 오르발 수도원은 1931년 양조장을 운영하면서 1934년 입에 반지를 물고 있는 물고기 이미지를 상표로 등록했다. 베스트말레는 1933년 트라피스트 비어라는 이름을 등록했고, 1년 후 이 스타일의 아이콘이자 전세계 곳곳에서 모방하게 된 최초의 페일 트리펠을 출시했다.

바에에른 지역 사람들은 19세기 후반부터 벨기에에 대규

파괴된 양조장 사진을 실은 엽서는 세계대전 이후 자주 등장했던
으스스한 모습이었고, 상상할 수 없는 파괴의 규모를 깨닫게 해주었다.

모 양조장을 설립했다. 벨기에에서는 다크한 뮌헨 스타일 맥
주가 잘 알려졌지만, 벨기에와 프랑스의 대형 양조장은 비에
르 드 마르즈(매르첸), 복 맥주에 주로 집중하였고 후에는 블
론드를 생산했다. 1985년 G. M. 존슨은 당시 벨기에에 있는
2,700개의 양조장 중 오직 25곳만이 하면발효를 전문적으
로 하지만 영업 규모가 상당한 곳이 많다고 보고했다. 그러
나 다크한 뮌헨 맥주와 복 맥주가 서로 비슷했고, 이 리치하
고 달콤한 풍미가 결국 듀벨 Duvel로 탄생했다. 1928년 벨기
에에서 최초의 필스너인 크리스털 알켄이 양조되었다. 세계
다른 곳과 마찬가지로 필스너는 현재 벨기에 시장을 석권하
고 있다.

제2차 세계대전은 벨기에에 또 다른 재앙이었지만, 전쟁
발발 전 당시 양조산업이 꽤 좋은 상황이었기 때문에 결과

적으로 제1차 세계대전만큼 양조에 피해를 입히지는 않았
다. 문제가 있었던 것은 확실했지만 전쟁이 끝난 후 이전 상
황으로 어느 정도 회복되었다. 시장에서 필스너 비중은 계속
늘어났고, 반대로 페테르만과 밀맥주 같은 지역의 일상 맥주
비중은 점점 감소하다 끝내는 자취를 감추었다. 벨기에 양
조업체는 결국 고급 맥주시장을 개척했고, 현재 수출이 계속
늘어 생산 용량의 50%를 차지한다.

벨기에 맥주의 독특함

특정 스타일이 있기는 하지만, 벨기에 사람들은 장인 방식
의 양조를 선호하는데, 이는 곧 양조사는 장인으로 간주되고
기존 스타일을 준수할 의무가 전혀 없음을 뜻한다. 전체 벨

기에 맥주 중 절반 이상이 어떤 스타일에도 속하지 않으며, 보유한 스타일도 격식에 얽매이지 않는 것으로 해석된다. 이 때문에 벨기에 양조의 전반적인 모습을 이해하기는 어렵지만, 이 또한 얼마나 즐거운 모험인가?

벨기에 맥주의 도수, 색, 질감, 양조 방법은 천자만별이다. 수백 가지 제각기 다른 효모와 미생물, 통속 발효, 혼합 맥주, 맥아 이외의 설탕, 꿀, 캐러멜 시럽, 귀리와 밀, 스펠트, 이따금 메밀 같은 비발아 곡물, 그리고 한 광주리의 과일, 그레인오브파라다이스, 카모마일, 쿠민, 스타 아니스, '약초 이끼' 같은 모든 개성이 살아 있는 향신료 등 그야말로 열거할 내용이 한도 끝도 없으며 가슴을 뛰게 한다.

산업 생산되는 필스너를 제외하고 이 모든 즐거운 혼돈을 결합해주는 한 가지 요소는 상당히 독특한 효모의 사용이다. 대부분의 벨기에 맥주에는 진짜 야생 미생물은 사용되지 않는다. 이들은 대부분 람빅 계열과 플란더스의 시큼한 우드 브륀에만 사용된다. 그러나 벨기에의 효모는 매우 다양하며 맥주에 사용하는 품종은 분명 최종 제품에 확실한 각인을 남긴다. 양조업체는 일부 스타일을 상대적으로 높은 온도에서 발효시켜 효모의 이런 효과를 확실한 높여주는데, 그 결과 과일과 스파이시한 아로마가 강해진다. 사실 종류에 상관없이 아무 맥즙을 택해 벨기에 효모로 발효시키면 벨기에 맛이 나는 맥주가 나올 수 있다. 세종 같은 일부 스타일은 특정 효모에 전적으로 의존하는데, 이들을 사용하지 않은 경우 해당 맥주는 완전히 다른 맥주가 되어버린다.

효모는 너무 많은 종이 있기 때문에 이들의 탁월한 다양성을 이해하기는 때로 어렵다. 야생 미생물을 잠시 제쳐놓는다면, 벨기에 효모를 한쪽은 과일향/에스테르향에서 시작해서 다른 쪽은 날선 페놀 냄새로 끝나는 하나의 연속체로 보는 게 이해하기 좋다. 전자의 예는 아르덴 지방의 아쇼페 양조장이 될 수 있고, 다른 쪽 스펙트럼의 예는 세종인데 특히 듀퐁 양조장에서 사용하는 드라이한 후추 풍미의 효모가 그렇다. 물론 아로마 밸런스는 온도, 효모 투하수를 포함한 다른 요인에 영향을 받기 때문에 양조사에게는 이를 통제할 수단이 풍부한 셈이다.

대체로 벨기에 맥주에서는 홉보다는 맥아가 훨씬 더 부각된다. 벨기에의 홉 품종은 전통적으로 아로마가 좋지만 쓴맛은 상당히 약하다. 홉 아로마는 상당히 강해서 다른 좀 더 섬세한 아로마를 가릴 수 있기 때문에, 벨기에인들은 홉을 다량 투하하는 것보다 좀 더 여러 번에 걸쳐 미묘한 아로마가 나올 수 있게 첨가하는 방식을 선호한다. 일부 맥아 풍미는 실제 다크하게 조리한 캐러멜 시럽과 이밖에 다른 종류의 설탕에서 나온다. 설탕은 과하게 사용할 경우 나쁘지만, 도수 높은 벨기에 맥주의 바디를 묽게 하고 음용성을 좋게 하는 데 주로 사용된다.

벨기에는 한 번도 순수령이 시행된 적이 없기 때문에 홉 이외의 허브와 향신료의 오랜 전통이 지금까지도 남아 있다. 라캄브르는 이에 대해 재미있는 얘기를 하는데 고수, 오렌지 껍질, 그레인오브파라다이스를 비롯한 기타 다른 원료는 '영국 향신료'라고 말한다. 실제로 이들은 19세기 중반까지 특히 비상업 부지 양조장의 영국 레시피에 등장한다. 모든 벨기에 맥주에 향신료가 사용되는 것은 아니며 향신료를 사용하는 맥주의 경우도 그 효과가 항상 뚜렷하게 드러나지는 않는다. 일반적으로 향신료 한 가지를 따로 떼어놓고 볼 때, 양조사는 이를 엉뚱하게 사용한다. 쌉쌀한 오렌지 껍질(또는 덜 익은 작은 오렌지, 큐라소)과 고수는 역동적으로 어울리는 짝꿍으로 벨기에 밀맥주에 필수이며 다른 많은 제품에도 들어간다. 그레인오브파라다이스(카르다몬과 비슷한 아프리카 향신료)의 밝은 후추 풍미의 활력은 세종과 다른 스트롱 페일 맥주에서 종종 발견된다. 좀 더 리치하고 풍미가 깊으며 다크한 맥주는 감초와 스타아니스, 심지어 큐민 같은 향신료와 잘 어울린다.

시장에 넘쳐나는 고도수의 스트롱 맥주는 많은 경우 코르크 마개로 마감이 되어 있는데, 이는 외관을 좋게 하는 기술로 미국과 기타 다른 곳에서 최고급 맥주에 채택되고 있다. 탄산은 제품마다 상당히 다르지만, 스트롱 맥주 중 많은 제품은 탄산이 '보통' 맥주에서 적당하다고 보는 수준의 최대 두 배까지 많기 때문에 무스감이 상당히 많다. 병 발효 맥주 역시 흔하다. 병입 시 효모와 소량의 설탕이 추가되며 다시 시작된 발효로 인해 탄산이 생겨 작은 효모 침전물이 병 바닥에 떨어진다. 이런 이유로 맥주를 서빙할 때 탁해지는 현상을 피하려면 조심스럽게 붓거나 다른 용기에 따라두는 게 중요하다. 효모 침전물이 있어도 건강에는 아무 이상이 없지만, 외관을 해치고 때로 맥주에 질척한 풍미를 더할 수 있다.

벨기에는 특징적으로 신맛 맥주가 상당히 많은 유일한 나라다. 고대 람빅의 풍미는 정말 신맛이 중심이고, 때로는 충격적으로 시큼하다. 시큼한 플란더스 레드와 브라운 에일은 과연 그 이름값을 하며, 벨기에 밀맥주(윗비어)와 세종에서도 혀를 가르는 듯한 날선 신맛이 이 목을 축여주는 스타일에 생명력을 불어넣는다.

벨기에 맥주에 관해 알아두어야 할 마지막 사항은 이들이 단지 맥주에 그치지는 않는다는 것이다. 이곳에는 맥주를 중요한 요소로 꼽는 고도로 발달된 식도락 전통이 있다. 벨기에에는 이곳 맥주를 알맞은 맥락에서 환상적인 방식으로 즐길 수 있도록 해주는 맥주 요리 전문 레스토랑이 있다. 조금만 연구를 하면 어디에서나 맥주와 음식의 궁합을 자기만의 버전으로 창출해낼 수 있다. 벨기에 맥주는 그 다양성, 섬세함, 복합성 덕분에 음식과 잘 어울리는 파트너가 된다.

벨기에 페일 에일 Belgian Pale Ale

기원 드 코닉 양조장은 1833년 요하네스 베르블리엣이 자사 양조장에서 이 맥주를 처음 만들었다고 하지만 안트워프가 오랫동안 (밀 기반과는 반대의) 맥아 기반 맥주의 중심지로 유명세를 탔다. 현대적인 버전, 특히 팜 스페셜은 20세기 초반, 당시 영국 수입산 페일 에일이 주도하는 시장을 일부 점유하기 위해 양조되었다. 이 맥주는 청량감, 확실한 홉의 존재감, 견과류 풍미의 살짝 청량한 맥아 특성 등 영국 에일과 정말 많은 점이 비슷하다.

생산지 벨기에 안트워프, 미국 크래프트 양조장

아로마 깔끔한 맥아 향에 스파이시한 효모의 노트가 첨가됨. 대부분의 다른 벨기에 스타일과 비교하여 효모 특성이 꽤 섬세함

풍미 가벼운 캐러멜 맥아 풍미, 홉의 풍미 살짝

밸런스 균등하게 밸런스가 이루어짐. 청량한 맥아의 끝맛

계절 연중 내내

페어링 치즈, 홍합, 닭, 매운 요리 등 광범위한 여러 음식

시음해볼 추천 맥주
New Belgium Fat Tire Amber Ale,
Two Brothers Prairie Path Ale

비중: 1.048~1.054(플라토 11.9~13.3도)
알코올: ABV 4.8~5.5%

발효도/바디: 미디엄
색: SRM 8~14, 황금색~진한 호박색
쓴맛: IBU 20~30, 중간

벨기에 블론드 에일 Belgian Blonde Ale

기원 아마 필스너의 인기 상승에 자극을 받아 출시된 이 블론드 에일은 1920년대에 등장하기 시작했다.

생산지 벨기에

아로마 약한 빵 아로마의 맥아에 특유의 과일향이 나는 벨기에 효모. 가끔 스파이시한 에스테르도 느껴짐

풍미 섬세한 맥아 풍미에 아주 약한 캐러멜 기미가 가미됨. 깔끔한 쓴맛에 의해 겨우 밸런스가 맞춰짐

밸런스 균등하게 밸런스가 잡힘. 청량하고 드라이한 끝맛

계절 연중 내내

페어링 라이트한 치즈, 홍합, 이밖에 다른 해산물 요리 등의 광범위한 음식

시음해볼 추천 맥주

    Affligem Blonde,

    Leffe Blonde,

    St-Feuillien Blonde

비중: 1.062~1.075(플라토 15.2~18.2도)

알코올: ABV 4.8~5.5%

발효도/바디: 미디엄

색: SRM 4~7, 황금색~진한 호박색

쓴맛: IBU 15~30, 중간

벨지안 스트롱 골든 에일 Belgian Strong Golden Ale

기원 무어가트 Moortgat의 듀벨 Duvel이 이 스타일의 원형이지만 재미있게도 듀벨은 1971년까지 다크 맥주였다. 벨기에의 황금색 스트롱 에일의 원조는 1934년 출시된 베스트말레 트리펠이었는데, 이 제품으로 트리펠과 스트롱 골든 스타일 간의 차이가 도대체 무엇이냐는 문제가 제기된다. 스트롱 골든 제품이 좀 더 깔끔하고 깨끗한 버전이지만 두 범주가 중첩되는 부분이 상당히 많고, 많은 벨기에 제품과 마찬가지로 어느 정도의 모호성도 있다. 복합적인 과일 풍미의 효모, 홉의 풋풋한 풀/허브 노트, 레시피의 20%를 차지하는 옥수수당으로 인한 청량한 끝맛은 모두 이 스타일의 중요한 성격이다.

생산지 벨기에, 미국 크래프트 양조장

아로마 스파이시한/과일향의 효모와 여기에 결합된 맥아와 홉 향

풍미 고도로 청량한 맥아 풍미, 깔끔한 홉의 끝맛

밸런스 상당히 드라이하지만 적당히 쌉쌀. 풍부한 탄산감

계절 연중 내내

페어링 연어, 닭, 태국 요리 같은 매운 요리 등 광범위한 음식

시음해볼 추천 맥주

    Brooklyn Brewery Brooklyn Local 1,

    Delirium Tremens,

    Duvel,

    North Coast Pranqster Belgian Style Golden Ale

비중: 1.070~1.095(플라토 17.1~22.7도)

알코올: ABV 7.5~10.5%

발효도/바디: 슈퍼드라이

색: SRM 3.5~6.0, 지푸라기색~황금색

쓴맛: IBU 25~35, 중간~낮음

벨지안 스트롱 다크 에일 Belgian Strong Darl Ale

기원 이 맥주는 특정 역사가 있는 스타일이라기보다는 실로 포괄적인 범주다. 르캄브르의 책에서 지적하는 것처럼, 역사적으로 도수가 강하고 다크한 맥주가 많았지만 구덴 카룰루스를 제외하면 이런 옛날 맥주로부터 내려온 확실한 혈통은 없다. 구덴 카룰루스는 감초가 들어간 진한 호박색 맥주로 옛 메헬렌 스타일(268~269페이지, 라캄브르 참조)에서 유래되었다고 하지만, 맛과 양조 공정이 예전 사양과 그다지 많이 일치하지 않는다. 현대적인 버전에는 여러 트라피스트 맥주(로슈포르와 베스트블레테렌)와 좀 더 별난 맥주가 많이 포함된다. 바디를 묽게 할 때 설탕이 흔히 사용된다.

생산지 벨기에, 미국 크래프트 양조장

아로마 복합적인 맥아 향에 과일향/스파이시한 효모향과 실제 향신료 또는 감초의 기미가 더해짐

풍미 풍부한 캐러멜 풍미의 맥아. 홉은 중요하게 사용되지 않음

밸런스 고르게 균형 잡힘. 길고 리치한 끝맛

계절 연중 내내 생산 가능하지만 할러데이 시즌에 많이 출시

페어링 상당히 든든한 음식, 강도 강한 치즈, 초콜릿과 환상의 궁합

시음해볼 추천 맥주

    Chimay Grande Reserve/Capsule Bleu,

    De Dolle Oerbier ,

    Het Anker Gouden Carolus,

    Goose Island Pere Jacques,

    Van Steenberge Gulden Draak

비중: 1.075~1.110(플라토 18.2~25.9도)

양조솥, 1930년대
프랑스 북부 또는 벨기에의 양조솥을 통해 당시 이 지역에 있던 많은 소규모 양조장의 소박함을 엿볼 수 있다.

알코올: ABV 8.0~12.0%
발효도/바디: 드라이~적당히 풀
색: SRM 12~22, 호박색~브라운
쓴맛: IBU 20~35, 중간

수도원 에일과 트라피스트 에일

트라피스트 Trappiste는 명칭으로, 법적으로 보장받는 상표로서 구속력이 있는 이름이다. 즉 특정 요건에 부합하는 양조업체만 이 이름을 사용할 수 있다는 뜻이다. 트라피스트 에일은 수도원 부지의 양조장에서 수사의 직접적인 감독 아래 양조되어야 한다. 1900년 경까지는 이 명칭이 사용되었지만, 1962년 시메이가 주도한 법적 조치의 결과, 비에르 트라피스트 Biére Trappiste 또는 트라피스텐비에르 Trappistenbier라는 이름은 트라피스트 에일 계열에만 독점적으로 사용할 수 있게 되었다. 애비 Abbey 맥주는 이와 비슷한 스타일이지만

일반 상업 양조장에서 양조되며, 이들 양조장은 현재 운영중인 수도원의 허가 하에서, 아니면 사라진 수도원의 이름을 달거나 수도원과는 전혀 연관 없는 이름을 가지고 양조한다.

트라피스트 에일은 규정에 얽매이는 계열이 아니어서 양조되는 지역의 맥주 전통을 반영한다. 현재 12곳의 트라피스트 양조장이 있으며, 이중 벨기에에 6곳, 네덜란드에 2곳, 오스트레일리아, 이탈리아, 미국, 영국에 각각 1곳이 있다. 트라피스트 에일은 개성이 상당히 강하지만 베스트말레의 트리펠과 시메이의 루즈 Rouge(두벨)는 각각 해당 스타일의 원형이다. 제품군으로 봤을 때 트라피스트 에일은 모두 탁월하다. 자신의 톱10 맥주 목록에 트라피스트 맥주가 적어도 2개가 안 되는 맥주 애호가는 드물다. 싱글은 종종 수도사가 마시는 용도로만 양조하기 때문에 찾기 어렵다.

수도원 맥주는 상당히 많이 존재하고 브라운 두벨과 블론드 트리펠이라는 틀을 고수하는 경향이 있는데, 이따금 블론드나 스트롱 다크가 혼합되기도 한다.

벨지안 애비 두벨 Belgian Abbey Dubbel

기원 이 맥주는 아주 옛날 수도원에서 양조했지만, 현대적인 수도원 스타일은 지난 100년에 걸쳐 만들어졌다.

생산지 벨기에, 미국 크래프트 양조장

아로마 깔끔한 맥아와 부드러운 홉향, 스파이시한 향/과일 향의 효모 특성. 중간색 맥아가 이 스타일에 중요하며, 코코아의 부드러운 기미나 건포도나 자두 같이 말린 과일의 깊은 특성을 발현하기도 함

풍미 부드럽고 크리미한 맥아 풍미, 스파이시함이 상당함

밸런스 맥아 풍미지만 바디를 묽게 하기 위해 설탕(때로 흑설탕)을 사용하기 때문에 입안에서 상당히 드라이함

계절 연중 내내

페어링 다양한 종류의 든든한 음식. 바비큐 립, 수도원 치즈, 티라미수, 초콜릿 케이크, 중간 강도의 디저트와 완벽한 궁합

시음해볼 추천 맥주

Affligem Dubbel,
Chimay Première/Capsule Rouge,
Westmalle Dubbel ,
Allagash Dubbel Reserve

비중: 1.062~1.075(플라토 15.2~18.2도)
알코올: ABV 6.0~7.6%

정통 트라피스트 양조장과 여기에서 생산되는 에일

아헬 Achel
성 베네딕트 수도원 양조장
Brouwerij der Sint-Benedictusabdij de Achelse Kluis

1648년에 건립되어 1844년 재건되었다. 양조는 19세기 후반에 시작했지만 제1차 세계대전 당시 독일군이 양조 장비를 약탈해가서 재건되지 못하다가 1998년이 되어서야 트라피스트 양조장으로 인증받았다. 여기에서 생산하는 맥주에는 초기 비중 1.079의 트리펠(플라토 19.1도)인 블론드 8과 초기 비중 1.079의 브라운 8(플라토 17.9도), 초기 비중 1.090의 브라운 엑스트라(플라토 21.5도)가 있고 블론드 아헬 5(알코올 5%)는 해당 지역에서만 구입할 수 있다.

시메이 Chimay
노트르담 드 스쿠르몽 수도원
Abbaye de Notre Dame de Scourmont

1863년에 양조를 시작한 이 양조장은 현재의 레시피에 많이 관여한 저명한 벨기에 양조 과학자 장 드클러크 Jean DeClerck에 의해 1948년 재건되었다. 시메이는 초기 비중 1.063(플라토 15.5도), 알코올 7%의 정통 두벨인 캡슐 루주 Capsule Rouge와 초기 비중 1.071(플라토 17.3), 알코올 8%의 활발한 홉 풍미를 가진 트리펠, 캡슐 블랑슈 Capsule Blanche(생크 상 Cinq Cents), 초기 비중 1.081(플라토 19.1도), 알코올 9%인 묵직하고 진하며(chewy) 도수가 강하고 다크한 캡슐 블뢰 Capsule Bleu(그랑 리제르바 Grande Reserve) 등 여러 가지 맥주를 생산한다. 시메이는 지역 소비 전용으로 알코올 함량 4.8%인 도레 Dorée도 생산한다.

라 트라프 La Trappe/코닝스후벤 Koningshoven
코닝스후벤 노트르담 Onze Lieve Vrouw van Koningshoeven
네덜란드 남부의 이 양조장은 다소 역사가 복잡하다. 때로는 수도원 부지 안에서 양조장을 운영했고, 또 다른 시기엔 외부 기관에 면허를 대여하여 양조를 허용했다. 현재 시판되는 제품으로는 상당히 최근에 출시된(두벨, 트리펠은 1987년, 블론드는 1992년) 알코올 7%의 다크한 정통 두벨, 알코올 8%의 페일 트리펠, 알코올 10%의 쿼드루펠이 있다. 이 양조장은 알코올 6.5%의 블론드, 7%의 계절성 복 맥주, 그리고 밀맥주도 생산한다. 양조장은 1999년과 2005년 사이에 트라피스트 양조장 자격을 박탈당했으나, 현재 국제 트라피스트 협회와의 불화는 해소되었다.

로슈포르 Rochefort
로슈포르 생레미 Saint-Remy 수도원
1230년 건립되고 1794년 폐쇄된 후, 1889년 수도사들이 다시 점거했다. 양조장은 수 년이 흐른 뒤인 1899년에 설립되었다. 여기에서는 6,8,10으로 지정된 3가지 맥주를 생산하지만, 벨기에식 도수 명명법은 따르지 않는다. 6은 사실상 1.072(플라토 17.5도)이며 8은 1.078(플라토 19도), 10은 1.96(플라토 23.4도)이다. 이들 맥주는 모두 진하고 달콤 쌉싸름한 초콜릿 풍미가 있다. 알코올 함량은 각각 7.5%, 9.2%, 11.3%이다.

베스트말레 Westmalle
성스러운 성모 마리아 수도원
Abdij Onze-Lieve-Vrouw van het heilig hart van Jezus

1794년에 건립되어 1856년에 지역 주민들에게 맥주를 팔기 시작했고, 1921년에는 상업망을 통해서 판매했다. 브루하우스는 1930년대에 현대화되었고, 이 당시 획기적인 페일 트리펠을 신제품으로 런칭했다. 이곳에서는 3가지 맥주가 생산된다. 수사에게 인기가 좋은 '엑스트라 Extra'와 초기 비중 1.080(플라토 20도), 알코올 함량 9.5%인 유명한 트리펠 Tripel 그리고 진한 두벨 Dubbel이 있는데, 두벨의 레시피는 아주 초기 시대 것이지만 1926년에 재정비되었고 초기 비중은 1.063(플라토 15.7도), 알코올 함량은 7%이다.

베스트블레테렌 Westvleteren
베스트블레테렌 성 식스투스 수도원
The Abbey of Saint Sixtus of Westvleteren

1831년에 건립된 이 양조장은 1871년에 영업을 시작했다. 그동안 실제로 규모를 전혀 늘리지 않고 소규모 생산을 고수했다. 이곳은 사전 약속을 한 개인 고객에게만 아주 소량을 판매한다. 사실 최근 베스트블레테렌 양조장은 자체 생산되는 희귀 맥주에 대한 회색 시장 거래(불법은 아니지만 품귀 상품을 비싸게 판매하는 것-역자주)를 종식하기 위해 법적 조치를 취했다.
이 양조장은 초기 비중 1.051(플라토 12.6도), IBU 41의 홉 풍미가 강한 블론드 1종과 건포도 풍미의 다크한 맥주 2종, 즉 초기 비중 1.072(플라토 17.5도), 알코올 8%의 8(블루캡 Blue Cap)과 초기 비중 1.090(플라토 21.5도), 알코올 11%의 12(옐로우 캡 Yellow Cap)을 생산한다. 작가 스탠 헤어로니머스

Stan Heironymous(《수도승처럼 양조하라》의 저자)는
저서에서 이 양조장의 경우는 배치 batch간 차이가
상당하다고 기록했다.

오르발 Orval

1132년에 건립되었지만, 프랑스혁명 이후 일정 기간
방치되다 1926년에 재건되었다. 오르발은 일반
판매용으로 맥주 1종을 생산한다. 이 맥주는 초기 비중
1.054~5(플라토 13.3~13.5도)이고, 넓은 범주에서 세션
스타일인 오렌지 빛 황금색 에일로 청량한 홉의 풍미가
있고 매우 드라이한데, 병입 시 브레타노미세스 효모가
주입된다. 이 효모는 몇 달이 지난 후 진한 헛간의 아로마를
풍기기 시작한다. 알코올은 5.2~5.7%이다.

벨지안 애비 트리펠 Belgian Abbey Tripel

기원	1930년대, 필스너와 페일 에일 트렌드에 대응하여 베스트말레 수도원에서 출시
생산지	벨기에, 미국 크래프트 양조장
아로마	깔끔한 맥아에 스파이시한 향/과일향. 약간의 홉의 향이 느껴짐
풍미	스파이시함의 깊이가 상당한 복합적인 깔끔한 맥아의 풍미. 고탄산
밸런스	달콤하지만 드라이. 깔끔하고 청량한 끝맛
계절	연중 내내
페어링	돼지고기 구이, 랍스터 등의 리치한 해산물 요리, 크림 브륄레 같은 크리미한 디저트
시음해볼 추천 맥주	Bosteels Tripel Karmeliet, Westmalle Tripel, Tripel De Garre, Unibroue La Fin du Monde

비중: 1.075~1.085(플라토 18.2~20.4도)
알코올: ABV 7.5~9.5%
발효도/바디: 리치하지만 드라이
색: SRM 4.5~7, 옅은 황금색~진한 황금색
쓴맛: IBU 20~40, 중간

세션 Saison

기원	어디에서 시작을 할까? 다른 맥주들처럼 세션의 역사도 문제가 적지 않다. 세션은 농가 양조장에서 유래했다고 전해지고 농부들이 여름철의 고된 노동을 견딜 수 있도록 양조되었다고 한다. 소박한 진실을 추구하는 현대 맥주 열정가들의 상상력에 불을 지펴줄 만한 흥미로운 이야기지만 이를 뒷받침해주는 실제적 증거는 전혀 없다. 원시적인 소규모의 농가 양조는 아주 먼 옛날에도 분명 존재했지만 라캄브르 시대에는 이런 양조가 맥주 생산에서 대단한 역할을 하지 못했다. 물론, 농촌 지역에 양조장이 존재했지만 소형 양조장을 한데 통합하는 일은 150년 전에도 중대한 사업이었다. 1900년 경 사진을 보면

벨기에 소재 드 돌레 양조장의 쿨십
쿨십 Coolships 은 한때 발효 전에 맥즙을 식히는 보편적인 방법이었다.
람빅 양조장에서는 야생 발효를 촉진시키는 데 사용되었다.

전형적으로 2층 벽돌 건물이 등장하는데 중앙의 커다란
부지에서 20여 명의 사람들이 일을 하면서 목재통의
매쉬를 손수 젓는 일에서 말과 마구를 돌보는 일까지
모든 것을 처리하는 장면을 볼 수 있다. 맥주 만드는 일은
농부의 아내가 남는 시간에 잽싸게 해내는 그런 일이
아니었다.

라캄브르는 '철, 시즌'을 뜻하는 불어 '세션 saison'이라는
이름에 타당한 의미를 부여한다. en saison이라는
말은 '철', 즉 11월과 3월 사이의 '양조 철'에 양조한다는
의미였고, 이때 양조되는 맥주는 1년 내내 양조되고
순식간에 소모되어 여름철 더위에 상할 시간이 없었던
약한 '싱글' 맥주가 아닌 풀 강도(보통 라캄브르 도수에
의하면 대개 ABV 4.5〜6.5% 사이) 맥주였다. 고용주들이
비용 또는 생산성에 신경을 쓰는 사람들이라면 농장
인부들이 일하면서 도수 높은 맥주를 마셨을 가능성은
거의 없다.

또 다른 문제는 역사적으로 세션이라는 이름이 벨기에
동쪽, 독일 근처 리에주 지방의 상당히 독특한 맥주에
적용되었다는 것이다. 리에주 세션은 맥아와 밀, 귀리,
스펠트 밀, 심지어는 가끔 메밀 또는 잠두콩(누에콩)으로도
양조되었다. 맥주 색상은 호박색에서 브라운색 범위에
있었고, 멀리 서쪽 현재 세션으로 유명한 왈로니아
지방에서 양조되던 모든 맥주와 동일했다. 하지만 이들을
연계시키기 위해서는 여전히 많은 점이 필요하다.

다소 알려지지 않은 시점(다른 많은 스타일과 마찬가지로
20세기로 추측함)에 현대의 블론드 세션은 탄생했다.
마이클 잭슨은 1977년 그의 저서 《세계 맥주 안내서》에서
이 주제에 관해 한 문장으로 일축한다. "벨기에 남부
지방에서 상면발효 맥주는 때로 세션이라고 불린다."
따라서 분명한 점은 당시 세션은 개념으로 볼 만한 중요한
스타일은 없었다는 것이다. 세션의 붐은 분명 늦게 왔다.

오늘날 세션에는 밀이 들어갈 수도, 안 들어갈 수도
있지만, 단 적어도 한 가지 버전(세션 드에포타 Saison
d'Epeautre)에는 스펠트밀이 들어간다. 많은 세션
양조업체는 다양한 도수의 제품을 내놓는데, 도수 센
계열 중 일부 제품에는 음용성을 좋게 하기 위해 설탕이

터비드 매쉬와 슬라임 Slijm

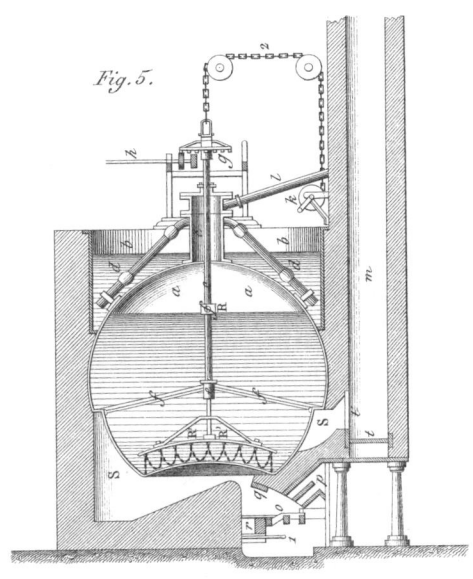

체인 구리 케틀, 벨기에, 1851년
이 끓임 용기에는 체인이 장착되어 바닥을 훑어주었기 때문에
미세한 입자가 바닥에 눌어붙어 타는 현상을 막아주었다.

밀맥주는 지금부터 수세기 전 벨기에에서 탄생했고 그 어두운 과거 시절, 극단적이고 오랜 시간 이어지는 모든 당화 방식은 오늘날 우리에겐 거의 납득이 되지 않는다. 게다가 1822년과 1885년 사이 벨기에 양조업자에 부과된 별난 세제 규정과 매쉬튠 용량에 따른 과세는 많은 종류의 맥주 양조방식에 영향을 주었다. 벨기에 양조업자들은 아주 저비중의 '싱글 single' 또는 '오디너리 ordinary' 맥주를 생산했는데, 이들 맥주는 맥즙에 비발효 물질이 많을 경우, 좀 더 리치하고 꽉 찬 맛이 났다.

벨기에 밀맥주를 양조하기 위해서는 발효 및 비발효 물질을 추출하기 위한 특별한 양조 절차가 필요하다. 람빅 양조에서도 페디오코커스 박테리아의 양분으로 비발효성 덱스트린이 유용한데, 이 박테리아가 부족할 경우 상쾌한 신맛이 없어지기 때문이다.

역사적으로 관건은 매쉬튠을 뭐 하나 들어갈 틈 없이 빽빽하게 채우는 일이어서 뜨거운 물은 거의 사용되지 않았다. 일반적인 매쉬튠의 경우 가짜 바닥(false bottom: 맥즙을 배수하도록 구멍이 뚫려 있는 바닥)이 공간을

너무 많이 차지해 용액을 걸러내려면 스투이크만드, 즉 양조사 바구니(버드나무 가지로 만든 키가 큰 바구니)를 매쉬 깊숙이 억지로 집어넣어 나뭇가지로 엮은 옆면을 통해 용액이 걸러져 떨어지도록 했다. 그런 다음 걸러진 용액은 큰 주걱으로 떠냈다. 터비드 매쉬의 가장 중요한 특징은 슬라임(끈적끈적한 물질을 뜻하는 독일어)으로 알려진 이 탁하고, 효소로 가득한 맥즙이 바닥을 훑어내는 회전식 체인 장비가 장착된 솥으로 옮겨지기 때문에 전분이 들러붙고 눌러타지 않는다는 점이다. 슬라임이 끓으면서 효소는 파괴된다. 슬라임이 끓으면 원래 매쉬에 매우 뜨거운 물이 들어가면서 당화가 진행된다. 일정 시간이 지난 후, 매쉬에서 용액을 추가로 배수시켜 끓인다. 이 시점에서 끓인 슬라임을 곡물에 다시 섞어 당화를 하고 이후 배수시켜 맥즙을 끓인다. 사실 여기에서 논하기에는 훨씬 더 복잡한 공정이다.

이런 복잡한 공정의 결과, 전분을 발효가능한 당으로 전환하는 효소의 능력은 심하게 손상되어 맥즙 안에 덱스트린이 많이 남게 된다.

사용된다.

이 스타일을 결정하는 한 가지 요소는 효모다. 효모 변종은 종마다 상당히 다르지만 듀퐁 Dupont의 그 유명한 페놀 효모는 레드 와인 효모와 관련이 있는 것 같다. 이 변종은 아주 높은 발효 온도(섭씨 32도 이상)를 견디며 후추 풍미의 페놀을 상당량 생산하지만 에스테르 생산량은 많지 않다. 이런 높은 온도에서 대부분의 효모는 마실 수 없을 정도로 에스테르가 많은 맥주를 생산하며 이런 맥주에서는 매니큐어 리무버 냄새가 풍긴다. 세션 효모는 느리고 다루기 까다로와 많은 양조업자들은 처음에 세션 효모로 양조를 시작한 다음 일반적으로 쓰이는 효모로 바꾸어 일을 마친다. 이 스타일에 향신료는 필요하지 않지만, 때로 효모의 성격을 보완하기 위해 그레인오브파라다이스와 검은 후추를 포함한 여러가지 향신료가 사용된다.

생산지 벨기에 에이놀트 및 왈로니아(프랑스어권 지역)

아로마 복합적인 후추 풍미의 향신료 향. 빵 맥아 및 신선한 홉의 기미와 때로 오렌지 향이 풍김

풍미 크리미한 옅은 색 맥아, 깔끔한 홉의 풍미, 살짝 톡 쏘는 맛. 향신료나 브레타노미세스 야생 효모를 사용하기도 함. 입안에 아주 청량하고 드라이하지만 그래도 부드럽고 마시기 좋음

밸런스 슈퍼드라이. 깔끔한 홉 풍미의 끝맛

계절 전통적으로 여름과 추수 시기에 양조되지만 연중 내내 좋음

페어링 풍부한 샐러드, 닭요리와 리치한 해산물 요리, 흰 가루로 덮인 피막 치즈에 아주 좋음. 흙 풍미가 있는 버전은 숙성된 염소 치즈와 훌륭하게 어울림

시음해볼 추천 맥주

Allagash Saison,
Brasserie Dupont Saison Dupont,
Brasserie des Geants Saison Voisin,
Prairie Standard,
도수 높은 버전에는 Bruery Saison Rue,
North Coast Le Merle, Boulevard Tank 7

비중: 1.048~1.080(플라토 11.9~19.3도)
알코올: ABV 3.5~9.5%
발효도/바디: 슈퍼드라이
색: SRM 4~14, 황금색~호박색(다크한 버전도 존재하기는 함)
쓴맛: IBU 20~35, 중간

벨기에식 밀맥주/비에르 블랑슈/화이트 에일 Witbier/Bière Blanche/White Ale

윗비어는 양조하기 어려운 맥주다. 전통적인 레시피는 공기 건조 맥아 50%, 비발아 연질 밀 45%, 귀리 5%이다. 전통적인 맥즙 생산물은 탁한 당화, 즉 슬라임을 적용하는 람빅 매쉬와 비슷한데 맥즙 안에 전분질의 탄수화물이 많이 생긴다. 날 곡물을 좀 더 현대적인 기술과 사용할 때는 곡물을 잠깐 끓여 전분을 젤라틴으로 만들어야 하는데, 소규모 양조장에서는 거의 할 수 없는 공정이다. 전통 매쉬의 경우, 최적의 결과는 플레이크형 밀 flaked wheat에서 나오는 것 같다. 어느 쪽이든 리치하고 크리미한 질감은 이 스타일에 없어서는 안 될 요소이지만, 많은 양조사들이 이 사실을 항상 염두해두는 것은 아니다. 쌉쌀한 오렌지 껍질과 고수는 벨기에식 밀맥주(벨지안 윗비어)의 중요한 원료지만, 채소의 풍미 또는 불쾌한 쓴 풍미를 피하려면 신중하게 선택할 필요가 있으며, 개별적으로 튀기보다 전체적으로 조화가 이루어지도록 함께 잘 혼합해야 한다. 오렌지 껍질은 심이 너무 많이 들어갈 경우 거칠고 드라이한 쓴맛이 생겨 실로 불쾌한 맛을 느끼게 할 수 있다. 엘더플라워는 전통적으로 사용해 왔으며, 카모마일이나 후추/솔 풍미의 그레인오브파라다이스가 때때로 '비밀 향신료'로 사용된다. 윗비어는 이렇게 튼실한 개념의 맥주라 꽤 여러 가지로 변형을 해도 기본을 잃지 않아, 도수가 세거나 좀 더 다크한 제품도 간혹 보인다. 이런 맥주는 맛이 좋을 가능성이 높다.

기원 한때 널리 유행했던 이 스타일은 11세기 경 중세 북부 유럽에서 등장했다. 윗비어는 최초로 홉이 들어간 맥주였는데, 아이러니하게도 오늘날에는 홉이 아닌

1943년 통신 양조장에서 일하는 아주 젊은 시절의 피에르 셀리스(오른쪽에서 두 번째 인물).
고향인 벨기에 후가르덴에서 마지막 화이트 맥주 양조장이 문을 닫은 이후, 셀리스는 양조장을 열어 아우트 후가르드 비어 Oud hoegaards Bier를 생산해서 이 스타일을 살렸다. 이 맥주는 현재 인베브에 매각되어 호가든 화이트 맥주로 판매되고 있다.
사진에서 셀리스는 맥박 spent grain에서 맥즙을 분리하기 위해 사용하는 버드나무 바구니인 스투이크만드 stuikmand를 들고 있다.

향신료가 필수 재료로 들어가는 몇 가지 안되는 스타일 중 하나로 인식된다. 러시아의 쿠와스 kvass에서 영국의 데번 Devon 화이트 에일까지 변형 제품도 많았는데, 1900년 경 자취를 감추었다. 이런 맥주 제품군에서 살아남은 것이 베를리너 바이스와 최근에 부활된 고제이다.

플란더스 언어인 윗 Wit(독일어로 바이세 Weisse)은 '하얗다'를 의미하는 말로 맥주의 옅은 색과 탁한 외양을 묘사하는 이름이다. 윗비어에는 변함없이 밀이 들어가고 종종 다른 곡물도 추가된다.

19세기 말, 이 스타일은 벨기에의 루뱅과, 정도는 덜하지만 후가르드(호가든) Hoegaarde 인근 도시를 중심으로 유행했는데, 1955년 후가르드에 있던 마지막 전통 화이트 맥주 양조장인 톰신 Tomsin이 문을 닫았다. 10년 후, 이곳에서 젊을 때 일을 했던 피에르 셀리스 Pierre Celis는 이 스타일을 부활하기로 결심했다. 셀리스는 외양간에 브루어리 셀리스 Brouwerij Celis(1978년에 드 클루이스 de Kluis로 이름이 바뀜)라는 양조장을 세워 호가든이라는 맥주를 첫 생산했다. 마침내 이 맥주는 성공을 거두었고 결국은 인베브 InBev에 매각되었는데, 화이트 맥주는 현재 벨기에를 비롯한 전세계 많은 양조장에서 양조되고 있다. 산업계의 거물 기업인 몰슨-쿠어스 Molson-Coors도 유사 크래프트 버전인 블루문 Blue Moon으로 꽤 성공을 거두었다.

생산지 벨기에, 미국 크래프트 양조장, 일본
아로마 스파이시한 효모 향에 오렌지와 고수의 미묘한 노트가 첨가됨. 다른 향신료의 기미도 가능
풍미 드라이한 크림의 풍미, 부드럽고 시큼한 끝맛
밸런스 밀크셰이크 질감, 그러나 드라이하고 약간 시큼함
계절 연중 내내. 하지만 따뜻한 날씨에 가장 좋음
페어링 홍합, 연어, 닭 같은 가벼운 음식
시음해볼 추천 맥주
St. Bernardus Wit
Brasserie de Bocq Blanche de Namur
Allagash White
Bell's Winter White Ale
Unibroue Blanche de Chambly

비중: 1.044~1.052(플라토 10.0~12.9도)
알코올: ABV 4.5~5.5%
발효도/바디: 드라이~미디엄, 매우 크리미함
색: SRM 2~4, 옅은 지푸라기색~황금색. 탁함
쓴맛: IBU 8~20, 낮음~중간

람빅 Lambic

기원 람빅은 브뤼셀 주변 지역에서 양조하던 고대 맥주다. 맥주치고는 기묘하다. 비발아 밀이 높은 비율(40~60%)로 들어가고, 터비드 매쉬 공법이 사용된다. 극도로 묽어진 단백질 풍부한 맥즙은 여러 시간 끓이는 공정이 필요하다(대부분의 맥주는 1시간). 또한 홉은 쓴맛이나 아로마가 거의 남지 않을 때까지 2~3년 동안 묵히는데, 이는 람빅 양조사들이 홉으로부터 항균 작용만 원하기 때문이다.

람빅은 자연적으로 발효되거나 아니면 적어도 자연적인 발효를 기본 방식으로 한다. 정통적인 방법은 식어가는 맥즙을 밤 공기에 노출하여 온갖 미생물 군단이 바람에 실려 오도록 하는 것이다. 이들이 맥주를 발효시키고 시큼하게 만드는 등 다양한 역할을 수행한다.

옛날에 브뤼셀 주변 지역에는 미생물이 사는 자연적인 생태계 역할을 하는 과수원이 많았다. 요즈음에는

람빅 주전자
이 도기 주전자는 람빅의 투박한 듯한 정교함을 함축적으로 보여준다.

시음해볼 람빅

스트레이트 람빅 Straight Lambic
브뤼셀 이외 지역에서는 거의 구할 수 없는, 비혼합 사우어 맥주. 섞는 재료에 따라 달콤하거나 짜릿할 정도로 시큼할 수 있다. 보통 탄산은 거의 또는 전혀 없는 상태로 제공된다. 전통적인 서빙 방식은 개인적인 입맛에 따라 단맛을 추가하기 위해 각설탕 종지를 함께 내고 유리잔 바닥에 설탕을 부술 수 있도록 '스톰퍼'가 함께 제공된다.

시음해볼 추천 맥주
Cantillon Bruocsella Grand Cru,
Oud Beersel Lambic, Lambickx

괴즈 Gueuze
1850년과 1875년 사이, 기계 제작 병이 유통되고 병에 부과하는 세금이 폐지되었을 때 처음 양조되었으며, 갓 만들어진 람빅과 오래된 람빅을 병 속에 넣어 혼합한 제품. 과거에는 무탄산 제품이 있었지만 괴즈는 병 속에서 발효되고 탄산 수준이 높다. 괴즈란 말은 아마도 가이저 geyser(분출한다. 괴즈는 오크통의 병에서 온천수처럼 분출된다—역자주)와 관련이 있는 듯하다.

시음해볼 추천 맥주
Tilquin Oude Gueuze,
Lindemans Cuvée René, Drie Fonteinen Oude Gueuze

파로 Faro
람빅을 희석한 제품. 캐러멜 시럽으로 단맛을 내고, 때로 조미료로 향미를 높인 파로는 19세기에는 가장 인기 많은 람빅 유형이었지만 지금은 귀하다.

시음해볼 추천 맥주
Lindemans Faro Lambic, Timmermans Faro

과일 람빅
과일 람빅의 수제 버전이 수세기 동안 존재했을 거라고 당연히 생각되겠지만, 상업용 제품으로 과일 람빅은 1930년대 들어서야 처음으로 만들어졌다. 일부 제품에는 체리(크릭 kriek), 라즈베리(프람브와즈 framboise), 복숭아, 카시스 cassis 등 여러 과일이 들어간다.

시음해볼 추천 맥주
Oud Beersel Oude Kriek, Boon Kriek(비전통적),
Lindemans Kriek 또는 Framboise, Tilquin Quetsche

과수원이 사라져 옛날 방식을 예전만큼 신뢰할 수 없다는 느낌이 든다. 문제점은 세심한 연구가 많이 이루어졌음에도 전체 공정이 너무 복잡하여 람빅의 과학과 양조 관습의 많은 부분이 여전히 충분히 이해되지 않는다는 점이다. 예를 들어 몇 년 전 린데만스 양조장은 규모를 확장하면서, 양조장 전체 벽을 톱으로 잘라 새 건물로 가져다 볼트로 고정시켰다. 필요한 유기체를 써야 할 때 이것이 정작 새 건물에 없을 수도 있기 때문에, 그리고 그런 위험을 감수하고 싶지 않아서 취한 조치였다. 다행히 많은 미생물은 람빅이 발효되는 통에서 아주 행복하게 살고 있다. 캐스크 통에서 거미줄을 닦아내지 않는다는 람빅 양조사의 이야기는 사실이다. 훌륭한 람빅을 생산하기 위해 필요한 미묘한 밸런스를 깨뜨리지 않기 위해 모두가 살얼음판을 걷고 있다. 미신에 이렇게 많이 의지하는 맥주가 람빅 외에 또 있을까.

람빅은 이 콜리 E. coli 같은 장내 세균의 공격으로 즉각적으로 발효되기 시작한다. 이들 박테리아는 맥즙에 있는 소량의 포도당을 분해한 다음 죽어버린다. 다음은 사카로미세스 Saccharomyces 차례다. 이 박테리아는 맥아당을 알코올과 이산화탄소로 전환하면서 상당량의 발효 작업을 담당한다. 이 시점에서 발효 속도는 상당히 둔화되고 브레타노미세스의 흙향과 과일 아로마가 뚜렷해지며 페디오코커스는 신맛을 상당량 축적한다. 이렇게 느리게 활동하는 미생물 때문에 장기간의 배럴 숙성 과정이 필요하며 이 덕분에 거친 신맛이 달콤해진다. 셰리주 생산에 공통적으로 들어가는 효모종은 또 다른 풍미층을 덧입혀준다. 당연히 통마다 꽤 많은 변수가 존재하기 때문에 이를 보완하기 위해서는 혼합 공정이 필수적이다. 그래도 일부 통의 람빅은 희석하고 감미제를 첨가해도 너무 시큼해서 옛날에는 양조장의 구리 솥을 세척하는 데 사용되었다.

람빅은 어느 정도로 시큼해야 할까? 람빅에 쇄도하는 새로운 열정가 집단이 종종 다른 모든 것은 제쳐두고 독특한 신맛에만 집착하면서 이 관련 문제는 많이 제기되고 있다. 진정 시큼한 람빅이 설 자리가 분명 있지만, 기억해야 할 점은 람빅도 밸런스가 이루어져야 하고, 믿을 수 없을 정도로 복합적인 성격의 맥주이지만 신맛은 그 많은 요소 중 한 가지 특징에 불과하다는 것이다. 또 하나의 중요한 사항은 대부분의 람빅은 그 오랜 역사를 살펴보면 희석해서 감미료를 넣은 형태, 즉 파로 faro(설탕을 섞은 블렌드 람빅—역자주)로 마시거나 각설탕을 같이 곁들여 신맛을 줄이면서 즐겼다. 람빅은 낮은 pH만 보면 사재기해야 할 진귀한 '특종'이 아니라 기분 좋게, 상쾌하게, 심오하게 즐기는 음료이다.

생산지 벨기에, 브뤼셀 지역과 남서부 인접 지역. 미국 및 세계 각지의 크래프트 양조업체에서도 자연 발효를 하고 있지만, 정통성(과 성공)을 기준으로 볼 때 그 수준은 다양함. 람빅이란 말은 법적인 명칭으로 특정 지역에서 승인된 레시피와 공정을 따르는 벨기에 지역 양조업체만 붙일 수 있음.

비록 모든 사람들을 위한 음료는 아니지만 야생 발효 맥주는 수많은 미국 크래프트 양조장에서 개발되고 있으며 가끔 한정된 양으로 구입 가능하다. 캠브리지 브루잉 컴퍼니, 졸리 펌프킨, 로스트 코스트/피자 포트, 뉴 벨지엄, 러시안 리버 등의 양조업체에서 이런 람빅 제품이 있는지 찾아볼 것

아로마 요거트, 브레타노미세스, 식초, 과일향

풍미 날선 시큼한 맛. 놀라울 정도의 복합성

밸런스 매우 날서고 시큼함. 달콤한 기미

계절 연중 내내

페어링 가벼운 음식. 지방기를 기분좋게 줄여줌. 과일 버전은 디저트와 완벽한 궁합

시음해볼 추천 맥주
272페이지 참조

괴즈 Gueuze

생산지 중부 벨기에. 괴즈는 법적 보호를 받는 명칭. 영 람빅과 올드 람빅을 혼합한 제품으로 전통적으로 병속 발효되지만 때때로 다른 방식으로 포장되기도 함

아로마 대단히 복합적. 과일향(특히 파인애플)과 헛간/ 브레타노미세스 냄새 및 때로 오크나 식초 기미가 느껴짐

풍미 가벼운 풍미부터 아주 시큼하고 꽤 드라이한 풍미까지 걸쳐 있음. 우디한 떫은 끝맛도 종종 나타남

밸런스 오크의 떫은 맛에 맞서는 신맛. 홉이나 맥아의 풍미는 거의 없음

계절 연중 내내

페어링 해산물과 일부 치즈와 잘 어울리지만 페어링하기 어려움

시음해볼 추천 맥주
272페이지 참조

비중: 1.040~1.060(플라토 10.0~14.7도)
알코올: ABV 5.0~8.0%
발효도/바디: 완전히 드라이
색: SRM 3~7, 지푸라기색~황금색
쓴맛: IBU 0~10, 매우 낮음

사우어 레드와 사우어 브라운/ 우드 브룬 Sour Red and Sour Brown/Oud Bruin

기원 요즘 벨기에에서 사우어 브라운 에일이 집중적으로 생산되는 지역은 두 군데가 있다. 하나는 로덴바흐의 원산지인 플란더스 지방 서쪽인 루설라러 Roeselare 지역이고, 다른 한 군데는 동플란더스의 아우더나르데 Oudenaarde이다. 두 지역 제품의 유형은 비슷한 점이 많지만 똑같지는 않다. 브라운 맥주, 오크통 숙성, 영 맥주와 올드 맥주의 블렌딩은 1800년 이전에 거의 공통적인 공법이었고, 이런 유형의 맥주 중 극히 소수만이 오늘날까지 양조되고 있다. 이 지역과 스타일은 1851년 라캄브르가 설명하는 다크한 우이체트 Uytzet 계열과 꽤 일치하며, 여기서 동쪽으로 한참 떨어진 마스트릭트 Maastrict 지역에서는 젖산이 상당히 높게 함유된 사우어 브라운 스타일이 있었는데 이렇게 올드 에일과 새로 양조한 에일을 블렌딩한 에일이 그 당시 벨기에 북부 지역에서 인기 있었던 것 같다.

플란더스 서쪽 레드 맥주는 로덴바흐가 대표적이다. 이 붉그스름한 브라운 맥주는 레시피대로 양조된 다음, 큰 나무통에서 2년 가까이 숙성되어 락토바실루스(젖산균), 아세토박터(초산균), 야생 효모 브레타노미세스로부터 시큼한 풍미를 충분히 얻는다. 이는 자연 발효는 아니다. 이들 유기체의 성장을 촉진하는 기질로서 나무를 사용하는 것이다. 나무는 날카롭고 시큼한 풍미를 부드럽게 해주는 바닐라와 다른 미묘한 요소는 물론, 흙향을 가미해준다.

아우더나르데 브라운은 락토바실루스를 넣은 효모에 의지해 특유의 시큼한 특성을 가진다. 아우더나르데 맥주의 대표 주자는 리프만즈 구덴반트 Liefmans Goudenband이며 복합적인 흙의 풍미가 있고 때로 탁한 기미도 있다. 적어도 리프만즈 제품은 오크통에서 숙성되지 않지만, 이 양조장 제품인 구덴반트는 영 맥주와 올드 맥주를 블렌딩해서 만들어진다.

특히 레드 맥주는 여러 다양한 블렌딩 전략으로 양조된다. 보통 프리미엄급 제품으로 갈수록, 시큼한 '올드' 맥주 비중이 상당히 높은 편이고 새콤달콤한 풍미를 내려면 '올드' 맥주를 소량 넣는다. 잭-오피 Jack-OP와 조테검 Zotteghem 같은 '반사우어 half-sour' 맥주는 한때 꽤 인기가 있었고 현재 몇 가지가 시장에 아직도 남아 있다.

사우어 에일은 과일 맥주의 훌륭한 기반이다. 에일의 신맛이 과일이 응답 내야 할 맛을 부여해주기 때문이다. 이 두 스타일 모두에서 체리와 라즈베리 버전을 찾아볼 수 있고 마셔볼 만한 가치도 충분하다.

벨기에의 몇 가지 별난 맥주들

대단히 많은 벨기에 맥주가 특정 스타일을 전혀 따르지 않고 만들어진다. 독일 범주의 명확한 경계에 익숙하다면 처음에는 혼란스러울 수도 있다. 기운을 차려서 안전벨트를 하고 여정을 즐겨보라.

크콱 Kwak

이 맥주는 1791년, 브루겐호우트의 보스틸 Bosteels 양조장에서 파우웰즈 크콱 Pauwels Kwak이라는 양조사이자 선술집 주인에 의해 만들어졌다고 한다. 진한 호박색의 맥주로 크리미한 캐러멜 질감과 감초가 들어간 독특한 향신료 프로파일이 특징이다. 밸런스는 좋고, 알코올 8%의 맥주다. 크콱은 바닥이 구근 모양으로 되어 있는 '승마용 컵'에 제공되는데, 마차를 타던 시절의 유산을 보여준다.

드 돌레 브라우워즈 De Dolle Brouwers

문자 그대로 '정신 나간 양조업체'인 이곳은 앤트워프 외곽 에젠에 위치한 작은 양조장이다. 어머니와 아들이 팀을 이루어 창립한 이곳에서는 부드러운 블론드 부활절 맥주, 홉의 풍미가 강한 8% 앰버, 스트롱(9%) 사우어, 스타우트 등 다양한 범주의 맥주를 생산한다.

워스턴츄 Wostyntje

레젠부르크 Regenboorg 양조장 맥주. 겨자색의 영국 홉 프로파일을 갖춘 블론드 에일로 정말 청량하고 심신을 상쾌하게 해주는 맥주를 선보인다.

포퍼링 홈멜비어 Poperings Hommelbier

벨기에 홉 지역에 위치한 반 에케 van Eecke 양조장 제품. 이 7.5% 블론드 맥주는 홉으로 가득한 밝고 신선한 향기가 느껴지며, 홉의 풍미는 섬세한 벨기에 공정으로 부드러워졌다.

부쉬/스칼디스 Bush/Scaldis

뒤비숑 Dubuisson 양조장 제품인 이 높은 도수(12%)의 스트롱 골든 에일은 살짝 토피 같은 맥아 풍미가 골딩 종류의 밝은 홉의 풍미와 만나 밸런스를 이루었고, 이 모두가 저온 장기 발효로 매끄러워졌다. 도수에 비해 음용성은 상당히 좋다.

아쇼페(다쇼페) D'AChouffe

아르데네스에 위치한 이 회사는 스카치 에일과 미국에서만 구입할 수 있는 미국 스타일 IPA 등 특색으로 가득한 맥주 제품군을 양조한다. 이들 맥주의 모든 색은 스페셜티 맥아보다는 양조업체의 캐러멜 시럽으로 만들어진다.

브라스리 드 라 세느 Brasserie de la Senne

최근에 생긴 브뤼셀 양조장으로 한쪽 눈은 전통을, 다른 쪽 눈은 넓은 크래프트 맥주계를 향해 있다. 이 양조장의 주력 제품인 타라스 보울바 Taras Boulba와 지네비르 Zinnebir는 둘 다 고도로 청량하고 드라이한 블론드 에일이며, 세종의 특정 성질을 갖추고 있다. 또한 이곳에서는 맛 좋은 다크 맥주도 양조한다. 맥주의 이름과 레이블은 재미있게 정치적인 의미를 담고 있다.

생산지 벨기에 플란더스, 때로 미국에서도 시도됨

아로마 깊은 과일/에스테르향에 시큼한 노트가 가미됨(레드 에일에서는 식초/피클 노트), 맥아의 기미

풍미 캐러멜 맥아 또는 조리된 설탕으로 달콤~낯선 신맛

밸런스 새콤달콤. 홉은 거의 느껴지지 않음

계절 연중 내내

페어링 강한 냄새의 치즈, 리치한 고기, 튀김 요리. 가벼운 과일 타르트와도 마셔볼 것

시음해볼 추천 맥주
Jolly Pumpkin La Roja,
Liefmans Goudenband,
New Belgium La Folie,
New Glarus Wisconsin Belgian Red(체리로 양조),
Rodenbach Grand Cru,
Verhaeghe Duchesse de Bourgogne

비중: 1.040~1.074(플라토 10~18도), 대부분 맥주의 비중은 이 범위의 가운데에 해당

알코올: ABV 4~8%

발효도/바디: 미디엄~드라이

색: SRM 10~22, 깊은 호박색~루비색. 페일 버전도 존재

쓴맛: IBU 10~25, 낮음

프랑스 비에르 드 가르드 French Bières de Garde

기원 프랑스는 맥주에 대해 항상 유보적인 입장이었다. 이곳에는 열렬한 맥주 애호가도 있지만 와인 문화가 너무 강해서 맥주가 주목을 많이 받기에는 어려움이 따랐다. 역사적으로 프랑스의 두 지역은 맥주 문화의 원천이었다. 게르만 문화와 친밀한 알자스 로렌 지방은 프랑스 라거의 동력이 된 곳으로 이곳에서 블론드, 복, 마르첸 등 많은 맥주가 다른 지역으로 선적되었다. 벨기에 근처 노르 Nord 지방의 양조업자들은 인근의 플란더스와 아이놀트 Hainault 지방과 마찬가지로 시골풍, 상면발효 방식의 브라윈과 블랑슈를 양조하고 있었다. 이 두 지역이 오늘날 비에르 드 가르드 스타일로 합체되었다. 비에르 드 가르드란 말은 독일어의 라거와 동의어이며 '저장용 맥주'란 의미로 원래는 바바리아 맥주나 특정 스타일과는 전혀 관계가 없었다. 그저 '더블' 또는 기본 맥주의 도수 센 버전이란 뜻의 프랑스 말이었고 벨기에 일부 지역에서도 사용되었다.

그런데 역경이 찾아왔다. 1871년, 독일은 프로이센-프랑스 전쟁에서 승리에 대한 대가로 알자스 로렌 지방을 합병했는데, 이로써 프랑스 양조 생산의 많은 부분이 프랑스 통제에서 벗어나게 되었다. 이 때문에 정부는 당시 고도의 산업화가 이루어지지 않았던 노르 지방 양조장의 생산 능력을 향상시킬 수밖에 없었다. 또한 레이블에 상면발효란 말이 나와도 이들이 마셔왔던 복, 블론드, 비에르 드 마르즈(마르첸)와 조금이라도 유사한 제품이라면 판매될 수 있는 시장이 형성되었다.

이런 모든 맥주 동향에도 불구하고 노르 지방의 양조업체는 여전히 현대화와는 거리가 멀었다. 동시대 기자들(R.E. 이반즈, 〈양조 협회 저널〉, 1905〉)은 이들 양조업체가 혼란스럽게 뒤엉켜 있는 상태라고 보았다. 다른 곳과 마찬가지로 이 지역도 두 차례의 끔찍한 전쟁을 겪으면서 그 사이 짧은 격동기를 거쳤다. 양조장은 이 틈에 다시 체력을 보강하고 아마도 국경 너머 벨기에 양조업체의 성공에 자극을 받아 수출 품질의 호화 고가 맥주를 양조하기 시작했다.

제2차 세계대전의 피해가 복구된 후, 사치스러운 병맥주가 거대 사업이 되었고 당시 좀 더 야심찬 세대가 쥐고 있었던 프랑스 북부 양조장은 도수 센 맥주를 포장하기 시작했다. 초기에 이들 포장 맥주는 대부분 브라운 맥주였지만 결국 브라운 또는 앰버 그리고 블론드 맥주를 혼합해서 출시하게 되었다. 요즘은 블론드가 훨씬 인기 있다. 사실상 다크한 버전을 찾는 일은 점점 어려워지고 있다.

이들 맥주는 맛은 좋지만 특히 심오한 맥주이며 벨기에 사촌 맥주 특유의 효모 풍미가 부족하다. 그러나 잘 양조된 버전은 맛있고, 프랑스 제품에서 기대할 수 있듯이 여러 다양한 음식과 아주 잘 맞는다.

생산지 프랑스 북부, 미국 크래프트 양조장

아로마 흙향의 효모 특성이 있는 복합적인 맥아 향

풍미 캐러멜 맥아 풍미, 구운 기미

밸런스 맥아 풍미 뚜렷하고 홉을 통한 밸런스는 거의 이루어지지 않음

계절 연중 내내, 날씨가 추울수록 좋음

페어링 스테이크, 돼지 구이, 소고기 스튜 등 든든하고 리치한 음식. 간단한 디저트

시음해볼 추천 맥주

La Choulette Amber,

Brasserie La Choulette Biere des Sans Culottes,

Lost Abbey/Port Brewing Avant Garde,

Russian River Perdition,

Two Brothers Domaine DuPage

비중: 1.060~1.080(플라토 14.7~19.3도)

알코올: ABV 6.0~8.5%

발효도/바디: 미디엄~풀

색: SRM 6~19, 옅은색~중간 호박색

쓴맛: IBU 18~28, 낮음~중간

미국의 크래프트 맥주

크래프트 맥주는 모두 똑같은 맛이 나는 대량 제조 맥주로부터 우리의 입맛을 구하고, 전세계 위대한 맥주의 정통 풍미를 살리며, 양조에 예술가의 손맛을 복원하자는 뜨거운 갈망에서 생겨났다. 1960년대에 야기된 많은 사회운동과 마찬가지로 크래프트 맥주 운동은 대담했고 심지어 순진한 목표가 있었다. 이 운동이 성공했느냐는 역사가 판단해줄 일이겠지만, 지금 당장은 재미로 넘친다. 맥주 세계는 이전과 비교하면 풍성하고 깊어졌으며, 덧붙일 필요조차 없을 정도로 맛이 좋아졌다.

목적 있는 양조

1975년 미국은 우수한 맥주가 나오기에는 상당히 척박한 곳이었다. 크고 작은 미국 양조장은 제2차 세계대전 이후 수십 년간 간격을 두고 전쟁을 치러왔는데, 그 결과 상표 없는 일반 맥주가 슈퍼마켓에서 팔렸고, 살아남은 진짜 스페셜티 맥주는 겨우 한손으로 꼽을 지경이었다.

그러던 중 많은 요소가 엉켜 크래프트 맥주로 현실화되었다. 첫째는 군인과 배낭여행을 다녀온 대학생들의 유럽 경험이었다. 이들은 영국에서는 친밀하면서 개성 있는 감성을 가진 맥주를 발견했고, 독일에서는 질서와 정직이 살아 있는 맥주를 만났다. 벨기에에서는 맥주 아이디어와 고대로 거슬러 올라가는 한없는 뿌리, 그 원천을 발견했다. 이들 나라는 출발점으로 더없이 좋은 장소였다.

베이비부머 세대의 맹목적인 낙천주의는 우리가 꿈꾸는 미래는 어떤 종류의 것이든 만들어갈 수 있다는 어떤 깨달음을 던져주었다. 만약 지난 50년 동안 그 아무도 양조장을 시작하지 않았다면 지금 상황이 어땠겠는가?

묘지에서 태어나다

콜로라도주 볼더 Boulder에서 찰리 파파지안은 활발한 홈브루어리 군단을 이끌고 있었다. 이 단체는 결국 미국홈브루어협회로 합병되어 맥주 자립에 대한 즐겁고 체제 전복적인 메시지를 퍼뜨렸다. 홈브루잉은 1979년에 합법화되어 뭔가 큰 꿈을 꾸기 시작한 취미 양조사의 실질적인 붐을 일으키는

견인차 역할을 했다. 전 세계적으로 홈브루잉은 에너지와 아이디어, 인력의 보고로 상업 크래프트 맥주를 탄생시키는 원천이 되었다.

많은 수의 초기 크래프트 양조장은 낙농업에서 회수한 폐기물로 지어졌다. 만약 크래프트 맥주 명예의 전당이 있다면, 거기에 올라갈 품목 하나는 그런디 grundy 탱크가 될 것이다. 7배럴들이 이 저장 탱크를 CAMRA는 펍에서 퇴출했다. 그런디 탱크를 이용하여 맥주를 대용량으로 배달하고 서빙하려는 영국 양조업체의 계획을 CAMRA가 무산시켰던 것이다. 이런 저렴하지만 기능이 좋은 탱크는 현재 공급과잉 상태지만 브루펍에 적격이어서 개척 양조업체들이 그들의 솜씨를 갈고 닦으며 시장과 관계를 쌓아 나갈 수 있었다. 그 시대 크래프트 양조장 대부분은 이런 식으로 시작했다.

최초의 브루펍인 야키마 브루잉 앤 몰팅 Yakima Brewing and Malting은 은퇴한 홉 컨설턴트 버트 그랜트에 의해 1982년 문을 열었다. 레스토랑 사업은 어렵지만 브루펍은 지금까지 번창하는 사업이다. 해를 거듭할수록 브루펍은 크래프트 맥주를 확실히 대변하고 보여주는 매개체 역할을 하면서 수백만 사람들을 그 매력으로 이끌었다. 2014년 현재, 미국에는 1,400개의 브루펍이 영업중이다.

크래프트 맥주에서 정말 의미심장한 부분은 지하실에서 임기응변식으로 가족의 쌈짓돈을 털어 양조장을 만든 남녀 군단들이 이 나라 맥주의 개념이 될 열쇠를 이어받았다는 점이다. 100년이 훨씬 넘는 기간 동안, 대형 맥주회사들은 색이 옅은 맥주이든, 차갑거나 거품과 탄산이 많은 제품이든, 라이트하거나 캔 제품이거나 저렴하든, 혹은 드라이하거

크래프트 맥주와 크래프트 양조업체의 정의

'크래프트'는 정확히 정의를 내리기가 어려운 용어다. 세계 어디에서도 크래프트 맥주를 마실 때 누구나 맛을 보면 크래프트 맥주임을 알지만, 이 용어를 좀 더 정확히 정의하려고 하면 할수록 이 일은 더 까다로워진다.

차이점을 만드는 요인은 잔 안의 내용물인가, 아니면 양조한 사람인가? 반드시 전부 맥아로 만들어져야 하는가? 그렇다면 밀맥주는 어떠한가? 크래프트 맥주는 제조사와 관련이 있는가? 대형 상장 기업체도 적합한 크래프트 맥주를 양조할 수 있는가? '크래프트 맥주'라는 이름을 붙이면 크래프트 맥주가 되는가?

현 상황에서 슈퍼마켓 스캐너 자료를 수집하는 두 회사, IRI와 닐슨사는 크래프트 범주를 크래프트 독립형과 크래프트 계열형 두 가지로 분류한다. 첫 번째 범주는 Brewers Association(BA) 정의를 따르고 대형 회사나 외국 회사와 연계된 양조장은 제외한다. 두 번째 범주는 몰슨 쿠어스의 블루 문 Blue Moon 같은 유사 크래프트 맥주를 포함, 이외 다른 모든 제품을 포괄한다.

최근 Brewers Association은 크래프트 양조업체의 정의를 다음과 같이 갱신하여 발표했다. 1년에 600만 배럴 미만을 양조하는 독립 양조업체로, 비 크래프트 양조업체의 지분이 25% 미만인 곳, 그리고 맥주의 풍미를 전통 또는 혁신적인 양조 원료 및 발효에서 구현하는 '전통적인' 업체. 그리고 풍미를 첨가한 맥아 음료는 이 정의에서 제외된다.

나는 BA 이사진 멤버로 이 토론에 참여한 적이 있다. 토론 과정은 길고 괴로웠는데, 결국에 가서는 합의를 보지 못했다. 내가 보기에 '크래프트 맥주는 예술이다' 이 말은 맥주에 대한 아이디어와 레시피는 양조사로부터 나와야지 마케팅 부서나 회계 부서에서 나와서는 안 된다는 뜻이다. 독특한, 기억할 만한, 의미심장한 제품을 창조해내기 위해서는 열정적이면서 종종 아주 개성적인 관점이 필요하다.

초라한 시작
시에라 네바다 양조장과 이곳 양조사이자 소유주인 켄 그로스맨 Ken Grossman의 초창기 시절 모습, 1981년.

나 아이스 맥주이거나 투명한 제품이든 맥주의 미래를 결정 지었다. 주식회사에 상장된 이런 대형 회사가 여전히 엄청난 권력을 휘두르고 있고 결코 맥주계에서 사그라질 기미는 보이지 않지만, 이들이 작은 군단의 인도를 따라 크래프트 성격의 맥주를 분출해낸다는 사실은 창의적인 에너지가 어디에 있는지 보여준다. 이렇게 극적인 반전을 보여주는 산업이 또 어디 있을까.

스타일의 미국적인 의미

나는 현대 크래프트 맥주의 시작을 1971년 샌프란시스코의 앵커 브루잉 컴퍼니로 본다. 새로운 소유주 프리츠 메이태그는 천천히 나름의 방식으로 앵커에 산적해 있던 문제에 접근하면서 이들을 하나씩 수정해 나갔다. 결국 맥주가 문제였다. 그는 직원들과 힘을 합해 맥주를 무에서 다시 창조해냈다. 보조재료인 설탕을 버리고 100% 맥아로 제조했으며 색과 풍미를 위해 크리스털/캐러멜 맥아를 선택했고, 홉은 새롭고 독특한 품종인 노던 브루어로 정했으며 변함없이 지속적인 결과를 내는 효모 품종에 안착했다.

지난 수십 년 동안 대다수의 크래프트 맥주는 순수한 미국 페일 맥아에 크리스털 맥아를 한줌 넣고 특색 가득한 북미 홉을 양껏 얹는 패턴을 따랐고, 이렇게 하면 그저 정직한 홈메이드 맥주가 나왔다. 누르스름한 색에 탄산과 거품 많던 산업 생산 맥주에 익숙했던 사람들에게 이런 개성 강한 맥주는 실망 그 자체였다. 하지만 충격이 가시자 사람들은 이런 맥주와 사랑에 빠졌고, 나머지는 역사의 몫이 되었다. 구세계 전통은 영감이었지만 그 결과는 미국 고유의 색채를 띠어, 전통을 창의적으로 바꾸고 심지어 전통을 깨면서도 전통에 대한 경의를 표했다.

라거는, 특히 연안에서 떨어진 지역에서는, 크래프트 맥주 이야기에서 언제나 빠지지 않던 단골 메뉴다. 그러나 라거는 물류 문제를 야기한다. 라거는 저장(보관) 기간이 길기 때문에 탱크에 머무는 시간이 많고, 따라서 라거 양조장은 같은 용적의 에일 양조장에 비해 탱크 수가 두 배 더 필요하고 이런 비용상의 요건 때문에 크래프트 라거 양조장 수는 제한적일 수밖에 없었다. 자유자재로 변형되는 에일에 비해 미국 크래프트 라거는 원래 영감 그대로 머물러 있다. 변화의 시도에 저항하는 이유는 아마도 보이지 않는 순수령의 자기장

크래프트 맥주 동향 브리핑

홉, 홉, 홉!

IPA가 이 범주에서 주전으로 활약하면서 광기는 계속되고, 화이트, 블랙, 벨지언, 세션, 대형 버전 등 파생 제품이 속속 나오고 있다. 홉 재배업자들은 열대 과일향부터 베리, 멜론, 귤 등 기타 여러 아로마를 특색으로 하는 흥미로운 새로운 변종을 푸짐하게 내놓으면서 이런 광기를 부채질한다. 양조업체는 제품에 사용된 특정 변종을 자주 언급하는데 이런 과정을 통해 고객은 홉을 알아간다.

농가적인 요소

역사는 불분명하지만 뭔가 베일에 쌓인 농가 방식의 단순함으로 양조한다는 이 매력적인 아이디어로 흥미진진하고 만족스러운 맥주가 탄생한다. 좀 더 극단적으로 나아가 오크와 직접 접촉하거나 브레타노미세스 및 이외 다른 야생 미생물을 추가하여 양조한 제품도 있다.

와일드 앤 사우어

일부 양조장의 경우 작은 곁다리 프로젝트로 추진하는 부분이지만, 많은 신생 양조장은 야생 발효 사우어 맥주의 복합적인 스타일에 초점을 맞추고 이들의 본래 테루아를 반영할 방안을 찾는다는 특별한 목적으로 세워지고 있다. 자발적으로 생겨난 배양균은 위험할 수는 있지만 중요한 도구로 사용되며, 제대로 양조된다면 좋은 맛이 날 수 있다.

부활되는 역사

옛 양조 책자를 보면 오래 전 사라진 맥주를 너무 마시고 싶은 생각이 들도록 설명한 문구로 가득하다. 고제 같은 독일 북부의 상면발효 스타일이 특히 인기 있지만 영감의 원천은 많다. 그로지스키 grodziskie, 코트부세르 Korbusser, 리히텐하이너 lichtenhainer, 시프 Seef, 켄터키 커먼, 사티, 고틀란트스트리카, 치카 chicha 등을 찾아보라.

농장에서 양조장으로

맥주에 있어서 이 일이 항상 쉽지는 않지만 가능한 양조장은 지역 원료를 맥주에 사용하는 방안을 모색하고 있다. 그레이트 레이크 지역은 홉 생산이 다시 시작되어 지역 양조장과 연계할 기회를 제공한다. 웻 호핑 wet hopping 방식은 종종 양조장 자체 농장에서 수확한 말리지 않은 홉을 사용하는데, 지역과 연계하는 또 다른 방식이다. 영세 맥아제조인들은 혈통있는 고유의 맥아종을 입수하여 대형 양조장보다 더욱 풍미 있는 방식으로 가공할 수 있다. 역으로 양조장을 농장에 세우는 것도 또 하나의 트렌드다.

나무

증류주통을 사용하여 창의적인 맥주 제품을 양조할 가능성은 이제 거의 바닥났지만 사람들은 그저 증류주통이 부여하는 리치하고 복합적인 풍미를 즐기며 이런 맥주를 사기 위해서라면 기꺼이 줄을 선다. 야생 효모, 농가 스타일을 비롯한 많은 제품은 양조 과정에서 배럴통이나 와인통이 사용된다. 남미의 양조업체는 탱크에 암부라나 amburana 및 발삼 balsam 목재 등 이국적인 단단한 목재를 사용하고 있다.

세션과 샌디 shandy(맥주와 레모네이드의 혼합주-역자주)

소비자와 바 주인들은 양쪽 다 양껏 즐길 수 있는 맥주를 찾는데, 알코올 7.5%의 IPA는 비참하게 고배를 마셨다. 하지만 도수가 좀 약한 '세션' IPA는 꽤 히트를 쳤고, 역시 과일 및 밀 기반의 맥주와 레모네이드 또는 다른 소다 제품을 넣은 블렌드 제품도 인기를 끌었다.

나노 Nano

나노는 아주 작은 양조장, 보통 5배럴(6 hL) 미만의 브루하우스를 가리킨다. 이들 양조장이 살아남기 위해서는 맥주 대부분을 소비자에게 직접 판매해야 한다. 이런 나노 양조장은 특이하게 고객 발주 crowd-sourced 또는 CSB Community Sponsored Brewery개념으로 운영된다.

요리, 보태니컬, 야생 채집 원료 및 '분자' 양조

도그피시 헤드 크래프트 양조장이 초기 개척주자였지만 최근에는 신생 양조장이 대거 참여하여 양조보다는 요리와 연관이 많은 모든 종류의 원료를 활용하여 양조에 예술적인 색채를 부여하는 방안을 모색하고 있다. 야생에서 채집한 원료의 사용은 작지만 흥미진진한 발전이다.

때문이 아닐까 하지만, 라거 스타일이 크래프트 버전으로 확실하게 재탄생된 사례는 찾아보기 힘들다. 그러나 라거에도 변화가 시작되고 있다.

벨기에 스타일 맥주는 1990년대 초반 주목을 받기 시작했다. 콜로라도주 포트 콜린즈의 뉴 벨지엄 브루잉과 텍사스주 오스틴의 셀리스 양조장이 벨기에 영감 맥주에 전적으로 집중한 최초의 양조장이었다. 로스트 애비 브루잉의 토미 아더 Tomme Arthur와 러시안 리버의 비니 실루조 Vinnie Cilurzo 등 차세대 양조사가 앞에서 진두지휘를 하고 있지만, 다른 많은 양조장도 그들의 제품 라인업에 벨기에에서 영감을 받은 맥주를 넣고 있다.

시카고의 구스 아일랜드(현재는 AB 인베브 InBev의 일부)는 맥주 숙성을 위해 처음으로 버번통을 사용했고, 배럴 숙성 맥주는 인기 있는 스페셜티 품목이 되었다. 숙성은 와인통, 오크통 그리고 도그피시 헤드가 사용하는 파라과이 팔로 산토 같은 이국적인 목재까지 확대되었다.

야생 발효 및 사우어 맥주는 여전히 시장에서 점유율은 낮지만 맥주광들이 이런 톡 쏘는 펑키한 제품에 몰려들면서 일종의 컬트 맥주의 지위를 누려왔다. 벨기에 전통에서 영감을 받았지만 이들 맥주는 새로운 방향을 모색하고 있다. 독일 북부의 고제 및 리히텐하이너 같은 시큼한 젖산 스페셜티 제품이 부활중이며, 켄터키주 루이빌에는 작은 열풍이 불고 있다. 이 지역은 1세기 정도 잠자고 있던 거의 잊혀진 맥주, 켄터키 커먼 Kentucky Common의 본고장이다.

재미있는 아이디어는 도처에 깔려 있다. 최근 양조장은 '요리' 및 '보태니컬' 양조 같은 이름을 걸고 창의적인 임무를 꾀해 왔으며 음식과 조미료 세계의 전 범주를 맥주에 통합하려는 시도를 하는 중이다.

도그피시 헤드의 어마어마한 탱크
팔로 산토 목재로 만든 이 숙성 탱크는 금주령 이후 만들어진 것으로는 가장 큰 대형 목재 맥주통이다.

유혹적인 미래

앞으로는 어떤 미래가 펼쳐질까? 2015년 크래프트 양조업체는 전체 맥주시장에서 배럴 기준으로 12.2%, 달러 기준으로 약 21%를 차지했다.(2006년 배럴 기준 3.5%, 달러 기준 5%에 비해 4배 성장함) 시애틀, 워싱턴, 오리건주 전체에서 크래프트 맥주는 달러 기준으로 50% 시장 점유를 바라보고 있으며, 적어도 일부 장소에서는 확실히 크래프트 맥주시장이 꽤 커질 것 같다. 와인시장과 비교해보면 상황을 제대로 파악할 수 있다. 와인 회사 중에 일부 대형 업체도 있지만 그 어떤 곳도 시장을 지배하지는 못한다. 소비자들이 대량 생산 브랜드에서 갈아타면서 변화를 멈추지 않는 아주 다양한 제품을 찾는데, 이런 제품은 대형 양조업체의 강한 욕구와는 전혀 맞지 않는다. 소량 생산 브랜드를 많이 출시해서 수익을 낼 수 있다는 사례를 대형 업체에서 아직 보여주지 못했다.

지난 5년간 성공한 크래프트 양조장 설립자들이 은퇴할 나이가 되어 현금화 방안을 찾으면서 많은 대형 크래프트 양조업체가 투자 전문회사는 물론 다국적 대량 생산 업체에 인수되었다. 대형 양조업체가 유사 크래프트 브랜드를 성공적

지역별 새로운 홉 품종

호주 및 뉴질랜드

호주 갤럭시 Galaxy는 열대 과일 및 훌륭한 흙향이 가득한 강하고 묵직한 풍미의 홉이다. 뉴질랜드 홉은 상당히 다양하다. 레몬-라임 시트러스 향의 모투카 Motueka, 패션 프룻과 백포도 향을 갖추었지만 약간 흙향의 기미가 있는 넬슨 소빈 Nelson Sauvin, 오렌지와 풋풋한 허브 노트가 결합된 퍼시피카 Pacifica, 블랙 프룻에 날선 우디함이 동반된 퍼시픽 젬 Pacific Gem, 복합적인 과일향과 후추 아로마가 느껴지는 퍼시픽 제이드 Pacific Jade, 솔과 오렌지가 동일한 비율로 결합된 와카투 Wakatu 등이 있다.

체코공화국

새로운 품종은 모두 유명한 사츠홉을 기반으로 하고 있지만 카즈벡 Kazbek은 시트러스 노트를 많이 동반하고, 보헤미 Bohemie는 기분좋은 과일향과 상당히 깔끔한 느낌이 든다.

독일

독특한 홉 3종이 최근 많은 주목을 받고 있다. 꽃과 열대 과일 노트를 갖춘 할러타우 블랑 Hallertau Blanc, 깨끗한 시트러스 아로마의 만다리나 바바리아 Mandarina Bavaria, 베리, 배, 멜론의 노트를 갖춘 후엘 멜론 Hull Melon이 이들 3종이다. 사피어 Saphir는 우아한 특성에 묵직한 면이 가미되었고, 폴라리스 Polaris는 노루발풀 wintergreen과 유칼립투스 노트를 발산한다.

프랑스

알자스 지방은 오랫동안 홉 재배 지역이었지만 흥미로운 새 품종이 등장하고 있다. 과일의 시트러스, 꽃의 풍미를 갖춘 트리스켈 Triskel과 스파이시하고 시트러스한 노트와 함께 과일 풍미가 약간 가미된 아라미스 Aramis가 이런 신종 홉이다.

슬로베니아

오랫동안 홉이 재배된 지역으로, 매우 역동적인 번식 프로그램을 갖추고 있어 흥미로운 품종이 나타나기 시작한다. 오로라 Aurora는 축축한 느낌을 배경으로 열대 과일 아로마가 훌륭하며 셀레이아 Celeia는 과일 노트와 함께 깔끔한 중성의 아주 상쾌한 홉의 풍미가 특징이다.

미국

몇 년 전 시트라 Citra가 무대에 등장해서 즉시 인기를 끌었다. 가장 좋게 말해 이 홉은 시트러스 풍미를 아름답게 풍기지만 구운 양파 노트가 발현될 수 있다. 글래이셔 Glacier는 상쾌하고 매우 깔끔한 슈퍼 스티리안 super-Styrian 유형이다. 모자익 Mosaic과 아자카 Azacca는 시트러스, 망고/열대 과일 풍미와 솔의 기미를 발산한다. 자릴로 Jarrylo는 시트러스와 향신료의 기미와 함께 바나나와 배의 과일 풍미가 특징이다. 엘 도라도 El Dorado는 다양한 여러 과일 노트와 함께 많은 열대 과일 풍미를 동반한다.

으로 출시할 수 있다는 능력을 과시하면서 이들 업체로 자본이 양도되는 현상은 앞으로 계속될 것이다. 대형 양조업체가 제공할 수 있는 이점은 많다. 기술 및 마케팅 지원과 원자재 확보, 특히 트럭 운송 등이 있는데, 유통은 크래프트 양조에서 언제나 상당히 어려운 문제였다.

크래프트 맥주는 전세계적인 현상이 되고 있다. 유럽을 포함한 세계 각지에서 크래프트 양조장이 우후죽순으로 생겨났다. 이탈리아는 벨기에 맥주에 대한 애정을 원동력으로 상당히 창의적인 양조장에 대해 열정적으로 접근하고 있다. 북미 홉 아로마는 이따금 영국 맥주에서 등장한다. 전통을 고수하는 독일에서도 창의적인 시도가 고개를 들기 시작했다. 호주와 뉴질랜드의 경우 시작은 조심스러웠지만 특유의 풍미 진한 홉은 이곳 맥주에 실로 흥미로운 요소와 색채를 부여하고 있다. 스칸디나비아에서는 고대 농가 전통에 대한 재해석이 이루어지고 있으며, 이와 더불어 묵직한 미국 스타일의 IPA를 비롯해 선호 제품들이 공존한다. 일본의 경우는 최근 양조장 최소 규모 요건이 완화되어 소규모 양조장 출현이 가능하게 되었고, 한국의 경우 크래프트 맥주 시장이 급속도로 성장하고 있다. 남미의 크래프트 맥주는 멕시코에서 파타고니아 땅끝까지 폭발적으로 커지고 있고, 사업 조건이 어려운데도 불구하고 일부 성공을 거두고 있다. 아프리카와 인도에서도 크래프트 맥주에 대한 관심이 일고 있다. 요즘의 세상은 작고 서로 연결되어 있어 사람들은 전세계 창의적인 문화를 경험할 수 있는데, 여기에 크래프트 맥주가 빠질 수 없다. 미국의 맥주광들이 1970년대 후반부터 그 열정을 사업화한 것처럼 전세계 맥주 애호가들은 그들의 잔을 아름답고 맛있는 크래프트 맥주로 채울 방안을 찾아나설 것이다.

크래프트 양조는 해당 국가의 문화와 시장, 입맛에 맞게 자체적으로 적응해왔지만 기본은 항상 동일하다. 위대한 맥주의 풍미에 열광하는 사람들이 온갖 도수, 색조, 감성의 캐릭터로 꽉찬 신선한 맥주를 양조해낸다는 것이다. 좋은 품질의 맥주를 알아간다는 건 살아가는 방식의 일부다. 삶의 매 순간을 모험처럼 즐기는 경험 그리고 모든 맛에 도전해보는 경험은 매우 가치 있다. 크래프트 맥주는 그 자리를 지킬 터이지만 우리는 손을 뻗쳐서 크래프트 세계가 제공하는 선택과 정통성, 풍미의 세계로 사람들을 안내할 필요가 있다.

크래프트 스타일에 대한 메모

앞으로 특정 스타일에 관해 언급하겠지만, 모험심을 추구하는 크래프트 양조사가 시도하지 않는 스타일이나 전통은 없다는 것을 알아두기 바란다. 따라서 여기 소개하는 스타일은 명확한 정의가 내려졌고 시장에서 강한 입지를 확보한 것이라고 생각하면 좋을 것이다. 여기서 언급하는 몇몇 스타일은 해당 패러다임의 구체적인 특징을 보여주지만 실제로는 이런 지침을 완전히 무시하는 양조사들이 많다. 그 결과 크래프트 맥주계는 혼란스러운 만큼 더 풍부해졌고, 예술을 추구하는 시도 끝에 태어난 별난 작품이 넘쳐나게 되었다.

미국 블론드 또는 골든 에일 American Blonde or Golden Ale

대개 100% 맥아로 만들어지는 기본적인 정직한 황금색 맥주지만 때로는 크리미함과 헤드 보존력을 높이기 위해 밀 또는 다른 보조 재료를 추가한다.

기원	브루펍이 대중 시장 음주인들이 접근할 수 있는 맥주를 내놓기 위해 노력하던 1980년대 초반 미국
생산지	미국 크래프트 양조장 및 세계 각지
아로마	상쾌한 빵 또는 약한 크래커 맥아 노트에 홉 아로마가 감지하기 어려운 수준부터 상당히 강한 정도까지 느껴짐
풍미	빵 풍미의 맥아에 크리미한 캐러멜 힌트가 동반되기도 하며 일부 홉 품종의 풍미와 쓴맛이 있음
밸런스	미디엄 바디. 청량하고 순하게 쓴 끝맛
계절	연중 내내
페어링	다양한 여러 음식. 가벼운 요리 또는 튀김 요리는 어느 것이나 훌륭하게 어울림
시음해 볼 추천 맥주	
	Hill Farmstead Walden, Lawson's Finest Liquids, Knockout Blonde, Real Ale Four Squared

비중: 1.038~1.054(플라토 9.5~13.3도)
알코올: ABV 5.5~7.5%
발효도/바디: 청량, 드라이
색: SRM 3~6, 지푸라기색~옅은 황금색
쓴맛: IBU 15~28. 중간. 어떤 제품은 좀 더 쓸 수도 있음

미국 페일 에일 American Pale Ale

미국 페일 에일 스타일만큼 미국 크래프트 맥주를 잘 정의하는 맥주가 있을까. 페일 에일 맥아를 기반으로 만들어지고 보통 크리스털 맥아의 캐러멜 및 건포도 풍미가 동반되며, 솔향, 시트러스, 꽃 노트를 가진 북미 홉의 신선하고 자극적인 풍미를 통해 밸런스가 이루어진다.

'세션 IPA'라는 하부 스타일도 개발되었는데, 엄격히 말해 이 스타일은 미국 페일 에일이라는 넓은 범주에 속하지만, 최대 강도의 IPA에서 발견되는 풍미를 희석하고 좀 더 마시기 좋게 출시한 버전에 가깝다. 그 결과 이 맥주는 페일 에일 스타일의 말단, 즉 옅은 색에 라이트한 바디인 경우가 많고 홉 아로마는 역시 상당히 두드러진다.

기원	1970년대 말, 미국 양조사들이 홉에 대한 갈증을 해소하기 시작하던 시기
생산지	미국 크래프트 양조장 외
아로마	맥아향과 과일향, 그리고 전형적으로 처음에는 북미 홉이 느껴짐
풍미	신선한 홉과 견과류의 맥아 풍미. 건포도 또는 캐러멜 기미. 청량한 끝맛
밸런스	미디엄 바디. 청량하고 쌉쌀한 끝맛
계절	연중 내내
페어링	여러 광범위한 음식. 버거와 정통적인 궁합

시음해 볼 추천 맥주

Deschutes Mirror Pond Pale Ale,

Sierra Nevada Pale Ale,

Three Floyds Alpha King Pale Ale,

Maine Beer Co. MO,

Ballast Point Grunion

IPA의 다양한 버전들

블랙 IPA/캐스캐디언 다크 에일
오리건주의 로그 브루어리 Rogue Brewery가 스컬 스플리터 Skull Splitter를 출시하면서 이 계열의 선구자 자리를 차지했지만 사실 그 뿌리는 좀 더 오래된 것 같다. 이 스타일은 홉 풍미가 진한 스타우트는 아니지만, 시나마 Sinamar라는 맥아 염색 시럽을 넣어 색을 검게 하는 IPA 제조방식에서 출발한다. 이 결과 겉모습은 스타우트지만 로스팅 풍미가 거의 없는 맥주가 탄생한다. 눈으로 보면 거의 누구라도 다크 맥아가 들어갔다고 믿겠지만, 눈을 감고 시음하면 로스팅 풍미는 거의 느껴지지 않는다. 색만 제외하면 모든 것이 여느 IPA와 동일하다.

화이트 IPA
IPA 스타일의 한쪽 끝 범주에 있는 이 맥주는 IPA에 밀맥주를 혼합한 것이다. 기반은 높은 비율의 밀이며 귀리가 들어갈 수 있지만 도수는 높으며, 홉의 기운은 IPA에서처럼 폭발적이지만 일반 IPA보다는 좀 약할 수 있다. 밀에서 오는 기분 좋은 크리미함과 약간의 혼탁이 동반되어야 한다.

벨지안 IPA
홉과 과일/페놀 풍미의 벨기에 효모를 같이 결합한 또 하나의 혼성 제품이다. 이 두 요소가 조화롭게 공존할 수 있는 밸런스 범위가 상당히 좁기 때문에 양조하기 까다로운 맥주다. 쓴맛과 홉 아로마는 최대 강도의 IPA보다는 약한 편이다.

인디아 페일 라거
이름 그대로 이 제품의 홉 프로파일은 종종 컨티넨털 아로마 쪽으로 기우는 경향이 있다.

세션 IPA
'이거 그냥 페일 에일 아닌가?' 맥주를 마시면, 다음과 같은 질문이 떠오를 것이다. 엄밀하게 보면 맞지만 시장에서는 전형적인 페일 에일보다 이 제품이 색이 좀 더 옅고 건포도 풍미도 덜하며 홉 아로마 역시 좀 더 진하다고 여긴다. 가장 중요한 특징은 현대 미국 IPA를 묽게 희석하여 세션 버전으로 만들었다는 것.

라이 및 레드 IPA
이 맥주의 전형적인 특징은 건포도 풍미의 크리스털 맥아 특징으로 때로 호밀의 톡 쏘는 맛과 과일 풍미가 감지되고 많은 양의 홉이 들어간다.

비중: 1.045~1.060(플라토 11.2~14.7도)
알코올: ABV 4.5~6.2%
발효도/바디: 미디엄
색: SRM 5~10, 진한 황금색~옅은 호박색
쓴맛: IBU 30~50, 중간~높음

미국 IPA American IPA

IPA는 페일 에일보다 좀 더 색이 옅고, 도수가 더 높으며, 홉의 풍미가 진한 스타일이다. 페일 에일과 마찬가지로 미국 버전은 다양한 미국 홉의 특성을 보여준다.

기원   1985년경, 미국 양조사들이 홉의 풍미를 구현할 다른 수단을 찾던 시기

생산지   미국 크래프트 양조장 외

아로마   처음에 북미 또는 다른 특색 있는 홉이 폭발하면서 맥아와 과일 풍미의 아로마가 동반됨. 새로 나온 버전은 옛날 버전에 비해 색이 옅고 입안에 더 드라이하게 다가옴

풍미   신선한 홉과 빵 맛의 깔끔한 맥아 풍미. 캐러멜의 힌트와 깔끔하고 청량하고 쌉쌀한 끝맛

밸런스   미디엄 바디. 청량하고 쌉쌀한 끝맛

계절   연중 내내

페어링   여러 광범위한 음식. 버거와 정통적인 궁합

시음해 볼 추천 맥주
     Anderson Valley Hop Ottin' IPA,
     Ballast Point Sculpin IPA,
     Bell's Two-Heared Ale,
     Firestone Walker Union Jack IPA,
     Harpoon IPA,
     Surly Furious,
     Victory Hop Devil

비중: 1.056~1.070(플라토 13.8~17.1도)
알코올: ABV 5.5~7.5%
발효도/바디: 청량하고 드라이
색: SRM 6~14, 황금색~ 중간 호박색
쓴맛: IBU 40~70, 중간~높음

더블/임페리얼 IPA Double/Imperial IPA

'임페리얼'은 19세기 영국에서 러시아 제국의 황실로 선적된 맥주에

붙이던 명칭이었다. 또한 '임페리얼'이란 명칭은 어떤 스타일이건 양조장 계열 중 최상위 제품을 지칭하는 데 사용되기도 했다. 최근 크래프트 양조업체는 스타우트, 포터, 브라운 페일, 블론드, 필스너 등 감동을 주는 제품은 어느 것이나 임페리얼이란 이름을 붙인다. 소비자들은 스트롱, 임페리얼 또는 더블 IPA의 큰 병에 매료되었고, 양조업체는 행복한 마음으로 이들의 요구에 부응해왔다.

기원   1995년경, 맥아 더! 홉 더를 모토로

생산지   미국 크래프트 양조장 외

아로마   맥아의 향이 어느 정도 느껴지면서 홉의 향이 대거 폭발

풍미   코에서 확실한 홉의 풍미가 많이 느껴지고 종종 혀를 아리게 하는 쓴맛이 크리미한 맥아를 기반으로 힘을 받음. 이런 강도 높은 맥주는 복합성이 풍부해야 하며 아주 신선할 때 마시는 게 최고

밸런스   미디엄~라이트 바디. 쌉쌀한 끝맛이 오래감

계절   연중 내내 가능하지만 여름 더위를 피하는 게 좋음

페어링 숙성된 고르곤졸라 또는 당근 케이크 같은 아주 리치한
음식
시음해 볼 추천 맥주
Dogfish Head 90 Minute IPA,
Great Divide Hercules Double IPA,
Rogue XS Imperial India Pale Ale,
Stone Ruination IPA,
Three Floyds Dreadnaught IPA

비중: 1.075~1.100(플라토 18.2~24도)
알코올: ABV 7.9~10.5%
발효도/바디: 청량하고 드라이
색: SRM 6~14, 황금색~호박색
쓴맛: IBU 65~100 이상, 매우 높음

앰버 에일과 레드 에일 Amber and Red Ale

초창기, 크래프트 맥주에 대한 열망을 가진 모든 대형 양조업체는
너나 할 것 없이 레드 에일을 양조하여 거기에 털이 북실한
숲속 친구의 이름을 붙여 일확천금의 기회를 얻기를 바랐다.
이런 제품의 대부분은 유행이 사그라들자 사라졌는데, 솔직히
다행스러운 일인 것이, 대부분의 제품이 정말 맛이 없었다. 그런데
최근 몇 년 사이, 이 스타일이 꽤 확실한 맥주 계열로 진화했다.
앰버 에일은 세션 맥주라 음용성이 상당히 좋을 필요가 있다. 홉은
존재하지만 그렇게 확실히 드러나지는 않아야 한다. 약간의 홉
아로마는 좋지만 중점은 아로마보다는 쓴맛에 두어야 한다. 홉의
향이 너무 강한 앰버 에일은 페일 에일 영역으로 넘어간다. 맥아
아로마가 우선 느껴져야 하고 복합적이되 질리면 안 된다.
한때 꽤 맹맹했던 레드 에일은 매년 쌉쌀해지고 있다. 맥아 특성은
대개 미디엄에서 다크 컬러의 크리스털/캐러멜 맥아가 주도하는데
이 맥아는 확실히 탄 설탕 풍미와 캐러멜화된 건포도 아로마를
부여해준다. 일부 버전에는 약간의 자극적인 톡 쏘는 맛을 위해
호밀을 넣는다. 홉 강도는 다양하지만 IPA만큼 강할 수 있다.

기원 최초의 크래프트 맥주 스타일 중 하나로 뭔가 달랐지만
그렇다고 너무 도발적이지는 않았다. 이 명칭은 역사적인
특정 전통에 얽매이지 않으면서 누구나 마실 만한
불그스름한 맥주의 형용어로 1990년경 미국에서
등장했다.
생산지 미국 크래프트 양조장
아로마 다양한 정도의 건포도와 탄 설탕 풍미의 캐러멜 맥아. 또는
송진, 꽃, 시트러스 풍미의 홉 향
풍미 건포도 내지 탄 설탕 맛이 느껴지는 풍부한 캐러멜 맥아

풍미. 홉의 풍미는 다양해서 약하게 감지되는 제품도 있고
매우 묵직하면서 쓰기도 함
밸런스 맥아 풍미~강한 홉의 풍미
계절 연중 내내
페어링 닭, 해산물, 버거, 자극적인 풍미의 요리 등 여러 광범위한
음식
시음해 볼 추천 맥주
Alaskan Amber,
Bell's Amber,
Bear Republic Hop Rod Rye,
Sierra Nevada Celebration Ale,
Two Brothers Cane and Ebel,
North Coast Ruedrich's Red Seal Ale

비중: 1.045~1.060(플라토 11.2~14.7도)
알코올: ABV 4.5~6.2%
발효도/바디: 미디엄
색: SRM 10~17, 옅은 호박색~어두운 호박색
쓴맛: IBU 25~40, 중간

역사적인 스타일

켄터키 커먼 Kentucky Common

이 단순한 호박빛의 맥주는 한때 켄터키주 루이빌 인근 오하이오
리버 밸리 Ohio River Valley에서 널리 유행했다. 거의 1세기 동안
사라졌던 이 맥주는 1980년대 켄터키 태생으로 나의 홈브루잉
동업자인 레이 스팽글러 Ray Spangler가 실험 제품 형태로 첫
양조를 시작하며 부활했다. 곡물 가루는 주로 6줄 라거 맥아를
썼으며, 1/3은 옥수수 가루를 넣고 색상을 위해 소량의 블랙
맥아를 첨가했다. 홉은 클러스터 Cluster와 아로마를 위해 유럽
노블 종류를 섞는다. 많은 양조업체는 최근 사우어 매쉬 실험을
했는데 결과적으로 좋은 제품이 나올 수는 있지만, 과거 켄터기
커먼이 이런 식으로 양조되었을 가능성은 거의 없는 것 같다.
비중은 1.045~1.055 사이이고(플라토 11.2~13.6도), 알코올은
4.0~5.5%이다.

미국 발리 와인 American Barley Wine

영국(Britain) 맥주를 미국식 크래프트 버전으로 만든 모든 맥주와
마찬가지로, 이 스타일이 차별되는 점은 홉, 특히 솔과 시트러스
특성을 모두 드러내는 미국 홉을 아낌없이 사용하는 것이다.
영국의 경우 이 이름을 미국 기준으로 볼 때 충격적일 만큼 도수가
약한 맥주에 붙이지만, 미국 버전은 알코올이란 감방에 절대로

제품을 가두지 않는다. 이 스타일보다 좀 더 강한 더블 IPA와 발리 와인은 서로 겹치는 특성이 있지만 일반적으로 발리 와인은 호박색에서 브라운색을 띤다.

생산지 미국 크래프트 양조장
아로마 풍부한 맥아향에 풍부하게 느껴지는 홉. 숙성된 제품에서는 가죽 풍미의 셰리주 같은 노트가 종종 발견됨
풍미 맥아의 풍미 풍부, 때때로 건포도 풍미가 살짝 느껴짐. 매우 쌉쌀함
밸런스 고르게 균형~극단적인 홉의 풍미
계절 겨울철 음산한 날에 아주 좋음
페어링 영양가 많은 음식, 특히 숙성된 치즈와 강도 높은 디저트
시음해 볼 추천 맥주
  Bridgeport Brewing Old Knucklehead,
  Hair of the Dog Fred,
  Middle Ages Brewing Company Druid Fluid,
  Rogue XS Old Crustacean,
  Sierra Nevada Bigfoot Barleywine Style Ale

비중: 1.080~1.120(플라토 19.3~28.0도)
알코올: ABV 8.0~12.0%
발효도/바디: 미디엄~풀
색: SRM 10~19, 옅은 호박색~어두운 호박색
쓴맛: IBU 50~100, 높음

미국 브라운 에일 American Brown Ale

정통적인 영국 스타일은 맥아의 풍미를 상쇄할 정도로만 쌉쌀함이 아주 약하게 느껴진다. 그러나 미국 버전은 홉의 풍미가 더 강하며, 밸런스 측면에서 고르게 균형을 이룬 제품에서 노골적으로 홉의 풍미가 강한 것도 있다. 게다가 미국 브라운 에일은 비슷한 영국 스타일보다 더 묵직하고 브라운 톤이 더 강하며, 전형적으로 구운 맛과 달콤함이 다소 강하다.

생산지 미국 크래프트 양조장
아로마 구운 토피 풍미의 맥아. 꽃향 계열의 홉의 기미가 동반될 수 있음
풍미 풍부한 캐러멜 맥아의 풍미. 섬세한 홉의 끝맛
밸런스 맥아 풍미~홉의 풍미 다소 강함. 추가적인 밸런스 요소로 구운 풍미가 동반됨
계절 연중 내내
페어링 닭, 해산물, 버거, 자극적인 풍미의 음식 등 광범위한 여러 요리

시음해 볼 추천 맥주
  Bell's Best Brown Ale,
  Brooklyn Brown Ale,
  Lost Coast Downtown Brown Ale,
  Surly Bender

비중: 1.045~1.060(플라토 11.2~14.7도)
알코올: ABV 4~6%
발효도/바디: 미디엄~풀
색: SRM 18~35, 진한 호박색~밤색의 브라운
쓴맛: IBU 20~30, 중간

포터 Porter 와 스타우트 Stout

포터는 산업 생산 규모로 양조되고 수출된 최초의 맥주였다. 조지 워싱턴 대통령도 포터 팬이어서, 독립혁명 이후 양질의 맥주로 유명한 근처 필라델피아의 로버트 헤어즈 양조장에서 병 포장된 포터를 정기적으로 구입했다는 것은 잘 알려진 사실이다. 필라델피아 동부는 포터의 맛을 결코 잃은 적이 없다. 잉링 Yiengling은 펜실베니아 포츠빌에서 여전히 포터를 양조한다. 포터와 스타우트의 특성을 다시 보려면 228~232페이지를 참조하라. 미국 버전은 종종 미국 홉을 사용하고 스타일 규칙에 좀 어긋나게 양조되기도 하지만, 위의 페이지에 나오는 것들과 상당히 유사한 경향이 있다.

미국 밀 에일 American Wheat Ale

이 크래프트 양조 스타일은 태평양 남서부에서 처음 인기를 얻었다. 이 새로운 미국식 밀맥주는 이국적인 독일 스타일의 이국적인 발효 특성을 버리고, 표준 에일 효모로 발효된다. 대부분의 밀 에일에는 밀이 30~50% 들어간다. 미국 밀맥주는 진정 다른 것을 추구하는 젊은 소비층에게 인기를 끌었고, 덕분에 크래프트 맥주계에 많은 사람들이 뛰어들었다. 이 스타일은 쓰리 플로이즈 검벌헤드 Three Floyds Gumballhead가 개척한 강한 홉 아로마 스타일로 새 생명을 얻었다.

기원 미국 브루펍과 크래프트 양조장. 원래 '스타터 starter' 맥주였지만 후에 홉 풍미 진한 여름 청량음료로 변신함
생산지 미국 크래프트 양조장. 영국 버전도 이따금 등장
아로마 독일 바이젠의 정향 및/또는 바나나 향이 없는 부드러운 과일향. 홉 아로마는 약간~풍부
풍미 깔끔하고 크리미하며 청량함. 독일 바이젠보다 홉의

	풍미가 강함
밸런스	밀의 약간 크리미한 질감이 느껴지면서 드라이함. 때로 시큼함의 기미가 있고 쓴맛은 마일드~미디엄
계절	연중 내내 가능하지만 여름에 최고
페어링	샐러드, 닭 또는 스시, 단순한 치즈 같은 가벼운 음식

시음해 볼 추천 맥주

> Boulevard Unfiltered Wheat,
> Goose Island 312 Urban Wheat,
> Leinenkugel's Honey Weiss,
> Three Floyds Gumballhead Wheat Ale,
> Widmer Brothers Hefeweizen

비중: 1.040~1.055(플라토 10~13.6도)

알코올: ABV 4.0~5.5%

발효도/바디: 라이트~미디엄

색: SRM 3~6, 지푸라기 색~황금색

쓴맛: IBU 15~30, 낮음~중간

과일 맥주 Fruit Beer

'병아리 맥주'란 맥주광들이 이 맥주를 부르는 별칭이다. 여러분도 이 맥주는 익히 알 터. 분홍색의 통통한 작은 숫자, 라즈베리 엑기스 한두 방울로 치장을 한, 순한 밀맥주 베이스. 이 단순한 과일 맥주는 뜨거운 여름날 매력을 발산하는데 지금도 특히 브루펍에서 여전히 찾아볼 수 있으며 이제는 좀 더 진화된 모습의 과일 맥주로 우리를 맞는다. 현재 유행은 베를리너 바이스와 약간 짠 고제 같이 시큼한 젖산 맥주에 과일을 섞는 것이다. 과일은 쿨 에이드 Kool-Aid를 뛰어넘는 풍미감을 발산하며, 망고, 구아바, 수박, 블러드 오렌지를 비롯한 기타 다른 과일은 미묘한 향신료 효과로 그 맛이 좋아진다. 몇 군데 양조장은 과일의 좋은 활기를 담아 더욱 농축된 맥주를 내놓는다. 위스콘신주의 뉴 글래러스 New Glarus 양조장은 도어 Door 카운티의 체리를 위스콘신 벨지언 레드라 불리는 육중한 과일 폭탄 맥주에 잘 사용한다. 여기에서는 라즈베리 맥주도 양조한다. 우연은 아니지만 이들 두 맥주는 Great American Beer Festival에서 지속적으로 메달을 수상한다. 이밖에 벨즈 브루잉 Bell's Brewing은 오랫동안 기대에 부응하는 체리 스타우트를 만들어왔고, 델라웨어의 도그피시 헤드는 건포도, 살구, 블루베리로 만든 맥주를 내놓는다.

기원	미국 브루펍. 주로 여성 고객을 겨냥한 재미있는 여름 맥주
생산지	미국 크래프트 양조장
아로마	사용된 과일이 어떤 종류이든 확실한 노트가 풍기지만 대개 그밖의 요소는 그다지 많지 않음

풍미	라즈베리, 살구, 체리, 블루베리, 망고, 패션 프룻, 수박 등 섬세한 과일 풍미. 밀로 양조되거나 밀맥주 기반인 경우는 깔끔하고 시큼한 풍미와 함께 크리미함이 다소 느껴짐
밸런스	청량 및 드라이~약간 달콤. 단 일정 수준의 신맛은 대개 과일에 생명력을 불어넣기 위해 필요함
계절	연중 내내
페어링	샐러드와 가벼운 음식, 가벼운 디저트

시음해 볼 추천 맥주

> Harpoon UFO Raspberry Hefeweizen,
> Leinenkugel's Berry Weiss,
> Pyramid Apricot Ale,
> Saranac Pomegranate Wheat.
> 브루펍에서 인기 있는 이 계열의 여름 제품도 시음해볼 것

비중: 1.044~1.055(플라토 10~13.6도)

알코올: ABV 4.0~5.5%

발효도/바디: 라이트~미디엄

색: SRM 3~12. 지푸라기 색~황금색이지만 과일 색이 발현되는 경우가 많음

쓴맛: IBU 15~25, 낮음

샌디 Shandies와 랜들러 Randlers

14장의 칵테일 혼합 음료편에서 다루겠지만 일부 제품은 양조 및 포장되어 출시될 준비를 갖췄다. 일반적으로 살균 처리가 가능한 라거 양조장에서 만들어지며, 첨가된 감미료는 포장된 상태에서 발효하지 못하도록 억제된다. 보통 시트러스 풍미가 스타 역할을 한다. 정통적으로 레몬을 사용하지만 자몽과 라임도 인기 있고 트렌디한 풍미도 시도되어 왔다. 알코올 함량은 대개 꽤 낮아 부피로 봤을 때 2.5~4.2%이다. 여름철 청량음료로 상당히 인기 있다.

호박 에일 Pumpkin Ale

기원	미국 크래프트 양조장. 추수를 테마로 한 가을 계절 상품으로서 호박 맥주는 많은 즐거움을 주고 농경사회에서 비롯된 맥주의 기원을 알리는 데도 도움이 된다. 시애틀의 엘리시안 브루펍 Elysian Brewpub은 호박 맥주 축제를 개최하여 호박 발리 와인 등 20여 가지의 호박 맥주 스타일을 통꼭지에서 직접 제공한다. 또 거대한 호박에서 발효된 맥주는 호박에 담겨 있는 상태에서 바로 제공된다.
생산지	미국 크래프트 양조장

거대한 호박 맥주
시애틀의 엘리시안 양조장 직원들은 호박이 자사 호박 맥주의 완벽한 케그 역할을 할 수 있겠다고 생각했다.

아로마 기분 좋은 스파이시함, 약간의 맥아향이 느껴지기도 함
풍미 전통 호박파이 향신료(계피, 정향, 육두구 등) 믹스를
넣으면 섬세한 호박 풍미가 가려짐. 섬세한 편이 좋다.
캐러멜 맥아를 조금 넣으면 흥미가 배가됨
밸런스 대개 약간 달콤함
계절 가을
페어링 추수감사절 터키 구이와 생강과자
시음해 볼 추천 맥주
Buffalo Bill's Pumpkin Ale,
New Holland Ichabod Ale,
Weyerbacher Brewing Imperial Pumpkin Ale.
시애틀의 엘리시안 브루잉 컴퍼니가 10월에 개최하는
호박 맥주 대축제를 확인해 볼 것

비중: 1.047~1.056(플라토 11.7~13.8도)
알코올: ABV 4.9~5.5%
발효도/바디: 미디엄
색: SRM 6~12, 황금색~호박색
쓴맛: IBU 10~15, 낮음

떠오르는 맥주계의 동향

모험을 추구하는 크래프트 양조업체는 어디에서 활동을
하든 영원한 다양성을 계속 추구할 미션으로 삼는다. 아래에
양조업체들이 요즘 추구하고 있는 동향과 아이디어를 소개
한다.

역사적인 재창조 및 환상 Historical Re-Creations and Fantasies

양조산업에서 과거는 언제나 현재다. 단 수십 년을 거슬러
올라가든, 아니면 맥주를 만들기 시작한 바로 그때로 돌아가든
역사는 창의적인 양조사라면 언제라도 꺼내 쓸 수 있는 아이디어의
원천이다. 고대 맥주의 세부 레시피는 거의 대부분 영원히
사라져버렸기 때문에, 결과적으로 대부분의 재현 제품은 그저
주워들은 정보에 입각해서 만든 추측 상품에 불과하다. 때로는
실제로 과학이 활약을 하기도 한다. 앵커의 프리츠 메이태그 Fritz
Maytag가 수메르 문명 전문가 솔로몬 카츠 Solomon Katz와 공동으로
수메르 맥주 여신의 이름을 딴 닌카시라는 한정판 맥주를 출시한
것이 그 예다.
다른 예로는 솔과 켈프(kelp: 다시맛과의 대형 갈조의 총칭-역자주) 맥주
및 프라오치 Fraoch라는 픽트족의 헤더 맥주 등 고대 스코틀랜드

맥주 계열을 들 수 있다. 역시 스코틀랜드 트라콰이어 하우스 Traquair House의 고수로 색을 낸 산업화 이전 '자코바이트 Jacobite' 에일, 알래스칸 브루잉 주식회사의 가문비나무 눈 맥주, 켄터기주 로이빌에서 다시 인기를 끌고 있는 켄터기 커먼 맥주, 르 발라딘 Le Baladin의 카무트(이집트에서 재배되기 시작한 밀의 한 종류-역자주)로 만든 노라 Nora라고 불리는 고대 이집트 맥주의 이탈리아 버전 등도 해당된다.

미다스 왕을 통해 영감 받은 맥주(28페이지 참조) 이외에도, 다시 부활한 이들 맥주는 독서를 통해 얻을 수 없는, 옛 전통에 대한 일종의 통찰력을 더해주기 때문에 항상 흥미롭다. 그리고 대체로 맛도 좋다.

싱글 홉 에일 Single-Hop Ales

이 맥주는 미국 페일 에일 같이 비교적 간단한 레시피를 택해서 홉을 단 한 가지 종만 넣어준다는 아이디어에서 출발한다. 이렇게 하면 맥주의 진정한 성격이 빛이 난다. 이 양조 방법은 개별 홉의 고유한 성격을 배우기에 대단히 좋은 방식이다. 교육적인 면은 제쳐두고라도, 이런 방식의 양조는 해당 지역의 토양 및 계절에 맥주를 연계하여 소비자로부터 진정 많은 흥미를 이끌어낸다. 홉 1종으로 만든 맥주에 대한 비슷한 관심은 영국 크래프트 양조업체 사이에도 서서히 번져나가고 있다.

윗 홉 에일 Wet-Hopped Ale

인기를 끌고 있는 또 하나의 기술이 '웻호핑 wet hopping'이다. 이는 넝쿨에서 바로 딴 신선하고 마르지 않은 홉을 바로 사용하는 방법이다. 많은 캘리포니아주 양조장은 이런 목적으로 자사 부지에서 자라는 홉에서 원뿔 모양의 홉 방울을 수확하고 있다. 홉 재배 지역에서 멀리 떨어진 양조업체는 종종 많은 경비를 치르고 밤새 급송편으로 홉을 공급받고 있다. 이런 방식으로 홉이 들어간 맥주는 신선하고 풋풋한 아로마와 방금 딴 생명력이 살아 있다. 캘리포니아주 양조업체는 매년 11월 샌디에고에서 윗 홉 맥주 축제를 개최한다. 시에라 네바다는 증기 증류 방식을 사용하여 연중 내내 이런 종류의 맥주에 사용할 신선한 홉 오일을 추출한다.

생산지 미국 크래프트 양조장
아로마 특정 레시피와 특히 홉 품종에 따라 많이 좌우됨. 스파이시한 향, 꽃, 솔, 송진, 허브, 자몽 아로마 및 기타 다른 홉 아로마
풍미 베이스 맥주에 따라 다양하지만 항상 쌉쌀 신선한 풍미가 풍부해야 함

밸런스 확실히 쌉쌀한 쪽으로 기울지만 좋은 맥아를 통해 밸런스가 잡혀야 함
계절 추수 시기
페어링 스테이크, 양고기, 블루 치즈 같은 대담한 음식들
시음해 볼 추천 맥주
　　Drake's Brewing Harvest Aroma Coma,
　　Harpoon Glacier Harvest Wet Hop Beer,
　　Sierra Nevada Harvest Ale(북반구 및 남반구 버전),
　　Two Brothers Heavy Handed IPA

새로운 벨기에식 미국 에일 New Belgian-American Ales

벨기에의 영감을 받은 많은 미국 양조업체는 그곳의 양조 문화 개념과 기술을 사용하고 벨기에 마법을 좀 곁들여 독특한 미국 맥주를 창조해내고 있다. 일부 양조업체는 트라피스트 맥주 같은 정통 클래식 제품을 다시 만들어내는 데 관심을 보여왔고, 또 다른 양조업체는 좀 더 자유로운 접근 방식을 택했다. 양조 공정은 브레타노미세스 같은 야생 미생물 추가, 통숙성, 블렌딩, 설탕, 과일, 향신료 주입 등으로 이루어진다. 심지어 벨기에 양조장과 일부 협력관계를 맺고 대서양을 사이에 둔 양쪽 양조장의 생산분을 섞어 하나의 혼합주로 만들기도 한다. 이들 벨기에식 미국 맥주의 풍미는 벨기에 자체만큼이나 다양하고 독특하다.

시음해 볼 추천 맥주
　　Goose Island Matilda,
　　Russian River Salvation, Perdition 등,
　　Lost Abbey Cuvée de Tommy와 기타 제품,
　　뉴 벨지엄 브루잉의 계절 스페셜티

배럴 숙성 맥주 Barrel-Aged Beers

나무통은 청동기 시대 켈트족, 바이킹족, 또는 이들과 비슷한 털 많은, 망토 걸친 종족 등 다양한 부류가 발명했다. 로마시대에 나무통은 북유럽 넓은 지역에 걸쳐 사용되었다. 나무통은 산업화 이전 세계에서는 경이로운 역할을 했지만, 세척과 관리상의 어려움 때문에 양조업체는 1950년경 이들을 서서히 없애나갔다. 스테인리스 스틸은 전세계 라거의 아주 깔끔한 성격과 완벽하게 들어맞지만, 진정한 홈메이드 맥주의 펑키한 깊이를 사랑한다면 나무가 그 아쉬운 부분을 메꿔줄 수 있다. 나무에는 화학성분이 들어 있는데 이들이 시간이 지나면서 맥주에 용해되어 나무, 오크를 비롯한 기타 다른 풍미를 가미해준다. 온도 변화에 따라

용액이 나무 안팎으로 드나들며 공정이 가속화된다. 여러 달의 기간을 거치면서 이런 물질 중 하나인 리그닌(lignin: 식물체 속에 존재하는 방향족 고분자 화합물-역자주)은 바닐린 vanillin(바닐라의 독특한 향을 내는 화학물질-역자주)으로 바뀌는데, 이로 인해 위스키와 다른 통숙성 증류주에서 바닐라 노트가 종종 발견된다.

숙성통의 목재는 다공성이라 내용물을 공기에 노출되기 때문에 좋거나 나쁜 산화취가 생길 가능성이 있다. 구멍이 많다 함은 미생물이 숨을 만한 후미진 구석과 금이 많이 있음을 뜻하는데, 양조사는 이런 특성을 유리하게 이용할 수 있다. 람빅을 비롯한 사우어 맥주는 나무통에 의지해서 야생 효모와 박테리아가 숨을 안전한 은신처를 확보한다.

버번 업계는 버번을 숙성시키는 데 숯에 그을린 값비싼 오크통을 오직 한 번만 사용하며, 따라서 통이 비면 이들 빈 통은 밖으로 나가야 한다. 이 버번통은 맥주를 숙성하는 데 그만이다. 내가 듣기로 최초의 버번통 숙성 맥주는 시카고 교외 지역의 양조사 단체가 만든 맥주였는데, 이들은 스트롱 임페리얼 스타우트 10갤런 1회 생산분을 5배치 가지고 와서 빈 버번통에 채웠다. 6개월 후 이들은 다시 모여 병입 작업을 했다. 이후 얼마 안 있어 구스 아일랜드 비어 컴퍼니는 상업 양조장으로는 처음으로 이 스타일의 시도에 착수했다.

배럴 숙성은 필스너에게는 최고의 처리 공정이 아니며, 일반적으로 도수가 높고 다크한 맥주에 맞다. 정통적으로 임페리얼 스타우트에 통숙성을 적용하며 발리 와인도 혜택을 입을 수 있다. 초고도수의 바이젠복, 블론드 발리 와인, 또는 트리플 복 역시 위스키통 풍미가 살짝 더해지는 게 낫다.

———

생산지 미국 크래프트 양조장
아로마 베이스 맥주에 적합한 맥아와 홉의 아로마, 여기에 풍성한 바닐라, 구운 코코넛향과 함께 셰리주나 포트 유형의 산화취 기미가 나타나기도 함
풍미 베이스 맥주에 리치하고 둥글한 바닐라, 코코넛, 캐러멜 풍미. 끝맛은 우디한 떫은맛이 살짝 느껴지기도 함
밸런스 일반적으로 달콤한 쪽으로 살짝 기움
계절 시원한 계절에 최고
페어링 든든하고(huge) 리치한 디저트와 스틸턴 치즈
시음해 볼 추천 맥주
    Allagash Curieux,
    Firestone Walker Rufus,
    Goose Island Bourbon County Stout,
    Great Divide Oak Aged Yeti Imperial Stout,
    New Holland Dragon's Milk Ale

하이퍼 맥주 Hyper Beer

이 유형의 맥주가 1994년 무렵 대서양 연안에서 시작되었고, 대부분 보스턴 비어 컴퍼니, 짐 코크 Jim Koch의 후원을 받았다는 사실은 유명한 얘기지만, 도그 피시 헤드의 샘 캘러지온 Sam Calagione도 이 동향의 초기부터 그 곁을 지켰다. 지금 언급하는 것은 알코올 함량이 자그마치 25%에, 사무엘 아담스 유토피아 같이 맥주 한 병의 소비자 가격이 최고 200달러에 육박하는 비중이 아주 높은 맥주로, 회사 관계자는 이제야 이 가격으로 겨우 본전을 회수했다고 말한다.

맥주 효모는 보통 알코올 함량 10%를 훨씬 넘으면 발효를 진행하지 않으려고 한다. 따라서 알코올에 내성이 있는 특별한 품종이 필요한데, 이들 효모는 초기 발효 후, 설탕과 함께 한 번에 조금씩조금씩 신중하게 들어가며, 이에 따라 알코올 함량은 서서히 증가한다. 종종 나무 숙성이 적용되기도 한다. 이들 맥주는 풍미면에서 스피릿 및 리큐어와 공통점이 더 많다. 유토피아 Utopias는 포트와 칼바도스(Calvados: 사과를 원료로 한 브랜디-역자주) 같은 경쟁 제품과 대적하여 블라인드 시음에서 수도 없이 우승을 차지했다.

———

생산지 미국 및 전세계 크래프트 양조장
아로마 통숙성의 특징인 바닐라 및 코코넛향과 함께 맥아향이 굉장함. 과일 풍미의 에스테르향, 알코올 풍부
풍미 육중한 맛, 달콤하고 크리미함, 말린 과일, 향신료, 알코올 풍미. 다크한 제품일수록 로스팅된 맥아의 성격이 느껴짐. 홉의 풍미는 일반적으로 상당히 억제됨
밸런스 대개 약간 달콤함
계절 난로 옆에서 천천히 생각하며 마시는 독주
페어링 스틸턴 치즈, 호두. 디저트 그 자체와 잘 어울림
시음해 볼 추천 맥주
    Dogfish Head 120 Minute IPA,
    Dogfish Head Worldwide Stout,
    Hair of the Dog Dave,
    Samuel Adams Utopias,
    Baladin Xyauyu

———

비중: 1.12 +(플라토 29도+)
알코올: ABV 14~26%
발효도/바디: 미디엄~풀
색: SRM 18~55, 진한 호박색~완전 불투명한 블랙
쓴맛: IBU 50~100+, 중간~매우 높음

맥주를 즐기는 또 하나의 방법

책을 읽는다고 맥주 전문가가 되지는 않는다. 맥주는 감각의 영역이기 때문에 아무리 관련 서적을 많이 접한다 해도, 가능한 많은 종류의 맥주와 만나서 시음하고 평가하고 심사숙고하고 경험하는 활동을 대신할 수 없다. 물론 그 경험을 혼자 해도 되지만, 다른 사람과 함께 하면 더 유익하고 즐겁게 즐길 수 있다. 모든 사람들은 사물을 다르게 본다. 개인적인 이야기를 꺼내면서 각자의 통찰력을 서로 나누다 보면 유대감 강한 공동체가 탄생함은 물론, 맥주를 더 풍성하고 완벽하게 이해하게 된다. 내 생각에 맥주와 동호회는 뗄레야 뗄 수 없는 관계다.

맥주 클럽의 기쁨

나는 어느 클럽이고 회원으로는 가입하지 말라는 그루초 막스 Groucho Marx(미국 영화배우) 할아버지의 격언을 고수하는 편이었다. 그러나 이건 어디까지나 맥주와 홈브루잉 클럽을 알기 전까지 일이다. 이들 클럽은 지구상에서 가장 따뜻하게 반겨주는 조직이다.

어떤 사람들은 이미 이들 클럽이 주는 혜택을 누리고 있을지 모르겠다. 스스럼없는 술친구 사이에서 싹트는 편안한 우정, 맥주와 양조, 인생 전반에 관한 정보 교환, 조직화된 활동, 혼자 할 수 있는 것보다 뭔가 큰 것을 성취할 수 있는 기회 등 클럽의 혜택은 많다. 이런 클럽에 아직 엮이지 않은 사람들에게는 기존 클럽에 가입하거나, 필요할 경우 자기만의 클럽을 만들어보라고 권유하겠다.

찰리 파파지안은 1970년대 후반 자신이 가르치는 홈브루잉 클래스에서 클럽을 처음 조직했다. 마음속에 맥주를 더 즐기는, 더 밝은 내일이라는 거침없는 비전을 품고 찰리는 자신이 만든 클럽을 미국 홈브루어 협회로 바꾸었는데, 이 조직이 결국 현재 양조사협회 Brewers Association의 씨앗이 되었다. 이 조직은 미국 홈브루어는 물론 미국 상업 크래프트 양조업체를 대표한다. 거물급 조직도 그 시작은 미약한 것이다.

미국의 우수한 맥주는 이를 지지하는 활력 있고 역동적인 문화에 의해 만들어진다. 우리가 이곳에서 즐기는 흥미로운 맥주 문화를 만들어낸 원동력은 위대한 공동체의 일원으로 일하는 개개인이었고, 이런 개인간의 관계가 앞으로도 이런 문화를 지탱하고 구축해 나갈 것이다.

맥주 조직은 지역, 국가, 전세계, 가상공간 등 모든 단위에서 존재한다. 이 모든 차원의 조직에 참여하는 것은 가치 있는 일이다. 지금 현재 대부분의 지역 단체는 홈브루잉 중심이지만, 대부분의 크래프트 양조업체는 이들 홈브루어들이 자기들을 가장 열렬하게 소리 높여 지지해줄 것이라고 믿는다. 우리가 힘을 합쳐 할 수 있는 일은 많고, 그 혜택은 모두에게 돌아간다.

많은 홈브루잉 단체는 홈브루잉 활동 이외에 상업적인 행사를 개최한다. 위스콘신주 매디슨과 오리건주 포틀랜드의 명성 높은 맥주 페스티벌은 많은 부분 홈브루어에 의해 조직된다. 클럽의 규모와 경험에 따라 맥주와 음식 페어링 워크숍에서 스타일 클래스, 시음 디너 행사 등 크고 작은 축제를 비롯해, 워싱턴 D.C. 지역의 유명한 홈브루잉 클럽인 BURP에 의해 수년마다 개최되는 '벨기에의 정신 Spirit of Belgium'부터 수일에 걸쳐 진행되는 화려한 쇼까지 다양한 행사가 있다. 홈브루잉 클럽은 맥주 심사 인증 프로그램에 참여하는 열쇠가 될 수 있으며 맥주 심사위원으로서 경험을 나누며 시음 기술과 용어를 쌓을 수 있는 단 하나의 최고 수단이다. 클럽 명단은 www.beertown.org에서 찾아볼 수 있다.

갈수록 맥주 세계에 동참하는 여성이 늘고 있는데, 초창기 콧수염에 배 나온 사람들이 주도하던 것을 생각하면 환영할 만한 변화다. 걸즈 파인트 아웃 Girls Pint Out 같은 시음 단체는 모임을 주최하고 맥주 행선지로 필드 트립을 다닌다. 브루어 테리 파렌도르프 Brewer Teri Fahrendorf는 핑크부츠협회 Pink Boots Society라는 전문 조직을 설립했다. '맥주에서 적게나마 수입을 창출하는' 여성이라면 누구나 회원으로 가입할 수 있다. 이 단체는 전국에서 만남을 조직하고 스칼라십 프로그램도 운영한다.

다음은 규모가 큰 맥주 열정가 및 양조 조직이다.

양조사협회 Brewers Association
www.brewersassociation.org

크래프트 양조 업계 연합이자, 출판사이자, 홈브루어 조직인 이 단체는 2005년 양조사협회 Association of Brewers와 미국 양조사협회 Brewers Association of America의 합병으로 결성되었고, 현재는 미국의 소규모 독립 크래프트 맥주 생산자를 대표한다. 활동 대부분은 크래프트 양조장을 홍보하고 보호하는 데 초점이 맞춰져 있지만, 매년 9월 덴버에서 열리는 대규모 맥주 엑스포인 Great American Beer Festival 또한 개최한다. 2015년에는 750개 양조장에서 출품된 3,800종의 맥주가 6만 명이 넘는 참가자에게 제공되었다. 이 단체는 전문가 조직이며 멤버십은 맥주 업계에 속해 있는 양조장 및 기타 단체에 열려 있다.

미국 홈브루어 협회 American Homebrewers Association
www.homebrewersassociation.org

이 조직은 양조사협회의 일부이자, 전미 홈브루잉 클럽이다. 맥주와 양조에 관한 잡지(자이머지 Zymurgy)를 두 달에 한 번 출간하는 회원제 조직이며, 전세계 최대 규모의 양조 대회인 전미 홈브루어 대회를 개최하고 미국 내 홈브루어 회의를 1년에 한 번 조직하여 각지의 홈브루어들이 모두 모여 지식과 열정 그리고 물론 맥주를 공유할 수 있는 기회를 마련한다. AHA는 또한 동료끼리 모이는 참여제 포럼을 운영하는데 이 포럼을 통해 양조사들은 맥주, 양조, 맥주 여행 추천지에 관한 질문에 대해 서로 답변을 주고받는다.

지역 양조장을 후원하라 Support Your Local Brewery
www.craftbeer.com

이 양조사협회 프로그램은 양질의 맥주 구입에 어려움이 생겼을 때 자치 정부에 가서 목소리를 높일 수 있는 자원봉사자 세력을 양산하는 데 목적이 있다. 미 의회가 유통에 관한 최근의 대법원 판결에 대응하면서, 양질의 맥주 공급에 심각한 차질을 줄 수 있는 정책이 많은 주에서 기획되고 있다. 맥주 열정가들은 노스캐롤라이나주의 맥주 알코올 함량 제

한 같은 비이성적인 주법을 폐지하거나 변경하는 데 도움을 주었고, 위스콘신주와 캘리포니아주를 비롯한 기타 다른 지역의 소규모 양조업체에 악영향을 줄 법률을 폐지하는 데 공을 세웠다. 맥주 열정가는 바로 변화를 이끌어내는 사람들이다. 이 단체의 가입비는 무료이며 누구에게나 열려 있다.

맥주 심사 인증 프로그램 Beer Judge Certification Program
www.bjcp.org

1985년에 결성된 BJCP는 홈브루어대회 절차와 심사 인증을 책임진다. 비영리 협회이며 전적으로 자원봉사자에 의해 운영된다. 이곳 사이트는 주로 홈브루잉을 전문적으로 다루지만 인증 시험에 대한 공부 지침과 사려깊고 자세한 스타일 지침, 심사 점수표 등 유용한 자료를 상당히 많이 보유하고 있다. 시험에 응시하는 심사위원 지망자는 한 번 비용을 내면 평생 회원이 되고, 이후에는 추가 비용 전혀 없이 BJCP에서 심사 단계와 경력을 관리해준다. 토론 그룹은 BJCP 웹사이트에서 접속할 수 있다. 공동체가 발달하고 자료가 각국 언어로 번역되면서 이 단체는 점점 국제 조직으로 변모해가고 있다.

씨서론 인증 프로그램 Cicerone Certification Program
www.cicerone.org

이 프로그램은 맥주 업계 소식통인 레이 대너얼이 얼마 전부터 맥주계에서 필요하다고 강조했던, 와인의 '소믈리에'에 해당하는 맥주 전문가를 양성하기 위해 만든 프로그램이다. 씨서론 프로그램은 맥주 서빙 담당자, 컨설턴트 및 맥주 판매에 종사하는 다른 이들을 위한 시험 및 인증 권한을 가지고 있다. 프로그램 참가자들은 시험을 통해 업계에 종사한 경험을 보여줄 수 있고 4개의 인증 단계까지 올라갈 수 있다. 이 조직은 프로그램을 유럽, 아시아, 호주, 남미까지 확장 중이다.

맥주 포럼 Beer Forums
www.beeradvocate.com 및 www.ratebeer.com

서로 연관된 이 두 포럼은 상당한 규모의 공동체로 발전했으며 비어애드보킷 BeerAdvocate은 최근 잡지도 발간했다. 두 조직 모두 좋아하는(가장 혐오하는) 맥주의 상대적인 장점에 관해 의견을 교환하는 공간이 상당히 많다. 단 RateBeer

가 이쪽으로 좀 더 초점이 맞춰져 있다.

언탭드 Untapped

www.untappd.com

    이 소셜 미디어 앱은 맥주와 바를 평가함은 물론 사람들이 서로 소통할 수 있는 통로 역할을 한다.

크래프트 음식 운동 Craft-Foods Movement

    맥주는 넓은 의미에서 크래프트 음식 운동의 일부여서 이런 맥락으로 맥주를 추구하는 것도 일리가 있다. 슬로우 푸드(www.slowfood.org)에서는 지역에서 생산되는 고품질의 음식과 음료에 일찌감치 열광하는 사람들을 찾아보는 일이 어렵지 않다. 장인정신을 가진 음식 생산자와 소매업자는 고객들에게 자신의 제품을 시연할 방법을 항상 모색하고 있으며, 우수한 맥주는 고객을 끌어모으는 강력한 수단임을 잘 알고 있다. 다들 이미 알고 있겠지만, 훌륭한 좋은 음식과 함께 맥주를 즐기면 기쁨의 요소는 배가된다.

홈브루잉하기

    스스로 창의적인 성향이 있고 특히 요리하기를 즐긴다면 자기만의 맥주를 만드는 일을 즐길 것이다. 기본적인 형태로 볼 때 전혀 복잡하거나 돈이 많이 들지도 않고 결과적으로 상당한 만족감을 느낄 만한 일이다. 홈브루잉은 맥주 뒤의 공정에 진정 관여할 수 있는 유일한 방법이며, 비양조사가 범접할 수 없는 통찰력을 안겨주리라 생각된다.

    맥주를 만드는 데 필요한 도구는 요즘엔 손가락만 까딱하면 살 수 있다. 색색의 갖가지 풍미의 맥아가 우리의 처방을

홈브루잉 도구
홈브루잉은 처음 발을 들여놓을 때 비교적 저렴한 비용으로 시작할 수 있는 취미이고,
훌륭한 맥주와 맥주에 대한 상당한 지식이 보상으로 따라온다.

기다린다. 홉은 수십 가지의 품종이 있는데 스파이시한 풍미, 또는 허브, 시트러스, 송진, 열대 과일 등의 풍미가 있다. 효모는 한때 홈브루잉 연결 고리에서 유대감이 가장 약했지만 이제는 수십 가지의 유서 깊은 품종을 이용할 수 있으며, 양조 경험에 신선한 기쁨을 안겨준다. 까다로운 기술적인 문제 중 많은 것들은 이미 해결되었다. 사이버 맥주 강물에는 정보가 흘러 다닌다. 클럽은 차고 넘친다.

시작을 거창하게 할 필요는 없다. 가까운 홈브루잉 매장에서 양조 장비를 구입하면 얼마나 사치를 부리느냐에 따라 100~300달러 정도가 든다. 양조 취미에 푹 빠져든 사람들은 결국 이보다 훨씬 많은 돈을 쓰지만, 보통은 취미생활을 하면서 한 번에 스테인레스 스틸 장비 하나, 이런 식으로 점진적으로 늘려간다. 처음에는 기본적인 도구면 충분하다.

그렇다면 왜 구태여 혼자 양조를 하느라 사서 고생을 하는가? 훌륭한 맥주는 공정과 그 과정에서 이루어진 선택이 전부다. 이런 과정을 경험하다 보면 맥주를 구성하는 다양한 풍미, 아로마, 질감 요소를 실제 자신의 감각으로 가늠할 수 있게 된다.

또 일단 양조를 시작하면 홈브루잉 공동체에 속하게 되는데, 이런 단체는 놀라울 정도로 열정적이고 서로 협력하는 신비로운 사회이다.

맥주를 만드는 데 (말 그대로) 성공했다면, 온갖 궁금증이 생기겠지만 답은 거의 기대할 수 없다. 읽고 시음하고 듣고 성장하라. 막강하게 좋은 맥주와 놀라울 만한 성취감으로 보상받으리니.

양조장 관련 가재도구

맥주는 전반적인 관련 재료 문화를 가지고 있고, 이들은 포장, 마케팅, 브랜드, 잔, 양조장 건물을 비롯한 다른 많은 형태로 표현된다. 많은 사람들에게 이런 재미있는 영역은 맥주의 감각적인 측면만큼이나 하나하나가 매혹적이다.

양조장 가재도구를 수집하는 일은 그 자체로 매력이 강하지만, 어느 일정 시간과 공간에서의 맥주의 양상, 제품, 역할을 이해하는 데 가치 있는 수단이 되기도 한다. 양조장 가재도구에는 맥주를 홍보하는 데 사용하는 말, 이미지, 방법이 나타나기 때문에 맥주 자체에 대한 이해의 층을 한겹 더 쌓아올릴 수 있다.

차고를 메울 정도로 수집에 열을 올리지는 않지만, 나 역시 양조장 가재도구류가 이베이 같은 거래 경로를 통해 흘러나올 때 이들을 주시하면서 몇 가지 안목을 쌓았다. JPEG 사진 파일은 무료로 구할 수 있고, 책에 나오지 않은 맥주 스타일에 관한 정보를 자주 보여준다.

사람들은 병뚜껑에서 운송트럭에 이르기까지 맥주와 관련된 모든 것을 수집한다. 가장 단순한 방식으로는 주로 맥주 코스터(coaster, 맥주병 밑에 놓는 받침)로 시작하거나 자신이 즐기는 맥주병을 모아 맥주 여행을 기념하는 것이다. 이런 값싼 물건들은 액자에 넣어놓거나 잘 진열해 놓으면 추억을 떠올리게 하고 집안 홈바를 위한 눈요기 거리가 된다. 수집이 최고 수준에 이르면 소장가들은 한 양조장이나 지역 역사에 관한 전문가가 되어 특정 컬렉션 영역을 완성할 수 있는 품

레이블이 붙은 맥주병, 1910년
옛날 맥주병은 도처에 있지만 레이블이 붙어 있는 병은 구하기가 아주 힘들다.

목에 수천 달러를 쏟아붓는다. 소장가들은 가지고 있는 정보를 아낌없이 나누며, 폐쇄된 양조장이나 영업중인 바에 대해 프레젠테이션을 하고 버스 투어를 진행하거나 좋아하는 주제에 관해 기사나 책을 써내기도 한다. 대부분의 맥주 생산 지역에는 양조 역사를 말해주는 책자가 있으며, 만약 자기가 사는 지역의 맥주 역사에 관심이 있다면 구해서 읽을 만한 가치가 충분하다.

맥주잔은 실제 사용할 수 있기 때문에 수집하는 데 특히 재미가 있다. 가격은 현대적인 잔이나 빈티지 잔의 경우 단 돈 몇 푼에 살 수도 있고, 희귀한 조지 왕조 시대의 트위스트 몸통을 가진 조각형 잔은 수천 달러를 호가하기도 한다. 내 취향은 입으로 불어 만든 19세기 잔으로, 구하는 데 촉각을 곤

두세우고 있으면 큰돈을 쏟아붓지 않아도 찾을 수 있다. 옛날 잔에 맥주를 마시면 재밌다. 잔의 매력에 감탄을 금치 못하면서 잔이 말해 줄 수 있는 이야기는 무엇일까 궁금해지게 된다.

책 속의 맥주

옛날 맥주와 양조 책자는 맥주를 배우는 학생에게 확실히 가치가 있다. 시대를 담은 양조 책자는 역사적인 맥주의 혼란스러운 스토리를 밝혀내는 데 도움이 될 수 있다. 구전과 역사적인 평가, 중요한 고고학 및 역사를 집대성한 모음집과 보통 획기적인 사건을 기념하기 위해 나오는 다수의 양

조장 발간 책자 등이 여기에 포함된다. 일반적으로 희귀하긴 하지만, 의미있는 책이 중고서점에 나오기도 하는데 때때로 아주 합리적인 가격에 판매되기도 한다. 가장 믿을 만한 곳은 전세계에서 모인 자료가 구비되어 있는 alibris.com과 abebooks.com 같은 온라인 서점이다.

다행히, 가장 귀하고 가장 가치 있는 맥주 서적은 중판본으로 존재하며 때로 무료 다운로드를 받아 이용할 수도 있다. 선풍적인 인기를 끌었던 《에일과 맥주에 관한 궁금증 Curiosities of Ale and Beer》(1889년)은 1965년 염가판으로 인쇄되어 많은 수가 시중에 깔려 있어 구하기 쉽다. beerbooks.com과 beerinnprint.co.uk는 찾기 힘든 맥주 책을 구할 수 있는 좋은 사이트다.

양조장에서 발간한 요리책도 찾아볼 수 있는데 대부분은 전형적으로 1940년대와 1950년대 만들어졌고, 그 시대 캐서롤 및 기타 다른 요리와 함께 맥주를 선보이는 것이 목적이었다.

나는 초기 맥주 시대, 맥주를 마시는 익명의 사람들 사진을 모으는 일에 상당한 재미를 붙였다. 이런 사진은 또한 사람들이 세계 최고 음료와 맺는 관계를 이해하는 데 있어 또 하나의 재미있는 관점을 더해준다.

맥주 칵테일과
기타 다른 맥주 음료

왜 맥주 칵테일인가? 우선 가장 중요한 점은 맛이 좋다. 게다가 칵테일은 맥주가 선사하는 가능성의 지평을 확장하고 특히 맥주를 다양하게 서빙할 수 없는 장소에서 유용할 수 있다. 맥주 칵테일은 재미있고 신선하며 바에서 바로 창의력을 즐길 수 있으며 분위기와 장소, 그리고 고객에 맞게 제공된다. 맥주 칵테일의 기원은 수세기로 거슬러 올라간다. 이들 칵테일은 몸을 따뜻하게 또는 시원하게 해주고 청량감과 만족감을 주며 엄청난 재미와 끝없는 다양성을 제공한다.

요즘엔 증류주 칵테일이 그 창의성과 집에서 만들어 마시는 정통성, 풍미의 환상적인 조합 덕분에 인기가 많으며 파티에서는 맥주 칵테일을 통해 이 모든 요소를 즐길 수 있다. 단순히 마개나 따는 바텐더는 칵테일을 만들면서 활발한 참여

해는 짧고 날은 추워지니
선술집 불가에 얘기 소리 들리고
어떤 이는 처음 들어올 때 드램(증류주 소량)을 달라 하고
어떤 이는 플립(맥주, 브랜디에 달걀, 향신료, 설탕을 넣고 따뜻하게 한 음료-역자주)을 주문하며 활기를 띠기 시작한다.

1704년 뉴잉글랜드 연감

자로 변신하고 극장처럼 실내에 조명이 있으면 스타가 된다.

사실 최초의 맥주는 칵테일 혼합물이었을 것이다. 전설적인 미다스 왕의 묘지에서 출토된 물질을 화학적으로 분석해보니 모두 동일한 냄비에 들어 있었던 보리, 포도, 꿀로 밝혀졌으며 이 혼합물은 고고학자 패트릭 맥가번의 표현대로 "신석기 시대 그로그(술)"였다. 또한 이 안에는 허브와 향신료도 들어간 것으로 추정된다. 역사의 시작 바로 그때부터 인간은, 특히 마시는 음료에서, 흥미로운 풍미를 얻기 위해 여러 재료를 섞어 모든 가능성을 시도했다.

맥주 칵테일은 갈증을 해소하는 이상의 다른 부가적인 면을 가미하기 위해 두 가지 이상의 다른 맥주를 블렌딩하거나 단순히 맥주에 소다 음료나 레모네이드를 직접 혼합한다. 좀 더 정교한 결과물을 내기 위해 장인 스피릿과 핸드메이드 비터 및 시럽, 깜짝 놀랄 만한 장식이 들어가기도 한다.

칵테일 재료로서 맥주는 많은 요소를 동반한다. 탄산은 생기를 높여주고 아로마를 진하게 느끼게 해주며 부피감을 더해서 알코올의 취기를 줄여준다. 맥주의 쓴맛은 비터와 아마로 리큐어가 하는 역할처럼 단맛을 상쇄시켜주고 밸런스를 높여준다. 또 맥주의 다양한 색상은 시각적인 효과를 높여주고 분위기를 내준다. 스페셜티 맥주는 과일, 향신료, 오크 숙성 풍미 등을 더해줄 수 있다.

래들러, 샌디, 스파클링 와인 혼합 음료

이들 칵테일은 단지 신선한 맥주에 무알코올 소다나 과일 음료를 섞은 단순한 음료였다. '샌디 Shandy'는 맥주와 무알코올 소다 또는 주스를 섞은 음료라는 영어 단어이며, 독일어로 이와 동일한 단어는 비에르미슈그트뢴케 Biermischgetränke이다. 샌디는 전통적으로 레모네이드와 비터를 블렌딩했지만 요즘은 라거로 만드는 추세이며 종종 탄산 레모네이드나 시트러스 소다가 첨가된다. 프랑스인들은 샌디를 파나슈 panache라고 부른다.

전설에 의하면 독일어로 '사이클리스트'를 뜻하는 래들러 radler는 1922년 뮌헨의 선술집에서 발명되었다. 사이클 클럽이 들이닥쳤던 그날 맥주가 부족했던 모양이다. 소다와 맥주를 50대50으로 섞은 이 혼합음료로 그날 위기를 무사히 넘겼지만, 사실 이런 혼합 음료는 아마 그 전에도 존재했을 것이다.

맥주와 주스 또는 맥주와 소다의 변신은 끝이 없다. 헤페바이젠과 오렌지 주스는 프뤼쉬툭 바이세 frühstuck Weisse이고 뒤셀도르퍼 알트비어와 콜라는 '디젤 diesel'이다. 물론 다른 맥주로 만든 비슷한 음료도 이와 동일한 이름으로 불리고, 유럽 다른 곳에서는 (크레펠더 krefelder, 콜라바이젠 colawerzen, 브룸브루 brummbru, 그라이프스발더 greifswalder, 마조우트 mazout, 퍼 트리 fir tree) 같은 다른 이름으로 불린다. 샌디가프 shandygaff는 맥주와 진저 맥주를 혼합한 19세기 음료이다.

이런 칵테일은 요리로 봤을 때 예술성은 높지 않았지만 청량음료로써의 기능은 잘 수행한다. 주저하지 말고 창의력을 발휘해서 자기만의 칵테일을 시도해보라. 브런치 칵테일(304페이지)에 수록된 많은 맥주와 주스는 조합했을 때 멋지게 어울린다. 하지만 이들은 빙산의 일각에 불과하다. 우리 군침을 돌게 하는 조합은 끝도 없다.

베를리너 바이스는 오늘날 라즈베리 주스나 야한 녹색빛이 나는 우드러프 기반의 발트마이스터 Waldmeister 시럽과

함께 내는데 후자의 허브에는 사프롤이라는 금지 물질이 들어 있어 대체 물질을 구성하는 중이다. 1세기 전, 베를리너 바이스는 보통 캐러웨이 기반의 퀴멜 kümmel이나 체리씨 풍미의 오-드-비 키르시 eau-de-vie kirsch 같은 리큐어와 혼합해서 마셨다. 이런 리큐어와 섞으면 라이트한 맥주에 개성이 더해졌다.

엄격히 말해 샌디는 아니지만 맥주와 와인 또는 사이다를 블렌딩한 음료는 마시기 수월하고 인기도 있다. 스네이크바이트 snakebite는 라거와 독한 사이다를 같은 양으로 섞어 만든다. 블랙 벨벳 black velvet은 1861년 영국 황태자 알버트를 추모하는 기간에 탄생했다. 샴페인과 스타우트를 혼합한 음료로 샴페인을 스타우트 위에 부어 샴페인 플롯 잔에 낸다.

첼라다 chelada와 미켈라다 michelada 같은 혼합 맥주는 멕시코의 많은 지역에서 유행이며 단, 용어는 여러 가지가 혼란스럽게 존재한다. 첼라다는 정통 방식으로 만들 때 항상 라거와 라임, 소금 그리고 때때로 칠리고추가 약간 들어가며 미켈라다에는 칠리 소스와 매기 Maggi(감칠맛이 풍부한 야채 소스), 우스터 소스 같은 향신료가 들어가지만 그 이름은 꽤 다양하다. 조개 주스를 혼합한 버전도 인기 있으며 모두 숙취해소에 좋은 음료로 정평이 나 있다. 이 음료의 풍미를 높이거나 유리잔 테두리에 묻혀 내기에 완벽한 칠리와 라임 풍미의 소금은 슈퍼에서 판매되며 인기 있는 브랜드는 타진 Tajin이다. 첼라다는 라이트한 바디의 멕시코 라거와 완벽하게 어울리며 만약 크래프트 맥주를 사용할 경우 너무 묵직하거나 풍미가 강하지 않으면 된다. 화이트 맥주도 잘 어울리지만 분명 전통적으로 쓰이는 맥주는 아니다. 몬테레이 출신인 내 파트너 참피 가르자의 레시피와 그가 권장하는 맥주를 이어서 소개한다.

첼라다 Chelada

- 소금 한 자밤. 유리잔 테두리에 묻힐 용도로 조금 더 준비
- 타진 한 자밤(선택)
- 페르시아 라임 큰 거 한 개~한 개 반 또는
  키 라임(limon agrio: 사워 레몬) 2~3개, 즙을 내서 준비
- 12온스 맥주 1개
  (도스 에퀴스 Dos Equis 다크 라거 또는 빅토리아 Victoria)
- 각얼음

큰 유리잔에 소금 또는 타진 칠리 믹스를 묻힌다. 라임 주스를 내서 잔에 따른다. 여기에 소금과 타진을 넣고 잘 섞는다. 여기에 맥주, 얼음을 추가해서 혼합한 음료를 즐긴다.

미켈라다 Michelada

- 소금 한 자밤. 유리잔 테두리에 묻힐 용도로 조금 더 준비
- 타진 한 자밤(선택)
- 페르시아 라임 큰 거 한 개~한 개 반 또는
  키 라임(limon agrio: 사워 레몬) 2~3개, 즙을 내서 준비
- 매기 소스 2회 짧게 흔들기
- 우스터 소스 4회 길게 흔들기
- 타바스코(등) 1회 짧게 흔들기
- 12온스 맥주 1개
  (도스 에퀴스 Dos Equis 다크 라거 또는 빅토리아 Victoria)
- 각얼음

큰 유리잔에 소금 또는 타진 칠리 믹스를 묻힌다. 라임의 즙을 내서 잔에 따른다. 매기 소스, 우스터 소스, 타바스코, 소금, 타진을 넣고 잘 섞는다. 여기에 맥주, 얼음을 추가해서 혼합한 음료를 즐긴다.

오조 로조 Ojo Rojo(레드 아이), 클라마토 콘 세르베자 Clamato con Cerveza (가장 좋은 맥주: 인디오 Indio)

- 소금 한 자밤. 유리잔 테두리에 묻힐 용도로 조금 더 준비
- 타진 한 자밤(선택)
- 페르시아 라임 큰 거 한 개~한 개 반 또는
  키 라임(limon agrio: 사워 레몬) 2~3개, 즙을 내서 준비
- 클라마토 주스 7온스
- 매기 소스 2회 짧게 흔들기
- 우스터 소스 4회 길게 흔들기
- 타바스코(등) 1회 짧게 흔들기
- 12온스 맥주 1개(XX 라거 또는 빅토리아 Victoria)
- 각얼음
- 셀러리 한 줄기
- 익힌 조개, 새우 또는 생굴 같은 해산물 꼬치(선택)

큰 유리잔에 소금 또는 타진 칠리 믹스를 묻힌다. 라임의 즙을 내서 잔에 따른다. 클라마토 주스, 매기 소스, 우스터 소스, 타바스코, 소금, 타진을 넣고 잘 섞는다. 여기에 맥주, 얼음을 추가해서 섞는다. 셀러리 줄기와 해산물 꼬치가 있을 경우 이들로 장식한다.

창의적인 래들러/샌디

패션 프룻 주스 + 블론드 바이젠복

구아나바나 + 벨기에 화이트맥주

망고 넥타 + 세종

배 주스 + 벨기에 트리펠

타마린도 Tamarindo 소다 + IPA

체리 주스 + 오트밀 스타우트

석류 주스 + 레드 호밀 에일

브런치 맥주 칵테일

이른 시간에 하는 브런치에는 가벼운 과일 풍미의 맥주를 곁들이는 게 즐거우며, 이런 종류의 음료는 꽤 많다. 특정 맥주 종류와 과일의 풍미는 기가막히게 잘 어우러지며, 솔직히 말해 이런 음료는 거의 망칠 일이 없다. 집에서 칵테일을 만든다면 304페이지에서 소개하는 12가지 항목 중 알코올 없는 레시피를 골라, 아이를 포함하여 모두에게 제공해보자. 내 경험에 모든 옅은 색의 맥주는 다양한 여러 과일과 잘 어울리지만 다크한 맥주는 붉은색 과일과 가장 잘 맞는다.

브런치의 경우 블러디 메리 Bloody Mary는 맥주를 넣어 바디를 라이트하게 하고 색을 밝게 할 수 있다. 일반적인 올드 라거가 어울리지만 과일 맥주는 제외해야 하며(304페이지) 믹스 앤 매치 브렉퍼스트 칵테일 목록에 있는 대부분의 것들은 전천후로 궁합이 맞는다. 패션 프룻 주스를 얹어주면 토마토를 가공할 때 사라지는 신선한 과일 풍미가 되살아난다는 점을 명심할 것.

맥주 블렌드 음료 및 다른 정통 맥주 음료

18세기 런던 사람들은 '쓰리 쓰레즈 three threads'와 '파이브 쓰레즈 five threads' 같은 맥주 블렌드 음료를 필요로 했으며 각 쓰레드는 완성된 음료에 혼합된 맥주 종류를 나타냈다. 과연 포터가 바텐더의 일을 간소화하기 위해 탄생했는지는 의문이 남지만, 어쨌든 전통은 아주 오래되었으며 맥주 종류가 아주 한정된 상황에서 다양성을 발휘할 수 있는 훌륭한 방법이다. 현재 미국에는 선택할 수 있는 맥주 종류가 너무 많기 때문에 이런 블렌드 음료는 예전보다 귀해졌지만 여전히 유용하고도 재미있게 즐길 수 있다.

블랙 앤 탠 Black and Tan

기네스 드래프트 스타우트와 페일 에일을 동량 섞고 스타우트를 위에 붓는다.

보일러메이커 Boilermaker (영국에만 존재)

브라운 에일 병 제품과 마일드 에일 생맥을 동량 섞는다.

더티 호 Dirty Ho

벨기에 화이트 맥주(정통적으로 호가든)와 린데만스 프람브와즈 2:1 또는 3:1

시에라의 안개긴 밤 Foggy Night in the Sierras

시에라 네바다 페일 에일과 앵커 올드 포그혼 발리와인 2:1

초콜릿 트뤼플 Chocolate Truffle

초콜릿 또는 임페리얼 스타우트와 프람브와즈(라즈베리) 람빅 3:1

뜨거운 맥주 음료

오늘날처럼 난방이 안 되던 시절, 사람들은 에일과 증류주, 향신료를 넣어 만든 따뜻한 음료에 의지해서 뼛속에 스며든 냉기를 달랬다. 또한 액상과 빵의 경계를 확실히 그어놓지 않던 시절이라 사람들은 맥주에 토스트, 오트밀, 달걀, 크림, 과일 등을 얹어 먹었다. 맥주와 아침식사를 함께 하는 옛날 방식이 여기에서 딱 일치한다.

에일 브루 Ale-brue

르네상스 시대부터 내려온 몇 가지 레시피가 지금까지 남아 있다. '에일 브루' 또는 '에일 베리'라 불리는 걸쭉한 음료에 향신료, 설탕, 빵조각을 넣고 끓이며 종종 오트밀도 추가한다. 한 노래 가사를 보면 이런 구절이 나온다. "에일 브루를 만드네/귀리, 샤프란, 좋은 에일을 가지고." 흡사 죽 같은 이 음료는 후에 '코들 caudle'(죽에 달걀, 향신료를 넣은 따뜻한 유동식-역자주)이라 알려지게 되었고 미국 식민지에서 인기가 있었다.

색 포셋 Sack posset

다름 아닌 월터 롤리 경 Sir Walter Raleigh(16세기의 영국 귀족. 미국 대륙을 탐험하고 유럽에 감자를 이식하고, 담배를 전파했다-역자주)이 개인적으로 갖고 있던 '색 포셋 sack posset'이라는 레시피는 실제로 에그노그와 많이 비슷하다. "크림 2파인트에 설탕 양껏, 메이스 mace와 육두구를 넣어 끓인 다음 색[달콤한 셰리주] 반 파인트와 같은 양의 에일을 넣고 끓인다." 그는 백랍 사발에 모든 재료를 넣고 뚜껑을 덮은 후 불에서 두어 시간 동안 섞

맥주 칵테일 만들기

일부 맥주 칵테일은 아주 기본적이라 준비한다는 생각조차 필요하지 않지만
좀 더 복잡한 레시피는 계획이 필요하다.

적합한 잔을 사용하라

래틀러/샌디, 블러디 메리, 첼라다 등에는 셰이커 파인트
잔도 괜찮지만 맥주를 섞는 스피릿 기반의 칵테일에는
보통 300~350ml의 작은 잔이 필요하다. 록 Rocks
글라스가 일반적으로 사용되지만 키가 큰 잔은 시트러스
중심의 음료나 레이어드로 제조된 음료를 돋보이게
해준다. 브런치 칵테일은 샴페인 플룻잔에 따르면 빛이
난다.

총 알코올 양에 주의하라

맨해튼 또는 마티니 같은 전형적인 칵테일은 스피릿 proof
spirit 양이 74~89ml 정도지만 일부 칵테일은 스피릿
양이 30ml 정도로 적다. 맥주 칵테일에서는 스피릿을
30~60ml 사용해야 여러 요소가 통제된다.

단맛과 신맛, 쓴맛의 밸런스를 맞추라

칵테일은 대개 단맛, 신맛, 그리고 종종 쓴맛이 밸런스를
이룬다. 밸런스가 잘 맞으면 추가하려는 모든 아로마
복합성을 위한 기반이 깔린 셈이다. 아로마 범위와 더불어
적합한 맥주를 선정하면 밸런스 요소를 맞추는 데 도움이
될 수 있다. 과일 칵테일을 만든다면, 기억하라. 과일
풍미가 돋보이려면 신맛이 필요하다.

아로마는 조심스럽게 레이어드하라

전반적인 효과, 즉 주도적인 풍미 노트를 만들 필요가
있다. 조화로운 다른 풍미를 섞어 깊이를 더할 수 있다.
오크 숙성 증류주의 바닐라 노트는 풍미를 이끌어내고
리치함을 더할 수 있다. 후추 노트는 풍미를 날카롭게
하고 한곳에 모아준다. 풍미층을 추가할 때는 우선도를
따져보라. 중요도가 가장 높은 것과 낮은 것이 무엇인가?

맥주가 빛나도록, 다른 재료에 묻히지 않도록 하라

넣어야 할 맥주 양을 정할 때 맥주가 다른 것에 묻히면 안
되기 때문에 맥주의 강도를 고려하라. 맥아는 캐러멜과
말린 과일, 구운 노트와 로스팅 노트를 동반하여 이는

달콤한 풍미, 오크 및 스파이시한 풍미와 어울린다. 홉은
허브와 솔, 시트러스 아로마를 갖추고 있는데 과일과
진/향나무 풍미와 잘 섞이며 단맛을 상쇄해준다.

질감에 집중하라

질감은 칵테일에서 맥주가 기여하는 큰 역할이다. 조밀한
거품과 생기있게 톡 쏘는 탄산은 언제 어디서나 환영이고
밀, 호밀, 귀리는 칵테일에 기분좋은 크리미한 마우스필을
더해준다.

도용을 두려워말라

예술의 세계에는 긴 전통이 있다. 수많은 칵테일 레시피는
맥주를 중심 재료로 쉽게 고칠 수 있다. 맥주의 성격에 따라
비터, 아마로 리큐어, 과일 주스, 소다, 심지어 일부 증류주
자체를 대신하거나 이들의 역할을 확장시켜준다고 보면
된다.

장식은 분위기를 살린다

장식은 시각적으로 마침표를 찍을 뿐 아니라 잘만
선택하면 최종적인 아로마 노트를 더해주어 재미를 주고
기념이 될 만한다. 잔 테두리에 묻히는 재료 혼합물로는
고수에서부터 훈제 소금 내지는 옥사칸 웜과 칠리 소금
또는 으깬 타스마니아 페퍼베리 등 어느 것이나 가능하다.
맥주 특정 재료도 있다는 것을 잊지 말자. 갈아서 체에 거른
크리스털 맥아(나는 겉껍질이 전혀 없는 크리스털 밀을 더
좋아한다) 또는 심지어 블랙 맥아도 잔 테두리 혼합물로
가능하며 잘게 간 홉 펠릿도 잔 테두리에 묻힐 수 있는데
아로마를 소금에 전달하는 데 사용되기도 한다. 추수
기간 동안 홉을 만져볼 기회가 있는가. 신선한 홉 열매는
아름답고 아로마가 진한데, 계절의 덧없음을 가슴 아프게
상기시켜준다.

즐기자!

우리는 행복 사업에 종사하고 있음을 잊지 말자. 모두 다시
해볼 수 있도록 메모를 잘 해두자!

이도록 놔두라고 권한다. 내 생각엔 설탕 반 컵이나 한 컵과 육두구와 메이스 각각 1/8 작은 큰술이면 '충분하다.'

버터 에일 Buttered ale

17세기 영국에서는 '버터를 첨가한 에일'이 선풍적인 인기를 끌었는데, 홉을 넣지 않은 에일에 설탕과 계피를 섞어 가열한 다음 버터를 한 덩이 얹은 음료였다. 새뮤얼 페피 Samuel Pepys는 그의 유명한 일기에서 이를 기운 나게 하는 아

침 음료라고 언급한다.

플립 Flip

이 유명한 뜨거운 맥주 음료는 '플란넬 한 마'라고도 불렸는데, 이 말은 크리미한 액체에 거품을 내기 위해 두 개의 용기에 부었다 덜었다 하는 과정에서 형성되는 길고 매끄러운 액체 줄기에서 나온 말이다. 플립은 영국과 미국 식민지, 이밖에 다른 곳에서 오래 인기를 끌었고 몇 가지 독특한 특성

믹스앤매치 브렉퍼스트 칵테일 리스트

아래 재료들은 서로 꽤 잘 어울린다. 3개의 카테고리에서 뭐든 하나를 골라 섞고
곁들임 가니시를 넣어 서빙할 것. 고백컨대 절대 실패하는 일은 없을 것이다.

맥주	과일	더할 것들	가니시/잔용
헤파바이젠	오렌지 주스	프로세코나 카바	라임 간 것
베를리너 바이스	레모네이드	(발포성 화이트 와인)	레몬/라임을
둔켈바이젠	피치/살구 넥타	하드 사이다	둥글게 깎아낸 껍질
벨기에 밀맥주	체리 주스	샴페인	시트러스 웻지
벨기에 블론드	망고 넥타	하드 레모네이드	검은 후추
벨기에 두벨	라스베리 주스	체리 시럽	간 고수
포터	리치 주스	석류맛 시럽	슬라이스한 파인애플
오트밀 스타우트	배 넥타	라스베리 시럽	포도
IPA	블랙 커런트 소다	레몬 또는 라임 주스	레몬그라스
피치 람빅	패션 프룻 넥타	블랙 커런트 시럽	신선한 바질
라스베리 람빅	파인애플 주스	스파클링 모스카토	로즈메리
체리 람빅	화이트 그레이프 주스	브라케토 다쿠	칠리 파우더
벨기에 사워 브라운	애플 주스	(달콤한 레드 스파클링 와인)	은색 할라페뇨
		토닉워터	요리용 민트 잔가지
		진저 에일	

 +  +  +

플립의 캐러멜화
발갛게 달군 '부지깽이'가 이 에일과 설탕, 에그 음료를 캐러멜화하는 데 사용된다.

으로 사랑을 받았는데, 그중 가장 눈에 띄는 점은 벌겋게 달군 부지깽이를 음료에 집어넣는 것이다.

　집에서 플립을 만들려면 중간 크기 소스팬에 스트롱 에일 2파인트, 잘 숙성된 럼주 약 55ml, 흙설탕 또는 무스코바도 (당밀을 제거한 일종의 흑설탕-역자주) 설탕 4큰술, 계피 작은 조각 하나, 정향 두 개, 레몬 껍질 한 조각을 넣는다. 막 끓어오를 때까지 가열하되, 팔팔 끓이지는 말고 설탕이 다 녹았으면 불

을 끄고 계피와 다른 고형 재료를 꺼낸다. 달걀 4개를 작은 그릇에 깨뜨려 여기에 뜨거운 에일 혼합물 일부를 서서히 넣으면서 계속 저어준다. 이 달걀 혼합물을 프라이팬에 담긴 에일에 넣고 거품이 생길 때까지 격렬하게 쳐준다.

　다음 단계는 플립을 만드는 데 있어 가장 극적인, 혹자는 꼭 필요한 단계라고 말하는 공정이다. 바로 이 따뜻한 음료에 발갛게 달군 난로 부지깽이를 넣어주는 것. 이렇게 하면

에일 혼합물이 격렬하게 끓고 플립 애호가들이 많이 좋아하는 훈제의 캐러멜화된 풍미가 생겨난다. 말할 것도 없이 이런 공정은 집 밖에서 이루어져야 하며 안전상 필요한 모든 조치를 취해야 한다. 휴일 볼거리로 좋다. 휘핑크림으로 장식하고, 좋아한다면 갓 간 육두구를 조금 넣는다.

플립은 마시는 고유의 잔이 따로 있다. 넓고 끝으로 가면서 폭이 좁아지는 잔으로 주형으로 디자인을 만들거나 직접 잔에 새겨서 장식하며, 크기는 1파인트 미만에서 12파인트 이상이 들어가는 쓰레기통만한 거대한 크기까지 다양하다. 이 잔은 파티에서 돌리는 용도였으며, 분명 조화와 힘, 그리고 아마도 취하지 않고 정신이 멀쩡한지 시험하는 수단이었을 것이다.

내가 가지고 있는 1800년 경의 잔은 특정 양식의 야자나무로 장식되었는데 가득 채우면 4.5kg 이상 나간다.

크램뱀불 crambambull (비어노그)

플립에서 단 한 발짝만 짧게 뛰면 에그노그인데, 에일로 만들어진 것을 크램뱀불이라고 부른다. 작년 휴일 파티에서 초대 받은 집의 호스트는 알코올이 들어가지 않은 홈메이드 에그노그를 만들었는데, 그 자리에 모인 사람들이 그냥 그대로, 또는 원하는 대로 버번이나 럼주를 타서 즐기면 좋겠다는 생각에서였다. 호스트 집에 맛있는 맥주도 많이 있었기 때문에 나는 이때가 기회다 싶어 역사를 재현할 겸 에일을 노그에 타보았다. 숨죽이고 지켜보는 순간이 이어졌지만 몇 모금 마시고 나니 노그가 상당히 맥주스러워졌다. 에그노그에 맥주를 탄다는 생각이 이상해 보일지도 모르지만, 이런 모든 초기 음료에서 도수 센 스트롱 에일은 필수적으로 들어갔을 것으로 추측된다.

조지 워싱턴은 친절하게도 에그노그 레시피를 남겨주었는데, 그의 유명한 스몰 맥주 레시피(39페이지 참조)보다 훨씬 더 구미를 당기게 한다. "브랜디 1파인트, 호밀 위스키 1/2파인트, 자메이카 럼주 1/2파인트, 셰리주 1/4파인트, 계란(개수는 정해진 것 없음), 설탕 12큰술, 우유 3파인트, 크림 2파인트." 계란은 흰자와 노른자를 분리하고, 설탕을 노른자와 섞어 크림 상태로 만든 다음, 우유와 크림을 추가하고 계란 흰자를 넣는다. 그는 이런 조언을 덧붙인다. "며칠 시원한 장소에 두고 자주 맛을 볼 것."

그래, 그도 분명 그렇게 했겠지.

전형적인 현대 에그노그 레시피에서는 계란 4개를 흰자와 노른자로 분리한다. 노른자에 설탕 1/2컵을 넣고 매끈해질 때까지 쳐준 다음 우유 1과 1/2컵과 크림 1컵을 섞는다. 육두구 또는 메이스를 약간 넣어 맛을 내주고 때에 따라 바닐라도 소량 넣어준다. 그런 다음 달걀 흰자를 쳐서 위의 혼합물에 얹어준다. 많은 레시피에서는 크림을 추가하기 전에 미리 휘저어주라고 하는데 내 생각해도 이렇게 하면 질감이 향상된다. 당부해 둘 것은 우유팩에 넣어 판매되는 가공 크림은 사지 말라는 것이다. 신선하게 바로 만들 게 아니라면, 굳이 사지 말자.

위의 레시피대로 하면 비어노그를 만들어볼 이상적인 기반이 마련된다. 좋은 방법은 350ml 용량의 잔에 따뜻한 에일을 1/3 채우고 버번주, 호밀 또는 다크 럼주를 15ml 추가하고 위에 미리 준비해둔 노그 혼합물을 올린 다음, 그 위에 휘핑 거품을 조금 올릴 정도의 공간을 남겨둔다. 그야말로 휴일 기분을 한껏 내기 좋은 혼합 음료다.

그런데 맥주는 어떤 종류를 쓰는 게 좋을까? 소규모 시음 테스트에서는 앵커 크리스마스 Anchor Christmas 에일로 성공을 거두었고, 이와 비슷한 다크한 와셀주 유형의 할러데이 에일이면 딱 맞을 것 같다. 발리와인과 임페리얼 스타우트, 도펠복, 스카치 에일 모두 잘 어울리는데, 도수 강하고 홉의 풍미가 강한 페일 에일을 쓸 경우에도 이런 단맛을 섞으면 쓴맛을 좋아하지 않는 사람에게도 마실 만한 음료가 된다.

크리스마스 이브에 산타가 우유와 쿠키에 질력이 나 있을지도 모른다는 생각을 해본 적이 있는가? 산타가 정말 좋아할 것은 비어노그! 이게 있으면 양말 속 선물이 가득 차다 못해 흘러넘칠 것 같다.

참고 위의 에그노그 레시피에는 날달걀이 필요하다. 날달걀을 쓰는 것이 전통적이고 건강에도 아무런 해가 없지만, 일부 건강 관계자들은 이에 우려를 표한다. 안심이 되지 않으면, 인근 헬스 푸드 매장에서 날 상태로 섭취하도록 만들어진 특수 가공 처리된 달걀을 구입하면 된다.

펀치 Ponche

멕시코 사람들이 좋아하는 휴일에 먹는 음료로 뜨거운 상태로 제공되고 전통적으로 맥주가 들어가지만 그렇지 않은 경우도 있다. 펀치는 단순히 영어의 'punch'를 의미하고 변형된 버전이 많이 존재한다. 350ml 용량의 스토롱 브라운 에일 또는 도펠복 병제품(또는 이와 동등한 용량의 제품)을 약 3쿼트 소스팬에 붓고 서서히 가열한다. 여기에 필론칠로 piloncillo(비정제된 멕시코 사탕수수 설탕) 120ml 이상, 사과주스 농축액 180ml, 구아바 퓌레 180ml, 계피 막대 서너 개, 건포도 한줌, 오렌지 통째로 1개(잘라서 준비), 정향 또는 올스파이스 서너 개를 넣는다. 끓을 때까지 가열하고 설탕 덩어리가 녹도록 저어준다. 여기에 휴일이라면 냉동 또는 신선한 상태로 이용할 수 있는 노란색 작은 과일, 테죠코테 tejocote 180~240ml를 넣어준다. 위의 혼합물을 완전히 끓기 전에 불에서 내려 숙성 럼주나 브랜디, 혹 자신이 있으면 숙성된 데킬라 120ml를 추가한다. 머그잔에 계피 막대와 오렌지 조각을 곁들여 낸다.

비숍 Bishop

소스팬에 에일 4컵과 흑설탕 1큰술을 가열한다. 큰 오렌지 두 개를 각각 4조각으로 칼집내 섭씨 120도에서 아주 말랑해질 때까지 25분 동안 굽는다. 각 오렌지를 4등분으로 잘라 씨를 꺼내고 이 오렌지를 맥주 혼합물에 추가한다. 프라이팬을 불에서 꺼내 30분 동안 그대로 둔다. 서빙할 때는 따뜻하게 다시 데우는데 끓이지는 않는다. 오렌지 한 조각과 함께 도기 머그잔에 뜨겁게 낸다.

버터 맥주 Buttered Beer

중간 크기의 소스팬에 스트롱 브라운이나 스카치 에일 2파인트를 붓고 여기에 무염 버터 두 덩어리, 흑설탕 1/4컵, 생강가루, 감초가루 각각 한 자밤을 추가한다(주변에 있다면 인도 식료품점을 이용할 것). 부드럽게 저으면서 끓기 직전까지 가열해서 설탕을 녹인 다음 낸다.

크랩 에일 Crab Ale

정통 레시피에서는 야생 능금(크랩 능금을 사용하면 된다)을 지글지글 구운 다음, 수프 접시에 설탕 1큰술을 넣어 달짝지근하게 만든 에일에 넣어준다. 토스트 한 조각을 위에 얹고 계피와 육두구 가루를 고명으로 마무리한다.

크랩 능금 램스울 Crabapple Lambswool (와셀주)

에일 2파인트에 셰리주 1파인트와 갓 간 육두구를 양껏 넣어 거의 끓을 때까지 가열한다. 흑설탕 1큰술과 생강가루

1/2 작은술을 추가한다. 위의 내용물을 따뜻하게 해둔 펀치볼에 붓고, 갓 구워 속을 뺀 크랩애플이나 작고 새콤한 구운 능금 6개를 위에 띄운다.

시원한 맥주 정통 음료

200년 전, '비어 컵 beer cups'이라는 대용량 음료가 선풍적인 인기를 끌었다. 특정 음료는 지금 많이 사라졌지만 '험피 덤피 Humpy Dumpy', '클래머 다운 clamber down', '허그메이티 hugmatee', '녹미다운 knock-me-down', '커들 미 버프 cuddle-me buff'(알코올 함량이 높아 정신을 못차리게 한다는 뉘앙스가 이름에 포함되어 있음-역자주) 같이 감질나는 이름을 보면 이들 음료의 성격, 아니면 적어도 마신 후의 효과를 알 수 있고 오늘날 칵테일의 약간 선정적인 이름이 연상되기도 한다. 여기에 관련된 오랜 레시피 몇 가지를 소개한다.

에일 펀치 Ale Punch

중백당 turbinado 또는 무스코바도 muscovado 설탕 약 56g과 레몬 한 개 껍질을 펀치볼에 넣는다. 레몬즙을 짜서 설탕에 넣고 씨와 과육을 걸러낸다. 30분 정도 방치한 다음 레몬 껍질을 꺼낸다. 페일 또는 앰버 에일 4파인트, 셰리주 1/2파인트, 각얼음 한 움큼을 넣는다. 잘 저어서 설탕을 녹이고 레몬 웨지 또는 레몬 조각으로 장식한다.

블랙 벨벳 Black Velvet

원래 빅토리아 여왕 남편인 알버트 공 Prince Albert를 추모하는 기간에 탄생한 이 음료는 커다란 플룻 잔에 동일한 분량의 차가운 샴페인과 스타우트를 섞어 만든다.

브라운 베티 Brown Betty

영국 옥스퍼드의 유명한 제빵사의 이름을 땄다. 코냑 1컵, 마늘 3쪽, 브라운 또는 앰버 맥주 2파인트, 흑설탕 1/2컵을 섞는다. 부드럽게 저어 설탕을 녹인다. 내기 전에 2시간 동안 냉장한다.

카필라레 Capillare

아로마가 진한 고대 청량음료였던 카필라레는 보통 여름에 마신다. 페일 에일 또는 IPA 2파인트, 달콤한 화이트 와인

약 170g, 브랜디 약 56g, 레몬 반 개 즙과 껍질, 갓 간 육두구 약간, 박하 잔가지 두서너 개(원래 레시피는 서양 지치를 쓴다)를 섞는다. 뜨거운 간단 시럽(끓는 물 1파인트에 설탕 1컵을 녹여서 만듦) 1파인트와 등화수(오렌지 꽃에서 채취해 증류시킨 향료–역자주. 정통 방식을 따르고 싶으면 등화수를 공작고사리 잎에 부어야 한다) 약 28g에 위의 혼합물을 섞는다. 오렌지 큐라소 약 170g을 추가하고 커다란 피처잔에 얼음을 넣거나 차게 해서 낸다.

맥주와 샷의 만남

가장 단순한 맥주 칵테일은 맥주 한 샷에 뭔가 한 샷을 부어주는 것. 비율은 보통 증류주:맥주, 1:4~1:8 사이다. 이 방식이 가장 기본이며, 언제 어디서든 재빨리 만들어낼 수 있다. 역사적으로 브루하우스에서 기운을 북돋아주는 칵테일은 스카치 scotchie로, 스카치 위스키 한 샷을 양조 과정에서 처음 만들어지는 뜨거운 맥즙 한 잔에 부어서 만든다.

보일러메이커 Boilermaker/뎁스 차지 Depth Charge
맥주에 위스키 한 샷 추가. 위스키 한 샷을 맥주잔에 떨어뜨려 섞어 마신다.

아이리시 카 밤 Irish Car Bomb
아이리시 위스키 반 샷과 아이리시 크림 리큐어 반 샷을 같이 섞어 샷 전체를 맥주잔에 빠뜨려 마시는 스타우트로 (적어도 영국에서는) 정치적으로 볼 때 잘못된 이름이다. 원래 레시피에서는 깔루아도 사용했다. 남김 없이 마시도록. 크림 리큐어가 맥주와 섞이면 액체와 고체로 분리된다.

캐리비언 나이트 Caribbean Night
커피 리큐어 한 샷을 섞은 포린 엑스포트 스타우트.

리버풀 키스 Liverpool Kiss (블랙 앤 블랙)
스타우트에 크램 드 카시스 creme de cassis 한 샷을 섞은 칵테일.

티처스 크리처 Teacher's Creature
스카치 에일 1파인트에 스카치 1샷과 드람브이 Drambuie 한 샷을 부어 섞어준다.

현대 맥주 칵테일

위대한 크래프트 맥주가 선사하는 것은 실로 대단하지만 그럼에도 칵테일의 인기는 현재도 여전히 뜨겁다. 아마도 칵테일의 끝없는 변신과 바텐더가 보여주는 창의력 그리고 분위기에 맞게 음료를 매칭하는 재미 때문일 것이다. 그렇다고 맥주가 뒤로 물러설 이유는 전혀 없다. 맥주는 거품과 함께 풍부하고 균형잡힌 풍미를 더해주는 유용한 재료이며, 무모한 양의 알코올을 추가하지 않아도 작은 숏 드링크를 대용량의 톨 드링크로 변신시켜준다.

일반적인 준비 방법은 증류주 한 샷 또는 두 샷에 시거나 단 재료 또는 두 재료 모두를 넣고 아로마 효과를 더 주기 위해 비터 같은 재료를 혼합한 다음 장식해서 내기 직전 맥주에 섞는다. 맥주는 어떤 종류를 쓰냐고? 글쎄, 같이 섞는 재료에 따라 달라지겠지만 칵테일에 못 쓸 맥주는 없는 것 같다. 맥주에 동반되는 풍미를 생각해보라. 캐러멜, 말린 과일을 비롯한 로스팅 요소와 많은 올드 뉴 스쿨 칵테일에서 중요한 요소인 쓴맛, 홉의 허브와 꽃, 시트러스 아로마, 과일 및 스파이시한 풍미의 발효 특성, 여기에 음료의 바디를 가볍게 하고 아로마를 발산시켜주는 탄산의 활기 등 끝이 없고 물론 이외에 스페셜티 맥주, 과일, 향신료, 펑키한 신맛, 커피, 초콜릿, 오크 특성 등 많은 요소가 있다.

요리할 때는 골칫거리인 맥주의 쓴맛은 이곳 칵테일에서는 사실 도움이 될 수 있다. 쓴맛은 시럽 또는 리큐어의 단맛과 브라운 증류주를 사용할 경우 바닐라 목재의 노트를 균형 있게 맞춰줘서 다른 요소가 빛날 수 있는 쓴맛의 뼈대를 세워준다.

다음에 현재 운영중인 레스토랑과 바, 라운지, 그리고 맥주광들로부터 수집한 창의적인 맥주 칵테일을 소개한다.

호핑 인 더 라이 Hopping in the Rye
IPA, 자몽 주스, 캐스케이드 홉으로 우려낸 진, 레몬, 캐러멜화된 꿀(로스엔젤레스 라이브러리 바)

서머 샌디 Summer Shandy
헤페바이젠, 험 보태니컬 스피릿 Hum Botanical Spirit, 레몬 주스, 자몽 주스, 레몬/라임 소다(시카고 터조 피아노 Terzo Piano)

비치스 브루 Bitches Brew

메스칼 Mescal(멕시코 증류주-역자주)과 블러디 메리를 혼합한
다음 테카테(Tecate: 멕시코 맥주-역자주) 2~3온스(60~90ml
정도)를 얹어 만든다.(더 브레슬린, 뉴욕)

pH

보드카, 리치 시럽, 레몬 주스, 라즈베리 퓌레, 장미수,
브람브와즈 람빅(WD-50, 뉴욕)

퍼펙트 스톰 Perfect Storm

라거, 고슬링즈 블랙 실 럼 Gosling's Black Seal Rum,
도매니 드 캔튼 Domaine de Canton, 생강(더 게이지, 시카고)

그린 데블 Green Devil

듀벨 벨지안 골든 스트롱 에일, 진,
압생트(스테판 뷰몽, 캐나다 토론토)

더치 데블 Dutch Devil

듀벨, 볼스 제네바 Bols Genever, 앙고스투라 비터스와
각설탕을 섞고 위에 생강 결정(크리스털라이즈드 진저)
가지를 얹는다. (《칵테일스 온 탑 Cocktails on Top》,
제이콥 그리어, 저자)

트리펠 두벨 Trippel Dubbel

삭소 Saxo 벨기에 블론드 에일, 귤 또는 오렌지-금귤 시럽,
레몬 주스, 호밀 위스키, 그랑 클라시코 Gran Classico 오렌지
루바브 리큐어(로그 24, 워싱턴 D.C.)

블랙 앤 옐로우 Black & Yellow

위에는 다크 에일, 아래에는 금귤에 절인 진, 유자 주스,
생 제르맹 엘더플라워 리큐어(WD-50, 뉴욕)

로버트 프로스트 Robert Frost

매직 햇 넘버 9 Magic Hat No. 9, 사과 주스, 아마레토(amatetto:
아몬드향을 지닌 리큐어-역자주), 레몬 주스(스페어 룸, 로스엔젤레스)

오렌지 홉 시클 Orange Hop-sicle

IPA 약 90ml, 쿠앵트로 Cointreau 60ml, 페이차우드 Peychaud's

이름을 지어보시라

좋은 이름을 짓는 건 도움이 된다. 되도록 약간 선정적이거나
좀 역설적이면서 모호한 문화적 의미를 내포하는 이름이
좋다. 다음의 예에서 믹스 앤 매치해보자. 좋은 아이디어가
떠오를 테니.

노티 Naughty	펭귄 Penguin
위키드 Wicked	풀 보이 Poolboy (부유층 풀을 청소하는 섹시한 남자)
스크리밍 Screaming	하우스와이프 Housewife
러너웨이 Runaway(제어가 안되는)	비숍/넌 Bishop/Nun
슬로피 Sloppy(질편한)	티플/니플 Tipple/Nipple (술/젖꼭지)
클링건 Klingon (영화 스타트렉에 나오는 외계인)	데뷔탄트 Debutante (처음 사교계에 나가는 상류층 여성)
럭키 Lucky	트럭커 Trucker
웨이워드 Wayward(다루기 힘든)	푸들 Poodle
헤어리 Hairy	엘비스 Elvis

비터스 2대시(1대시 dash: 1/6 티스푼 정도-역자주),
간단 시럽 15ml(도넬리 그룹, 캐나다 벤쿠버)

캐스캐디언 레볼루션 Cascadian Revolution

캐스캐디언 다크 에일 90ml와 그랜드 마리너 Grand Mariner
15ml, 미송(Douglas fir: 미국 서부산 소나무-역자주) 풍미의 클리어
크릭 오드비 Clear Creek Eau de Vie 1티스푼을 섞고 얼음을 넣어
저은 다음 위에 홉 오일 방울을 떨어뜨린다.
(www.NewSchoolBeer.com)

빔 앤 비거 Vim and Vigor

플란더스 레드 에일, 레오폴드 브라더스 Leopold Brothers 애플
위스키, 그란갈라 Grangala를 섞고 계피 막대와 백리향 가지를
곁들여 낸다.(레오폴드, 시카고)

베이버니스 Baverniess

기네스 90ml와 버번 30ml, 아마로 아베르나 Amaro Averna

30ml, 앙고스투라 비터스 3대시, 메이플 시럽 15ml, 오렌지즙 짠 것을 넣고, 부순 호두를 잔 테두리 가장자리에 묻힌다.(도넨리 그룹, 캐나다 벤쿠버)

베거스 뱅킷 Beggar's Banquet
맥주, 버번, 레몬 주스, 메이플 시럽을 섞음(더 브레슬린, 뉴욕)

초콜릿 마티니 Chocolate Martini
리덕션 오브 그린 플래시 더블 스타우트 Reduction of Green Flash Double Stout, 다크 럼, 초콜릿 비터, 스페인 오렌지와 바닐라 향기가 나는 리커 Licor 43를 섞는다.(토드 쓰래셔, 워싱턴 D.C. 잇 푸드 그룹 Eat Food Group)

어서스 로데오 Ursus Rodeo
임페리얼 스타우트 30ml와 캐나다 위스키 30ml, 브람뷰이 15ml, 그랜드 마리너 약 7.5ml, 오렌지 비터스 약간을 섞고 오렌지 트위스트 장식을 곁들여 낸다(아카디아, 오레건 포틀란드)

마지막 한마디

곡물, 물, 홉 이 세 가지 재료는 효모에 의해 변신한다. 맥주는 기막힐 정도로 단순하지만, 발현되는 풍부한 감각 인자들은 감탄할 정도다. 그 호박빛의 깊이는 한 사람의 일생에 집어넣을 만한 많은 아이디어와 감각, 그리고 이야기를 담고 있다. 나의 신실한 바람은 이 책이 여러분에게 그 개념을 전해주었으면 하는 것이다. 분명 앞으로 그 관심에 충분한 보상을 받게 될 기회가 많이 펼쳐질 것이다. 나와 함께 하는 여행은 이제 막바지에 왔지만 여러분의 여정은 계속된다.

우리는 다행히도 맥주의 세계에서 모든 것이 가능한 시대에 살고 있다. 이런 상황이 우연히 마련되지는 않았다. 노력과 상상, 양조사의 그저 단순한 고집, 기업가 정신, 박식한 맥주 애호가가 있었기에 가능한 일이었다. 맥주는 여느 예술과 마찬가지로 상호교환적인 경험이다. 훌륭한 맥주는 이를 유지하고 여기에 의미를 부여하는 공동체에 의존한다. 이런 요소가 없다면 맥주는 그저 또 하나의 산업 소모재일 뿐이다. 맥주는 이를 찾아나서고 지원하고 정직하게 만들고 그리고

무엇보다도 맥주의 진정한 기쁨을 즐기는 이들이 있기에 존재한다. 절대 이를 당연하게 여기지 말라.

이 책은 맥주로 시작했고 아마도 역시 맥주로 끝을 낼 것이다. 특별한 맥주의 마개를 따서 소중한 잔에 따라보라. 완전히 자리를 잡을 때까지 잠시 짬을 주라. 아, 맥주여! 우리 앞에 수많은 모든 이들이 그랬듯이 잔을 들고 특별한 이를 위해 건배하라. 잠시 향을 맡은 다음 깊게 들이키라. 곡물, 물, 홉, 효모, 그밖에 훨씬 많은 요소를 느껴보라. 머리와 가슴과 영혼을 동원하면 그 맥주 안에 든 모든 세계를 맛볼 수 있을 것이다.

어떤 이는 서사적인 곡조를 즐기고
또 어떤 이는 목가적인 노래를 부르며,
저마다 취향이나 기분에 젖어 있네.
나를 도와주오, 아름다운 노래를 부르는 아홉 뮤즈여,
훌륭한 모습으로 나를 떠받치라.
독한 에일을 찬양하도록.
사과주 마시는 자들 쓰러졌으니
좋은 독주가 없다면, 사과주도 분명 좋다 마다.
그러나 더 진하고 훨씬 좋은 와인은
독한 에일에 틀림없이 굴복할 것이니.
오! 내가 꼭 껴안은 그대,
양철통에 있나, 넛 브라운 색 저그 컵에 들었나,
아님 큰 잔의 환호를 받고 있나,
아님 통이나 병에 갇혀 있나,
내 관대한 영혼을 마음껏 발산하노라
내 에일을 양껏 더 마시리니.
그러나 유쾌한 잔으로 즐기리라.
순수한 그릇에서 그대의 물줄기가 흐르니,
순간, 그대의 매력에 압도되네.
어디 한 번 견주어볼까,
저 이교도 신의 음료인 넥타는 에일에 비하면 형편 없었지.
내게 많이 부으라, 가득 채워.
컵 안에서 반짝이는 저 자태를 보라.
아, 얼마나 기운이 솟는가!
그 어떤 것이 이 멋진 음료의 맛을 따라갈 수 있을까.
이 독한 에일과 럼주, 브랜디, 와인을 견주어보라.
그 무엇과 상대가 될까?

축복의 잔이여!
그대와 그대의 동료인 자유 곁에 여전히 머물리.
건강과 환희 가득하라.
이제 양철통과 유리잔에 왕관을 씌우리니,
지나가는 시간에 가벼운 맘으로 작별을 고하리,
벌컥벌컥 독한 에일을 마시며.
이 시를 쓰는 와중에도,
술집 벨의 고마운 소리 날 오라 하니,
기쁨이 결코 그치지 않는 그곳.
안녕, 나의 뮤즈여! 안녕, 나 서두르리
내 갈망하는 맛 채우기 위해,
에일을 양껏 마시며.

존 게이 John Gay(1686~1732), "에일에 관한 발라드 Ballad on Ale"

맥주 스타일과 풍미,
역사 등에 관한 추가 읽을거리

Cornell, Martyn. *Beer:The Story of the Pint* London:
Headline Book Publishing, 2003
————. *Amber, Amber, Black and Gold* Gloucestershire:
The History Press, 2010

Hieronymous, Stan *Brew Like a Monk* Boulder:
Brewers Publications, 2005
————. *Brewing with Wheat* Boulder:Brewers Publications, 2010
————. *for the Love of Hops* Boulder:Brewers Publications, 2012

Hennessey, Jonathan, and Mike Smith, Art from Aaron McConnel
The Comic Book Story of Beer Berkeley:
Ten Speed Press, 2015

Herz, Julia and Gwen Conley *Beer Pairing: The Essential Guide from
the Pairing Pros* Minneapolis:
Voyageur Press, 2015

Hornsey, Ian. *A History of Beer and Brewing* London:
The Royal Society of Chemistry, 2004

Jackson, Michael *Michael Jackson's Great Beer Guide* New York:
DK Publishing, 2000
————. *Ultimate Beer* New York: DK Publishing, 1998
————. *Mickael Jackson's Great Beers of Belgium, 5th Edition*
Boulder:Brewers Publications, 2008

McQuaid, John *Tasty: The Art and Science of What We Eat*
New York:
Scribner, 2015

Mosher, Randy *Radical Brewing*:
Boulder:Brewers Publications, 2004

Ogle, Maureen *Ambitious Brew* Orlando:
Harcourt, 2006

Oliver, Garrett *The Brewmaster's Table* New York:
HarperCollins, 2003
————. *The Oxford Companion to Beer* Oxford:
Oxford University Press, 2009

Patrinson, Ron *The Home Brewer's Guide to Vintage Beer:
Rediscovered Recipes for Classic Brews Dating from 1800 to 1965*
Beverly, MA:
Quarry Books, 2014

Perrier—Robert, Annie, and Charles Fontaine *Beer by Belgium,
Belgium by Beer* Esch/Alzette, Luxembourg:
Schortgen, 1996

Saunders, Lucy *The Best of American Beer and Food:Paring &
Cooking with Craft Beer* Boulder:
Brewers Publications, 2007

Shepherd, Gordon M. *Neurogastronomy:How the Brain Creates
Flavor and Why it Matters* New York:
Columbia University Press, 2011

Steele, mitch *IPA:Brewing Techniques, Recipes and the Evolution of
India Pale Ale* Boulder:
Brewers Publications, 2012

기관 및 웹사이트

전미 홈브루어 협회
www.homebrewersassociation.org

비어 애드보킷
www.beeradvocate.com

맥주 심사 인증 프로그램(BJCP)
www.bjcp.org

양조사협회
www.brewersassociation.org

씨서론 인증 프로그램
www.cicerone.org

랜디 모셔
http://randymosher.com

레이트비어
www.ratebeer.com

슬로우 푸드 USA
www.slowfoodusa.org

언탭드(app)
www.untappd.com

화이트 랩스
www.whitelabs.com

위스트 랩
https://wyeastlab.com

맥주의 정석

1판 1쇄 인쇄 2019년 12월 27일
1판 2쇄 발행 2020년 7월 28일

지은이 랜디 모셔
옮긴이 정지호
감수자 석진영
펴낸이 정지연
펴낸곳 소소북스
북디자인 류아진

출판등록 2013년 6월 14일 제2013-000183호
주소 서울특별시 마포구 독막로 92-3 3층
전화 070-7713-9772
팩스 02-323-2562
이메일 julie0910@gmail.com

ISBN 979-11-969127-03 13590

본문의 외국어 표기는 국립국어원의 표기 용례에 따랐으나, 일부 표기는
감수자의 의견에 따라 맥주업계에서 통용되는 표현으로 명기했음을 밝힙니다.